D1165050

Science et technologie • 1er cycle du secondaire

MANUEL A

Atef Chenouda
Mathieu Dubreuil

8101, boul. Métropolitain Est, Anjou (Québec) Canada H1J 1J9
Téléphone : (514) 351-6010 • Télécopieur : (514) 351-3534

Directeurs de l'édition
Martin Vallières, Maryse Bérubé

Directrice de la production
Danielle Latendresse

Chargée de projet
Martine Brassard

Révision linguistique
Martine Brassard, Linda Tremblay

Correction d'épreuves
Jacinthe Caron, Marie Théorêt

Réalisation technique et conception graphique

matteau parent
graphisme et communication

Geneviève Guérard (concept original)
Sylvie Lacroix (conception et réalisation graphique)
Chantale Richard-Nolin (couverture)

Illustrations
Bertrand Lachance
Stéphan Vallières, p. 183, 223, 228 (profils géologiques), 229 (chevaux et strates), 230 (strates), 251, 270 (globe terrestre), 273 (indices), 279 (profils géologiques), 297, 298, 328, 329, 331 (profil géologique), 332, 333, 335, 361, 378 (schéma de situation du problème), 380 (échange d'idées)

Recherche iconographique
Monique Rosevear

Les auteurs et l'Éditeur tiennent à remercier les personnes suivantes, qui ont participé au projet à titre de consultants.

Consultants scientifiques

Ahmed Bensaada, Ph. D., conseiller pédagogique pour l'Agence Universitaire de la Francophonie, Hanoi (Viêtnam), enseignant à l'école La Dauversière, commission scolaire de Montréal

Jean-Claude Florence, consultant en sciences et technologie

Marc L. Pelletier, Ph. D., consultant en didactique des sciences

Consultants pédagogiques

Carole Bélanger, enseignante à l'école secondaire du Mont-Bruno, commission scolaire des Patriotes

Éric Caron, enseignant à l'école secondaire Saint-Laurent, commission scolaire Marguerite-Bourgeoys

Patrick Mathieu, enseignant au Collège Durocher Saint-Lambert

Johanne Patry, conseillère pédagogique, commission scolaire Marguerite-Bourgeoys

L'Éditeur remercie également les écoles secondaires de l'Amitié et L'Horizon, commission scolaire des Affluents, qui nous ont donné accès à leurs locaux et permis de prendre des photos.

Dans cet ouvrage, la féminisation des titres des fonctions et des textes s'appuie sur des règles d'écriture proposées par l'Office de la langue française dans le guide *Au féminin* (Les publications du Québec, 1991).

Les Éditions CEC remercient le gouvernement du Québec pour l'aide financière apportée à l'édition de cet ouvrage par l'entremise du Programme de crédit d'impôt pour l'édition de livres, administré par la SODEC.

8101, boul. Métropolitain Est
Anjou (Québec) H1J 1J9

Dépôt légal : 2e trimestre 2005
Bibliothèque nationale du Québec
Bibliothèque nationale du Canada

ISBN 2-7617-2141-1

Imprimé au Canada
1 2 3 4 5 09 08 07 06 05

Pourquoi Galileo ?

Pourquoi Galileo ? Parce que Galileo Galilei (1564-1642) a marqué notre façon de comprendre le monde. Ce personnage historique a prouvé que la Terre n'est pas au centre de l'univers et qu'elle est plutôt une planète parmi d'autres à tourner autour du Soleil. Cette grande découverte de Galileo Galilei, ou plus simplement Galilée, fut possible grâce à l'une de ses inventions : le télescope. Depuis, nous avons compris que l'homme n'est pas au centre de la nature, mais plutôt un vivant parmi d'autres.

Galilée était autant un découvreur qu'un inventeur. Certaines de ses inventions ont fait progresser nos façons de pomper de l'eau, de mesurer le temps et les distances. Certaines de ses découvertes ont permis de mieux comprendre comment s'organise le monde, et comment prédire le mouvement d'objets en vol. On lui doit le lien étroit qui existe entre la science et la technologie et sans lequel le monde ne pourrait progresser.

Considéré comme le père de la science moderne, Galilée savait combiner la théorie à la pratique. Trois grands principes l'ont mené à ses découvertes. Premièrement, la connaissance de la nature doit se baser sur des faits observables. Deuxièmement, la mathématique sert à comprendre ce que l'on voit. Troisièmement, une connaissance n'est admise que si elle est vérifiée par d'autres. Cette façon de faire a révolutionné le travail en science et explique pourquoi ces principes constituent encore aujourd'hui la base de la démarche scientifique.

Galilée faisait partie de la première association de chercheurs, l'Académie des lynx, d'où le lynx sur la page couverture du manuel. Cet animal, de par sa vue perçante, symbolise et nous rappelle qu'en science et technologie il est indispensable de bien observer la nature pour la comprendre.

Table des matières

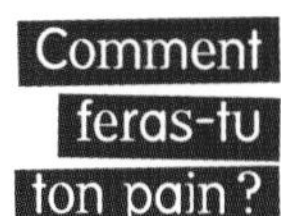
Comment
feras-tu
ton pain ?

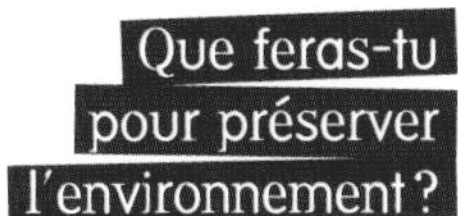
Que feras-tu
pour préserver
l'environnement ?

Problématique 3 **Déchiffre l'énigme de la biodiversité** 214

Comment construire un modèle de la tectonique des plaques

cellule végétale

OUTILS

La collection Galileo

La collection Galileo t'invite à participer de façon active à la construction de tes apprentissages en science et technologie. Les activités qu'on y propose te permettront de développer graduellement des compétences et des savoir-faire qui te seront utiles dans toutes les disciplines et pour la vie durant.

Galileo propose deux manuels pour le cycle.
Chacun des manuels comporte:

- quatre problématiques;
- des savoirs en lien avec ces problématiques;
- une section *Outils*;
- un glossaire;
- un index.

Toutes les problématiques de Galileo permettent d'établir des liens avec les domaines généraux de formation. Les problématiques 1, 2 et 3 comptent cinq unités chacune et se terminent par une section *Savoirs* qui présente des textes simples sur les différents concepts que tu aborderas d'ici la fin de l'année. Comme la problématique 4 propose des situations problèmes où tu réinvestiras tes apprentissages, aucun savoir nouveau n'y est associé.

Les problématiques

Dans Galileo, tu mettras à profit tes connaissances scientifiques et technologiques pour proposer des réponses ou des solutions aux différentes problématiques. Tu apprendras à communiquer ta démarche et tes réflexions dans un langage scientifique et technologique clair, tout en respectant les règles et les conventions propres aux domaines de la mathématique, de la science et de la technologie.

L'introduction présente le fil conducteur entre les unités.

La problématique porte sur un aspect de ton mode de vie ou sur une préoccupation de la collectivité.

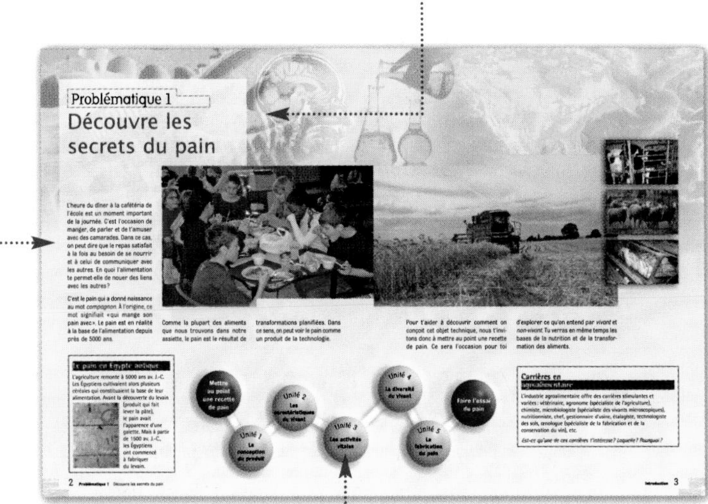

Chaque problématique est subdivisée en situations d'apprentissage concrètes appelées *unités*. Un schéma synthèse te permet de te faire une idée du contenu d'un simple coup d'œil.

Les unités

Chaque unité constitue une **situation d'apprentissage** en lien avec la problématique.

L'unité commence avec une question qui résume la situation problème proposée. La résolution de ce problème t'amène à développer des compétences en faisant appel à des connaissances particulières.

L'énoncé à la suite de la question résume les tâches de l'unité.

Place à la discussion

Au début de chaque unité, on t'invite à échanger avec les élèves de ta classe sur des questions en lien avec l'unité. Cela te donne l'occasion de faire part de tes expériences, de tes opinions, de tes connaissances et de tes réflexions sur ces sujets, et de connaître celles des autres.

Les activités

Une unité comporte plusieurs activités. Selon l'activité, la tâche consiste en une démarche d'investigation (science), une démarche de conception (technologie) ou un autre type de raisonnement.

Chaque activité se déroule en trois temps.

 Je me prépare

À l'étape de préparation, tu t'appropries les éléments de base pour réaliser l'activité. Il peut s'agir de faire un retour sur tes connaissances, de reformuler un problème, de faire une recherche sur des concepts importants ou d'envisager des solutions possibles.

 Je passe à l'action

À l'étape de réalisation, tu accomplis une tâche concrète selon une démarche structurée. Tu construis tes apprentissages.

 Je fais le point

À l'étape d'intégration, tu fais un retour sur ce que tu as appris dans l'activité, tu analyses les résultats de tes investigations ou de tes conceptions, tu organises tes nouvelles connaissances et tu réinvestis les concepts acquis.

Un mot suivi d'un **astérisque** signifie que le mot est expliqué brièvement en marge.

Les références à la section ***Outils*** donnent le numéro, le titre et la page des outils à consulter pour appliquer des techniques, choisir des stratégies et développer les attitudes à mobiliser lors de l'activité.

Ici et là, des **rubriques** scientifiques et historiques permettent d'aborder des questions associées aux domaines généraux de formation et de faire des liens à l'aide de repères culturels.

Les références à la section ***Savoirs*** donnent le titre et la page des concepts à mobiliser pour faire l'activité.

Un **nombre en bleu** indique que la question appelle une réponse écrite.

Un mot en **couleur** indique que tu trouveras une définition de ce mot dans le glossaire à la fin du manuel.

Le ***Défi*** est une activité facultative qui permet de faire des apprentissages semblables à ceux de l'activité qui précède, mais de façon différente. Ici, on annonce ce que l'on attend de toi, mais aucun questionnement n'est proposé pour guider ta démarche. C'est aussi un bon point de départ pour un projet.

Exercices

Galileo propose des questions et de courtes tâches pour appliquer tes connaissances.

Une référence pointe l'activité en lien avec l'exercice.

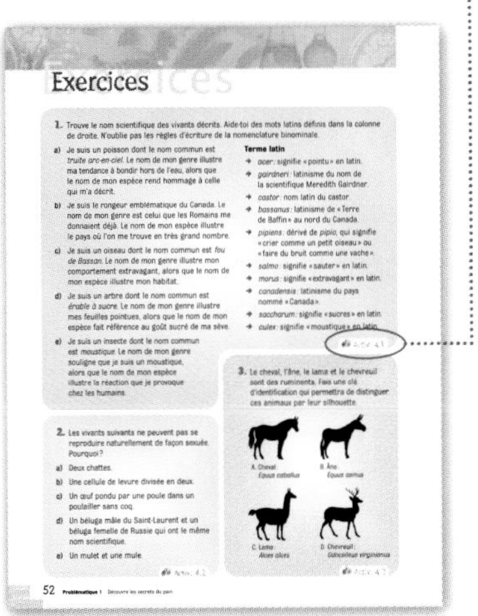

À toi de jouer

Galileo propose douze situations d'apprentissage et d'évaluation intitulées ***À toi de jouer***. C'est l'occasion pour toi de réinvestir tes compétences en faisant appel à certaines connaissances, techniques, attitudes et stratégies que tu as développées.

De l'information au service des activités

Tu pourras consulter les sections ***Savoirs***, ***Outils*** ainsi que le ***glossaire*** du manuel pour trouver l'information nécessaire à la réalisation des activités.

savoirs

Les savoirs sont regroupés à la fin des problématiques 1, 2 et 3. Chacun présente des informations que tu serais susceptible de trouver dans une encyclopédie. Tu peux consulter cette section à tout moment au cours de ta démarche.

Une bande en marge permet de repérer facilement la section ***Savoirs*** de chaque problématique.

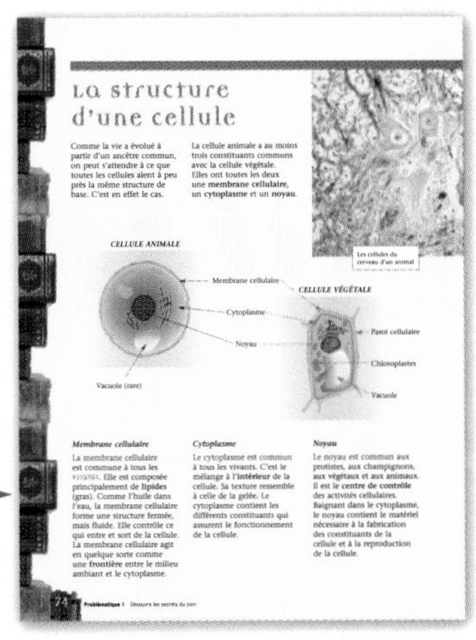

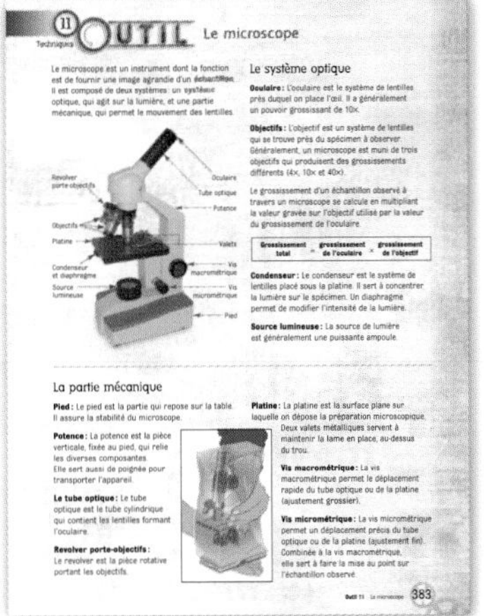

OUTILS

Regroupés à la fin du manuel, les outils présentent les techniques, les stratégies et les attitudes qui te soutiendront dans tes apprentissages en science et technologie. Tu peux t'y référer en tout temps au cours de ta démarche.

Glossaire

À la fin du manuel, un ***glossaire*** donne la définition de mots de vocabulaire propres à la science et à la technologie. Ces mots sont en couleur dans le manuel.

Index

Présenté à la fin du manuel, l'***index*** permet de repérer rapidement les pages où est traité le mot recherché.

Les pictogrammes

Coopération

Ce pictogramme indique que l'activité proposée peut se faire en coopération. Tu répartiras les tâches et les responsabilités avec d'autres élèves. Cela exige de consulter avant de prendre une décision, de comparer logiquement les points de vue de chacun et de produire une solution qui reflète l'apport de chacun.

Sécurité

Ce pictogramme indique que l'activité suggère une manipulation qui pourrait comporter des risques pour la santé si tu ne respectais pas les règles de sécurité.

TIC

Ce pictogramme te suggère de recourir à l'ordinateur pour accéder à de l'information ou pour communiquer de l'information.

Lettre à l'élève

Bonjour,

Depuis ta petite enfance, tu t'es posé mille et une questions sur différents phénomènes, tu as fait de nombreuses expériences et même conçu et utilisé toutes sortes d'objets. C'est grâce à cette façon de faire que les humains ont réussi à progresser au fil des siècles.

Au cours du primaire, tu as fait des observations et des manipulations pour explorer le monde autour de toi. Chemin faisant, tu as trouvé des solutions à des problèmes issus de ton environnement. Tu as ainsi acquis des connaissances et mis en pratique des façons de faire propres à la science et à la technologie.

Au cours des années à venir, l'expérience que tu as acquise te servira à la fois pour préparer ta place dans la société et atteindre tes buts. Mais pour cela, tu dois d'abord poursuivre le développement de tes compétences, raffiner tes démarches, comprendre des faits et phénomènes plus complexes et parfaire tes moyens de communiquer.

C'est dans cet esprit que nous t'avons préparé le présent manuel. On t'y propose des problématiques liées au quotidien et à l'avenir de notre société qui te permettront de faire tout cela dans l'action, et, aussi et surtout, dans le plaisir. Nous te souhaitons une année scolaire pleine de découvertes amusantes.

Atef Chenouda et Mathieu Dubreuil

Problématique 1

Découvre les secrets du pain

L'heure du dîner à la cafétéria de l'école est un moment important de la journée. C'est l'occasion de manger, de parler et de t'amuser avec des camarades. Dans ce cas, on peut dire que le repas satisfait à la fois au besoin de se nourrir et à celui de communiquer avec les autres. En quoi l'alimentation te permet-elle de nouer des liens avec les autres?

C'est le pain qui a donné naissance au mot *compagnon*. À l'origine, ce mot signifiait «qui mange son pain avec». Le pain est en réalité à la base de l'alimentation depuis près de 5000 ans.

Comme la plupart des aliments que nous trouvons dans notre assiette, le pain est le résultat de transformations planifiées. Dans ce sens, on peut voir le pain comme un produit de la technologie.

Le pain en Égypte antique

L'agriculture remonte à 5000 ans av. J.-C. Les Égyptiens cultivaient alors plusieurs céréales qui constituaient la base de leur alimentation. Avant la découverte du levain (produit qui fait lever la pâte), le pain avait l'apparence d'une galette. Mais à partir de 1500 av. J.-C., les Égyptiens ont commencé à fabriquer du levain.

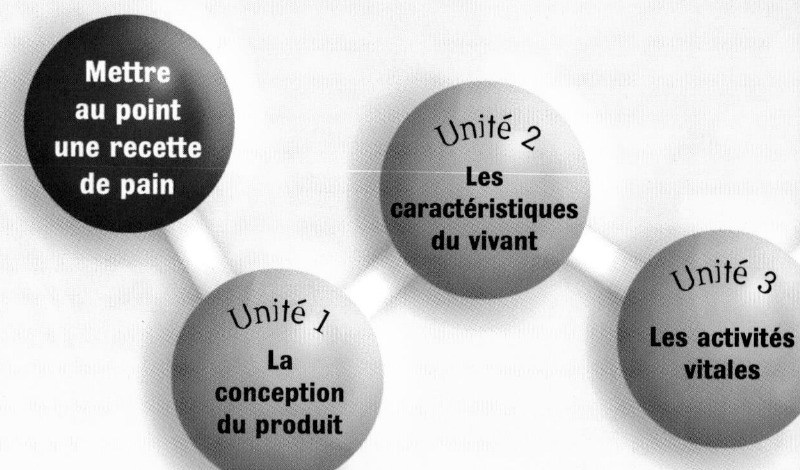

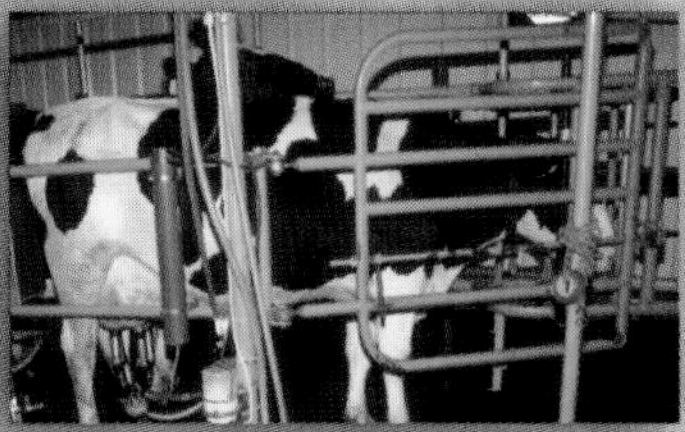

Pour t'aider à découvrir comment on conçoit cet objet technique, nous t'invitons donc à mettre au point une recette de pain. Ce sera l'occasion pour toi d'explorer ce qu'on entend par *vivant* et *non-vivant*. Tu verras en même temps les bases de la nutrition et de la transformation des aliments.

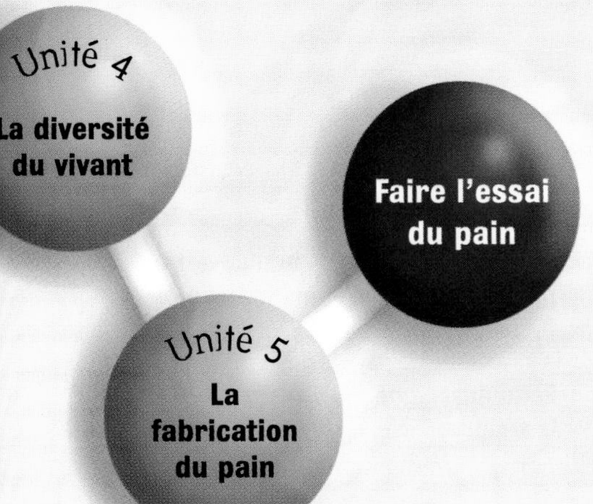

Carrières en agroalimentaire

L'industrie agroalimentaire offre des carrières stimulantes et variées : vétérinaire, agronome (spécialiste de l'agriculture), chimiste, microbiologiste (spécialiste des vivants microscopiques), nutritionniste, chef, gestionnaire d'usine, étalagiste, technologiste des sols, œnologue (spécialiste de la fabrication et de la conservation du vin), etc.

Est-ce qu'une de ces carrières t'intéresse ? Laquelle ? Pourquoi ?

Unité 1

La conception du produit

Comment s'y prendre pour faire du pain ?

Voilà un beau problème ! Avant de le résoudre, assure-toi de bien connaître toutes les données du problème.

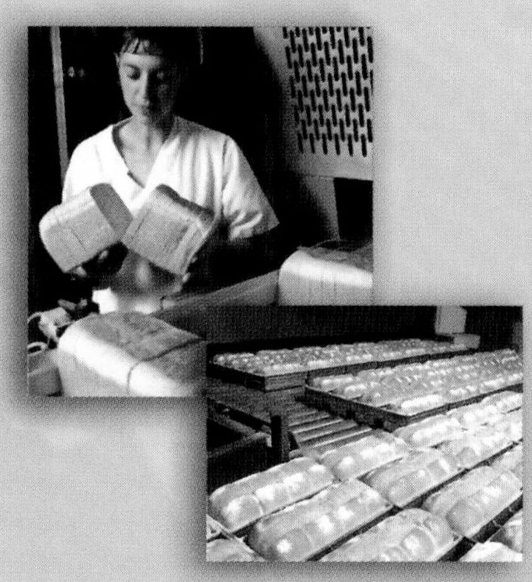

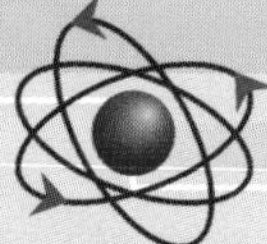

Le pain est un produit alimentaire que tu connais bien. Mais savais-tu qu'il était fabriqué à partir de non-vivants et même de vivants ?

On achète habituellement la nourriture à l'épicerie. Souvent, les produits alimentaires ont subi plusieurs transformations afin de devenir comestibles, c'est-à-dire propres à la consommation.

Pour rendre un produit comestible, il est parfois nécessaire de le broyer, de le mélanger à un autre, de le faire cuire, etc. Des règles très sévères régissent la transformation des aliments. Voilà pourquoi il est important d'avoir une bonne démarche de conception.

Pour répondre à la demande, on fabrique aujourd'hui du pain à l'échelle industrielle.

Place à la discussion

- **Comprends-tu toujours du premier coup ce que tu dois faire pour résoudre un problème ?**
- **As-tu déjà fait du pain ?**
- **Pour résoudre un problème, essaies-tu plusieurs façons de faire ?**
- **Nomme trois besoins qui sont fondamentaux pour toi.**
- **Aimes-tu travailler en équipe parce que cela te demande moins de travail ?**
- **Es-tu allergique à un des ingrédients utilisés dans la fabrication d'un pain ?**

Activité 1.1 Planifie ton travail

Je me prépare

savoirs

L'industrie agroalimentaire, p. 61
La transformation d'aliments, p. 64

Tout produit créé par les humains a pour but de satisfaire un besoin*. On te demande ici de résoudre un problème relatif à ton alimentation : *préparer un pain.* Pour y arriver, tu devras d'abord bien cerner le problème, c'est-à-dire déterminer en quoi consiste le problème, en répondant aux questions *Pourquoi ?*, *Comment ?* et *Avec quoi ?*

***Besoin**
Nécessité de la vie.

***Aliment brut**
Aliment qu'on peut manger cru ou qui doit subir des transformations avant d'être consommé.

Identification du besoin

1. *Pourquoi* préparer un pain ? Autrement dit, quel besoin de l'être humain cherche-t-on à combler ?

Identification et analyse du problème

Le mélange de farine et d'eau peut servir à fabriquer quelque chose à manger, mais aussi de la colle ou de la pâte à modeler. À toi de voir *comment* t'y prendre pour faire du pain. Prends garde ! Tu auras des ennuis si tu sers de la colle à tes camarades !

La colle à papier mâché est un mélange de farine et d'eau.

2. Nomme quatre produits alimentaires à base de farine.
3. Dans chaque cas, indique si la farine utilisée a subi ou non une transformation.
4. Dans quels buts fait-on subir des transformations à un aliment brut* ?
5. Comment peut-on répondre au besoin de se nourrir à partir de farine ?

En consultant un livre de cuisine, on trouve facilement *avec quoi* préparer un pain. Pour t'en rendre compte, utilise la recette de la page suivante et réponds aux questions. Cela t'aidera à analyser le problème.

Première levée de la pâte d'un pain.

6. Quel est l'ingrédient principal du pain? D'où vient cet ingrédient?

7. Quels autres ingrédients sont indispensables à la transformation de la farine en aliment comestible*?

8. Comment qualifierais-tu chacun de ces ingrédients? Est-ce un vivant, un non-vivant ou un ingrédient d'origine vivante?

9. Quel nom porte le mélange, une fois lisse et élastique?

10. Quel est le rôle de chacun des ingrédients indispensables à la fabrication du pain?

11. Quels procédés* doit-on appliquer à la farine pour la transformer en pain?

***Comestible**
Propre à la consommation, qui peut être mangé.

***Procédé**
Méthode, façon de faire.

Recette proposée : Pain au yogourt

- 4 mL (1 c. à thé) de levure sèche active
- 2 mL ($\frac{1}{2}$ c. à thé) de sucre
- 2 mL ($\frac{1}{2}$ c. à thé) de poudre à pâte
- 60 mL ($\frac{1}{4}$ de tasse) d'eau tiède
- 500 mL (2 tasses) de farine non blanchie
- 125 mL ($\frac{1}{2}$ tasse) de yogourt à la température de la pièce
- 2 mL ($\frac{1}{2}$ c. à thé) de sel

Mélange et pétrissage

- Dissoudre la levure et le sucre dans l'eau tiède.
- Mélanger le yogourt et la poudre à pâte.
- Mélanger la farine avec le sel dans un bol.
- Ajouter la levure et le yogourt aux ingrédients secs.
- Pétrir le mélange avec les mains environ 10 minutes.
- Couvrir la pâte avec un linge propre et humide ou une pellicule de plastique.

Levée de la pâte

- Laisser lever la pâte dans un endroit chaud pendant une heure ou jusqu'à ce qu'elle ait doublé de volume.
- Déposer la pâte sur une planche enfarinée.
- Diviser la pâte en 8 parts et former 8 boules.
- Aplatir les boules pour former 8 rondelles d'environ 150 mm de diamètre.
- Couvrir et laisser reposer 20 minutes.

Cuisson

- Chauffer une poêle à frire à feu moyen.
- Vaporiser ou étendre un corps gras (huile, beurre, margarine) dans la poêle.
- Placer une rondelle de pâte dans la poêle.
- Presser légèrement la rondelle avec un linge propre et humide.
- Cuire 2 minutes de chaque côté.
- Retirer le pain de la poêle et le couvrir d'une serviette.

Je passe à l'action

Bien entendu, on ne peut pas faire un pain n'importe comment et n'importe où. Il faut d'abord organiser le travail en tenant compte du milieu et de ses contraintes*. En technologie, c'est le cahier des charges qui sert d'outil pour regrouper les contraintes liées à la fabrication d'un objet.

Choisir une démarche, p. 370
Le cahier des charges, p. 376
Le remue-méninges, p. 380

Contraintes
Exigence liée au milieu.

Cahier des charges

Détermine avec ton enseignant ou enseignante les contraintes liées à la conception d'un pain dont un des ingrédients est un vivant.

12. Quel type de pain faut-il préparer?

13. Quels sont les matériaux (farine blanche, farine de blé entier) et le matériel (four, plaque chauffante, etc.) disponibles?

14. Où le travail doit-il se réaliser?

15. En combien de temps le travail doit-il se réaliser?

16. Quelle quantité de pain faut-il préparer?

17. Quel est le coût à ne pas dépasser?

18. Quelles règles de sécurité faut-il respecter?

En répondant à ces questions, tu as établi les bases de ton cahier des charges.

19. À partir des contraintes de ton cahier des charges, propose une recette de pain qu'il est possible de faire.

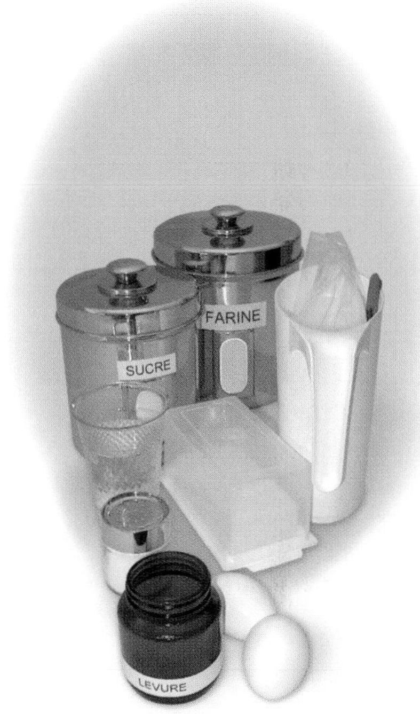

Je fais le point

20. La présentation des idées sous forme graphique est un moyen efficace pour comprendre, planifier et prédire une solution à un problème. Représente les ingrédients et les procédés de ta recette sous la forme d'un schéma.

Représenter graphiquement des idées, p. 381

21. Est-il possible de faire ta recette de pain à l'école? Sinon, trouve des solutions pour que cela soit possible.

En parcourant le module, tu maîtriseras progressivement les connaissances scientifiques et technologiques associées à la préparation d'un pain.

Activité 1.2 Associe la fabrication du pain à la science et à la technologie

Je me prépare

La science, la technologie..., p. 67
Les besoins fondamentaux, p. 68

Le pain que tu manges aujourd'hui n'est pas le fruit du hasard. C'est plutôt le résultat du progrès de la civilisation humaine. Dans leur quête de satisfaire leur besoin de se nourrir, les premiers humains qui ont préparé un pain ont passé par plusieurs étapes avant de réussir.

Il fallait qu'ils découvrent d'abord que les grains de blé sont une source de nourriture. Par la suite, ils ont dû apprendre à extraire la farine en moulant les grains. Mais ils ont vite constaté ensuite que cette farine est difficile à manger, voire indigeste*. Avec le temps ils ont découvert l'action de l'eau, de la levure et du feu.

***Indigeste**
Difficile à digérer.

Ainsi, à travers les âges, la civilisation humaine a accumulé un bagage de connaissances et un savoir-faire qui nous ont permis de mettre au point des processus pour fabriquer du pain à l'échelle industrielle.

Droits et libertés de la personne

Selon l'article 1 de la *Charte des droits et libertés de la personne*, tout être humain a droit à la vie, ainsi qu'à la sûreté, à l'intégrité et à la liberté de sa personne.

Penses-tu que ce droit à la vie comprend le droit à la nourriture et à l'eau? Pourquoi?

1. Quels sont les besoins fondamentaux des êtres humains?
2. Utilises-tu des objets issus de la science et de la technologie? Lesquels? À quels besoins répondent-ils?
3. Quel est le rôle de la science, de la technologie et des techniques?
4. Crois-tu que le progrès est lié à la fois à celui de la science, de la technologie et des techniques? Pourquoi?

Je passe à l'action

On trouve au marché différents produits alimentaires transformés pour satisfaire le besoin de se nourrir. À l'aide de l'exemple du pain, illustre la relation qui existe entre les besoins des êtres humains et la science, la technologie et les techniques en suivant la démarche ci-dessous.

- Relève tout ce que tu connais à propos de la science, de la technologie et des techniques associées à la création du pain: métiers, connaissances, machines, savoir-faire, etc.
- Choisis les idées qui conviennent le mieux pour décrire comment la science, la technologie et les techniques ont contribué à la création du pain.

Je fais le point

Représenter graphiquement des idées, p. 381

5. Pour illustrer la relation qui existe entre un besoin, la science, la technologie et les techniques, relie graphiquement les mots clés ci-dessous.

BESOIN TECHNIQUES OBJET OU PRODUIT SCIENCE TECHNOLOGIE

6. Présente dans un schéma semblable à celui de la page 67 l'essentiel des idées que tu as relevées au sujet de la fabrication du pain.

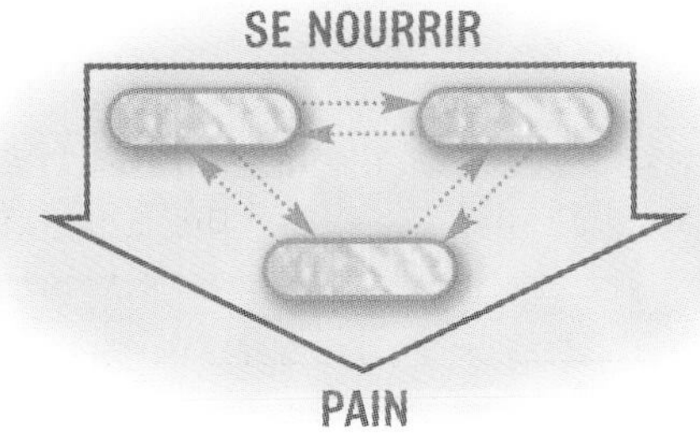

Défi Préparation d'un produit laitier

Le lait est une matière première très importante. Vendu sous toutes sortes de formes (fromage, yogourt, etc.), le lait entre dans la composition d'un grand nombre de produits alimentaires.

La transformation d'aliments, p. 64

Comment t'y prendrais-tu pour fabriquer un produit laitier? Pour t'aider, reprends les questions 12 à 18 de l'activité 1.1 en les adaptant à la fabrication d'un produit laitier.

Le cahier des charges, p. 376

Le secret du yogourt

Le yogourt est fabriqué à partir du lait. Comme dans le cas du fromage, la transformation se fait à l'aide de bactéries. Pour garder ces bactéries vivantes, mais empêcher la croissance de bactéries indésirables, il faut fixer la température d'incubation à 50 °C.

Exercices

1. Dans chaque cas, indique s'il s'agit d'un aliment brut ou d'un aliment transformé.

a) Grains de soja
b) Huile
c) Pâté chinois
d) Eau du fleuve Saint-Laurent
e) Lait de la vache
f) Lait homogénéisé à 3,25 %
g) Crème glacée
h) Fraises
i) Maïs
j) Eau d'érable

Activ. 1.1

2. Le pain est un aliment important sur le plan nutritionnel. Le tableau qui suit en donne les éléments nutritifs par portion de 100 g.

a) Quel élément nutritif trouve-t-on en plus petite quantité?

b) Quel élément nutritif trouve-t-on en plus grande quantité?

c) Classe par ordre croissant de masse les éléments nutritifs de ce pain.

	Élément nutritif	Masse
A	Fibres	2,7 g
B	Glucides	50 g
C	Lipides	0,8 g
D	Magnésium	0,0003 g
E	Potassium	0,0001 g
F	Protéines	7 g
G	Sodium	0,0005 g
H	Vitamine B	0,00062 g

Activ. 1.1

3. Dans chaque cas, indique si l'entreprise dont on parle est une entreprise de production, de transformation ou de préparation.

a) Les jus Simon achètent les meilleures pommes pour fabriquer leur jus Régal.

b) Bouffe rapide nous a cuisiné un pâté chinois excellent.

c) La Bergerie du coteau vend des agneaux pour la boucherie et l'élevage.

Activ. 1.2

4. Dans chaque cas, indique si l'activité est liée à la science, à la technologie ou à la technique.

a) Je suis pas à pas une recette de cuisine.

b) J'adapte une recette de cuisine.

c) Je cherche à comprendre pourquoi il n'y a pas de bananiers au Québec.

d) J'ai utilisé un tournevis pour démonter le réveille-matin.

e) Je cherche à savoir si les poissons de mon aquarium respirent.

f) Pour que la porte de ma chambre ne grince plus, je l'ai lubrifiée.

Activ. 1.2

5. Donne la signification de chacune de ces expressions associées au mot *pain*.

a) Avoir du pain sur la planche.

b) Gagner son pain.

c) Casser la croûte.

d) Manger son pain noir.

e) Manger ses croûtes.

f) Né pour un petit pain.

g) Pour une bouchée de pain.

h) Ça part comme des petits pains chauds.

i) Long comme un jour sans pain.

j) Je ne mange pas de ce pain-là.

À toi de jouer

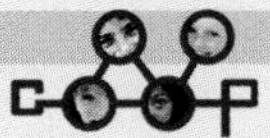

Décris dans un dépliant la transformation d'un aliment, du vivant à ton assiette

Les aliments illustrés ci-contre viennent tous d'un vivant. Il s'agit d'aliments décrits dans le *Guide alimentaire canadien*. On les trouve dans notre assiette sous différentes formes.

Œufs – Viande – Lait –
Fruits et légumes – Céréales

Partage des responsabilités

Le travail en coopération nécessite un partage des responsabilités. Répartissez-vous les trois tâches suivantes :

a ***Recherchiste***
La tâche consistera à trouver de l'information sur le sujet.

b ***Rédacteur*** ou ***rédactrice***
La tâche consistera à préparer le modèle du dépliant, à y noter l'information et à y ajouter des schémas au besoin.

c ***Communicateur*** ou ***communicatrice***
La tâche consistera à coordonner le travail de l'équipe, à participer à la recherche d'information et à présenter le dépliant à la classe.

Production des dépliants

1. Au cours d'une réunion d'équipe…
   - choisissez un aliment dans l'illustration ci-contre ;
   - trouvez au moins deux mets qui sont préparés à partir de cet aliment ;
   - déterminez les ressources à consulter pour trouver le type d'information demandée (voir le tableau de la page suivante) et les moyens à privilégier pour en faire la collecte ;
   - décidez d'un format de présentation ou adoptez le modèle proposé ;
   - choisissez la façon dont vous allez présenter votre dépliant à la classe.
2. Effectuez la tâche qui vous revient.

   a Le ou la recherchiste fait une recherche d'information en consultant des ouvrages de référence, en naviguant sur le Net, en trouvant au marché d'alimentation le type de mets que l'on prépare à partir de l'aliment choisi, etc. Il ou elle contacte (en les appelant, en consultant leur site Web ou en leur écrivant) des entreprises qui transforment l'aliment choisi ou qui le fabriquent et préparent des mets à partir de cet aliment.

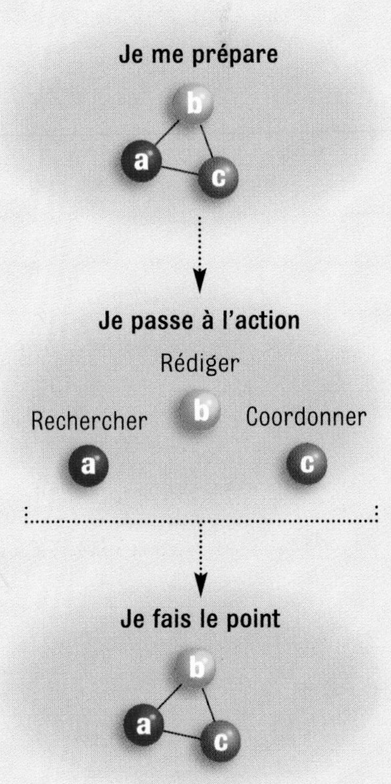

Page	Contenu
1	Titre: «La transformation de...» Ton nom, ta responsabilité dans l'équipe, le nom des autres membres de l'équipe, ton numéro de groupe, la date.
2	Description de l'origine de cet aliment.
3	Nom d'au moins deux mets préparés qu'on peut obtenir à partir de cet aliment.
4	Explication des transformations subies par l'aliment dans un de ces cas.
5-6	Étapes de la démarche qu'il faut suivre pour transformer cet aliment en un de ces produits finis.

b Le rédacteur ou la rédactrice prépare le dépliant selon le modèle suggéré, en pliant une feuille en trois de façon à obtenir six courtes pages, ou encore selon le modèle choisi. Il ou elle note les éléments appropriés sur les pages 1, 2 et 3 (voir le tableau ci-contre) en utilisant si possible l'ordinateur.

5 3 1

c Le communicateur ou la communicatrice s'assure de la participation de chacun des membres de l'équipe et veille à ce que le travail se fasse en profondeur, avec soin et dans les délais prévus. Il ou elle fait une première sélection de l'information à présenter dans le dépliant.

3. Au cours d'une réunion d'équipe, regroupez et sélectionnez l'information recueillie.
   - → a et c présentent l'information trouvée.
   - → b présente le modèle du dépliant préparé.
   - → a, b et c sélectionnent ensemble l'information qui sera présentée sur le dépliant, déterminent quelle information pourrait être accompagnée d'un schéma et conviennent du schéma, s'il y a lieu.
   - → b prend le texte en note en vue de le saisir.

4. Au cours d'une réunion d'équipe...
   - → b fait la saisie des textes, prépare les schémas et monte le dépliant comme tel.
   - → c prépare la présentation du dépliant, puis fait la présentation devant les membres de l'équipe de façon à recueillir leurs commentaires et à apporter des modifications à sa présentation au besoin.
   - → c explique brièvement la contribution de chaque membre de l'équipe et présente le dépliant à la classe.

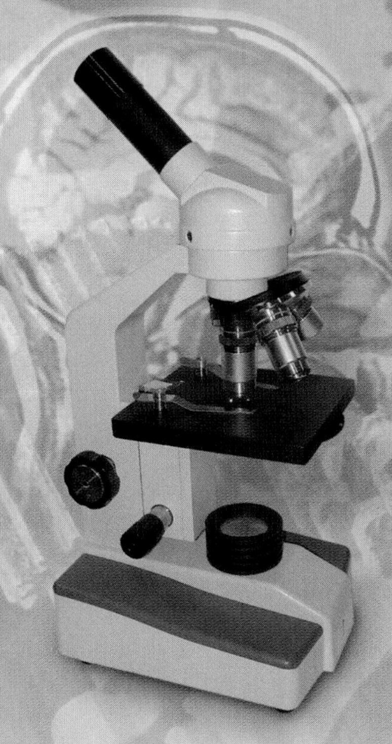

Unité 2

Les caractéristiques du vivant

Vivant ou non-vivant? Qui dit vrai?

À toi de faire des observations pour distinguer la levure chimique de la levure biologique.

Échantillons de levures
D'après les grossissements de 1× et de 6×, laquelle de ces levures appartient aux vivants? Laquelle appartient aux non-vivants?

La vache, la poule et le plant de blé font partie des vivants. La terre, l'eau et l'air sont des non-vivants. Cette distinction n'est pas toujours évidente à faire, surtout dans le cas de structures microscopiques. Prenons l'exemple de la levure.

Pour faire lever le pain et le rendre moelleux, il faut utiliser de la levure. On en trouve de deux types sur le marché. L'une est faite d'organismes vivants (levure biologique). L'autre est un type de sel appelé *bicarbonate de sodium* (levure chimique). Sans levure, le pain demeure plat comme une crêpe.

Au cours de cette unité, tu chercheras à faire la preuve de la nature vivante de la levure et d'autres micro-organismes.

Place à la discussion

- **Nomme quatre activités qui caractérisent les êtres vivants.**
- **As-tu déjà vu un micro-organisme?**
- **Comment se nomme la plus petite unité du vivant, et que contient-elle?**
- **As-tu déjà vu une cellule?**
- **Les micro-organismes sont-ils tous mauvais pour la santé?**
- **À quoi ressemble un non-vivant?**
- **Est-ce que tout vivant peut servir de nourriture à l'humain?**

Activité 2.1 Schématise de petits vivants

Je me prépare

savoirs

La communication par le dessin, p. 69

Le blé est un des vivants que l'on transforme pour obtenir de la farine. En voici une photographie accompagnée de dessins.

Dessin 1

Dessin 2

Dessin 3

En science, il est très important de savoir communiquer ses observations. Une des habiletés de communication que tu auras à développer est la **schématisation**.

1. Lequel des dessins ci-dessus représente un schéma? Justifie ta réponse en donnant les défauts des autres.

L'observation de structures..., p. 70
La cellule, p. 72
La structure d'une cellule, p. 74
Les cinq règnes, p. 76

Schématiser des êtres microscopiques, p. 385

Je passe à l'action

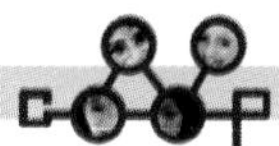

Pour bien distinguer les vivants des non-vivants, il faut savoir les observer. Pour que l'observation soit concluante, il faut aussi prendre le temps de décrire les structures observées, d'en faire des schémas et d'en estimer la grandeur réelle. Quand on fait un schéma, le but n'est pas de produire un beau dessin mais de représenter une réalité.

Examine attentivement les photos de cette page. La plupart de ces grossissements sont ceux d'organismes que l'on trouve dans un étang. Les autres sont des structures non vivantes que l'on trouve dans une cuisine.

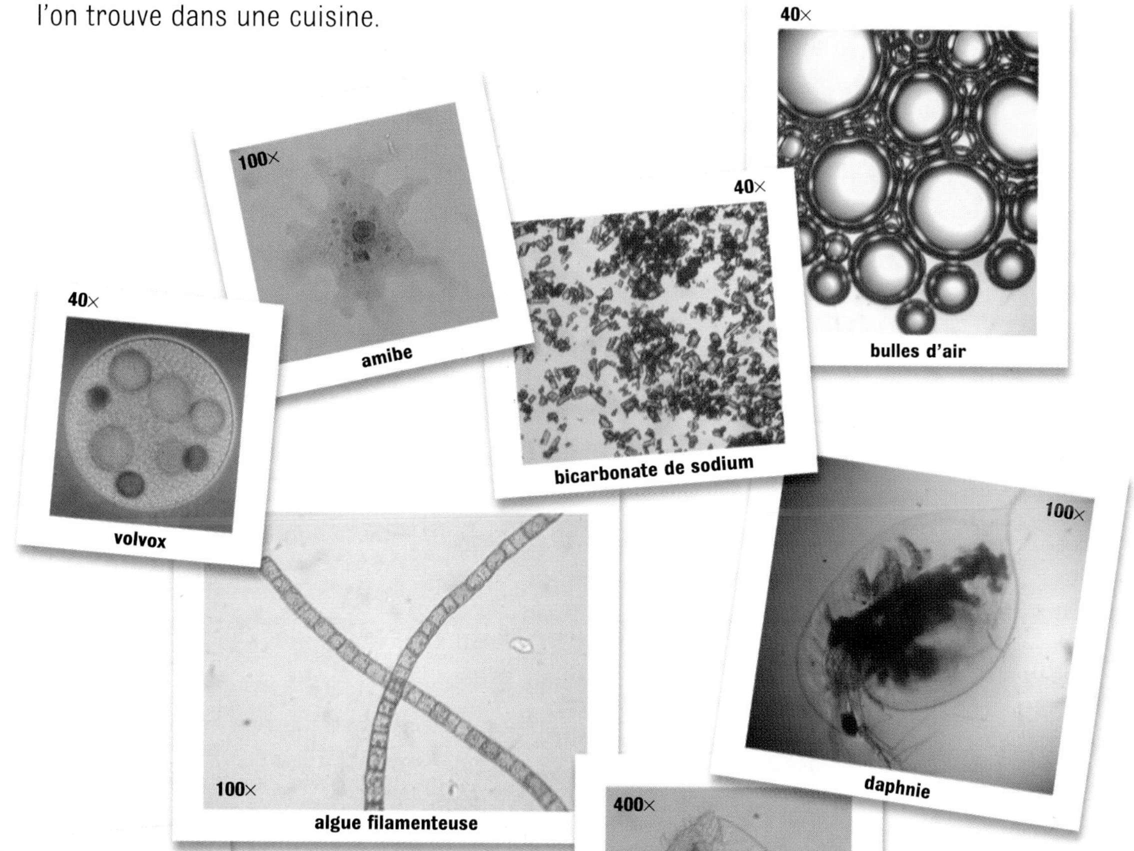

40× bulles d'air

100× amibe

40× bicarbonate de sodium

40× volvox

100× algue filamenteuse

100× daphnie

400× rotifère

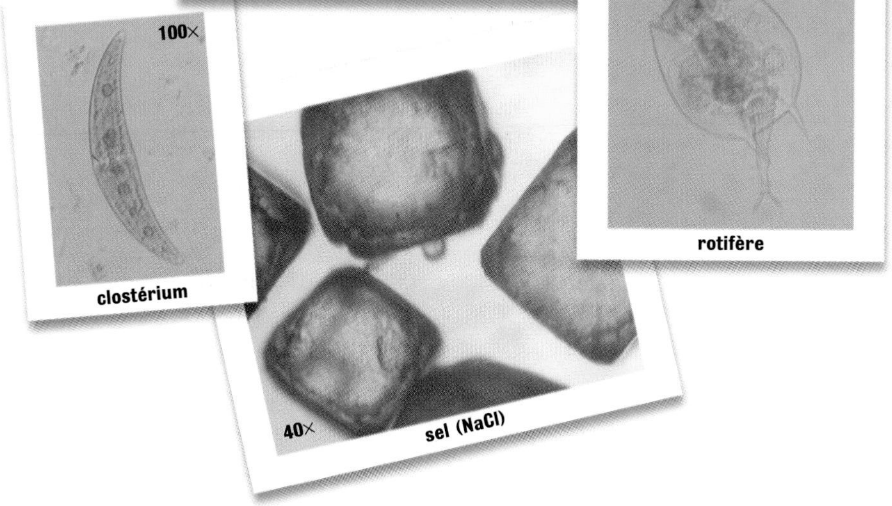

100× clostérium

40× sel (NaCl)

2. Choisis deux des organismes vivants présentés en photo, puis schématise-les.
3. Choisis une des structures non vivantes, et schématise-la.
4. Note au moins deux caractéristiques par schéma.

La vie sur Mars

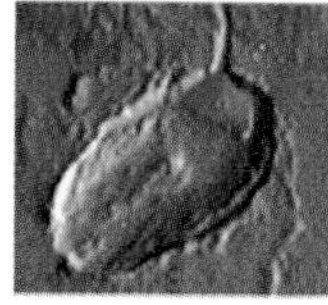

Distinguer les vivants des non-vivants est souvent bien difficile. Cette structure, 100 fois plus petite que l'épaisseur d'un cheveu, provient d'un météorite de Mars. Certains chercheurs de la NASA ont cru y voir la preuve qu'il y avait eu de la vie sur Mars. Mais plusieurs scientifiques ont argumenté contre cette idée. Les expéditions les plus récentes nous confirment qu'il y a bien eu de l'eau sur Mars.

Mesurer, p. 387

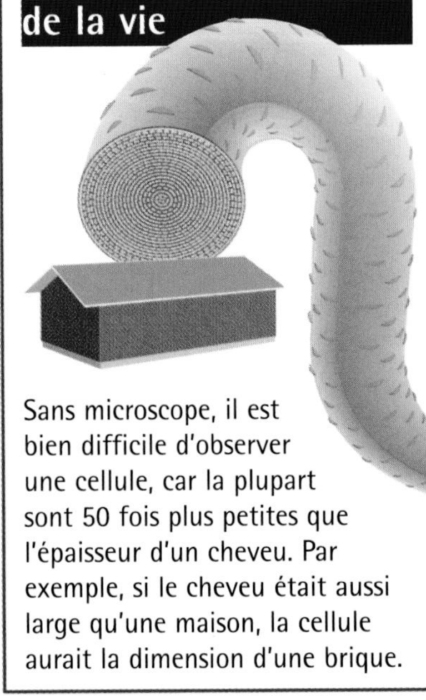

Sans microscope, il est bien difficile d'observer une cellule, car la plupart sont 50 fois plus petites que l'épaisseur d'un cheveu. Par exemple, si le cheveu était aussi large qu'une maison, la cellule aurait la dimension d'une brique.

Je fais le point

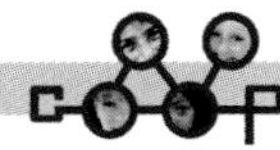

Il est important de pouvoir estimer la grandeur réelle des organismes et des structures que nous schématisons.

Lorsqu'une image provient d'un grossissement de 100×, cela signifie que la structure ou l'organisme photographié est 100 fois plus petit que son image. Si la structure ou l'organisme a 2 mm sur l'image, sa taille réelle est donc de 0,02 mm.

$$\text{grandeur réelle} = \frac{\text{grandeur perçue}}{\text{grossissement}} = \frac{2\text{ mm}}{100} = 0{,}02\text{ mm}$$

5. Observe à nouveau les photos de la page précédente.

a) À l'aide d'une règle, mesure la longueur en millimètres de trois des organismes vivants.

b) Note le grossissement de ces trois organismes.

c) Estime la grandeur réelle de chacun.

6. Place ces trois organismes sur un axe des nombres, du plus petit au plus grand, selon leur grandeur réelle.

Demande à tes camarades quelle est la taille des autres organismes et ajoute ces données sur ton axe.

Compare tes observations avec celles d'autres élèves. Tu prendras ainsi conscience des éléments à améliorer.

Défi Le plus fin de la classe!

Le microscope, p. 383
Schématiser des êtres microscopiques, p. 385
Mesurer, p. 387

Matériel

- 3 cheveux différents
- Ciseaux
- Papier millimétrique
- Lame porte-objet
- Lamelle
- Microscope

Manipulation

1. Observe un de tes cheveux au microscope, puis schématise-le.
2. Estime l'épaisseur de ce cheveu à l'aide d'un quadrillé millimétrique.
3. Reporte ton résultat dans le tableau commun de la classe.
   > Quel diamètre a le cheveu le plus fin? le plus gros?
   > Quel est le diamètre moyen d'un cheveu?
   > Y a-t-il un lien entre la couleur du cheveu et son épaisseur?

Activité 2.2 Distingue la levure chimique de la levure biologique

Je me prépare

Dans cette activité, tu tenteras de distinguer la levure chimique (non vivante) de la levure biologique (vivante).

La cellule, p. 72

Choisir une démarche, p. 370
Le microscope, p. 383
Schématiser des êtres microscopiques, p. 385

Le problème

1. Comment se nomme le vivant nécessaire à la préparation du pain?
2. À l'œil nu, vois-tu un être vivant dans les échantillons qu'on t'a remis? Pourquoi?
3. Quel appareil utilise-t-on pour observer un micro-organisme?
4. D'après tes observations à l'activité 2.1, qu'est-ce qui est commun à tous les êtres vivants?

Rédige maintenant un texte d'au moins quatre phrases avec les réponses que tu viens de trouver. Compare ensuite ton texte avec celui d'autres élèves, puis choisissez ensemble celui qui cerne le mieux ce problème.

Connaissances préalables

Avant de commencer l'expérience, il est nécessaire que tu saches ce qu'est une cellule et comment utiliser l'instrument de laboratoire servant à observer les micro-organismes.

Cadre de l'expérience

Les deux échantillons de levures qu'on utilise sont secs. Or, tous les êtres vivants ont besoin d'eau pour vivre. Pour te donner plus de chances de distinguer ces levures, tu les observeras sèches (condition S) et additionnées d'eau (conditions M et E). Mais quelle quantité d'eau faut-il utiliser? Observe les échantillons mouillés d'une goutte d'eau (condition M), puis mélangés à 10 mL d'eau (condition E).

5. Suivras-tu une démarche d'investigation ou une démarche de conception?
6. Résume chacune des trois conditions de l'expérience.

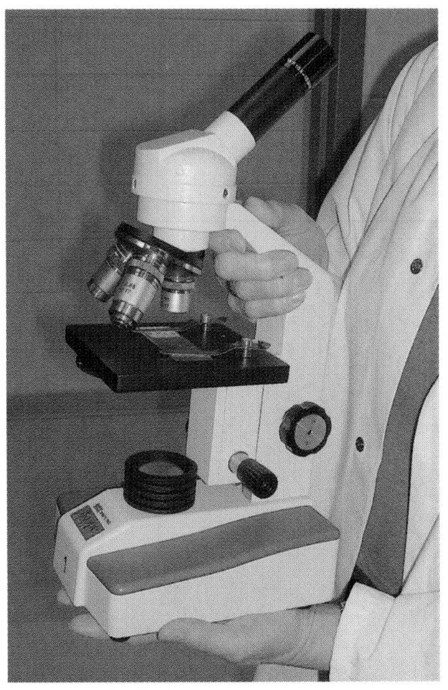

Si tu dois déplacer un microscope, saisis-le par la potence et soutiens-le en posant la main sous la base.

Fais-tu généralement attention à tes choses? Et à celles des autres?

Hypothèses

7. L'échantillon de levure biologique (vivante) ressemblera à...
8. L'échantillon de levure chimique (non vivante) ressemblera à...

Exprime-toi par des schémas si tu le désires.

Matériel

9. Dresse la liste du matériel que tu auras à utiliser lors de la manipulation.

Conditions S et M	*Condition E*
Pour préparer les conditions d'observation S et M, tu utiliseras 10 objets distincts.	Pour préparer la condition d'observation E, tu utiliseras 9 objets distincts.

L'observation de structures..., p. 70
La cellule, p. 72

Je passe à l'action

OUTILS

Le microscope, p. 383
Montage d'une préparation..., p. 384
Schématiser des êtres microscopiques, p. 385

Manipulation

J'observe les échantillons secs (condition S).

Prépare ton espace de travail en plaçant une longueur de papier essuie-tout sur ton bureau. À l'aide d'un crayon gras, identifie une lame porte-objet par la lettre A et une autre lame porte-objet par la lettre B.

1. À l'aide d'une spatule, dépose 1 grain de levure A au centre de la lame A.
2. Écrase le grain en t'aidant d'une troisième lame. Place les lames l'une sur l'autre, puis exerce une faible pression avec un doigt.
3. Observe l'échantillon au microscope. Utilise successivement les objectifs 4× et 10×.
4. Schématise et annote les observations que tu fais avec l'objectif 10×.
5. Répète les manipulations avec la levure B.

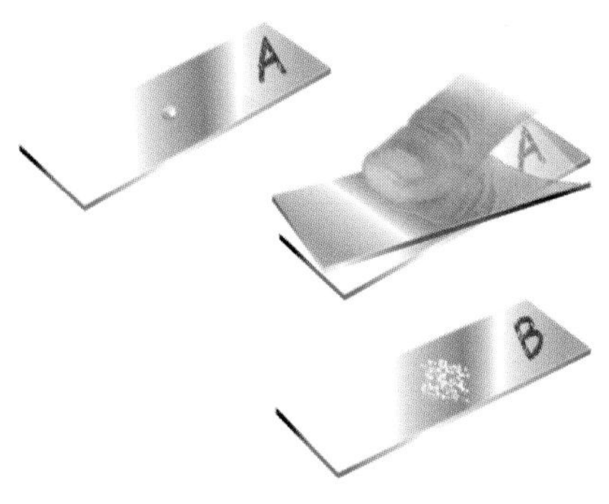

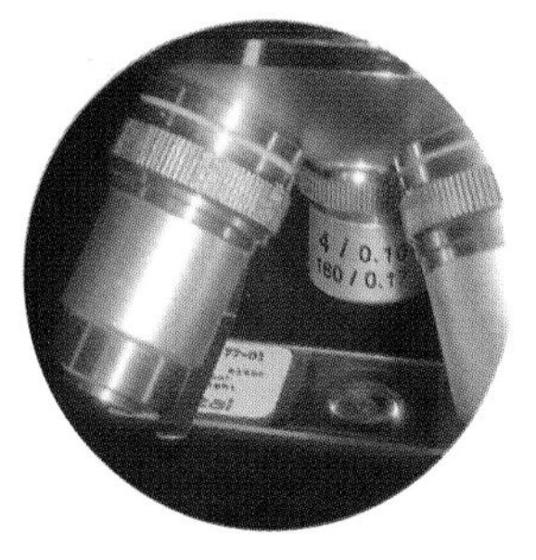

J'observe les échantillons mouillés (condition M).

6. À l'aide d'un compte-gouttes, dépose une goutte d'eau sur l'échantillon.
7. Couvre l'échantillon d'une lamelle.
8. Observe l'échantillon A avec les objectifs 4×, 10× et 40×.
9. Schématise et annote les observations que tu fais avec l'objectif 40×.
10. Répète les étapes avec la levure B.
11. Rince les lames et les lamelles.

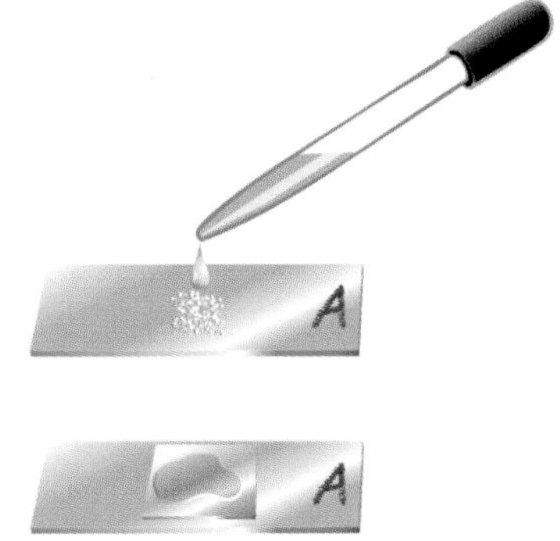

J'observe les échantillons mélangés à l'eau (condition E).

À l'aide d'un crayon gras, identifie une éprouvette par la lettre A et une autre éprouvette par la lettre B. Identifie aussi des lames A et B.

1. Verse 10 mL d'eau dans chacune des éprouvettes.
2. Ajoute quelques grains de la levure A dans l'éprouvette A.
3. Mélange avec l'agitateur. Ensuite, rince bien l'agitateur à l'eau.
4. À l'aide d'un compte-gouttes, prélève un échantillon du mélange de l'éprouvette. Pose une goutte de cet échantillon sur la lame A et couvre-la d'une lamelle.
5. Observe l'échantillon A avec les objectifs 4×, 10× et 40×.
6. Schématise et annote les observations que tu fais avec l'objectif 40×.
7. Répète les étapes avec la levure B.
8. Rince les lames et les lamelles.

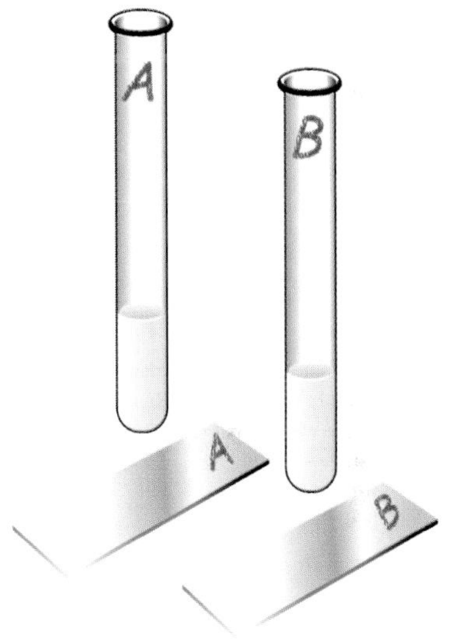

Résultats

10. À l'aide d'un tableau comme celui ci-contre, organise et analyse tes observations.

a) Dessine la structure observée dans chacun des échantillons.

b) Quel échantillon semble contenir un organisme vivant?

c) Sur quelles observations bases-tu ce choix?

d) Comment peux-tu t'assurer qu'il s'agit bien d'organismes vivants?

	Conditions		
	S	**M**	**E**
Échantillon A			
Échantillon B			

Je fais le point

Analyse et conclusion

11. Tu as probablement réussi à distinguer les deux types de levures. Complète les phrases suivantes pour tirer une conclusion de l'expérience.

a) La levure biologique (vivante) se trouve dans l'échantillon..., parce que j'ai observé...

b) La levure chimique (non vivante) se trouve dans l'échantillon..., parce que j'ai observé...

c) Je doute de mes observations préliminaires, car...

Activité 2.3 Compare la structure de la levure avec celles d'autres vivants

L'observation de structures..., p. 70
La cellule, p. 72
La structure d'une cellule, p. 74
Les cinq règnes, p. 76

Le microscope, p. 383
Schématiser des êtres microscopiques, p. 385

Je me prépare

Maintenant que tu as vu la structure de la levure vivante au microscope, tu observeras des cellules d'autres vivants des cinq règnes.

1. Quels sont les cinq règnes du vivant?

2. Quelle est l'unité de base du vivant?

3. Dessine la forme d'une cellule animale et d'une cellule végétale.

Je passe à l'action

Matériel

- Échantillons de vivants (foie de bœuf, chair d'oignon, amibe, moisissure de fromage, bactérie du yogourt)
- Microscope
- 5 lames porte-objets
- 5 lamelles
- Cure-dents
- Compte-gouttes

Manipulation

Examine au microscope la structure des échantillons qu'on t'a remis.

4. Représente par un schéma ce que tu observes au microscope. Dans chaque cas, note aussi :

- ➜ le grossissement;
- ➜ le règne auquel appartient ce vivant (monère, protiste, champignon, végétal, animal).

a) Foie de bœuf

b) Chair d'oignon

c) Amibe

d) Moisissure de fromage

e) Bactérie du yogourt (lactobacille)

Je fais le point

5. Compare la structure de la levure biologique observée à l'activité 2.2 avec celle des vivants de la présente activité.

Quelle structure est commune à tous ces vivants ?

savoirs
Les cinq règnes, p. 76

6. À partir des mots clés ci-dessous, représente graphiquement l'organisation du vivant.

Représenter graphiquement des idées, p. 381

MONÈRES	CHAMPIGNONS
UNICELLULAIRE	ANIMAUX
PROTISTES	VÉGÉTAUX
MULTICELLULAIRE	SANS NOYAU

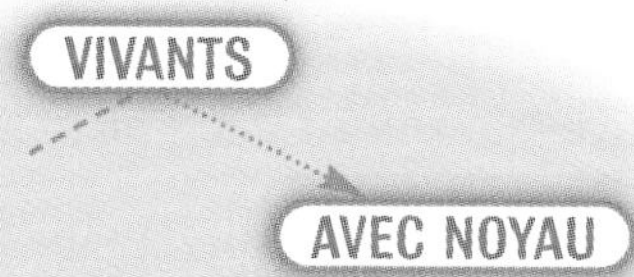

Activité 2.4 Distingue une structure morte d'une structure non vivante

La cellule, p. 72

Schématiser des êtres microscopiques, p. 385

 Je me prépare

Au cours de cette activité, tu détermineras lequel, du liège ou de la mousse de polystyrène, est vivant.

Le problème

1. À l'aide de quel appareil peut-on observer des structures microscopiques?
2. Nomme les matériaux que tu as à différencier dans cette activité.
3. Quelle est l'unité de base du vivant?

Rédige un texte d'au moins quatre phrases avec les réponses que tu viens de donner. Ce texte devrait t'aider à cerner le problème.

Connaissances préalables

4. Définis le terme *tissu.*
5. Définis l'expression *mort cellulaire.*
6. Décris les caractéristiques particulières aux cellules végétales.

Cadre de l'expérience

7. Que prévois-tu faire? Mesurer? Faire cuire quelque chose? Observer? Faire un sondage?

Hypothèse

8. À quoi ressemble une cellule morte? Schématise au moins deux aspects de la mort cellulaire.

La découverte de la cellule

Le physicien anglais **Robert Hooke** (1635-1703) est le premier à avoir observé la structure du liège au microscope. On lui doit aussi le mot *cellule*, introduit dans son livre *Micrographia*, pour désigner l'**unité de base des vivants.**

Matériel

9. Dresse la liste du matériel que tu auras à utiliser lors de la manipulation en lisant attentivement la marche à suivre.

La cellule, p. 72
La structure d'une cellule, p. 74
La composition chimique du vivant, p. 78

Je passe à l'action

Manipulation

1. À l'aide d'un crayon gras, identifie une lame porte-objet par la lettre L, pour liège, et une autre par la lettre P, pour mousse de polystyrène.
2. Dépose une fine tranche de liège sur la lame L.
3. Dépose une fine tranche de mousse de polystyrène sur la lame P.
4. Observe avec l'objectif 4× chacune des lames préparées.

Le microscope, p. 383
Montage d'une préparation..., p. 384
Schématiser des êtres microscopiques, p. 385
Matériel et instruments de laboratoire, p. 386

Un plastique végétal

Une équipe de l'École polytechnique de Montréal a réussi à mettre au point un plastique à base d'amidon (le sucre produit par les plantes). Composée à 50 % d'une ressource renouvelable, la nouvelle substance présente les mêmes propriétés que le plastique traditionnel. Elle est par contre plus écologique, moins chère à produire et biodégradable.

Résultats

10. Dessine une structure observée dans l'échantillon L.

11. Dessine une structure observée dans l'échantillon P.

Je fais le point

Analyse et conclusion

12. Les échantillons L et P semblent-ils contenir un organisme vivant ?

13. Quelles caractéristiques te permettent de croire que l'un des échantillons vient du vivant ?

14. Qualifie les deux échantillons. Sont-ils d'origine vivante ou non vivante ?

15. Comment peut-on s'assurer qu'un organisme est bien d'origine vivante ?

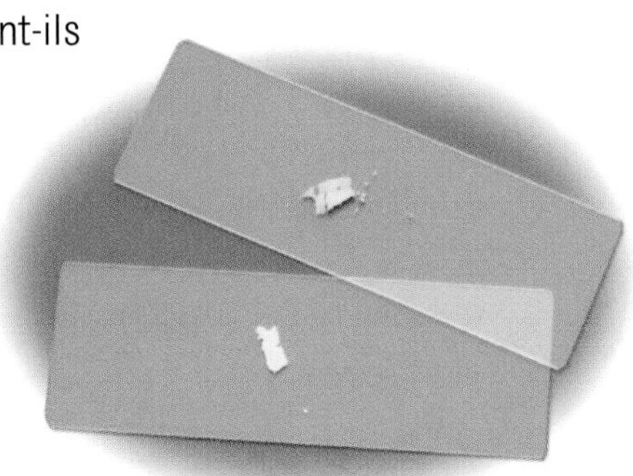

Défi Modélise une membrane cellulaire

La cellule, p. 72
La structure d'une cellule, p. 74
La composition chimique du vivant, p. 78

La cellule est comme une petite chambre à l'intérieur d'une maison. Elle est limitée non pas par des briques ou du plâtre, mais par une barrière de lipides. Les gras, l'huile et le savon sont des types de lipides.

A. Les mélanges d'huile et d'eau

Démonstration

1. Mélanger un peu d'huile à de l'eau.
2. Mélanger un peu d'eau à de l'huile.

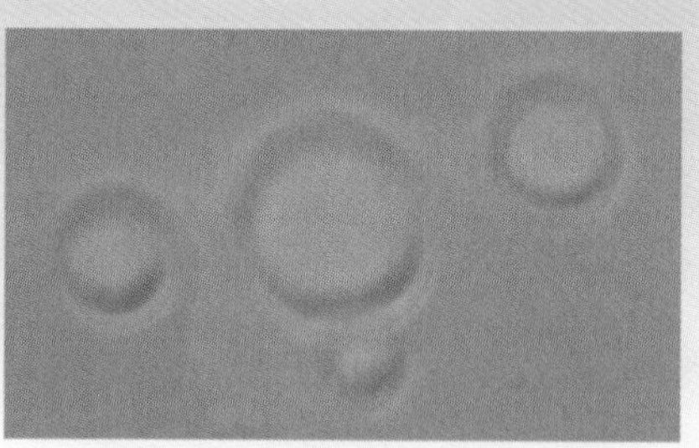

Le mélange d'eau et d'huile produit des structures nommées *micelles*.

1. Décris ce qui se produit lorsqu'on mélange un peu d'huile à de l'eau.

2. Décris ce qui se produit lorsqu'on mélange un peu d'eau à de l'huile.

3. Apporte une explication.

B. Des bulles de savon qui imitent la membrane cellulaire

La bulle de savon offre un moyen particulièrement efficace pour illustrer des propriétés de la membrane cellulaire. En effet, en manipulant de grosses bulles de savon, on peut illustrer différentes activités du vivant.

Démonstration

1. Verser du savon à bulles dans un plateau.
2. Faire une grosse bulle à l'aide d'une paille.
3. Insérer une autre paille à travers la paroi de la bulle et souffler une petite bulle dans la plus grosse.

4. D'après cette démonstration, que peux-tu dire de la membrane cellulaire?

a) Est-ce une structure rigide ou flexible? solide ou liquide?

b) Peut-elle être traversée sans être brisée?

c) Peut-elle se réparer elle-même?

Exercices

1. Voici des êtres microscopiques imaginaires observés avec différents objectifs.

a) Classe les quatre premiers (A, B, C et D) par ordre de grandeur.

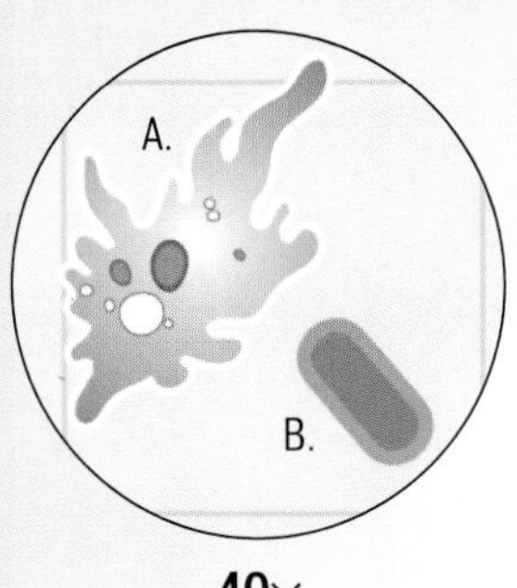

40×

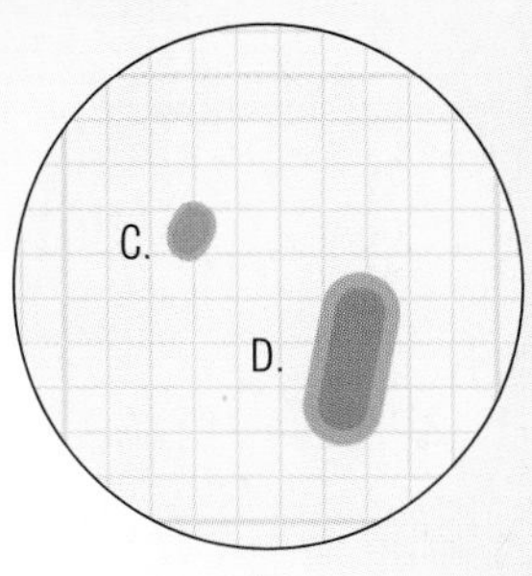

4×

b) Ajoute les deux autres (E et F) au classement par ordre de grandeur.

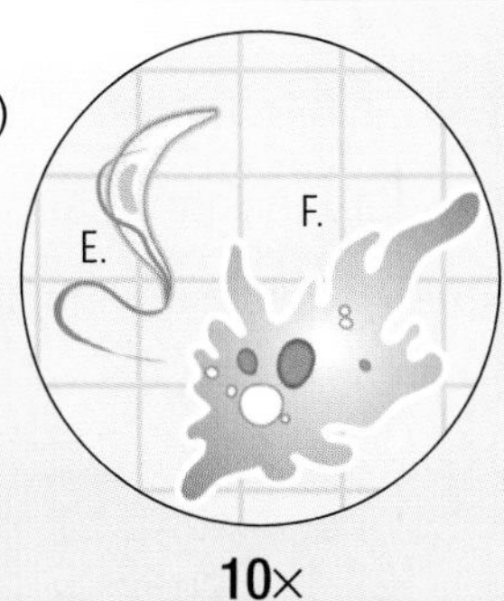

10×

Activ. 2.1

2. Voici des structures observées à travers un microscope. Indique, dans chaque cas, s'il s'agit d'un non-vivant, d'une cellule vivante ou d'une cellule morte. Justifie ton choix par des observations précises.

a)

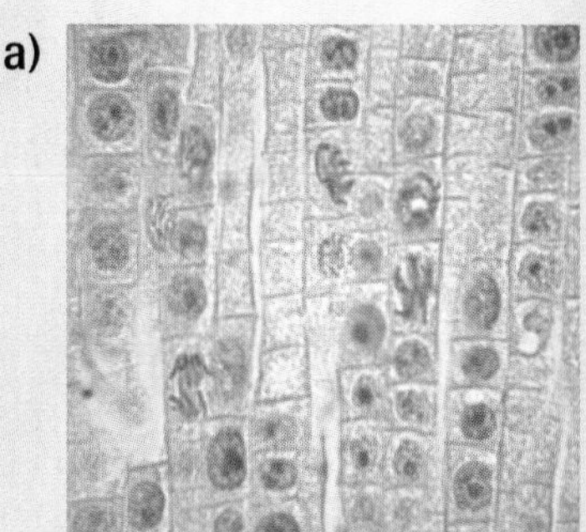

b)

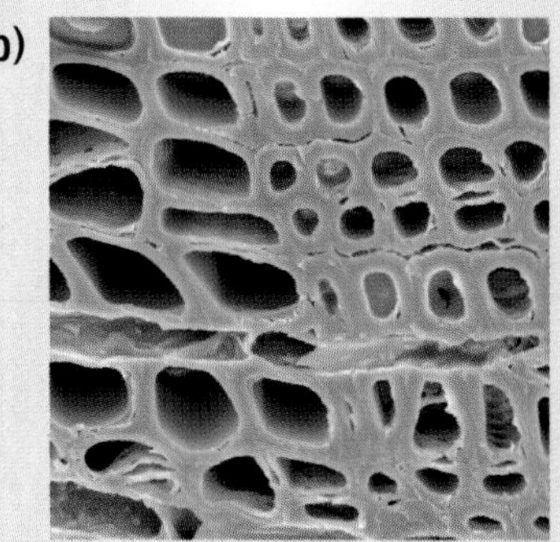

c)

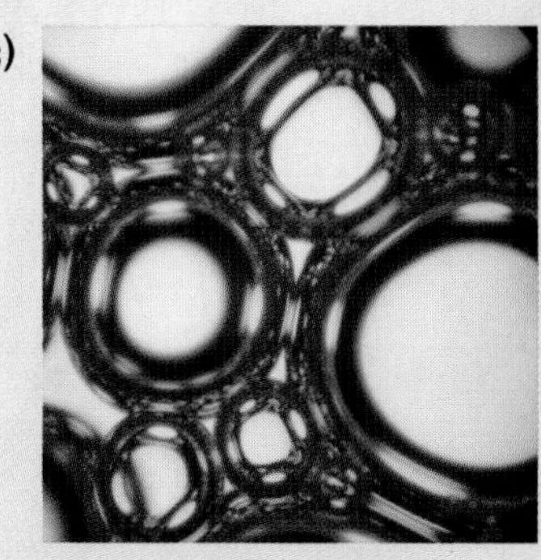

Activ. 2.2

3. Observe la liste suivante.

a) Identifie les vivants de cette liste.

b) Indique à quel règne appartient chacun de ces vivants.

- Ouananiche
- Lombric
- Cumulus
- Wapiti
- Micelle
- Vesse-de-loup
- *Saccharomyces*
- Mélèze
- Lichen
- Pleurote
- Aigue-marine
- Rorqual
- Cornemuse
- Laie
- Lait
- Bette
- Tourmaline
- Corneille
- Opale
- Amibe
- Charbon
- Chardonneret
- Mulet
- Étamine
- Oxygène
- Blanchon
- *Escherichia coli* (E. coli)
- If

Activ. 2.3

4. Associe un mot clé à chaque indice en t'inspirant de l'illustration.

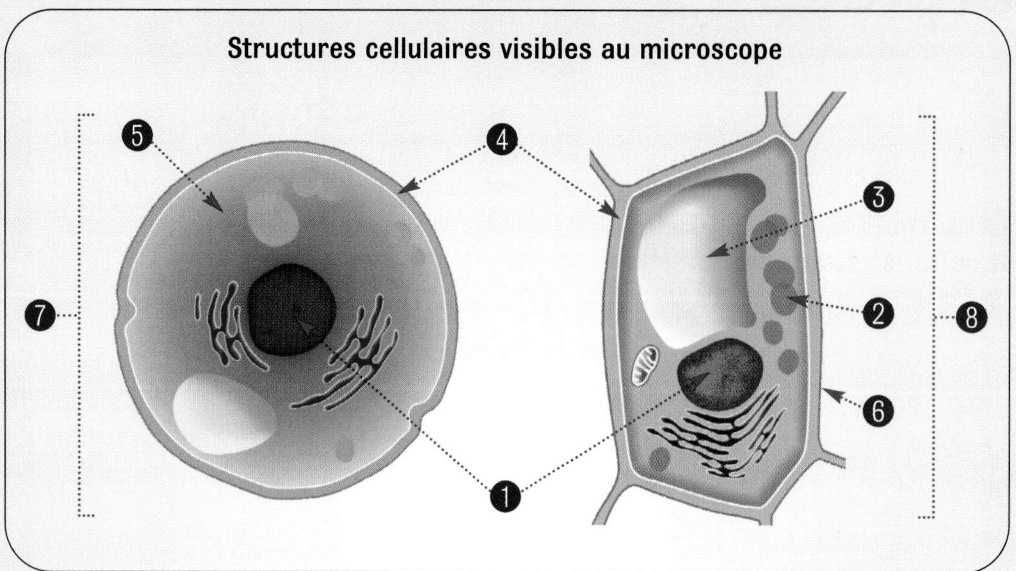

Mots clés

A. CELLULE VÉGÉTALE
B. NOYAU
C. MEMBRANE CELLULAIRE
D. CHLOROPLASTE
E. CYTOPLASME
F. VACUOLE
G. PAROI CELLULAIRE
H. CELLULE ANIMALE

Indices

1. On me trouve chez quatre des cinq règnes.
2. C'est là qu'est fabriqué le sucre.
3. Je sers au transport de liquide dans la cellule.
4. Je contrôle le transport des nutriments entre la cellule et l'extérieur.
5. J'ai une texture gélatineuse.
6. Je protège la cellule et lui donne forme.
7. Ma cellule a une forme arrondie.
8. Ma cellule a une forme géométrique.

Activ. 2.3

5. Classe les différents constituants de la cellule dans un diagramme de Venn.

MEMBRANE CELLULAIRE
PAROI CELLULAIRE
NOYAU
CHLOROPLASTES
CYTOPLASME
VACUOLE

Les constituants des cellules

animales | végétales

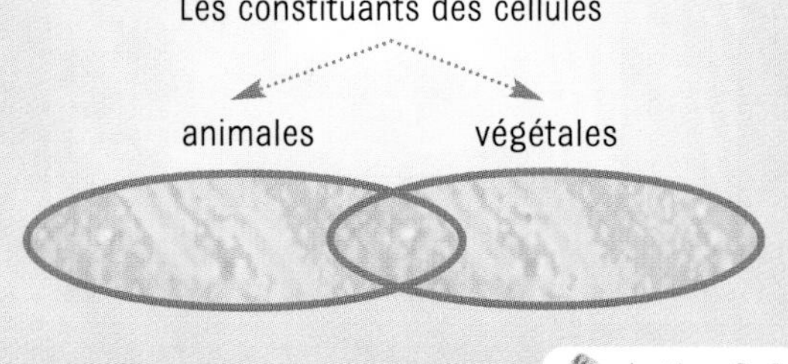

Activ. 2.3

6. Compose une phrase amusante qui t'aidera à retenir le nom des principaux constituants de la cellule végétale. Tu peux placer les mots dans l'ordre que tu veux.

MEMBRANE
CHLOROPLASTES
NOYAU
VACUOLE
PAROI CELLULAIRE
CYTOPLASME

Exemple :

Ma clôture n'est vraiment pas croche.

Activ. 2.3

À toi de jouer

Fabrique un modèle tridimensionnel de cellule

Tu viens d'observer plusieurs cellules de formes et de structures différentes. Dans de nombreux cas, il était certainement difficile de voir tous les constituants de la cellule. Alors, pour aider tes camarades de classe à se former une bonne image mentale de la cellule, construis-en un modèle tridimensionnel.

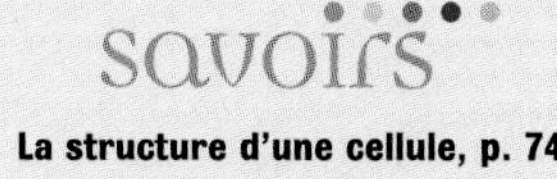

La structure d'une cellule, p. 74

Cahier des charges

- Le modèle doit avoir comme dimensions : au moins 200 mm × 100 mm × 80 mm et au plus 400 mm × 200 mm × 160 mm.
- La majorité des structures du modèle doivent être fabriquées à partir de matériaux usuels ou recyclés auxquels tu as accès dans ton milieu (carton, plastique, bois, métal, verre, etc.). Laisse libre cours à ton imagination.
- Le modèle doit représenter une cellule.
- Le modèle doit être solide et esthétique.
- Le modèle doit être réalisable en classe avec le minimum de matériel et d'outils.

Choisir une démarche, p. 370
Le cahier des charges, p. 376
Mesurer, p. 387
Comment faire un dessin, p. 393

Démarche

1. Fais une liste des constituants de la cellule qui doivent être présents dans ton modèle.
2. Schématise ton futur modèle.
3. Prépare une liste des matériaux et du matériel dont tu auras besoin.
4. Décris les étapes de la construction du modèle.
5. Une fois la construction terminée, présente ton modèle à tes camarades de classe.
6. Expose ton modèle.

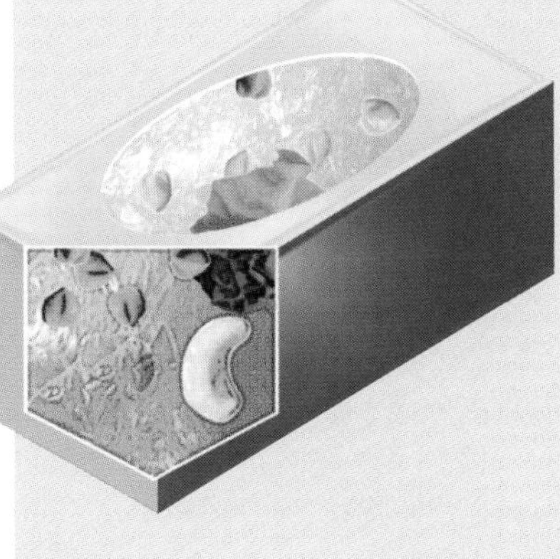

Unité 3

Les activités vitales

Quelles activités sont vitales à tous les vivants ?

Tu le découvriras en faisant quelques manipulations.

Pour que la levure fasse gonfler le pain, elle doit être vivante. À l'unité 2, tu as constaté qu'un être vivant est constitué de cellules. Pourtant, la présence d'une structure cellulaire ne prouve pas à elle seule que l'organisme est vivant. Il y a d'autres caractéristiques qui révèlent si un organisme est vivant.

La levure a les mêmes activités vitales que nous.

Place à la discussion

- Les micro-organismes ont-ils des besoins à combler pour survivre?
- Un micro-organisme respire-t-il?
- As-tu déjà observé un micro-organisme qui s'alimente?
- De quoi un micro-organisme peut-il se nourrir?
- As-tu déjà observé des micro-organismes qui se reproduisent?
- Comment peut-on empêcher les micro-organismes indésirables de se reproduire?
- Quand tu allumes une ampoule, qu'est-ce qui entre? qu'est-ce qui sort?
- À quoi sert la nourriture que tu manges?

Activité 3.1 Observe les vivants dans de l'eau

Je me prépare

L'eau provenant d'un étang, d'un lac ou d'un aquarium contient un très grand nombre d'organismes vivants. Dix millilitres d'eau d'un étang peuvent en contenir des milliers. Au cours de cette activité, tu décèleras la présence d'organismes vivants dans une goutte d'eau.

savoirs

Les activités vitales, p. 80

Matériel et instruments de laboratoire, p. 386

Le problème

1. Quels signes révèlent la présence de micro-organismes dans une goutte d'eau?
2. Quelle activité permet à un micro-organisme de fuir un danger?
3. Comment distingue-t-on un micro-organisme mort d'un micro-organisme vivant?

Connaissances préalables

4. Nomme huit activités propres aux vivants.

Cadre de l'expérience

Tu auras à comparer les activités d'un vivant dans son milieu naturel (eau) avec son activité en milieu vinaigré et en milieu sec.

Hypothèse

5. Quelle hypothèse te paraît la meilleure? Justifie ton choix.

   A. L'organisme vivant sera actif dans les trois milieux.

   B. L'organisme vivant sera actif dans deux cas seulement: dans l'eau et dans l'eau vinaigrée.

   C. L'organisme vivant sera actif dans l'eau seulement.

Matériel

6. Dresse la liste du matériel que tu auras à utiliser lors de la manipulation en lisant attentivement la marche à suivre de la page suivante.

Qualité des eaux pour la baignade

Dans le cadre de son programme Environnement-Plage, le ministère de l'Environnement du Québec évalue chaque année la sécurité et la santé des plages publiques du Québec.

As-tu déjà couru le risque de te baigner dans une eau dont la qualité était incertaine?

Je passe à l'action

Le microscope, p. 383
Montage d'une préparation..., p. 384

Manipulation

J'observe les micro-organismes dans l'eau.

1. À l'aide d'un compte-gouttes, dépose une goutte de l'échantillon d'eau contenant les micro-organismes sur une lame porte-objet.
2. Couvre cette goutte d'eau d'une lamelle.
3. Place la préparation sur la platine du microscope et observe-la avec l'objectif 4×.
4. Repère un ou plusieurs organismes qui te semblent vivants. Si tu ne vois pas de micro-organismes, fais une autre préparation.
5. Observe les micro-organismes avec les objectifs 10× et 40×, selon le besoin.
6. Note et schématise tes observations.

J'observe les micro-organismes dans l'eau vinaigrée.

7. Ajoute une goutte de vinaigre sur le bord de la lamelle et observe ce qui se produit.
8. Note et schématise tes observations.

J'observe les micro-organismes asséchés.

9. Fais une préparation sans lamelle et laisse l'eau s'évaporer. Tu peux accélérer le processus en soufflant sur la lame.
10. Note et schématise tes observations.

Le petit œil de Galilée

En travaillant sur les télescopes, **Galilée** a compris qu'il suffisait de varier la disposition des lentilles pour obtenir un microscope. Mis au point en 1609, son premier microscope destiné à l'investigation scientifique portait le nom d'occhiolino, qui signifie «petit œil» en italien. Son collègue Francesco Stelluti a proposé le nom *microscope* en 1625.

Je fais le point

Savoirs

Les activités vitales, p. 80

Analyse et conclusion

7. As-tu observé les activités vitales d'un vivant dans les préparations? Dans quelle préparation en particulier?
8. Décris l'effet du vinaigre sur les micro-organismes. Propose une explication.
9. Que s'est-il passé lorsque l'échantillon d'eau a séché? Propose une explication.
10. Comment réagissent certains des organismes à la lumière du microscope?

11. Prépare un schéma semblable au suivant.

a) Ajoute dans les cases vides les huit activités qui caractérisent une cellule.

b) Colorie les cases des activités que tu as observées au microscope.

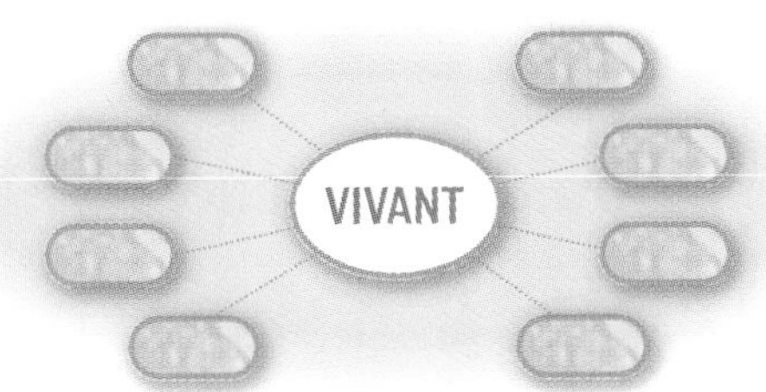

Activité 3.2 Détermine les intrants nécessaires à la levure

Je me prépare

Tout être vivant a besoin de nourriture pour vivre. Au cours de l'expérience, tu découvriras les intrants nécessaires à l'activité des levures.

savoirs

Les activités vitales, p. 80
Les intrants et les extrants, p. 83
La nutrition des cellules, p. 84

Le problème

1. Considérant qu'un organisme est un système, comment nomme-t-on les éléments qui entrent dans ce système?

2. Comment nomme-t-on l'activité de se nourrir?

3. Quel est l'être vivant dont tu observeras les activités vitales?

Connaissances préalables

4. Définis le mot *nutrition*.

5. Définis le mot *intrant*.

Cadre de l'expérience

6. Lors de la manipulation, tu utiliseras de l'eau, du sucre et de la levure.

Quelles sont les quatre combinaisons possibles de ces ingrédients?

Hypothèse

7. Parmi les combinaisons possibles, laquelle révélera des signes d'activité vitale? Justifie ton hypothèse.

Matériel

8. Dresse la liste du matériel que tu auras à utiliser lors de la manipulation en lisant attentivement la marche à suivre.

9. Illustre par un schéma les quatre éprouvettes et leur contenu.

Je passe à l'action

Les activités vitales, p. 80
Les intrants et les extrants, p. 83
La reproduction, p. 86

Représenter graphiquement des idées, p. 381
Matériel et instruments de laboratoire, p. 386

Manipulation

1. Identifie quatre éprouvettes propres et sèches par les chiffres 1, 2, 3 et 4.
2. Ajoute tes ingrédients selon les quatre combinaisons que tu as trouvées.
   > À l'aide d'une spatule, dépose une petite quantité de levure dans les éprouvettes qui doivent en contenir.
   > À l'aide d'une spatule, dépose une petite quantité de sucre dans les éprouvettes qui doivent en contenir.
   > À l'aide d'un bécher, ajoute de l'eau tiède au tiers des éprouvettes qui doivent en contenir.
3. Verse 200 mL d'eau tiède dans un bécher de 250 mL. À l'aide d'un thermomètre, assure-toi que la température de cette eau se situe entre 30 °C et 35 °C.
4. Place tes éprouvettes dans le bécher, qui servira de bain-marie.
5. Après 15 à 20 minutes, fais tes observations.

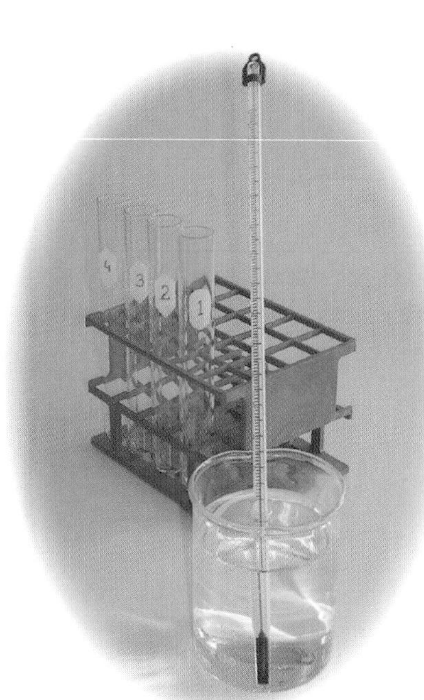

Résultats

10. Note tes observations sur ton schéma et dessine au crayon de couleur les changements que tu as observés.

11. Quel est l'indice de l'activité vitale?

12. Que contenait l'éprouvette dans laquelle tu as observé une activité vitale?

Je fais le point

Analyse et conclusion

13. Quels sont les intrants nécessaires à la nutrition de la levure?

14. Pourquoi n'y avait-il pas d'activité vitale dans certains mélanges?

15. Représente par un schéma les intrants nécessaires à la nutrition de la levure.

16. À ton avis, pourquoi la solution se brouille-t-elle dans une des éprouvettes?

Défi Observe l'amidon de la farine

Y a-t-il de l'amidon dans la farine? Comment peux-tu l'affirmer?

Le microscope, p. 383
Montage d'une préparation..., p. 384
Schématiser des êtres microscopiques, p. 385

***Solution d'iode**
Solution utilisée pour indiquer la présence d'amidon. Elle le colore en bleu.

Manipulation

J'observe les grains d'amidon de la farine.

1. Verse 10 mL d'eau dans une éprouvette.
2. À l'aide d'une petite spatule, ajoute environ 0,5 g de farine dans l'eau.
3. À l'aide de l'agitateur, brasse le mélange de farine et d'eau.

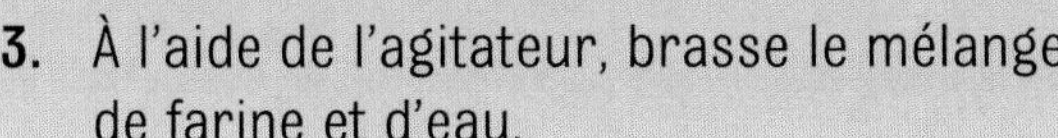

4. À l'aide d'un compte-gouttes, place une goutte de ce mélange sur une lame porte-objet n° 1 et couvre-la d'une lamelle.
5. Place la préparation sur la platine de ton microscope et observe-la avec l'objectif 10×.

Je mets en évidence la présence de l'amidon.

6. À l'aide d'un compte-gouttes, ajoute 2 ou 3 gouttes d'une solution d'iode* dans ton éprouvette.
7. Brasse le tout à l'aide de l'agitateur.
8. Place une goutte de ce nouveau mélange sur une lame n° 2 et couvre-la d'une lamelle.
9. Fais tes observations avec l'objectif 10×.

Dans quel autre aliment pourrais-tu déceler de l'amidon?

Le grain de blé

Le grain de blé utilisé pour faire la farine comprend trois parties:

- *Une enveloppe* (12 à 15 %)
  C'est la structure protectrice du grain. Cette partie n'est pas comestible.
- *Une amande* (82 à 85 %)
  Le gluten qu'elle contient, une protéine insoluble, emprisonne des grains d'amidon, un sucre complexe.
- *Un germe* (2,5 à 3 %)
  C'est la partie qui se développera en une nouvelle plante.

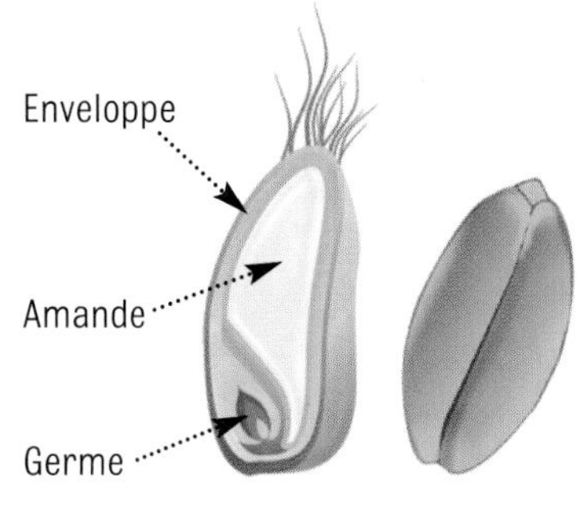

Activité 3.3 Observe un extrant de la respiration de la levure

Je me prépare

savoirs

La respiration des cellules, p. 85

Une levure respire-t-elle? Lors de cette activité, tu détermineras la présence d'un extrant de la respiration des organismes vivants.

***Chaux**
Roche à base de calcium.

Démonstration

Découvre un extrant de ta respiration : le dioxyde de carbone.

L'eau de chaux* est une solution limpide. Mais lorsqu'on y fait barboter du dioxyde de carbone (CO_2), une réaction caractéristique se produit : la solution blanchit. Le dioxyde de carbone est la seule substance qui rend l'eau de chaux laiteuse.

1. Verser 30 mL d'eau de chaux dans un bécher.
2. Verser 30 mL d'eau de chaux dans un erlenmeyer de 250 mL.
3. Insérer une paille dans l'erlenmeyer.
4. Demander à quelqu'un de pomper de l'air ambiant dans le bécher contenant l'eau de chaux. Demander à quelqu'un d'autre de souffler dans l'eau de chaux de l'erlenmeyer.

Laquelle des deux personnes fera blanchir l'eau de chaux en premier?

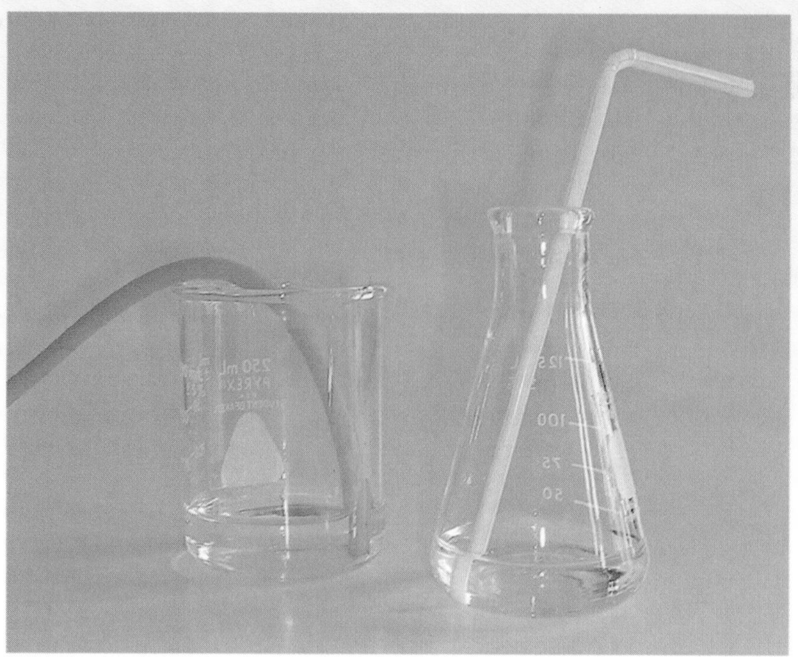

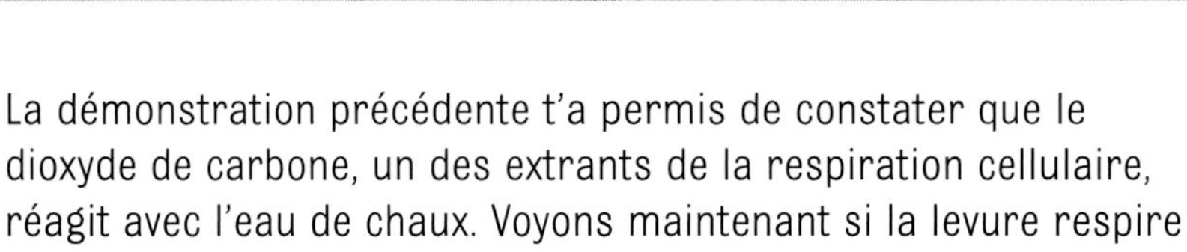

La démonstration précédente t'a permis de constater que le dioxyde de carbone, un des extrants de la respiration cellulaire, réagit avec l'eau de chaux. Voyons maintenant si la levure respire comme nous.

Les intrants et les extrants, p. 83
La respiration des cellules, p. 85

Matériel et instruments de laboratoire, p. 386

Le problème

1. Comment nomme-t-on les déchets de la respiration cellulaire?
2. Quels sont les intrants nécessaires à la respiration des levures?
3. Comment peut-on observer la présence du dioxyde de carbone produit au cours de la respiration?

Connaissances préalables

4. Quel est le rôle de la respiration cellulaire?
5. Définis les expressions *respiration aérobie* et *respiration anaérobie*.
6. Avec quel instrument mesure-t-on la température?

Cadre de l'expérience

Au cours de l'expérience, tu testeras la présence de dioxyde de carbone.

Hypothèse

7. Choisis l'hypothèse qui te convient le mieux.
   - **A.** L'eau de chaux réagira, car les levures produiront du dioxyde de carbone.
   - **B.** L'eau de chaux réagira, car les levures ne produiront pas de dioxyde de carbone.
   - **C.** L'eau de chaux ne réagira pas, car les levures produiront du dioxyde de carbone.
   - **D.** L'eau de chaux ne réagira pas, car les levures ne produiront pas de dioxyde de carbone.

Matériel

8. Dresse la liste du matériel que tu auras à utiliser lors de la manipulation en lisant attentivement la marche à suivre de la page suivante.
9. Illustre le montage par un schéma.

Utilisation de la chaux

La plupart des langues anciennes ont un mot pour désigner la substance extraite de la pierre à chaux. On utilise la chaux depuis longtemps pour faire du mortier et de la craie. Aujourd'hui, elle sert principalement à la fabrication du verre, à la production de fertilisants agricoles et à l'extraction de métaux (fer, aluminium, etc.). Avant l'invention de l'électricité, on s'en servait aussi pour l'éclairage.

Je passe à l'action

Manipulation

1. Dans un erlenmeyer de 125 mL, dépose 1 g de sucre.
2. Ajoute 50 mL d'eau tiède.
3. Agite l'erlenmeyer pour dissoudre le sucre.
4. Ajoute 1 g de levure et 3 g de farine de blé, puis agite le contenu.
5. Ferme l'erlenmeyer avec un bouchon à deux trous muni d'un thermomètre et d'un tube en verre.
6. Mesure la température de la solution.
7. Place l'erlenmeyer dans un bain-marie à 35 °C (comme à l'activité 3.2).
8. Remplis à demi une petite éprouvette d'eau de chaux.
9. Relie les deux contenants par un tube en caoutchouc.
10. Après 15 à 20 minutes, compare la température du mélange contenant la levure avec celle de l'eau du bain-marie.

Les extincteurs à CO_2

Les extincteurs portatifs constituent un outil de premier recours dans le cas d'un incendie mineur. Il en existe de plusieurs types : à eau, à poudre, à CO_2, etc. Les extincteurs à CO_2 étouffent le feu en le privant d'oxygène.

Y a-t-il un extincteur chez toi ? De quel type ? Où est-il rangé ?

Résultats

10. Note tes observations sur ton schéma et dessine au crayon de couleur les changements que tu as observés.

Je fais le point

Analyse et conclusion

11. Qu'est-ce qui t'a permis de constater que la levure respire?

12. Ton hypothèse a-t-elle été confirmée ou infirmée?

13. Fais un lien entre la respiration des levures et celle des humains démontrée avant l'expérience.

14. Représente par un schéma les intrants et les extrants de la respiration cellulaire.

15. D'après toi, est-ce que la population initiale de levure a augmenté au cours de cette manipulation? Explique.

Les intrants et les extrants, p. 83
La respiration des cellules, p. 85
La reproduction, p. 86

Exercices

1. Identifie l'activité vitale que suggère chacun des énoncés ci-dessous.

a) La baleine réagit aux sons aigus.

b) L'araignée tisse une toile pour capturer des insectes.

c) La fleur du tournesol suit la trajectoire du Soleil.

d) La peau du caméléon change de couleur selon le milieu immédiat.

e) L'été, ma peau devient plus foncée.

f) Le lys du Canada pousse en terre humide.

g) Une abeille peut communiquer à d'autres l'emplacement de nectar.

h) À l'aube et au crépuscule, la truite nage en surface, alors que le jour elle nage en profondeur.

i) En hiver, le lièvre a une fourrure blanche, alors qu'en été sa fourrure est brune.

j) La queue de la salamandre repousse si on la coupe.

k) La gestation d'une chatte est de trois mois, alors que la grossesse dure neuf mois.

l) Après une fracture, tes os peuvent se ressouder.

m) La chenille produit un cocon pour sa métamorphose en papillon.

n) L'œil est sensible à la lumière.

o) L'érable perd ses feuilles lorsque la durée du jour diminue.

p) Les goélands s'attroupent près des restaurants.

q) À l'automne, les érables laissent tomber des samares.

r) Un chat en chaleur hurle et laisse des traces d'urine.

s) Un phoque doit revenir à la surface après 20 minutes sous l'eau.

t) La levure peut vivre dans un milieu avec ou sans oxygène.

Activ. 3.1

2. Quelles sont les conséquences sur ton corps…

a) d'un excès d'aliments?

b) d'un manque d'aliments?

Activ. 3.2

3. Le corps humain est un système complexe.

a) Quels sont les intrants nécessaires pour maintenir ce système en vie?

b) Nomme deux extrants fabriqués par ton corps au cours de la respiration.

c) Présente dans un schéma la relation qui existe entre ton corps et les intrants et extrants que tu viens de nommer.

d) La nutrition et la respiration sont des activités vitales de ton corps. Nomme au moins deux autres de ces activités.

Activ. 3.2 et 3.3

4. Dans chaque cas, choisis la photo qui correspond au meilleur intrant, et justifie ce choix.

a)

A B

b)

A B

c)

A B

d)

A B

Activ. 3.2 et 3.3

5. Dans chaque cas, indique si l'élément souligné désigne un intrant ou un extrant.

a) Tous les insectes expirent du dioxyde de carbone.

b) Un bac de compostage produit de la chaleur.

c) Tous les mammifères inspirent de l'air pour en tirer de l'oxygène.

d) Le ver à soie produit un fil précieux.

e) Certains protistes respirent grâce à l'acide sulfurique.

f) Les champignons décomposent des feuilles d'arbre.

g) Il est normal d'uriner trois fois par jour.

h) Des gaz polluants sont évacués par le tuyau d'échappement d'une voiture.

i) Après s'être bien nourri tout l'été, un renne adulte pousse des bois.

j) L'abeille butine les fleurs à la recherche de nectar et de pollen.

k) Je visionne un film sur DVD.

l) J'essaie de mettre de côté 5 $ par mois dans un compte d'épargne.

m) Mon domicile est chauffé à l'huile, alors que celui de mon amie est chauffé à l'électricité.

n) Lorsque je place 100 $ dans un compte, la banque me donne 3 $ si je ne fais pas de retrait pendant un an.

o) Il est conseillé de boire trois litres d'eau par jour.

Activ. 3.2 et 3.3

À toi de jouer

Ça pétille!

Les bulles des sodas, qui pétillent sur la langue, sont faites de dioxyde de carbone (CO_2). Avant l'apparition des techniques modernes de gazéification, on utilisait les levures pour produire ces bulles.

La bière d'épinette est une boisson pétillante sans alcool, typique de l'histoire du Québec. On la fabriquait à l'époque de façon artisanale en mélangeant de la gomme d'épinette, de l'eau d'érable et de la levure. Mais comment s'y prenait-on?

Tâche

Lors d'une investigation sur la production de CO_2 par des levures, compare différents mélanges et explique pourquoi l'un d'eux produit plus de gaz que les autres.

Tu auras à préparer une variation de la recette proposée ci-contre, puis à comparer la production de CO_2 avec celle d'autres bouteilles.

1. Planifie ta démarche.
   - ➔ Garde des traces de ta démarche dans un carnet de bord.
   - ➔ Recueille des informations sur la levure, le sucre, le CO_2 et leurs interrelations.
   - ➔ Au cours d'un remue-méninges, détermine ce qui devra changer dans la recette pour favoriser l'activité des levures.
   - ➔ En équipe, détermine la composition des mélanges de manière qu'il soit possible d'associer une cause à la différence de production de CO_2 par les levures.
   - ➔ Cerne le problème (formule une hypothèse, dresse la liste du matériel nécessaire et planifie les étapes de la manipulation).
2. Concrétise ta démarche.
   - ➔ Produis ton mélange.
   - ➔ Après un certain temps, note le diamètre du ballon gonflé du CO_2 produit par les levures.
   - ➔ Partage ton résultat avec les autres élèves de ton équipe.
3. Présente ta démarche.
   - ➔ Sélectionne les éléments les plus pertinents de ton carnet de bord.
   - ➔ Explique le lien qui existe entre la grosseur des ballons et l'activité vitale des levures.
   - ➔ Rédige les informations au propre dans un rapport de laboratoire.
4. Remets ton carnet de bord, ta bouteille et ton rapport de laboratoire à l'enseignant ou l'enseignante.

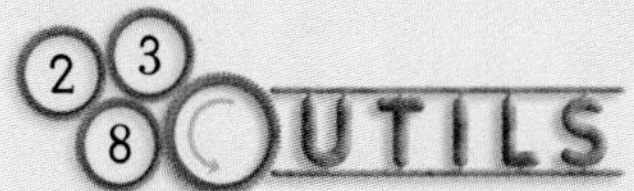

La démarche d'investigation, p. 371
Le rapport de laboratoire, p. 372
Le remue-méninges, p. 380

Unité 4

La diversité du vivant

Connais-tu le nom scientifique des vivants?

Pour t'y retrouver, applique-toi à apprendre les bases de l'identification du vivant.

L'insectarium de Montréal propose chaque année une dégustation d'insectes dans le cadre de son activité *Croque-insectes*. Au menu du Croque-insectes, une variété de préparations à base de *Gryllus campestris* frits (grillons), de *Lumbricus terrestris* confits (vers de terre) et de *Bolitotherus cornutus* (ténébrions). Ça ne t'inspire pas? C'est peut-être tout simplement parce que tu ne connais pas ces saveurs exotiques!

On perd souvent de vue l'origine des aliments. Pourtant, l'identification exacte des ingrédients utilisés dans la production et la transformation de nos aliments est cruciale, en particulier pour les personnes atteintes d'allergies ou d'intolérances alimentaires.

Connais-tu l'origine exacte des ingrédients qui composent le pain que tu vas faire? Quelle est-elle?

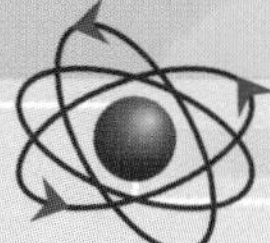

Place à la discussion

- Connais-tu le nom de certains animaux dans plusieurs langues?
- As-tu déjà entendu des mots en latin?
- Sais-tu reconnaître des animaux d'espèces différentes?
- Donne le nom de quelques dinosaures.
- Comment ranges-tu les ustensiles? Comment classes-tu tes vêtements?
- As-tu déjà assisté à la naissance d'un vivant?
- Nomme des différences et des ressemblances entre le singe et l'être humain.

Activité 4.1 Traduis quelques noms scientifiques d'espèces

Je me prépare

La nomenclature binominale, p. 88

Plusieurs pains sont faits à partir de farine de blé, de levure, de lait et d'œufs. Savais-tu que des vivants sont à l'origine de ces ingrédients? Ces vivants portent un nom scientifique. En te familiarisant avec la nomenclature binominale, tu apprendras à nommer avec précision, et sous une forme internationalement reconnue, certains des vivants à l'origine des aliments que tu consommes.

1. Quelle est la langue universelle utilisée pour nommer un vivant?

2. Le «meilleur ami de l'homme» a reçu son nom scientifique en 1758 de Karl von Linné: *Canis familiaris*.

a) À quel mot français ressemble le premier mot du nom scientifique de cet animal?

b) À quel mot français ressemble le second mot de ce nom scientifique?

Bouvier bernois

Je passe à l'action

3. Le tableau qui suit présente le nom scientifique de certains des ingrédients que tu cherches. Pour trouver ces mots, tu dois d'abord traduire cette liste en français. Tu peux trouver l'équivalent français sur Internet en écrivant entre guillemets le nom scientifique de l'animal dans un moteur de recherche.

	Nom scientifique	Nom commun				
		français	anglais	allemand	espagnol	italien
a)	*Gallus gallus*	?	Hen	Henne	Gallina	Gallina
b)	*Bos taurus*	?	Cow	Kuh	Vaca	Mucca
c)	*Ovis aries*	?	Sheep	Schaf	Oveja	Pecora
d)	*Capra hircus*	?	Goat	Ziege	Cabra	Capra
e)	*Anas penelope*	?	Duck	Ente	Pato	Anitra
f)	*Triticum sativum*	?	Wheat	Weizen	Trigo	Frumento
g)	*Solanum tuberosum*	?	Potato	Kartoffel	Papa	Patata
h)	*Zea mays*	?	Corn	Mais	Maíz	Granoturco
i)	*Saccharomyces cerevisiæ*	?	Bread yeast	Brot Hefe	Levadura del pan	Lievito di pane

4. Contrairement à la langue française, la nomenclature binominale ne réserve pas de noms différents pour les mâles et les femelles d'une même espèce. Sers-toi d'Internet, des dictionnaires et des encyclopédies pour trouver le nom français que portent les animaux suivants :

Oie domestique

a) le mâle et la femelle du *Gallus gallus*;

b) le mâle et la femelle du *Bos taurus*;

c) le mâle et la femelle de l'*Ovis aries*;

d) le mâle et la femelle du *Capra hircus*;

e) la femelle de l'*Equus caballus*;

f) la femelle de l'*Equus asinus*;

g) le mâle du *Sus scrofa*;

h) le mâle de l'*Anser aerulescens*;

i) le mâle de l'*Odocoileus virginianus*;

j) la femelle du *Lepus americanus*.

Je fais le point

5. Comment se nomme la science de la classification du vivant?

6. Le nom scientifique d'un vivant comporte deux mots.

a) Que désigne le premier? Donne un exemple.

b) Que désigne le second? Donne un exemple.

7. Comment se nomme cette nomenclature à deux noms?

8. Lorsque deux êtres vivants portent le même nom scientifique, que peut-on affirmer?

Activité 4.2 Analyse certains croisements de vivants

Je me prépare

L'espèce, p. 89

La langue courante offre plusieurs mots pour désigner une même espèce. Cela enrichit notre langue. Néanmoins, en utilisant des noms communs pour désigner des vivants, on ne sait pas si ces vivants peuvent se reproduire entre eux.

1. D'après toi, peut-on croiser les vivants suivants? Justifie ta réponse en donnant le nom scientifique du mâle et de la femelle.

	Vivant mâle ♂	Vivant femelle ♀
a)	Canari	Pinson
b)	Goéland blanc	Goéland argenté
c)	Dalmatien	Labrador
d)	Coquelicot	Poule
e)	Chat siamois	Chat persan
f)	Ours noir	Ours brun
g)	Sanglier	Laie
h)	Poney	Mustang
i)	Éléphant d'Asie	Éléphant d'Afrique
j)	Tigre de Sibérie	Tigre du Bengale

La distinction mâle/femelle

Il est souvent difficile de déterminer le sexe des animaux. Les perroquets, comme les tortues et certains nouveau-nés, ne présentent aucun signe évident. D'autres, les saumons par exemple, changent même de sexe au cours de leur vie.

2. Que signifie le nom *Tyrannosaurus rex*?

3. Quelle activité du vivant sert à définir l'espèce?

Je passe à l'action

Plusieurs camps de chasse affichent fièrement un lapados empaillé. Mais de quoi s'agit-il? D'où vient ce drôle d'animal?

L'espèce, p. 89

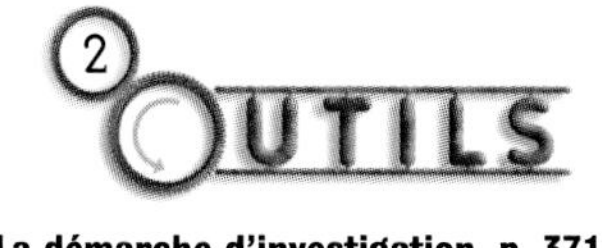

La démarche d'investigation, p. 371

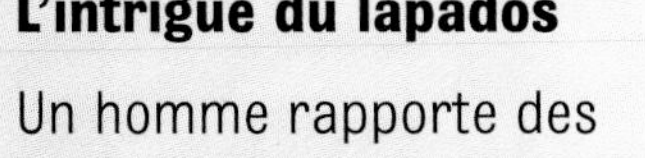

L'intrigue du lapados

Un homme rapporte des Hautes-Laurentides un bien étrange trophée de chasse : un animal qu'il nomme *lapados*. Alertés, deux vétérinaires de Saint-Hyacinthe sont enthousiastes devant la découverte. S'agirait-il d'une nouvelle espèce animale?

La chèvre-araignée

La soie d'araignée a des propriétés inimitables de résistance, de solidité, de légèreté et de flexibilité. À Vaudreuil-Dorion, l'équipe du docteur A. Lazaris a modifié génétiquement des chèvres pour qu'elles produisent les protéines de la fibre d'araignée dans leur lait. Ces fibres ont déjà des applications biomédicales et technologiques.

La biotechnologie nous permet de modifier artificiellement certaines caractéristiques des vivants. A-t-on le droit d'agir ainsi?

Pour déterminer s'il s'agit d'une espèce, les vétérinaires ont suivi les étapes de la démarche d'investigation.

1. Cerner le problème
2. Choisir un scénario
3. Effectuer l'expérience
4. Analyser les résultats

4. Reconstitue le déroulement de l'intrigue du lapados en associant chacune des actions des vétérinaires (A, B, C et D) à l'étape appropriée de la démarche d'investigation (1, 2, 3 et 4).

A. L'étrange lapin-chevreuil représente-t-il une nouvelle espèce animale? Si oui, le lapados devrait pouvoir se reproduire avec un lapin. Sinon, il n'y aura pas de reproduction.

B. Ne connaissant pas le sexe du lapados, les chercheurs décident de l'isoler avec des lapines, puis avec des lapins.

C. Le lapados est soit de la même espèce que le lapin, soit d'une espèce proche. Sa descendance donnera soit des lapins, soit des hybrides lapin-lapados. Les chercheurs prendront grand soin de la descendance pour tenter de reproduire les animaux lors d'une autre expérience. Ils publieront néanmoins leur recherche pour stimuler la collaboration de chercheurs étrangers.

D. Le lapados passe trois semaines en cage avec une lapine. Les animaux ont suffisamment à boire et à manger. Puis la lapine est isolée et des signes de gestation sont guettés. La lapine met bas quatre petits. Aucun n'a de bois.

Je fais le point

5. Dans le cadre de l'investigation, quels critères les vétérinaires ont-ils utilisés pour classer le lapados?

6. Représente graphiquement le travail des taxonomistes. Utilise au moins six des mots suivants.

TAXONOMIE	MORPHOLOGIE
BIODIVERSITÉ	MODE DE VIE
ESPÈCES	HABITAT
INTERFÉCONDITÉ	NOMENCLATURE BINOMINALE

La nomenclature binominale, p. 88
L'espèce, p. 89
La taxonomie, p. 90

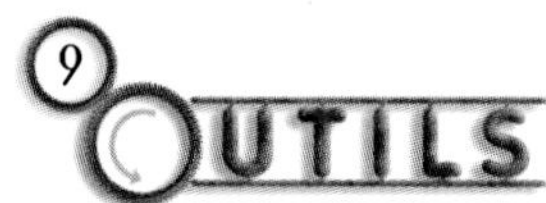

Représenter graphiquement des idées, p. 381

Activité 4.3 Apprends à identifier des espèces

Je me prépare

Tous les vivants ont un nom scientifique, un nom commun et des caractéristiques qui leur sont propres. Des clés d'identification ont été mises au point pour faciliter l'identification d'espèces.

savoirs

L'espèce, p. 89

1. Observe les photos de vivants ci-dessous, puis note au moins trois caractéristiques physiques de chacun de ces vivants.

a) Femme

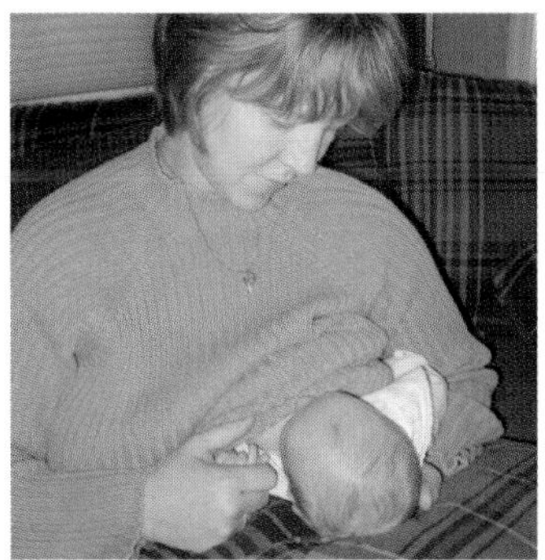

b) Soya

c) Vache

d) Poule

e) Cocotier

f) Chèvre

Le lait

Le premier aliment que tu as consommé était probablement le lait de ta mère. Tu bois maintenant celui de la vache. En plus du lait de vache, on trouve aujourd'hui sur le marché du lait de chèvre, du lait de poule, du lait de soya et du lait de coco.

Avons-nous raison d'appeler tous ces liquides du lait?

Les cinq règnes, p. 76
La classification des animaux, p. 92
La classification des végétaux, p. 94

Je passe à l'action

2. Utilise la clé d'identification qui suit pour associer le nom commun des vivants du numéro 1 à leur nom scientifique.

a) Choisis un de ces vivants, puis navigue d'un énoncé à l'autre.

b) Refais la même chose pour les autres vivants.

1 Je suis un vivant fait de cellules.
Si c'est le cas, passe à l'énoncé suivant.
Sinon, cette clé d'identification ne peut pas t'aider.

2 Mes cellules ont des chloroplastes.
Si c'est le cas, passe à l'énoncé suivant.
Sinon, passe à l'énoncé **5**.

3 Je suis pourvu d'un tronc rigide.
Si c'est le cas, mon nom scientifique est *Cocos nucifera*.
Sinon, passe à l'énoncé suivant.

4 Je suis pourvu d'une tige souple.
Si c'est le cas, mon nom scientifique est *Glycine max*.
Sinon, cette clé d'identification ne peut plus t'aider.

5 J'ai des poils sur la peau.
Si c'est le cas, passe à l'énoncé suivant.
Sinon, passe à l'énoncé **10**.

6 Je possède des cornes simples.
Si c'est le cas, passe à l'énoncé suivant.
Sinon, passe à l'énoncé **9**.

7 Je suis fortement musclé.
Si c'est le cas, mon nom scientifique est *Bus taurus*.
Sinon, passe à l'énoncé suivant.

8 Je suis frêle et agile.
Si c'est le cas, mon nom scientifique est *Ovis cabra*.
Sinon, cette clé d'identification ne peut plus t'aider.

9 Je me déplace sur deux jambes.
Si c'est le cas, mon nom scientifique est *Homo sapiens*.
Sinon, cette clé d'identification ne peut plus t'aider.

10 J'ai un bec.
Si c'est le cas, mon nom scientifique est *Gallus gallus*.
Sinon, cette clé d'identification ne peut plus t'aider.

Représenter graphiquement des idées, p. 381

Je fais le point

3. Représente graphiquement la clé d'identification que tu viens d'utiliser.

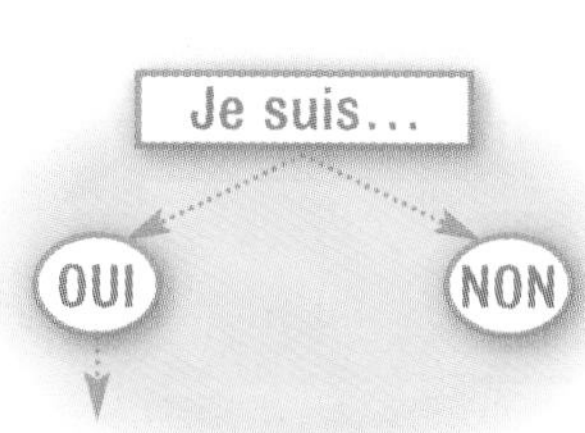

Activité 4.4 Classe le vivant

Je me prépare

Les animaux de la ferme et les animaux sauvages possèdent des caractéristiques communes. La vache domestique, par exemple, a plusieurs des caractéristiques de l'orignal. La poule, elle, ressemble à la perdrix. La classification des vivants sert justement à établir des liens entre les différentes espèces pour nous aider à mieux comprendre la nature.

savoirs

La classification des animaux, p. 92
La classification des végétaux, p. 94

Pour faire une classification, tu dois accomplir certaines actions : ranger, ordonner et classer. On peut ranger seulement et ordonner seulement. Quand on fait les deux, on classe. Le résultat, c'est donc classer. Tu veux voir en quoi cela consiste ? Observe l'exemple.

Tu dois classer les éléments suivants :   

Tu les **ranges** d'abord de différentes façons. Tu fais des catégories en te demandant ce que ces éléments ont en commun. Voici des exemples de catégories pour l'ensemble de figures proposé.

formes géométriques

formes géométriques rouges

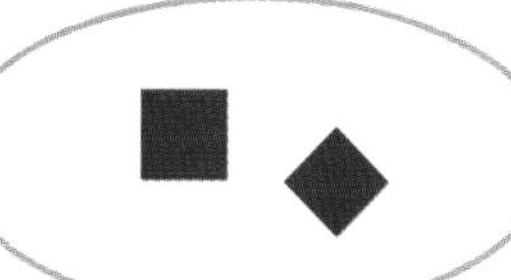
formes géométriques rouges à 4 côtés

formes géométriques avec des côtés

Tu les **ordonnes**. Ordonner, c'est emboîter les différentes catégories l'une dans l'autre.

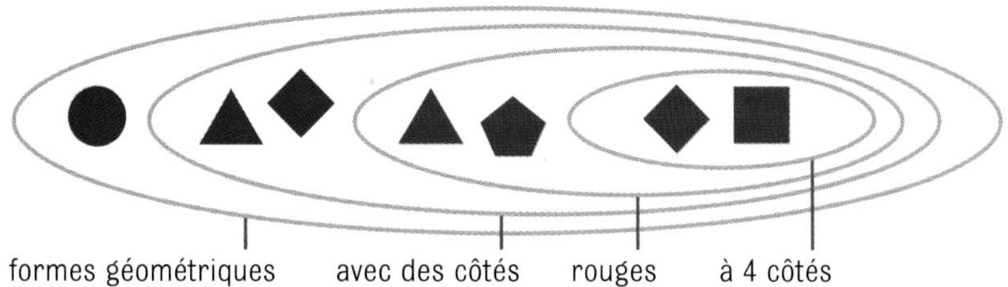

1. Associe chacune de ces trois actions au résultat qui convient pour l'ensemble de chiffres suivant : (4, 1, 5, 2, 6, 3).

a) **Ranger** selon les critères de chiffres impairs ou de chiffres pairs.

b) **Ordonner** selon un ordre croissant.

c) **Classer** selon les critères de chiffres impairs ou de chiffres pairs et selon un ordre croissant.

Résultat
❶ 1, 2, 3, 4, 5, 6
❷ Chiffres pairs : 2, 4, 6 Chiffres impairs : 1, 3, 5
❸ Chiffres pairs : 4, 2, 6 Chiffres impairs : 1, 5, 3

Je passe à l'action

savoirs

La classification des animaux, p. 92
La classification des végétaux, p. 94

2. Classe les vivants suivants en appliquant la démarche proposée : vache, orignal, ours, perdrix, cardinal, papillon, araignée, morue, sapin et pissenlit. À la fin, tu arriveras à une classification des vivants basée sur des caractéristiques physiques.

Ranger

- Identifie plusieurs caractéristiques physiques de ces vivants.
- Rassemble les vivants qui partagent les mêmes caractéristiques physiques.
- Fais plusieurs ensembles. Plus il y aura de façons de ranger les animaux, plus leur classification sera facile.
- Identifie chacun des ensembles à l'aide de caractéristiques.

Ordonner

- Ordonne les ensembles du plus petit au plus grand, soit du particulier au général.
- Imbrique de petits ensembles dans de plus grands jusqu'à ce que tous les vivants soient contenus dans un seul ensemble.
- Assure-toi que chaque ensemble de ton schéma est bien identifié.

En faisant ton schéma, tu as classé des vivants. Ce travail ressemble à celui que font les taxonomistes.

vache
perdrix
pissenlit
araignée
papillon
sapin

ours
cardinal
morue
orignal

Je fais le point

3. Compare ton schéma avec celui d'autres élèves.

a) Lesquels te semblent les plus pertinents ? Justifie ta réponse.

b) Lesquels te semblent les moins pertinents ? Justifie ta réponse.

4. Où insérerais-tu le béluga dans ton schéma ?

Activité 4.5 Relie des vivants

Je me prépare

L'espèce, p. 89
La taxonomie, p. 90
La classification des animaux, p. 92
La classification des végétaux, p. 94

Les baleines et autres cétacés ont longtemps été considérés comme des poissons. Par exemple, dans l'aventure de Moby Dick, écrite en 1851, la baleine est identifiée comme étant un poisson. Pourtant, on savait à l'époque que la baleine avait toutes les caractéristiques des mammifères, sauf celle de la vie terrestre. Mais on la considérait tout de même comme un poisson parce qu'elle vivait dans l'eau.

On classait alors les vivants principalement selon leur rapport à l'humain (ex. : animaux domestiques, animaux sauvages, animaux nuisibles).

Selon le naturaliste anglais Charles Darwin (1809-1882), classer les baleines parmi les poissons était une erreur et n'aidait vraiment pas à comprendre la nature. Il a mis au point une classification des vivants basée exclusivement sur des caractéristiques physiques plutôt que sur la relation de ces vivants avec les humains.

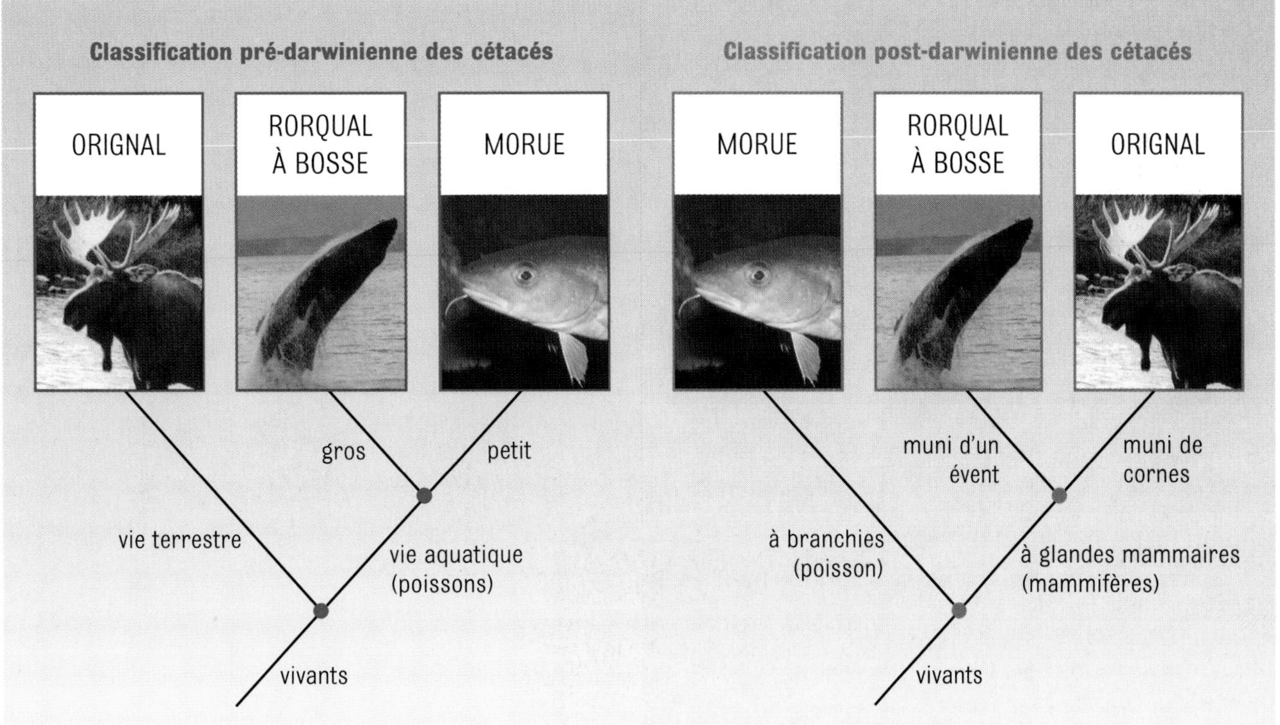

La « représentation en forme de buisson », formée d'une branche principale et d'autant de petites branches que nécessaire, fait ressortir ce type de liens entre les animaux. Il mène à une meilleure compréhension de la nature.

1. Dans chaque cas, indique si la caractéristique s'applique à un mammifère ou à un poisson.

a) Poumons pour respirer

b) Branchies pour respirer

c) 4 membres articulés par des os

d) Sang chaud

e) Nageoires faites de rayons

f) Majoritairement vivipares*

g) Sang froid

h) Écailles

i) Glandes mammaires

j) Oreilles (organes de perception du son)

k) Souvent ovipares*

***Vivipare**
Se dit d'un animal dont les petits se développent à l'intérieur de la mère.

***Ovipare**
Se dit d'un animal qui se développe dans un œuf.

Je passe à l'action

Le schéma ci-dessous représente sous forme de buisson la classification des formes géométriques de l'activité 4.4.

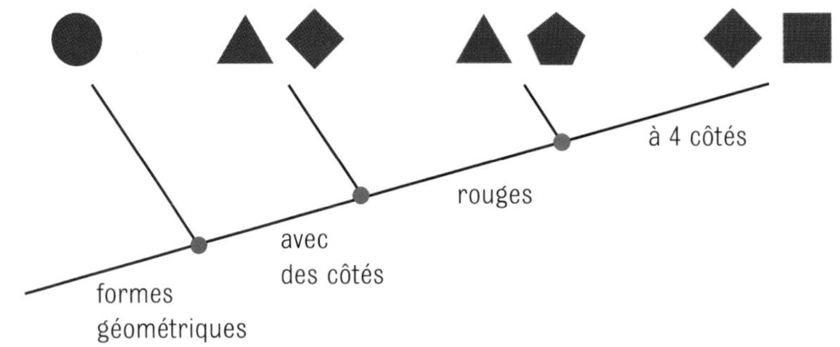

2. Réorganise le schéma que tu as fait au numéro 2 de la page 48 en suivant la démarche ci-dessous.

Démarche

→ Place les vivants sur une même ligne, en commençant par ceux qui font partie du plus grand ensemble.

Dans le cas des formes géométriques, cela correspond à la toute première ligne, en haut.

→ Quelques lignes plus bas, dessine un point et écris en retrait de ce point la caractéristique physique commune à tous ces vivants.

Dans le cas des formes géométriques, cela correspond à la caractéristique «formes géométriques».

→ Relie ce point au vivant le plus à droite de la série.

Le droit à l'erreur

On dit souvent que «l'erreur est humaine». C'est un fait.

Claude Bernard (1813-1878), le scientifique à l'origine de la démarche d'investigation médicale, ajoute qu'«il ne suffit pas de dire: Je me suis trompé; il faut dire comment on s'est trompé».

L'auteur malien Diabaté Massa Makan (1938-1988) considère qu'«être grand, c'est revenir sur ses erreurs».

Hazrat Ali (599), un calife musulman, a écrit que «l'homme sage tire une leçon de la moindre petite erreur».

Le dramaturge irlandais Oscar Wilde (1854-1900) soutient que «l'expérience est le nom que chacun donne à ses erreurs».

Et toi, comment perçois-tu tes erreurs?

- ➔ Relie la branche principale à chacun des autres vivants tout en respectant les sous-ensembles. Dans certains cas, tu auras à tracer de plus petites branches.
- ➔ Fais un point à tous les embranchements et note en retrait de ces points les caractéristiques communes aux vivants appartenant à cette branche.

Je fais le point

Voici deux façons de classifier le geai bleu parmi d'autres animaux. Dans un cas, la façon est largement acceptée par les scientifiques. Personne n'a démontré que l'autre façon de classifier est mauvaise. Observe ces schémas.

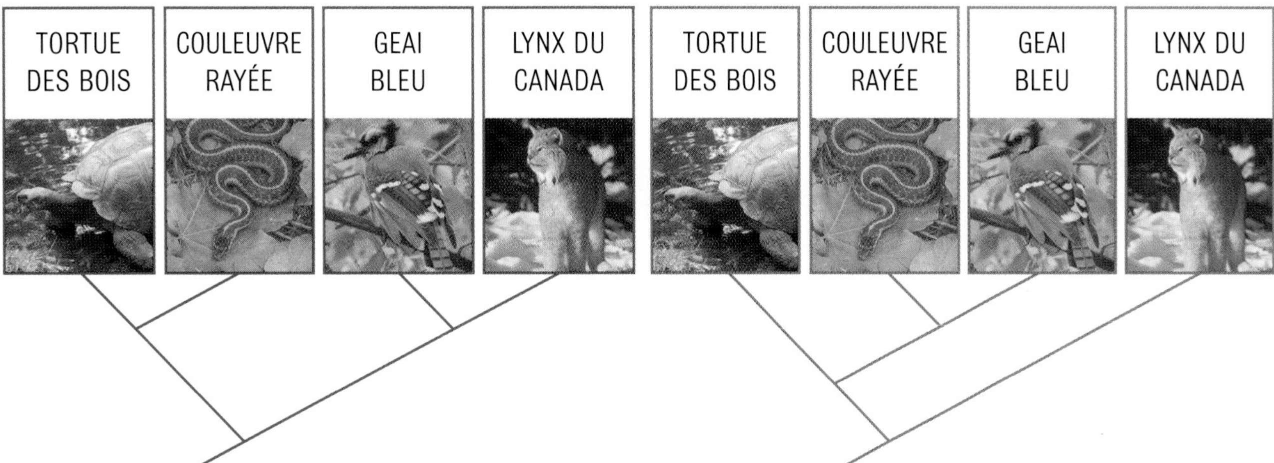

3. Complète les phrases en insérant aux bons endroits les mots *oiseaux, mammifères* et *reptiles*.

a) Selon le cas 1, le geai bleu et les... partagent d'importantes caractéristiques physiques. Dès lors, le geai bleu a plus en commun avec... qu'avec...

b) Selon le cas 2, le geai bleu et les... partagent d'importantes caractéristiques physiques. Dès lors, le geai bleu a plus en commun avec... qu'avec...

4. D'après toi, quel cas est largement accepté?

5. Quel pourrait être le point de départ de la classification de tous les vivants?

Exercices

1. Trouve le nom scientifique des vivants décrits. Aide-toi des mots latins définis dans la colonne de droite. N'oublie pas les règles d'écriture de la nomenclature binominale.

a) Je suis un poisson dont le nom commun est *truite arc-en-ciel*. Le nom de mon genre illustre ma tendance à bondir hors de l'eau, alors que le nom de mon espèce rend hommage à celle qui m'a décrit.

b) Je suis le rongeur emblématique du Canada. Le nom de mon genre est celui que les Romains me donnaient déjà. Le nom de mon espèce illustre le pays où l'on me trouve en très grand nombre.

c) Je suis un oiseau dont le nom commun est *fou de Bassan*. Le nom de mon genre illustre mon comportement extravagant, alors que le nom de mon espèce illustre mon habitat.

d) Je suis un arbre dont le nom commun est *érable à sucre*. Le nom de mon genre illustre mes feuilles pointues, alors que le nom de mon espèce fait référence au goût sucré de ma sève.

e) Je suis un insecte dont le nom commun est *moustique*. Le nom de mon genre souligne que je suis un moustique, alors que le nom de mon espèce illustre la réaction que je provoque chez les humains.

Terme latin

- *acer:* signifie «pointu» en latin.
- *gairdneri:* latinisme du nom de la scientifique Meredith Gairdner.
- *castor:* nom latin du castor.
- *bassanus:* latinisme de «Terre de Baffin» au nord du Canada.
- *pipiens:* dérivé de *pipio*, qui signifie «crier comme un petit oiseau» ou «faire du bruit comme une vache».
- *salmo:* signifie «sauter» en latin.
- *morus:* signifie «extravagant» en latin.
- *canadensis:* latinisme du pays nommé «Canada».
- *saccharum:* signifie «sucres» en latin.
- *culex:* signifie «moustique» en latin.

Activ. 4.1

2. Les vivants suivants ne peuvent pas se reproduire naturellement de façon sexuée. Pourquoi?

a) Deux chattes.

b) Une cellule de levure divisée en deux.

c) Un œuf pondu par une poule dans un poulailler sans coq.

d) Un béluga mâle du Saint-Laurent et un béluga femelle de Russie qui ont le même nom scientifique.

e) Un mulet et une mule.

Activ. 4.2

3. Le cheval, l'âne, le lama et le chevreuil sont des ruminants. Fais une clé d'identification qui permettra de distinguer ces animaux par leur silhouette.

A. Cheval: *Equus caballus*

B. Âne: *Equus asinus*

C. Lama: *Alces alces*

D. Chevreuil: *Odocoileus virginianus*

Activ. 4.3

4. Le cardinal, la mésange à tête noire, le pic chevelu et le grand duc sont des oiseaux communs au Québec. Fais une clé d'identification qui permettra de distinguer ces oiseaux par leur silhouette.

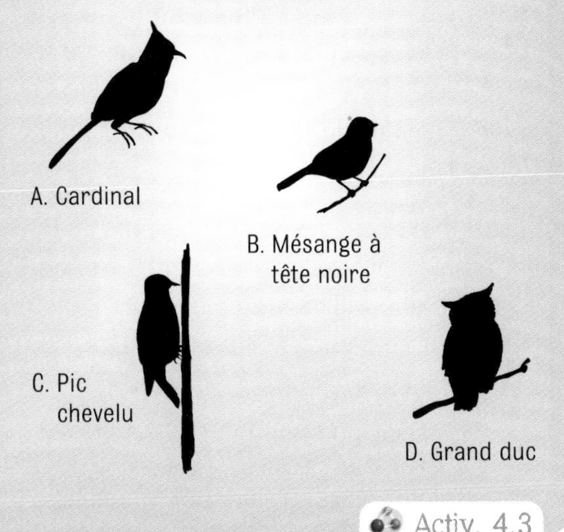

Activ. 4.3

6. Plusieurs vivants ont développé le vol comme mode de déplacement. L'oiseau, la mouche, le papillon et la chauve-souris en sont des exemples.

Dans un schéma, propose une classification qui fera ressortir les caractéristiques physiques communes à ces animaux volants.

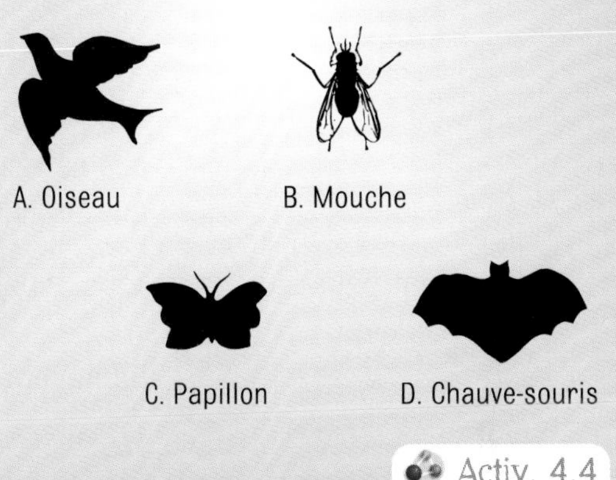

Activ. 4.4

5. Un ou une ornithologue d'expérience est capable d'identifier un oiseau en plein vol, même en ne voyant que la silhouette. Sers-toi de la clé d'identification ci-contre pour identifier les oiseaux illustrés ci-dessous.

a) Morus bassanus

b) Hirundo rustica

c) Haliaeetus leucocephalus

d) Falco sparverius

❶ Mes ailes sont très longues par rapport à mon corps.
- Si c'est le cas, passe à l'énoncé suivant.
- Sinon, passe à l'énoncé **4**.

❷ Mes ailes sont étroites et ma queue est pointue.
- Si c'est le cas, mon nom commun est *fou de Bassan.*
- Sinon, passe à l'énoncé suivant.

❸ Mes ailes sont larges et leurs extrémités sont dentelées.
- Si c'est le cas, mon nom commun est *pygargue à tête blanche.*
- Sinon, cette clé d'identification ne peut plus t'aider.

❹ Mes ailes sont pointues.
- Si c'est le cas, passe à l'énoncé suivant.
- Sinon, cette clé d'identification ne peut plus t'aider.

❺ Ma queue est simple, longue et étroite.
- Si c'est le cas, mon nom commun est *crécerelle d'Amérique.*
- Sinon, passe à l'énoncé suivant.

❻ Ma queue possède de longues plumes sur les côtés et ma tête ronde est pourvue d'un court bec.
- Si c'est le cas, mon nom commun est *hirondelle des granges.*
- Sinon, cette clé d'identification ne peut plus t'aider.

Activ. 4.3

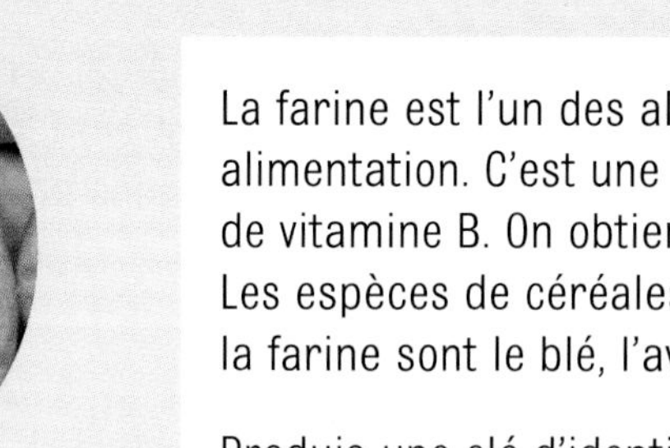

À toi de jouer

Mets au point une clé d'identification d'espèces

Blé (*Triticum sativum*)

Avoine (*Avena sativa*)

Orge (*Hordeum distichon*)

Maïs (*Zea mays*)

La farine est l'un des aliments bruts les plus importants de notre alimentation. C'est une bonne source de sucres, de fibres, de fer et de vitamine B. On obtient la farine en broyant les grains de céréales. Les espèces de céréales les plus souvent utilisées pour produire de la farine sont le blé, l'avoine, l'orge et le maïs.

Produis une clé d'identification de ces espèces de céréales à partir des caractéristiques que tu peux voir, toucher et sentir. Tu sauras que tu as réussi si la personne qui utilise cette clé est capable de trouver facilement l'espèce de céréale que tu lui demandes d'identifier.

Démarche

1. Observe les grains et note leurs caractéristiques visuelles (aspect physique), tactiles (texture) et olfactives (odeur).
2. Compose une série d'énoncés qui permettront d'éliminer les possibilités une à une. Limite-toi à une caractéristique par énoncé.
3. Ordonne tes énoncés de façon à pouvoir nommer les espèces de céréales à tour de rôle.
4. Soumets ta clé d'identification à quelques élèves.
5. Présente dans un schéma ta clé d'identification.

Suggestion de présentation

La clé d'identification sera particulièrement facile à suivre si elle est présentée sur de petites fiches cartonnées.

→ Numérote autant de fiches que tu as d'énoncés.

→ Écris un énoncé par fiche en respectant l'ordre logique de ta clé d'identification.

→ Écris le nom de l'espèce de céréale chaque fois que l'énoncé mène à une seule espèce.

Unité 5

La fabrication du pain

Comment feras-tu ton pain ?

Voici le moment de mettre en application tes connaissances.

Pour cerner la problématique, tu as d'abord identifié les ingrédients du pain dont l'origine est un vivant. Tu as constaté ensuite que les activités vitales des levures jouent un rôle important dans la transformation de la farine en pain. Ainsi, tu as découvert qu'un des principes de la préparation du pain est basé sur la nutrition, la respiration et la reproduction des levures. Enfin, en te familiarisant avec la classification des vivants, tu as constaté que leur diversité est importante pour les humains, car c'est des vivants que l'on tire notre nourriture. Toutes ces connaissances t'ont permis de comprendre les principes sur lesquels se base la fabrication d'un pain.

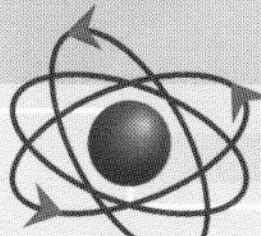

Place à la discussion

- **Quelles étapes dois-tu suivre pour concevoir et réaliser un objet technique ?**
- **Quels sont les risques de te blesser en faisant du pain ?**
- **Quelles sont les compétences requises pour exercer le métier de boulanger ou de boulangère ?**
- **Peut-on considérer le pain comme un produit de la technologie ?**
- **En quoi le progrès de la science a-t-il contribué à la fabrication du pain ? En quoi le progrès de la technologie a-t-il contribué à la fabrication du pain ?**

Activité 5.1

Mets en évidence les principes liés à la fabrication d'un pain

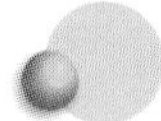

Je me prépare

La transformation des aliments, p. 64
Les mélanges, p. 95

La démarche de conception, p. 374

Le temps est venu de mettre à profit tes connaissances lors d'une démarche de conception d'un pain.

Le problème

À l'activité 1.1 de l'unité 1, tu as préparé un cahier des charges pour cerner le problème de fabriquer un pain. Consulte-le pour revoir les contraintes de conception.

1. Pour quelle raison est-il important de ne pas mélanger tous les ingrédients en même temps?
2. Pourquoi faut-il pétrir la pâte?
3. Explique ce qui se passe si on ne met pas de levure dans la pâte.
4. Quel est le rôle de la chaleur dans la fabrication d'un pain?

Je passe à l'action

Les transformations de la matière, p. 97

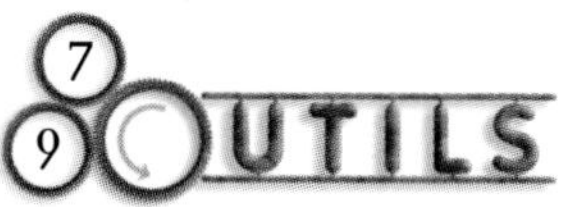

Les schémas technologiques, p. 378
Représenter graphiquement des idées, p. 381

En science et technologie, le schéma de principes est un outil qui sert à décrire les procédés ou mécanismes associés à l'objet à produire.

5. Quels sont les quatre procédés à la base de la préparation d'un pain?
6. Nomme un changement physique, un changement chimique ou une transformation biologique associé à chacun de ces procédés.
7. Fais un schéma de principes de la fabrication du pain. Tu y arriveras en associant chacune des réponses du numéro 5 à une des réponses du numéro 6.

Je fais le point

Solution proposée

8. Vérifie si la recette choisie correspond au cahier des charges, puis adapte-la au besoin.

Activité 5.2 Prépare la fabrication de ton pain

Je me prépare

La transformation d'aliments, p. 64
Matière première, matériau, matériel, p. 96

La démarche de conception, p. 374
La fiche des opérations, p. 377
Les schémas technologiques, p. 378

Matériel et matériaux

La conception d'un objet technique nécessite une organisation matérielle en vue de sa fabrication. Avant de passer à la fabrication proprement dite, il est important de déterminer et de rassembler les matériaux (ingrédients) et le matériel que demande la recette.

1. Dresse une liste complète des ingrédients et des quantités dont tu as besoin.

2. Dresse une liste complète du matériel nécessaire.

Je passe à l'action

3. Présente dans une **fiche des opérations** semblable à la suivante les différentes opérations* nécessaires à la réalisation de ton pain. Assure-toi de noter les opérations liées à chacun des procédés.

***Opération**
Action à accomplir en vue d'un résultat à obtenir.

Procédé	Opération	Description de l'opération	Matériaux	Matériel
Mélange	1. Mesure des ingrédients secs	Mesurer la farine, la levure, le sucre, la poudre à pâte et le sel	4 mL de levure 2 mL de sucre 2 mL de poudre à pâte 500 mL de farine 2 mL de sel	Cuillère à mesurer Tasse à mesurer
	2. Mesure des ingrédients liquides	Mesurer l'eau tiède et le yogourt	60 mL d'eau tiède 125 mL de yogourt	
	3. Préparation de la levure	Dissoudre la levure et le sucre dans l'eau tiède	Le sucre, la levure et l'eau tiède, déjà mesurés	Bol et cuillère
	4. …			
Pétrissage				

Je fais le point

L'illustration ci-dessous résume les opérations à suivre pour fabriquer un pain.

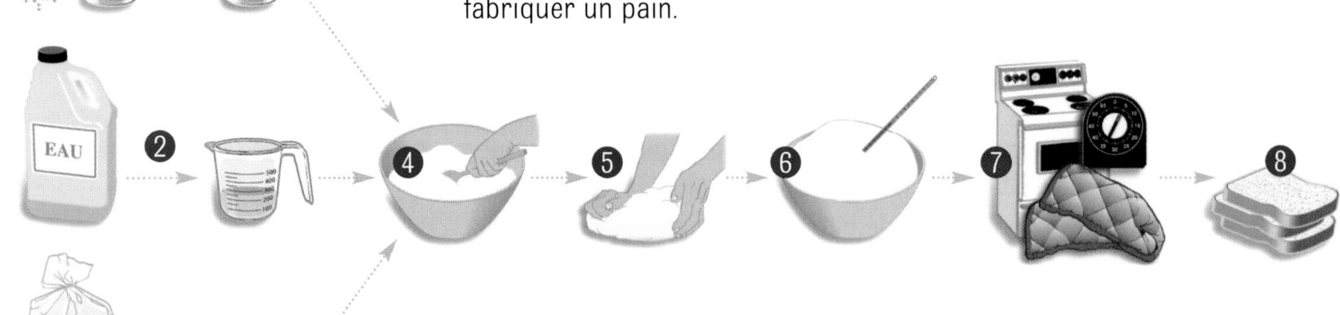

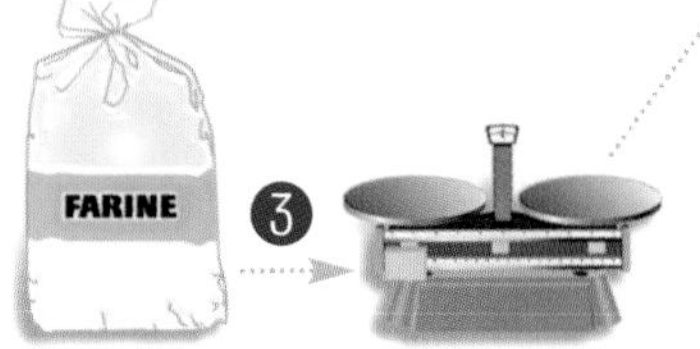

4. Quelles opérations représentent les chiffres 1 à 8 sur le schéma que tu viens d'observer?
5. Est-ce que ce schéma s'applique à ta recette? Justifie ta réponse.

Défi Activation des levures sèches

Tu as vu aux unités 2 et 3 que la levure sèche doit être activée pour faire lever la pâte.

Décris en détail les différentes manipulations que tu dois faire pour rendre ces levures actives, capables de se nourrir, de respirer et de se reproduire.

Activité 5.3 Fabrique ton pain

La fiche des opérations, p. 377
La sécurité en classe..., p. 399

Je me prépare

1. En équipe, partagez-vous les différentes tâches à accomplir en fonction de la fiche des opérations. Quelles sont ces tâches?
2. Déterminez pour chaque procédé les règles d'hygiène et de sécurité à respecter.

Je passe à l'action

Fabrication

Participe à la fabrication du pain en accomplissant les tâches qui te reviennent. Tiens compte des règles d'hygiène et de sécurité à respecter.

La transformation d'aliments, p. 64
Les transformations de la matière, p. 97
Les propriétés de la matière, p. 99

La démarche de conception, p. 374
Le remue-méninges, p. 380

Essai

3. Participe à un remue-méninges en petit groupe pour déterminer ce qui rend un pain bon. À partir de ces données, élabore une fiche d'évaluation. Tiens compte de critères comme le goût, la dureté de la croûte, le gonflement de la pâte, la qualité de la mie, le degré de cuisson, l'apparence et toute autre propriété qui permet d'apprécier un pain.

Présente ta fiche au reste de la classe, puis choisissez ensemble la fiche qui servira à évaluer tous les pains que vous avez fabriqués.

Ton pain respecte-t-il les conditions établies au départ? Pour t'en assurer, goûtes-y et revois les étapes de la démarche que tu as suivie pour le préparer.

4. Procède à l'évaluation de chacun des pains de la classe.

- ✔ Le pain est-il comestible?
- ✔ A-t-il bon goût?
- ✔ Considères-tu que le résultat est un succès?
- ✔ Est-ce que le produit obtenu respecte les critères énoncés dans le cahier des charges? Explique-toi.

Je fais le point

Retour sur la démarche

5. Écris un rapport de cinq lignes pour faire part de ta perception du déroulement des opérations, de la distribution des tâches et de la collaboration entre les membres de l'équipe.

6. As-tu des modifications ou des améliorations à suggérer? Lesquelles?

Le pain, un reflet de la culture

Même s'il existe une grande variété de pains (pain de ménage, baguette, bagel, pita, focaccia, bretzel, stollen, tsoureki, poori, nan, bolo de caco, paska, etc.), le principe reste toujours le même. Découvrir le pain d'ailleurs, c'est découvrir les cultures d'ailleurs.

Quel type de pain préfères-tu? Est-ce le meilleur pour ta santé?

savoirs

L'industrie agroalimentaire

La Terre abrite plus de 7 milliards d'individus, et ce nombre augmente d'environ 90 millions chaque année. Les humains, comme tous les autres vivants, ont **besoin** de s'alimenter pour survivre. Le défi de l'industrie agroalimentaire est donc de réussir à offrir une grande variété d'aliments de qualité et à un prix abordable à cette population mondiale grandissante.

Aliment brut

Il existe deux types d'aliments : les **aliments bruts** et les **aliments transformés**. Les aliments qui se mangent crus (ex. : pomme) et ceux qui sont destinés à la **transformation** (ex. : blé) sont des aliments bruts.

Presque tous les aliments produits par l'industrie agroalimentaire passent par les étapes de transformation et de préparation.

Les aliments bruts sont transformés et préparés dans le but de devenir digestes (faciles à digérer), sécuritaires (sans microbes), durables (qui se conservent longtemps), appétissants et attrayants.

Aliments transformés

Aliment brut

Aliments transformés

Le défi des scientifiques, des technologues et des techniciens est de **contrôler la transformation** des aliments bruts en aliments préparés afin d'obtenir des aliments qui répondent aux critères recherchés.

LA BETTERAVE À SUCRE, du champ à la raffinerie

Une chaîne de transformation

L'industrie agroalimentaire s'active à fournir des produits destinés à l'alimentation. Dans cette industrie, des entreprises de tailles bien différentes se côtoient : petites fermes se spécialisant dans les produits du terroir (produits typiques d'une région), boucheries de quartier, multinationales, etc. Grande ou petite, l'entreprise agroalimentaire doit être à la fine pointe de la science et de la technologie.

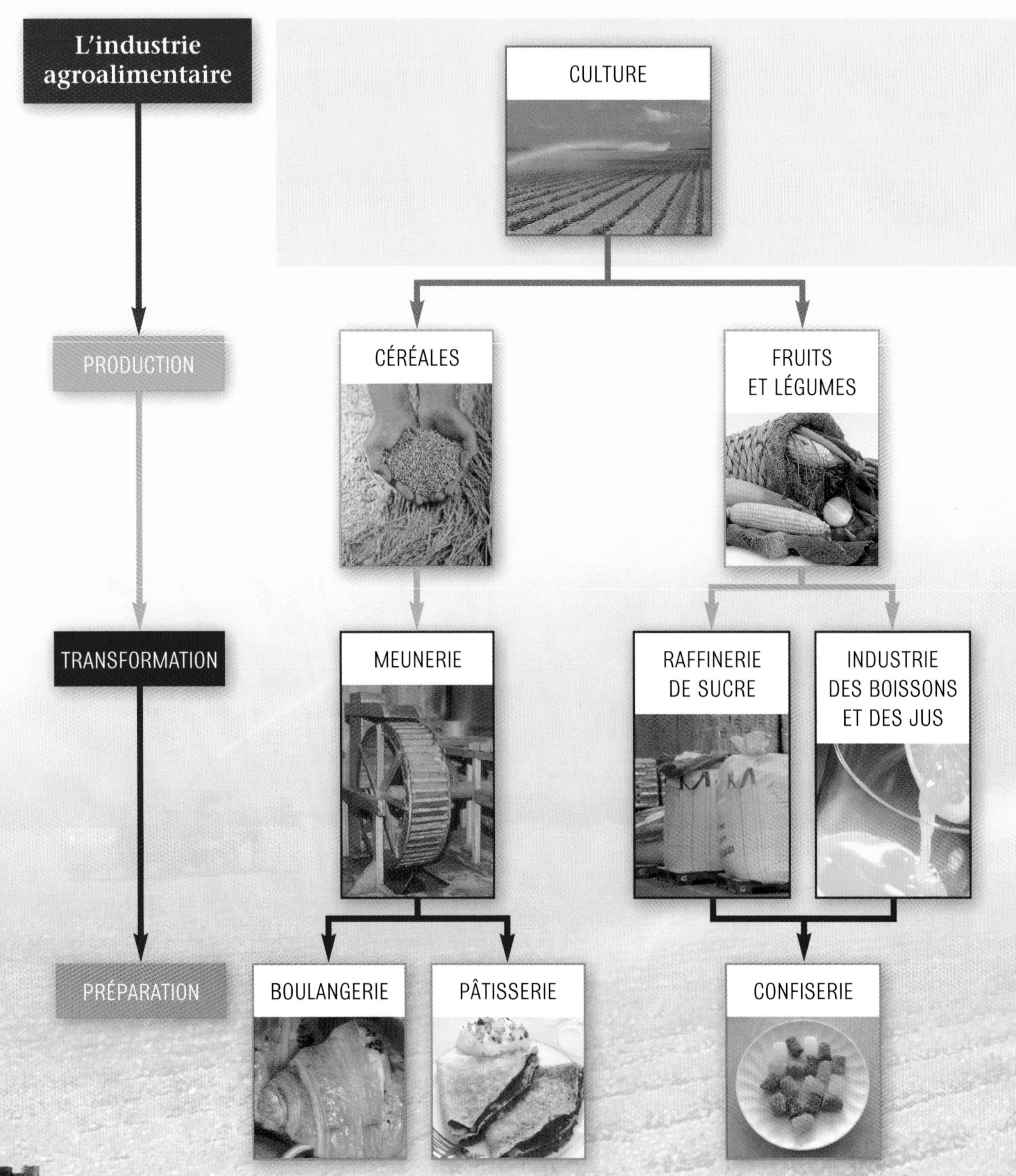

La chaîne de transformation alimentaire regroupe un grand nombre d'activités :

• production (ex. : culture, élevage, pêche) ;
• transformation (ex. : meunerie, laiterie) ;
• préparation (ex. : boulangerie, fromagerie).

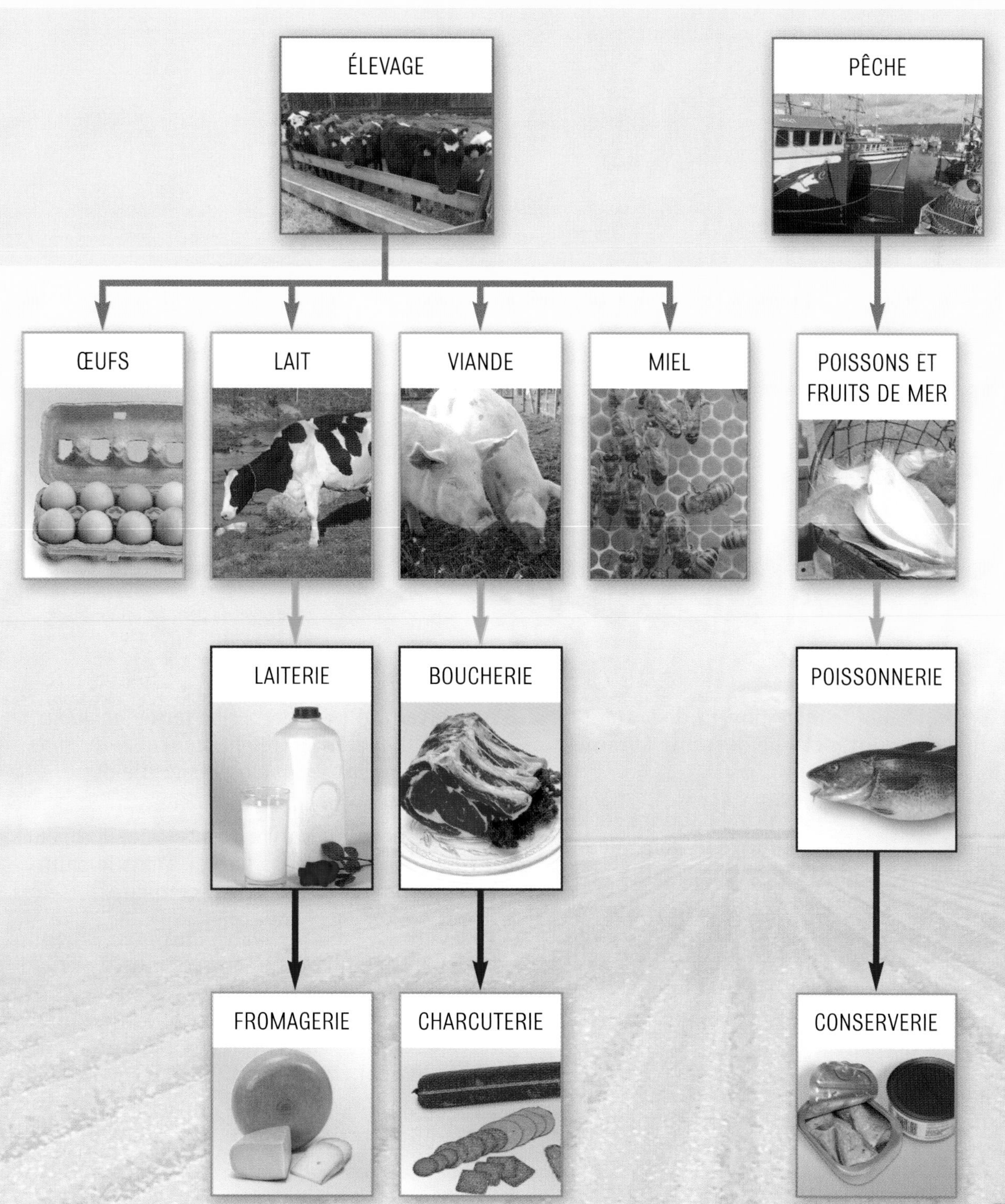

La transformation d'aliments

« **L'enfant au pain** »
Ozias Leduc (1864-1955) huile sur toile (avec la permission du Musée des beaux-arts du Canada)

LE PAIN

Le pain résulte le plus souvent de la transformation d'un mélange de farine, d'eau et de levure.

La ***farine***, l'ingrédient principal du pain, est d'origine vivante. Elle provient généralement du grain des **plantes céréalières** telles que le blé, le maïs, l'avoine, le riz et le sarrasin. Il existe aussi des farines à base de racines, comme la pomme de terre et le manioc, et des farines à base de fruits, comme la banane plantain.

La farine fournit les principaux éléments nutritifs du pain.

L'***eau*** est une substance incolore, inodore et sans saveur à l'état pur. Il s'agit d'un ingrédient non vivant, dit abiotique. Le terme *abiotique* vient de *a-*, qui exprime l'absence, et de *bio-*, qui exprime la vie. *Abiotique* signifie donc « sans vie ».

L'eau agit comme **solvant** (substance qui peut dissoudre d'autres substances). Dans le pain, l'eau permet la liaison des ingrédients.

La ***levure*** est un être vivant. Plus précisément, c'est un champignon microscopique. Pour se multiplier, cet organisme a besoin de conditions contrôlées : une source de nourriture (les sucres), de l'eau et une température généralement comprise entre 18 °C et 40 °C.

La levure sert à faire **lever la pâte**.

Procédés de fabrication du pain

Le mélange des ingrédients

Il est important de ne pas mêler tous les ingrédients en même temps, car la farine a tendance à produire des grumeaux. Or, on cherche à créer un mélange d'apparence **homogène**, autrement dit un mélange dont les composantes sont réparties de la façon la plus uniforme possible.

Le pétrissage de la pâte

On obtient la pâte en pétrissant le mélange formé par les ingrédients. En remuant et en pressant le mélange en tous sens, le gluten (une composante de la farine) réagit avec l'eau et l'air pour former une pâte lisse et élastique. Ce pétrissage entraîne des **changements** (mélange, dissolution et formation d'un réseau élastique de gluten). Une bonne pâte doit avoir les propriétés suivantes: être élastique et brillante, et ne pas coller aux doigts.

La levée de la pâte

On place la pâte pétrie dans un milieu chaud et humide. Pendant ce temps de repos, la **nutrition** des levures produit un alcool (alcool éthylique) et un gaz (dioxyde de carbone). Sous l'effet du dioxyde de carbone, la pâte gonfle. Comme de l'alcool s'évapore à la température ambiante, une forte odeur se dégage de la pâte. En résumé, quand la levure se nourrit de l'amidon, cela entraîne la levée de la pâte.

La cuisson de la pâte

Lors de la cuisson, la chaleur tue les levures. Une partie de l'eau et de l'alcool s'évapore. Certaines substances **se décomposent**; d'autres **se composent**. L'odeur, la croûte et la mie en sont le résultat.

LE FROMAGE

Au Québec, on fabrique du fromage depuis l'époque de la colonisation française (1654-1754). Nos maîtres fromagers produisent aujourd'hui plus de 150 variétés de fromages de spécialité.

Le fromage est fabriqué à partir du lait. La **transformation** du lait en fromage se fait généralement à l'aide de bactéries.

Procédés de fabrication du fromage

1. Le caillage (coagulation du lait)

On ajoute des bactéries ou des sucs gastriques de bovins au lait pour entraîner la formation de **solides**. Cette coagulation donne donc un solide (le caillé) et un liquide (le lactosérum).

2. Le travail sur le caillé

D'abord, on sépare le caillé du liquide.

On verse ensuite le caillé dans des moules qui donneront la **forme** définitive aux fromages.

Par la suite, on fait égoutter les fromages et on les soumet à un pressage.

On retire enfin les fromages de leur moule et on les sale pour favoriser la production d'une croûte.

3. L'affinage

Pour faire **vieillir** les fromages, on les met au repos. Chaque variété de fromage demande des conditions particulières d'affinage (température, durée du repos, etc.).

La science, la technologie et les techniques

En tant qu'êtres humains, nous avons des besoins. Tous les objets et les produits sont créés pour répondre à ces besoins.

Pour concevoir et fabriquer ces objets et ces **produits**, on fait appel à la science, à la technologie et aux techniques. Ces trois domaines sont intimement liés.

Le progrès technologique repose sur celui de la science qui, à son tour, dépend de l'avancement de la technologie et des techniques.

La science fournit les **connaissances**. La technologie cherche comment répondre à un besoin, **conçoit** un objet ou un produit pour y répondre et détermine les procédés pour fabriquer l'objet ou le produit. Les techniques sont les procédés qui mènent à la fabrication de l'objet.

Le diagramme ci-dessous illustre bien le rapport qui existe entre ces domaines.

BESOIN

SCIENCE
La science cherche à expliquer les phénomènes naturels en posant des questions, en expérimentant et en confrontant des résultats.

La science, c'est les **connaissances**.

TECHNIQUES
Les techniques regroupent tous les procédés nécessaires à la réalisation, à la construction et à la **fabrication** d'objets et de produits.

Les techniques, c'est la façon de faire, la recette.

TECHNOLOGIE
La technologie cherche à résoudre des problèmes de la vie courante en concevant des objets et produits.

La technologie, c'est la création, la **conception**.

OBJET TECHNIQUE

Les besoins fondamentaux

Il serait bien difficile d'établir une liste complète des besoins qu'éprouvent les humains, car il en naît de nouveaux tous les jours. Certains de ces besoins sont toutefois indispensables à la survie ; on les appelle besoins fondamentaux. C'est à ceux-là que répond d'abord la **technologie**.

Le tableau ci-dessous présente six besoins fondamentaux. Dans chaque cas, on donne un exemple de produit issu de la science, de la technologie et des techniques pour répondre au besoin.

Besoin	*Exemple*	*Apport*
Se nourrir	Pain	***Science :*** Étude des levures ***Technologie :*** Nouvelles recettes ***Techniques :*** Cuisson
S'abriter	Maison	***Science :*** Étude des propriétés des substances ***Technologie :*** Ingénierie et architecture ***Techniques :*** Construction
Se vêtir	Manteau	***Science :*** Découverte de nouvelles fibres synthétiques ***Technologie :*** Machinerie de tissage industriel ***Techniques :*** Couture
Se déplacer	Bicyclette	***Science :*** Recherche de nouveaux matériaux ***Technologie :*** Conception de cadres légers ***Techniques :*** Usinage
Se défendre	Allergies	***Science :*** Étude des réactions de l'organisme ***Technologie :*** Tests de dépistage ***Techniques :*** Soins aux personnes allergiques
Communiquer	Internet	***Science :*** Étude des propriétés de la lumière ***Technologie :*** Réseau de fibres optiques ***Techniques :*** Utilisation et gestion des ordinateurs

La communication par le dessin

Le dessin fait partie intégrante de notre culture humaine. Tout le monde s'est déjà exprimé par un dessin !

Détail d'une fresque de la grotte de Lascaux (France). ~15 000 av. J.-C.

Certaines peintures vieilles de 12 000 à 17 000 ans nous révèlent que le dessin existe depuis très longtemps. À quoi servaient ces grandes fresques peintes sur les murs des grottes ? Avaient-elles un but purement décoratif ? Peut-être servaient-elles à décrire aux futurs chasseurs les différentes sortes de gibier de la région et la façon de le piéger ? Ces fresques ont certainement servi à combler un besoin de **communiquer**.

Le dessin est aussi un langage universel servant à représenter la réalité. Cette façon de communiquer est indispensable en science et technologie.

Quel que soit le but recherché, les techniques de base du dessin sont toujours les mêmes. Le dessin consiste à tracer plusieurs **lignes** qui se rencontrent pour donner l'expression finale désirée. Ces lignes peuvent être droites ou courbes, horizontales, verticales ou obliques.

Dans le domaine des beaux-arts, on utilise le dessin surtout pour évoquer des idées, des sentiments ou un décor.

En architecture et en ingénierie, le dessin sert d'outil pour décrire et représenter les **caractéristiques d'un objet** avant même de le fabriquer.

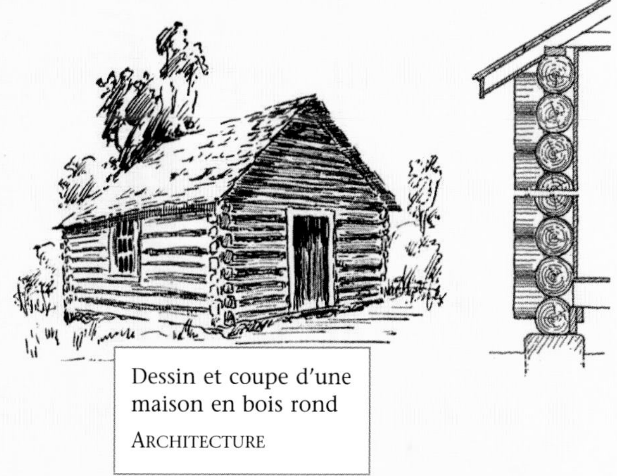

Dessin et coupe d'une maison en bois rond
ARCHITECTURE

En science et technologie, on utilise surtout le schéma. Dans ce cas, la représentation est limitée à l'ensemble des points et des **traits principaux** du sujet.

Le schéma sert principalement à décrire le **fonctionnement** ou la forme générale de l'objet.

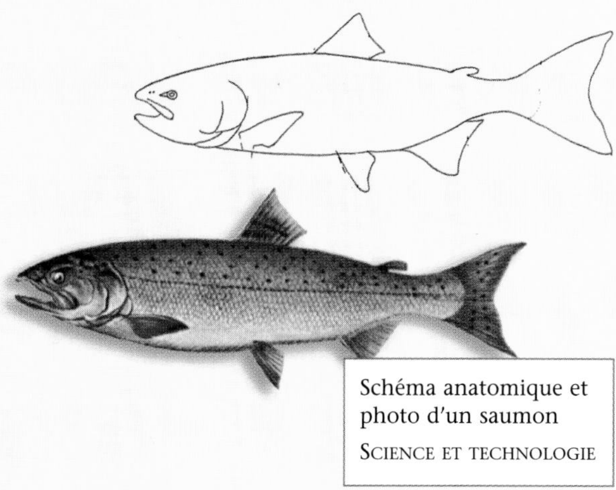

Schéma anatomique et photo d'un saumon
SCIENCE ET TECHNOLOGIE

L'observation de structures microscopiques

Les premières observations qu'on fait au microscope sont souvent déroutantes, car les structures révélées par ce type d'appareil ne ressemblent absolument pas à celles qu'on observe à l'œil nu. Certains principes de base peuvent aider à s'y retrouver. Pour déterminer, par exemple, si un organisme est vivant ou non, il est bon d'avoir des indices. Les plus importants sont résumés dans le tableau ci-contre.

Les structures et organismes qu'on observe au microscope sont en général plus petits que l'épaisseur d'un cheveu, donc plus petits que $\frac{1}{2}$ millimètre (0,5 mm). Les vivants de cette taille portent le nom de *micro-organismes*.

La technologie offre plusieurs catégories de microscopes. Le choix de l'appareil dépend de la grosseur de l'échantillon et du détail qu'on cherche à voir.

Le schéma ci-contre illustre ce qu'on peut voir à l'œil nu et à l'aide de différents microscopes. Les microscopes optiques comme ceux qu'on utilise dans les écoles peuvent grossir jusqu'à 1000 fois l'échantillon. Dans ce cas, on parle d'un pouvoir grossissant de 1000×. La plupart des microscopes électroniques utilisés dans les laboratoires de recherche ont un **pouvoir grossissant** de 100 000×.

Caractéristiques visibles au microscope

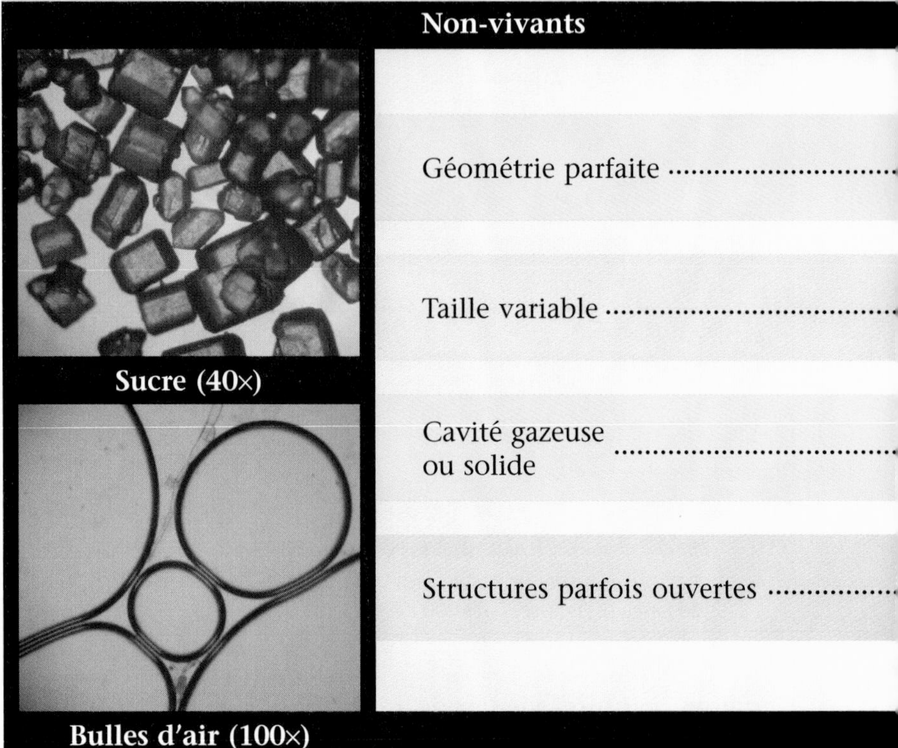

Taille comparée de certaines structures

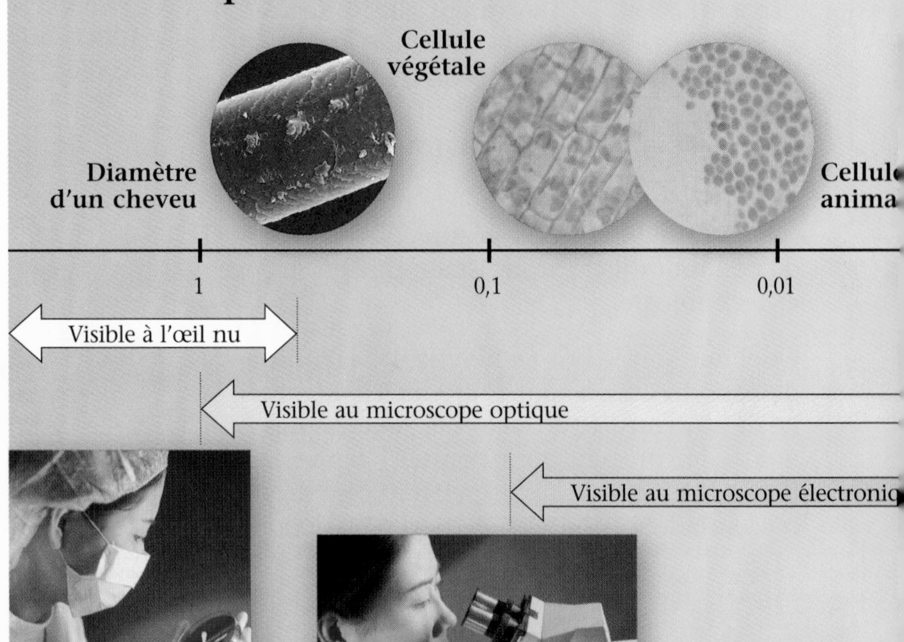

Vivants	
.... Géométrie imparfaite	Feuille (400×)
.... Taille uniforme	
.... Cavité contenant de l'eau et des structures	Levure (400×)
.... Structures fermées	

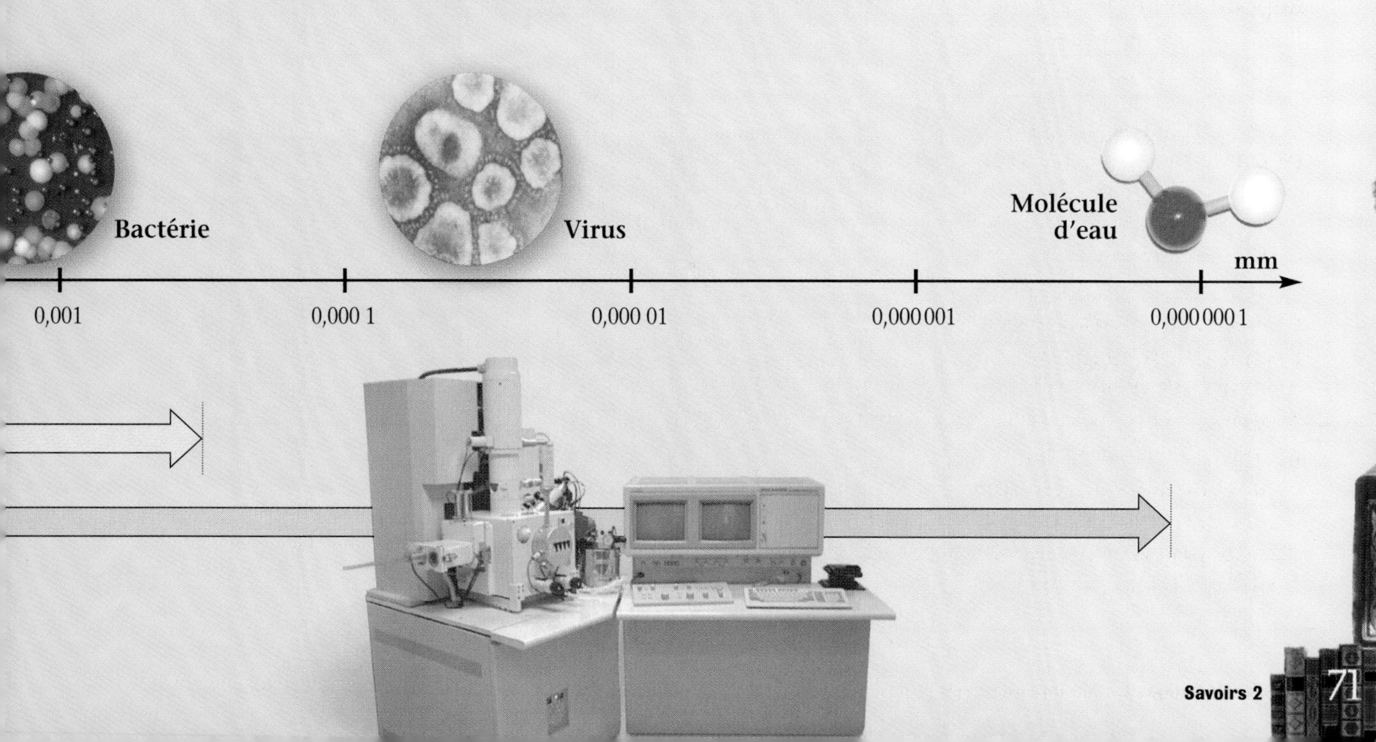

La cellule

Le mot *cellule* signifie « petite chambre » en latin. La cellule est l'unité de base de la vie. Tous les vivants ont au moins une cellule. Toutes les cellules proviennent d'une autre cellule.

Partant du fait que la cellule est l'unité de base de tous les vivants, la science a posé l'un de ses grands fondements qu'on appelle la **théorie cellulaire**. D'après cette théorie, tout vivant aurait la même origine : une cellule vieille de 3,5 milliards d'années. Autrement dit, comme le vivant a la même composition de base et qu'il n'est pas créé à partir du non-vivant, les cellules d'aujourd'hui viendraient toutes d'une seule et même cellule. Ainsi, le vivant aurait un ancêtre commun à partir duquel ont évolué toutes les formes de vie.

Les cellules du corps humain

Le corps humain contient près de cent milliards de cellules de toutes sortes. Même si elles prennent des formes différentes d'une partie du corps à une autre, les cellules ont toutes le même matériel génétique, car elles ont toutes la même cellule d'origine. En effet, cette cellule est le résultat de l'union entre un spermatozoïde et un ovule.

Plusieurs **caractéristiques** distinguent le vivant du non-vivant. Parmi celles-ci, il y a l'organisation cellulaire et la mort cellulaire.

Les animaux ont plusieurs types de cellules de formes et de grandeurs variées.

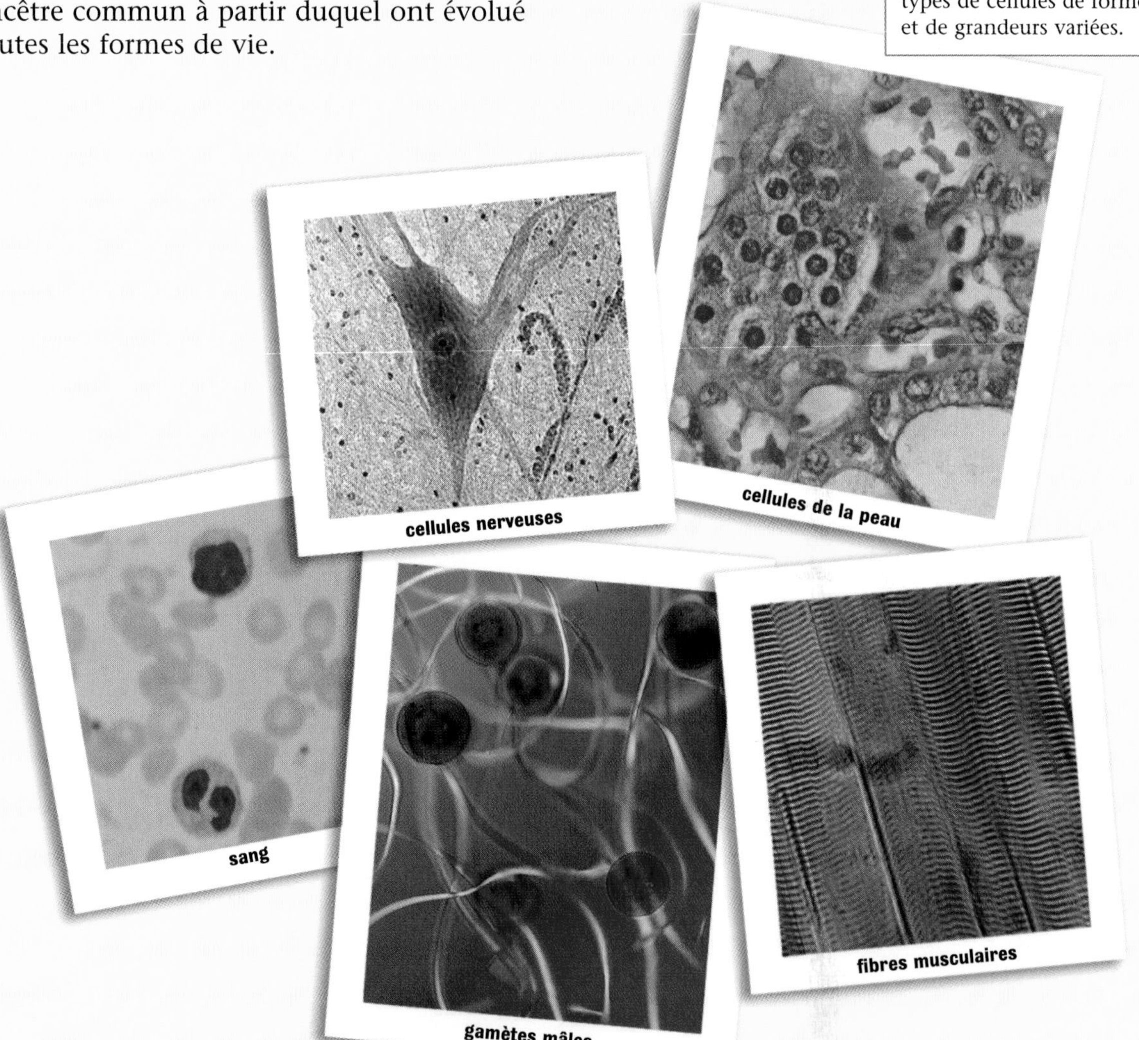

L'organisation cellulaire

Certains organismes sont formés d'une seule cellule. On dit qu'ils sont *unicellulaires*. Ceux qui en ont plusieurs sont *multicellulaires*.

Les humains et la plupart des animaux et des plantes sont des organismes multicellulaires. Leurs cellules se regroupent et se spécialisent pour former des tissus et des organes (voir tableau). Ainsi, une cellule de peau est différente d'une cellule de muscle parce qu'elle n'a pas la même fonction. De la même manière, une cellule de racine est différente d'une cellule de feuille. Mais il s'agit dans tous les cas de cellules spécialisées pour certaines **fonctions** (ex. : se nourrir, se reproduire, respirer).

STRUCTURE	*CHEZ LES ANIMAUX*	*CHEZ LES PLANTES*
Cellule : La cellule est l'**unité** de structure et de fonctionnement de l'être vivant. Sa forme et ses fonctions varient d'un tissu à un autre.	Cellule 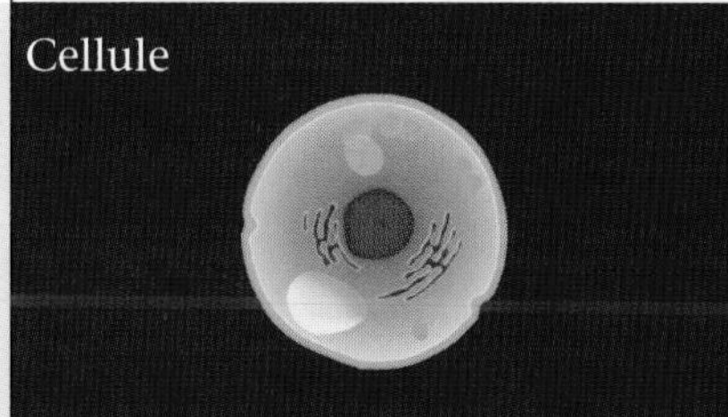	Cellule 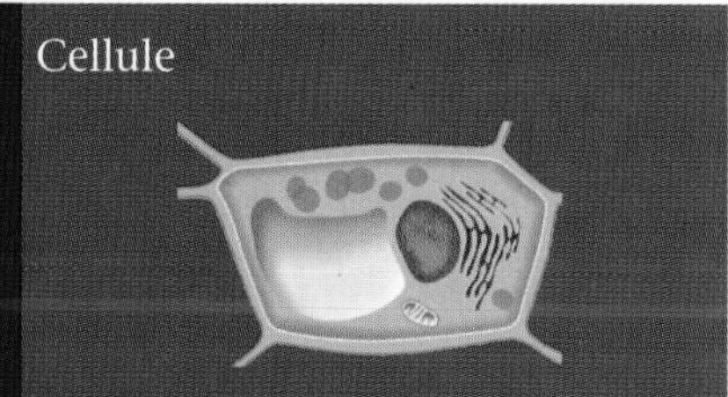
Tissu : Un tissu est un **ensemble** de cellules semblables qu'on retrouve dans un organe. Par exemple, trois tissus composent la peau : l'épiderme, le derme et l'hypoderme.	Derme 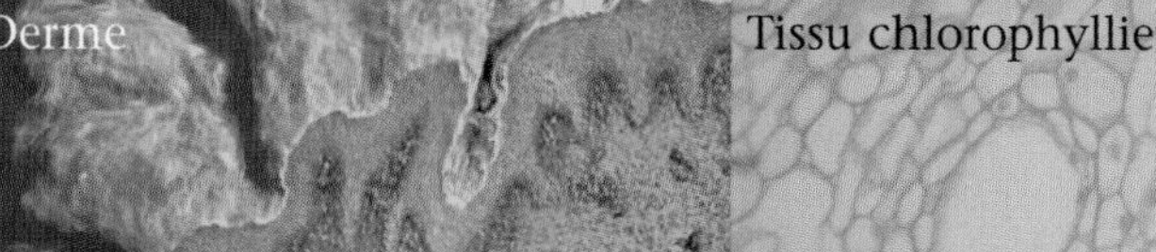	Tissu chlorophyllien
Organe : Un organe est une partie d'un organisme qui remplit une **fonction** particulière. Exemples d'organes : peau, cerveau, yeux, poumons... tige, racines, feuilles, fleurs...	Peau 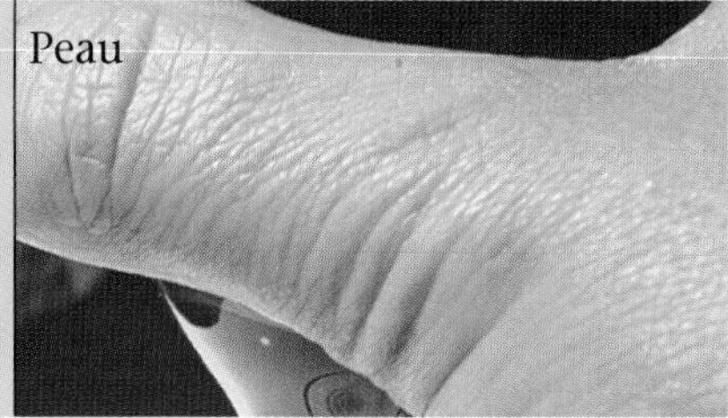	Feuille 

La mort cellulaire

En observant des cellules au microscope, on peut distinguer les cellules vivantes des cellules mortes par des indices dont les principaux sont illustrés ci-dessous.

PRINCIPAUX INDICES DE MORT CELLULAIRE

Membrane cellulaire déchirée

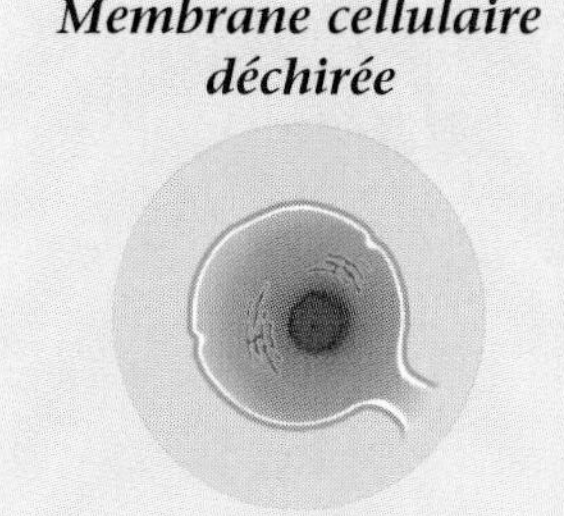

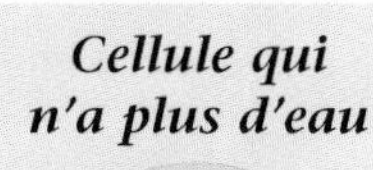

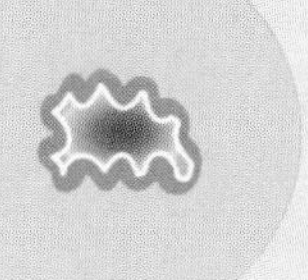

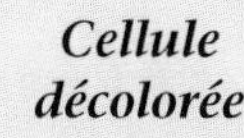

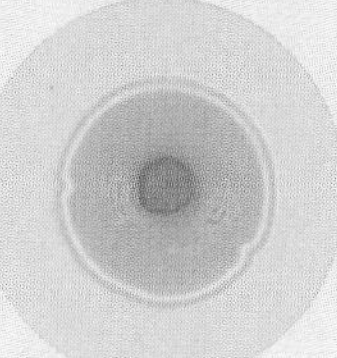

Cellule vide

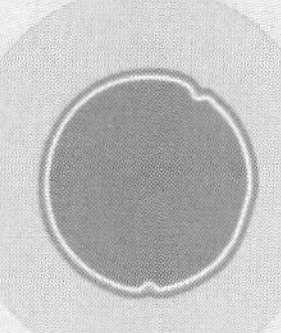

La structure d'une cellule

Comme la vie a évolué à partir d'un ancêtre commun, on peut s'attendre à ce que toutes les cellules aient à peu près la même structure de base. C'est en effet le cas.

La cellule animale a au moins trois constituants communs avec la cellule végétale. Elles ont toutes les deux une **membrane cellulaire**, un **cytoplasme** et un **noyau**.

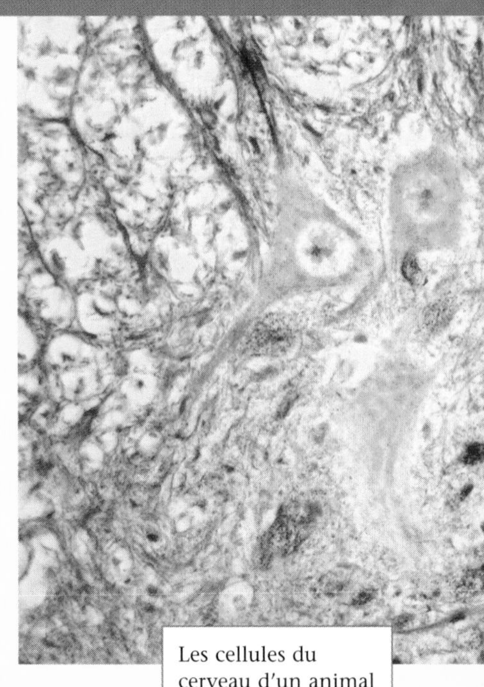

Les cellules du cerveau d'un animal

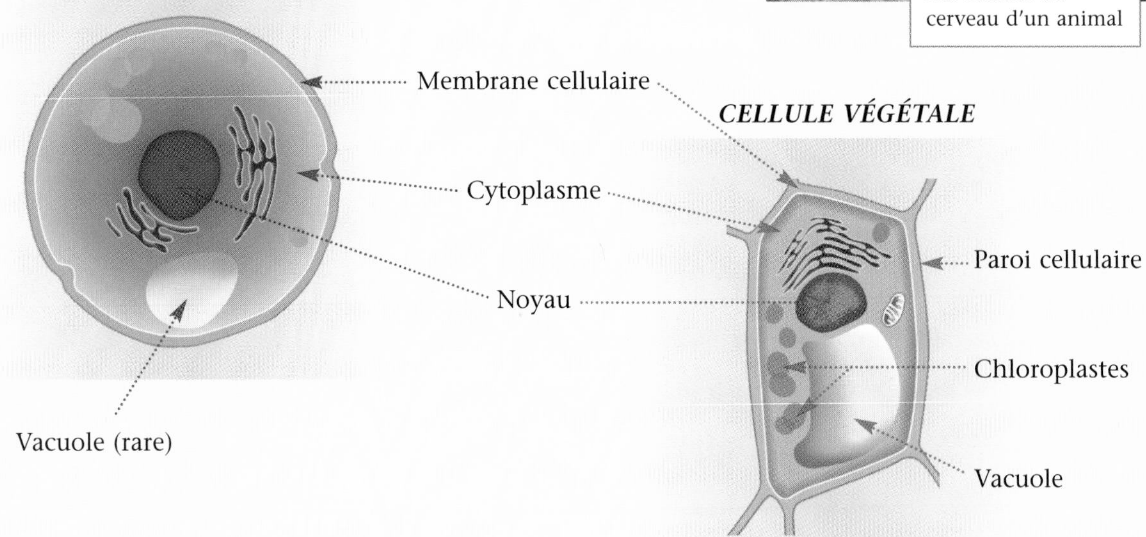

Membrane cellulaire

La membrane cellulaire est commune à tous les vivants. Elle est composée principalement de **lipides** (gras). Comme l'huile dans l'eau, la membrane cellulaire forme une structure fermée, mais fluide. Elle contrôle ce qui entre et sort de la cellule. La membrane cellulaire agit en quelque sorte comme une **frontière** entre le milieu ambiant et le cytoplasme.

Cytoplasme

Le cytoplasme est commun à tous les vivants. C'est le mélange à l'**intérieur** de la cellule. Sa texture ressemble à celle de la gelée. Le cytoplasme contient les différents constituants qui assurent le fonctionnement de la cellule.

Noyau

Le noyau est commun aux protistes, aux champignons, aux végétaux et aux animaux. Il est le **centre de contrôle** des activités cellulaires. Baignant dans le cytoplasme, le noyau contient le matériel nécessaire à la fabrication des constituants de la cellule et à la reproduction de la cellule.

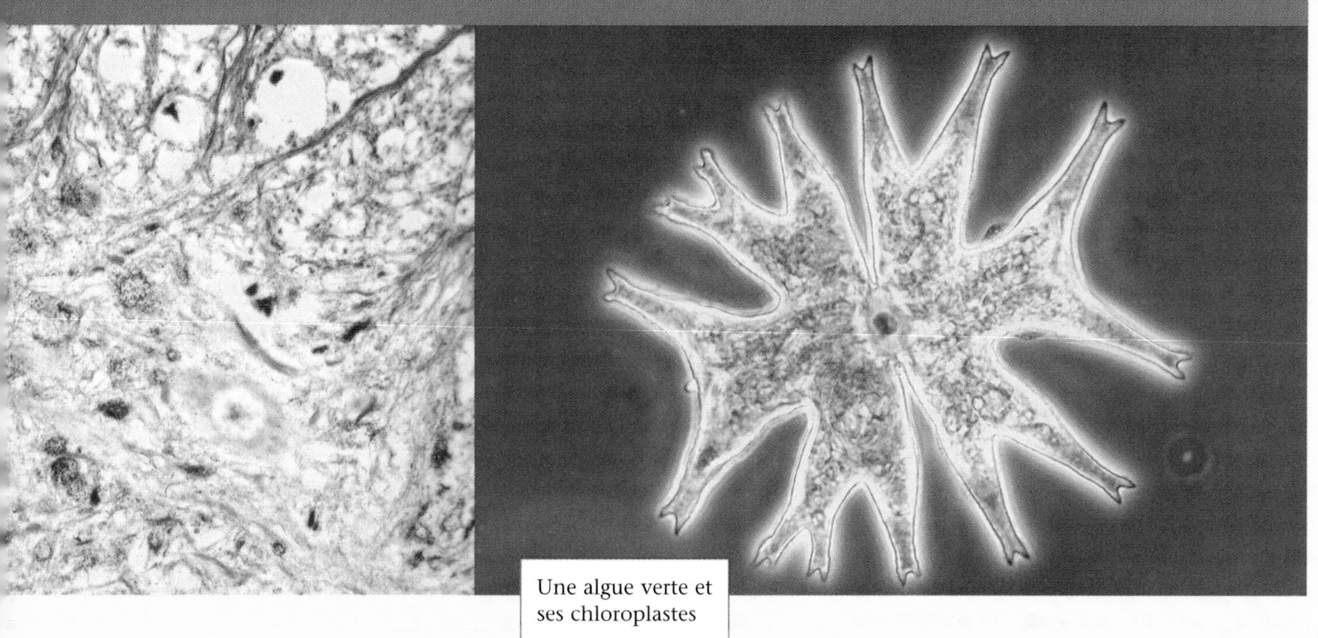

Une algue verte et ses chloroplastes

Autres constituants de la cellule végétale

Paroi cellulaire

Les végétaux ont une paroi cellulaire, aussi appelée « membrane cellulosique ». La paroi cellulaire est l'enveloppe rigide qui entoure la membrane cellulaire. C'est ce qui rend la plante **rigide**. La paroi cellulaire donne une forme géométrique à la cellule végétale.

Vacuoles

Les vacuoles sont communes aux cinq règnes. Ce sont des cavités servant au **transport** de l'eau, des nutriments et des déchets dans la cellule. Elles sont particulièrement évidentes dans les cellules végétales.

Chloroplastes

Les chloroplastes sont exclusifs aux végétaux. Ils renferment des pigments verts contenant de la chlorophylle. C'est là que la cellule fabrique et entrepose le **sucre** qui nourrit la plante.

Voici ce qui distingue la cellule animale de la cellule végétale.

CARACTÉRISTIQUES

Cellule animale	*Cellule végétale*
• Forme plus ou moins arrondie	• Forme géométrique
• Absence de paroi cellulaire	• Paroi cellulaire
• Bonne mobilité	• Faible mobilité
• Absence de chloroplastes	• Chloroplastes
• Absence de vacuole ou (rare) vacuole de taille moyenne	• Grosse vacuole

L'observation au **microscope** optique permet de voir seulement certains constituants des cellules végétale et animale. Dans les deux cas, on peut voir le noyau, le cytoplasme et la membrane. Dans le cas de la cellule végétale, on voit aussi la paroi cellulaire, les chloroplastes et la vacuole, qui est très grosse.

Les cinq règnes

La classification des vivants est assez complexe. Jusqu'au milieu du 20e siècle, le règne vivant se divisait en deux groupes : le monde animal et le monde végétal. Cette classification a évolué et a mené à la classification en cinq catégories qu'on appelle « règnes ». Cette **classification en cinq règnes** est basée sur l'organisation cellulaire, le mode de nutrition et la présence (ou non) d'un noyau.

RÈGNE	*EXEMPLE*		*ORGANISATION CELLULAIRE*
Monères	Bactéries du yogourt		Unicellulaires
Protistes	Volvox (algue microscopique d'eau douce)		Unicellulaires
Champignons	Morilles		Unicellulaires ou multicellulaires
Végétaux	Bosquet de cèdre		Multicellulaires
Animaux	Étoile de mer		Multicellulaires

Dans les cinq règnes, on rencontre deux modes de nutrition. On appelle « autotrophes » les organismes capables de fabriquer leur nourriture à partir des substances minérales (les minéraux du sol, l'air et l'eau). On appelle « hétérotrophes » les organismes qui se nourrissent d'autres vivants.

Mode de nutrition	*Caractéristiques de la cellule*	*Autres organismes vus au microscope*
Autotrophes ou hétérotrophes	• Cellules sans noyau (procaryotes) • Matériel génétique dispersé dans la cellule	Bactéries
Autotrophes ou hétérotrophes	• Cellules avec noyau (eucaryotes) • Certaines avec des chloroplastes, d'autres sans chloroplastes	Amibe
Hétérotrophes	• Cellules avec noyau (eucaryotes)	Moisissure du pain
Autotrophes	• Cellules avec noyau (eucaryotes) • Présence d'une paroi cellulaire (membrane cellulosique) et de chloroplastes	Feuille
Hétérotrophes	• Cellules avec noyau (eucaryotes)	Hydre

La composition chimique du vivant

Le vivant, comme toutes les choses qui ont une masse et un volume, est composé de petites particules, invisibles à l'œil nu, appelées **atomes**.

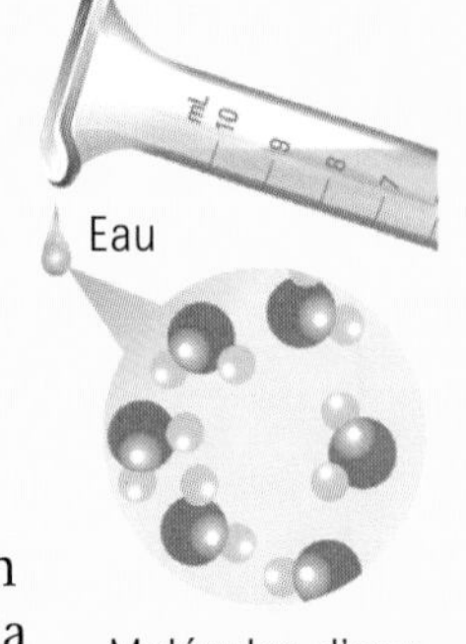

Molécules d'eau H_2O

Atomes et éléments

L'atome est à la base de l'organisation de la matière. C'est en même temps la plus petite forme que prend la matière. Il est très difficile d'imaginer à quel point les atomes sont petits ; il y en a plus de mille trillions (1 000 000 000 000 000 000 000, soit 10^{21}) dans une seule goutte d'eau.

Comme on ne sait pas à quoi ressemblent ces petites particules, l'atome est simplement **représenté** par une boule. Pourtant, les atomes ne sont pas tous identiques. On utilise donc des couleurs différentes pour les distinguer.

Toutes les formes de vie, tous les matériaux et toutes les substances que nous connaissons sont fabriqués à partir de moins de 100 atomes différents. Les atomes qui partagent les mêmes propriétés sont regroupés sous le nom d'**élément**. Ces différents éléments sont présentés dans le **tableau périodique des éléments**.

Comme en témoigne le graphique suivant, les principaux éléments qui constituent le vivant sont le carbone (C), l'hydrogène (H), l'oxygène (O) et l'azote (N).

PRINCIPAUX ÉLÉMENTS CHIMIQUES DU VIVANT

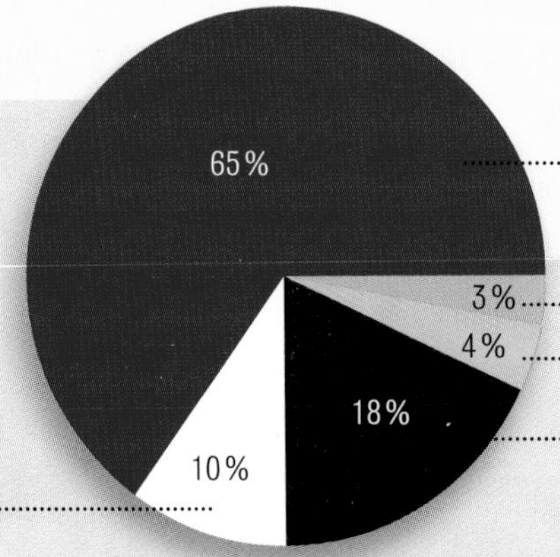

Oxygène 65 %
Carbone 18 %
Hydrogène 10 %
Autres 4 %
Azote 3 %

	I	II											III	IV	V	VI	VII	VIII
1	H																	2 He
2	Li	Be											B	C	N	O	F	Ne
3	Na	Mg											Al	Si	P	S	Cl	Ar
4	K	Ca	Sc	Ti	V	Cr	Mn	Fe	Co	Ni	Cu	Zn	Ga	Ge	As	Se	Br	Kr
5	Rb	Sr	Y	Zr	Nb	Mo	Tc	Ru	Rh	Pd	Ag	Cd	In	Sn	Sb	Te	I	Xe
6	Cs	Ba		Hf	Ta	W	Re	Os	Ir	Pt	Au	Hg	Tl	Pb	Bi	Po	At	Rn
7	Fr	Ra																

Oxygène (O) — Carbone (C) — Autres éléments qu'on trouve chez l'être humain
Hydrogène (H) — Azote (N) — Éléments qu'on ne trouve pas chez l'être humain

Composés

Les atomes se trouvent rarement seuls dans la nature. Ils se combinent les uns avec les autres, formant ainsi une multitude de **composés** différents. Chaque composé est donc une substance formée de plusieurs atomes. Le dioxygène (O_2), l'eau (H_2O) et le dioxyde de carbone (CO_2) sont des composés essentiels pour le vivant. Sans eux, il serait impossible de survivre.

Nom du composé	*Représentation du composé*	*Atomes formant la substance*	
Dioxygène		O_2	Deux atomes d'oxygène liés entre eux
Eau		H_2O	Deux atomes d'hydrogène liés à un atome d'oxygène
Dioxyde de carbone		CO_2	Deux atomes d'oxygène liés à un atome de carbone

Substances organiques et substances inorganiques

Toute la structure d'un organisme vivant est construite autour de substances qui contiennent l'élément carbone (C). Le sucre du maïs, les gras du beurre et les protéines de la viande sont des composés de carbone fabriqués par des organismes vivants. C'est pourquoi on les appelle des **substances organiques**.

Les substances qui ne viennent pas d'un vivant, par exemple le sel (NaCl) et l'eau (H_2O), sont qualifiées de **substances inorganiques**. Une substance inorganique n'est généralement pas composée de carbone. Le CO_2 fait partie des exceptions.

Les humains ont autant besoin de substances organiques que de substances inorganiques pour vivre. C'est pourquoi on les classe parmi les **hétérotrophes**.

Pour leur part, les plantes ont seulement besoin de substances inorganiques pour vivre. C'est pourquoi on les classe parmi les **autotrophes**.

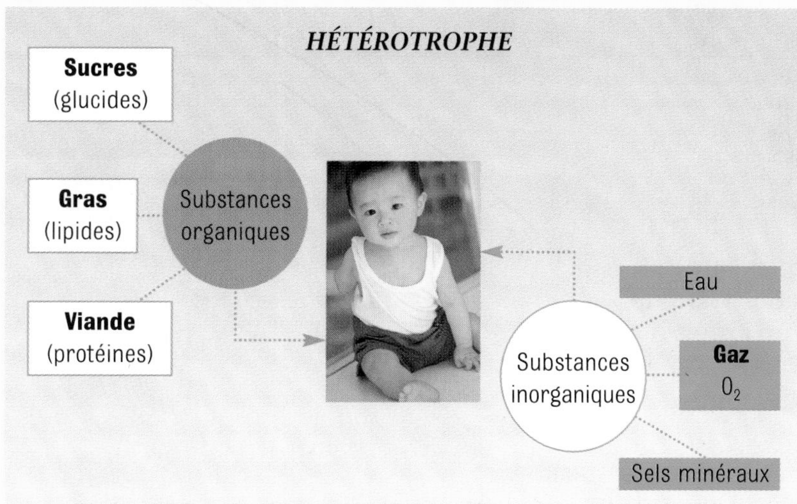

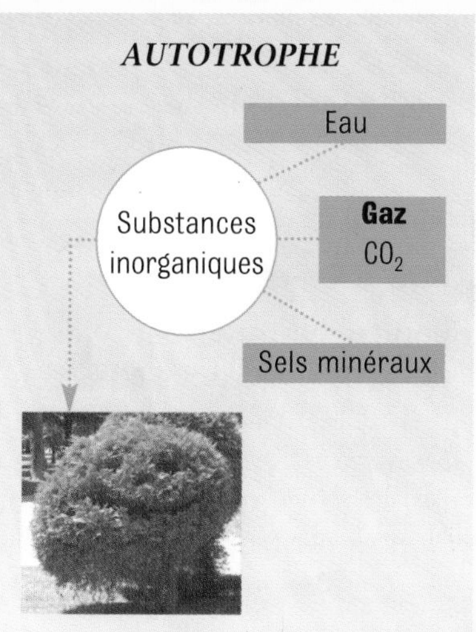

Les activités vitales

Un vivant se distingue d'un non-vivant par son **organisation** en cellules. Pour s'assurer qu'une cellule n'est pas morte, il importe d'observer qu'elle est active. Les **activités** vitales sont au nombre de **huit**.

Un organisme est constitué d'une cellule unique (unicellulaires) ou de plusieurs cellules (multicellulaires). Chacune des cellules d'un organisme a des activités vitales qui assurent des fonctions vitales dans l'organisme. Par exemple, le poumon sert à la fonction de respirer. Mais chaque cellule du poumon se nourrit, respire, etc. Une cellule du poumon pourrait mourir sans que le poumon cesse sa fonction.

MANIFESTATION COMPARABLE CHEZ LES NON-VIVANTS

Nutrition

Pour se maintenir en vie, un organisme doit se nourrir. Cela se résume à faire entrer des nutriments (alimentation), à les transformer (digestion) et à rejeter des déchets (excrétion). Pour une cellule, la nutrition est une activité qui consiste à gérer la **matière** qui entre et qui sort.

Respiration

Pour se maintenir en vie, un organisme doit respirer. C'est la respiration qui se charge de transformer les nutriments (sucres) en **énergie** utilisable par la cellule. La cellule utilise cette énergie pour assurer ses activités vitales.

Croissance et développement

Pour arriver à se reproduire, un organisme doit croître et se développer. Il doit donc augmenter sa **taille** (croissance) et ses **capacités** (développement) au cours de sa vie.

Entretien et réparation

Pour se maintenir en vie, un organisme doit pouvoir se garder en bon état. Pour y arriver, il doit remplacer, réparer ou reconstruire les structures âgées ou endommagées. Donc, l'organisme doit gérer les **changements** de sa propre structure.

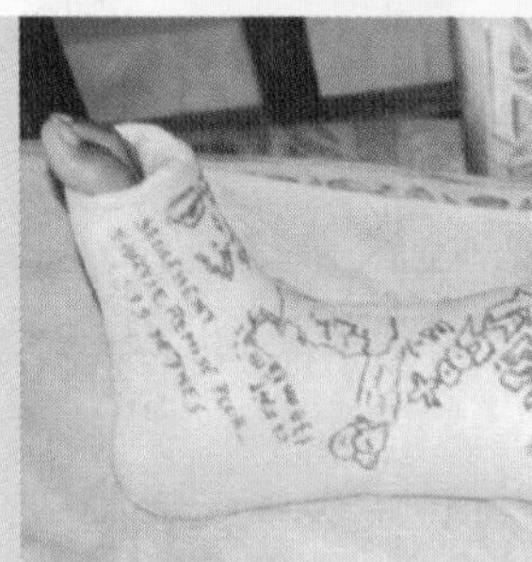

Manifestation comparable chez les non-vivants

Mouvement

Pour survivre, un organisme doit pouvoir **se déplacer**. C'est grâce à cette activité qu'il pourra se nourrir, se reproduire, fuir les dangers qui se présentent, etc.

Irritabilité

Pour survivre, un organisme doit pouvoir réagir rapidement à différents stimulus. La lumière, la température et l'odeur sont des stimulus auxquels le vivant est souvent **sensible**. L'irritabilité est la capacité de réagir à des stimulus.

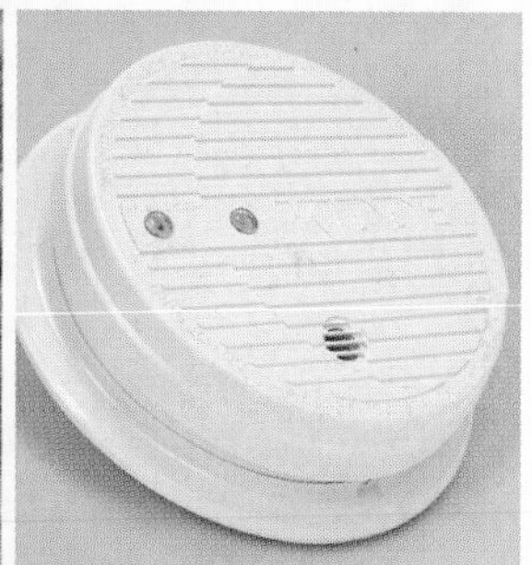

Adaptation au milieu

Pour survivre, un organisme doit s'adapter de façon physique et comportementale aux différents **changements** de son milieu. La mue, la migration et l'hivernation sont des exemples d'adaptation.

Reproduction

La reproduction se résume à produire d'autres vivants de son espèce. C'est grâce à la reproduction que les vivants sont sur la Terre depuis quelques milliards d'années. Bien que cette activité ne soit pas nécessaire à la survie de l'individu, elle est essentielle à la **continuité** de l'espèce et à son évolution.

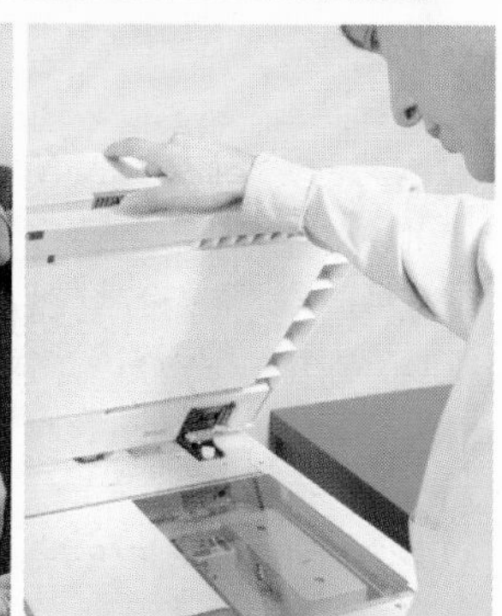

Impact du milieu sur les conditions vitales de la cellule

Pour confirmer qu'une cellule ou un organisme sont vivants, il est essentiel d'y déceler des activités vitales. L'imperfection des activités vitales conduit irrémédiablement au vieillissement, puis à la **mort**. On considère qu'une cellule meurt lorsqu'elle cesse d'être active.

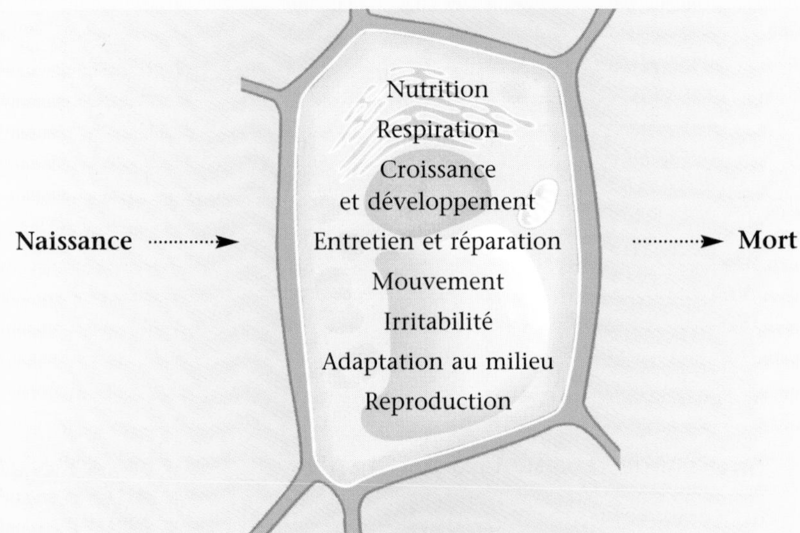

Pour vivre et fonctionner, la cellule a besoin d'**eau** sous forme liquide. Des facteurs extérieurs, par exemple des températures extrêmes, peuvent mettre fin aux activités vitales des cellules. La température du milieu agit directement sur la température de la cellule. La cellule étant composée d'environ 70 % d'eau, de basses températures transformeront l'eau en glace. Ainsi, toute cellule qui n'a pas de protection particulière contre les **températures** extrêmes finira par mourir. Grâce à cette connaissance des limites par rapport aux températures extrêmes, plusieurs **techniques sanitaires** ont été mises au point pour contrôler la prolifération des micro-organismes indésirables. Les plus connues sont la stérilisation, la pasteurisation et la réfrigération.

STÉRILISATION

Effet :
Mort des micro-organismes
Exemple d'utilisation :
Domaine médical
Température : 125 °C

PASTEURISATION

Effet :
Contrôle à moyen terme de la prolifération des micro-organismes
Exemple d'utilisation :
Industrie laitière
Température : 63 °C

RÉFRIGÉRATION

Effet :
Contrôle à court terme de la prolifération des micro-organismes
Exemple d'utilisation :
Maison et commerces
Température : 4 °C

Les intrants et les extrants

Nul besoin de connaître la composition d'un lecteur DVD/VHS pour savoir comment l'utiliser ! Il s'agit pourtant d'un système **complexe** de puces, de microcircuits, de connecteurs et de moteurs. Mais peu de gens s'intéressent vraiment à ce qu'il y a dans ces boîtes.

Un **système** est un ensemble organisé d'éléments divers en relation les uns avec les autres. Le système peut être un objet technologique, une cellule, un être vivant, une entreprise ou un milieu de vie. Sur un schéma, on représente simplement le système par un rectangle, sans décrire son fonctionnement.

Pour symboliser les systèmes complexes de ce genre, on a souvent recours à la représentation intrants-extrants, qui consiste à décrire ce qui entre dans le système et ce qui en ressort. Dans le cas d'un lecteur DVD/VHS, le disque ou la cassette est l'intrant, le film qui apparaît à l'écran est l'extrant.

Les **intrants** sont les éléments nécessaires au fonctionnement ou à la vie du système. C'est ce qui entre dans le système : matières premières, nutriments, énergie ou information. Sur un schéma, on représente les intrants à l'extérieur du rectangle, du côté gauche. Une flèche qui pointe vers le rectangle permet de les identifier.

Les **extrants** sont les éléments produits par le système. C'est ce qui sort du système : objets techniques (objets de production), information, déchets ou énergie. Sur un schéma, on représente les extrants à l'extérieur du rectangle, du côté droit. Une flèche qui sort du rectangle permet de les identifier.

Feuilles mortes
Poussière
Eau
Pelures de fruits et de légumes
Cheveux et poils
→ Boîte de compostage → Compost servant à enrichir le sol

La nutrition des cellules

La nutrition est une activité vitale, car elle est le processus qui permet l'entrée, la transformation et l'élimination de la matière par l'organisme. La matière absorbée par l'organisme lui apporte les substances et l'énergie nécessaires à sa croissance, à sa reproduction, à son entretien, au mouvement, etc.

Tous les êtres vivants se nourrissent. Et pas besoin de bouche pour cela ! La nutrition est une activité cellulaire. Ce sont les cellules qui ont besoin de nutriments. Les **nutriments** sont les intrants de la cellule qui assurent la nutrition.

Il n'y a que deux formes de nutrition : l'hétérotrophie et l'autotrophie. L'**hétérotrophie**, c'est la capacité de se nourrir d'autres vivants. Un vivant dit hétérotrophe a pour intrant de la matière organique. L'**autotrophie**, c'est la capacité de fabriquer sa nourriture à partir de substances minérales. Un vivant dit autotrophe a pour intrant de la matière inorganique seulement.

Selon leur **régime alimentaire**, les hétérotrophes portent différents noms.

-VORE	*AU MENU...*	*-PHAGE*	*AU MENU...*
• Carnivore	chair animale	• Anthropophage	chair humaine
• Frugivore	fruits	• Coprophage	excréments
• Granivore	grains	• Ichtyophage	poissons
• Herbivore	végétaux	• Nécrophage	cadavres
• Insectivore	insectes	• Phytophage	matières végétales
• Omnivore	chair animale et végétaux	• Rhizophage	racines
• Piscivore	poissons	• Saprophage	matières putréfiées
• Vermivore	vers	• Xylophage	bois

La respiration des cellules

Pour vivre, il faut respirer. Tous les êtres vivants respirent. Et pas besoin de poumons pour cela ! La respiration est une activité cellulaire. Ce sont les cellules qui respirent. La respiration est une activité vitale, car elle permet de produire de l'énergie à partir de nutriments (sucres).

L'énergie est le principal extrant de la respiration. Elle assure à l'organisme le maintien de sa température, son mouvement, sa croissance, sa reproduction, etc. Toutes les activités de l'organisme dépendent de cette énergie.

Les deux types de respiration

La respiration d'une cellule se fait selon deux modes : avec **oxygène** (O_2) ou sans oxygène. Le type de respiration qui utilise l'oxygène se nomme **respiration aérobie.** Généralement, les cellules animales respirent grâce à l'oxygène. Pour sa part, le type de respiration qui n'implique pas l'oxygène porte le nom de **respiration anaérobie.** La fermentation de la pâte par les levures et les bactéries se fait en absence d'oxygène.

Généralement, la respiration produit de l'énergie et du dioxyde de carbone (CO_2). Dans ce cas, le dioxyde est un autre extrant. En laboratoire, il est aisé de démontrer la présence de ce gaz en effectuant le test à l'eau de chaux. En présence de dioxyde de carbone, l'eau de chaux se brouille d'un précipité blanc.

RESPIRATION AÉROBIE (comme chez les animaux)

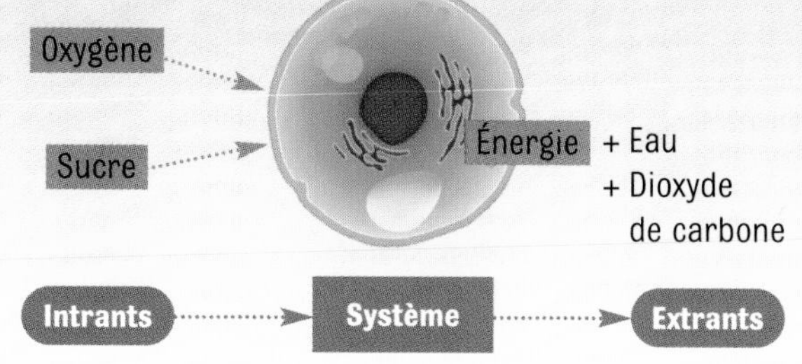

RESPIRATION ANAÉROBIE (comme chez les levures)

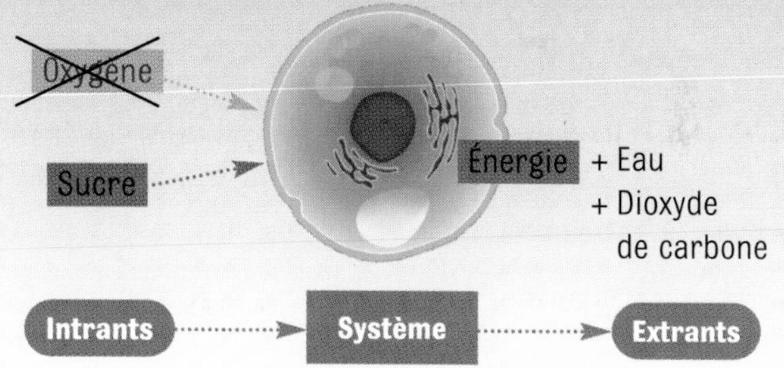

Milieu aquatique favorable aux organismes aérobies

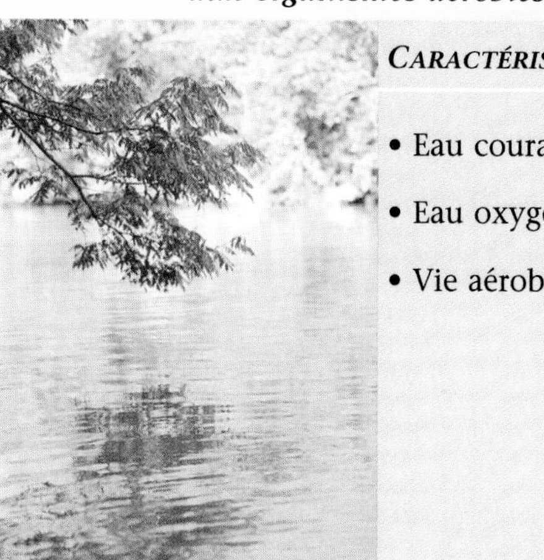

CARACTÉRISTIQUES

- Eau courante
- Eau oxygénée
- Vie aérobie

Milieu aquatique favorable aux organismes anaérobies

CARACTÉRISTIQUES

- Eau stagnante
- Eau mal oxygénée
- Vie aérobie difficile

La reproduction

La reproduction est une activité essentielle pour assurer la continuité de la vie et la survie de l'espèce. Tous les êtres vivants se reproduisent pour créer de **nouveaux individus**.

Cette capacité de se reproduire est l'une des caractéristiques du vivant. C'est pourquoi les biologistes considèrent le mode de reproduction d'un être vivant comme un des principaux critères de sa **description** et de sa **classification**.

Le vivant se reproduit selon deux modes : par reproduction sexuée ou par reproduction asexuée.

La reproduction sexuée

Lors de la reproduction sexuée, deux organismes de sexes différents sont nécessaires pour qu'une reproduction se produise. Deux cellules, appelées **gamètes** (un mâle ♂ et l'autre femelle ♀), s'unissent alors pour en former une nouvelle cellule. Cette union donne naissance à un nouvel individu. Les êtres humains et la plupart des animaux se reproduisent de façon sexuée.

De génération en génération

L'ensemble des êtres qui naissent d'un même organisme porte le nom de génération. Une génération sépare l'enfant de ses parents. Deux générations le séparent de ses grands-parents. On estime que l'être humain existe depuis moins de 9000 générations, soit 250 000 ans. Or, la levure qu'on utilise pour faire du pain produit le même nombre de générations en moins de 17 semaines !

La reproduction asexuée

Deux organismes de sexes différents ne sont pas toujours nécessaires pour qu'une reproduction ait lieu. Certains êtres vivants peuvent **se reproduire seuls**. Lors de la reproduction asexuée, une cellule se divise en deux cellules identiques, parfois même en 100. Cela conduit à une augmentation rapide de la population. C'est ce qui explique qu'une éprouvette de levure dans un milieu de culture devient vite brouillée. Tous les organismes issus de cette reproduction asexuée sont identiques. Même si la reproduction asexuée est généralement associée aux

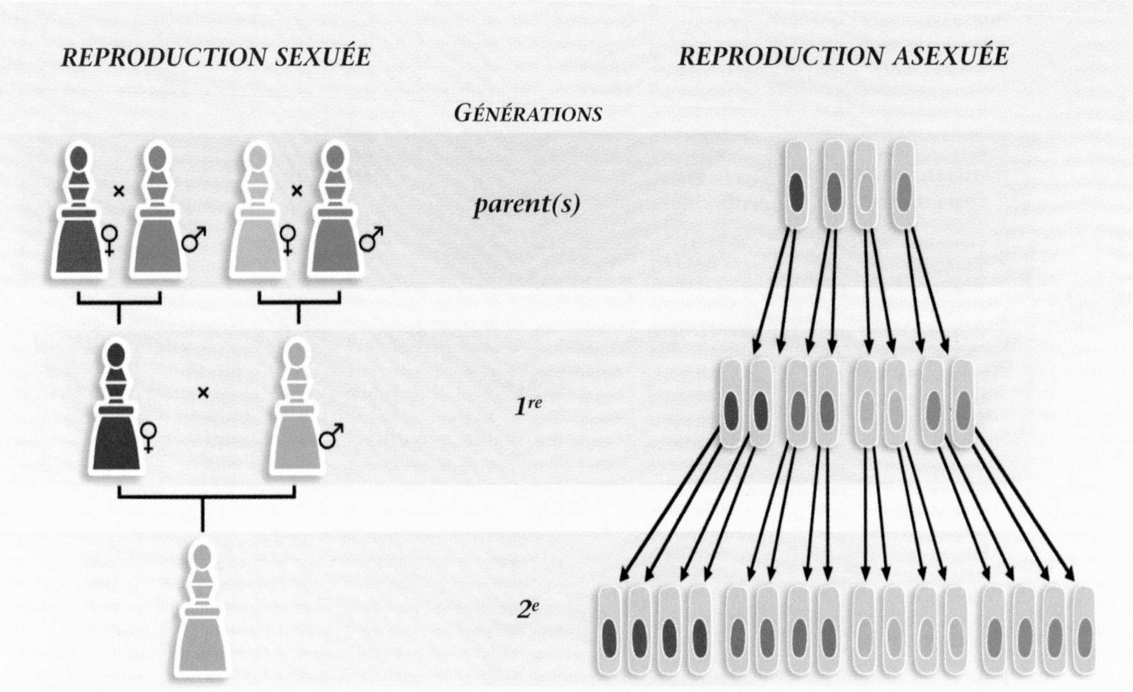

unicellulaires, elle est toutefois présente dans les cinq règnes.

La reproduction asexuée est généralement associée au terme **multiplication**. Si quatre êtres vivants se divisent chacun en deux, trois générations plus tard, il y aura au moins 16 individus identiques : on commencera à 4, puis on passera à 8, puis à 16. Si ces quatre individus se reproduisent plutôt de façon sexuée, il y en aura au moins sept, tous différents : 4, 6, 7. La reproduction asexuée fait donc augmenter la population plus rapidement que la reproduction sexuée.

La levure du boulanger (*Saccharomyces cerevisiæ*) produit une génération aux vingt minutes (reproduction asexuée), la mouche à fruit en produit une aux trois semaines (reproduction sexuée) et l'humain, une aux trente ans (reproduction sexuée).

La plante araignée (*Chlorophytum comosum*) produit de petites pousses au bout de longues tiges. Pour les cultiver, il suffit d'enterrer la tige et une plante identique poussera.

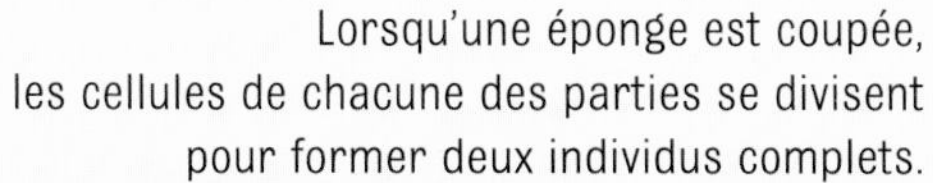

Le lézard à queue de fouet produit des œufs *non fécondés* prêts à éclore. La population terrestre de ce lézard est composée seulement de femelles.

Lorsqu'une éponge est coupée, les cellules de chacune des parties se divisent pour former deux individus complets.

Les abeilles ouvrières viennent d'un même œuf non fécondé que l'abeille reine multiplie. Cette multiplication permet à la colonie d'augmenter rapidement en nombre.

La nomenclature binominale

D'une langue à l'autre, chaque animal porte un **nom** différent : chat, cat (anglais), gato (espagnol), Katze (allemand), etc. Il arrive aussi qu'à l'intérieur d'une même langue, on varie la façon d'y faire référence. En français, par exemple, chat, minou, minette, matou, etc. peuvent tous signifier un chat.

Tyrannosaurus rex

Karl von Linné (1707-1778) a mis au point une façon de nommer les vivants pour faciliter leur **classification** selon qu'ils possèdent ou non certaines caractéristiques physiques. Cette façon de nommer, appelée **nomenclature binominale**, est reconnue et adoptée par tous les scientifiques du monde. Grâce à cette nomenclature, *Homo sapiens,* par exemple, signifie « homme » dans tous les pays et dans toutes les langues.

Dans la nomenclature binominale, le **nom scientifique** des êtres vivants est formé de deux noms latins. Le premier mot désigne le **genre** et commence par une lettre majuscule. Le second mot désigne l'espèce et commence par une minuscule.

Le **latin** ne se parle plus aujourd'hui (on dit que c'est une langue morte), mais il a été et est toujours utile. La nomenclature binominale utilise cette langue. Par exemple, *Homo* vient du latin « homme », *sapiens,* du latin « pensant » et *Tyrannosaurus rex* signifie « roi des lézards-maîtres-du-monde ».

KARL VON LINNÉ

Reconnu comme le fondateur de la **taxonomie**, la science qui nomme, range et classe les vivants, Karl von Linné a laissé une œuvre colossale. Au cours de sa vie, ce scientifique a décrit, classé et nommé pas moins de 8000 espèces de plantes et 4000 espèces d'animaux.

Helianthus annuus

Le mulet n'a pas de nom scientifique, car il ne s'agit pas d'une espèce.

L'espèce

La biodiversité de notre planète est très grande. On estime qu'il y aurait de 10 à 80 millions de formes de vie différentes sur la Terre. Et ce nombre n'inclut pas les monères, ni les protistes. Pourtant, à ce jour, les scientifiques n'ont réussi à identifier qu'environ 1 700 000 espèces animales et 300 000 espèces végétales différentes. C'est donc dire que beaucoup de formes de vie restent encore à découvrir.

Ces humains font partie de la même espèce. Plus encore, la notion de race humaine n'a aucune base scientifique.

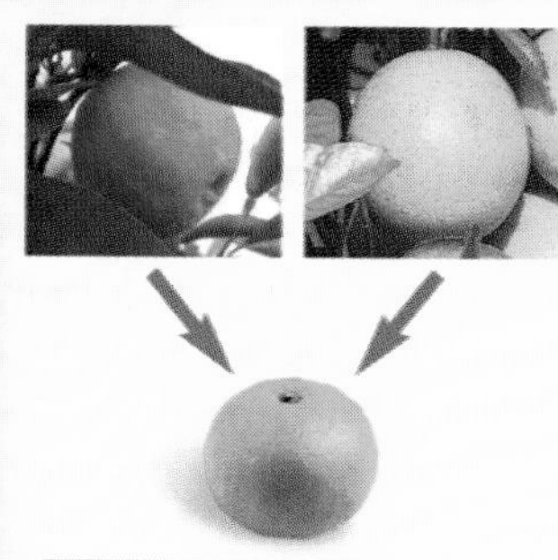

La clémentine vient d'un arbre hybride issu du croisement d'un mandarinier et d'un bigaradier. Le clémentinier est pourtant infertile.

Selon la taxonomie, les vivants qui portent le même nom scientifique sont dits « de la même espèce ». L'élément de base de classification du vivant est l'espèce. Pour **classifier** les organismes selon leur espèce, on les regroupe d'abord selon...

- leurs caractéristiques physiques (morphologie) ;
- leur mode de vie ;
- leur habitat.

Charles Darwin (1809-1882) a établi que l'activité vitale du vivant qui définit l'espèce est la reproduction. Ainsi, si des organismes d'une même espèce sont capables de se reproduire et que cette descendance est capable de se reproduire à son tour, ils font partie de la même espèce. Ce critère porte le nom d'**interfécondité.**

Quoique très différentes, ces poules sont de la même espèce.

L'intervention humaine sur la reproduction des animaux produit souvent de grandes différences de formes à l'intérieur d'une même espèce. Les races de chiens et de poules en sont des exemples.

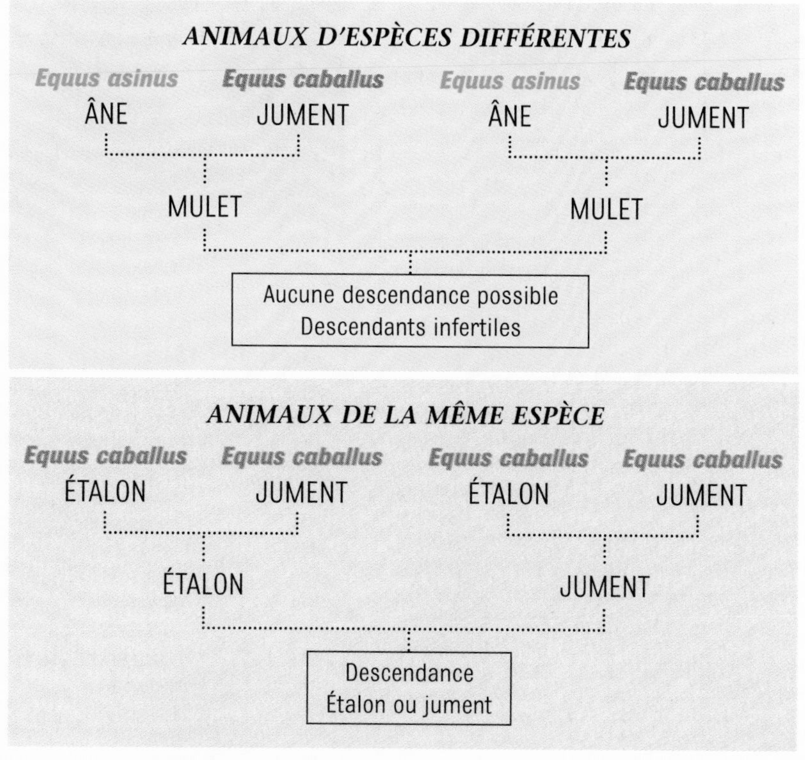

Le résultat dans le second cas est l'interfécondité.

La taxonomie

En biologie comme ailleurs, la seule façon de gérer les connaissances est d'avoir recours à une classification. Cette science de la classification se nomme **taxonomie**. La taxonomie donne les règles de base pour **nommer** les différents organismes qui peuplent la Terre.

Actuellement, la classification du vivant regroupe cinq divisions qu'on appelle « règnes ». Il existe sept niveaux de classification. Le tableau qui suit donne les principaux niveaux, du plus général (le règne) au plus précis (l'espèce), avec des exemples.

EXEMPLES DE CLASSIFICATION ANIMALE

Général ↑	• Règne	Animal	Animal	Animal
	• Embranchement	Chordés	Chordés	Chordés
	• Classe	Mammifères	Mammifères	Mammifères
	• Ordre	Carnivores	Primates	Primates
	• Famille	Canidés	Hominidés	Hominidés
	• Genre	*Canis*	*Homo*	*Pan*
Précis ↓	• Espèce	*familiaris*	*sapiens*	*paniscus*
	Nom scientifique	*Canis familiaris*	*Homo sapiens*	*Pan paniscus*
	Nom commun	Chien domestique	Homme	Chimpanzé

Pour classer les organismes à l'intérieur de ces groupes, les taxonomistes analysent leurs **caractéristiques** physiques, leur mode de reproduction, leur mode de vie, etc. Voici quelques-uns des critères utilisés.

Colonne vertébrale
Couleur
Dents
Carnivore, herbivore
Squelette (osseux, cartilagineux)
Mâchoire
Ovipare, vivipare
Insectivore, granivore
Taille (petite, grande)
Respire de l'oxygène, de l'azote
Squelette (interne, externe)
Plumes, poils, écailles
Nombre de pattes, de doigts, de parties
Milieu de vie (chaud, froid)

La méthode taxonomique

Une fois qu'un vivant est décrit, les taxonomistes cherchent à l'associer à des vivants qui partagent certaines de ses **caractéristiques**. Dans le schéma en buisson ci-contre, cela correspond à la branche principale « muni d'incisives et de canines ». Ensuite, les taxonomistes isolent une caractéristique qui n'est pas commune à tous les vivants du groupe. L'ensemble de départ est alors divisé entre ceux qui présentent cette caractéristique et ceux qui en ont une autre.

Dans le schéma, une des branches regroupe les animaux qui posent tout le pied au sol, alors que l'autre branche isole l'animal qui pose seulement une partie du pied au sol (renard). L'exercice se poursuit jusqu'à ce que chacune des espèces soit isolée. Un lien est ainsi créé entre une espèce et des espèces cousines. Il est important de noter que la classification se fait toujours en fonction des caractéristiques que présente l'individu et non en fonction de caractéristiques qu'il n'a pas.

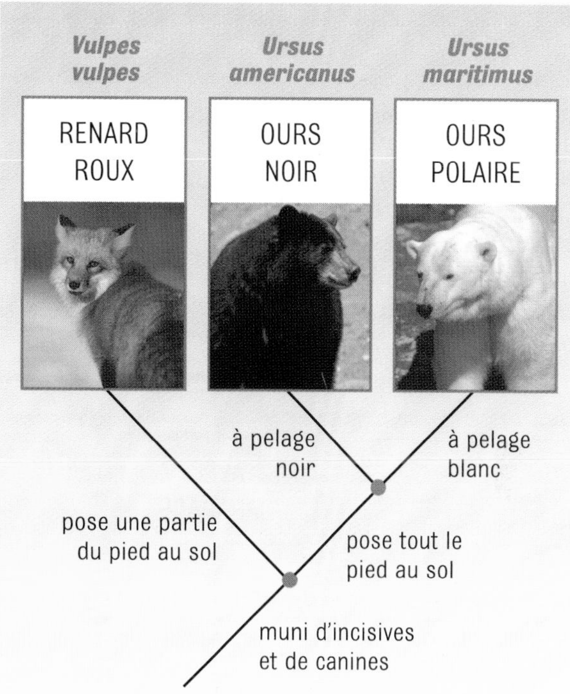

Progrès de la taxonomie

On peut dire que les oiseaux ont une structure et une **origine** plus proches de celles des chats que de celles des homards. Pourquoi ? Parce que les oiseaux ont un squelette osseux, quatre membres, un crâne, etc. Mais les oiseaux ressemblent-ils plus à des mammifères ou à des reptiles ?

Bien que scientifiquement fondée, la taxonomie évolue avec les connaissances. En plus de nommer les différents organismes, elle cherche à montrer les **liens qui existent entre les vivants**. Découverte de nouvelles espèces, compréhension de la structure ou du fonctionnement d'un organe, analyse du matériel génétique sont autant de faits qui amènent à revoir la façon dont le vivant est classé.

Prenons l'exemple de l'*Archæoptéryx* (voir photo ci-contre) qui a vécu il y a 149 millions d'années. Avant de voir un squelette d'*Archæoptéryx*, les taxonomistes plaçaient les oiseaux près des mammifères. La découverte de cet animal a grandement fait progresser la science, car ce vivant présente à la fois des structures uniques aux oiseaux (os des ailes, présence de plumes), et d'autres uniques aux reptiles (os de la queue, ongles). Cet être a donc fait en sorte qu'on rapproche aujourd'hui les oiseaux des reptiles.

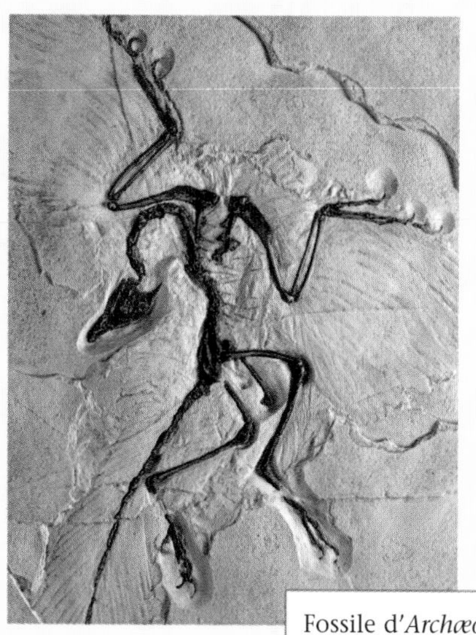
Fossile d'*Archæoptéryx*

La classification des animaux

Il existe plusieurs façons de classer les animaux. La classification présentée ci-dessous fait ressortir les **caractéristiques physiques** qui nous permettent de classer un animal dans un groupe.

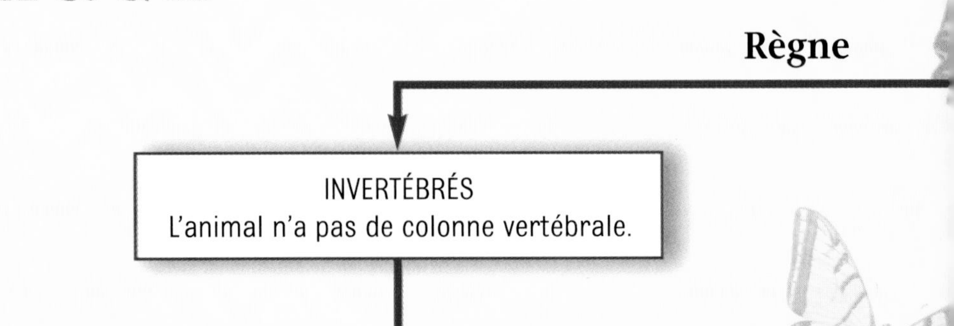

Règne

INVERTÉBRÉS
L'animal n'a pas de colonne vertébrale.

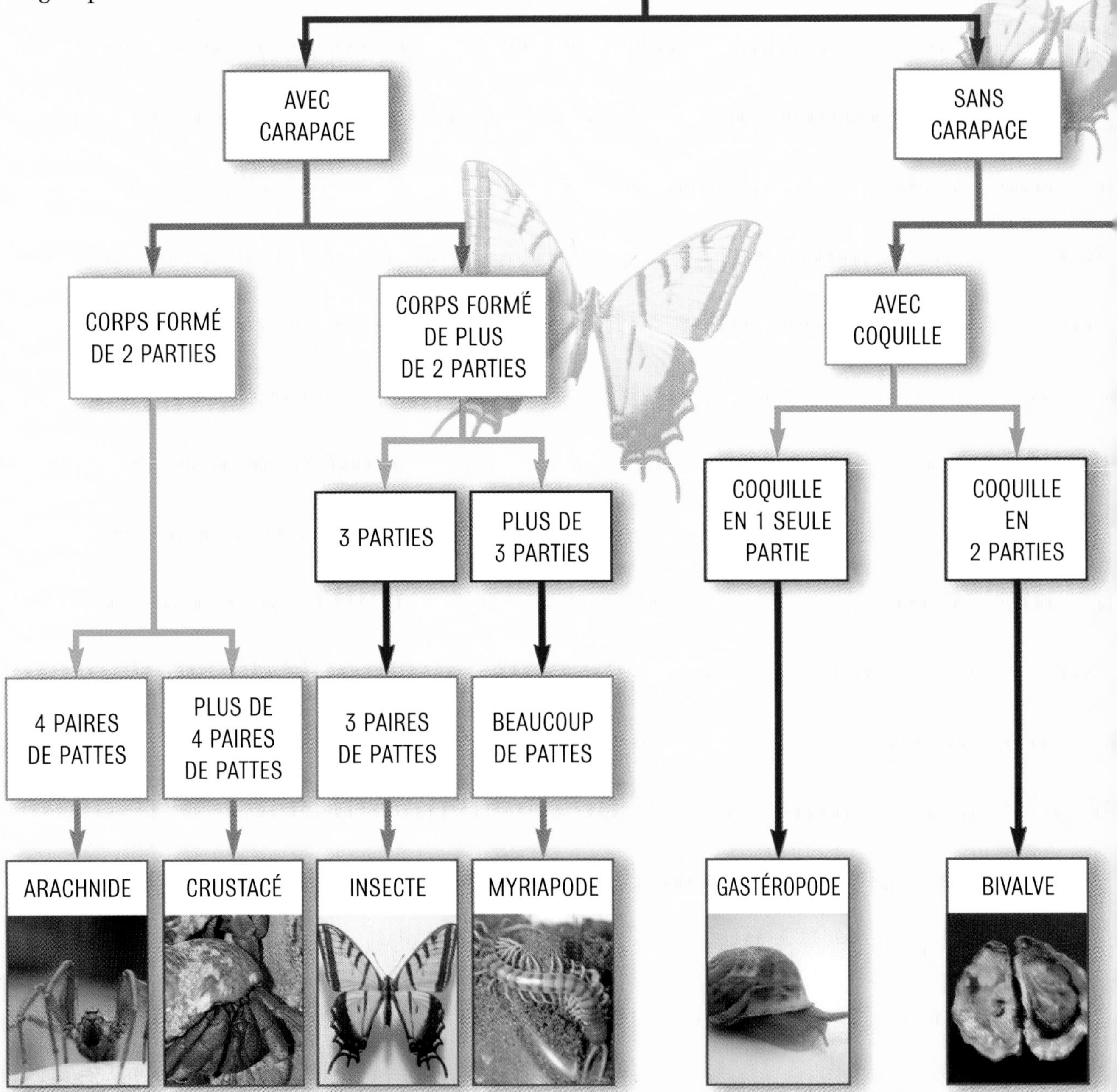

- AVEC CARAPACE
  - CORPS FORMÉ DE 2 PARTIES
    - 4 PAIRES DE PATTES → ARACHNIDE
    - PLUS DE 4 PAIRES DE PATTES → CRUSTACÉ
  - CORPS FORMÉ DE PLUS DE 2 PARTIES
    - 3 PARTIES → 3 PAIRES DE PATTES → INSECTE
    - PLUS DE 3 PARTIES → BEAUCOUP DE PATTES → MYRIAPODE
- SANS CARAPACE
  - AVEC COQUILLE
    - COQUILLE EN 1 SEULE PARTIE → GASTÉROPODE
    - COQUILLE EN 2 PARTIES → BIVALVE

animal

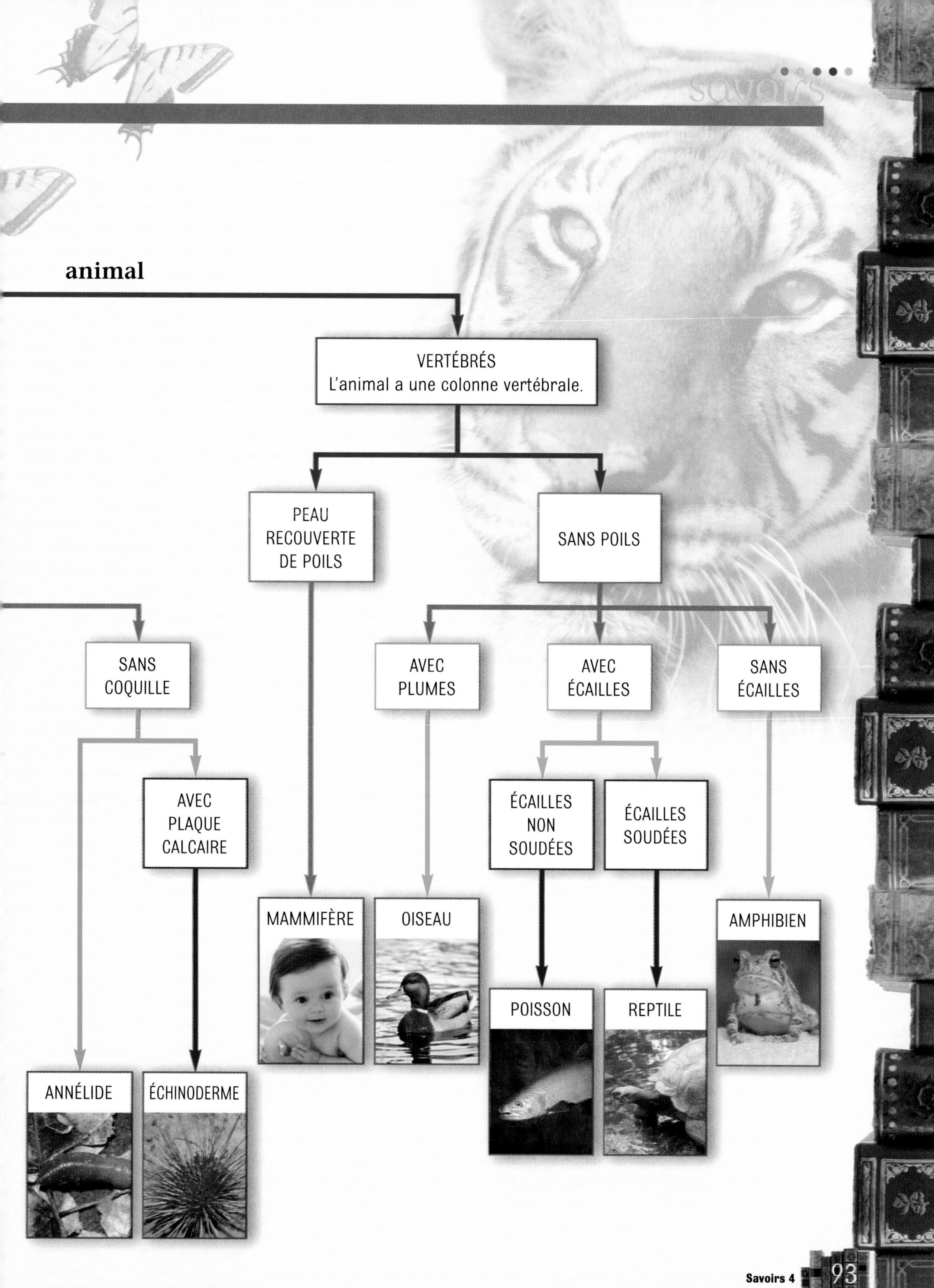
VERTÉBRÉS
L'animal a une colonne vertébrale.
PEAU RECOUVERTE DE POILS
SANS POILS
SANS COQUILLE
AVEC PLUMES
AVEC ÉCAILLES
SANS ÉCAILLES
AVEC PLAQUE CALCAIRE
ÉCAILLES NON SOUDÉES
ÉCAILLES SOUDÉES
MAMMIFÈRE
OISEAU
AMPHIBIEN
POISSON
REPTILE
ANNÉLIDE
ÉCHINODERME

La classification des végétaux

Il existe plusieurs façons de classer les végétaux. La classification présentée ci-dessous fait ressortir les **caractéristiques physiques** qui nous permettent de classer un végétal dans un groupe.

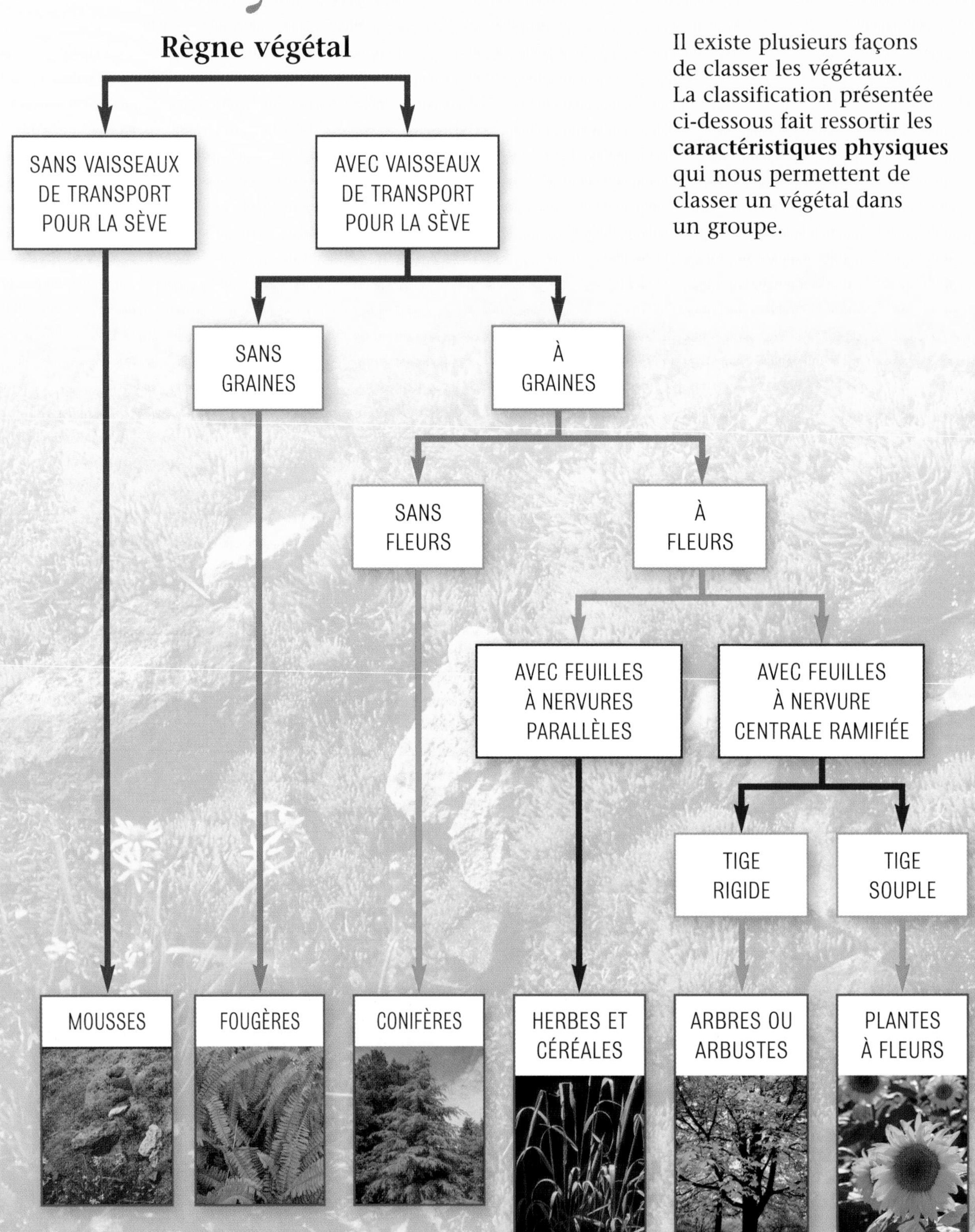

Les mélanges

Toute substance est composée de petites **particules** invisibles à l'œil nu. En combinant deux substances ou plus, on obtient un mélange. C'est donc dire qu'il y a toujours au moins deux sortes de particules différentes dans un mélange.

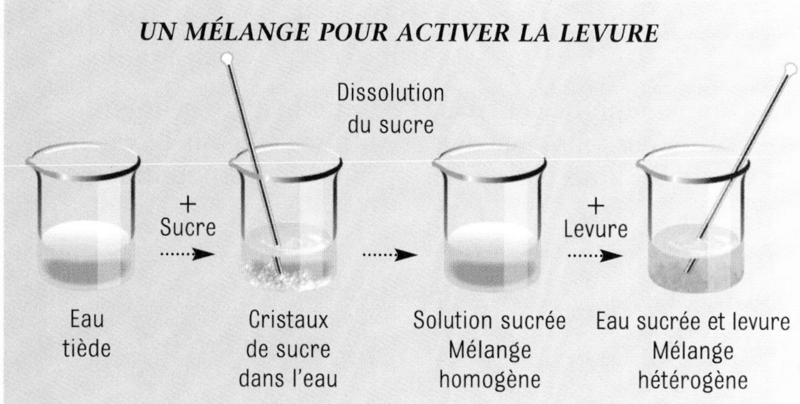

Un mélange peut être liquide, solide ou gazeux. L'eau, l'air, le sol, l'acier et la plupart des objets qui nous entourent sont des **mélanges**. L'eau à boire (eau potable) contient de l'eau (H_2O) et des sels minéraux. L'air contient principalement de l'azote (N_2) et de l'oxygène (O_2). Les substances qui forment un mélange ne sont pas nécessairement toutes solides, liquides ou gazeuses.

Un mélange combine les **propriétés** de toutes les substances qui le composent. L'eau sucrée, par exemple, présente à la fois les propriétés de l'eau et celles du sucre. Comme toutes les propriétés sont conservées, on peut renverser l'opération en séparant à nouveau les substances par des moyens physiques simples (filtration, évaporation, etc.).

Caractéristiques	*Mélange homogène* (*air, eau potable, acier, etc.*)	*Mélange hétérogène* (*lait, pâte, smog, terre, roche, etc.*)
Composition	Aussi appelé **solution**, le mélange homogène est formé par la dissolution d'un soluté par un solvant. Dans le cas de l'eau sucrée, le soluté est le sucre et le solvant, l'eau.	Le mélange hétérogène est composé de substances de nature et de forme différentes. Il est généralement obtenu à partir de substances qui ne sont **pas solubles** l'une dans l'autre.
Aspect physique	Les solutions liquides et gazeuses laissent généralement passer la lumière. Elles sont **limpides** ou translucides. Comme la dispersion des particules est complète et uniforme, on ne distingue pas les particules à l'œil nu ni à la loupe. Il n'y a qu'**une seule phase**. **Solution à une phase** : eau + sucre	Le mélange est souvent **opaque.** Il ne laisse pas passer la lumière. On perçoit à l'œil nu et à la loupe les différentes particules qui le composent. Des corps semblent flotter dans le mélange. On distingue en général **plusieurs phases**. **Mélange à deux phases** : huile + eau ; farine + eau ; sable + eau
Modélisation	Les particules sont distribuées de façon **uniforme** dans le mélange.	Les particules ne sont pas distribuées de façon uniforme dans le mélange.

Matière première, matériau, matériel

La nature nous offre la matière première pour fabriquer tous les objets qui nous entourent. Cette matière peut être utilisée telle quelle ou être transformée pour obtenir les matériaux et le matériel nécessaires pour combler nos besoins.

Matière première

À la base, une matière première est une matière dans sa forme naturelle. Elle peut être utilisée sans subir de transformation (matière brute) ou être transformée de façon artisanale ou industrielle.

Matière brute: tronc d'arbre, plant de coton, minerai, etc.

Matière résultant d'une première transformation: billots de bois, balles de coton, pierres concassées, etc.

Matériau

Un matériau est une substance élaborée par les humains à partir de la matière première, en vue de la fabrication d'objets. Le choix du matériau se fera en fonction de ses propriétés.

Exemples

Bois contreplaqué

Brique

Lait en poudre

Lait pasteurisé

Farine de blé

Tube métallique

Matériel

Le matériel, c'est l'ensemble des objets, outils et machines utilisés pour construire ou fabriquer des objets. C'est aussi tout ce qui est nécessaire à l'exploitation d'un établissement industriel, agricole, commercial ou culturel.

Exemples

Équipement de laboratoire

Ustensiles de cuisine

Matériel de construction

Matériel d'artiste

Équipement agricole

Les transformations de la matière

Presque toute la matière qui nous entoure subit des changements de **forme** et de **composition** au fil du temps : l'eau change d'état selon les variations de la température, le fer rouille au contact de l'air, les plastiques se déforment sous la pression, le bois brûle, les tissus s'étirent, les roches s'usent, etc.

Selon la nature du changement qui s'opère ou qu'on fait subir à la matière, on qualifiera cette modification de changement physique ou chimique. Dans le cas où le changement implique un vivant, on parlera plutôt de transformation biologique.

Changements physiques

On parle de changements physiques quand la matière change simplement de **forme** ou d'**état**. Il n'y a alors pas de modification au niveau des atomes qui constituent la substance.

L'eau qui passe de son état liquide en glace ou en vapeur présente un cas typique de ce genre de changements physiques. Le symbole H_2O fait tout autant référence à l'eau qu'à la glace ou à la vapeur.

Un ressort se déforme si on l'étire.

La cire fond sous l'effet de la chaleur.

EXEMPLES DE CHANGEMENTS PHYSIQUES

- Fusion (glace qui fond)
- Découpage (tissu en morceaux)
- Dissolution (sel dans l'eau)
- Broyage (cailloux ➤ gravier)
- Mélange (mélange à gâteau)
- Déformation (pâte à modeler)
- Pétrissage (pâte à grumeaux ➤ pâte lisse)
- Cristallisation (cristaux de neige)
- Congélation (eau ➤ glace)
- Filtration (masque à gaz)

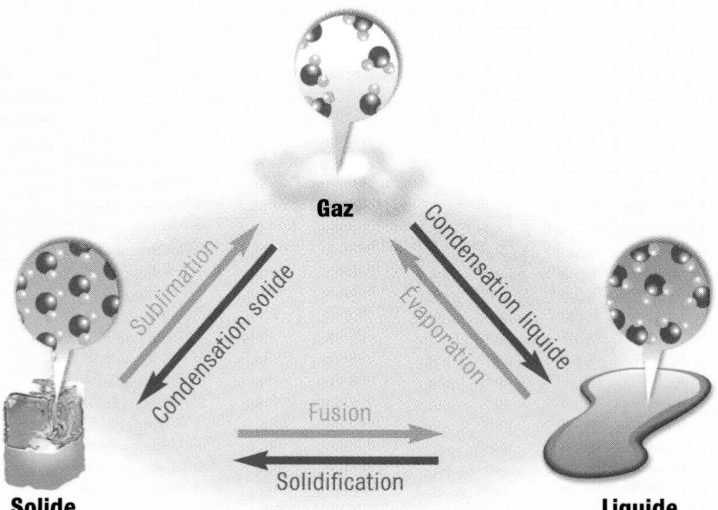

Les changements d'état de l'eau

Dans une vinaigrette au repos, l'huile se sépare du vinaigre.

Changements chimiques

On parle de changements chimiques quand les substances d'origine qui composent la matière se transforment en un ou plusieurs autres produits. Lors de la cuisson, par exemple, certaines substances se transforment chimiquement pour **former de nouvelles substances**. Ainsi, dans le four, la pâte se change en pain.

Une réaction chimique entraîne évidemment un changement important des propriétés physiques de la substance initiale.

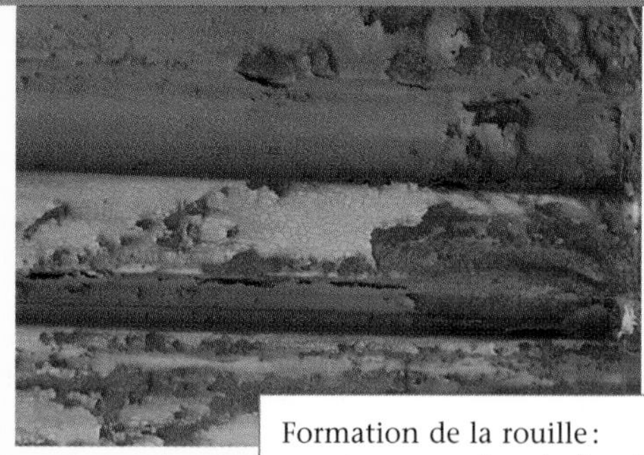

Formation de la rouille : avant sa corrosion, le fer plie sous la pression, mais une fois rouillé, il s'effrite. Le fer est gris, la rouille est orangée.

EXEMPLES DE CHANGEMENTS CHIMIQUES

- Combustion (bois en cendre et fumée)
- Corrosion (fer en rouille)
- Cuisson (œuf ······➤ œuf dur)
- Caramélisation (sucre en caramel)

Combustion d'une allumette

Transformations biologiques

Quand des changements physiques et des changements chimiques se produisent au cours d'une **activité vitale**, on parle alors de transformations biologiques. Ces transformations biologiques impliquent inévitablement un vivant. Les transformations biologiques se distinguent des réactions chimiques et physiques par leur complexité.

Par exemple, lors de la digestion (cycle de la nutrition), une carotte se transforme en nutriments.

EXEMPLES DE CHANGEMENTS BIOLOGIQUES

- Photosynthèse (plante qui transforme son CO_2 en sucres)
- Respiration (sucres qui fournissent de l'énergie)
- Digestion (viande qui devient protéines)
- Fermentation (levures qui transforment les sucres en alcool et en gaz)
- Fécondation (cellules qui s'unissent pour former un nouvel être)
- Bioluminescence (production de lumière par un vivant)

Fermentation

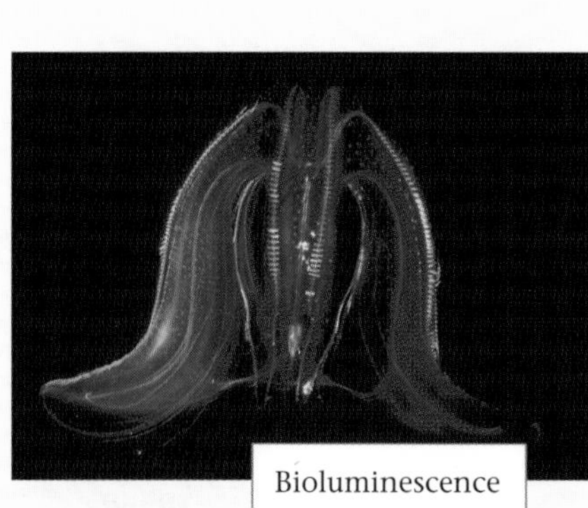

Bioluminescence

Photosynthèse

Les propriétés de la matière

Tout ce qui nous entoure est constitué de matière. La matière présente des propriétés physiques qu'il est possible de **percevoir** ou de **mesurer**. Une propriété est dite qualitative lorsqu'elle correspond à une qualité (ex. : dur, bleu, sucré). Une propriété est dite quantitative quand elle est mesurable (ex. : température, masse, volume).

Propriétés qualitatives

Parmi les propriétés qualitatives, on trouve la forme, la texture, la couleur, la saveur, l'état.

État

La matière se présente sous plusieurs états. Elle peut être solide, liquide ou gazeuse.

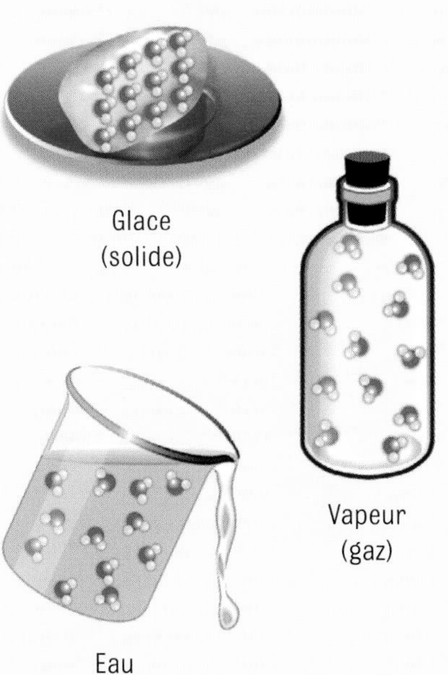

Glace (solide)

Vapeur (gaz)

Eau (liquide)

Propriétés quantitatives

Parmi les propriétés quantitatives, on trouve la masse, le volume, la température.

Masse

La masse est la quantité de matière contenue dans un corps.

Pour mesurer la masse, on utilise une *balance*.

Unité de masse SI = kilogramme (kg)

En classe de science et technologie, tu utiliseras généralement une sous-unité du kilogramme : le *gramme* (g).

Volume

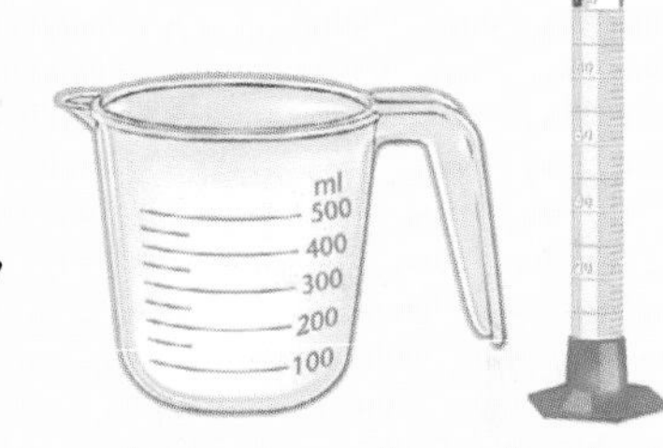

Le volume est la place qu'occupe la matière dans l'espace.

Pour mesurer le volume d'un corps, on utilise différents instruments : tasse à mesurer, cylindre gradué, bécher, etc.

On peut calculer le volume d'un corps solide à partir des mesures de sa longueur, de sa largeur et de sa hauteur.

Unité de volume SI = mètre cube (m^3)

En classe de science et technologie, tu utiliseras généralement une sous-unité du mètre cube : le *centimètre cube* (cm^3). Tu utiliseras aussi une sous-unité du litre, le *millilitre* (mL).

Température

La température est une mesure de la quantité de chaleur contenue dans un corps. Ce qui cause la chaleur est l'agitation des particules dans le corps.

On mesure la température avec un *thermomètre*.

Unité de température SI = degré Kelvin (°K)

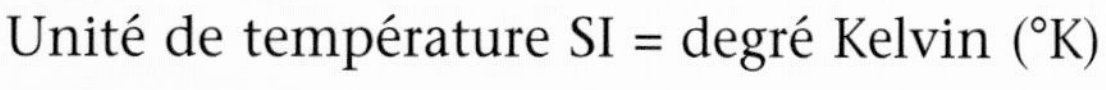

Unité la plus couramment utilisée = degré Celsius (°C)

Problématique 2

Prépare l'avenir de la forêt

Notre mode de vie est étroitement lié aux forêts. En plus de faire partie du paysage, les forêts contribuent à notre culture, à notre confort, à notre économie et à l'équilibre général de la planète. Mais les forêts sont en danger! Il y a en effet de moins en moins de forêts sur Terre.

Plusieurs grandes compagnies forestières travaillent à reboiser nos régions. Les gouvernements veillent à la préservation des forêts et plantent des millions d'arbres chaque année. Malheureusement, ces actions ne peuvent pas, à elles seules, sauver nos forêts. La forêt a aussi besoin de toi.

La sauvegarde de la forêt dépend d'une foule de petites actions. Tu ne peux évidemment pas sauver la forêt par toi-même, mais tu peux contribuer à sa protection en plantant un arbre, en recyclant certains produits de l'arbre ou en faisant la promotion d'une consommation responsable des produits végétaux.

Toute action positive sur la forêt, aussi petite soit-elle, aura un effet positif sur l'environnement. C'est cela qui compte. Mais avant d'agir, il est utile de bien comprendre les besoins des arbres.

Habitat et espèces

La forêt occupe environ 30 % de la surface de la Terre. Mais elle fournit un habitat à 80 % des espèces de la planète. Protéger nos forêts, c'est donc protéger notre biodiversité.

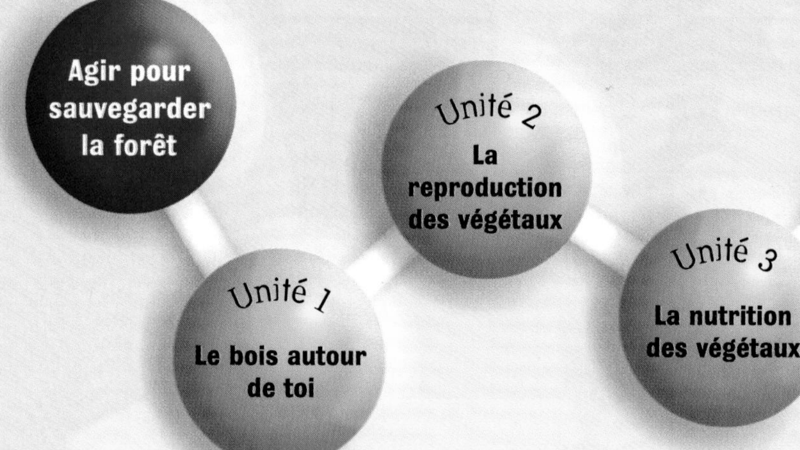

Pour contribuer à la protection de la forêt qui t'entoure, nous t'invitons à mettre au point un plan d'action pour sauvegarder un terrain boisé. Cela t'amènera à découvrir le bois autour de toi ainsi que la façon de reproduire une plante et d'en prendre soin. Tu comprendras alors mieux le lien qui existe entre les vivants et leur milieu.

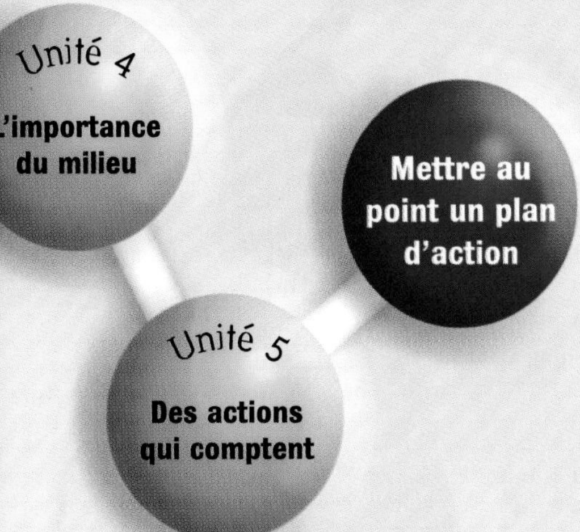

La coupe de bois

Sais-tu qu'il y a encore des bûcherons? Essentiellement masculin (seulement 7 % sont des femmes), le métier de bûcheron demande de très bonnes aptitudes physiques et beaucoup d'endurance. Les bûcherons et bûcheronnes doivent fournir eux-mêmes leur équipement et être prêts à travailler par tous les temps. La coupe se fait surtout l'hiver, avant la montée de la sève.

Aurais-tu la force physique nécessaire pour exercer ce métier?

Unité 1

Le bois autour de toi

À quoi sert la forêt?

Tu le découvriras en observant le bois autour de toi.

Tu fais probablement partie des deux tiers de la population du Québec qui vit près d'une forêt. Même si ta maison, ton école, ton terrain de jeux et les routes qui t'entourent ont grugé son espace, la forêt est là tout autour.

La forêt abrite un grand nombre de vivants qui y trouvent refuge, nourriture et protection. Il nous revient de la protéger pour qu'elle puisse s'épanouir.

L'arbre emblématique du Québec: le bouleau jaune
Parce qu'il a toujours fait partie de notre environnement, le bouleau jaune, appelé aussi *merisier,* a été choisi comme emblème du Québec. C'est au sud de la province qu'on trouve la plus grande concentration de bouleaux jaunes du monde.

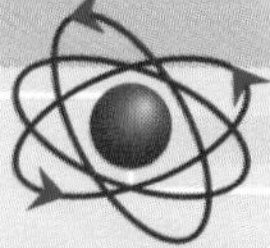

Place à la discussion

- **Aimes-tu te promener en forêt? Pourquoi?**
- **Serais-tu capable d'identifier cinq sortes d'arbres en les voyant?**
- **Nomme différentes parties d'un arbre.**
- **Sais-tu faire la différence entre les espèces d'arbres?**
- **Donne cinq noms communs d'arbres.**
- **À quoi servent les arbres de la forêt?**
- **Quelles différences y a-t-il entre un conifère et un feuillu?**
- **Que veut dire le mot *environnement*?**
- **Pourquoi dit-on que l'arbre est un vivant?**
- **Prends-tu soin de la nature autour de toi? De quelle façon?**

Activité 1.1 Décris un terrain boisé de ta région

Je me prépare

Sélectionne une aire boisée de ta région qui regroupe une diversité d'arbres. Tu peux choisir un terrain près de ton école ou de ta maison, un parc, un centre de la nature ou une réserve faunique.

1. Repère ton terrain boisé sur une carte routière.

   Trace ensuite le contour du terrain sur une feuille et situe-le géographiquement par rapport à ton école.
2. Estime la superficie* de cette aire boisée et note cette donnée sur le schéma que tu viens de faire.
3. Trouve une façon d'estimer le nombre d'arbres qu'il y a sur ce terrain.
4. Prends une photo de ton terrain ou fais-en un dessin.

Considère que tu viens d'adopter ce coin de pays. Tu as maintenant la responsabilité de le préserver et d'en assurer l'épanouissement. Félicitations !

***Superficie**
Étendue d'une surface.

Je passe à l'action

Pour mieux connaître ton terrain, fais une petite enquête.

5. À quelle zone de végétation du Québec (toundra, taïga, forêt boréale, forêt mixte, forêt méridionale des bois francs) appartient cette zone boisée?
6. Quelles sont les cinq composantes abiotiques indispensables à la vie sur ce terrain? Classe-les en deux catégories, selon qu'il s'agit de matière ou d'énergie.
7. Essaie d'identifier 15 des vivants de la flore* et de la faune* qui habitent cette aire boisée. Nomme ces vivants par leur nom commun.
8. Ton terrain a-t-il été créé ou modifié par une intervention humaine? Est-ce un milieu naturel, naturel modifié ou artificiel?
9. Y a-t-il des activités récréatives ou économiques qui se déroulent sur ce terrain? Lesquelles?
10. Quels types de dangers guettent les arbres de ton terrain?

Les forêts du Québec, p. 168
La forêt, un milieu de vie, p. 169
Les dangers qui menacent la forêt, p. 170

***Flore**
Ensemble des plantes d'une région.

***Faune**
Ensemble des animaux d'une région.

Je fais le point

11. Présente les données que tu as recueillies sous la forme d'un schéma semblable à celui présenté en marge.

1. Photo ou dessin du terrain choisi
2. Adresse et superficie du terrain
3. Zone de végétation à laquelle il appartient
4. Type de milieu de vie qu'il représente
5. Composantes abiotiques de ce milieu
6. Vivants (noms et photos, si possible) qui habitent ce lieu
7. Activités récréatives ou économiques qui se déroulent à cet endroit
8. Dangers qui menacent ce milieu
9. Une raison de sauvegarder ce lieu

Activité 1.2 Explore la forêt autour de toi

Je me prépare

savoirs

Matière première, matériau, matériel, p. 96
Le bois, p. 171

***Essence**
Terme utilisé par l'industrie pour nommer l'espèce d'un arbre.

Il n'est pas nécessaire de se rendre en forêt pour identifier des essences* de bois. La forêt est là, autour de toi. Tu peux la voir sans même sortir de ta maison, car le bois est un des plus anciens matériaux utilisés par les humains. Il fait toujours partie du décor.

Le bois sert autant pour la charpente que pour la finition intérieure des bâtiments.

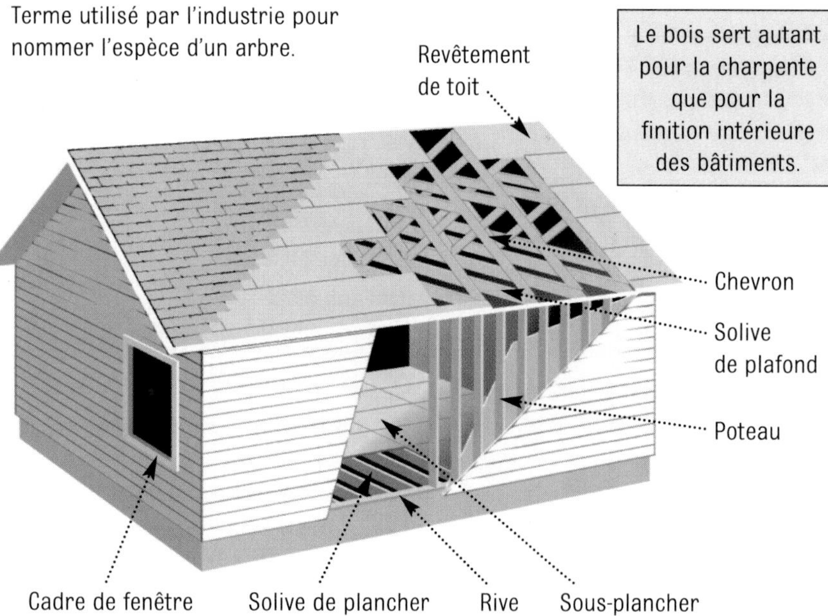

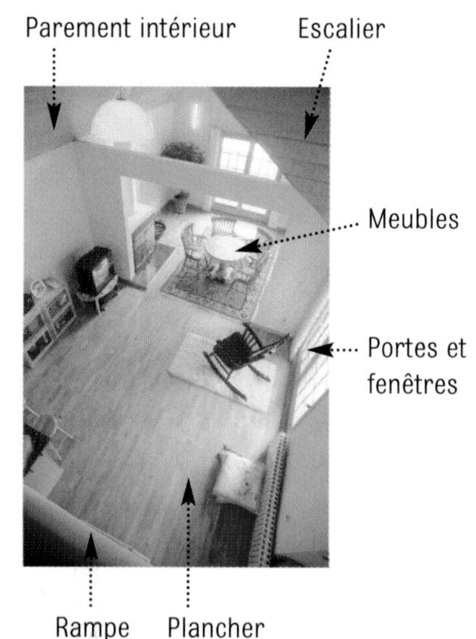

- Informe-toi sur les principaux matériaux utilisés dans la construction de ta maison.
- Fais le tour des différentes pièces de la maison.
- Observe tout ce qu'il y a autour de toi et repère les objets et les structures fabriqués en bois.

  Examine les différentes essences de bois que tu vois.

  Observe des caractéristiques de ces essences de bois.

Je passe à l'action

Voyons ce que tu as repéré.

1. Dresse une liste de 10 composantes de ta maison construites à partir du bois.
2. Nomme 10 objets de bois qui se trouvent dans ta maison et que tu utilises chaque jour.
3. Identifie les différentes essences de bois utilisées dans la construction des composantes et des objets que tu viens de nommer.

Le bois, p. 171

Je fais le point

4. Présente une partie de tes données dans un tableau à deux colonnes.
   a) Dans la première colonne, écris le nom des 10 objets que tu as trouvés.
   b) Dans la deuxième, indique les essences de bois utilisées dans la construction de ces objets.
5. Quels autres types de produits fait-on avec ces essences de bois ?

Le bois, un témoin du temps

Ce bateau de bois a été trouvé près des grandes pyramides d'Égypte. Certains pensent qu'il s'agit de la barque funéraire du roi Khéops. Vieille de 4500 ans, elle est pourtant en parfait état de conservation. Cela démontre bien que le bois peut survivre à l'usure du temps.

Activité 1.3 Décris un conifère de ton choix

Je me prépare

Une petite excursion sur le terrain que tu as choisi à l'activité 1.1 te permettra de constater que les arbres ne sont pas tous pareils. Même s'ils ont la même structure que les plantes vertes, les arbres présentent des différences qui les rendent uniques. Il n'y a donc pas de raison de se limiter au mot « arbre » pour décrire ces plantes majestueuses.

La structure de l'arbre, p. 174
Identification des principaux feuillus, p. 176
Identification des principaux conifères, p. 178

Quand on parle de félins, on distingue chaque espèce (chat, lion, tigre, lynx, etc.). Le moment est donc venu de décrire les arbres avec précision.

1. Quelles sont les différentes parties d'un arbre?

2. Quelles caractéristiques peuvent servir à identifier un conifère?

Je passe à l'action

savoirs

Identification des principaux conifères, p. 178

Choisis un conifère de ton terrain et observe les caractéristiques de cet arbre.

3. D'après la clé d'identification des conifères, à quelle espèce appartient cet arbre?

Je fais le point

***Fiche signalétique**
Document qui présente une description sommaire de quelque chose.

4. Prépare la fiche signalétique* de ton arbre. Notes-y:

- ✔ ton nom, celui de ton groupe, la date;
- ✔ les caractéristiques qui ont permis d'identifier l'arbre;
- ✔ le nom commun de l'arbre;
- ✔ son nom scientifique;
- ✔ l'usage réservé à son bois.

Si tu le peux, ajoute une photo ou un dessin de ton arbre, ou encore celle d'un arbre appartenant à la même espèce.

Défi Botanistes en herbe

savoirs

Le bois, p. 171

La démarche de conception, p. 374
Les outils en atelier, p. 398
La sécurité en classe..., p. 399

DANGER !

On peut identifier un arbre à partir de ses feuilles. Procure-toi quelques spécimens de feuilles d'arbres. Fais-les sécher et présente-les sous la forme d'un herbier.

Séchage des feuilles

La technique consiste à retirer l'eau de la plante avec du papier absorbant (papier journal non glacé) en exerçant une pression à l'aide d'un objet lourd. Mais cet objet est parfois encombrant. Pour résoudre ce problème, tu peux concevoir et fabriquer un objet technique simple dont le mécanisme permet d'exercer une forte pression. Suis la démarche de conception pour mettre au point ton objet.

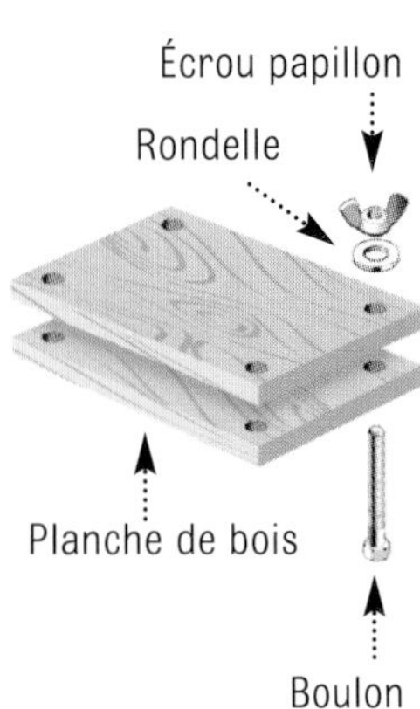

Exercices

1. Quelles sont les cinq grandes zones de végétation du Québec?

Activ. 1.1

2. Quels types de végétation dominent dans chacune de ces zones?

Activ. 1.1

3. Dresse une liste de cinq composantes biotiques et de cinq composantes abiotiques qui ont un impact sur notre vie.

Activ. 1.1

4. Définis les termes suivants en donnant chaque fois un exemple.

a) Biodiversité
b) Flore
c) Faune
d) Milieu naturel
e) Environnement

Activ. 1.1

5. Pour quelles raisons utilise-t-on le bois comme matériau de construction?

Activ. 1.2

6. Que signifie l'expression *matériau ligneux*?

Activ. 1.2

7. Identifie les différentes couches du tronc de l'arbre illustré ci-dessous.

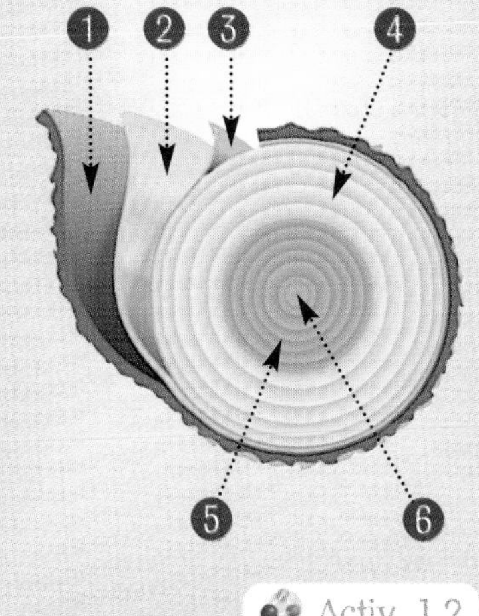

Activ. 1.2

8. Observe l'illustration ci-dessous.

a) Quel est l'âge de cet arbre?

b) Cet arbre a-t-il toujours eu de bonnes années de croissance? Justifie ta réponse.

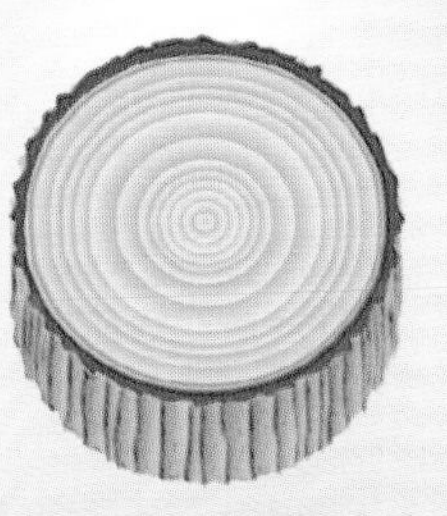

Activ. 1.2

9. Qui suis-je?

a) Je suis déjà formé sur les branches à l'automne. Je suis le manteau d'hiver des futures feuilles et des futures fleurs de l'arbre.

b) Je suis la partie supérieure des arbres.

c) Je supporte les branches et je transporte la sève.

d) Je suis l'usine qui fabrique la nourriture de l'arbre.

e) Je suis la petite branche qui porte les bourgeons, les feuilles et les fleurs.

f) Ma silhouette ressemble à une flèche et on m'utilise comme arbre de Noël.

g) Mes feuilles tremblent à la moindre brise et on se sert de mon bois pour fabriquer des allumettes.

h) Je suis le seul conifère du Québec qui perd ses aiguilles à l'automne.

i) Mon écorce est blanche et mince, et je suis un des emblèmes du Québec.

Activ. 1.2

10. Voici les éléments distinctifs de quelques arbres.

a) Identifie chacun de ces arbres à l'aide d'une clé d'identification.

b) Sur quelles caractéristiques des feuilles, des fruits ou des cônes as-tu basé ton identification?

Activ. 1.3

11. Voici les feuilles et les fruits de quatre arbres différents.

a) Quelles caractéristiques sont communes à toutes ces feuilles?

b) Quelles différences présentent ces feuilles?

c) Quelles caractéristiques sont communes à tous ces fruits?

d) Quelles différences présentent ces fruits?

e) Quel avantage présente cette forme particulière du fruit?

f) Pourquoi ces arbres sont-ils classés dans le même genre (*Acer*)?

1 **Érable à sucre** (*Acer saccharum*)

2 **Érable argenté** (*Acer saccharinum*)

3 **Érable rouge** (*Acer rubrum*)

4 **Érable noir** (*Acer nigrum*)

g) Nomme deux utilisations commerciales d'un de ces arbres.

Activ. 1.3

À toi de jouer

POUR OU CONTRE l'exploitation de la forêt?

Prépare-toi à un débat sur l'exploitation de la forêt.

Avant de te lancer dans la discussion, il est important que tu choisisses bien tes arguments, car ton rôle consiste à convaincre la classe.

Préparation

1. Choisis l'angle sous lequel tu aborderas le sujet.

Santé	Effets sur la santé des humains
Société	Effets sur le bien-être physique et psychologique des humains
Économie	Effets sur la richesse des individus ou celle d'une population
Environnement	Effets sur l'équilibre naturel entre les vivants et leur habitat

2. Joins-toi à trois élèves qui ont choisi de traiter le sujet sous le même angle que toi.
3. Déterminez la position que chaque personne défendra (2 POUR et 2 CONTRE).
4. Établissez l'ordre dans lequel vous interviendrez pour:
   > soutenir la position principale;
   > contrer la position principale.
5. Faites une recherche sur le sujet pour trouver les meilleurs arguments POUR et CONTRE l'exploitation de la forêt boréale.
6. Planifiez votre discours en choisissant vos arguments les plus convaincants. Chaque personne a deux minutes pour présenter sa position.

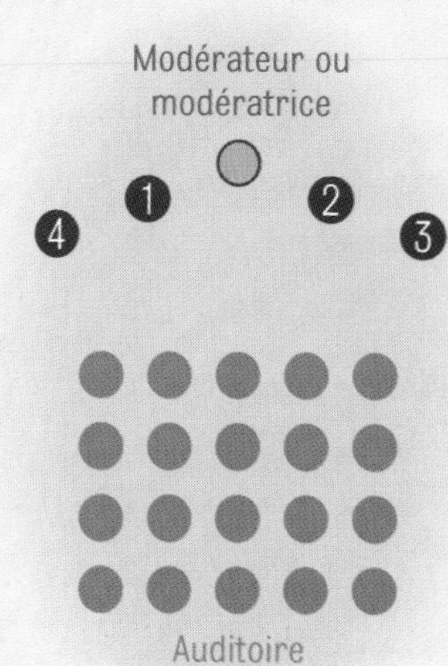

Déroulement

→ L'élève ❶ ouvre le débat en présentant sa position, puis son argument principal.

→ L'élève ❷ cite un fait qui affaiblit l'argumentation présentée (contre-argument à la position de l'élève 1).

→ L'élève ❸ présente son principal contre-argument (pour appuyer la position de l'élève 2).

→ L'élève ❹ cite un fait qui affaiblit la contre-thèse présentée par l'élève 3.

Pendant ce temps, le reste de la classe note les arguments et les contre-arguments présentés.

Unité 2

La reproduction des végétaux

Sais-tu comment reproduire une plante ?

Dans cette unité, tu découvriras différentes façons de le faire.

As-tu déjà remarqué les chatons accrochés aux branches des bouleaux jaunes au printemps ? Ce sont les fleurs de l'arbre. Un seul des chatons mâles produit des millions de grains de pollen. Et les chatons femelles d'un seul arbre produisent des millions de graines ! C'est ainsi que la nature se charge de la reproduction de l'espèce.

Les chatons du bouleau jaune
À gauche, deux fleurs femelles ; à droite, deux fleurs mâles.

Place à la discussion

- **Faut-il absolument semer une graine pour obtenir une nouvelle plante ?**
- **As-tu déjà pris soin d'une plante ?**
- **Quelle est la différence entre la *reproduction sexuée* et la *reproduction asexuée* ?**
- **As-tu déjà planté un arbre ?**
- **Est-ce que la technologie contribue à l'épanouissement de la forêt ?**
- **Quelles raisons nous amènent à couper des arbres ?**
- **Y a-t-il des plantes mâles et des plantes femelles ?**
- **Peut-on planter un arbre n'importe où ?**

Activité 2.1 Analyse la structure d'une fleur

Je me prépare

Les fleurs sont les organes de reproduction des plantes. Dans cette activité, tu disséqueras une fleur et tu schématiseras ses composantes dans un diagramme floral. Ainsi, tu détermineras si cette fleur est une fleur mâle, une fleur femelle ou une fleur parfaite.

La reproduction, p. 86
La reproduction sexuée des plantes, p. 180

Le problème

1. Formule le problème en précisant le nom de la fleur que tu disséqueras.
2. Quelles sont les différentes composantes d'une fleur?
3. Complète les phrases en insérant les mots suivants au bon endroit.

   ÉTAMINES FEMELLES MÂLES OVAIRES PISTIL POLLEN

   Seules les fleurs dites *parfaites* contiennent à la fois des organes ❶ et des organes ❷. Les fleurs mâles ont seulement des ❸, qui produisent du ❹. Les fleurs femelles ont un ❺ contenant les ❻.
4. Quel moyen de présentation utiliseras-tu pour décrire l'organisation des pièces florales de ta fleur?

Hypothèse

5. À première vue, s'agit-il d'une fleur mâle, d'une fleur femelle ou d'une fleur parfaite?

Des forêts pour la paix

L'écologiste Wangari Maathai considère que « la paix sur la Terre dépend de notre capacité à protéger notre environnement vivant ». En effet, lorsque les ressources naturelles se font rares, des populations souffrent et des conflits éclatent. Voulant faire sa part, Mme Maathai a fondé un mouvement qui a permis de planter 30 millions d'arbres en moins de 30 ans au Kenya. Sa contribution lui a valu le prix Nobel de la paix en 2004.

Comprends-tu en quoi la paix peut-être liée à l'environnement?

Je passe à l'action

Matériel

- Fleur (lys, glaïeul, amaryllis...)
- Pince à dissection
- Loupe
- Feuille de papier
- Ruban adhésif transparent

Lys

Glaïeul

La reproduction sexuée des plantes, p. 180

Les tracés et les lignes, p. 394

Manipulation (technique de dissection)

1. Observe à la loupe les différentes composantes de la fleur : les sépales, les pétales, les étamines et les carpelles du pistil.
2. Détache ces composantes à l'aide d'une pince, en commençant par l'extérieur.
3. Dépose-les sur une feuille de papier en respectant leur position dans la fleur.
4. Fixe les différentes composantes à la feuille avec du ruban adhésif.
5. Note et schématise tes observations.

L'iris versicolore

L'iris versicolore est l'emblème floral du Québec. Cette fleur est loin d'être conventionnelle. Elle porte en effet des sépales plus grands et plus colorés que ses pétales. Et son pistil, divisé en trois, a l'aspect de pétales.

Quelle importance les emblèmes ont-ils pour toi ?

Résultats

6. Construis un diagramme floral de la fleur que tu as disséquée.

Analyse et conclusion

7. Décris la formule florale de ta fleur dans un tableau semblable au suivant.

	Verticille 1	Verticille 2	Verticille 3	Verticille 4
Nombre de pièces	? sépales	? pétales	? étamines	? carpelles

8. Ton hypothèse est-elle confirmée ou infirmée ? Justifie ta réponse.

Je fais le point

Compare tes résultats avec ceux des autres élèves.

9. Quelles composantes servent à protéger la fleur ?
10. Quelles composantes assurent la reproduction de la fleur ?

Défi Et les fleurs, à quoi servent-elles ?

La démarche d'investigation, p. 371

Que répondrais-tu à une enfant de neuf ans qui poserait la question suivante : *À quoi servent les fleurs ?*

Inspire-toi d'une démarche d'investigation pour répondre à cette question.

Activité 2.2 Pollinise une fleur

Je me prépare

À l'activité 2.1, tu as identifié les organes sexuels de la fleur. Prépare-toi maintenant à polliniser une fleur.

1. Où se trouvent les gamètes* mâles d'une fleur?
2. Où se trouvent les gamètes femelles d'une fleur?
3. Définis le mot *pollinisation*.
4. Nomme différents moyens de pollinisation naturelle.
5. Peut-il y avoir fécondation entre le pollen et le pistil:
   a) d'une même fleur?
   b) de deux fleurs de la même espèce?
   c) de deux fleurs d'espèces différentes?
6. À partir des mots clés ci-dessous, représente graphiquement la reproduction sexuée des plantes.

ORGANE MÂLE	ORGANE FEMELLE
PISTIL	STIGMATE
POLLEN	FÉCONDATION
ÉTAMINE	GRAINE
OVULE	REPRODUCTION SEXUÉE
POLLINISATION	

savoirs

L'espèce, p. 89
La reproduction sexuée des plantes, p. 180

***Gamète**
Cellule reproductrice.

Marcelle Gauvreau

Proche collaboratrice du frère Marie-Victorin, la botaniste Marcelle Gauvreau (1907-1968) s'intéressait à l'initiation scientifique des jeunes. Elle a publié quelques livres de vulgarisation et fondé l'École de l'Éveil, une maternelle axée sur l'initiation aux sciences naturelles pour enfants de 4 à 7 ans. Son talent de pédagogue lui a permis de développer le concept de l'enseignement par le jeu à une époque où le principe même de la maternelle n'existait pas au Québec.

Je passe à l'action

Matériel

- 2 plantes en fleurs (par exemple des amaryllis ou des lys)
- Loupe
- Pinceau
- Ventilateur
- Pompe à poire

Amaryllis (*Hippeastrum vittatum*)

Manipulation

Réalise en équipe une des pollinisations suivantes.

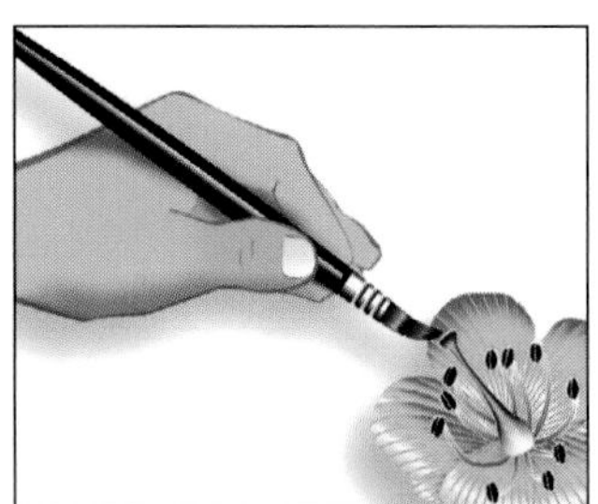

TECHNIQUE A – Pollinisation au pinceau

1. Observe à la loupe les étamines et le pistil des fleurs.
2. Frotte les poils du pinceau contre quelques étamines.
3. Frotte le stigmate d'un pistil avec ce même pinceau.
4. Observe à la loupe les poils du pinceau et le stigmate de la fleur pollinisée. Note tes observations.

TECHNIQUE B – Pollinisation à la pompe

1. Observe à la loupe les étamines et le pistil des fleurs.
2. Aspire l'air près des étamines avec la pompe à poire.
3. Expulse cet air près du stigmate d'une fleur.
4. Observe à la loupe le bout de la pompe et le stigmate de la fleur pollinisée. Note tes observations.

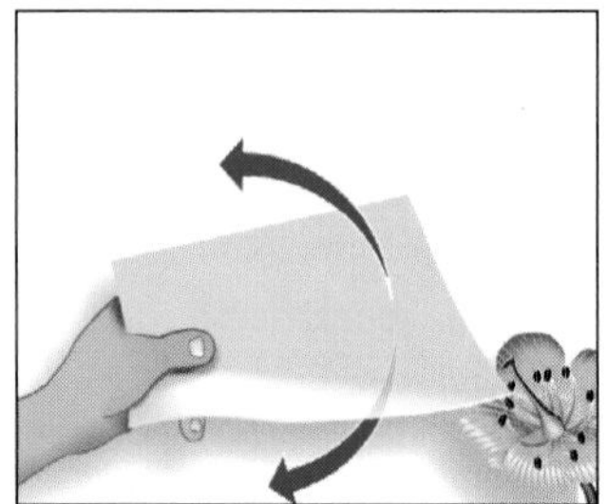

TECHNIQUE C – Pollinisation au ventilateur

1. Observe à la loupe les étamines et le pistil des fleurs.
2. Place les plantes l'une près de l'autre.
3. À l'aide d'un carton, ventile modérément les fleurs pendant environ 15 minutes.
4. Observe à la loupe le stigmate des fleurs pollinisées. Note tes observations.

Remarque : Garde ta plante encore deux ou trois semaines, si tu veux, et continue à noter tes observations.

7. Recueille les commentaires des équipes qui ont fait les autres manipulations. D'après toi, laquelle de ces techniques est la plus efficace pour polliniser une fleur?

Je fais le point

8. Comment peux-tu t'assurer que la pollinisation a réussi?
9. Quelle technique imite une pollinisation :
   a) par le vent?
   b) par les oiseaux nectarivores?
   c) par les insectes?

Activité 2.3 Reproduis une plante

Je me prépare

Quelle est la meilleure façon de reproduire une plante? Dans cette activité, tu te familiariseras avec les différents modes de reproduction des plantes. Tu auras à effectuer simultanément plusieurs manipulations.

La reproduction asexuée des plantes, p. 183

Matériel et instruments de laboratoire, p. 386

Le problème

1. Formule le problème en précisant le nom de la plante que tu vas reproduire.
2. Nomme différents moyens utilisés par les humains pour reproduire les plantes.
3. Quelle technique de reproduction appliqueras-tu dans le cas de ta plante? Pourquoi?
4. Sur quels critères te baseras-tu pour savoir si la reproduction a réussi?

Hypothèse

5. Pour formuler ton hypothèse, complète la phrase suivante: La meilleure technique à utiliser pour reproduire ma plante est… parce que…

Matériel

6. Dresse la liste du matériel que tu auras à utiliser lors de la manipulation en lisant attentivement la marche à suivre de la technique que tu appliqueras.

Reproduction par petites pousses

Feuille de *bryophyllum*

On peut reproduire certaines petites plantes à partir des pousses qui ornent le bord dentelé de la feuille charnue.

Je passe à l'action

Manipulation

TECHNIQUE A – Reproduction par bouturage

1. Coupe avec des ciseaux 2 bouts de tige d'environ 120 mm.
2. Garde seulement quelques paires de feuilles sur la partie supérieure de ces tiges.
3. Dépose une des tiges dans une bouteille en plastique contenant 250 mL d'eau.

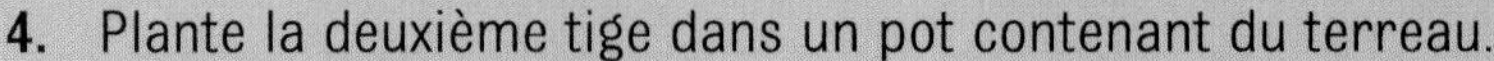

4. Plante la deuxième tige dans un pot contenant du terreau.
5. Place tes plantes dans un endroit éclairé et assure-toi qu'elles ne manquent pas d'eau.

TECHNIQUE B – Reproduction par marcottage

1. Remplis un pot de terreau.
2. Enlève les feuilles sur une section d'une tige flexible de ta plante.
3. Couche délicatement la section dénudée de la tige à la surface du terreau.
4. Couvre la tige d'un peu de terreau et trouve un moyen de la maintenir enfoncée sous la terre.
5. Place la plante dans un endroit éclairé pendant plusieurs jours et arrose-la régulièrement.

TECHNIQUE C – Reproduction par semis

1. Place 3 pastilles de tourbe dans une boîte de Pétri.
2. Imbibe chaque pastille d'eau.
3. Dépose 2 graines de légumineuses (lentille, fève, haricot) sur chacune des pastilles de tourbe.
4. Après 24 heures, choisis une graine.
   > À l'aide d'une pince à dissection, enlève délicatement l'enveloppe protectrice de la graine.
   > Sépare la graine en deux et observe les surfaces intérieures, d'abord à l'œil nu, puis à la loupe ou au binoculaire.
   > Note tes observations.
5. Remplis un pot de terreau et plantes-y les autres graines.
6. Place ton pot dans un endroit éclairé et assure-toi qu'il ne manque pas d'eau.

Résultats

7. À intervalles réguliers, par exemple tous les deux jours, observe ta plante. Note tes observations selon les critères que tu as retenus.

Analyse et conclusion

8. Compare tes résultats avec ceux des autres pour juger de l'efficacité de la technique de reproduction que tu as utilisée.

Je fais le point

9. Représente graphiquement les différents modes de reproduction des plantes.

10. Décris la technique de reproduction que tu pourrais utiliser pour reboiser le terrain que tu as adopté à l'unité 1.

11. Observe le diagramme ci-contre.
   a) Associe les chiffres ❶, ❷ et ❸ aux trois étapes de la croissance d'une plante.
   b) Associe les lettres A, B, C et D aux différents stades du développement d'une plante.

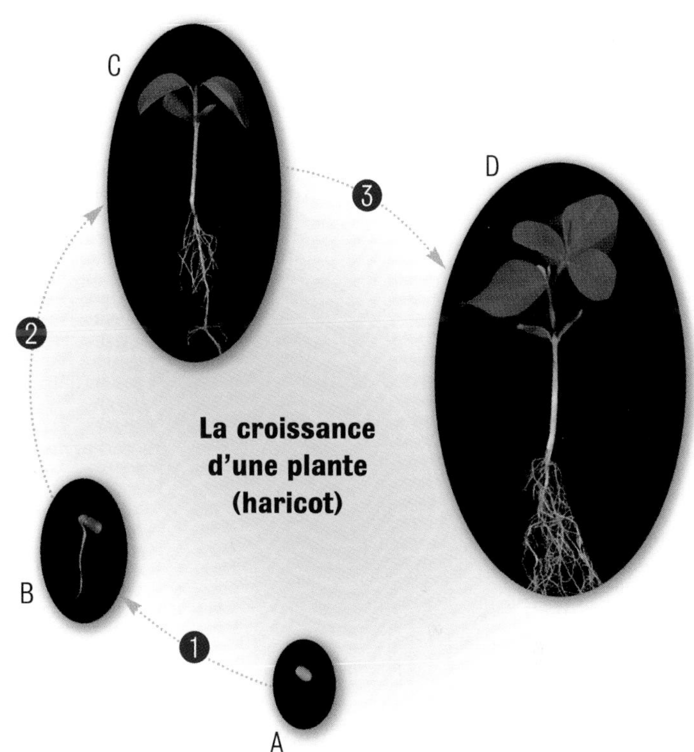

Défi La dispersion des graines

Les plantes produisent un très grand nombre de graines. Mais encore faut-il que ces graines atteignent un milieu propice pour germer. Les modes de dispersion des graines sont variés. Certaines plantes laissent simplement tomber leurs graines. D'autres ont besoin du vent, de l'eau ou même des animaux.

Fais une recherche sur le sujet. Résume sur une affiche la relation qui existe entre les caractéristiques de différentes graines et leur mode de dispersion.

Pissenlit

Bardane

Exercices

1. Est-ce que tous les arbres produisent :

a) des fleurs ? **b)** des fruits ? **c)** des graines ?

Activ. 2.1

2. Trace le schéma d'une fleur parfaite. Ensuite :

a) colorie les différentes pièces florales aux couleurs de ton choix.

b) identifie chacune des composantes.

Activ. 2.1

3. À quelle formule florale correspond chacun des diagrammes suivants ?

Formule A	**Formule B**	**Formule C**
S3 P3 E6 C6	S5 P5 E10 C5	S5 P5 E5 C2

a)

b)

c)

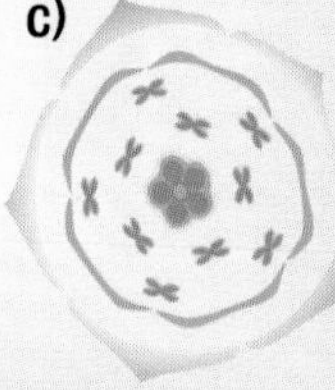

Activ. 2.1

4. Voici le diagramme floral de deux fleurs qui appartiennent à la même espèce.

a) Observe les diagrammes et explique la différence qu'il y a entre ces deux fleurs.

b) Schématise le cycle de reproduction sexuée de cette plante.

Activ. 2.1

5. Est-ce que toutes les fleurs donnent un fruit ? Justifie ta réponse.

Activ. 2.1

6. Nomme différents agents qui assurent la pollinisation des fleurs.

Activ. 2.2

7. Quel est le rôle de la pollinisation dans la reproduction d'un arbre ?

Activ. 2.2

8. Quelle composante transmet l'information génétique de la plante dans le cas d'une reproduction sexuée ?

Activ. 2.2

9. Quelle est la différence entre la reproduction végétative et la reproduction sexuée chez les plantes ?

Activ. 2.3

10. Qu'est-ce qui distingue les graines des conifères des graines des feuillus ?

Activ. 2.3

11. Quel est le moment idéal pour prélever les boutures des feuillus et des conifères ?

Activ. 2.3

À toi de jouer

Trouve un arbre à planter

Planter un arbre est certainement une action bénéfique pour l'environnement. Pour augmenter ses chances de succès, il importe surtout de choisir une essence forestière typique du milieu à reboiser. Mais comment se procurer un plant d'arbre?

Plusieurs organismes publics et privés offrent gratuitement des boutures et des plants d'arbres. Certains le font pour encourager le développement durable. D'autres, simplement pour contribuer au bien-être de la société. Plusieurs arbres sont ainsi offerts aux parents de nouveau-nés et aux élèves des écoles primaires et secondaires.

Envoie donc à un organisme de ton choix une demande claire et sérieuse pour te procurer un jeune plant d'arbre.

Balises pour la rédaction de ta lettre

- Choisis avec soin le ou la destinataire de ta lettre.
- Rassemble quelques faits sur le type d'arbre à planter.
- Adresse-toi directement au ou à la destinataire, avec politesse.
- Démontre ton engagement dans le projet en utilisant le *je* et des verbes d'action.
- Limite ton développement à des énoncés courts et précis.
- Utilise des termes spécialisés pour démontrer ta compétence à relever le défi.
- Soigne la construction de tes phrases.

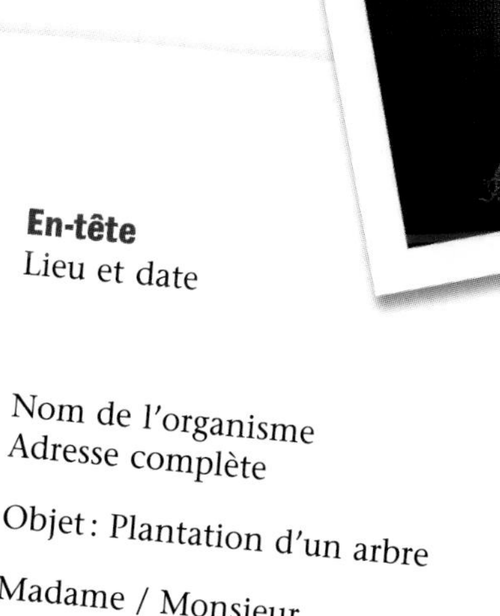

En-tête
Lieu et date

Nom de l'organisme
Adresse complète

Objet : Plantation d'un arbre

Madame / Monsieur,

Introduction
Qui es-tu ?
Pourquoi leur écris-tu ?
Comment as-tu entendu parler d'eux ?

Développement
Dans quel cadre planteras-tu cet arbre ?
En quoi cette action est-elle importante pour l'environnement ?
Pourquoi as-tu choisi cet organisme ?

Conclusion
Précise à quel moment tu as besoin d'une réponse.
Engage-toi à planter l'arbre qu'on te remettra.
Demande des précisions sur la façon de planter cet arbre.

Salutation
Formule de politesse

Signature
Ton nom
Tes coordonnées (adresse, numéro de téléphone, etc.)

Unité 3

La nutrition des végétaux

De quoi les plantes ont-elles besoin pour se nourrir?

Tu le découvriras en déterminant les besoins d'une plante.

La sarracénie pourpre

On trouve au Québec 14 espèces de plantes carnivores! La plus facile à repérer est sans doute la sarracénie pourpre ou *Sarracenia purpurea.* Ses feuilles forment des vases de couleur vive qui servent de pièges. Attirés par la couleur et le nectar, les insectes qui y pénètrent sont pris au piège et décomposés. Mais cette façon de s'alimenter est exceptionnelle pour une plante. Généralement, les végétaux ne se nourrissent pas d'autres vivants. Ils utilisent plutôt leurs racines et leurs feuilles pour capter des substances dans leur milieu.

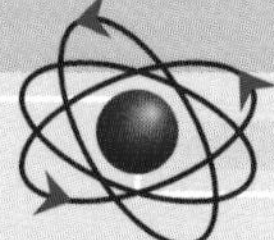

Place à la discussion

- **Est-il vrai qu'il est dangereux de garder des plantes dans une chambre, la nuit?**
- **Les plantes se nourrissent-elles de terre?**
- **Le fumier et le compost peuvent-ils servir à nourrir les plantes? Pourquoi?**
- **Certaines personnes affirment que les plantes purifient l'air. Quels pourraient être leurs arguments?**
- **Pourquoi dit-on qu'une plante:**
  - **peut «brûler» au soleil?**
  - **peut «brûler» si on lui donne trop d'engrais?**
  - **peut «se noyer» si on lui donne trop d'eau?**

Activité 3.1 Analyse les besoins nutritifs des plantes

Je me prépare

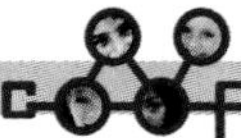

Une de tes plantes est mal en point. En l'observant, tu constates que son terreau ne semble pas adéquat et qu'elle a un grand besoin d'eau. C'est donc dire que les besoins nutritifs de ta plante ne sont pas comblés.

Que pourrais-tu modifier pour redonner à ta plante toute sa vigueur?

- Forme une équipe pour faire le tour de la question.
- Partagez-vous les problèmes à résoudre.

Un sol pour la plante, p. 185
De l'eau pour la plante, p. 188

Choisir une démarche, p. 370

Problème 1

Fabriquer un terreau riche
Voir page 122.

Problème 2

Déterminer les conditions dans lesquelles la plante perdra le moins d'eau
Voir page 124.

1. Pour remplacer le terreau pauvre, suivrais-tu une démarche de conception ou une démarche d'investigation?
2. Quelles sont les caractéristiques d'un terreau riche?
3. Pour comprendre les besoins en eau de ta plante, suivrais-tu une démarche de conception ou une démarche d'investigation?
4. Quelle partie de la plante assure la transpiration?

Croton

Je passe à l'action

Problème 1 : Fabriquer un terreau riche

savoirs

Les mélanges, p. 95
Un sol pour la plante, p. 185

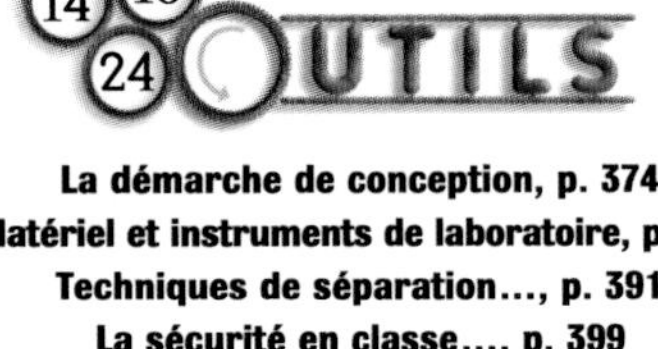

La démarche de conception, p. 374
Matériel et instruments de laboratoire, p. 386
Techniques de séparation..., p. 391
La sécurité en classe..., p. 399

Planifiez la fabrication du terreau en tenant compte des données présentées dans le cahier des charges ci-dessous.

Cahier des charges d'un bon terreau

Quantité à préparer : 1 litre
Qualités du mélange
- → Foncé
- → Perméable à l'eau et à l'air
- → Retient bien l'eau, mais se draine du surplus
- → Offre un bon ancrage
- → Permet aux racines de bien se propager
- → Composé de matières organiques et de matières minérales
- → Contient des sels minéraux qui peuvent se dissoudre

5. Quel besoin le terreau doit-il combler ?

Solution proposée

6. Classez les matériaux ci-dessous selon leur origine organique ou minérale (inorganique), naturelle ou artificielle.

7. Proposez un mélange possible à partir de ces matériaux. Notez la proportion de chaque matériau dans le mélange de un litre.

SABLE GROSSIER

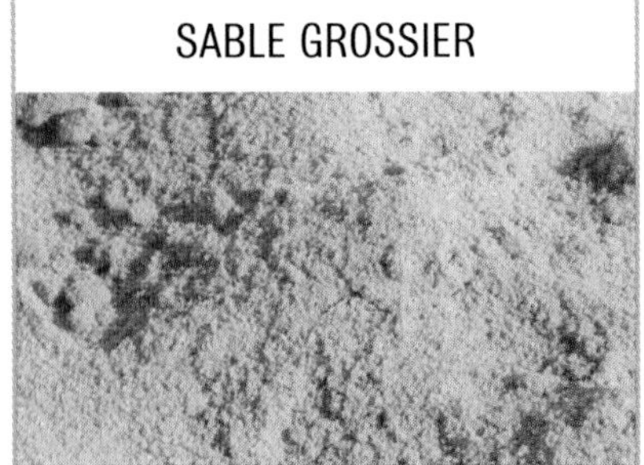

COMPOST VÉGÉTAL

COPEAUX

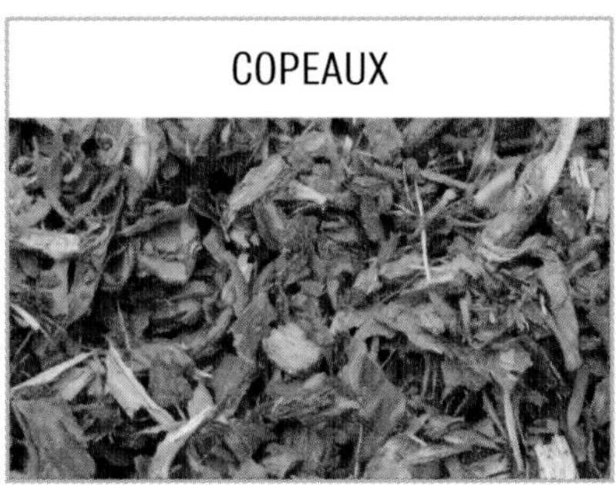

BILLES

POLYSTYRÈNE

TOURBE

Fabrication

Fabriquez votre terreau en respectant la solution proposée.

> «Toutes les terres fertiles de la planète ont traversé le ventre des vers de terre.»
>
> Charles Darwin

Essai

8. Comment allez-vous vérifier si le terreau répond à chacun des points du cahier des charges?

   Comme les sels minéraux sont solubles dans l'eau, vous pourriez, par exemple, mélanger le terreau à de l'eau pour en extraire les sels minéraux. Inspirez-vous de la démarche qui suit pour décrire comment vous allez procéder.

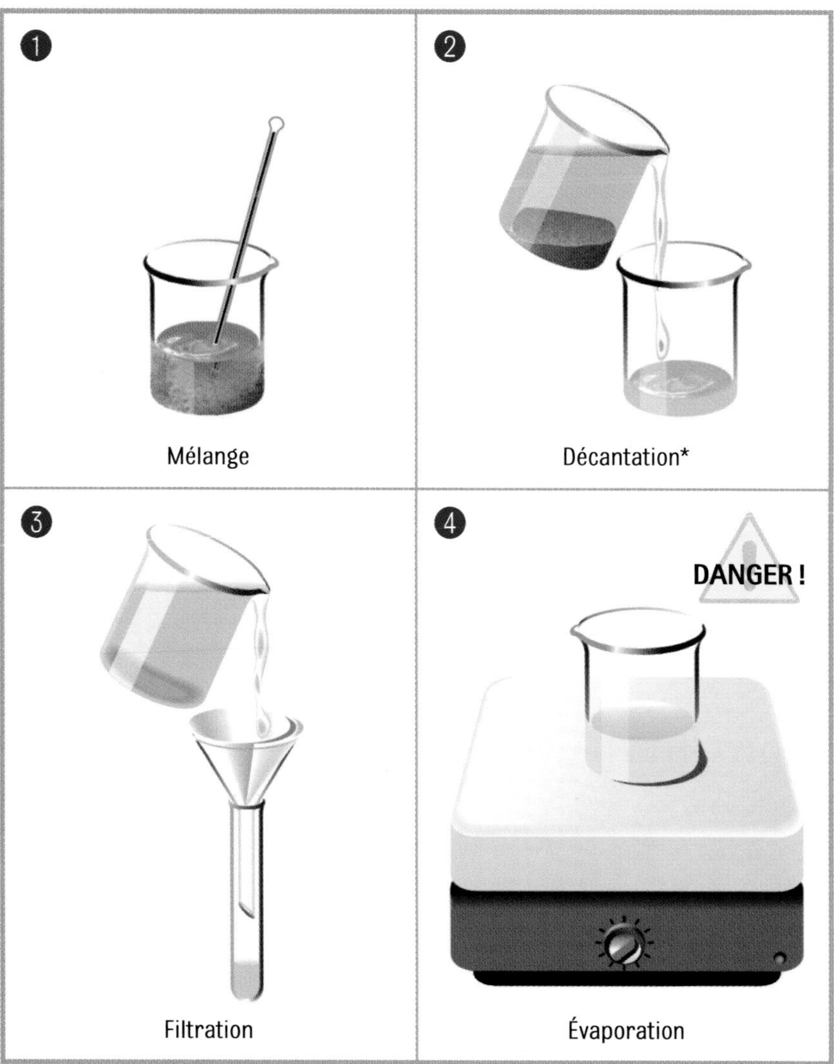

***Décantation**
Technique qui consiste à récolter la partie liquide d'un mélange une fois que les particules solides se sont déposées.

Retour sur la démarche

9. Le terreau que vous avez fabriqué est-il adéquat pour une plante?

10. Que pourriez-vous faire pour améliorer le terreau que vous avez proposé?

Le compostage

Le compostage à l'école, c'est possible. Il suffit de déposer des pelures de fruits et légumes, des feuilles mortes et du papier recyclé dans une boîte bien aérée. Brassée et arrosée régulièrement, la matière se transforme en un riche compost brun foncé.

As-tu déjà entendu parler des écoles vertes Brundtland?

De l'eau pour la plante, p. 188

Problème 2 : Déterminer les conditions dans lesquelles la plante perdra le moins d'eau

Comparez la transpiration d'une feuille dans des conditions normales avec celle d'une feuille soumise à une condition artificiellement modifiée.

Choisissez une condition expérimentale parmi les suivantes.

→ Soumettre la feuille au courant d'air d'un ventilateur.

→ Couvrir la feuille d'un sac de plastique.

→ Couvrir un des côtés de la feuille de gelée de pétrole.

→ Éclairer fortement la feuille.

5. Quelles sont les deux conditions que vous allez comparer?

Matériel

- Tige feuillue
- Paille flexible
- Grosse éprouvette
- Gelée de pétrole
- Ciseaux à disséquer
- Bac d'eau
- Ruban adhésif
- Feuille de papier
- Règle

Hypothèse

6. Dans ces conditions, croyez-vous que la consommation d'eau de la plante va augmenter ou diminuer? Formulez votre réponse sous la forme d'une hypothèse.

Manipulation

Je prépare le premier montage.

1. Plie la paille de façon à faire un coude.
2. Immerge la paille dans le bac d'eau pour la vider de son air.
3. En travaillant sous l'eau :
   > sectionne la tige en biseau ;
   > insère la tige dans l'extrémité courte de la paille.
4. Sors le montage de l'eau et insère le coude de la paille dans l'éprouvette.
5. Ferme le joint entre la tige et la paille avec de la gelée de pétrole.
6. Trace une échelle de graduation au millimètre et colle-la sur la paille.

Je prépare le second montage.

7. Fais un deuxième montage en tenant compte de ta condition expérimentale.
8. Après 10 minutes, commence à prendre tes mesures. Note le niveau d'eau dans chacune des pailles toutes les 5 minutes pendant 30 minutes.

Montage

Tige feuillue
Paille flexible
Gelée de pétrole
Graduation
Eau
Éprouvette

Résultats

Présenter ses résultats, p. 392

7. Donnez le détail de votre investigation.
   a) Faites un schéma des deux conditions que vous comparez.
   b) Notez vos observations.
   c) Ajoutez sur un des schémas le chemin parcouru par l'eau.
8. Présentez vos résultats dans un diagramme à bandes ou un diagramme à lignes brisées.

Analyse et conclusion

9. Que révèle votre diagramme à propos de la consommation d'eau par la feuille?
10. Votre hypothèse est-elle confirmée ou infirmée?

Je fais le point

Les plantes et le cycle de l'eau, p. 189
Des intrants pour la plante, p. 190

11. Les deux démarches que vous venez de faire ont permis de tirer des conclusions variées.
    a) Mettez en commun ces conclusions.
    b) Déterminez les modifications à apporter pour combler les besoins nutritifs de la plante.
    c) Établissez une façon de vérifier si ces conditions conviennent à la plante.
12. L'eau qui se dégage des plantes par transpiration ne disparaît pas. Elle continue plutôt son voyage à travers les couches gazeuses, liquides et solides de la planète.
    a) À l'aide des mots clés ci-dessous, illustre le cycle de l'eau en soulignant la contribution des plantes dans le processus.

EAU	TRANSPIRATION
EAU ET NEIGE	CONDENSATION
VAPEUR D'EAU	PRÉCIPITATION
ÉVAPORATION	RUISSELLEMENT

    b) Note les conditions qui favorisent la transpiration des plantes.

Croton

Toute transplantation, en pot ou dans le sol, fait subir un grand stress aux végétaux. Il faut donc faire ce travail dans les meilleures conditions pour permettre au plant de s'adapter à son nouveau milieu.

13. Réponds aux questions ci-dessous en t'inspirant de la technique de transplantation d'un arbre.

a) Quand on fait une transplantation à l'extérieur, pourquoi utilise-t-on seulement la terre extraite sur les premiers 30 cm?

b) Qu'est-ce que l'évaporation?

c) Nomme au moins deux fonctions du feuillage.

d) Nomme au moins deux fonctions des racines.

e) Quel est le chemin suivi par l'eau dans l'arbre?

La transplantation d'un arbre

La technique utilisée pour transplanter un arbre varie selon les besoins nutritifs de la plante.

Voici comment on suggère de procéder.

❶ Préparer le sol

→ Creuser un trou en mettant de côté la terre extraite sur les premiers 30 cm (la plus riche en matières organiques).

→ Au fond du trou, former un cône avec la terre mise de côté, et y déposer l'arbre.

→ Remplir le trou de terre riche, jusqu'au collet de l'arbre.

❷ Tailler le feuillage et les racines

→ Si l'arbre est un feuillu, couper l'extrémité des branches et des racines pour réduire l'évaporation de l'eau par les feuilles.

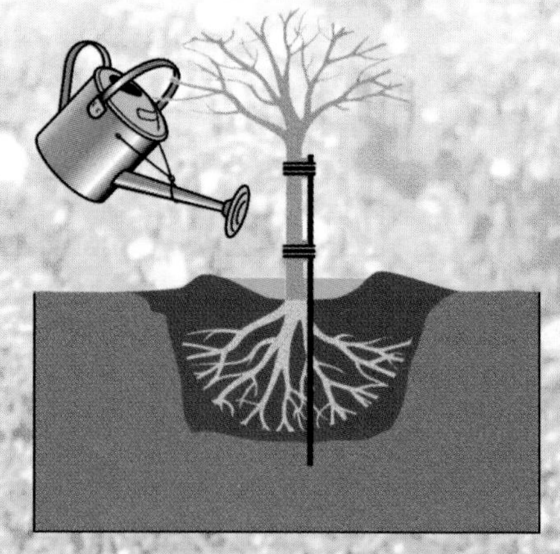

❸ Arroser fréquemment

→ Arroser régulièrement, car l'eau s'évapore par les feuilles plus vite que les racines peuvent l'absorber.

Défi Pourquoi manger des légumes?

Contrairement aux plantes, les humains tirent les minéraux dont ils ont besoin des aliments qu'ils consomment. Voici certains des éléments chimiques qu'on trouve dans les sels minéraux absorbés par les plantes.

savoirs
Des intrants pour la plante, p. 190

- Identifie ces éléments chimiques.
- Décris leur rôle dans notre corps.
- Donne le nom de quelques végétaux qui fournissent ces éléments chimiques.

Éléments chimiques			
Symbole	**Nom**	**Rôle**	**Source végétale**
Fe			
P			
Mg			
Mn			
K			
I			
Se			

Activité 3.2 Repère la présence d'amidon dans une plante

Je me prépare

Les animaux accumulent les sucres provenant de leur alimentation sous forme de graisses. Les plantes accumulent les sucres sous forme d'amidon. Ainsi, lorsque la nourriture vient à manquer, les plantes puisent dans leurs réserves d'amidon pour assurer leurs activités vitales. Mais où les plantes gardent-elles cet amidon?

savoirs
La photosynthèse et la respiration, p. 191

Le problème

Trouver dans quelle partie de la plante l'amidon est stocké.

1. À quelle partie de la plante (feuille, fleur, fruit, graine, racine ou tige) correspond chacun des échantillons suggérés dans l'expérience présentée à la page suivante?

Le tubercule de la pomme de terre est la partie spécialisée du plant où s'accumule l'amidon.

Hypothèse

2. Dans quelles parties de la plante prévois-tu trouver de l'amidon? Justifie ta réponse.

3. En t'inspirant du schéma ci-dessous, décris les étapes de la manipulation que tu effectueras.

Matériel

- Mortier et pilon
- Spatule
- Solution d'iode
- Compte-gouttes
- Papier ciré
- Eau

Échantillons suggérés

- Fruits et légumes variés: fèves, pomme, oignon, tomate, pomme de terre, brocoli, etc.
- Feuilles d'une plante ayant reçu au moins 4 heures d'éclairement
- Feuilles d'une plante maintenue 48 heures dans l'obscurité

Manipulation
(technique de détection de l'amidon)

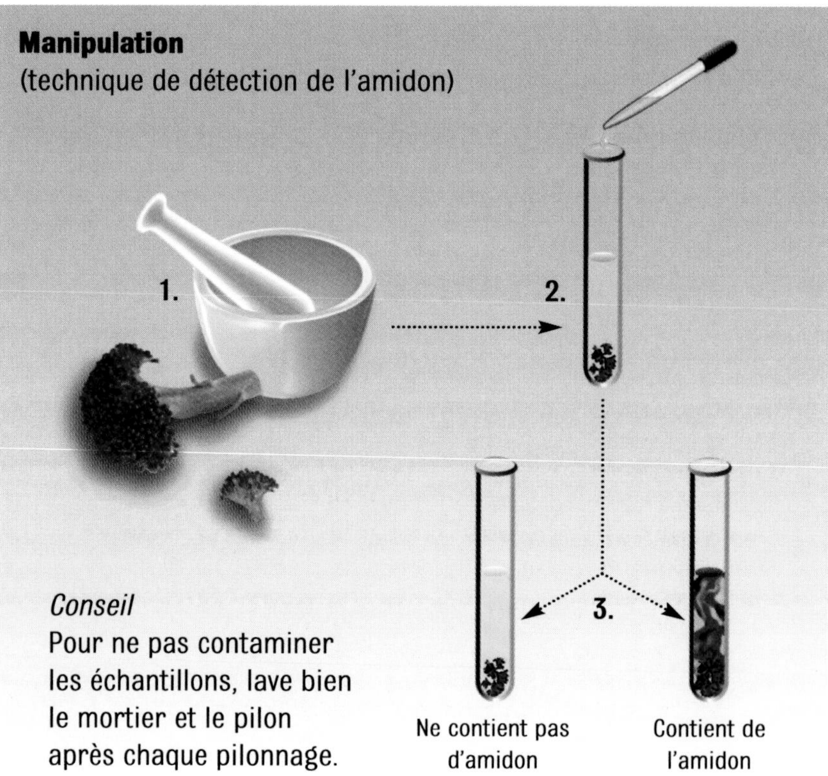

Conseil
Pour ne pas contaminer les échantillons, lave bien le mortier et le pilon après chaque pilonnage.

Je passe à l'action

Résultats

4. Effectue la manipulation et note tes observations dans un tableau semblable au suivant.

Échantillon	Réaction à la solution d'iode
Fèves	
Pomme	
Oignon	
Coléus éclairé	
Coléus non éclairé	

Coléus

Analyse et conclusion

5. Dans quels échantillons as-tu décelé de l'amidon?
6. La lumière a-t-elle un effet sur la production d'amidon? Explique-toi.
7. À quoi sert l'amidon chez la plante?

Des intrants pour la plante, p. 190
La photosynthèse et la respiration, p. 191

Je fais le point

Chez les cellules végétales, le sucre est tantôt un intrant, tantôt un extrant. Cela signifie que la plante a des cellules qui produisent du sucre et d'autres qui en consomment.

8. Fais le croquis d'une plante, puis:
   a) Indique ses parties en t'inspirant de l'illustration ci-contre.
   b) En tenant compte des résultats que tu as obtenus à l'étape précédente:
   - entoure *en bleu* le nom des parties de la plante qui accumulent du sucre sous la forme d'amidon;
   - entoure *en vert* le nom des parties qui produisent du sucre;
   - entoure *en rouge* le nom des parties qui consomment du sucre.

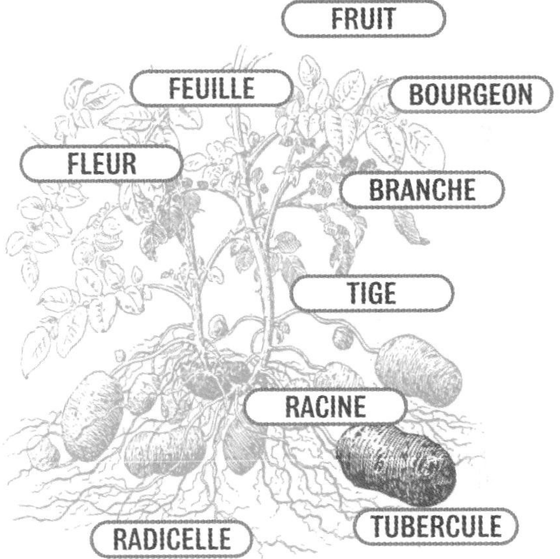

9. Classe les énoncés suivants dans un tableau à deux colonnes selon qu'ils font référence à la photosynthèse ou à la respiration.
   a) Réaction qui dépend de la lumière
   b) Réaction qui ne dépend pas de la lumière
   c) Fabrication de sucre
   d) Décomposition du sucre
   e) Production d'oxygène
   f) Consommation d'oxygène
   g) Activité vitale commune aux autotrophes et aux hétérotrophes
   h) Activité vitale propre aux autotrophes
   i) Activité qui se produit dans toutes les cellules
   j) Activité qui se produit dans des cellules spécialisées

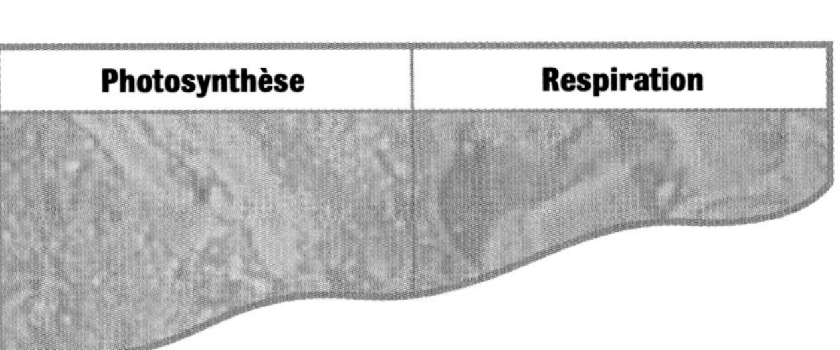

Défi Pourquoi le fer rouille-t-il?

Les transformations de la matière, p. 97

Un changement chimique bien connu se produit lorsque l'oxygène entre en contact avec le fer de la carrosserie d'une automobile: la carrosserie rouille.

Fer + Oxygène → Rouille

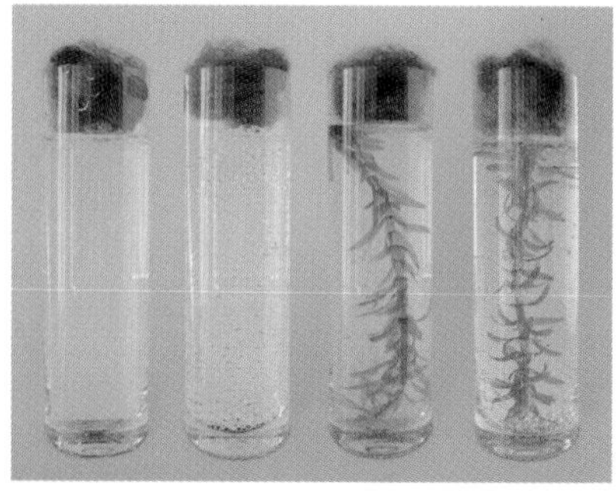

❶ ❷ ❸ ❹

Les quatre éprouvettes illustrées ci-contre sont bouchées par quelques brins de laine d'acier (fer).

Contenu des éprouvettes

Éprouvette 1	Éprouvette 2	Éprouvette 3	Éprouvette 4
Eau du robinet	Eau gazéifiée au CO_2	Plante aquatique dans de l'eau du robinet	Plante aquatique dans de l'eau gazéifiée au CO_2

Dans quelle éprouvette la laine d'acier rouillera-t-elle en premier?

Vérifie ton hypothèse en faisant une démarche d'investigation.

Activité 3.3 Découvre la photosynthèse

Je me prépare

La photosynthèse et la respiration, p. 191

On trouve l'élodée du Canada dans plusieurs de nos lacs et rivières. Cette plante aquatique pousse si rapidement qu'on la surnomme la peste d'eau. Pour pousser si vite, l'élodée doit évidemment transformer beaucoup de matière et d'énergie.

Comment s'y prend-elle?

Le problème

Plongée dans de l'eau tiède du robinet et exposée à une lumière blanche d'intensité moyenne, une tige d'élodée produit des bulles d'oxygène. Mais qu'arrive-t-il si on modifie une de ces conditions? À toi de le vérifier au moyen d'une investigation.

L'élodée du Canada

Très répandue dans la nature, l'élodée du Canada (*Elodea canadensis*) est idéale pour les aquariums. Elle se reconnaît à ses feuilles vert foncé d'environ 10 mm, groupées par trois. Cette plante se multiplie essentiellement par bouturage. Les rares fleurs qu'elle produit sont uniquement femelles.

Pour mesurer l'effet des conditions du milieu sur la photosynthèse, choisis le type de comparaison que tu veux faire parmi celles du tableau suivant.

	Comparaison liée à la matière disponible	**Comparaison liée à l'énergie disponible**
Condition 1	Photosynthèse dans l'eau gazéifiée	Photosynthèse sous un éclairage intense
Condition 2	Photosynthèse dans l'eau du robinet	Photosynthèse sous un éclairage faible

1. Cherches-tu à mesurer l'effet d'un changement de matière ou d'énergie?

2. Quelles conditions du milieu compareras-tu?

Hypothèse

3. D'après ce que tu sais, est-ce que la modification que tu vas apporter va augmenter ou diminuer l'activité de l'élodée? Explique ta réponse.

4. Ajuste la liste du matériel, les étapes de la manipulation et le schéma du montage en fonction de ton investigation.

Matériel

- Tige d'élodée d'au moins 100 mm
- Cylindre gradué
- Eau gazéifiée
- Eau du robinet
- Lampe
- Scalpel
- Montre avec trotteuse
- Règle

Manipulation

1. Avec le scalpel, coupe un morceau de 100 mm dans la partie la plus feuillue de la plante.
2. Remplis le cylindre gradué avec le mélange d'eau.
3. Plonge la tige tête en bas dans l'eau.
4. Installe la lampe à environ 150 mm du cylindre.
5. Compte le nombre de bulles produites aux 5 minutes.
6. Agite le cylindre de temps en temps en faisant des mouvements de rotation.

Présenter ses résultats, p. 392

Je passe à l'action

Résultats

5. Concrétise ta démarche et note tes observations dans un tableau semblable à celui-ci.

Condition	Nombre de bulles aux 5 minutes			
Condition 1	?	?	?	?
Condition 2	?	?		

6. Présente tes résultats dans un diagramme.

Analyse et conclusion

7. As-tu atteint le but que tu t'étais fixé au départ? Explique-toi.
8. Ton hypothèse est-elle confirmée ou infirmée? Justifie ta réponse.
9. Quelle amélioration pourrais-tu apporter à l'investigation?

La photosynthèse des milieux marins

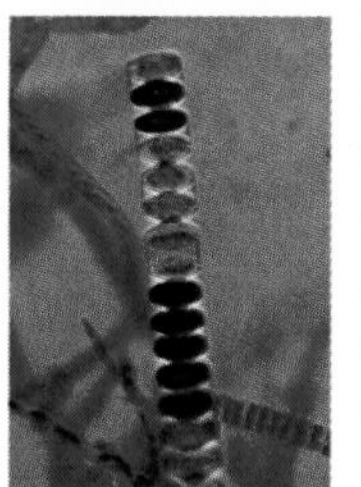

Dans les océans, le gros de la photosynthèse est assuré par des algues de très petite taille. On regroupe ces organismes microscopiques sous le nom de *phytoplancton*.

La photosynthèse est en général plus intense le long des côtes, car l'eau y est mieux alimentée en sels minéraux et bien oxygénée par le brassage.

Je fais le point

La feuille est un organe complexe de la plante. C'est là qu'ont lieu la photosynthèse, la respiration et la transpiration.

10. Quels facteurs agissent sur la photosynthèse?
11. À partir des mots ci-dessous, présente graphiquement les intrants et les extrants des activités de photosynthèse, de respiration et de transpiration de la feuille.

DIOXYDE DE CARBONE — OXYGÈNE — SUCRE
ÉNERGIE LUMINEUSE — EAU — VAPEUR D'EAU
ÉNERGIE VITALE

savoirs

De l'eau pour la plante, p. 188
Des intrants pour la plante, p. 190
La photosynthèse et la respiration, p. 191

Le réseau de concepts, p. 382

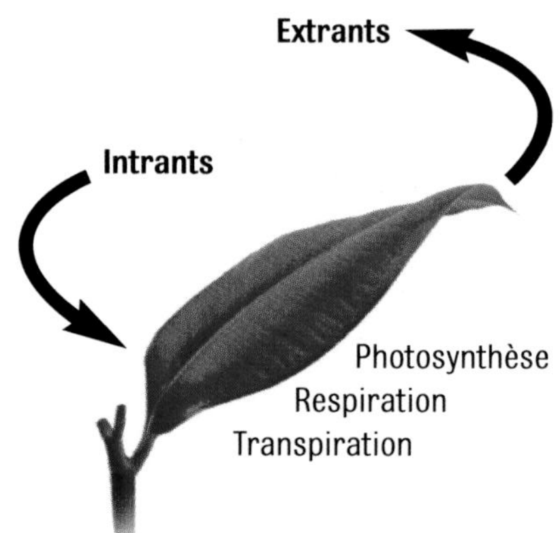

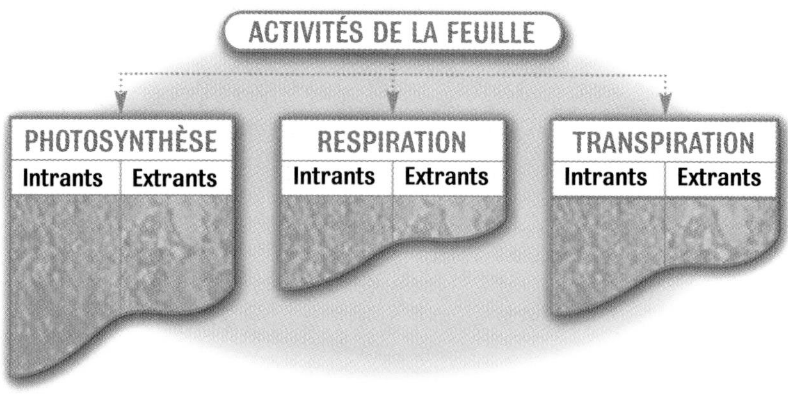

Activité 3.4 Décris les cycles de la nutrition

Je me prépare

Il existe sur la Terre un équilibre naturel qui permet à une multitude de formes de vie de coexister. On trouve un peu cet équilibre dans un aquarium conçu, entretenu et réalisé en respectant les grands principes de l'écologie. C'est pour cela qu'on utilise souvent l'aquarium comme modèle pour décrire les échanges de matière entre les vivants et l'environnement.

La nutrition des cellules, p. 84
La respiration des cellules, p. 85
Le cycle des éléments de la nature, p. 193

La Terre est un **environnement naturel** qui permet à la matière de se recycler.

L'aquarium est un **environnement artificiel** qui permet à la matière de se recycler.

Contenu de l'aquarium
- Eau
- Oxygène
- Dioxyde de carbone
- Déchets organiques
- Micro-organismes
- Plantes aquatiques
- Poissons végétariens
- Sol riche
- Éclairage artificiel
- Chaleur artificielle

1. Classe le contenu de l'aquarium selon qu'il s'agit de matière (vivant ou non-vivant) ou d'énergie.

Matière		Énergie
Vivant	Non-vivant	

2. Indique comment les vivants de l'aquarium gèrent l'oxygène et le dioxyde de carbone de leur milieu. Précise le composé qu'ils absorbent et celui qu'ils rejettent.

a) Les poissons

b) Les plantes

c) Les micro-organismes

Produire du CO_2

En enfermant 250 mL de sucre, 6 mL de levure et 500 mL d'eau dans une bouteille d'eau gazeuse, tu produiras assez de CO_2 pour alimenter un aquarium pendant trois semaines. Mais avant de faire ton mélange, tu dois percer le bouchon de ta bouteille et y introduire un tube flexible, que tu plongeras dans l'eau.

Aimes-tu fabriquer les choses toi-même? Préfères-tu acheter les choses toutes faites?

3. D'où les vivants de l'aquarium tirent-ils l'énergie nécessaire à leurs activités vitales? Dans chaque cas, précise la source d'énergie (matière organique ou lumière) et le mode de nutrition (autotrophes ou hétérotrophes).

		Source d'énergie	Mode de nutrition
a)	Poissons		
b)	Plantes		
c)	Micro-organismes		

4. D'où les vivants de l'aquarium tirent-ils le carbone et les minéraux nécessaires à leur croissance et à leur réparation: de la matière organique ou de la matière inorganique?

		Source de carbone	Source de minéraux
a)	Poissons		
b)	Plantes		
c)	Micro-organismes		

Je passe à l'action

savoirs

Les activités vitales, p. 80
Le cycle des éléments de la nature, p. 193

Mots clés

- ✔ dioxyde de carbone dissous dans l'eau
- ✔ matière organique d'origine végétale (tissu des plantes)
- ✔ matière organique d'origine animale (déchets des poissons)

- ✔ substances inorganiques du sol
- ✔ substances organiques des plantes
- ✔ substances organiques des poissons

Illustre au moyen d'une affiche un des cycles de la matière et de l'énergie dans un aquarium.

1. Joins-toi à trois élèves et distribuez-vous les cycles à illustrer.
2. En équipe, complétez les énoncés à l'aide des mots clés.

CYCLE DU CARBONE

5. Pour obtenir le carbone nécessaire à leur croissance et à leur réparation,

a) les plantes absorbent…
b) les poissons absorbent…
c) les micro-organismes absorbent…

6. Les micro-organismes et les poissons rejettent…

CYCLE DE L'AZOTE

7. Pour obtenir l'azote et les minéraux nécessaires à leur croissance et à leur réparation,

a) les plantes absorbent…
b) les poissons absorbent…
c) les micro-organismes absorbent…

8. Les micro-organismes rejettent ces éléments sous la forme de…

Cycle de l'oxygène

9. Pour obtenir la matière et l'énergie nécessaires à leur croissance, les vivants de l'aquarium s'échangent des gaz.

a) Les plantes absorbent... et rejettent...
b) Les poissons absorbent... et rejettent...
c) Les micro-organismes absorbent... et rejettent...

Cycle de l'énergie

10. La lumière est une source d'énergie. Pour fabriquer leurs tissus,

a) les plantes absorbent l'énergie sous forme de...
b) les poissons absorbent l'énergie sous forme de...
c) les micro-organismes absorbent l'énergie sous forme de...

Mots clés

✔ oxygène
✔ dioxyde de carbone

✔ lumière
✔ matière organique

3. Fais ton affiche.
   - → Prépare des étiquettes pour représenter le contenu de l'aquarium.
   - → Dispose ces étiquettes sur un support de papier ou de carton.
   - → Indique au moyen de flèches les différents échanges qui se font.
   - → Note à côté de chaque flèche le nom de la substance échangée.
   - → Donne un titre à ton affiche.
4. Présente ton affiche aux autres et fais les modifications qui s'imposent.

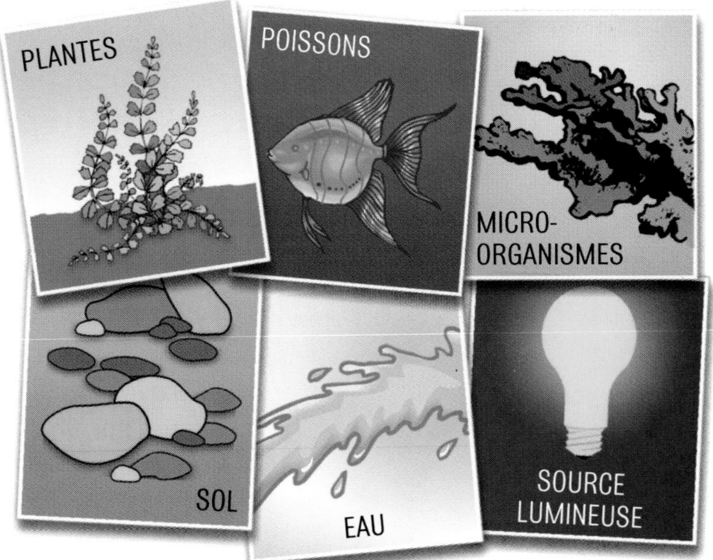

Je fais le point

11. Lequel des deux milieux ci-dessous peut supporter le plus grand nombre de poissons? Pourquoi?

1

2

12. Quel impact a l'exploitation abusive des grandes forêts sur les cycles de la nature?

Reboisement

Coupe intense

Défi Production et consommation d'oxygène

La photosynthèse et la respiration, p. 191
La composition de l'air, p. 195

Il y a environ 4,5 milliards d'années, l'atmosphère de la Terre ne contenait pas d'oxygène. Elle contenait par contre beaucoup de dioxyde de carbone. Avec l'apparition des vivants capables de photosynthèse, il y a 1,5 milliard d'années, le dioxyde de carbone a lentement été transformé en oxygène. Cette production d'oxygène par les végétaux a permis l'évolution de micro-organismes absorbant l'oxygène. Aujourd'hui, un certain équilibre existe entre les producteurs et les consommateurs d'oxygène.

1. Situe sur une ligne du temps les événements associés à l'apparition des vivants sur la Terre. Précise chaque fois la nature des échanges gazeux.

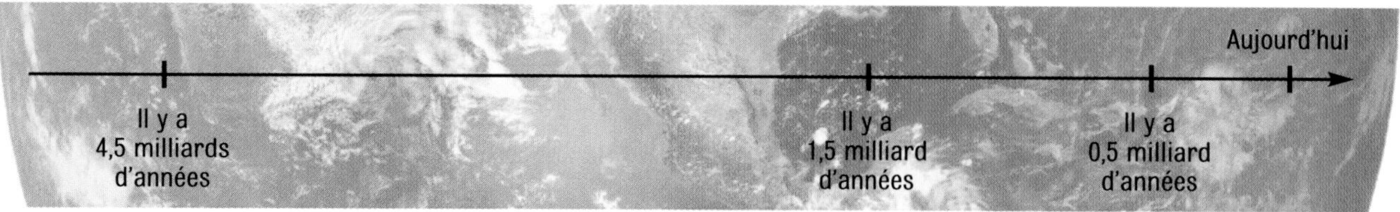

2. Décris l'impact qu'aurait une cueillette abusive des végétaux sur l'équilibre de notre planète. Fais un parallèle avec les conditions initiales qui existaient sur la Terre.

Exercices

1. Dans chaque cas, indique le rôle que joue la substance dans un sol. Nutrition ou ancrage?

a) Fumier de mouton
b) Brindilles de gazon coupé
c) Papier
d) Pelures de pomme de terre
e) Cristaux de quartz
f) Plastique
g) Engrais 20 – 20 – 20
h) Poudre de sang séché
i) Poudre de crevettes
j) Cailloux

Activ. 3.1

2. Les engrais contiennent principalement trois éléments (N, P et K), dont les proportions varient en fonction du résultat recherché.

Décris chacun de ces éléments sur une fiche signalétique.

a) Trouve leur nom dans un tableau périodique des éléments.

b) Note leurs fonctions ou rôles dans la croissance des plantes.

Symbole : ________
Nom : ________
Fonctions :
____
____
____
____

Activ. 3.1

3. Le phénomène décrit fait-il appel à l'*évaporation*, à la *transpiration*, à la *condensation* ou au *ruissellement*?

a) L'eau du lac Saint-Jean s'écoule dans la rivière Saguenay, puis dans le fleuve Saint-Laurent et l'océan Atlantique.

b) L'hiver, lorsque j'expire, je vois un nuage se former près de ma bouche.

c) L'été, après plusieurs jours de beau temps, je remarque que le niveau d'eau de la piscine diminue.

d) Les cactus n'ont presque pas de feuilles. Cela permet de réduire leur perte d'eau dans le désert.

e) Après le cours d'éducation physique, d'étranges odeurs flottent dans la classe.

Activ. 3.1

4. Il y a de l'amidon dans le papier journal. Pourquoi?

Activ. 3.2

5. Vrai ou faux? Change un mot pour que l'énoncé devienne vrai.

a) La photosynthèse se produit jour et nuit.

b) La photosynthèse a pour extrant l'oxygène.

c) La photosynthèse se produit dans les racines.

d) La réaction de photosynthèse a pour extrant l'eau.

e) La photosynthèse se produit dans les chloroplastes.

f) L'oxygène est indispensable à la respiraton des plantes.

g) Les animaux respirent du dioxyde de carbone.

h) La respiration produit du sucre.

i) La respiration libère de l'énergie.

j) La respiration des plantes dépend de la lumière.

Activ. 3.3

6. Voici les résultats d'une expérience sur la photosynthèse. Compare les différentes situations, puis réponds aux questions.

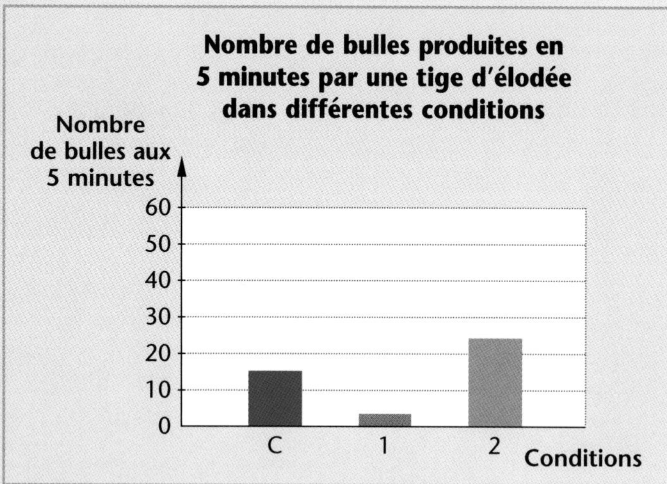

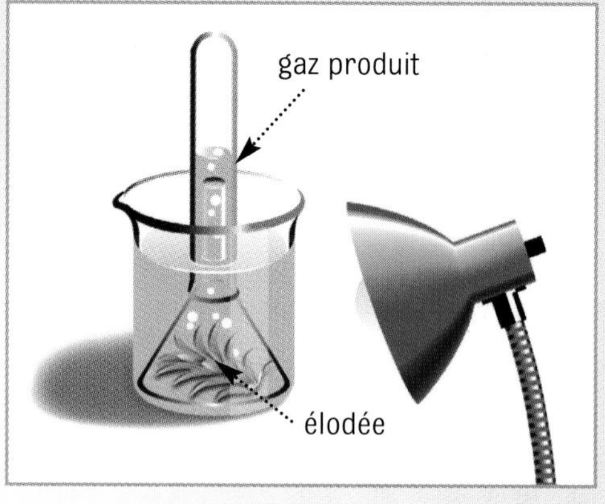

Situation de contrôle C (situation de départ avec laquelle on compare les résultats des deux autres)	Tige d'élodée baignant dans une eau du robinet à 17 °C sous l'éclairage d'une ampoule de 60 W placée à 300 mm.
Situation expérimentale 1 (première variante de la situation de contrôle)	Tige d'élodée baignant dans une eau du robinet à 17 °C sous l'éclairage d'une ampoule de 60 W placée à 600 mm.
Situation expérimentale 2 (seconde variante de la situation de contrôle)	Tige d'élodée baignant dans une eau du robinet à 28 °C sous l'éclairage d'une ampoule de 60 W placée à 300 mm.

a) Quel intrant a varié dans chaque cas : l'intensité de la lumière, la couleur de la lumière, la concentration de CO_2 ou la température du milieu ?

b) Que révèle la situation expérimentale 1 ?

c) Que révèle la situation expérimentale 2 ?

Activ. 3.3

7. Dans les années 1770, le chimiste britannique Joseph Priestley a observé qu'une plante, contrairement à une souris, peut vivre plusieurs jours sous une cloche de verre avant de montrer des signes de dégradation.

En partant des mots clés ci-dessous, représente graphiquement chacune des situations illustrées.

PLANTE

SOURIS

LUMIÈRE

OXYGÈNE

DIOXYDE DE CARBONE

Situation 1
Emprisonnée sous une cloche de verre, la plante peut vivre plusieurs jours.

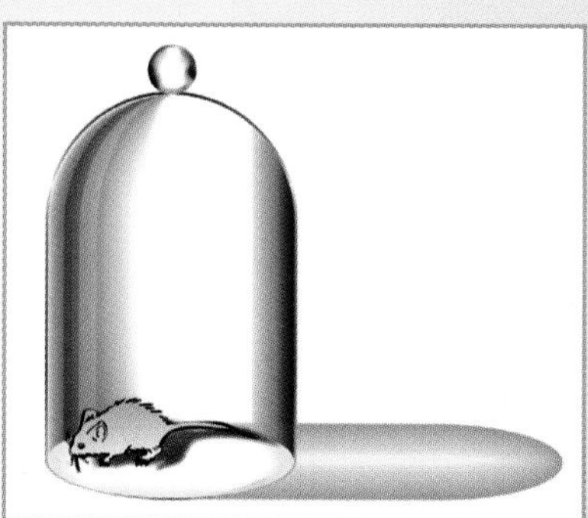

Situation 2
Emprisonnée sous une cloche de verre, la souris montre rapidement des signes d'asphyxie.

Activ. 3.4

8. La respiration et la combustion ont les mêmes intrants et les mêmes extrants.

En partant des mots clés ci-dessous, représente graphiquement chacune des situations illustrées.

PLANTE

BOUGIE

LUMIÈRE

OXYGÈNE

DIOXYDE DE CARBONE

Situation 1
Emprisonnée sous une cloche de verre, la bougie brûle tant que la plante verte est éclairée.

Situation 2
La bougie s'éteint lorsque la plante n'est plus éclairée.

Activ. 3.4

9. Le médecin flamand Jean-Baptiste Van Helmont faisait déjà au 17e siècle des expériences sur la nutrition des plantes. L'une d'elles portait sur la croissance d'un saule alimenté à l'eau de pluie, à l'écart de la poussière et du vent. Il a mesuré la masse sèche au départ et après 5 ans. Voici les résultats qu'il a obtenus.

	Masse sèche initiale (kg)	Masse sèche après 5 ans (kg)
Terreau	90,718	90,661
Saule	2,658	76,742

Plus tard, Antoine Laurent de Lavoisier a réinterprété ces résultats à la lumière d'une nouvelle loi de la chimie qui stipulait que «rien ne se perd, rien ne se crée, tout se transforme».

a) Calcule la différence de masse du terreau après 5 ans.

b) Calcule la différence de masse du saule après 5 ans.

c) D'où le saule a-t-il tiré cette matière?

Activ. 3.4

À toi de jouer

Faire germer des graines dans un ballon

La démarche d'investigation, p. 371
Le rapport de laboratoire, p. 372
Mesurer, p. 387
Présenter ses résultats, p. 392

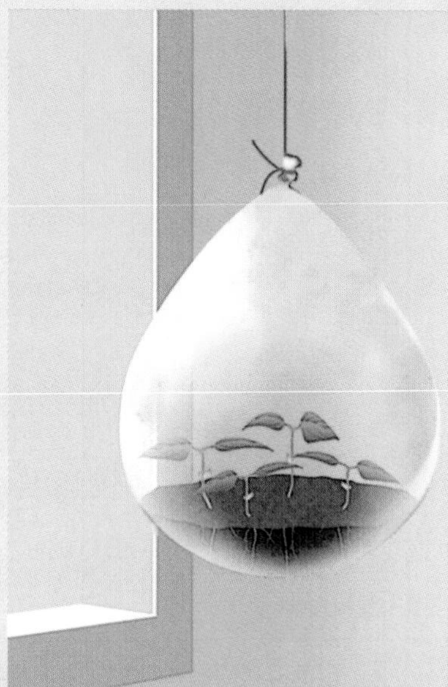

Ballon témoin de la classe

- Ballon de caoutchouc blanc
- Ficelle de 500 mm
- Source de lumière phosphorescente
- Milieu de culture :
  - > Mélange moitié vermiculite, moitié perlite
  - > 50 mL d'eau
  - > 1 mL de solution de sels minéraux
- Graines de moutarde, de luzerne ou de soya

Pour germer et se développer, les graines ont besoin d'un milieu à la fois nutritif et propice à l'enracinement. Comme leur plus grand ennemi est la moisissure transportée par l'air, on préfère souvent procéder à la germination en milieu fermé, par exemple dans un ballon de caoutchouc. On s'assure ainsi d'un plus haut taux de succès.

Tâche

Lors d'une investigation sur la germination de graines, compare différents milieux de culture et explique pourquoi l'un d'eux entraîne une meilleure croissance que l'autre.

Tu auras à préparer une variation du milieu proposé, puis à comparer la croissance des plantules de ton ballon avec celle du ballon témoin de la classe.

1. Planifie ta démarche.
   - → Garde des traces de ta démarche dans un carnet de bord.
   - → Recueille des informations sur les besoins nutritifs des plantes.
   - → Détermine la composition d'un milieu de culture qui te permettra d'associer une cause à la différence de croissance des plantules.
   - → Cerne le problème (formule une hypothèse, dresse la liste du matériel nécessaire et planifie les étapes de la manipulation).
2. Concrétise ta démarche.
   - → À l'aide d'un entonnoir, introduis les différents ingrédients dans le ballon.
   - → Gonfle le ballon, ferme-le par un nœud, puis suspends-le à proximité d'une source de lumière.
   - → Laisse germer les graines.
   - → À l'aide de mesures, compare la croissance des plantules de ton ballon avec celle des plantules du ballon témoin.
3. Présente ta démarche.
   - → Sélectionne les éléments les plus pertinents de ton carnet de bord.
   - → Explique le lien qui existe entre la croissance des plantes et les milieux de culture.
   - → Rédige les informations au propre dans un rapport de laboratoire.
4. Remets ton carnet de bord, tes plantules et ton rapport de laboratoire à l'enseignant ou l'enseignante.

Unité 4

L'importance du milieu

Quelles conditions de vie sont adéquates pour un arbre ?

Dans cette unité, tu découvriras que ce n'est pas partout pareil.

Tu sais déjà qu'une bonne terre et un arrosage fréquent sont à la base de la culture des végétaux. Mais cela ne suffit pas. Le milieu dans lequel la plante vit compte aussi pour beaucoup.

Comme la plante ne peut pas se déplacer, elle doit pouvoir s'adapter aux conditions de son milieu naturel.

La grande diversité de vivants qui existe sur la Terre s'explique d'ailleurs surtout par l'étonnante variété de milieux qu'on y trouve.

TROUVEZ L'ERREUR.

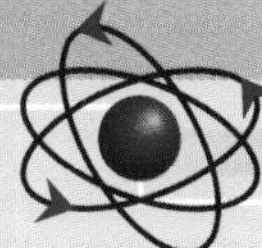

Place à la discussion

- Pourquoi les cocotiers ne survivent-ils pas dans nos régions ?
- Dans les provinces maritimes, est-il une heure plus tôt ou une heure plus tard qu'au Québec ?
- L'hiver, la Terre est-elle à son point le plus près ou le plus loin du Soleil ?
- Pourquoi change-t-on l'heure deux fois l'an ?
- Ta chambre est-elle exposée au soleil du matin ou du soir ?
- As-tu un bon sens de l'orientation ?
- Sur quels phénomènes terrestres la Lune agit-elle ?
- L'été, a-t-on plus chaud avec des vêtements clairs (blancs) ou sombres (noirs) ?

Activité 4.1 Procure de la lumière à tes plantes

Je me prépare

Les repères géographiques, p. 196
Le cycle du jour et de la nuit, p. 198
La chaleur du Soleil, p. 200

Il y a une saison pour tout! Si tu transplantes une jeune pousse à l'extérieur en plein hiver, elle mourra certainement. Mais cela peut aussi arriver à l'intérieur. Pour assurer la survie d'un jeune végétal jusqu'au moment de sa mise en terre au jardin, il est donc important de lui procurer un milieu adéquat.

Tu sais déjà que l'endroit choisi doit absolument tenir compte des besoins de la plante en ce qui a trait à la lumière et que la lumière naturelle nous vient du Soleil.

1. À quel point cardinal fait-on référence en parlant du *soleil levant*?
2. À quel point cardinal fait-on référence en parlant du *soleil couchant*?
3. Là où tu habites, le Soleil, à son zénith*, est-il légèrement au sud ou au nord de la verticale?

***Zénith**
Point le plus haut de la trajectoire du Soleil.

Les différentes pièces de la maison illustrée ci-dessous ne reçoivent pas toutes la même quantité de lumière. Tu ne pourrais donc pas y installer une plante n'importe où.

4. En hiver, un sapin doit être placé à l'endroit le plus éclairé de la maison. Dans quelle pièce l'installerais-tu?
5. En hiver, un érable en dormance demande peu de lumière. Dans quelle pièce, à l'exception de la salle de bain et du vestibule, l'installerais-tu?
6. En hiver, pendant le jour, quelle pièce serait la plus chaude?

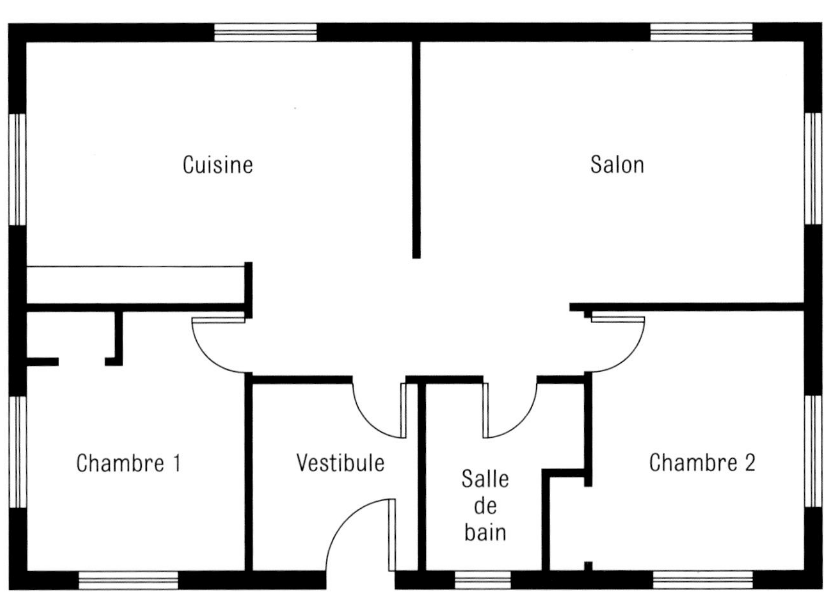

Note
Pour éviter la confusion avec le zéro, on utilise la lettre **W** pour désigner l'ouest.

Je passe à l'action

Tu as à prendre soin d'une pousse d'arbre. Tu dois t'en occuper jusqu'au moment où tu pourras la planter à l'extérieur, au printemps.

Comment faire un dessin, p. 393

7. Tout d'abord, choisis le meilleur endroit pour fournir à ta pousse d'arbre l'éclairage adéquat. Fais un croquis du plan du bâtiment où tu placeras ton petit arbre pour l'hiver.
   - Fais ton croquis sur une feuille quadrillée.
   - Oriente le croquis à l'aide d'une boussole et ajoute une rose des vents.
   - En te fiant à la rose des vents, trace à main levée la trajectoire du Soleil autour du bâtiment.
   - Identifie les endroits les plus ensoleillés et les moins ensoleillés du bâtiment.
8. En tenant compte du facteur d'ensoleillement, quel est le meilleur endroit pour placer ta pousse d'arbre? Explique ton choix.

Je fais le point

Comme toi, les spécialistes en aménagement paysager tiennent compte de l'éclairement naturel. Ils considèrent aussi le relief du terrain, car cela peut modifier cet éclairement.

savoirs

Le cycle du jour et de la nuit, p. 198

Dans les zones de forêt mixte, on constate que les arbres ne sont pas répartis de la même façon sur les deux versants des collines. Les feuillus poussent mieux sur le versant qui reçoit le plus de lumière. Les conifères, eux, sont plus nombreux du côté le moins éclairé.

9. Observe la colline illustrée ci-contre. D'après toi, où est-il préférable de planter:
   a) un arbre feuillu? Au point A ou au point B?
   b) un conifère? Au point A ou au point B?

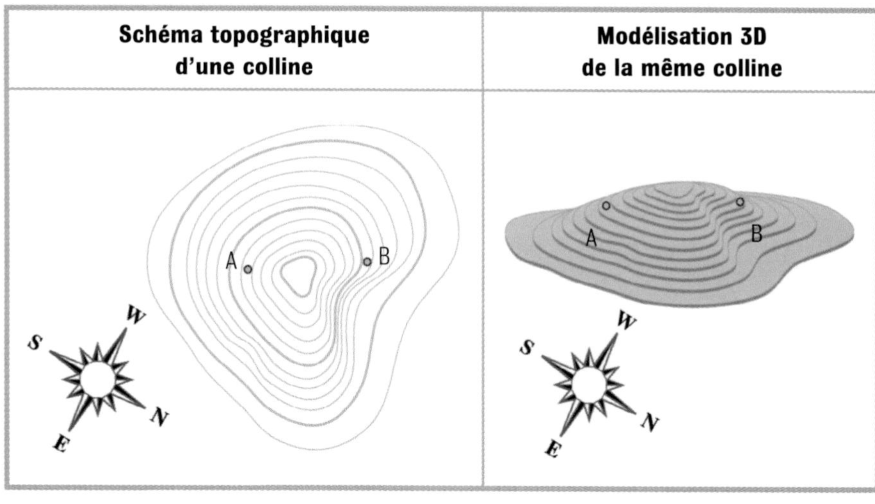

10. Reproduis le schéma topographique de la question précédente.

- ➜ Représente par des points de couleur la répartition probable des feuillus (points bruns) et des conifères (points verts) sur les versants de cette colline.
- ➜ Décris ce que tu viens d'illustrer.

11. À l'aide des mots clés ci-dessous, décris dans un réseau de concepts le mouvement du Soleil dans le ciel :

a) dans l'hémisphère Nord ;

b) dans l'hémisphère Sud.

COURSE DU SOLEIL	RAYONNEMENT
LEVER DU SOLEIL	EST
COUCHER DU SOLEIL	OUEST
HÉMISPHÈRE NORD	NORD
HÉMISPHÈRE SUD	SUD

Défi La sphéricité de la Terre

Le cycle du jour et de la nuit, p. 198
La chaleur du Soleil, p. 200
Le cycle des saisons, p. 201

En 230 avant Jésus-Christ, l'astronome, mathématicien et géographe grec Ératosthène a affirmé que la Terre était ronde. Comment est-il arrivé à cette conclusion ? Tout simplement en observant l'ombre au fond des puits. Voici une partie de sa réflexion.

À midi, le 21 juin, il n'y a pas d'ombre au fond des puits à Syène (aujourd'hui Assouan), au sud de l'Égypte, parce que le Soleil est alors directement au-dessus des puits. Pourtant, au même moment, il y a une ombre au fond des puits d'Alexandrie, au nord de l'Égypte. À cet endroit, le Soleil n'est donc pas tout à fait au-dessus des puits. Pourquoi, à ton avis ?

À l'aide d'un petit puits de ta fabrication, trouve la région du globe qui reçoit directement en ce moment la lumière du Soleil.

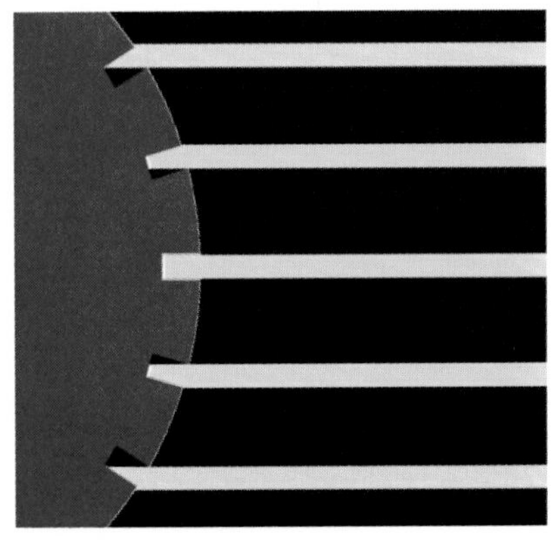

Fabrication du puits

1. Procure-toi un tube de carton de 40 mm de diamètre, et coupes-en un bout de 50 mm.
2. À l'une des extrémités, fixe deux fils à angle droit, de manière à former une croix bien centrée, qui servira de pointeur. Fixe ces fils à l'aide de ruban adhésif.

Identification de la région

3. Place-toi à un endroit où tu ne reçois que de la lumière naturelle (dehors, sur le bord d'une fenêtre, etc.).
4. Situe la région que tu habites sur un globe terrestre.
5. Tourne le globe de façon que cette région pointe vers le haut.
6. Aligne les méridiens (lignes nord-sud) du globe avec l'axe nord-sud qu'indique une boussole.
7. Glisse le tube sur le globe terrestre pour trouver le point du globe où l'ombre dans le puits est minimale. Tu connaîtras alors la région subsolaire du moment, soit l'endroit sur la Terre où les rayons du Soleil frappent directement le sol.

   Cette région change tous les jours.

Activité 4.2 Associe lumière et chaleur

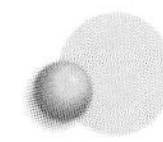

Je me prépare

Les repères géographiques, p. 196
Le cycle du jour et de la nuit, p. 198
La chaleur du Soleil, p. 200
Le cycle des saisons, p. 201

Pourquoi fait-il plus chaud en été qu'en hiver? Il y a deux facteurs qui influencent la température moyenne d'une région: l'orientation des rayons du Soleil par rapport à la surface de la Terre et la durée du jour.

1. Quel scénario d'investigation parmi les suivants te permettrait de modéliser:
   a) l'effet de la hauteur du Soleil sur la température moyenne d'une région?
   b) l'effet de la durée du jour sur la température moyenne d'une région?

Scénario A	Scénario B
1 2 3	

Choisis un des deux scénarios d'investigation et expérimente-le pour comprendre l'effet de la lumière sur les corps.

Je passe à l'action

Les propriétés de la matière, p. 99
Le cycle du jour et de la nuit, p. 198

Le problème

2. Formule la question expérimentale de l'expérience (A ou B) que tu as choisie.
3. Formule la question expérimentale associée au scénario d'investigation que tu as choisi (A ou B).

17 OUTILS

Présenter ses résultats, p. 392

Hypothèse

4. Émets une hypothèse pour le scénario d'investigation que tu as choisi.
5. Quel facteur modifieras-tu (variable indépendante) ?
6. Quel facteur variera en fonction du changement précédent (variable dépendante) ?
7. Ces variables sont-elles qualitatives ou quantitatives?
8. Quels facteurs garderas-tu constants?

9. Avant de passer à la manipulation, mets de l'ordre dans les étapes de la manipulation associée au scénario que tu as choisi.

Matériel

- Ciseaux
- Thermomètre
- Carton opaque blanc ou noir de 1600 mm^2 (40 mm × 40 mm)
- Source de lumière
- Appuis

Manipulation

SCÉNARIO A – Température d'une pochette de carton selon son orientation par rapport à la lumière

> Après 8 minutes, note la température.

> Compile tes résultats.

> À l'aide de livres, oriente la pochette selon la position 1.

> Note la température ambiante, puis insère le thermomètre dans la pochette de carton.

> Laisse reposer le thermomètre avant de poursuivre l'expérience. Reprends la manipulation pour les positions 2 et 3.

> Plie le carton en deux pour former une pochette.

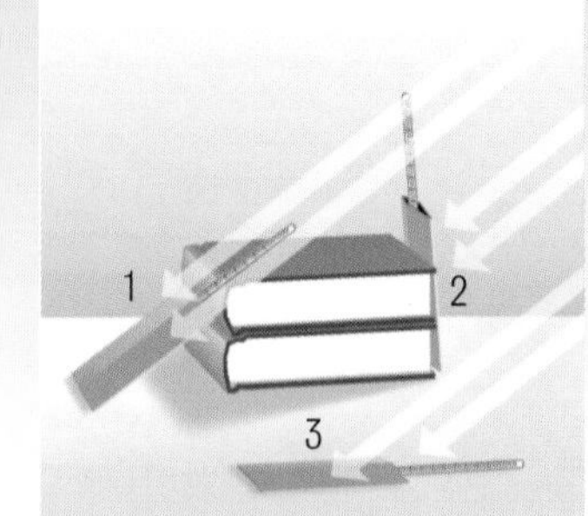

SCÉNARIO B – Changement de température que subit une pochette de carton exposée à la lumière pendant 21 minutes

> À l'aide de livres, oriente la pochette face à la source de lumière.

> Plie le carton en deux pour former une pochette.

> Note la température ambiante, puis insère le thermomètre dans la pochette de carton.

> Compile tes résultats.

> Note la température toutes les 3 minutes pendant 21 minutes.

Résultats

10. Présente tes résultats dans un diagramme à bandes ou un diagramme à lignes brisées.

Analyse et conclusion

11. Ton hypothèse est-elle confirmée ou infirmée? Justifie ta réponse.

12. À partir des données de toutes les équipes, décris l'effet de l'orientation du Soleil et de la durée du jour sur la température moyenne d'une région.

13. Applique tes connaissances pour expliquer les deux phénomènes suivants.

a) À Inukjuak, il fait plus froid l'hiver que l'été.

b) Sur les plaines d'Abraham, il fait plus chaud le midi que le matin.

Chaleur et couleur

Tous les corps absorbent la lumière. Et la matière du corps transforme cette lumière en chaleur. Or, la quantité de lumière absorbée dépend de la couleur du corps.

Un objet noir absorbe presque toute la lumière qu'il reçoit. Ainsi, placé au soleil, cet objet peut devenir fort chaud. Un objet blanc, par contre, absorbe peu de lumière, car il en réfléchit beaucoup.

Ainsi, au soleil, un corps blanc devient moins chaud qu'un corps noir. C'est pour cette raison que les bâtiments sont souvent peints en blanc dans les pays tropicaux.

Alors, pourquoi dit-on que le rouge est une couleur chaude et que le bleu est une couleur froide?

Je fais le point

14. Dans chaque cas, forme deux phrases avec les énoncés pour comparer l'été avec l'hiver.

savoirs
Le cycle du jour et de la nuit, p. 198

L'été	même si la Terre est plus rapprochée du Soleil	il fait chaud et	le pôle Nord est penché vers le Soleil.
L'hiver	même si la Terre est plus éloignée du Soleil	il fait froid et	le pôle Nord est à l'opposé du Soleil.

Ainsi, la lumière frappe le sol au plus proche de la verticale	et l'hémisphère Nord est exposé moins longtemps au Soleil.
Ainsi, la lumière frappe le sol au plus proche de l'horizontale	et l'hémisphère Nord est exposé plus longtemps au Soleil.

La photosynthèse et la respiration, p. 191

15. Les diagrammes suivants illustrent l'activité de la photosynthèse chez quelques végétaux. Examine-les bien, puis réponds aux questions.

Diagramme 1

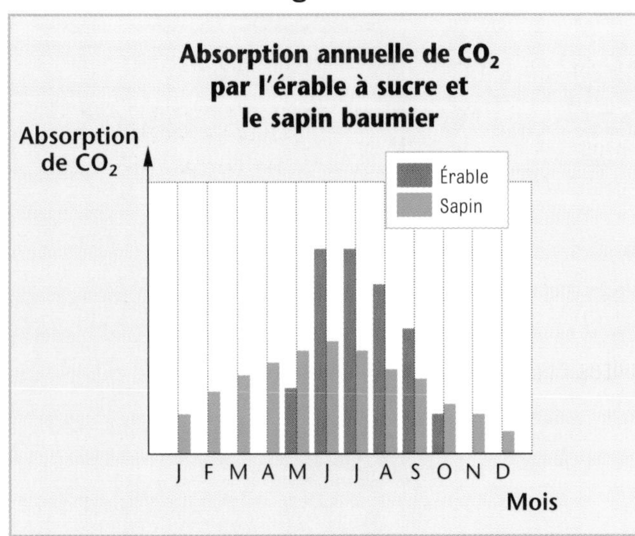

Diagramme 2

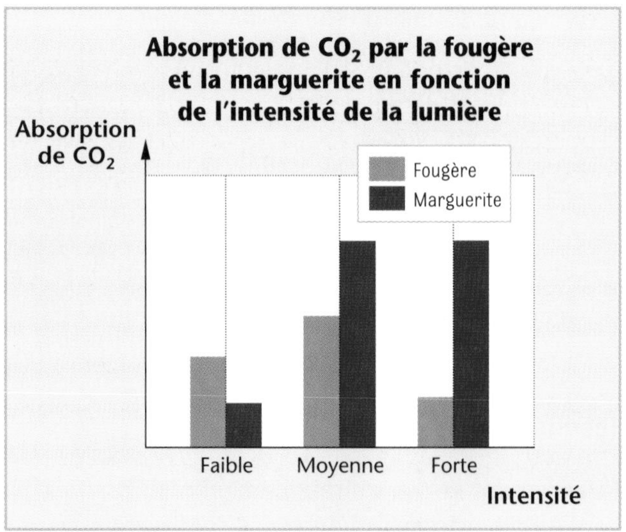

a) Comment est la croissance de ces végétaux au mois de juillet?

b) Comment est la croissance de ces végétaux au mois de février?

c) Lequel de ces végétaux est une plante d'ombre?

d) À partir de quelle intensité de lumière la plante d'ombre manque-t-elle de vigueur?

Diagramme 3

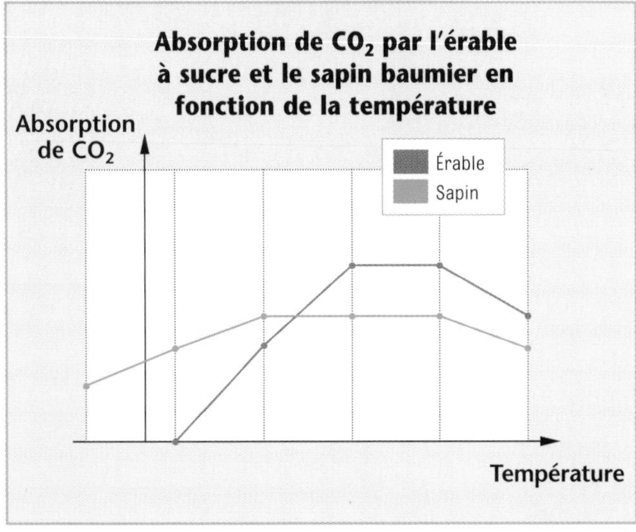

Diagramme 4

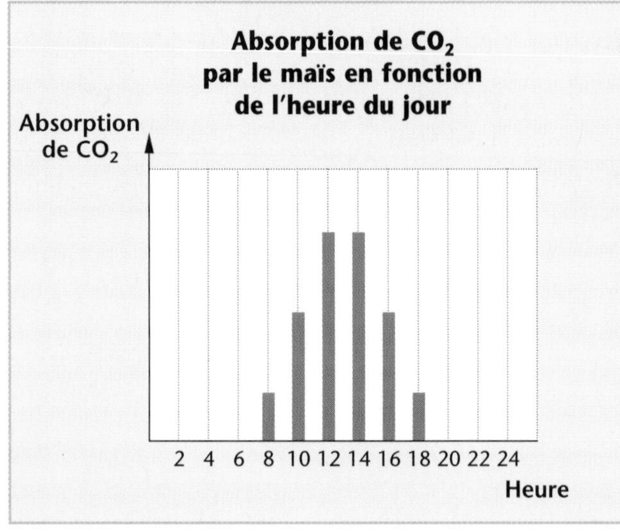

e) Y a-t-il de la photosynthèse à des températures inférieures au point de congélation de l'eau?

f) Une augmentation de température favorise-t-elle toujours la croissance d'un végétal?

g) À quel moment de la journée la photosynthèse se produit-elle?

h) Pourquoi la photosynthèse diminue-t-elle entre 17 h et 21 h?

Activité 4.3 Explore les berges du Saint-Laurent

Je me prépare

Selon les écologistes, nos berges sont en danger à cause de l'érosion*. Et nous sommes grandement responsables de cette érosion, qui fait reculer certaines berges d'environ trois mètres par année. Dans certains cas, on peut régler le problème en plantant des arbres le long du rivage. Mais ce n'est pas toujours possible.

savoirs

Les plantes et le cycle de l'eau, p. 189
Le cycle lunaire, p. 204
Les marées, p. 205

***Érosion**
Usure causée par l'eau, le vent et la pluie.

1. Plusieurs phénomènes naturels et activités humaines sont à l'origine de l'érosion des berges.

Explique comment certains des phénomènes et activités ci-dessous contribuent à cette érosion.

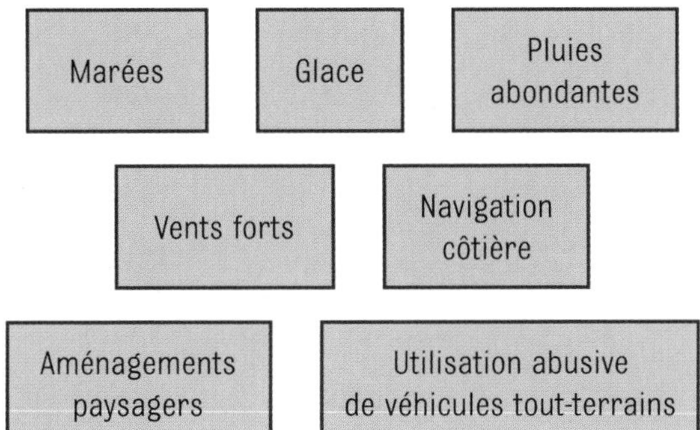

2. Observe ces deux photos des berges du Saint-Laurent. À Neuville, la ligne d'arbres ne va pas jusqu'à l'eau; elle s'y rend pourtant à Salaberry-de-Valleyfield. Cela s'explique par un phénomène naturel. Lequel?

Je passe à l'action

Le cycle lunaire, p. 204
Les marées, p. 205

Pour planter un arbre en bordure du Saint-Laurent, il faut souvent tenir compte des marées. C'est le cas de Trois-Rivières jusqu'au golfe du Saint-Laurent. Voici l'horaire des marées pour la région de Québec à la fin de 2009.

Date	Phase de la Lune	Heure	Hauteur (en mètres)	
			Marée basse	Marée haute
16 décembre 2009	Nouvelle Lune	00:45	0,28	
		05:44		4,33
		12:48	0,74	
		17:57		5,34
24 décembre 2009	Premier quartier	05:55	0,65	
		11:35		4,05
		17:56	0,92	
		23:53		3,86
31 décembre 2009	Pleine Lune	00:31	0,24	
		05:28		4,26
		12:35	0,62	
		17:42		5,53
7 janvier 2010	Dernier quartier	06:00	0,38	
		11:16		4,62
		18:29	0,58	
		23:47		4,21

3. Combien de marées hautes prévoit-on chaque jour?
4. Combien de marées basses prévoit-on chaque jour?
5. Fais la moyenne des marées hautes de chacun de ces jours.
6. D'après ce tableau, à quelle phase de la Lune correspond la plus grande marée?
7. À marée haute, comment sont disposés le Soleil, la Terre et la Lune: en ligne droite ou en L?
8. D'après ce tableau, à quelle phase de la Lune correspond la plus petite marée?
9. À marée basse, comment sont disposés le Soleil, la Terre et la Lune: en ligne droite ou en L?
10. Le mois de décembre correspond-il au moment d'un équinoxe ou d'un solstice?
11. D'après ce tableau, à quelle hauteur est-il raisonnable de planter un arbre?

Des chutes réversibles

La baie de Fundy, au Nouveau-Brunswick, est célèbre pour ses marées, les plus hautes au monde. Deux fois par jour, l'eau y monte et baisse d'environ 14 mètres. Ces grandes marées ont un effet spectaculaire à l'embouchure du fleuve Saint-Jean. Lorsque la marée monte, les eaux de la mer sont poussées vers l'embouchure avec une telle force que les eaux du fleuve semblent couler en sens inverse. Ce phénomène porte là-bas le nom de «chutes réversibles». Au moment où l'eau renverse, la navigation cesse, car les rapides ainsi créés sont trop turbulents.

Je fais le point

12. Démontre ta compréhension de l'effet des astres sur les marées en présentant graphiquement les mots clés suivants.

GRANDES MARÉES

PETITES MARÉES

NOUVELLE LUNE OU PLEINE LUNE

PREMIER OU DERNIER QUARTIER DE LUNE

SOLEIL–TERRE–LUNE DISPOSÉS EN L

ADDITION DES FORCES D'ATTRACTION DU SOLEIL ET DE LA LUNE

COMPÉTITION ENTRE LES FORCES D'ATTRACTION DU SOLEIL ET DE LA LUNE

SOLEIL–TERRE–LUNE DISPOSÉS EN LIGNE DROITE

Le cycle du jour et de la nuit, p. 198
Le cycle des saisons, p. 201
Le cycle lunaire, p. 204
Les marées, p. 205

Représenter graphiquement des idées, p. 381

13. La division du calendrier en jours, mois, saisons et années est fondée sur des phénomènes célestes. Définis chacune de ces divisions en classant les données qui suivent dans un tableau semblable à celui ci-contre.

Division	Durée	Phénomène céleste
Jour		

DIVISION	DURÉE	PHÉNOMÈNE CÉLESTE
Jour	365 jours	Révolution de la Terre autour du Soleil
Année	30 jours	Révolution de la Lune autour de la Terre
Mois	24 heures	Rotation de la Terre sur elle-même
Saison	3 mois	Inclinaison constante de la Terre par rapport au Soleil

14. Complète le texte ci-dessous à l'aide des mots présentés dans le tableau.

La gravité est... qu'exercent les astres sur les corps. La gravité du Soleil et de la Lune a pour effet...

la force de répulsion la force d'attraction l'énergie
de soulever les eaux d'écraser les eaux de soulever les continents

15. Tu as choisi un terrain à l'unité 1. Aurais-tu à tenir compte des marées si tu voulais y planter un arbre?

Défi Le système Terre–Soleil

Le cycle des saisons, p. 201

Matériel

- Carton jaune
- Goujon de bois d'environ 6 mm × 100 mm
- Grosse paille dans laquelle le goujon peut tourner librement
- Boule de polystyrène de 50 mm de diamètre, pour représenter la Terre
- Bloc de polystyrène de 30 mm × 30 mm × 20 mm, pour servir de socle
- 300 mm de ficelle et 2 punaises, pour dessiner une ellipse
- Gros clou
- Ciseaux
- Rapporteur
- Marteau

L'arbre vit au rythme des saisons. Construis un modèle du système Terre–Soleil pour expliquer la durée des jours et des nuits aux solstices et aux équinoxes.

Schéma

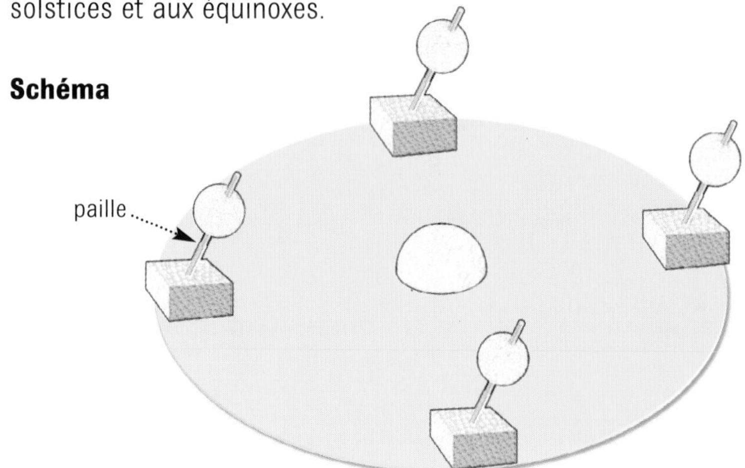

Techniques utiles

Pour faire un cercle.	Pour faire une ellipse.	Pour percer un trou à 24° de la verticale.
		90° – 24° = 66° clou

Activité 4.4 Prépare-toi à faire pousser un arbre

Je me prépare

La chaleur du Soleil, p. 200

Tu ne peux pas installer un arbre n'importe où et n'importe quand.

Les zones de rusticité

Pour nous guider dans le choix d'une plante qui résistera aux conditions du milieu, la plupart des bons producteurs indiquent la zone de rusticité des végétaux qu'ils vendent. Cette information, présentée sous forme de cote, correspond à la région qui offre les conditions climatiques les plus propices à la survie du végétal.

1. D'après la carte ci-contre, dans quelle zone de rusticité est le terrain que tu as choisi à l'activité 1.1?

2. Indique si les arbres du tableau ci-dessous peuvent ou non pousser sur ce terrain.

3. Peut-on planter un magnolia à grandes fleurs dans la région de Montréal? Pourquoi?

Arbre		Zone
Nom commun	**Nom scientifique**	
Épinette blanche	*Picea glauca*	**1**
Orme d'Amérique	*Ulmus americana*	**2**
Érable rouge	*Acer rubrum*	**3**
Arbre aux quarante écus	*Ginkgo biloba*	**4**
Chêne pédonculé	*Quercus robur*	**5**
Hêtre d'Europe	*Fagus sylvatica*	**6**
Douglas vert	*Pseudotsuga menziesii*	**7b**
Cornouiller du Pacifique	*Cornus nuttallii*	**8**
Magnolia à grandes fleurs	*Magnolia grandiflora*	**9a**
Palmier royal	*Roystonea regia*	**10**

Les zones de rusticité du Québec

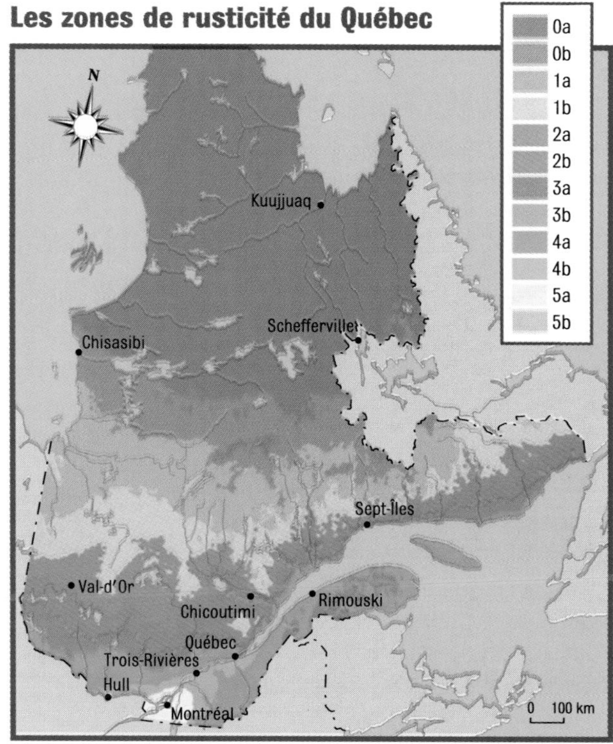

Selon la carte de rusticité canadienne, le Québec comprend six zones de rusticité numérotées de 0 (la plus rigoureuse) à 5 (la moins rigoureuse). Chaque zone est à son tour divisée en deux.

Les aires forestières

Le Québec est un territoire de forêts variées.

4. D'après la carte ci-contre, dans quelle aire forestière se trouve ton terrain boisé?

5. Nomme cinq espèces d'arbres indigènes qui survivraient bien sur ce terrain.

Les aires forestières du Québec

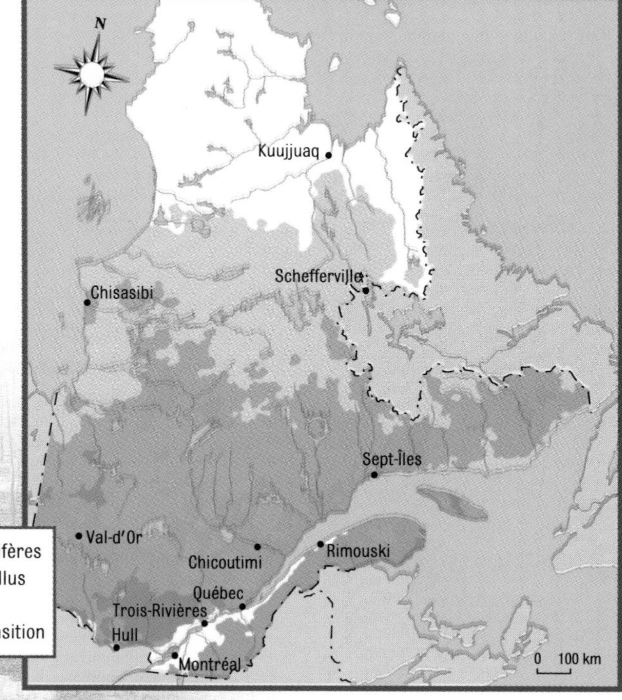

De l'eau pour la plante, p. 188
Des intrants pour la plante, p. 190

Je passe à l'action

Choisir un arbre selon la zone de rusticité est très important, mais cela ne suffit pas. Pour garder une plante ou un arbre en santé, il faut subvenir régulièrement à ses besoins.

Les experts du Jardin botanique de Montréal ont dressé une liste des principaux symptômes observés chez des végétaux qui dépérissent.

6. À l'aide de la liste des symptômes décrits par les experts du Jardin botanique de Montréal, tente d'identifier de quoi souffre chacune des plantes présentées, puis suggère une façon de ramener la plante à la santé.

a) 

b) 

c) 

d) 

Avoir le pouce vert

Au Québec, on dit des personnes qui réussissent bien avec les plantes qu'elles ont le « pouce vert ». Les Français et les Belges utilisent plutôt l'expression « avoir la main verte ». Cette association à la couleur verte est probablement liée aux algues unicellulaires (cyanobactéries) qui se développent en milieu humide. Quand on manipule des pots qui en contiennent, la couleur verte des algues tache légèrement les doigts.

Saurais-tu reconnaître la cause du dépérissement d'une plante?

Symptômes associés à la lumière		**Symptômes associés à l'eau**	
Manque de lumière	**Excès de lumière**	**Manque d'eau**	**Excès d'eau**
→ Les nouvelles pousses manquent de vigueur. → La croissance est lente. → Les nouvelles feuilles sont plus petites et plus pâles. → Les vieilles feuilles jaunissent et tombent. → Les feuilles de couleur vive tournent au vert. → La plante ne fleurit pas.	→ Les feuilles exposées au soleil direct pâlissent et se couvrent de taches. → Les feuilles se décolorent progressivement, brunissent et sèchent.	→ Les feuilles ramollissent. → La croissance est lente. → Des taches brunes se développent sur le pourtour des vieilles feuilles, qui finissent par jaunir et tomber. → Le sol est pâle, dur et sec, surtout en profondeur.	→ Les feuilles ramollissent. → La croissance est lente. → Des taches brunes se développent sur le bout des feuilles. → Les feuilles finissent par jaunir et tomber. → Le sol est continuellement humide et le drainage est lent. → Les racines deviennent spongieuses, brunissent et pourrissent.

Je fais le point

Prendre soin d'un arbre à l'intérieur est relativement facile. Cela exige toutefois des soins périodiques*.

***Périodique**
Qui se produit à intervalles réguliers.

7. Pour t'assurer de satisfaire aux besoins de l'arbre, propose une routine des soins à lui donner durant les mois de décembre, janvier, février et mars. Pour te rappeler les soins à apporter, note simplement la lettre correspondante sur un calendrier.

F Inspection des **feuilles**
H Inspection de l'**humidité** du sol
A **Arrosage**
C Mesure de la **croissance**
T **Taille** des feuilles mortes
E Ajout d'**engrais**

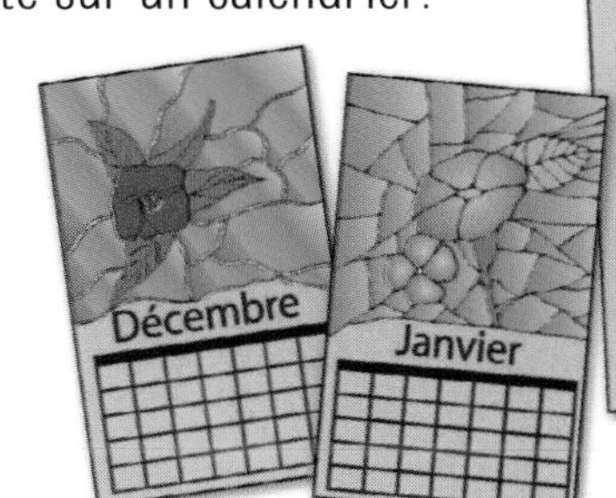

8. En tenant compte de ce que tu as appris sur les zones de rusticité et les aires forestières du Québec, quelle essence d'arbre privilégierais-tu si tu avais à planter un arbre dans ta région?

Défi Des professions liées aux plantes

Il existe un large éventail de métiers et de professions liés aux plantes. Selon le domaine auquel ils sont rattachés, ces métiers et professions demandent des compétences et des attitudes scientifiques, techniques, de création, d'organisation ou de communication. Plusieurs de ces métiers et professions s'exercent en forêt. D'autres, au champ, en laboratoire ou en magasin. Les uns requièrent de la machinerie lourde, les autres un microscope, des éprouvettes ou simplement deux mains.

Choisis un de ces métiers et décris-le dans une fiche. Précise les principales responsabilités qui sont liées à ce métier, les employeurs potentiels, la formation nécessaire, etc. Ci-contre quelques-uns de ces métiers.

PROFESSION	
Responsabilités	Compétences et connaissances nécessaires
Lieu de travail	Horaire de travail
Employeurs potentiels	

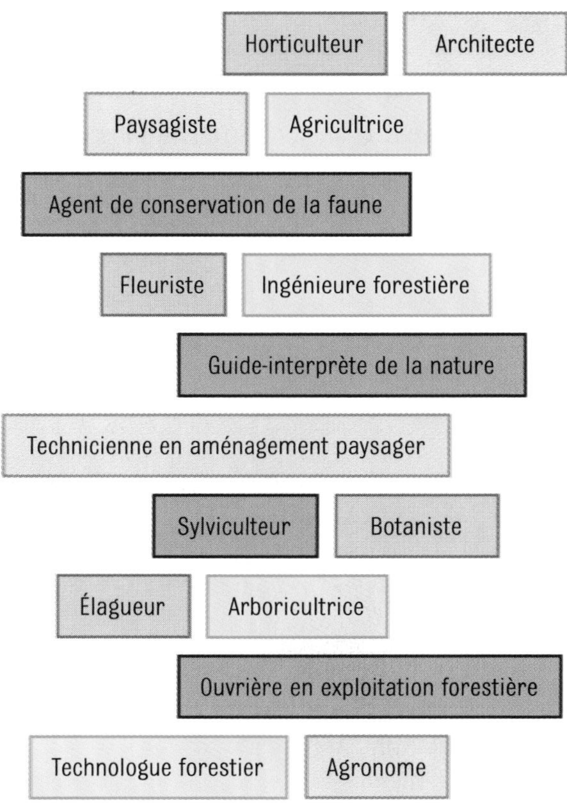

Exercices

1. D'après cette image capturée à trois moments différents de la journée, à quels points cardinaux correspondent les lettres notées sur la rose des vents?

Activ. 4.1

2. L'illustration suivante montre la position d'une maison sur la Terre.

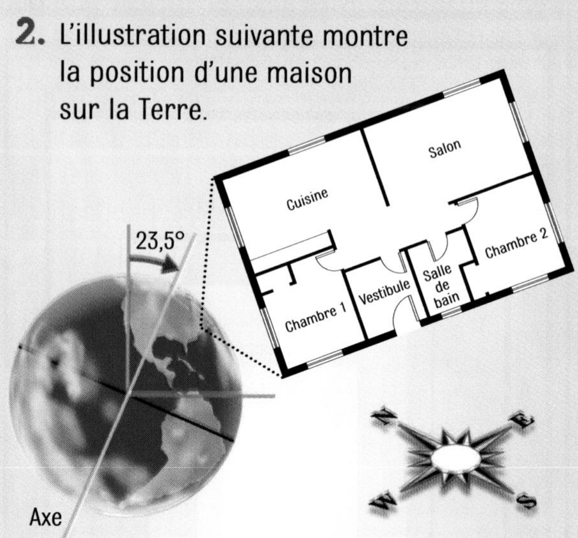

a) Les rayons du Soleil frappent-ils davantage l'avant ou l'arrière de la maison?

b) De quelle pièce pourrais-tu le mieux observer le lever du soleil?

c) De quelle pièce pourrais-tu le mieux observer le coucher du soleil?

d) À l'endroit où cette maison est située, est-ce l'hiver ou l'été?

Activ. 4.1

3. Le 21 décembre correspond au début de notre saison la plus froide. Ce n'est pas le cas partout.

a) Indique dans quelle partie du globe (hémisphère Nord, hémisphère Sud, équateur) se situe chacun des pays mentionnés sur la carte ci-dessous.

b) Indique la saison qu'on vit dans chacun de ces pays à partir du 21 décembre.

Activ. 4.2

4. Les températures moyennes annuelles des pays diffèrent selon qu'ils sont dans l'hémisphère Nord, dans l'hémisphère Sud ou à l'équateur.

Associe chacun des calendriers à une des villes suivantes.

a) Freetown, au Sierra Leone (région équatoriale)

b) Hanoi, au Viêtnam (hémisphère Nord)

c) Lima, au Pérou (hémisphère Sud)

❶

Janvier	Février	Mars
17 °C	18 °C	20 °C
Avril	**Mai**	**Juin**
24 °C	28 °C	30 °C
Juillet	**Août**	**Septembre**
30 °C	29 °C	28 °C
Octobre	**Novembre**	**Décembre**
26 °C	22 °C	19 °C

❷

Janvier	Février	Mars
26 °C	26 °C	26 °C
Avril	**Mai**	**Juin**
24 °C	22 °C	20 °C
Juillet	**Août**	**Septembre**
19 °C	18 °C	19 °C
Octobre	**Novembre**	**Décembre**
20 °C	22 °C	24 °C

❸

Janvier	Février	Mars
30 °C	30 °C	31 °C
Avril	**Mai**	**Juin**
31 °C	31 °C	30 °C
Juillet	**Août**	**Septembre**
29 °C	28 °C	29 °C
Octobre	**Novembre**	**Décembre**
30 °C	30 °C	30 °C

Activ. 4.2

5. Les illustrations ci-dessous présentent l'éclairement de la Terre à différents moments de l'année à quatre endroits différents. Dans chaque cas, indique la saison en cours.

a)

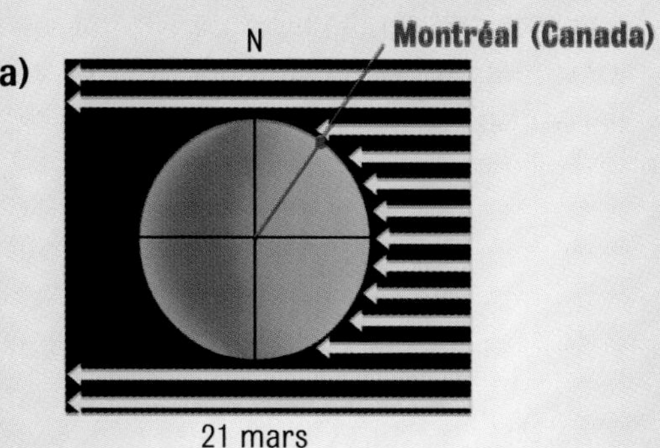

21 mars

b)

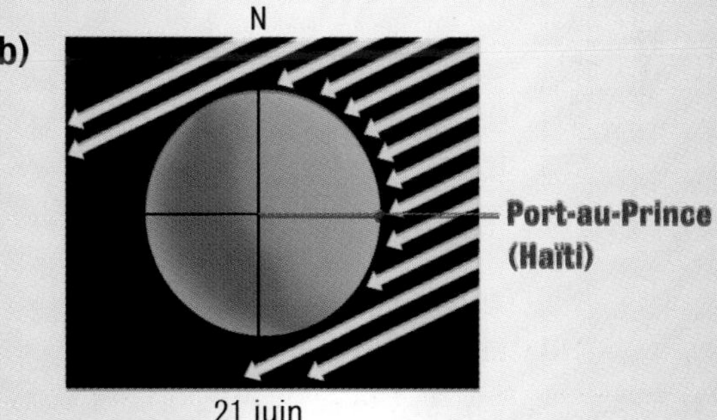

21 juin

c)

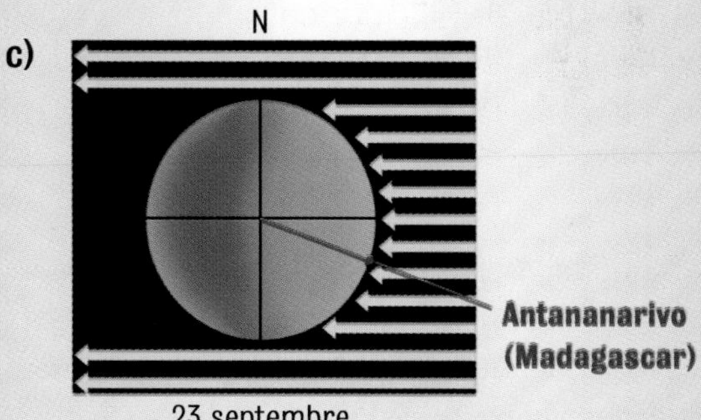

23 septembre

d)

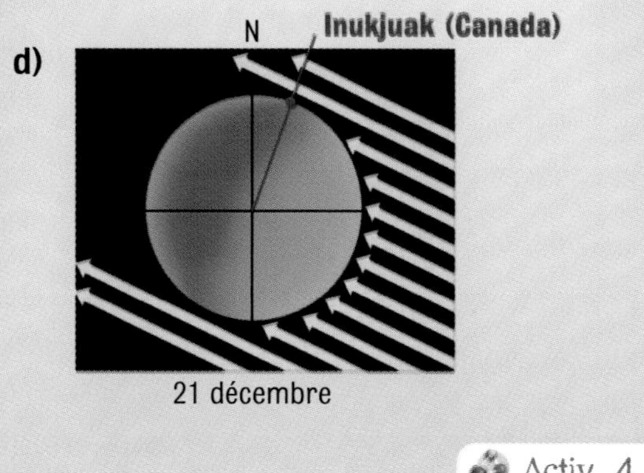

21 décembre

Activ. 4.2

6. Les pêches que nous mangeons d'août à janvier viennent presque toutes de la Colombie-Britannique et de l'Ontario.

Pourquoi, durant le reste de l'année, nos marchés d'alimentation doivent-ils les importer principalement de l'Argentine et du Chili ?

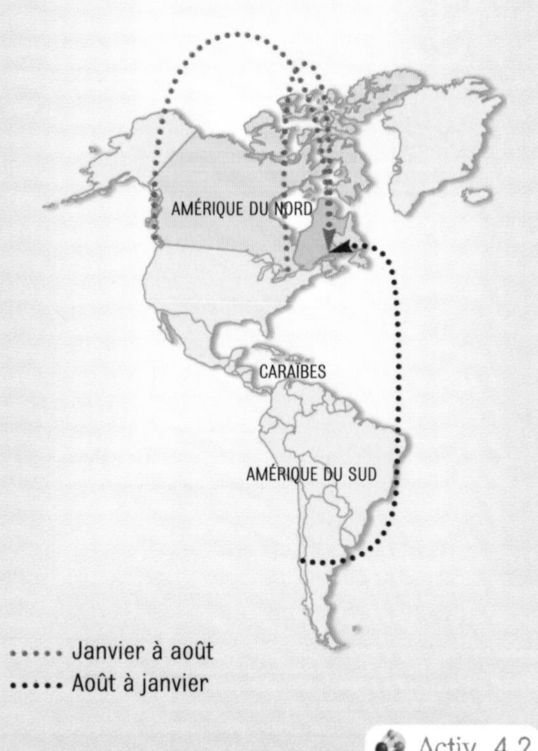

Activ. 4.2

7. Observe les illustrations ci-dessous.

a) Ordonne les phases de la Lune selon leur apparition dans un mois lunaire. Pour suivre la convention, commence par la nouvelle Lune.

b) Donne le nom de chaque phase.

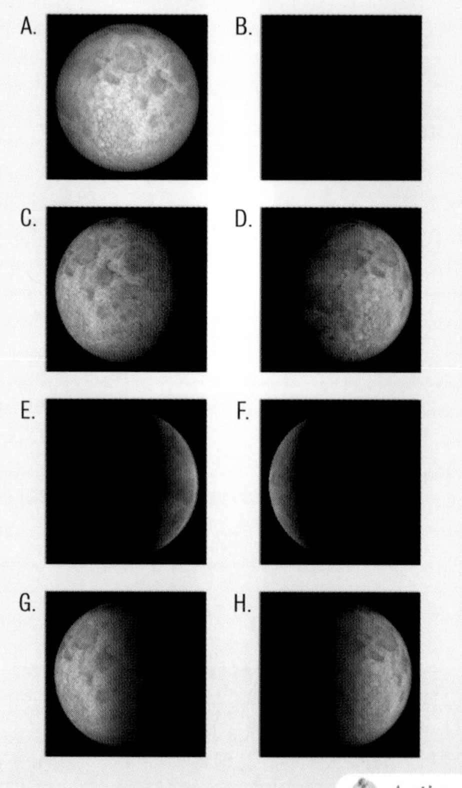

Activ. 4.3

8. Nomme les arbres qu'il est déconseillé de planter dans chacune des villes suivantes en tenant compte chaque fois de la zone de rusticité indiquée entre parenthèses.

a) Lasarre (1b)

b) Causapscal (2a)

c) Maniwaki (3b)

d) Cowansville (4b)

e) Lachute (5a)

Arbre		Zone
Nom commun	**Nom scientifique**	
Épinette blanche	*Picea glauca*	1
Orme d'Amérique	*Ulmus americana*	2
Érable rouge	*Acer rubrum*	3
Arbre aux quarante écus	*Ginkgo biloba*	4
Chêne pédonculé	*Quercus robur*	5
Hêtre d'Europe	*Fagus sylvatica*	6
Douglas vert	*Pseudotsuga menziesii*	7b
Cornouiller du Pacifique	*Cornus nuttallii*	8
Magnolia à grandes fleurs	*Magnolia grandiflora*	9a
Palmier royal	*Roystonea regia*	10

Activ. 4.4

À toi de jouer

Construis un cadran solaire

Les cadrans solaires sont apparus entre 5000 et 3500 ans avant Jésus-Christ. Ils étaient alors constitués simplement d'un bâton planté verticalement dans le sol. La longueur de l'ombre projetée indiquait un moment de la journée et non une heure précise.

Ce n'est que beaucoup plus tard que les Sumériens (peuple vivant dans le sud-ouest de l'Iraq) ont divisé la journée en 24 heures.

À partir des années 1800, les horloges et montres mécaniques sont devenues assez précises et abordables pour être utilisées par tout le monde. Aujourd'hui, les cadrans solaires sont vendus comme objets d'art.

Tâche

Construis un beau cadran solaire et accompagne-le d'un mode d'emploi.

1. Fabrique ton cadran solaire.
2. Indique à l'aide d'un point la longueur de l'ombre projetée à différents moments de la journée.
3. En reliant ces points, prédis la trajectoire de l'ombre au cours des heures.
4. Prépare le mode d'emploi du cadran. Assure-toi qu'il est accessible à tous, même aux personnes qui ne connaissent pas les mouvements de rotation et de révolution de la Terre. Décris clairement :
   - comment positionner le cadran par rapport au Soleil ;
   - comment lire le cadran ;
   - les limites de la précision de ton cadran.

La démarche de conception, p. 374
Les outils en atelier, p. 398

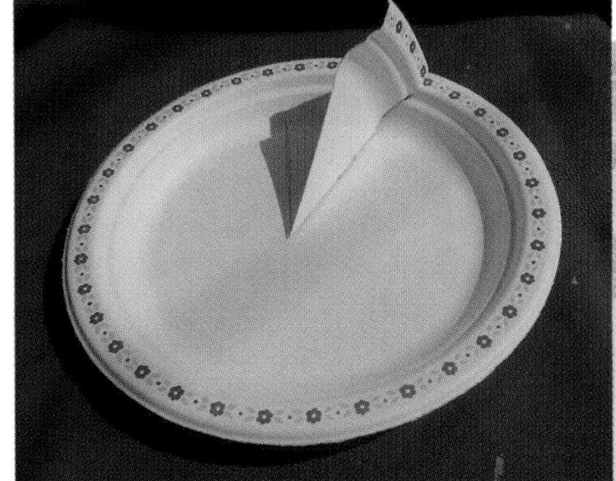

Unité 5

Des actions qui comptent

Que feras-tu pour préserver l'environnement ?

Tu rédigeras un plan d'action pour répondre à cette question.

Pour cerner la problématique, tu as identifié quelques dangers potentiels qui guettent la forêt. En analysant les arbres autour de toi, tu as constaté que la forêt est un habitat précieux pour un grand nombre de vivants et qu'elle est aussi, pour l'être humain, une source de matière et d'énergie. Tu as maintenant une bonne idée des modes de reproduction des végétaux, des besoins nutritifs des plantes et de l'importance du milieu pour l'épanouissement de l'arbre.

Toutes ces connaissances te serviront à planifier une action concrète.

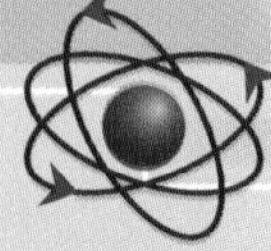

Place à la discussion

Que penses-tu des affirmations suivantes?

- **La forêt n'a aucunement besoin d'une intervention humaine pour s'épanouir.**
- **Quelle que soit l'exploitation qu'on fait de la forêt, les arbres finissent par repousser.**
- **Il n'y a rien qu'on puisse faire pour éviter un incendie de forêt.**
- **Je peux graver mon nom sur un arbre sans problème; ça laisse même un bon souvenir.**
- **Je n'ai absolument rien à voir avec la forêt. C'est l'affaire des gouvernements.**
- **Même si la forêt disparaissait, les humains survivraient.**
- **Les produits de la forêt ne sont plus si importants que ça, car la technologie d'aujourd'hui peut créer des produits de remplacement à un prix abordable.**

Activité 5.1 Analyse un plan d'action

Je me prépare

Un plan d'action est une suite d'actions à entreprendre pour corriger une situation problématique. Il consiste à décrire la situation, les actions à entreprendre et les effets attendus. Voici, à titre d'exemple, le plan d'action qui a permis de sauvegarder le merle-bleu.

PLAN D'ACTION POUR LA PRÉSERVATION DU MERLE-BLEU

Objectif – Le spectaculaire merle-bleu de l'Est (*Sialia sialis*) a bien failli disparaître totalement de nos régions. Heureusement, plusieurs amoureux de la nature ont entrepris de le sauver.

Situation problématique – Le merle-bleu a de nombreux ennemis naturels, entre autres l'étourneau sansonnet, le raton laveur et certains insectes, qui attaquent son nid. Les oisillons du merle-bleu sont très sensibles aux grandes chaleurs de l'été, au vent et à la pluie. Pour leur offrir un abri sec, le merle-bleu niche souvent en lisière des forêts, dans les trous des arbres creusés par les pics-bois. Il se nourrit d'insectes, de fruits sauvages et de baies de gui.

La rareté de bons sites de nidification explique en partie le déclin de l'espèce. Son habitat naturel est sacrifié au rythme de l'extension croissante des terres cultivées. De plus, l'élimination par les humains des arbres morts lui enlève des lieux propices à la nidification.

Actions – Les passionnés de ce bel oiseau ont d'abord sensibilisé la population. Cela a incité de nombreuses personnes à installer des nichoirs à merle-bleu. Quelques associations d'ornithologues et de biologistes ont même aménagé et entretenu des milliers de nichoirs. L'action combinée de ces personnes a multiplié les lieux de nidification propices au merle-bleu et fourni des renseignements précieux sur leur comportement.

Effets – En 1980, on ne répertoriait que 56 couples de merles-bleus de l'Est au Québec. Avec l'installation de nichoirs, la population de cette espèce a augmenté significativement. Dès 1990, l'oiseau est passé du statut de *rare* à *vulnérable*. Depuis 1996, il n'est même plus à risque. L'objectif de sauvegarder le merle-bleu par l'installation de nichoirs est donc atteint.

Il faut pourtant continuer d'intervenir, car la population actuelle des merles-bleus se maintient surtout grâce aux nichoirs artificiels. En poursuivant leurs opérations de baguage* et d'observation, les biologistes et ornithologues amateurs peuvent contrôler le taux de survie des oisillons et en apprendre plus sur les comportements de nidification. L'expérience démontre bien l'importance d'une utilisation responsable des forêts. En sauvegardant l'habitat des merles-bleus, nous sauvegardons notre habitat, voire notre environnement.

Plan d'action → Objectif → Situation problématique → Actions à entreprendre → Effets attendus

***Baguage** Opération qui consiste à fixer à la patte d'un oiseau une bague pour l'identifier.

Je passe à l'action

La forêt, un lieu d'interactions, p. 207

Choisir une démarche, p. 370
Les schémas technologiques, p. 378

Objectif

1. L'objectif mentionné dans le plan d'action se résume à « sauver les merles-bleus ». Énoncé comme cela, il s'agit plus d'un souhait que d'un but à atteindre. Que signifie pour toi « sauver les merles-bleus » ?

Situation problématique

Avant de déterminer le type de changement à apporter, il importe de bien comprendre ce qui se passe.

2. En t'inspirant du plan d'action, produis un schéma de situation du problème pour la sauvegarde du merle-bleu en suivant la démarche ci-dessous.

- Reproduis le schéma de situation du problème ci-dessous.
- Complète-le en associant chacun des éléments de l'environnement mentionnés ci-contre à son effet sur la population de merles-bleus.

Éléments de l'environnement à considérer

- Étourneau sansonnet
- Raton laveur
- Insectes
- Grandes chaleurs
- Vent
- Pluie
- Lisière des forêts
- Trous de pics-bois
- Insectes
- Fruits sauvages
- Baies de gui
- Extension des terres cultivées
- Élimination des arbres morts

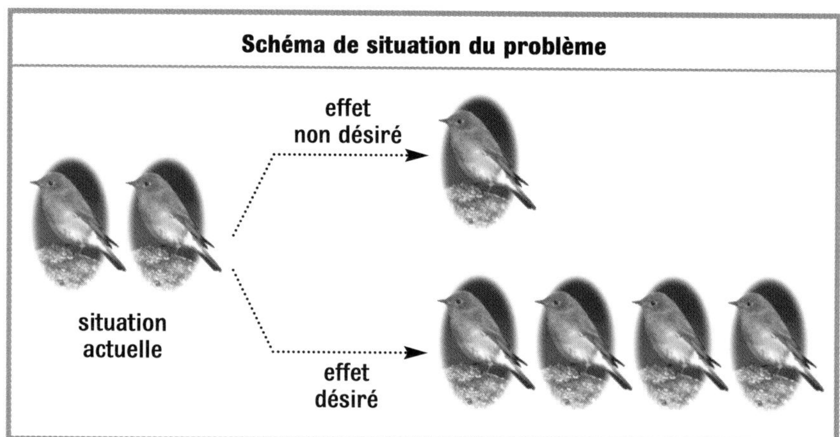

Étourneau sansonnet

Raton laveur

Insectes

Actions

3. Dans chaque cas, indique si l'action entreprise pour préserver le merle-bleu fait partie d'une démarche d'investigation ou d'une démarche de conception.

a) Observer la variation de la population du merle-bleu.

b) Déterminer les causes du déclin de la population du merle-bleu.

c) Fabriquer des nichoirs à merle-bleu.

d) Évaluer l'intérêt des citoyens pour la problématique du merle-bleu.

e) Fabriquer des bagues pour en apprendre plus sur le comportement des merles-bleus.

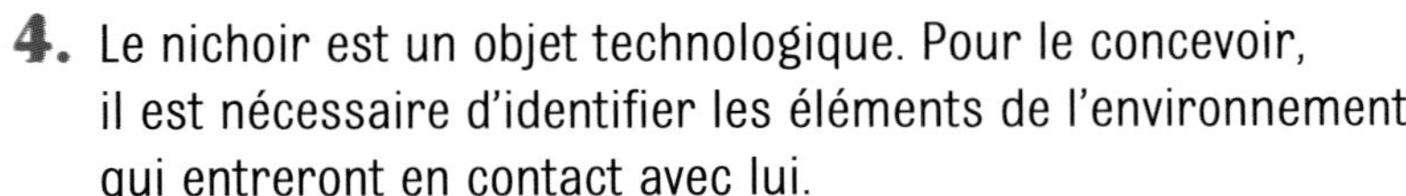

4. Le nichoir est un objet technologique. Pour le concevoir, il est nécessaire d'identifier les éléments de l'environnement qui entreront en contact avec lui.

Réalise un schéma de situation de l'objet technique qui te permettra de dégager les contraintes de conception du nichoir.

- Énumère les éléments de l'environnement dont il fallait tenir compte (voir la question 2).
- Place ces éléments autour d'un schéma semblable à celui présenté ci-contre.

5. Prépare le schéma de principes d'un nichoir à merle-bleu en suivant la démarche ci-dessous.

- Reproduis le schéma du nichoir présenté au bas de la page sur une feuille quadrillée. Tiens compte des proportions de l'objet.
- Sur ton schéma, identifie les différentes composantes du nichoir.

6. À quelle composante associes-tu chacune des fonctions suivantes?

Fonctions

A. Drainer l'eau.

B. Aérer le nichoir.

C. Fixer le nichoir au moyen de vis ou de clous.

D. Permettre l'entrée du merle-bleu, mais bloquer celle des oiseaux plus gros, comme l'étourneau.

E. Permettre l'écoulement de l'eau de pluie.

F. Protéger l'entrée contre l'infiltration d'eau de pluie.

G. Permettre aux intervenants de nettoyer le nichoir.

Composantes du nichoir

1. Trous de chaque côté du nichoir.

2. Trous dans le panneau arrière du nichoir.

3. Trous dans le fond du nichoir.

4. Trou dans le panneau avant du nichoir.

5. Toit qui surplombe l'entrée.

6. Porte latérale.

7. Toit en pente.

OUTILS 7

Les schémas technologiques, p. 378

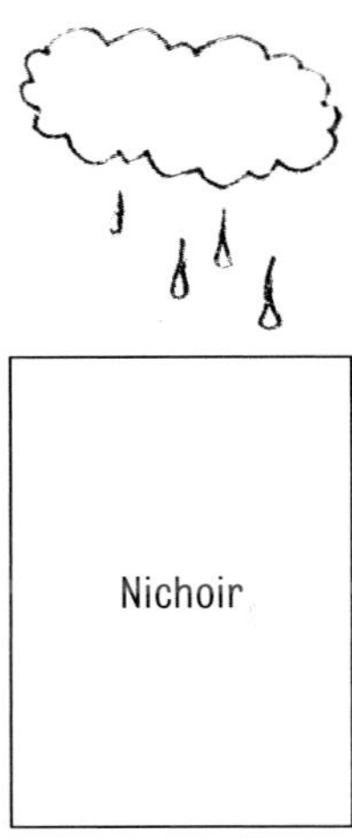

Dans le schéma de situation de l'objet technique, l'objet technique (le nichoir) est représenté par un rectangle. Le nuage est un des éléments de l'environnement qui entre en contact avec l'objet technique.

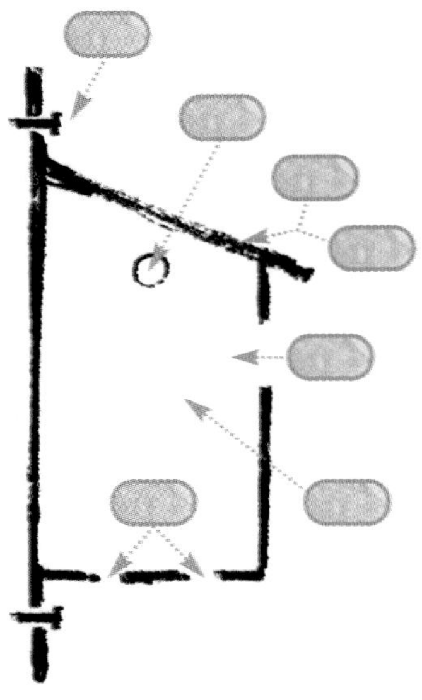

Ce schéma de principes représente la solution retenue par les ornithologues pour préserver les merles-bleus.

Effets

7. Les gens qui ont installé des nichoirs espéraient beaucoup de cette intervention. Dégage du plan d'action deux des effets obtenus dans chacun des cas suivants.
   a) Population de merles-bleus
   b) Connaissances sur le merle-bleu
   c) Attitude des humains

Je fais le point

La forêt, un lieu d'interactions, p. 207

La survie du merle-bleu, tout comme notre mode de vie, est étroitement liée à la forêt. Et la survie de la forêt dépend en grande partie de nous.

8. À partir du plan d'action, donne un exemple de la contribution...
   a) de la science dans la préservation du merle-bleu.
   b) de la technologie dans la préservation du merle-bleu.

Défi Un nichoir pour la sauvegarde du merle-bleu

La démarche de conception, p. 374
Comment faire un dessin, p. 393
La perspective, p. 395
La projection orthogonale, p. 396
La sécurité en classe..., p. 399

À partir des illustrations ci-dessous, présente dans un schéma de construction les différentes pièces, dimensions et autres détails qui serviront à la fabrication d'un nichoir.

Fabrique ce nichoir à merle-bleu et installe-le dans un milieu naturel que tu auras ciblé.

Activité 5.2 Rédige ton plan d'action

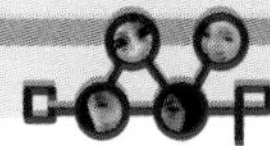

Je me prépare

Maintenant que tu connais la structure d'un plan d'action, rédiges-en un pour sauvegarder l'aire boisée que tu as adoptée à l'unité 1.

1. L'enquête que tu as faite à l'unité 1 t'a permis de découvrir les dangers qui menacent ton aire boisée. Ces dangers menacent-ils le renouvellement de la forêt?
2. Cible un de ces dangers. C'est ta situation problématique.
3. Fixe-toi un objectif réalisable en décrivant ce que tu désires changer pour sauvegarder ton aire boisée (voir les suggestions d'objectifs ci-contre).
4. Au cours d'un remue-méninges, note les actions qui te permettraient d'atteindre cet objectif (voir les suggestions d'actions ci-contre).
5. Parmi les actions notées, choisis-en une que tu peux réaliser. C'est ton action à entreprendre.
6. L'action que tu as retenue cible-t-elle davantage la structure de l'arbre, son mode de reproduction, sa nutrition ou son milieu? Garde des traces des connaissances qui guident ton choix d'action.
7. Détermine les effets attendus de ton action sur ton aire boisée.

La forêt, un lieu d'interactions, p. 207
La forêt, une ressource renouvelable, p. 208
L'arbre et les besoins fondamentaux, p. 210
Pourquoi planter un arbre? p. 212
Le recyclage du papier, p. 213

Le remue-méninges, p. 380

Suggestion d'objectifs

1. Augmenter le nombre d'arbres qui poussent sur ton terrain boisé.
2. Favoriser le développement d'un arbre.
3. Mettre en valeur un habitat naturel modifié de ton entourage.
4. Promouvoir l'utilisation responsable de produits de la forêt.

Suggestion d'actions

1. Planter un arbre.
2. Distribuer un guide pour l'identification des espèces d'arbres de ton aire boisée.
3. Participer à une corvée de nettoyage de ton aire boisée.
4. Rédiger un article sur ton aire boisée pour le journal local ou celui de l'école.

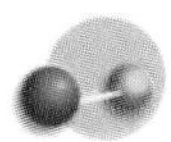

Je passe à l'action

8. Rédige ton plan d'action en mettant à l'œuvre tes compétences. Ton plan d'action doit comporter la description des quatre éléments suivants:
   - ton objectif;
   - la situation problématique de ton boisé;
   - l'action que tu as décidé d'entreprendre;
   - les effets attendus.

   Prédis le moment idéal pour mettre ce plan d'action en application.

 Je fais le point 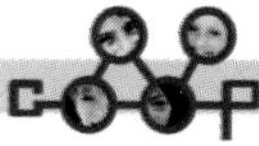

9. Avec les élèves de ta classe, prépare une affiche pour résumer les plans d'action menés par la classe.

10. Après avoir comparé ton plan d'action avec celui des autres, identifie une force et une faiblesse de ton plan d'action.

11. Lorsque tous ces plans d'action seront concrétisés, crois-tu que l'environnement sera amélioré? Justifie ton opinion en donnant au moins un exemple.

 Le recyclage du papier 

Le recyclage du papier, p. 213

Le recyclage contribue directement à la préservation de nos forêts, car en recyclant le papier, on sauve beaucoup d'arbres (environ 17 arbres adultes par tonne de papier produit).

L'action de chaque personne compte pour l'environnement, mais celle d'un groupe organisé a encore plus d'impact. Avec ton groupe classe, recycle une partie du papier utilisé à l'école.

→ Informe-toi sur la quantité de papier utilisée à l'école chaque année.

→ Fixe-toi un objectif réalisable: recycler 1 %, 5 %, 10 %, etc., du papier utilisé à l'école.

→ Trouve une recette de papier artisanal pour recycler une partie de ce papier.

→ Fabrique des cartes de vœux «écolo» en collant des plantes séchées sur ton papier artisanal. Ajoute une touche personnelle à tes cartes en calligraphiant à l'intérieur une citation en rapport avec la protection de l'arbre et de la forêt.

→ Reviens sur la démarche. En tenant compte de l'objectif fixé quant au pourcentage de papier à recycler et de la masse de papier recyclé par la classe, détermine le nombre d'arbres que vous avez sauvés.

savoirs

Les forêts du Québec

La forêt est un ensemble végétal où dominent les arbres. Presque la moitié du territoire québécois est couverte de forêts.

On distingue au Québec cinq grandes **zones de végétation** : la toundra, la taïga, la forêt boréale, la forêt mixte et la forêt méridionale des bois francs. Chacune de ces zones se caractérise par le type de végétaux (arbres, arbustes et autres plantes) qui y poussent.

Forêt boréale

Taïga

Toundra

Forêt mixte

Forêt méridionale des bois francs

Les cinq zones de végétation du Québec

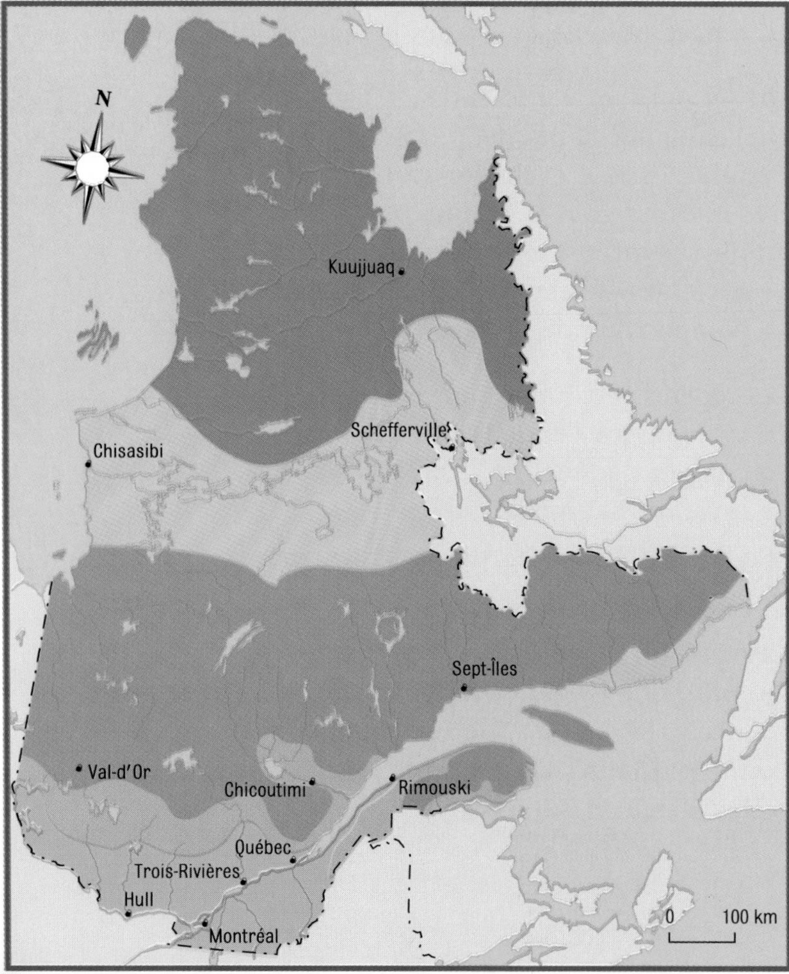

La toundra

Région sans arbres, où croissent quelques arbustes et plantes herbacées.

La taïga

Région parsemée d'épinettes noires de petites dimensions et de lichens.

La forêt boréale

Région dominée par l'épinette. Cette région est d'une grande importance économique pour l'industrie forestière. L'adjectif « boréale » signifie simplement « du Nord ».

La forêt mixte

Région de feuillus et de conifères. Cette région représente une zone de transition entre la forêt boréale, au nord, et la forêt méridionale, plus au sud.

La forêt méridionale des bois francs

Région comptant une grande diversité d'arbres, surtout des feuillus.

La forêt, un milieu de vie

La forêt fait partie intégrante de notre environnement. Celle du Québec abrite une importante **biodiversité**, c'est-à-dire une grande variété d'espèces. On y trouve une flore riche en plantes diverses, plusieurs espèces de champignons et près de 50 espèces d'arbres. La faune aussi y est diversifiée : environ 350 espèces d'oiseaux, 200 espèces de poissons, 100 espèces de mammifères, des amphibiens, des reptiles et une multitude d'espèces d'insectes.

La forêt, comme les autres habitats, présente des composantes naturelles de deux ordres :

- des **composantes biotiques**, soit différentes espèces de vivants, appartenant aux cinq règnes ;
- des **composantes abiotiques**, soit la totalité de la matière (eau, air, sol) et de l'énergie (lumière, chaleur) qui définissent le milieu dans lequel se trouvent les vivants.

Ces composantes biotiques et abiotiques de la forêt dépendent les unes des autres. Les arbres, par exemple, modifient la nature du sol et de l'air, tout en offrant un milieu de vie aux autres vivants. Inversement, ces arbres subissent l'influence du climat, du sol et des autres vivants qui habitent la forêt.

Milieu naturel modifié — Milieu naturel — Milieu artificiel

Transformations de la forêt par l'humain

Notre mode de vie a toujours été étroitement lié à la forêt. Aujourd'hui, la forêt fait partie de notre patrimoine culturel, social et économique. C'est un milieu où se déroulent plusieurs de nos activités récréatives et économiques. Mais pour l'ajuster à nos besoins, on a transformé une partie de cette forêt. Cela explique les trois types de milieux suivants :

- Le **milieu naturel**, qui ne montre aucune trace d'influence humaine ;
- Le **milieu naturel modifié**, en partie transformé (ajout de sentiers pédestres, de pistes de ski, de barrages, champs de culture, etc.) ;
- Le **milieu artificiel**, entièrement aménagé par les humains (villes, jardins botaniques, terrains de golf, etc.).

ACTIVITÉ ÉCONOMIQUE

ACTIVITÉS RÉCRÉATIVES

Les dangers qui menacent la forêt

Chaque année, une partie de la forêt subit les assauts du climat, des insectes, des maladies et des humains.

On peut difficilement empêcher les catastrophes climatiques. On peut par contre maîtriser les infestations d'insectes, prévenir les maladies et limiter les dégâts causés par les activités humaines.

Le bois

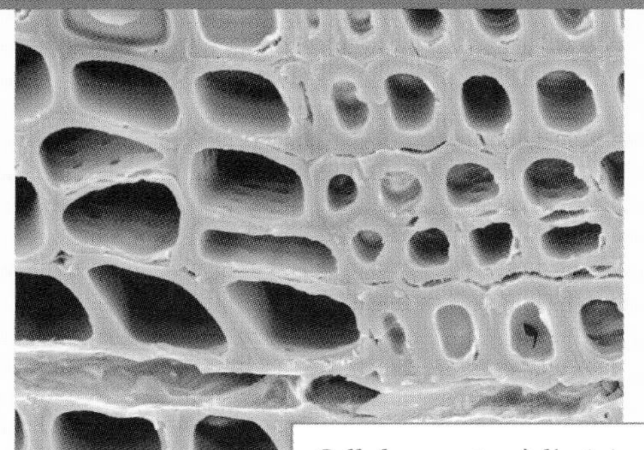

Cellules mortes à l'origine des fibres du bois. C'est la paroi cellulaire des végétaux qui lui donne cette structure en forme de filament.

Le bois est la matière qui compose les racines, le tronc et les branches des arbres. C'est une matière organique composée essentiellement de cellulose (fibres) et de lignine (substance qui sert à cimenter les fibres). Voilà pourquoi on dit que le bois est une matière *ligneuse.*

Utilisé depuis toujours à cause de son esthétisme et de sa disponibilité, le bois est un matériau recyclable, économique et facile à travailler. C'est aussi un bon isolant contre le bruit, la chaleur et l'électricité.

Que l'on veuille construire une maison ou fabriquer un meuble, il est important de connaître le bois pour choisir les matériaux appropriés au travail à faire.

Le bois est transformé en une variété de produits destinés à l'industrie de la construction et de la menuiserie. L'encadré ci-dessous donne quelques exemples de produits et d'utilisations.

PRINCIPAUX MATÉRIAUX TIRÉS DU BOIS

Bois de placage (meubles)

Carré (poutres et colonnes)

Latte (arrêts de porte)

Madrier (solives et chevrons)

Planche (poutres)

Contreplaqué (meubles, revêtement des murs et du toit)

Aggloméré (meubles et sous-planchers)

Caractéristiques physiques

L'industrie forestière classe le bois en deux grandes catégories : **bois durs** (feuillus durs) et **bois mous** (résineux et feuillus mous). Chaque espèce d'arbre fournit une essence particulière dont les caractéristiques aident à la distinguer des autres. Exemples :

- **Couleur** : blanc, brun, etc.
- **Teinte** : claire ou foncée
- **Odeur** : arôme spécifique de certaines essences
- **Structure du grain** : ouvert (comme le pin) ou fermé (comme le bouleau)
- **Densité** : bois léger ou lourd
- **Dureté** : dur (résistant à la rayure) ou tendre
- **Élasticité** : flexible ou non

Le choix de l'essence à utiliser dépend de ces caractéristiques.

Les principales essences commerciales

FEUILLUS				
ESSENCE		*CARACTÉRISTIQUES DU BOIS*		*UTILISATION*
Bouleau		Du beige au brun, lourd, dur ou tendre, selon l'espèce, dépourvu de nœuds Le bois du bouleau jaune (merisier) est celui qu'on utilise le plus.		• Ustensiles de cuisine • Contreplaqué • Pâte à papier • Planchers • Meubles
Chêne		Brun pâle, lourd, dur, flexible, résistant		• Construction navale • Planchers • Moulures, boiseries et placages décoratifs • Meubles • Traverses de chemins de fer
Érable		Du blanc crémeux au brun clair, lourd, dur, très résistant		• Meubles • Planchers • Boiseries d'intérieur • Articles de sport
Frêne		Blanchâtre, insipide et inodore, lourd, dur, flexible, résistant		• Manches d'outils • Tonneaux • Boiseries d'intérieur • Skis
Peuplier		Du blanc au gris, léger, tendre, peu résistant		• Contreplaqué • Panneaux d'aggloméré • Palettes et caisses • Allumettes • Pâte à papier
Tilleul		Du blanc crémeux au brun clair, insipide et inodore, léger, tendre, peu résistant, à cernes invisibles, de texture fine et régulière		• Sculpture • Menuiserie • Instruments de musique • Encadrements • Jouets et bibelots

CONIFÈRES			
ESSENCE	*CARACTÉRISTIQUES DU BOIS*		*UTILISATION*
Épinette	Blanc, léger, tendre, à fibres denses, résistant		• Pâte à papier • Construction
Mélèze	Dur, résistant à la pourriture		• Pâte à papier • Construction navale • Ponts et quais • Menuiserie extérieure
Pin	Pâle, léger, peu résistant, sèchant sans gauchir ni fendre, se travaillant facilement.		• Meubles • Portes et fenêtres • Moulures, boiseries et placages décoratifs
Pruche	Du jaune clair au brun rougeâtre, léger, dur, de texture grossière, peu résistant		• Charpentes • Boîtes et caisses • Pâte à papier
Sapin	Blanc, léger, tendre, peu résistant		• Pâte à papier • Construction • Arbres de Noël
Thuya (fautivement appelé *cèdre*)	Brun clair, à odeur caractéristique, très léger, tendre, résistant à la pourriture		• Piquets • Poteaux • Bardeaux • Petites embarcations

La structure de l'arbre

L'arbre est une plante vivace de grandes dimensions qui vit très longtemps. Sa tige principale en bois, le tronc, le distingue des plantes herbacées à tige molle.

À maturité, le tronc d'un arbre atteint plusieurs mètres de hauteur, ce qui le distingue d'un arbuste.

L'arbre, comme toutes les plantes vertes, est constitué de trois **parties principales** : des racines, un tronc (ou tige) et du feuillage.

Les racines

Les racines sont en général enfouies dans le sol. Elles sont formées d'une racine principale et de plusieurs racines secondaires. Leur rôle se résume à :

- fixer ou ancrer l'arbre au sol pour le maintenir en place ;
- alimenter l'arbre en eau et en sels minéraux en tirant ces éléments du sol.

Le tronc

Le tronc est la tige plus ou moins rigide qui s'étend des racines jusqu'aux branches principales. Selon l'emplacement de l'arbre, les branches s'allongent vers le haut ou vers les côtés pour aller chercher le plus de lumière possible.

Plusieurs caractéristiques permettent d'identifier les espèces d'arbres, entre autres la silhouette de l'arbre et le type d'écorce.

STRUCTURE D'UNE PLANTE

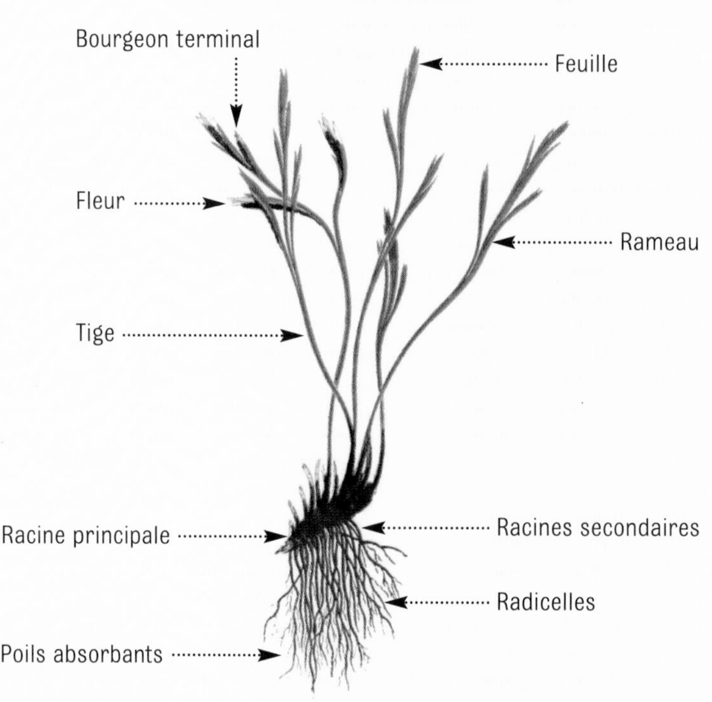

STRUCTURE D'UN ARBRE

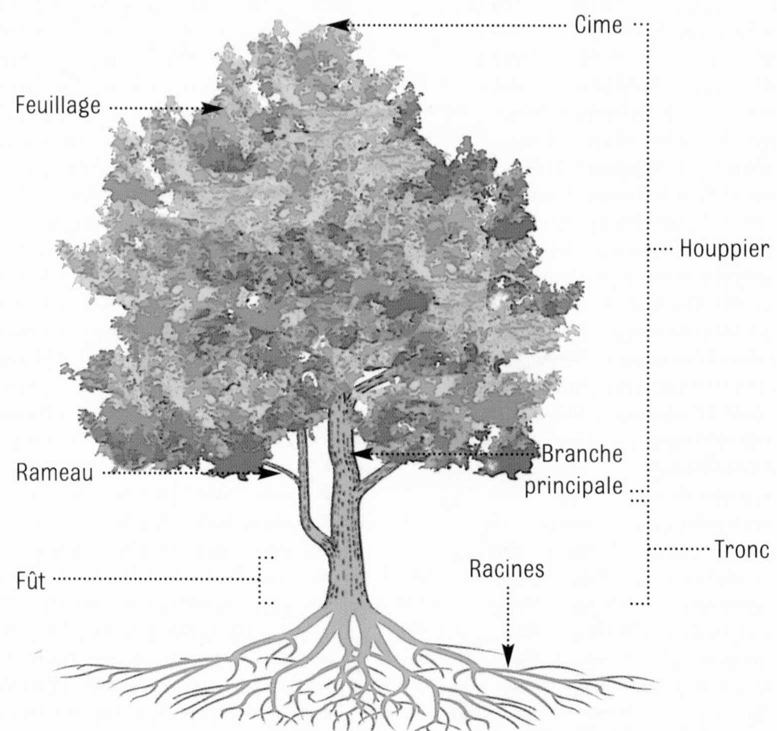

Le feuillage

Les feuilles sont les organes dans lesquels l'arbre fabrique sa nourriture. Leur forme, leur disposition sur les rameaux et leur longévité varient selon les espèces.

Les arbres **décidus** perdent leurs feuilles chaque automne. C'est le cas de la plupart des feuillus. On dit alors que les feuilles sont **caduques**. D'autres arbres, comme les conifères, conservent une partie ou la totalité de leur feuillage toute l'année. Le renouvellement des feuilles se fait de façon progressive. Tous les conifères du Québec ont des aiguilles **persistantes** sauf le mélèze laricin, dont les feuilles sont caduques.

Les bourgeons

Comme il s'agit des futures feuilles et fleurs de l'arbre, chaque espèce a une forme de bourgeons bien à elle. Les bourgeons sont formés vers la fin de l'été, durant la période qu'on appelle l'*aoûtement*. Presque tous sont munis d'écailles à l'extérieur pour protéger les nouvelles feuilles contre le froid et la sécheresse de l'hiver.

Bourgeon fermé, en hiver

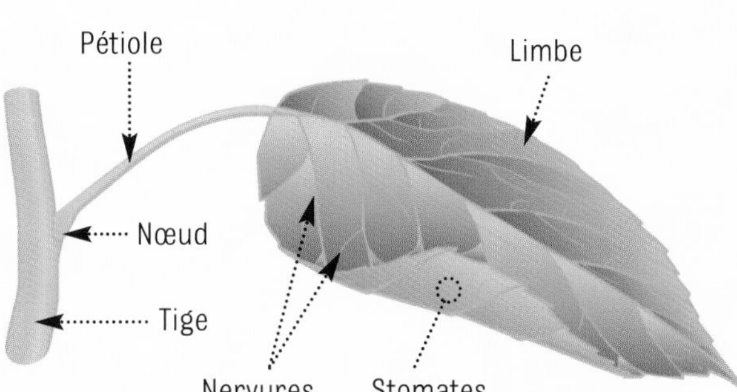

Limbe Partie la plus large et plate de la feuille.

Pétiole Portion étroite de la feuille qui relie le limbe à la tige.

Nervures Tubes dans lesquels circule la sève.

Stomates Petites fentes microscopiques qui s'ouvrent et se ferment pour permettre les échanges entre l'arbre et l'air ambiant.

Coupe transversale du tronc

En examinant une coupe transversale du tronc d'un arbre, on constate qu'il est composé de différentes parties.

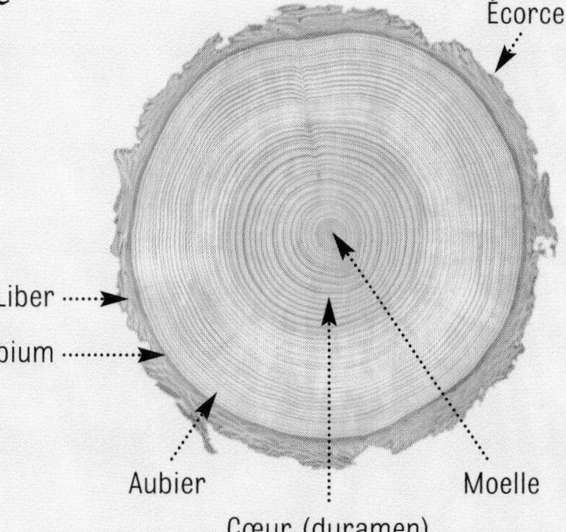

Écorce Tissu de cellules mortes qui protège le tronc contre les agents extérieurs (intempéries, parasites, maladies, feu et blessures).

Liber C'est par là que circule la sève, des feuilles vers les racines.

Cambium Zone génératrice formée de cellules actives. C'est là que le bois se régénère.

Aubier Partie composée de cellules très longues servant au transport de la sève, des racines vers les feuilles.

Cœur ou duramen Bois dur et inactif qui supporte l'arbre. Il est formé d'une série de couches annuelles concentriques (*anneaux de croissance* ou *cernes*) qui représentent chacune la croissance d'une année. Les cernes indiquent l'âge de l'arbre et en disent long sur le temps qu'il a fait, car la croissance est particulièrement sensible aux fluctuations d'humidité, de température et d'ensoleillement. Les cernes fabriqués pendant les saisons pluvieuses sont beaucoup plus larges que les autres.

Moelle Tissu léger et peu résistant qui se loge au centre du tronc. Sa forme est caractéristique de l'espèce (ex.: en quadrilatère chez le frêne, en triangle chez l'aulne, en étoile chez le chêne, en pentagone chez le peuplier).

Identification des principaux feuillus du Québec

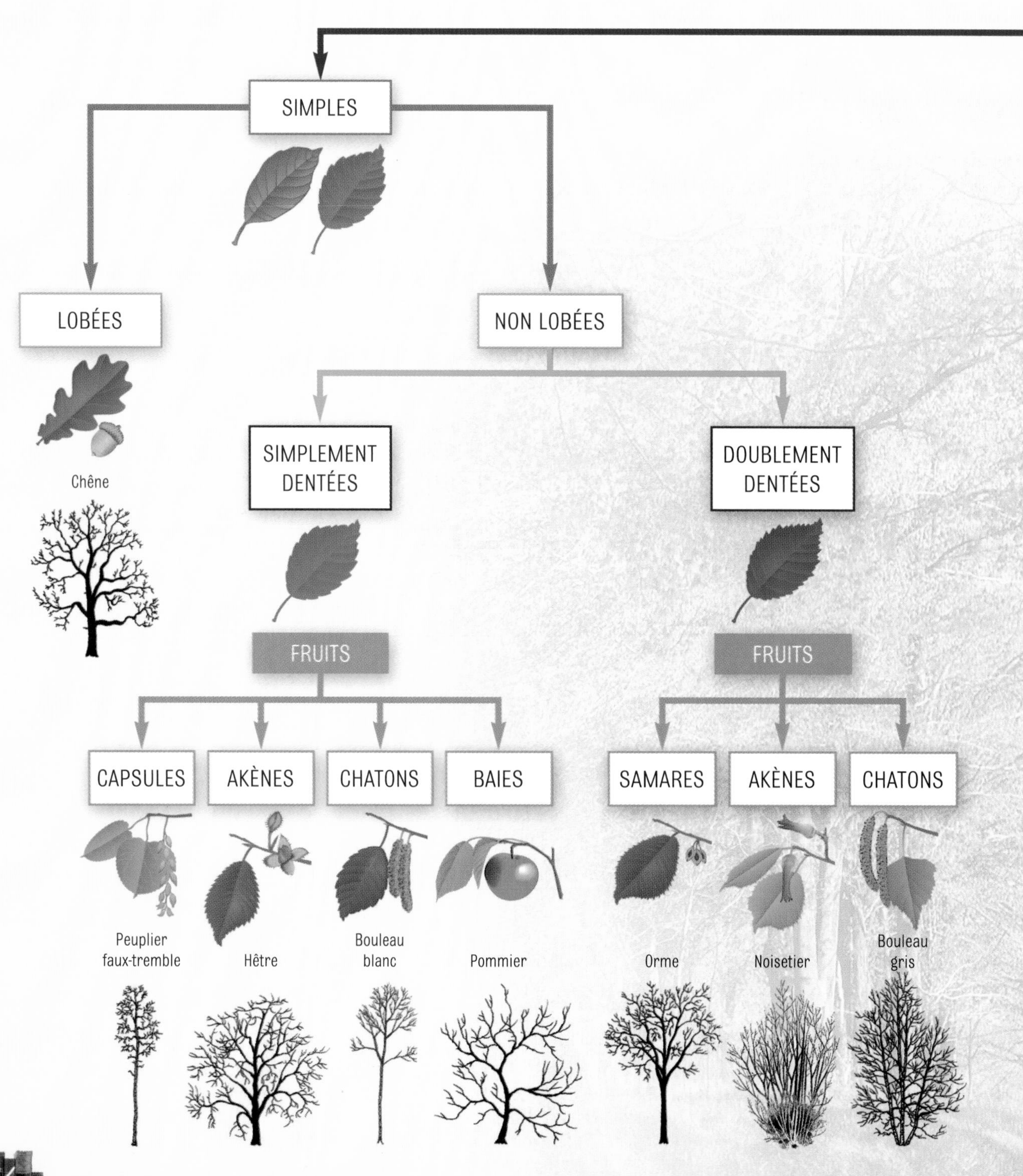

FEUILLES ALTERNES
FEUILLES OPPOSÉES
COMPOSÉES
SIMPLES
COMPOSÉES
Érable
FRUITS
FRUITS
NOIX
BAIES
CAPSULES
SAMARES
Noyer
Sorbier
Marronnier
Frêne

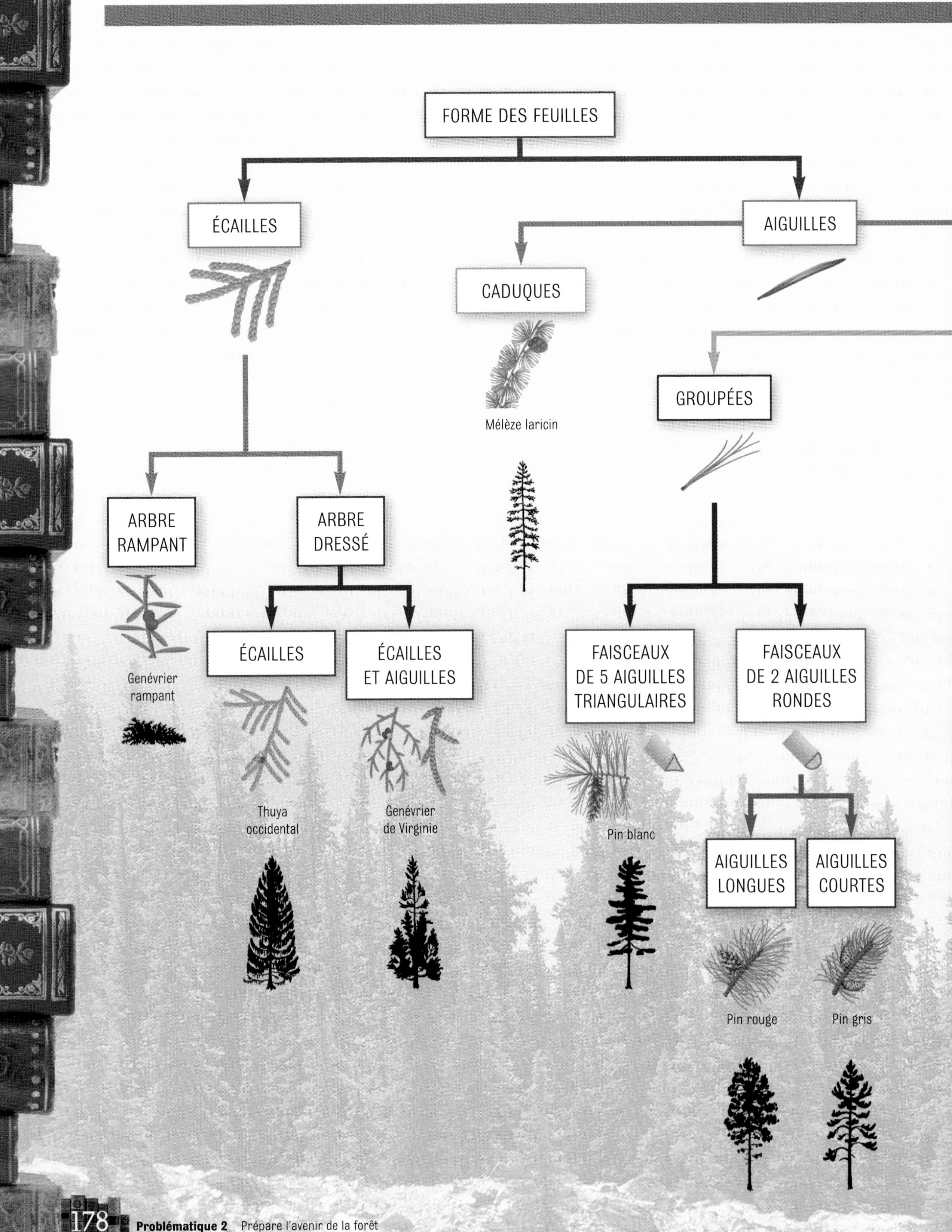
FORME DES FEUILLES
ÉCAILLES
AIGUILLES
CADUQUES
Mélèze laricin
GROUPÉES
ARBRE
RAMPANT
ARBRE
DRESSÉ
Genévrier
rampant
ÉCAILLES
ÉCAILLES
ET AIGUILLES
Thuya
occidental
Genévrier
de Virginie
FAISCEAUX
DE 5 AIGUILLES
TRIANGULAIRES
FAISCEAUX
DE 2 AIGUILLES
RONDES
Pin blanc
AIGUILLES
LONGUES
AIGUILLES
COURTES
Pin rouge
Pin gris

Identification des principaux conifères du Québec

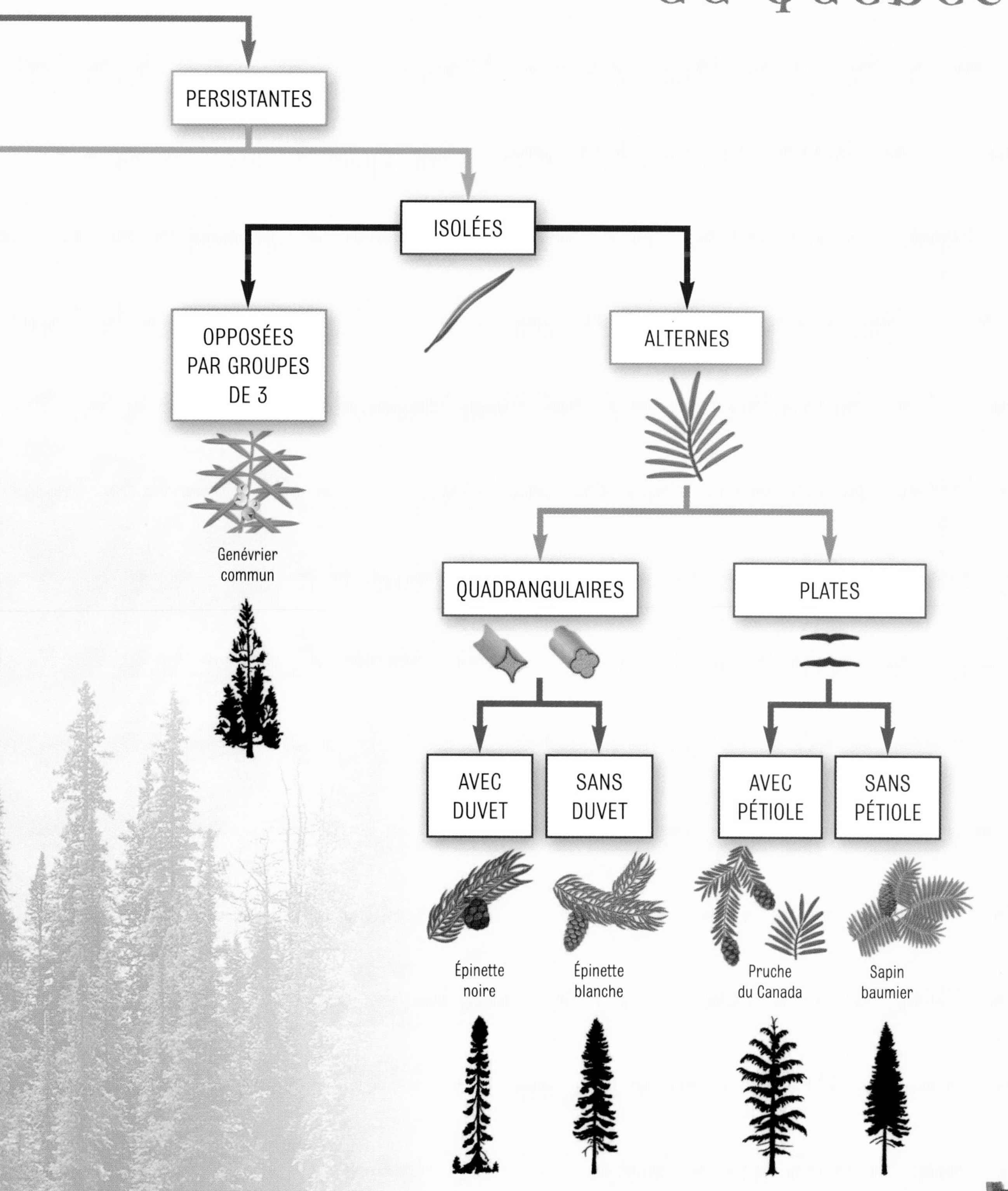

La reproduction sexuée des plantes

CYCLE DE VIE D'UN FEUILLU

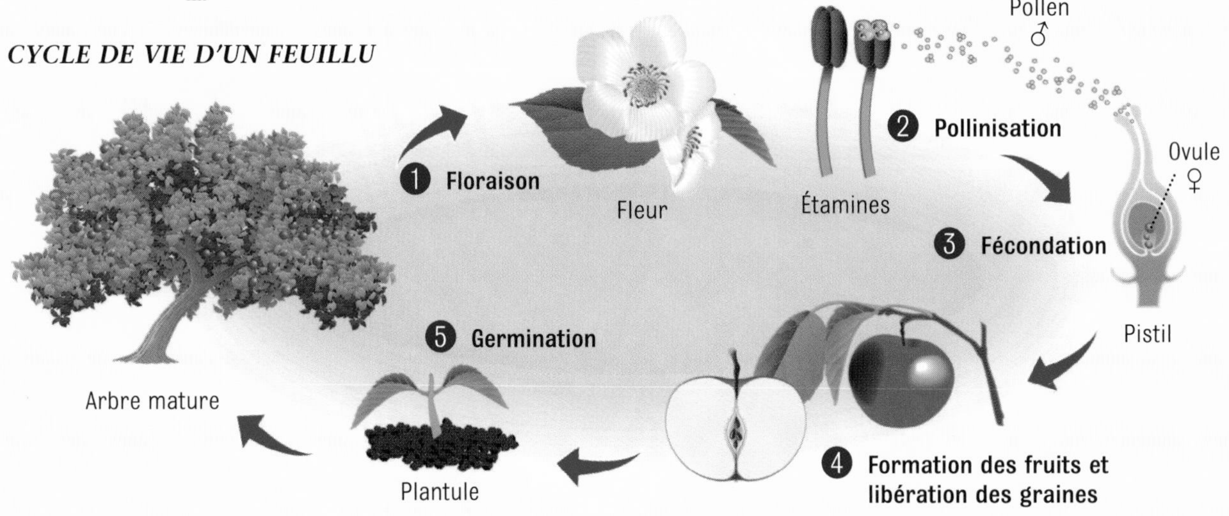

Le cycle vital de l'arbre comprend deux phases distinctes. La première, dite **végétative**, est celle pendant laquelle les racines, le tronc et les feuilles poussent et se développent. Elle peut durer plusieurs années. Une fois à maturité, la plante entre dans sa seconde phase, celle de reproduction sexuée. Chez les arbres, cette reproduction s'effectue au moyen des **graines**. Tous les arbres produisent donc des graines.

Tous les feuillus produisent des **fleurs**, mais elles ne sont pas toujours faciles à reconnaître. Ces fleurs produisent à leur tour des fruits.

Chez les feuillus, les graines sont enfermées dans un **fruit**, comme les pépins dans la pomme. Ces plantes à graines enfermées portent le nom d'*angiospermes*.

Chez les conifères, les graines ne sont pas enfermées dans un fruit. Elles sont plutôt abritées sous les écailles des **cônes**. Ces plantes à graines « nues » portent le nom de *gymnospermes*. On appelle ce type d'arbre un *conifère* parce que les conifères ont des cônes.

CYCLE DE VIE D'UN CONIFÈRE

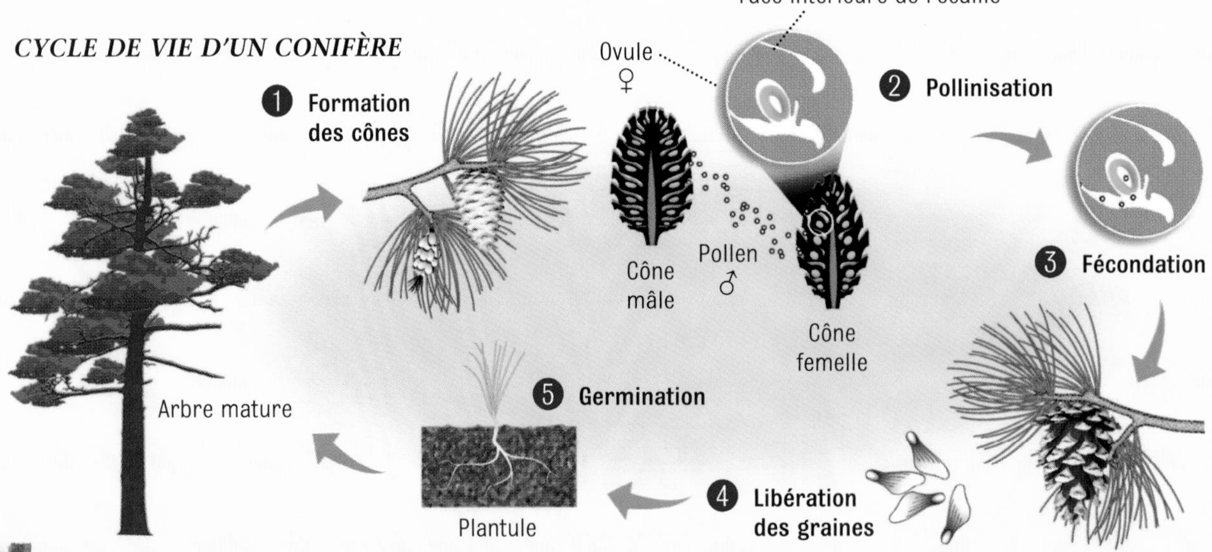

Les fleurs

La fleur est l'organe de reproduction sexuée des végétaux.

Les fleurs des arbres apparaissent généralement au printemps, souvent à partir des mêmes bourgeons que les feuilles. Les fleurs mâles ont des **étamines** qui produisent du pollen (gamètes mâles). Les fleurs femelles ont un **pistil** (formé de *carpelles*) qui contient des ovules. Les fleurs qui contiennent à la fois des organes mâles et femelles sont dites *parfaites*.

La floraison des arbres dure quelques jours seulement, juste assez pour permettre la **pollinisation** des fleurs. Les fleurs les plus colorées sont pollinisées par les insectes ou les oiseaux. Les autres, plus discrètes, comptent sur le vent pour être fécondées.

Pollinisation
Transport du pollen, des étamines au pistil.

Fécondation
Union du pollen (gamètes mâles) et de l'ovule (gamète femelle) pour former un œuf à partir duquel se développera l'embryon de la plante.

Composantes d'une fleur parfaite

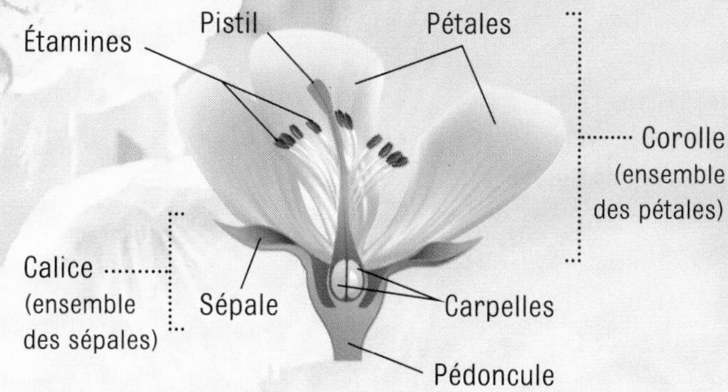

Les *sépales* et les *pétales* forment la partie externe et stérile de la fleur. Ils ont comme fonction de protéger la fleur.

Organes sexuels d'une fleur

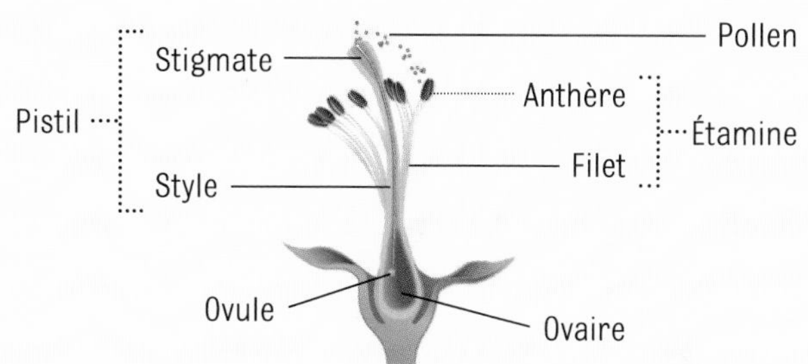

Schématisation d'une fleur

La dissection d'une fleur permet aux botanistes d'en faire un schéma pour classer la plante. Ce type de schéma porte le nom de *diagramme floral*. Il représente l'organisation des pièces florales de la fleur en coupe transversale.

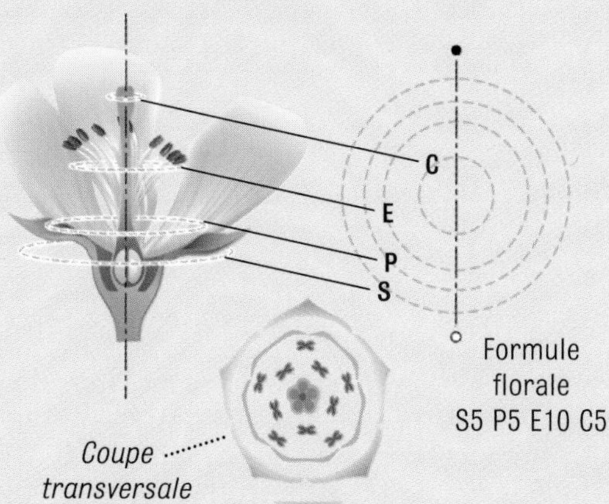

Diagramme floral

Comme tout autre dessin technique ou scientifique, ce diagramme est tracé selon une convention.

Une ligne d'axe vertical représente le centre de la fleur. Chaque type de pièces florales est disposé sur un cercle (lignes de contour caché) appelé *verticille*. On trace ces verticilles de l'extérieur vers l'intérieur.

S Verticille des sépales (calice)
P Verticille des pétales (corolle)
E Verticille des étamines (androcée)
C Verticille des carpelles (gynécée)

Selon leur nombre et leur disposition, les pétales et les étamines peuvent être présentés sur plusieurs cercles.

À partir du diagramme floral, on peut résumer par une *formule florale* les caractéristiques de la fleur.

Les fruits et les cônes

Chez les feuillus, l'ovaire de la fleur se transforme en fruit et l'**ovule** devient la graine. Le fruit libère ses graines quand il arrive à maturité.

Chez les conifères, les cônes restent fermés tant qu'ils ne sont pas fertilisés. Certains prennent jusqu'à trois ans pour libérer leurs graines.

Sensible à l'humidité, la pomme de pin ne libère les graines que par temps sec.

Les graines

C'est la graine qui contient l'information génétique de l'espèce. En germant, l'embryon qui s'y trouve utilise les réserves de la graine pour se transformer en plantule.

Cette reproduction naturelle à partir d'une graine s'appelle **reproduction par semis**. Elle s'étale parfois sur deux ans, car certaines graines doivent subir le froid avant de germer. On dit dans ce cas que les graines doivent être stratifiées. En attendant, la graine reste en *dormance* (repos végétatif).

On sème en automne les graines qui ont besoin de froid avant de germer. Les autres sont semées au printemps.

Étapes de la croissance d'une plante

1. La **germination** est la période qui s'écoule entre le moment où la graine tombe au sol et celui où elle lance un germe. L'activité vitale commence avec la pénétration de l'eau à l'intérieur de la graine.
2. La **levée de la plantule** se manifeste par le développement d'une petite racine (radicule) et d'une petite tige (tigelle) portant les premières feuilles. Cette étape se termine lorsque la plantule n'a plus besoin des réserves de la graine pour se nourrir.
3. La **croissance de la plantule** correspond à l'allongement de la tige et de la racine, et au développement d'un jeune plant.

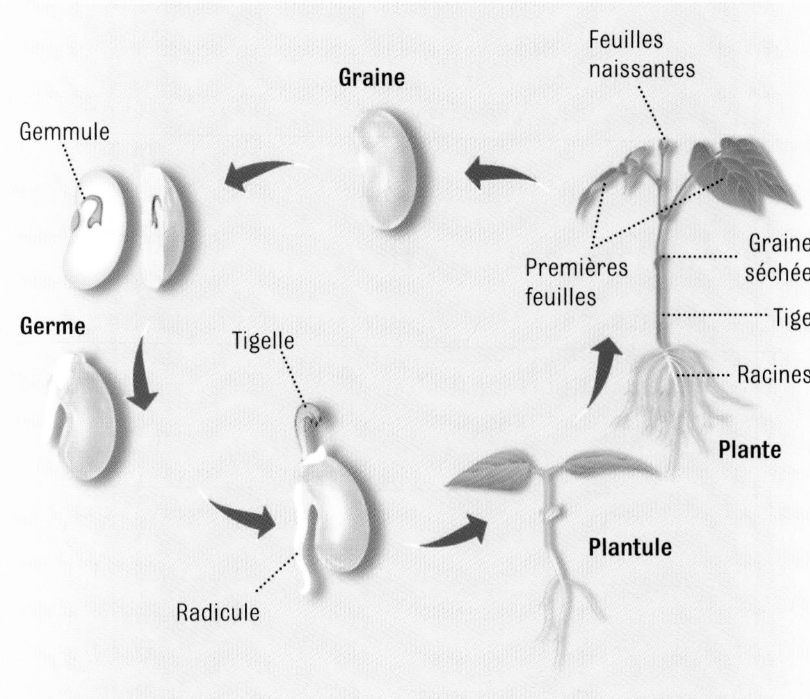

Au cours de leur croissance, tous les végétaux orientent leurs racines vers le bas, en fonction de la pesanteur. Ce phénomène, appelé *géotropisme*, leur permet de s'ancrer dans le sol et d'en extraire l'eau et les sels minéraux nécessaires à leur développement. Tous les végétaux orientent leur tige vers la lumière. Cette réaction porte le nom de *phototropisme*.

La reproduction asexuée des plantes

Certains arbres forment de nouvelles pousses à partir de leurs racines et tiges. Ce type de propagation asexuée, appelé **reproduction végétative**, donne des arbres génétiquement identiques à l'arbre mère. Cette multiplication végétale peut se faire de façon naturelle ou artificielle.

Il existe trois principaux types de reproduction asexuée : le marcottage, la reproduction par pousses aériennes et le bouturage.

Marcottage

Le marcottage est un phénomène naturel qu'on observe en forêt quand certaines **branches** d'arbres produisent des racines au contact du sol.

Les botanistes utilisent parfois cette technique pour favoriser les espèces qui ont une bonne valeur économique ou esthétique. Leur multiplication a pour effet d'étouffer les végétaux indésirables. Elle consiste à courber, puis à maintenir au ras du sol les branches basses de la plante jusqu'à ce qu'elles s'enracinent. Les arbres feuillus prennent en général de trois à six mois pour s'enraciner, alors que les conifères peuvent mettre de un à deux ans avant de produire des racines en quantité suffisante. C'est au printemps que les végétaux se prêtent le mieux à cette opération.

Reproduction par pousses aériennes

Dans certains cas, une **racine** horizontale de la plante mère donne naissance à des pousses aériennes appelées *drageons*. C'est le cas chez le sumac (vinaigrier), qui forme des touffes de jeunes plants sur les racines de la plante mère. En drageonnant, les peupliers et les lilas produisent aussi des bosquets.

Sumac

Marcottage d'un chlorophytum

Bouturage

La technique du bouturage consiste à prélever une partie de plante (tige ou feuille) pour lui faire prendre racine dans le sol. Contrairement aux autres modes de reproduction végétative, la propagation par boutures est artificielle. Les boutures de **tige**, par exemple, doivent comporter au moins quatre paires de **feuilles**, mesurer entre 100 mm et 500 mm de long, et avoir plusieurs nœuds ou bourgeons latéraux. C'est la partie inférieure de la tige qu'on enterre. Si la bouture réussit, des racines se forment à partir des **nœuds** et, après quelques semaines, les bourgeons latéraux près du sommet commencent à pousser.

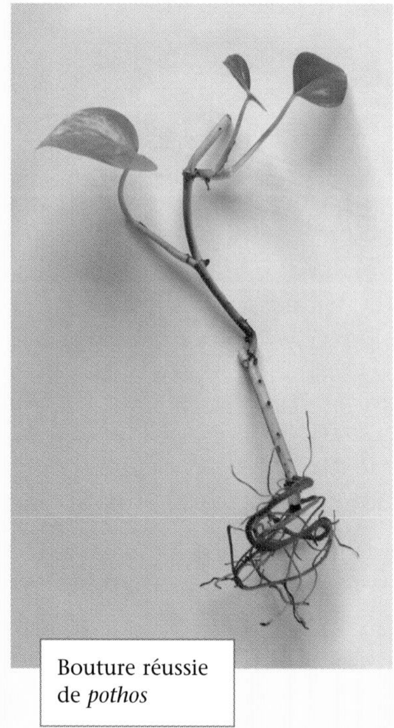

Bouture réussie de *pothos*

Le moment idéal pour prélever les boutures des feuillus est vers la mi-août, ou au printemps, juste avant l'éclatement des bourgeons. Pour les conifères, il faut procéder à l'automne (septembre ou octobre).

La méthode du bouturage est rapide et donne d'excellents résultats. Mais tous les arbres ne s'y prêtent pas. Grâce aux hormones de croissance qu'on trouve aujourd'hui sur le marché, beaucoup de plantes peuvent être bouturées. C'est le cas des érables et de certaines variétés d'épinette bleue, de genévrier et d'if.

Autres types de reproduction végétative

Certaines plantes se reproduisent naturellement en lançant de nouvelles tiges à partir de leurs parties souterraines.

La pomme de terre est une tige souterraine qu'on appelle *tubercule*.

La tige souterraine de l'iris porte le nom de *rhizome*.

L'oignon est en réalité une tige entourée de feuilles serrées qui servent de nourriture à la partie aérienne du plant.

un sol pour la plante

Le sol ne sert pas uniquement d'**ancrage** aux végétaux. C'est aussi, et surtout, une source de nutriments pour les plantes. Les plantes en tirent l'essentiel pour leur survie au moyen de leurs racines. Par conséquent, l'état des végétaux dépend de la **qualité du sol**.

TERRES AGRICOLES DE LA VALLÉE DU SAINT-LAURENT

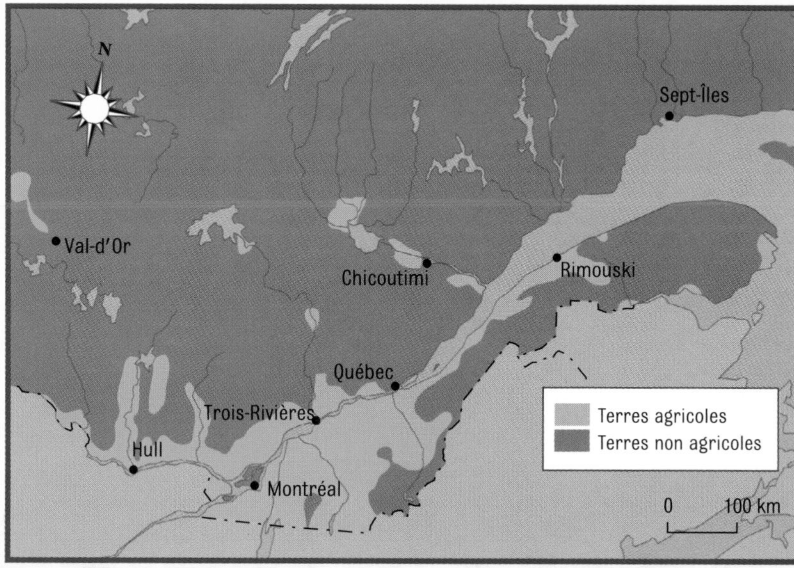

Les terres agricoles de la vallée du Saint-Laurent sont particulièrement riches. On dit dans ce cas qu'elles sont fertiles. Le sol y est :

- meuble, autrement dit facile à travailler en profondeur ;
- de couleur foncée, ce qui lui permet de se réchauffer rapidement au soleil ;
- riche en micro-organismes qui décomposent rapidement les matières organiques ;
- facilement drainé tout en demeurant humide ;
- riche en vers de terre ;
- bien aéré et d'une odeur agréable ;
- riche en sels minéraux.

Le sol, un mélange hétérogène

Une terre riche contient 50 % de **grumeaux** solides de grosseurs différentes et 50 % d'espaces appelés *pores*. Le sol n'est donc pas un milieu compact. Les **pores** sont occupés au tiers par de l'air et aux deux tiers par de l'eau. Les grumeaux sont formés de solides variés. Cela fait du sol un mélange hétérogène.

	Exemples de sols	
Les solides dans le sol	*Terre de jardin*	*Terreau (terre d'empotage)*
Fragments de roches (matières inorganiques)	Substances naturelles comme le sable, le limon et l'argile	Substances artificielles comme la perlite et la vermiculite
Humus (matières organiques)	Débris d'animaux et de végétaux en décomposition	Compost et mousse de tourbe
Vivants décomposeurs	Micro-organismes et invertébrés	Micro-organismes

Propriétés d'un sol

On évalue la qualité d'un sol en étudiant ses propriétés physiques, chimiques et biologiques. Si l'évaluation révèle que le sol est pauvre, on peut y ajouter de l'engrais.

Propriétés physiques	*Propriétés chimiques*	*Propriétés biologiques*
• Couleur • Taille et friabilité des grumeaux • Taille et répartition des pores • Humidité	• Acidité du sol • Quantité de sels minéraux • Qualité de l'eau environnante	• Quantité de matières organiques • Abondance de micro-organismes et d'invertébrés • Rendement du sol et vigueur des végétaux

Sols pauvres

Une plage de sable est particulièrement pauvre, donc infertile, car elle contient peu de **matières organiques**. Or, comme il y a peu de matières organiques, les décomposeurs libèrent peu de sels minéraux. Et sans sels minéraux, le développement des plantes est impossible.

Une plage

Pour sa part, la tourbière offre une très grande quantité de matières organiques et d'eau. Elle est pourtant impropre à la culture, car son eau bouge peu et manque donc d'**oxygène**. Sans oxygène (O_2), les racines de nombreux végétaux pourrissent, ce qui fait mourir les plantes. Le manque d'oxygène empêche aussi les décomposeurs d'y vivre. La matière organique de la tourbière ne peut donc pas être transformée en nutriments pour les végétaux.

Une tourbière

Rôles des vivants dans le sol

En moyenne, 100 g de sol fertile contient 1 g d'organismes vivants divers. Bien que la plupart soient microscopiques, ces vivants sont essentiels aux plantes. Certains **décomposent** la matière organique en sels minéraux utilisables par la plante. D'autres **transforment** l'azote (N_2) de l'air en sels minéraux que la plante peut absorber. Les vivants qui habitent le sol contribuent aussi à la **dégradation** de la roche et à la formation des grumeaux. Grâce à ce travail des vivants du sol, les sels minéraux deviennent disponibles pour les autres vivants.

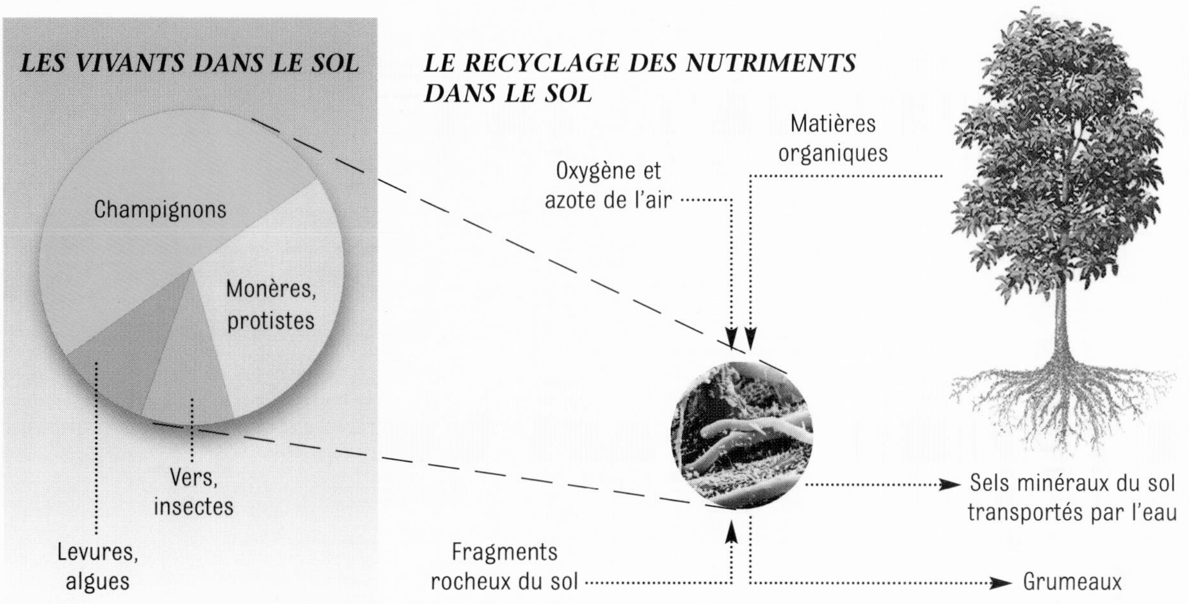

Le sol, une ressource renouvelable

Le sol est la partie superficielle de la croûte terrestre. Il repose sur la roche mère et est composé de trois couches, ou **horizons**. La roche mère n'est pas considérée comme faisant partie du sol, parce qu'elle n'est pas faite de grumeaux. Elle est plutôt constituée d'une couche solide de roche.

Le sol se transforme et se régénère constamment. C'est pourquoi on dit que le sol est une **ressource renouvelable**. Cette régénération du sol est due aux changements de température, à l'eau qui s'y infiltre et aux micro-organismes qui y vivent.

La formation d'un sol peut prendre beaucoup de temps. Elle peut s'échelonner sur un millier à un million d'années. La roche mère s'égrène pour former le sol. Les grumeaux du sol peuvent à leur tour être compactés pour devenir de la roche.

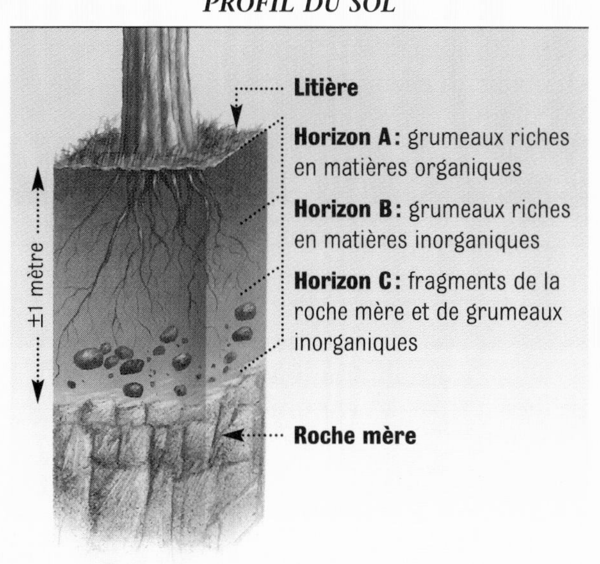

De l'eau pour la plante

Pour assurer leurs fonctions vitales, les plantes ont absolument besoin d'eau. Celle qui entre par les racines devient la **sève** de la plante. Cette sève circule des racines vers les feuilles, puis des feuilles vers les racines.

Il est facile de comprendre que la sève redescend vers les racines sous l'effet de la gravité (force qui attire les corps vers le bas). Le mouvement contraire est moins évident. Il s'explique en partie par la transpiration des feuilles. À mesure que la plante transpire, il se crée une succion qui permet d'aspirer l'eau du sol. C'est un peu comme si la plante buvait avec une paille.

La gravité entraîne l'eau vers le bas.

Une succion entraîne l'eau vers le haut.

La **transpiration** correspond à un changement d'état de l'eau : l'eau liquide de la sève se change en vapeur d'eau dans l'atmosphère. Les plantes éliminent ainsi presque toute l'eau absorbée par les racines. Ce rejet d'eau se fait par les stomates de la feuille. La feuille d'une plante ne sert donc pas uniquement à recevoir la lumière.

Comme dans le cas de l'évaporation d'une flaque d'eau, la transpiration est influencée par les conditions ambiantes. Un temps sec ou venteux accélère la transpiration alors qu'un temps frais ou humide la ralentit.

100×

En appliquant du vernis à ongles sur le dos d'une feuille, on obtient une empreinte qui révèle clairement les stomates.

Les plantes et le cycle de l'eau

Pour assurer ses fonctions vitales, le vivant a besoin d'eau dans sa forme liquide. Il est donc nécessaire que l'eau circule sur la Terre. Ce mouvement de l'eau dans l'environnement porte le nom de *cycle de l'eau*.

L'eau a trois états distincts : un état solide (glace), un état liquide (eau) et un état gazeux (vapeur d'eau). Le cycle de l'eau est possible grâce à ces **changements d'états**.

La transpiration des végétaux contribue grandement à la circulation de l'eau sur la Terre. Détruire la forêt, c'est donc modifier le cycle de l'eau.

Plus on coupe d'arbres, plus on affecte l'environnement.

- Les forêts rejettent moins d'eau dans l'atmosphère.
- Le déboisement augmente le ruissellement, ce qui provoque une forte érosion des sols.
- L'abattage des arbres en bordure des champs de culture expose le sol au vent, ce qui entraîne l'érosion des sols fertiles.
- L'élimination des arbres le long des cours d'eau provoque l'érosion des sols et la perte de terres fertiles.

Le cycle de l'eau

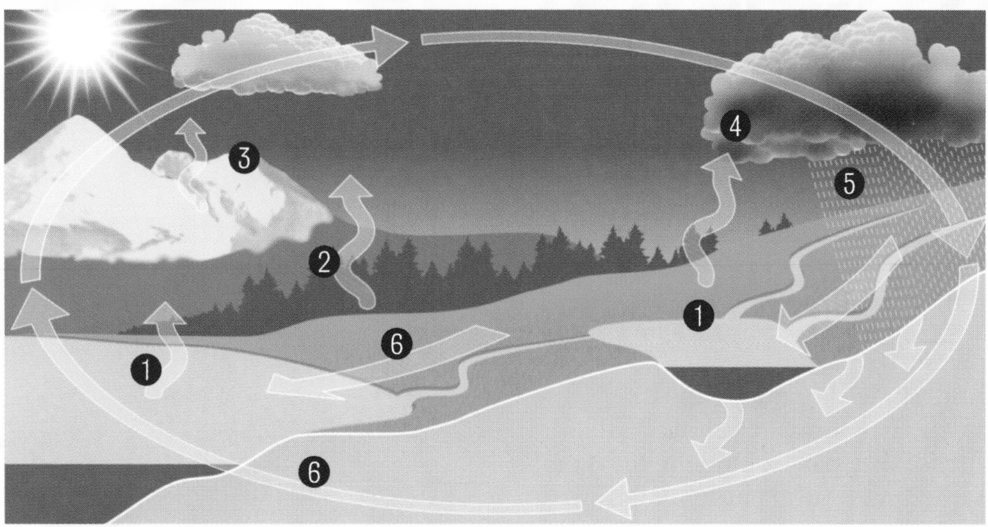

1 *Évaporation* de l'eau des plans d'eau	Liquide à gaz
2 *Transpiration* des plantes	Liquide à gaz
3 *Sublimation*	Solide à gaz
4 *Condensation*	Gaz à liquide ou gaz à solide
5 *Précipitation*	Chute de l'eau sous forme liquide ou solide
6 *Ruissellement*	Écoulement de l'eau dû à la gravité

Des intrants pour la plante

Quel que soit le milieu dans lequel on les fait pousser, les plantes ont toujours besoin d'un support, de sels minéraux, d'eau, d'air et de lumière. Le **support** n'a pas besoin d'être de la terre.

Milieu de culture hydroponique

À défaut de sol ou de terreau, la plante peut être cultivée dans un milieu de culture artificiel composé de billes d'argile, de vermiculite et de perlite. On parle alors de *culture hydroponique*, car c'est l'eau additionnée de sels minéraux qui apporte les éléments nutritifs à la plante.

Il est important de fournir un support à la plante pour qu'elle puisse s'enraciner et se dresser. Un support léger facilitera la production de racines et de radicelles. Plus il y aura de racines, mieux la plante pourra absorber l'eau et les sels minéraux.

Sels minéraux

Pour sa croissance, la plante a besoin d'une grande quantité de sels minéraux, notamment ceux à base d'azote (N), de phosphore (P) et de potassium (K). Plusieurs autres éléments chimiques lui sont indispensables, par exemple le fer (Fe). Les fertilisants qu'on offre sur le marché fournissent des éléments chimiques essentiels au développement de la plante.

Élément chimique		*Rôle dans le développement de la plante*
Symbole	*Nom*	
N	Azote	Développement du feuillage
P	Phosphore	Enracinement, résistance aux maladies
K	Potassium	Floraison, photosynthèse, résistance au froid

Air et eau

Il est important que le support de la plante soit assez grossier pour permettre une bonne circulation de l'eau et de l'air autour des racines. L'eau apporte les nutriments à la plante, et l'air fournit l'oxygène (O_2) nécessaire à la respiration cellulaire des racines.

Comme la teneur en dioxyde de carbone (CO_2) de l'atmosphère est relativement faible, plusieurs spécialistes en horticulture augmentent artificiellement le pourcentage de dioxyde de carbone dans les serres. Cela a pour effet d'accélérer la croissance des plantes.

Lumière

La lumière est essentielle à la survie de la plante. Sans elle, la plante ne pourrait pas fabriquer sa nourriture. Voilà pourquoi il faut absolument remplacer la lumière du Soleil par un éclairage artificiel quand la culture se fait à l'intérieur.

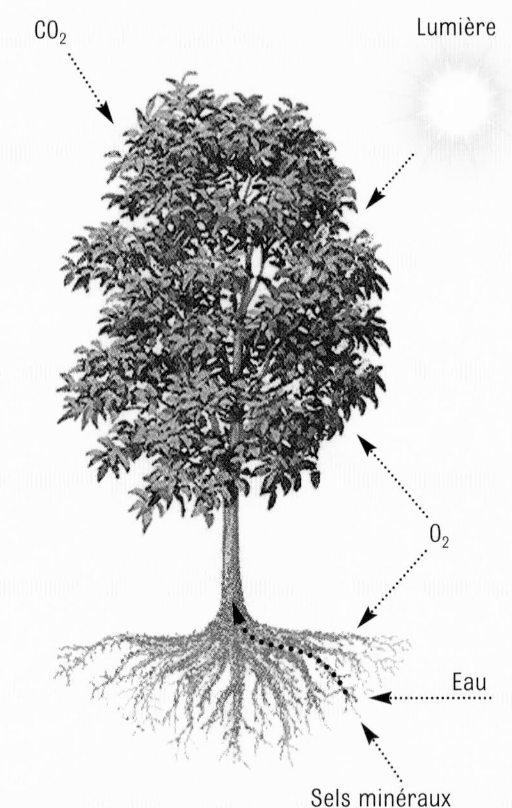

La photosynthèse et la respiration

La *photosynthèse* et la *respiration* sont deux fonctions complémentaires chez la plante. La photosynthèse lui sert à **fabriquer** le sucre dont elle a besoin, alors que la respiration **transforme** ce sucre en énergie.

Au départ, la sève qui monte aux feuilles contient seulement de l'eau et des sels minéraux. C'est la **sève brute**. Une fois arrivée dans la feuille, cette sève s'enrichit de sucre. Le sucre produit est ensuite distribué à toute la plante par la **sève élaborée**.

Sève élaborée
- Eau
- Sels minéraux
- Sucre

Sève brute
- Eau
- Sels minéraux

La photosynthèse

La photosynthèse est un processus complexe qui permet aux plantes de fabriquer leur nourriture. Cette capacité qu'ont les plantes à fabriquer leur nourriture les classe parmi les **autotrophes**. Le gros de la photosynthèse se produit dans les chloroplastes des feuilles, car c'est là que se trouve le pigment vert qui capte l'énergie de la lumière. Ce pigment se nomme **chlorophylle**.

Toutes les parties vertes de la plante contiennent en principe de la chlorophylle. Sous l'action de l'énergie rendue disponible par cette chlorophylle, l'eau de la sève brute se combine au dioxyde de carbone (CO_2) de l'air pour produire du sucre et de l'oxygène (O_2).

L'énergie lumineuse est absolument vitale pour la plante. Sans lumière, la production de sucre s'arrête. Sans sucre, pas de nourriture pour assurer les activités vitales de la plante. Et, sans les plantes, plus de nourriture ni d'oxygène pour les vivants.

On peut facilement mettre en évidence le résultat de la photosynthèse en exposant la plante à une solution iodée. En présence de cette solution, les parties qui contiennent de l'amidon se colorent en bleu.

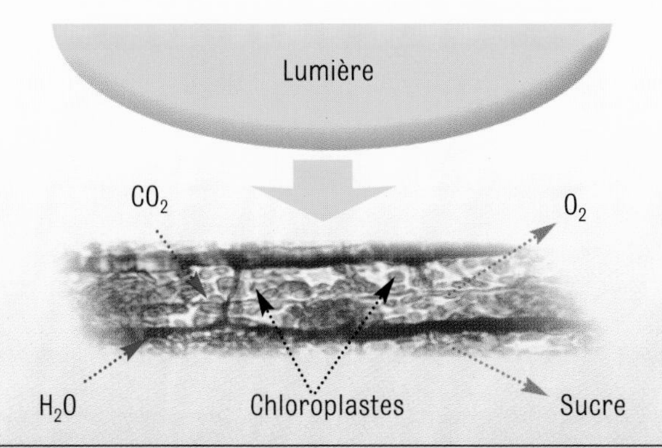

Photosynthèse
Intrants : Énergie lumineuse + sève brute + CO_2
Extrants : Sucre + O_2

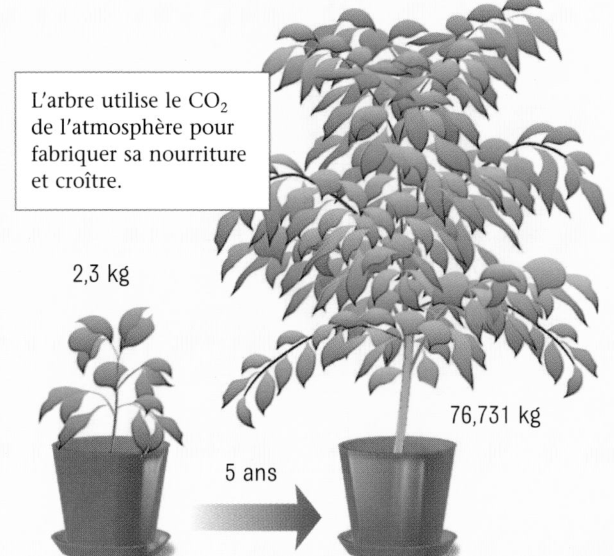

La respiration

Chez les végétaux comme chez les animaux, la respiration est étroitement liée à la nutrition. C'est ainsi parce que l'oxygène (O_2) absorbé au cours de la respiration sert à **décomposer** le sucre stocké dans l'organisme.

Toutes les cellules de la plante respirent : celles de la tige, des racines, des feuilles, des fleurs et même des fruits. En respirant, la cellule peut accéder à l'**énergie** du sucre pour accomplir ses activités : croissance, reproduction, réparation, etc.

On peut facilement mettre en évidence la respiration des plantes grâce à l'eau de chaux, car le dioxyde de carbone (CO_2) produit lors de la respiration fait blanchir l'eau de chaux.

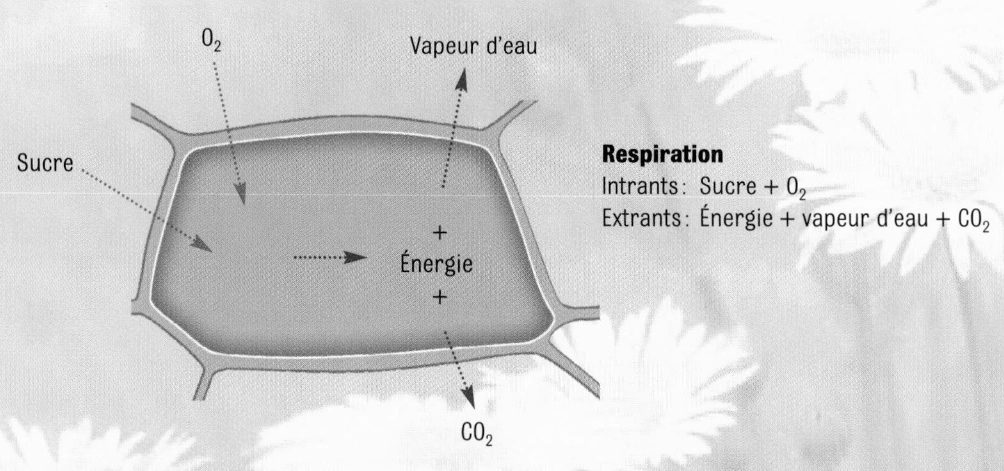

Un équilibre vital

La photosynthèse se produit seulement quand il y a de la lumière. Dans la nature, elle a donc lieu le **jour**. La respiration, elle, se poursuit **jour et nuit**. L'oxygène (O_2) produit par les plantes lors de la photosynthèse sert à la respiration de tous les vivants. En retour, le dioxyde de carbone (CO_2) rejeté par les vivants lors de la respiration sert à la photosynthèse.

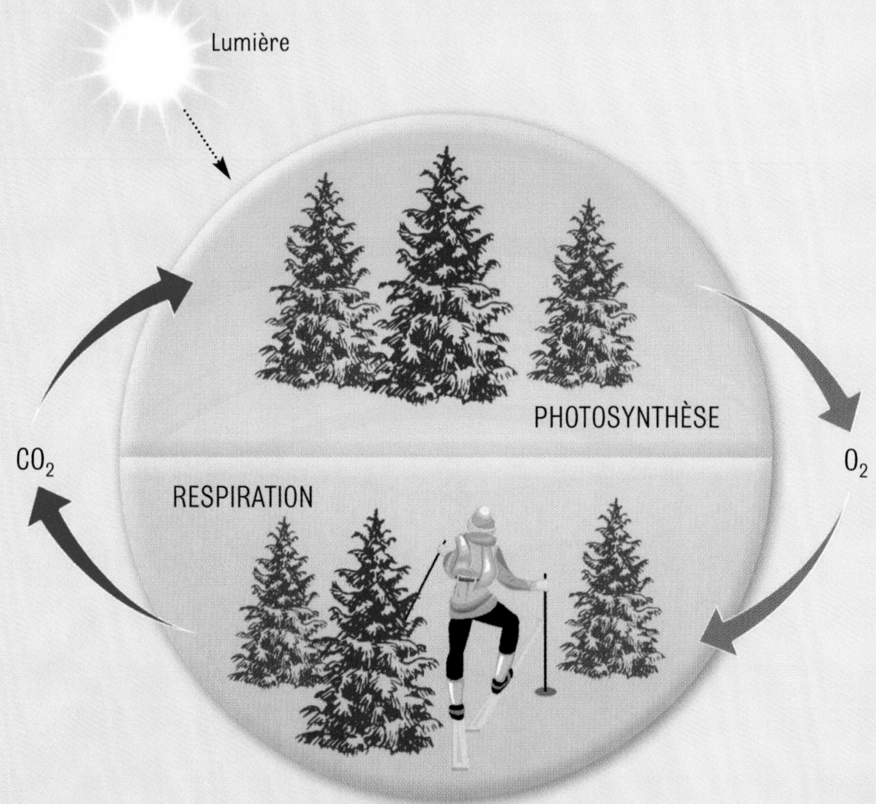

Le cycle des éléments de la nature

Au cours de leur vie, tous les vivants absorbent, transforment et rejettent de la matière. Or, la quantité de matière disponible sur la Terre **varie peu**. En constatant cela, le père de la chimie moderne, Antoine Laurent de Lavoisier (1743-1794), a établi que dans la nature « rien ne se perd, rien ne se crée, tout se transforme ». En énonçant cette loi, il nous a permis de faire un bond prodigieux dans la compréhension du cycle de la matière et de l'énergie (carbone, azote, oxygène, etc.).

Pour gérer la matière et l'énergie, et ainsi croître, se développer et se reproduire, les vivants ont absolument besoin du non-vivant. Ces liens qui existent entre les vivants et le milieu assurent la survie du système terrestre.

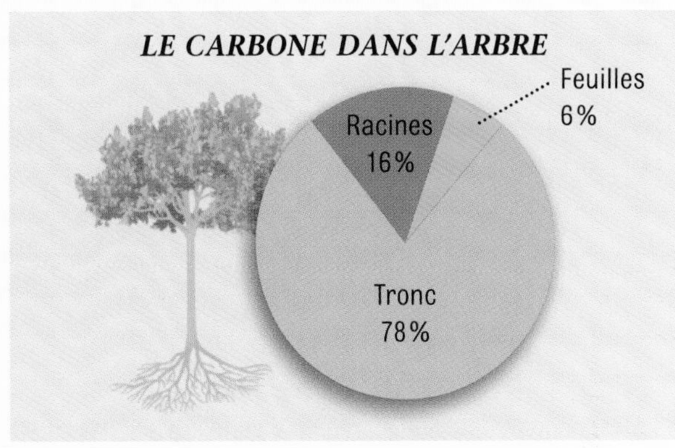

Le cycle du carbone

Le carbone (C) est l'élément de base du vivant. Pourtant, peu de vivants sont capables d'utiliser directement le carbone de l'atmosphère. Seuls les **autotrophes** (végétaux, principalement) peuvent transformer le dioxyde de carbone (CO_2) présent dans l'air en matière organique (sucres et autres matières organiques). Les autres vivants dépendent donc de ces producteurs pour acquérir leur carbone.

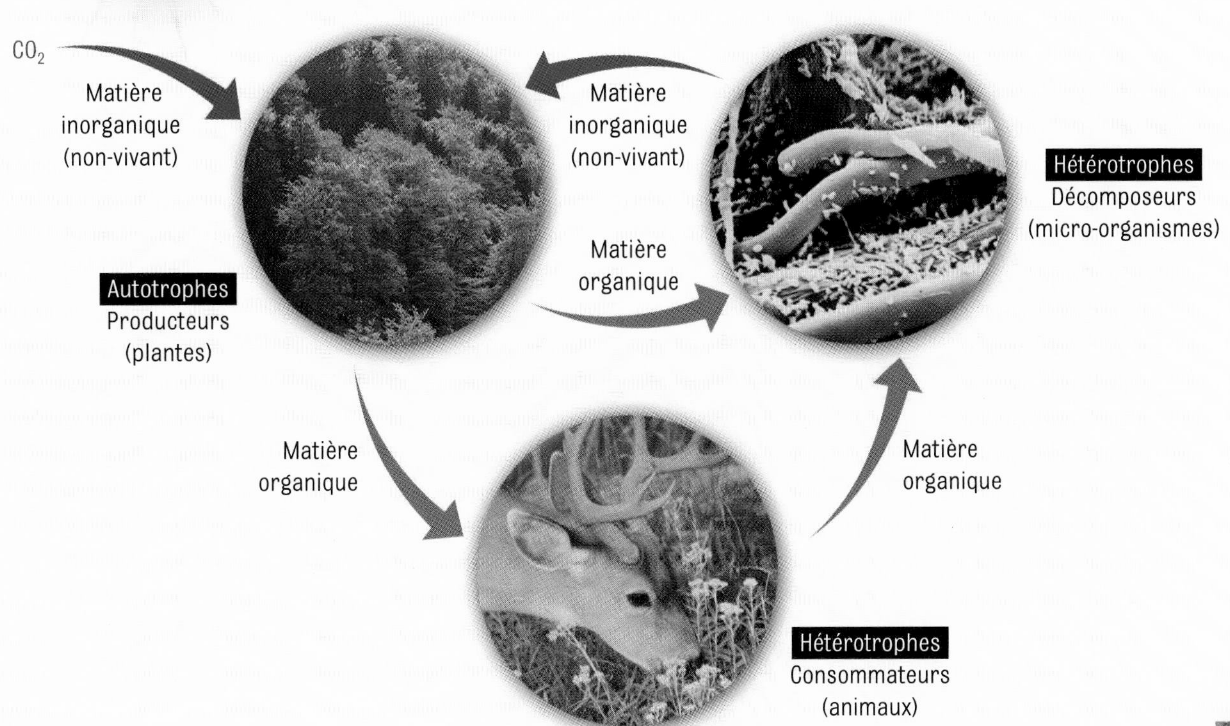

Le cycle de l'azote

Alors que les plantes tirent directement leur carbone de l'atmosphère, elles ne peuvent en faire autant avec l'azote (N). Il en va de même pour la plupart des autres vivants. La transformation de l'**azote de l'air** (N_2) en azote utilisable par les plantes se fait par l'intermédiaire des micro-organismes. Ainsi, les plantes puisent leur azote dans l'eau, sous la forme de **sels minéraux**.

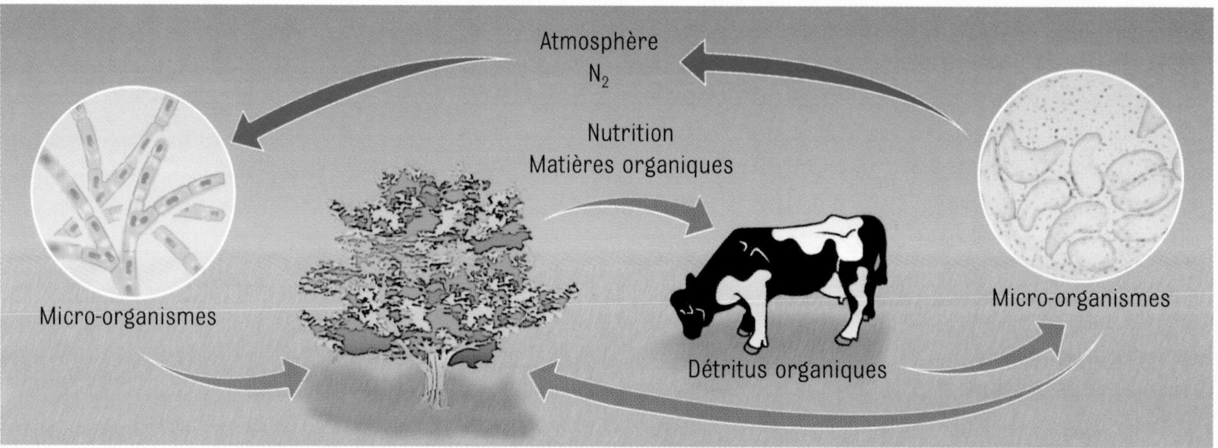

Le cycle de l'oxygène

Le vivant peut accéder à l'élément oxygène (O) grâce à la photosynthèse. À mesure que les plantes absorbent le dioxyde de carbone, elles libèrent de l'oxygène (O_2). Cet oxygène est ensuite respiré par les vivants qui produisent à leur tour du dioxyde de carbone. Et le cycle reprend.

Le cycle de l'énergie

Le vivant dépend de l'énergie qui lui vient du Soleil. Or, seuls les vivants capables de photosynthèse arrivent à capter cette énergie. Les plantes transforment ainsi l'énergie lumineuse en énergie vitale. C'est en mangeant des plantes que les autres vivants puisent cette énergie vitale.

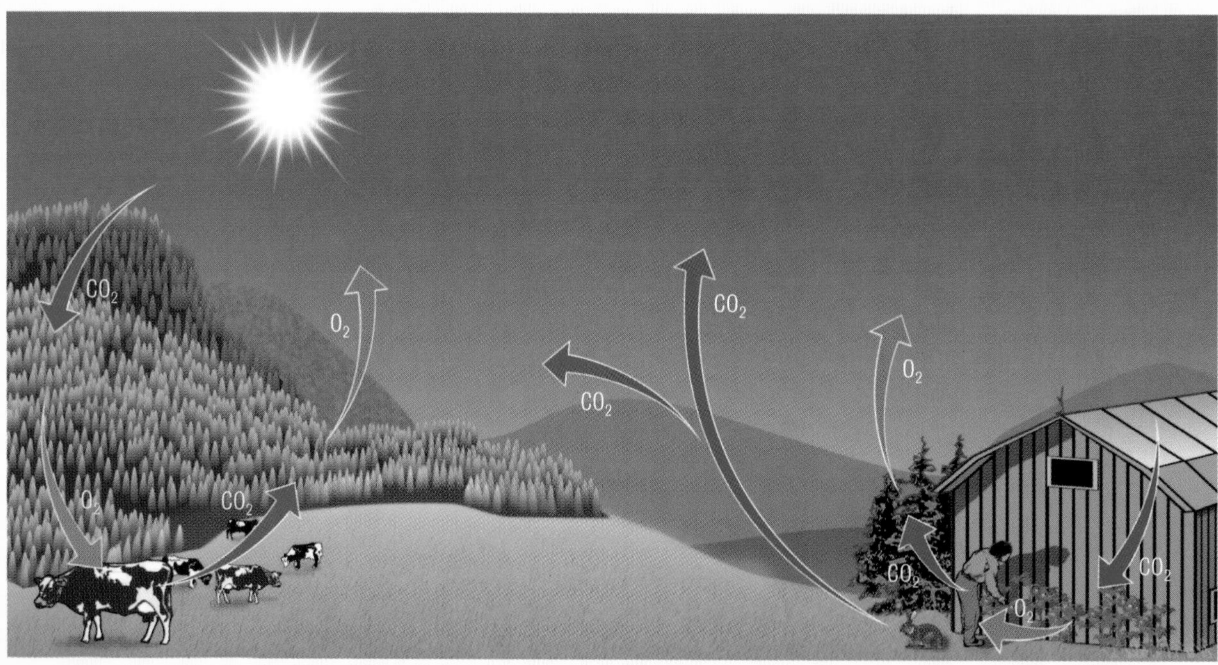

La composition de l'air

La couche d'air qui entoure la Terre porte le nom d'*atmosphère*. L'atmosphère n'est pas une substance ; c'est un **mélange** de différents gaz.

L'atmosphère de la Terre n'a pas toujours eu sa composition actuelle. Au moment de sa formation, il y a environ 4,5 milliards d'années, l'oxygène était absent. L'atmosphère comptait alors de grandes quantités d'azote et de dioxyde de carbone. Le dioxyde de carbone est toujours présent aujourd'hui, mais dans des proportions beaucoup plus faibles.

Le dioxyde de carbone qu'on trouve actuellement dans l'atmosphère fournit au monde vivant tout le carbone dont il a besoin.

L'oxygène est apparu graduellement grâce à la vie. Pendant un milliard d'années, des micro-organismes ont transformé d'énormes quantités de dioxyde de carbone en oxygène grâce à la photosynthèse. Depuis, l'atmosphère a une composition voisine de celle que nous connaissons aujourd'hui : azote et oxygène.

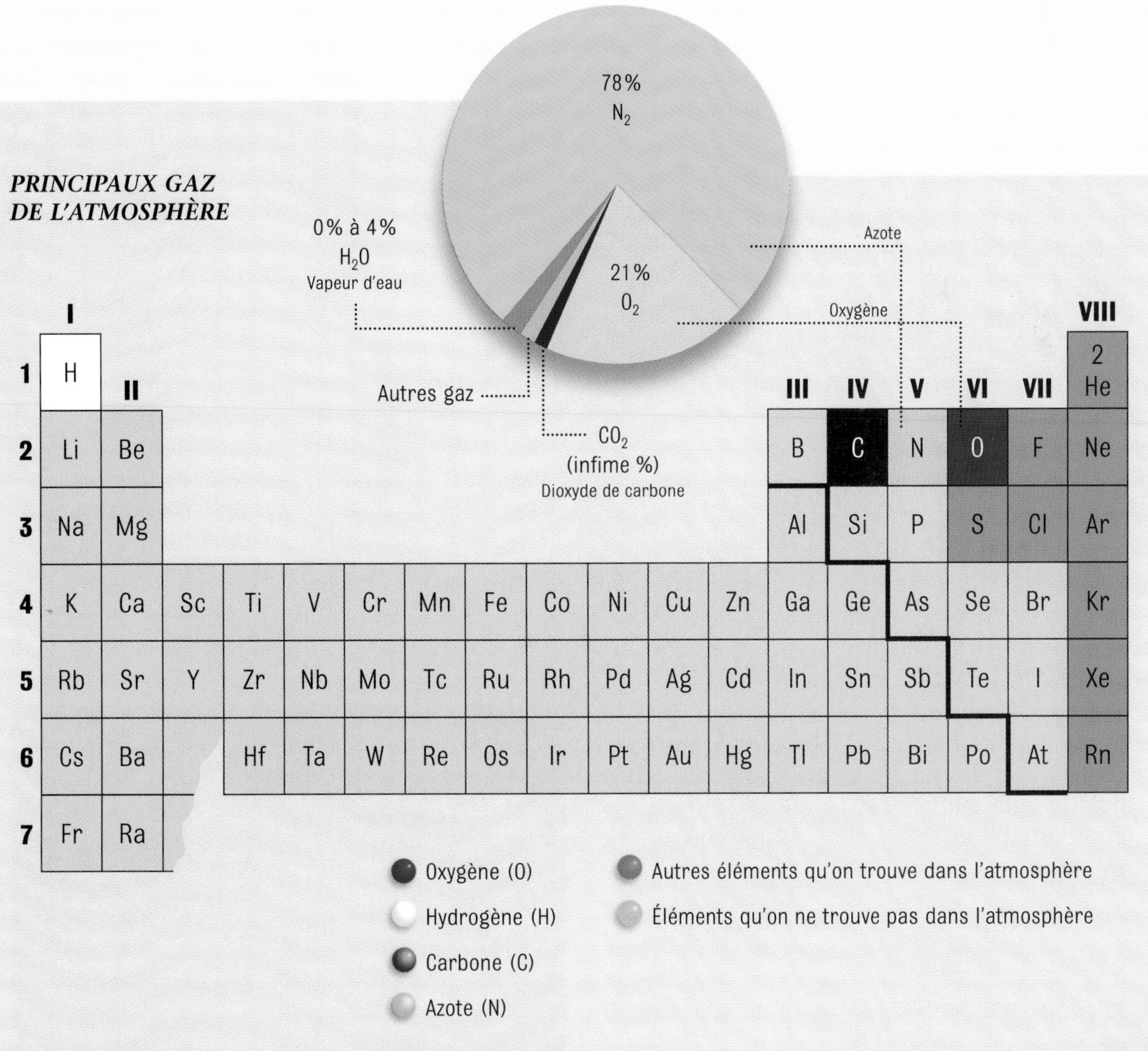

Les repères géographiques

Pour s'orienter sur le globe, les humains ont établi plusieurs points de repère.

Comme le NORD et le SUD géographiques sont les deux seuls points de la Terre qui tournent sur eux-mêmes, on leur a donné le nom de **pôles**. La droite imaginaire qui passe par ces pôles correspond à l'**axe de rotation** de la Terre. Le gyroscope représente bien cette situation.

D'autres lignes imaginaires ont ensuite été établies pour permettre de localiser des points précis sur le globe.

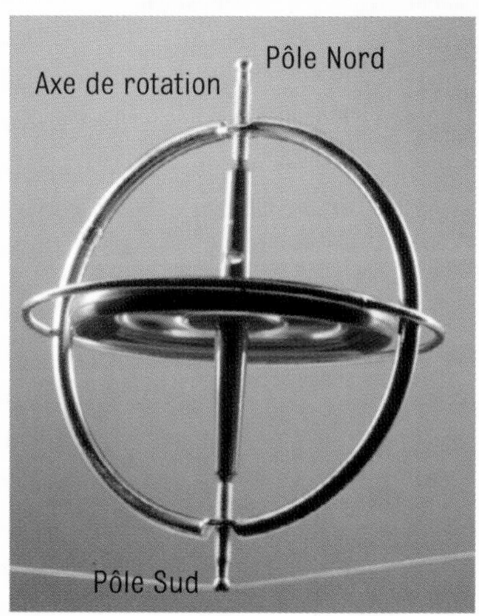

Parallèles et latitude

Les **parallèles** sont des cercles séparant la Terre à l'horizontale. Le plus grand de ces cercles, l'**équateur**, découpe la Terre en deux demi-sphères. Celle qui est au nord porte le nom d'**hémisphère** Nord; celle qui est au sud est l'hémisphère Sud.

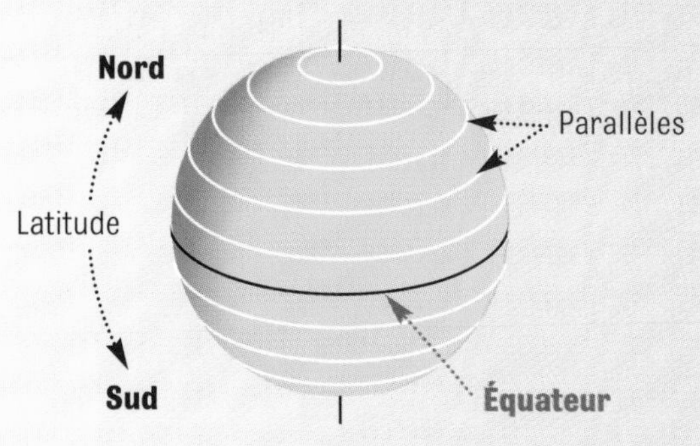

Pour indiquer la position d'une région par rapport à l'équateur, on donne une mesure d'angle. La **latitude** est la distance en degrés qui sépare un parallèle de l'équateur.

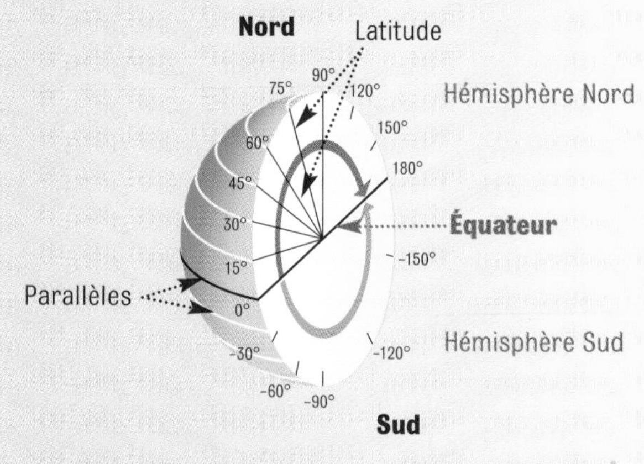

Sept-Îles est à 50,2 degrés au nord de l'équateur.

En plus de l'équateur, il y a quatre parallèles: le cercle polaire arctique, le tropique du Cancer, le tropique du Capricorne et le cercle polaire antarctique. Ces parallèles sont utilisés pour subdiviser la Terre en **cinq zones**:

1. Zone arctique
2. Zone tempérée de l'hémisphère Nord
3. Zone tropicale
4. Zone tempérée de l'hémisphère Sud
5. Zone antarctique

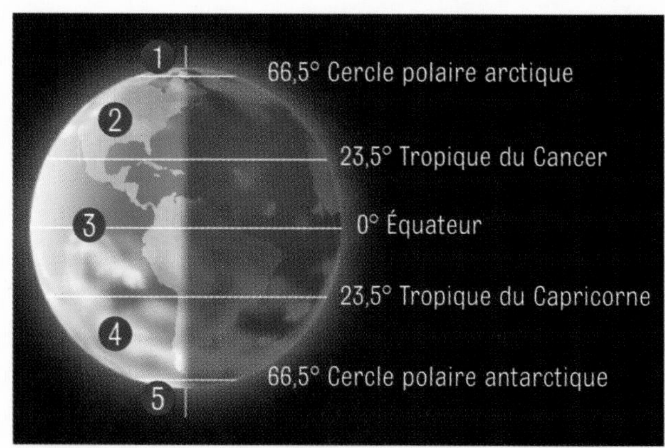

Méridiens et longitude

Les **méridiens** sont des demi-cercles reliant les pôles. Contrairement aux parallèles, ils ont tous la même longueur. On se réfère à celui qui passe par la ville de Greenwich, en Angleterre, pour délimiter l'hémisphère Ouest et l'hémisphère Est. Le Québec est dans l'hémisphère Ouest.

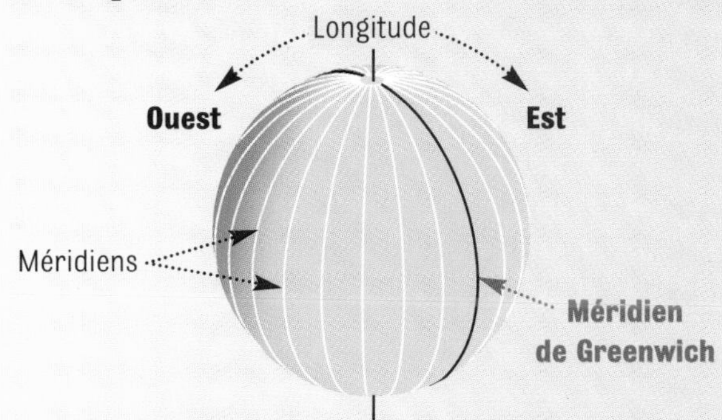

Pour indiquer la position d'une région par rapport au méridien de Greenwich, on donne une mesure d'angle. La **longitude** est la distance en degrés qui sépare un méridien de celui de Greenwich.

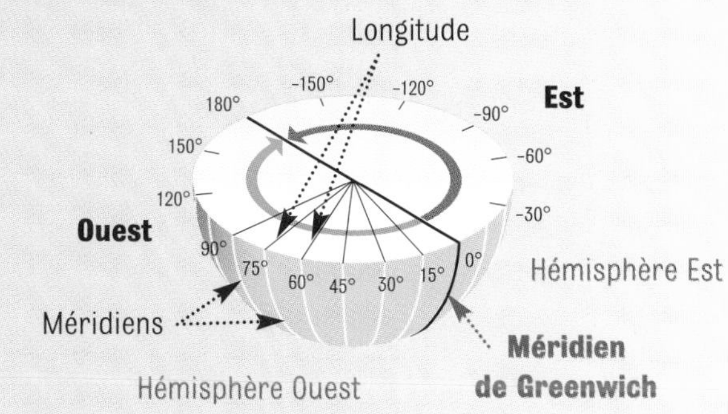

Sept-Îles est à 66,3 degrés à l'ouest de Greenwich.

Fuseaux horaires

Comme la Terre est ronde et qu'elle tourne, l'heure n'est pas la même d'un endroit à un autre. Pour s'y retrouver, on a divisé le globe en 24 fuseaux horaires, correspondant aux 24 heures de la journée. Toutes les régions d'un même fuseau horaire sont à la même heure.

Pour faciliter les échanges commerciaux, les limites des fuseaux horaires tiennent compte des divisions politiques et géographiques de la région qu'ils couvrent. Comme on peut le voir dans l'illustration ci-dessous, leur tracé varie donc d'un fuseau à l'autre.

Plusieurs pays avancent les horloges d'une heure le premier dimanche d'avril (heure avancée), et les reculent d'une heure le dernier dimanche d'octobre (heure normale).

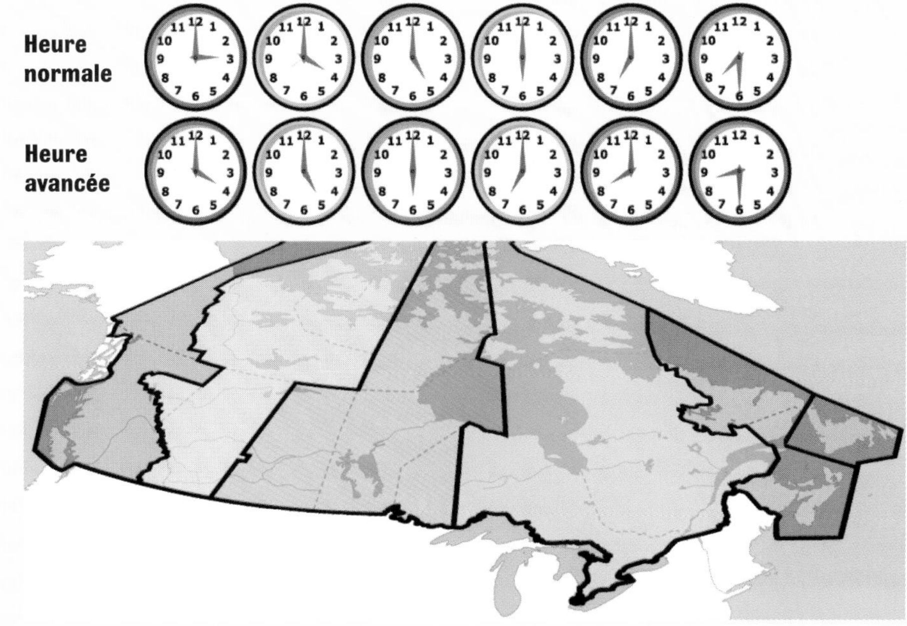

Le cycle du jour et de la nuit

Faute de boussole, la méthode la plus sûre pour repérer les points cardinaux consiste à observer le Soleil : il se lève toujours à l'est (lève ➤ est) et se couche toujours à l'ouest (couche ➤ ouest).

Ici, au Québec, il faut se tourner vers le sud pour voir le Soleil à son zénith, soit au point le plus haut de sa trajectoire.

Le déplacement du Soleil dans le ciel est toutefois une **illusion**. En réalité, il ne bouge pas. C'est la Terre qui tourne sur elle-même. Nous percevons ce mouvement apparent parce que nous tournons avec la Terre.

Cette **rotation** de la Terre sur elle-même dure presque 24 heures (23 h 56 min 4 s) et détermine le cycle du jour et de la nuit.

La Terre étant ronde, le Soleil n'en éclaire qu'une moitié à la fois. La **face éclairée** par le Soleil correspond au jour. La moitié de la Terre dans l'ombre équivaut à la nuit. L'*aurore*, le moment du lever de soleil, et le *crépuscule*, le moment du coucher, sont aux limites des régions éclairées et ombragées du globe.

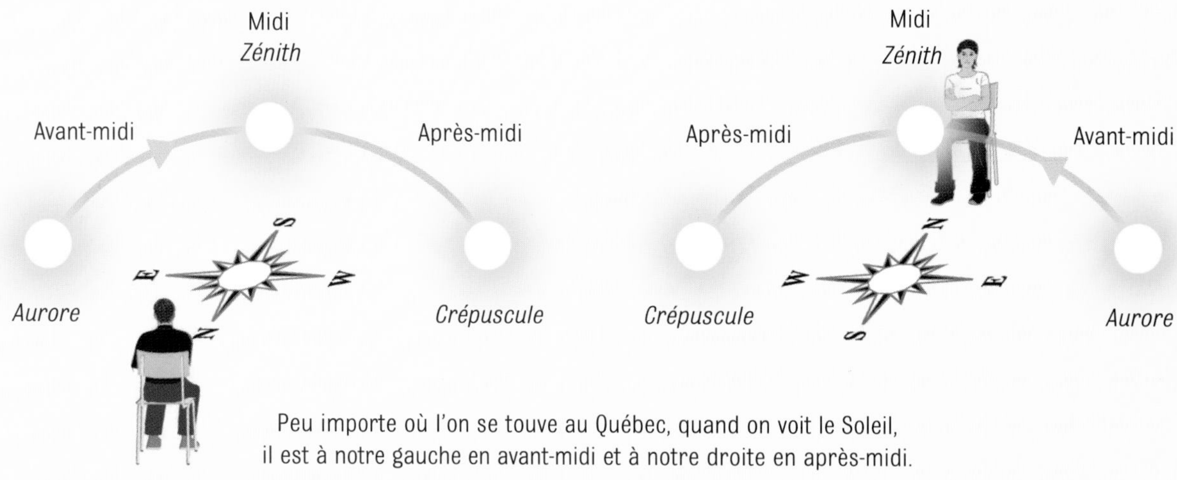

Peu importe où l'on se touve au Québec, quand on voit le Soleil, il est à notre gauche en avant-midi et à notre droite en après-midi.

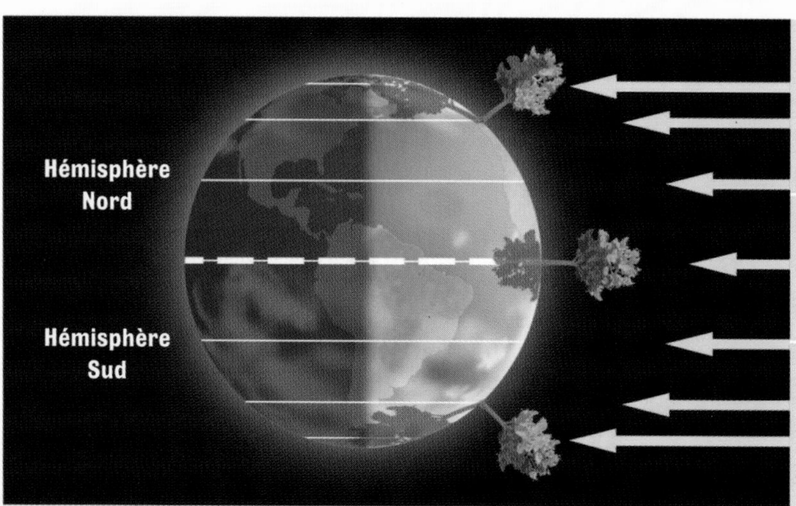

- Dans l'hémisphère Nord, les rayons du Soleil viennent généralement du sud.
- À l'équateur, les rayons du Soleil frappent assez directement au sol.
- Dans l'hémisphère Sud, les rayons du Soleil viennent généralement du nord.

L'image satellite A correspond à l'avant-midi au Québec. Toute personne qui regarde vers le sud à ce moment-là verra le Soleil à sa gauche, soit vers l'est. Il est alors une heure plus tard dans le fuseau horaire à l'est du Québec.

Mais la Terre tourne constamment d'ouest en est (image B).

Ainsi, en après-midi (image C), cette même personne verra le Soleil à sa droite, soit vers l'ouest. Il fait déjà nuit dans les fuseaux horaires à l'est du Québec.

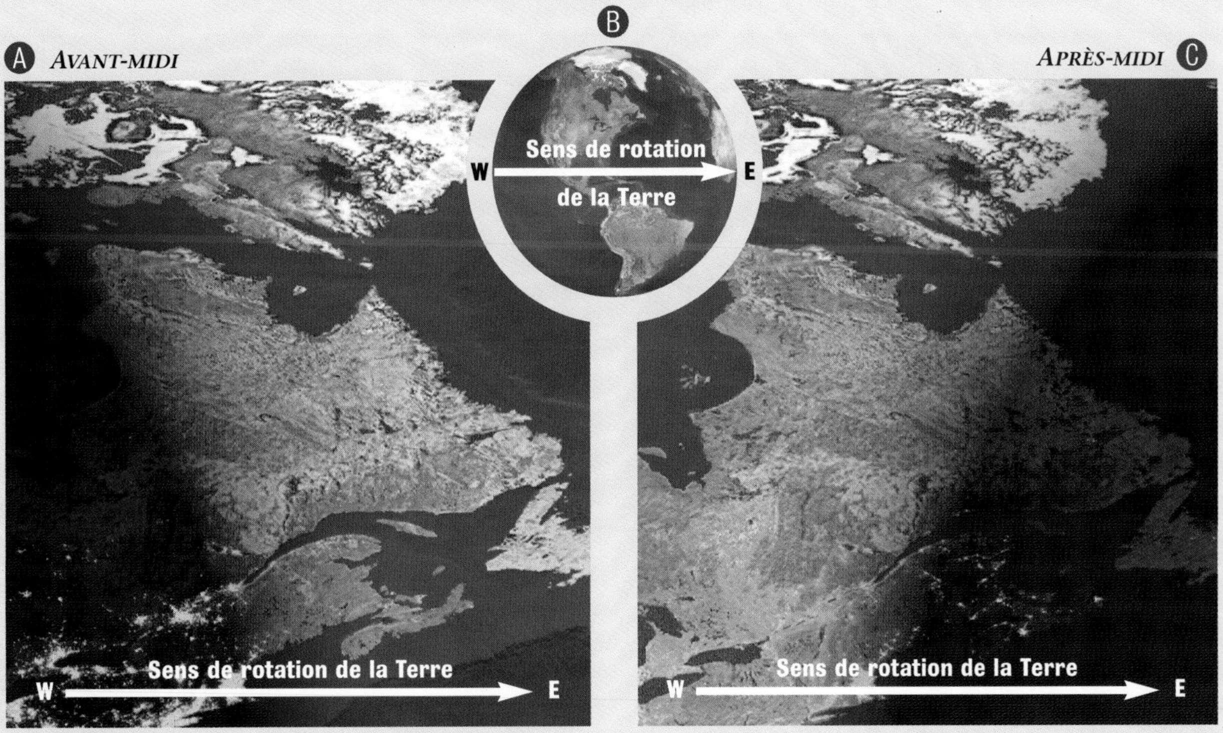

Longueur des jours

Bien que la Terre a toujours une moitié de sa surface qui est éclairée, le jour et la nuit ne durent pas partout une moitié de journée (12 heures). Cela s'explique par l'**inclinaison de l'axe** de rotation de la Terre par rapport à la ligne du jour et de la nuit. La Terre tourne à 23,4° par rapport à cette ligne.

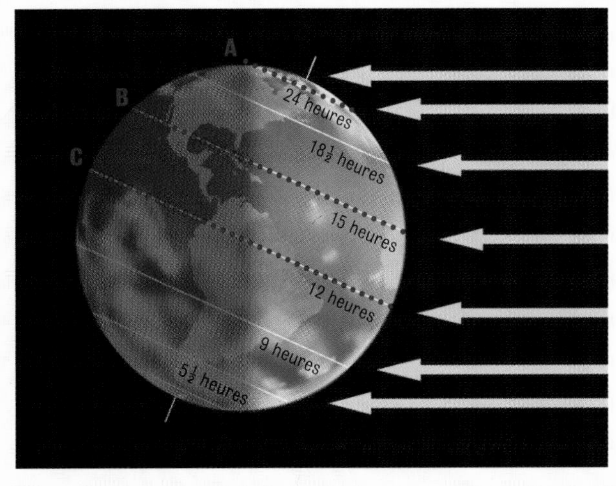

En suivant la trajectoire A, B et C du schéma ci-contre, on observe que ces trois régions passent des temps différents dans l'obscurité. Le 21 juin, quand l'hémisphère Nord est incliné vers le Soleil, la région A reçoit 24 heures d'ensoleillement. La région B en reçoit 15 et la C, 12.

La chaleur du soleil

Le Soleil est notre principale source de chaleur. Lorsqu'il est haut dans le ciel, ses rayons frappent le sol plus **directement** qu'aux autres moments de la journée. C'est pourquoi il fait en général plus chaud en début d'après-midi.

En avant-midi et en après-midi, sa lumière frappe **à angle**. Le Soleil est alors bas dans le ciel. L'énergie solaire étant plus diffuse, le réchauffement est donc moins marqué.

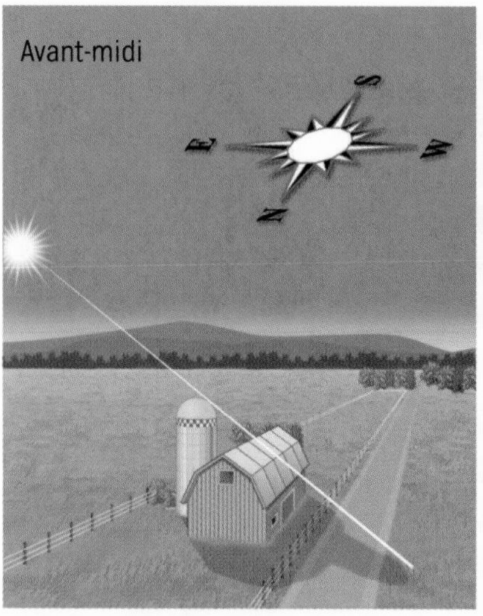

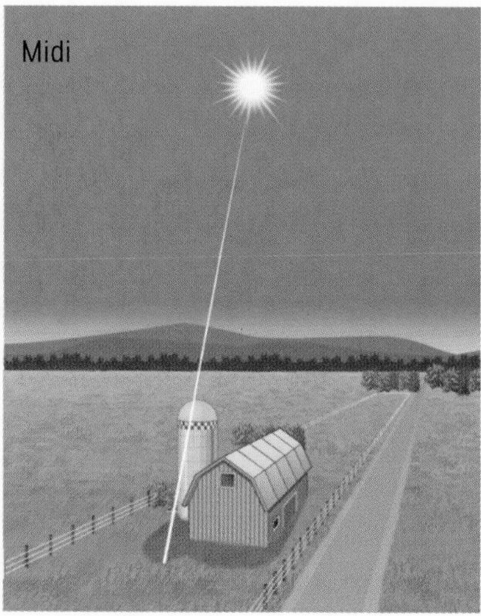

L'angle que décrivent les rayons du Soleil à la surface de la Terre a aussi un impact direct sur le **climat** des différentes régions.

Les régions qui sont près de l'équateur sont plus chaudes, car la lumière y frappe plus directement. À mesure qu'on s'éloigne de l'équateur, le climat refroidit, car la lumière y frappe plus obliquement.

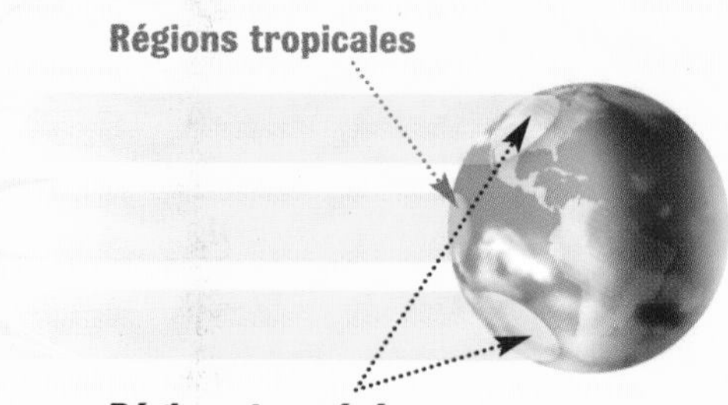

RÉGIONS TROPICALES

RÉGIONS TEMPÉRÉES

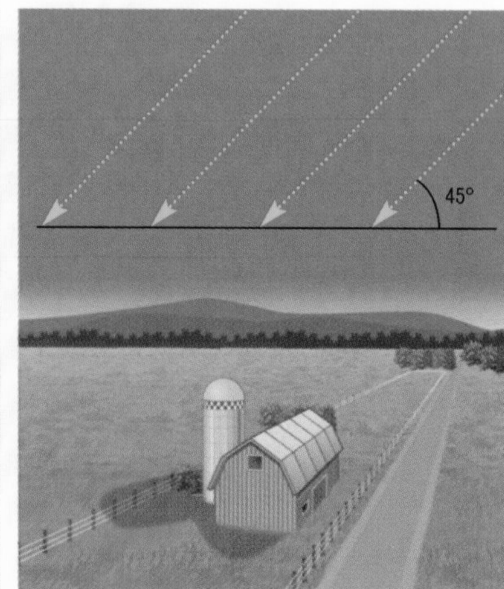

RÉGIONS POLAIRES

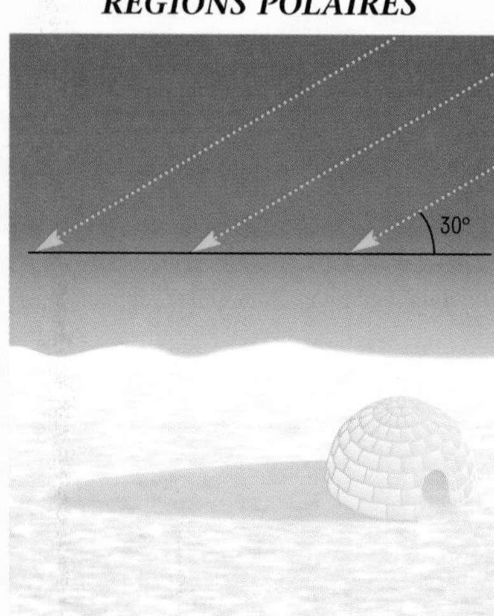

Le cycle des saisons

L'année se divise en quatre saisons: dans l'hémisphère Nord, l'hiver dure 89 jours, le printemps 92 jours, l'été 94 jours et l'automne 90 jours.

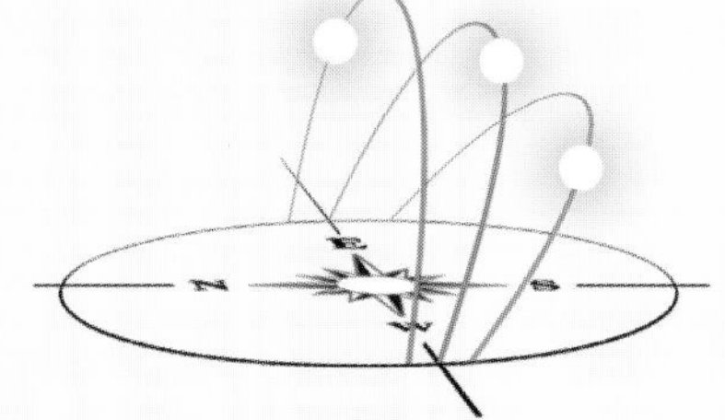

Trajectoire du Soleil dans le ciel au cours des différentes saisons

Selon le moment de l'année, le Soleil agit différemment sur les régions. En **hiver**, par exemple, le Québec reçoit sa lumière à grand angle. Conséquemment, il fait froid et la durée du jour est à son plus court. Le Soleil paraît relativement bas dans le ciel. En **été**, c'est tout le contraire. Conséquemment, les rayons sont presque à la verticale, il fait chaud, le jour allonge et le Soleil est relativement haut dans le ciel.

Chacune des illustrations ci-contre montre la région de la Terre qui fait face au Soleil alors qu'il est midi au Québec. Selon le moment de l'année, le Québec, pointé par la flèche, est orienté plus ou moins directement face au Soleil. Le Québec atteint sa position la plus en bordure de la surface éclairée au moment du **solstice** de décembre. Les rayons sont alors obliques et il fait froid. Il se rapproche du centre de la surface éclairée au solstice de juin. Les rayons sont alors perpendiculaires et il fait plus chaud.

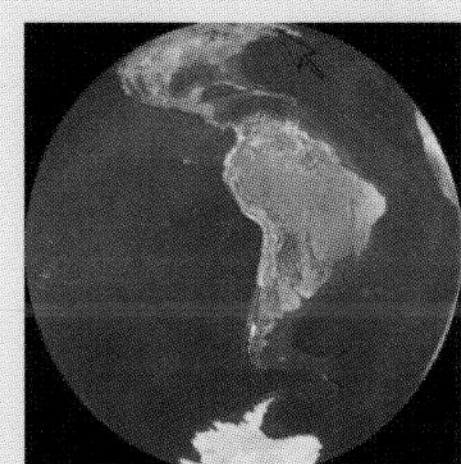
21 décembre à midi
Solstice de décembre

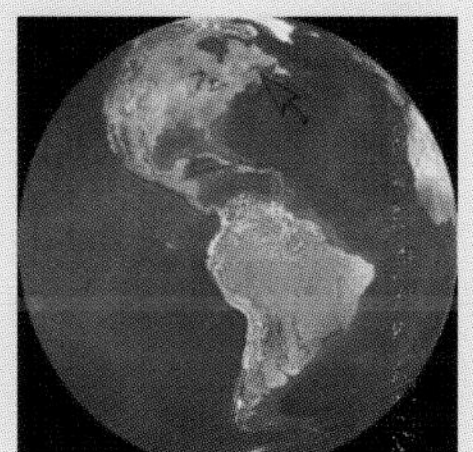
21 mars à midi
Équinoxe de mars

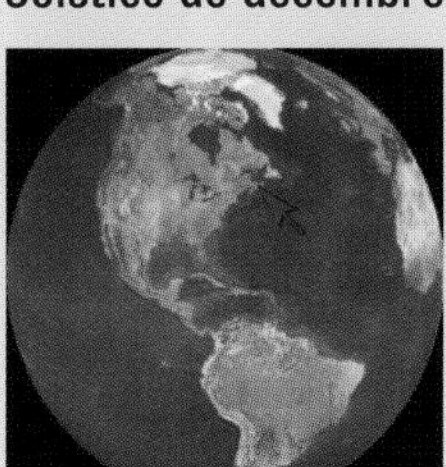
21 juin à midi
Solstice de juin

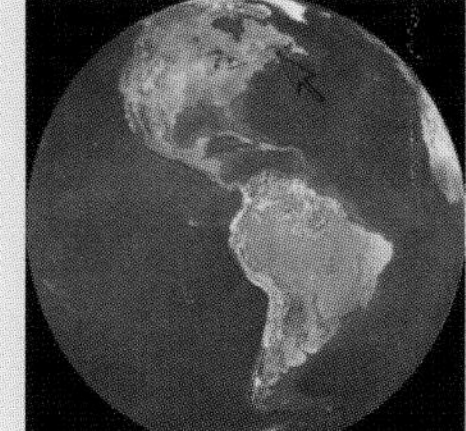
23 septembre à midi
Équinoxe de septembre

Selon le moment de l'année, le Québec est orienté plus ou moins directement face au Soleil.

Selon le moment de l'année, la lumière frappe perpendiculairement au sol à des endroits différents de la Terre.

Lorsque l'équateur reçoit directement les rayons du Soleil, on parle d'**équinoxe**. La durée du jour est alors égale à la durée de la nuit.

Lorsqu'un des méridiens des Tropiques reçoit directement les rayons du Soleil, on parle de solstice. La différence entre la durée du jour et la durée de la nuit est alors la plus grande.

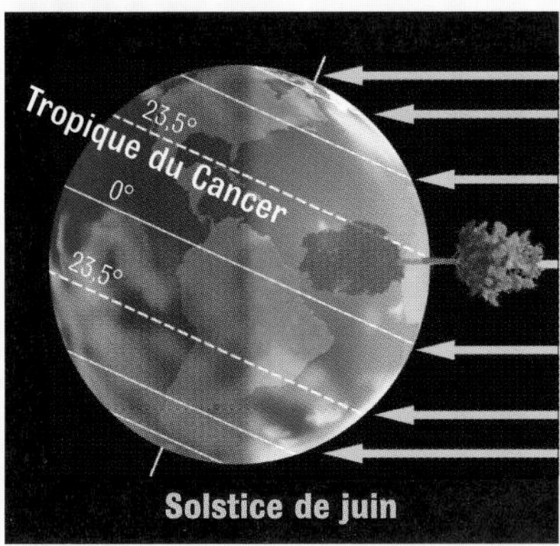

Solstice de juin

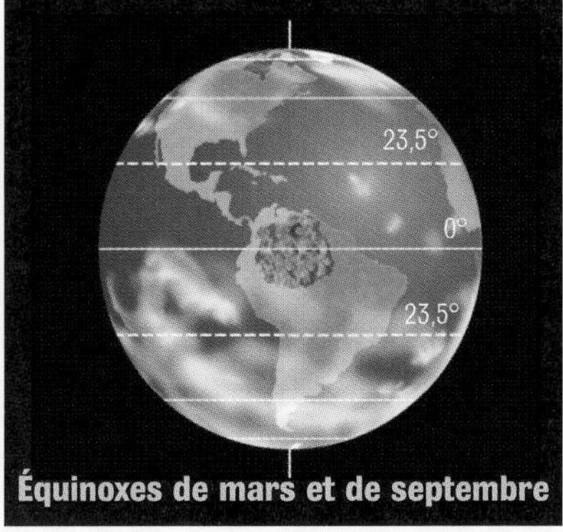

Équinoxes de mars et de septembre

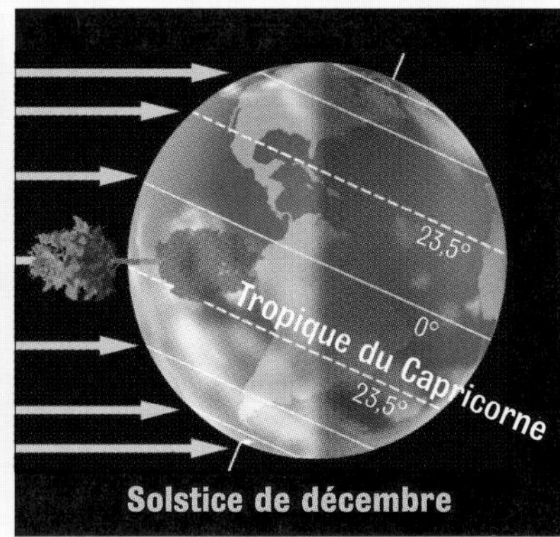

Solstice de décembre

La Terre, en plus de faire une rotation sur elle-même, tourne autour du Soleil. Ce mouvement, en forme d'ellipse, est appelé **révolution**. La Terre met 365 jours et 6 heures pour faire un tour complet autour du Soleil.

Vers le 2 janvier, le globe est à son plus près du Soleil. Six mois plus tard, vers le 2 juillet, il se trouve à son plus loin. La **distance** entre la Terre et le Soleil affecte peu la température moyenne des saisons.

Pendant la course autour du Soleil, l'axe de rotation de la Terre reste à 23,4° de la ligne qui sépare le jour et la nuit. Mais plus encore, l'axe de la Terre pointe toujours dans la même direction.

En suivant une région de la Terre au cours d'un tel mouvement incliné, on observe qu'elle reçoit les rayons du Soleil selon différents angles. C'est ce qui explique les changements de saisons.

Pour simuler le cycle des saisons, il faut :

- produire une révolution de la *Terre* autour du *Soleil* ;
- maintenir l'inclinaison de l'axe de rotation de la Terre à 23,4° ;
- maintenir un parallélisme de l'axe de rotation en l'orientant par rapport à un point imaginaire éloigné.

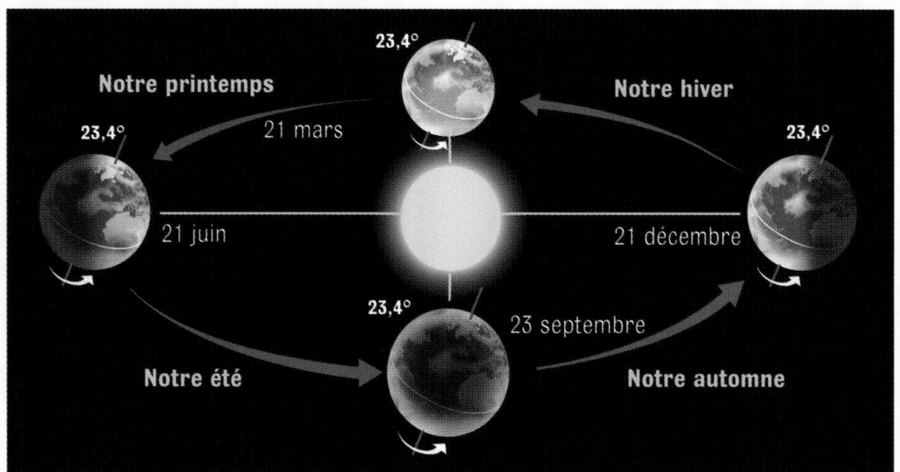

Le tableau suivant décrit le comportement de la lumière aux cinq principaux parallèles.

Parallèle	*Comportement de la lumière*
Cercle polaire arctique	• Région où les jours ont 24 heures au solstice de juin • Région où les nuits ont 24 heures au solstice de décembre
Tropique du Cancer	• Région où la lumière frappe directement le sol au solstice de juin • Région généralement plus chaude pendant notre été
Équateur	• Région où la lumière frappe directement le sol aux équinoxes de mars et de septembre • Région où les jours et les nuits ont 12 heures toute l'année
Tropique du Capricorne	• Région où la lumière frappe directement le sol au solstice de décembre • Région généralement plus chaude pendant notre hiver
Cercle polaire antarctique	• Région où les jours ont 24 heures au solstice de décembre • Région où les nuits ont 24 heures au solstice de juin

Solstices

HÉMISPHÈRE NORD
- Trajectoire du Soleil à son plus haut dans le ciel
- Jour plus long que la nuit
- Début de l'été

Solstice de juin
- Vers le 21 juin
- Pôle Nord incliné vers le Soleil
- Pôle Sud éloigné du Soleil
- Lumière perpendiculaire au tropique du Cancer

- Trajectoire du Soleil à son plus bas dans le ciel
- Jour plus court que la nuit
- Début de l'hiver

HÉMISPHÈRE SUD

HÉMISPHÈRE NORD
- Trajectoire du Soleil à son plus bas dans le ciel
- Jour plus court que la nuit
- Début de l'hiver

Solstice de décembre
- Vers le 21 décembre
- Pôle Nord éloigné du Soleil
- Pôle Sud incliné vers le Soleil
- Lumière perpendiculaire au tropique du Capricorne

- Trajectoire du Soleil à son plus haut dans le ciel
- Jour plus long que la nuit
- Début de l'été

HÉMISPHÈRE SUD

Équinoxes

HÉMISPHÈRE NORD
- Jour et nuit de durée égale
- Début du printemps

Équinoxe de mars
- Vers le 21 mars
- Pôles à la limite de la surface éclairée de la Terre
- Pôle Sud incliné vers le Soleil
- Lumière perpendiculaire à l'équateur

- Jour et nuit de durée égale
- Début de l'automne

HÉMISPHÈRE SUD

HÉMISPHÈRE NORD
- Jour et nuit de durée égale
- Début de l'automne

Équinoxe de septembre
- Vers le 23 septembre
- Pôles à la limite de la surface éclairée de la Terre
- Pôle Sud incliné vers le Soleil
- Lumière perpendiculaire à l'équateur

- Jour et nuit de durée égale
- Début du printemps

HÉMISPHÈRE SUD

Le cycle lunaire

La Lune fascine les humains depuis toujours. Tantôt pleine, tantôt invisible, elle poursuit sa course sans fin depuis la nuit des temps. C'est à la Lune qu'on doit principalement la division en mois des **calendriers**.

La **révolution** de la Lune autour de la Terre s'effectue en 29,5 jours. Or, la conception moderne du mois est de 30 ou 31 jours. Bien que de nombreuses cultures et religions utilisent encore le mois lunaire, celui-ci a été abandonné comme division officielle du temps parce que l'année ne contient pas un nombre entier de cycles lunaires.

La Lune n'émet pas de lumière. Comme nous, elle ne fait que réfléchir celle du Soleil. C'est cette **réflexion** de lumière que nous voyons de la Terre.

On peut expliquer le changement de l'apparence de la Lune au cours du mois par son mouvement. Chaque mois, à mesure que la Lune se déplace autour de la Terre, elle révèle ou cache de plus en plus sa **moitié éclairée** par le Soleil. Les étapes de ce cycle lunaire portent le nom de phases. Il y en a huit.

La première phase lunaire est caractérisée par une absence de Lune, car l'astre est alors entre le Soleil et la Terre. C'est son côté obscur qui nous fait face. Peu à peu, la face éclairée de la Lune devient visible. D'abord, on perçoit un mince croissant. Puis, de jour en jour, ce croissant s'épaissit jusqu'à la nuit de la pleine Lune. Après la pleine Lune, la partie visible de la Lune diminue, en passant par le dernier quartier et le dernier croissant.

Lorsque la Lune croît, on la voit surtout le soir et durant la première partie de la nuit. Lorsque la Lune décroît, on la voit surtout durant la deuxième partie de la nuit et le matin.

La Lune ment!

Voici un bon moyen mnémotechnique pour déterminer les phases de la Lune.

- Lorsque la Lune forme un C, elle ne **c**roît pas. Au contraire, elle **d**écroît. On la verra de moins en moins jusqu'à la nouvelle Lune.
- Lorsque la Lune forme un D, elle ne **d**écroît pas. Au contraire, elle **c**roît. On la verra de plus en plus jusqu'à la pleine Lune.

Phases de la Lune

1. Nouvelle Lune
2. Premier croissant
3. Premier quartier
4. Lune gibbeuse
5. Pleine Lune
6. Lune gibbeuse
7. Dernier quartier
8. Dernier croissant

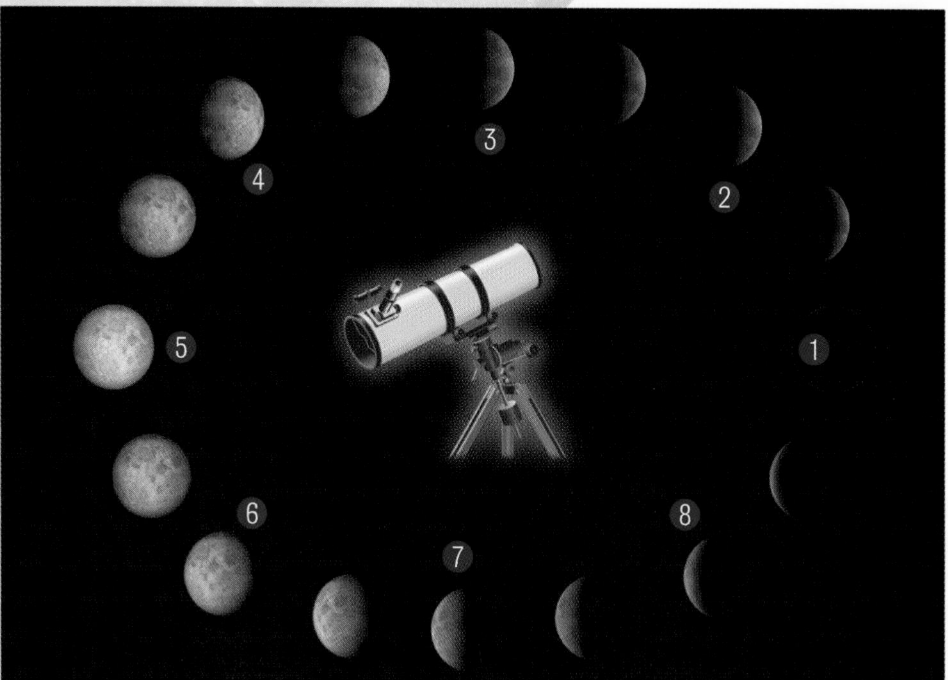

Les marées

La *marée* est une variation quotidienne du **niveau de l'eau**. Sur les berges des grandes étendues d'eau, on perçoit généralement deux cycles de marées par jour : deux marées hautes et deux marées basses. L'horaire de cette variation dépend surtout de l'orientation de la Terre face au Soleil.

Le phénomène des marées est causé par la gravité des corps célestes. La gravité d'un astre est la **force qui attire** les corps vers son centre. La gravité, c'est la force qui nous garde au sol et fait tomber les objets. Voilà pourquoi, même si la Terre est ronde, on a les deux pieds au sol peu importe notre situation sur la Terre. C'est aussi la gravité qui garde la Lune en **orbite** autour de la Terre.

Effets de la gravité

Influence du Soleil

On peut voir l'effet de la gravité du Soleil sur la Terre en observant les marées. Les eaux sont attirées vers le lieu qui est le plus proche du Soleil. Il se produit alors une **marée haute** dans cette région du globe, ainsi que dans la région opposée du globe.

Le déplacement des eaux se fait aux dépens des régions situées sur un axe perpendiculaire à l'axe de la Terre et du Soleil. Dans ces régions, il se produit alors une baisse des eaux (une **marée basse**).

Comme la Terre tourne sur elle-même, les régions de marées hautes changent constamment. Néanmoins, à tout moment, il y a deux régions du globe qui subissent une marée haute et deux autres qui subissent une marée basse.

L'illustration du haut montre une marée haute dans la région A et une marée basse en B. La région A est la plus **proche du Soleil**. Les eaux s'y déplacent parce que cette région subit la plus forte attraction du Soleil. Il se produit alors une baisse des eaux en B.

L'illustration du bas montre la Terre six heures plus tard alors qu'elle a fait un quart de tour sur elle-même. Il y a une marée haute dans la région B et une marée basse en A. C'est maintenant la région B qui subit l'attraction maximale ; les eaux y sont hautes. Et c'est maintenant la région A qui a l'effet de marée basse.

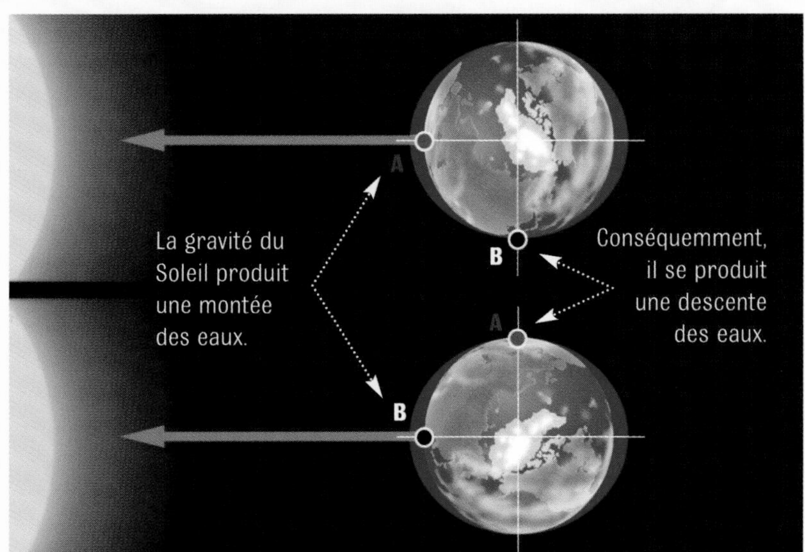

Marée basse et marée haute à Neuville, sur les bords du fleuve Saint-Laurent.

Influence combinée du Soleil et de la Lune

Aux **équinoxes** d'automne et de printemps, la Terre est à son point le plus près du Soleil. La force d'attraction du Soleil sur la Terre est alors maximale. C'est donc lors des équinoxes que les marées les plus fortes de l'année sont observées. De plus, quand le Soleil et la Lune sont alignés, ils attirent les eaux dans le même sens. Leurs forces d'attraction s'additionnent. C'est donc lors de la **pleine Lune** ou de la **nouvelle Lune** des équinoxes que les marées les plus fortes de l'année sont observées.

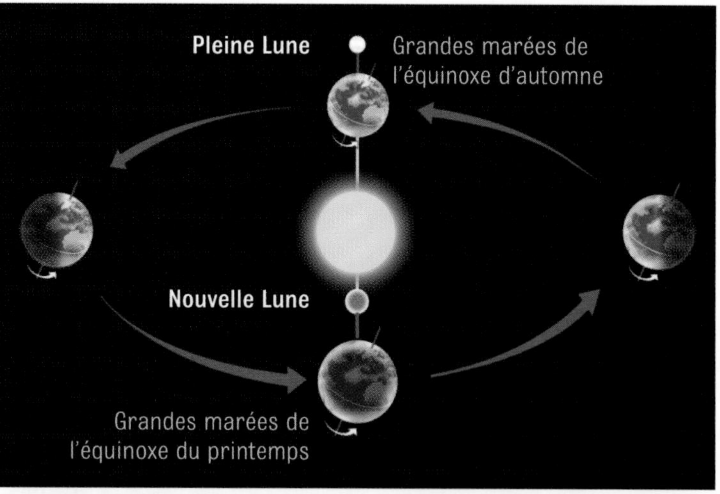

Aux **solstices** d'hiver et d'été, la Terre est à son point le plus loin du Soleil. La force d'attraction du Soleil sur la Terre est alors minimale. C'est donc lors des solstices que les marées les plus faibles de l'année sont observées. Quand le Soleil et la Lune sont alignés perpendiculairement, leur position forme un L, les forces d'attraction se soustraient. C'est donc aux **quartiers de Lune** des solstices que les marées les plus faibles de l'année sont observées.

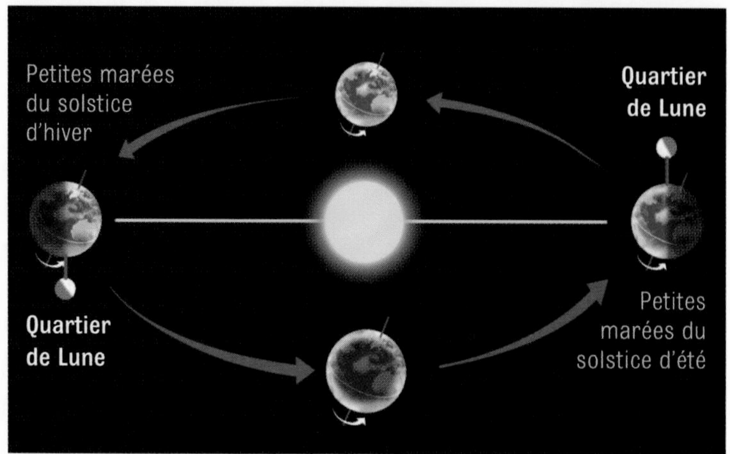

La forêt, un lieu d'interactions

La forêt est l'**habitat** de nombreuses espèces. L'habitat est le milieu de vie où se déroule l'ensemble des activités d'un vivant. C'est aussi l'endroit qui lui procure les conditions essentielles à son existence.

Dans un habitat, les espèces entretiennent des relations étroites entre elles et avec le milieu. Si on éliminait la forêt, de nombreuses espèces disparaîtraient. Chaque vivant dépend à la fois de ce milieu et des autres vivants qui s'y trouvent pour combler ses **besoins** fondamentaux (nourriture, abri, protection, etc.).

En présentant les données sous la forme d'un réseau, il devient facile de comprendre les **interactions** entre les différentes espèces et leur milieu. On voit ici, par exemple, qu'en abattant des arbres, le castor se procure de la nourriture (matière ligneuse) et le matériau nécessaire pour construire des digues et un abri. Il est à son tour chassé par les loups.

PROTECTION

NOURRITURE

DIGUE

HUTTE

PEUPLIERS

ENNEMIS

LOUP

INTEMPÉRIES

La forêt est l'habitat du castor. Il y trouve nourriture, abri et protection contre les ennemis et les intempéries.

La forêt, une ressource renouvelable

La forêt est une ressource naturelle importante. Le travail de 37 000 personnes dans l'industrie forestière contribue à l'économie québécoise en rapportant 8 milliards de dollars par année et en fournissant de nombreux produits de consommation.

Cette ressource est aussi renouvelable. Cela signifie que la forêt produit continuellement du bois, qu'elle se renouvelle. La forêt se régénère lorsque les arbres se reproduisent et **poussent**. Chaque année, la forêt québécoise produit l'équivalent de 57 millions de mètres cubes de bois. Par contre, chaque année, des arbres sont coupés et d'autres meurent.

La coupe d'arbres à des fins commerciales ne représente qu'une fraction des arbres qui **meurent**. Les insectes et les incendies sont les plus grands dangers qui menacent nos forêts. La pollution met aussi en péril de larges étendues de forêts.

Le développement durable de la forêt

La forêt constitue à la fois un précieux héritage de notre passé et une grande richesse pour les générations à venir. Or, si on continue d'augmenter la récolte d'arbres pour répondre aux besoins toujours grandissants de la société, on risque d'**épuiser cette ressource**.

Pour que cette ressource naturelle ne disparaisse pas au fil du temps, il faut s'assurer d'un **équilibre** entre la régénération de la forêt (reboisement naturel, reboisement planifié) et les facteurs qui risquent de l'affecter (coupe, récolte).

Les scientifiques et les technologues cherchent à comprendre le développement de la forêt et à trouver des moyens pour en **réduire les perturbations**. Grâce à leurs connaissances et au résultat de leurs recherches, on peut prédire les conséquences néfastes d'une utilisation irresponsable et abusive de la forêt.

LE CYCLE DES RESSOURCES RENOUVELABLES

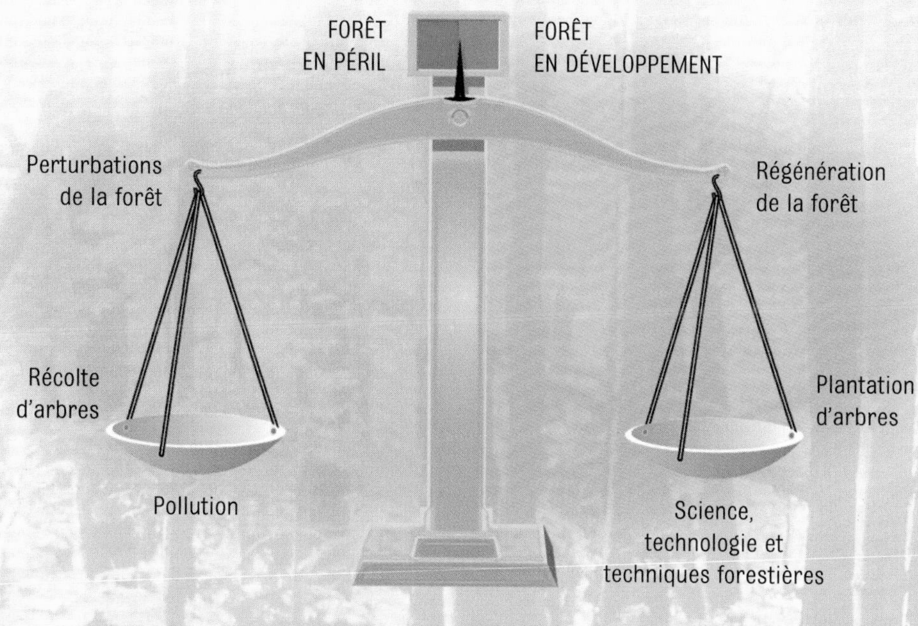

Le développement durable de nos forêts dépend de l'équilibre entre les facteurs qui permettent sa régénération et ceux qui causent sa perturbation.

Ressources naturelles renouvelables et non renouvelables

Une ressource naturelle est une matière première que le vivant exploite pour combler ses besoins. Les ressources naturelles peuvent être d'origine abiotique, comme l'eau et les minerais, ou d'origine biotique, comme la **forêt**.

Les richesses naturelles d'un territoire sont soit renouvelables, comme notre or bleu (l'eau) et notre or vert (la forêt), soit non renouvelables, comme notre minerai. L'appellation « ressource renouvelable » est toutefois trompeuse, car en surexploitant les ressources sans respecter le rythme de la nature, on peut arriver à épuiser ces richesses.

En plus de la forêt, le Québec compte l'eau comme ressource naturelle renouvelable. Notre territoire comporte 3 % de toute l'**eau douce** utilisable de la planète. Or, les précipitations font que cette eau se renouvelle.

Notre **sous-sol** a un grand potentiel pour l'exploitation de mines. Les principaux gisements sont ceux du diamant, du nickel, de l'or et du zinc. Cependant, cette ressource naturelle est non renouvelable, car les minerais ne se régénèrent pas. Lorsqu'une mine est épuisée, elle doit être fermée à tout jamais.

L'arbre et les besoins fondamentaux

La forêt est un milieu de vie où se déroulent un très grand nombre d'activités économiques et récréatives. C'est un endroit où l'on travaille et où l'on s'amuse, mais c'est aussi et surtout une ressource naturelle qui nous permet de satisfaire beaucoup de nos besoins.

L'arbre et les besoins fondamentaux des humains

SE NOURRIR

SIROP D'ÉRABLE

SE VÊTIR

CAOUTCHOUC

SE DÉPLACER

CANOT

S'ABRITER

BÂTIMENT

SE DÉFENDRE

MÉDICAMENT

COMMUNIQUER

CRAYON ET PAPIER

Les produits de l'arbre

Le rythme accéléré des progrès scientifiques et technologiques a permis le développement de plusieurs **biens de consommation** fabriqués à partir de l'arbre. De nos jours, on tire plus de 10 000 produits et sous-produits du bois seulement.

En plus du bois comme tel, on utilise les composantes de l'arbre dans la fabrication de nombreux produits. Les fibres, les taxanes, la résine et la lignine sont des matières premières extraites des arbres.

Fibre

Le bois est constitué principalement de fibres. La fibre est la substance qui procure **rigidité** et **flexibilité** aux végétaux. La fibre de nombreux arbres et plantes sert à fabriquer du papier.

À partir du papier et du carton, on fabrique des centaines de produits et d'objets courants.

Industrie des pâtes et papiers

Taxanes

Les taxanes sont des substances toxiques provenant de l'écorce et des aiguilles de l'if du Canada. Pour l'arbre, les taxanes sont des moyens de **défense** contre les insectes. Les taxanes servent à fabriquer des médicaments contre le cancer.

Médicaments

Résine

Gemme de résine

Produite par certains conifères comme le pin, la résine est une substance organique collante et visqueuse, insoluble dans l'eau, qui durcit en général au contact de l'air. Les pins produisent une grande quantité de résine pour **se défendre** lorsque les insectes et les parasites percent leur écorce. On récolte la résine en faisant une entaille dans l'écorce des conifères.

La térébenthine est constituée de résines et d'huiles extraites de la résine de pin. On utilise la térébenthine dans la fabrication de produits nettoyants, de solvants à peinture, de vernis et de produits pharmaceutiques.

Lignine

La lignine est une substance qui sert à **cimenter** les fibres de l'arbre. La lignine des arbres est utilisée de nombreuses façons, entre autres dans la fabrication du plastique, de pellicules photographiques et de fils synthétiques de textile (tissus de soie artificielle ou rayonne). On utilise aussi la lignine pour renforcer le caoutchouc et l'asphalte. La lignine sert également de liant pour les céramiques et d'additifs pour les colorants.

Tissu en rayonne

pourquoi planter un arbre ?

L'industrie forestière plante environ 250 millions d'arbres par année pour assurer à long terme la production et la récolte de matière ligneuse. Cette intervention, d'ailleurs **obligatoire** au Québec depuis 1987, est essentielle pour sauvegarder nos forêts.

Pour le citoyen ou la citoyenne, planter un arbre répond à un **besoin** esthétique, pratique ou écologique. Ce geste peut aussi être associé à la naissance d'un enfant, à la croissance, à l'espoir, à une fête.

Avant de choisir l'arbre que l'on veut planter, il est important d'en déterminer l'**usage** et les **caractéristiques** souhaités.

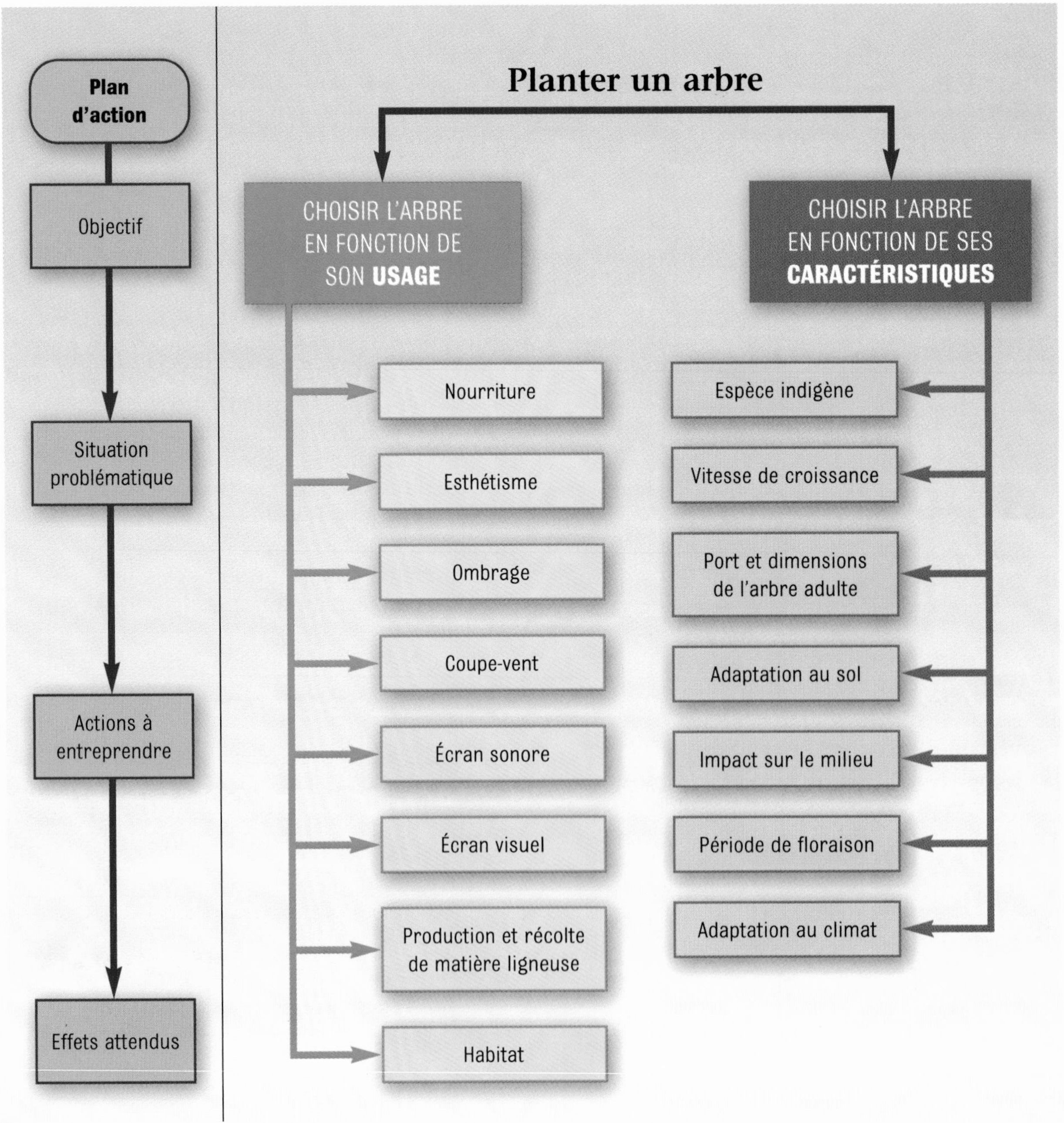

Le recyclage du papier

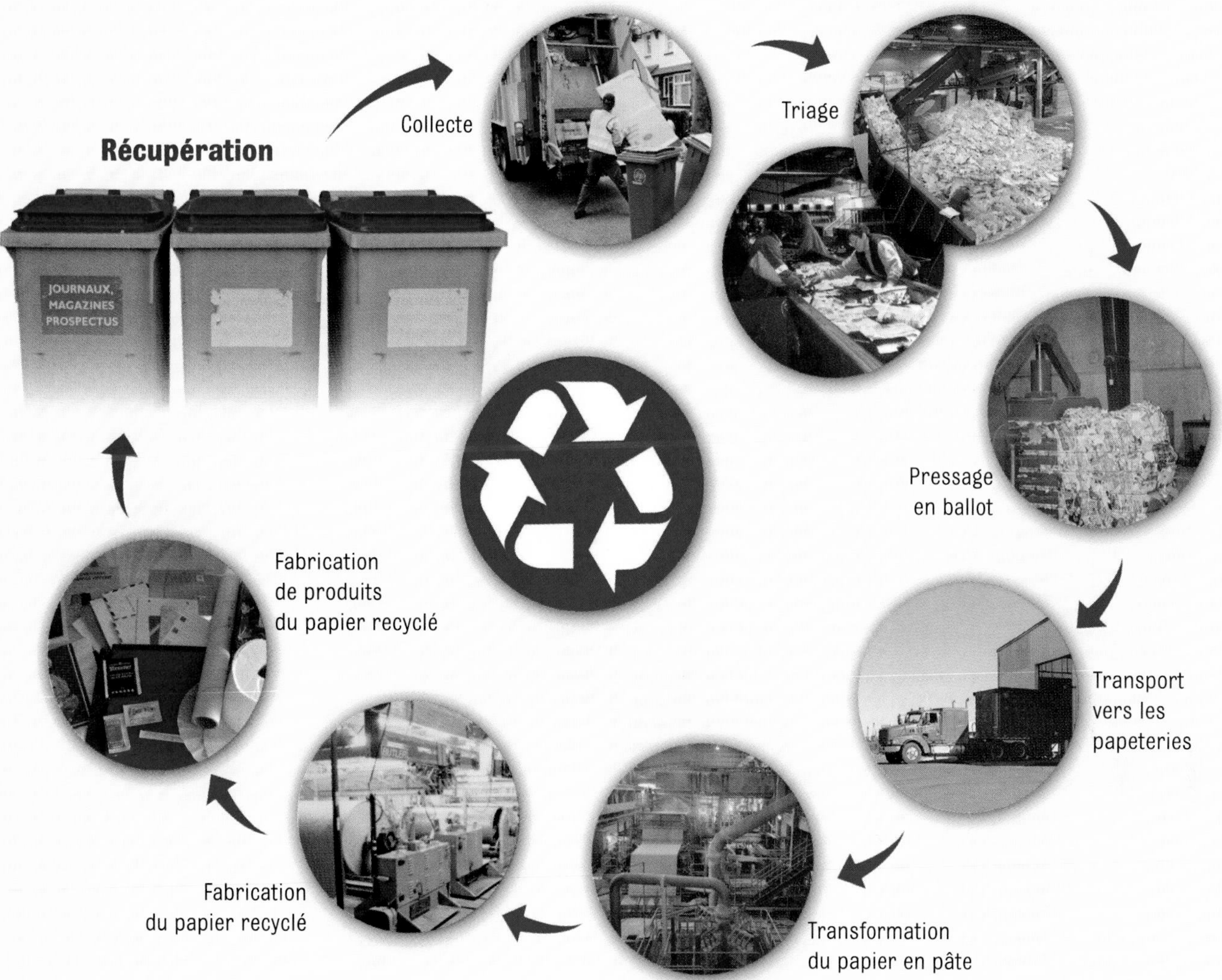

Le recyclage est une des actions qui peuvent servir à protéger notre environnement. Cette activité s'exprime de trois façons différentes. Recycler, c'est à la fois :

- **réduire** sa consommation ;
- **réutiliser** les matériaux ;
- **récupérer** certains déchets pour fabriquer d'autres produits.

Au Québec, chaque personne utilise près de 200 kg de papiers et de cartons par année. Cela donne 1,3 million de tonnes de papiers et cartons pour toute la population québécoise. Or, pour faire une tonne de papier, il faut 17 arbres adultes. Chaque tonne de papier récupéré permet donc de **sauver 17 arbres**.

Pour l'instant, au Québec, seulement 25 % des papiers et cartons utilisés chaque année sont récupérés. Ce recyclage consiste à réduire en pâte le produit usagé pour en faire du neuf. Le recyclage du papier par rapport à la production de papier à partir d'un arbre **permet une économie** d'énergie et d'eau, et une réduction de la pollution de l'eau et de l'air.

Malheureusement, le cycle du recyclage a une fin. Les papiers et cartons ne peuvent pas être recyclés indéfiniment, car les fibres de cellulose qui se brisent un peu plus chaque fois finissent par devenir inutilisables. Voilà pourquoi les fibres provenant de l'arbre sont encore essentielles.

Problématique 3

Déchiffre l'énigme de la biodiversité

Il est toujours fascinant de regarder des images de dinosaures. Et dire que ces animaux dominaient notre planète, il y a 250 millions d'années ! Plus récemment, notre territoire a lui aussi été peuplé d'animaux étranges, aujourd'hui disparus. Pensons simplement aux mastodontes, ces gigantesques « éléphants » couverts de poils et aux tigres à dents de sabre.

Comment savons-nous que ces animaux ont vraiment existé ? Et pourquoi sont-ils disparus ? Voilà une partie de l'énigme de la biodiversité.

Notre faune actuelle peut paraître exotique à d'autres. Par exemple, il n'y a ni caribou, ni castor en Australie. Inversement, il n'y a ni kangourou, ni crocodile au Québec. Pourquoi les espèces sont-elles différentes d'un continent à l'autre ? Voilà une autre partie de l'énigme.

La diversité des espèces fascine. Mais il s'agit là d'un phénomène difficile à comprendre et à expliquer parce qu'on ne dispose pas de tous les éléments de réponse.

Retour de la vie à Krakatau

En 1883, toute la vie sur Krakatau, une île isolée de l'Indonésie, a été détruite par une éruption volcanique. Le tremblement de terre provoqué par cette explosion a entraîné la mort de plus de 30 000 personnes sur les côtes avoisinantes et anéanti la faune et la flore de l'île.

L'île est restée déserte pendant près de un an. Puis une nouvelle végétation s'est mise à pousser sur les cendres. Peu après, des oiseaux et des insectes sont revenus. Dix ans plus tard, les premiers reptiles sont apparus. Au bout de cinquante ans, plus de 1200 espèces peuplaient l'île.

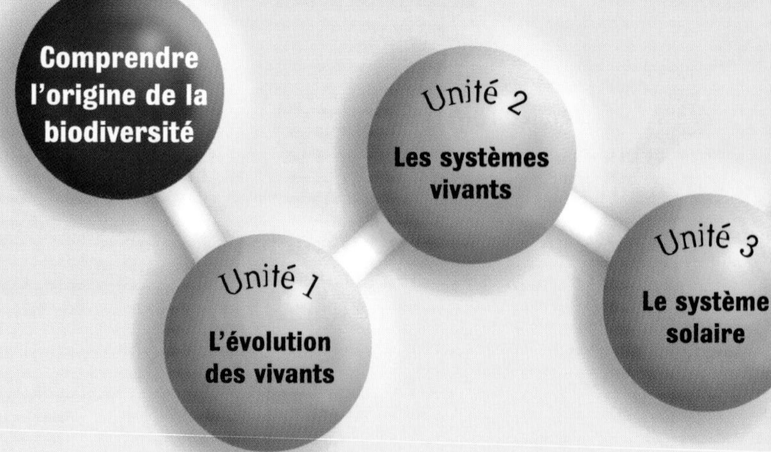

La science attribue une partie de cette diversité des espèces à des phénomènes géologiques, astronomiques, climatiques et écologiques.

Pour t'aider à déchiffrer l'énigme, nous t'invitons à représenter à l'aide d'un modèle interactif les forces qui modifient les milieux de vie sur la Terre. Mais avant d'y arriver, tu associeras des mécanismes à des phénomènes géologiques.

Unité 4
Le système géologique

Réaliser un modèle interactif

Unité 5
La tectonique des plaques en action

Les domaines de la science

Comprendre l'histoire de notre planète et l'évolution de la vie sur Terre n'est pas simple. Cela nécessite la contribution de scientifiques œuvrant dans plusieurs domaines : géologie (étude de la Terre et de son évolution), paléontologie (étude des fossiles), physique (étude des propriétés de la matière), biologie (étude des êtres vivants), astronomie (étude des astres), etc. En mettant en commun leurs connaissances, ces scientifiques nous permettent également de prévoir les dangers qui menacent l'environnement et les actions à entreprendre pour le protéger.

Est-ce qu'un de ces domaines d'étude t'intéresse ? Lequel ? Pourquoi ?

Unité 1

L'évolution des vivants

Que nous apprennent les fossiles?

C'est ce que tu verras dans cette unité.

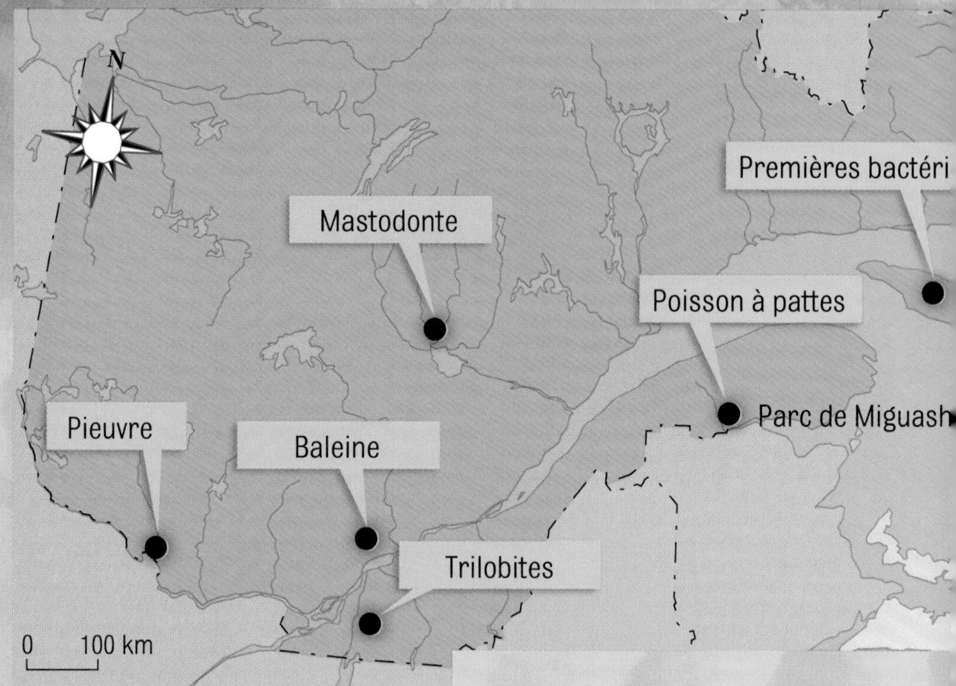

Le Québec a une fenêtre extraordinaire sur l'histoire de la vie: le parc de Miguasha. Cet endroit exceptionnel de la Gaspésie est si riche en fossiles que ce parc a été déclaré site du Patrimoine mondial en 1999. Le parc de Miguasha rejoint ainsi les grands trésors de l'humanité, dont les îles Galápagos et le parc national du Grand Canyon. Comme le montre la carte ci-contre, plusieurs autres régions du Québec abritent aussi d'intéressants fossiles.

Le sous-sol est le gardien de l'histoire de la Terre. C'est en quelque sorte une mémoire des événements qui ont modifié les milieux de vie et l'évolution des vivants. En interprétant les traces qui se trouvent dans le sous-sol, on comprend mieux l'histoire de la vie.

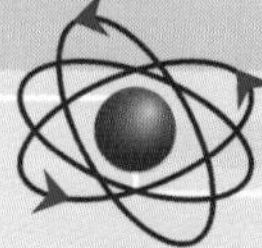

Place à la discussion

- **As-tu déjà vu un fossile d'animal ou de plante?**
- **Quel lien y a-t-il entre le béton et la roche?**
- **La vie a-t-elle commencé dans l'eau ou sur la terre ferme?**
- **Comment peut-on déterminer l'âge d'un fossile?**
- **L'être humain existe-t-il depuis la formation de la Terre?**
- **Comment expliquer que les oiseaux pondent des œufs comme les dinosaures le faisaient autrefois?**
- **Comment un fossile marin peut-il se retrouver sur une terre agricole?**
- **Comment avons-nous réussi à produire plus de 400 races différentes de chiens?**

Activité 1.1 Représente l'histoire de la Terre

Je me prépare

Avant l'apparition des humains, l'extinction des espèces se produisait de façon naturelle. Près de 99% des millions d'espèces qui ont peuplé la Terre au cours de son histoire sont maintenant disparues. Cela équivaut en moyenne à la disparition de une espèce par année.

savoirs

L'histoire de la Terre, p. 292
L'extinction massive des espèces, p. 293

1. Qu'est-ce que l'extinction d'une espèce?

2. Qu'est-ce qui peut faire varier la population d'une espèce?

3. Comment les scientifiques arrivent-ils à décrire des changements qui se sont produits il y a des millions d'années?

4. Nomme les quatre effets possibles d'un changement du milieu sur une espèce.

5. Voici une série d'événements qui ont eu lieu sur la Terre.

A. L'écureuil noir d'Europe a presque complètement remplacé l'écureuil roux dans le Sud du Québec.

B. Des collisions entre des portions de la croûte terrestre ont formé la chaîne des Appalaches.

C. De longues périodes de sécheresse ont entraîné la mort de grandes forêts.

D. Les montagnes du Québec ont été usées par le passage de glaciers qui ont nivelé le sol.

E. Le cycle des saisons est vital pour l'érable à sucre. Sans repos hivernal, il mourrait.

F. Il y avait beaucoup de tourtes en Nouvelle-France, mais une chasse excessive a fait disparaître cet oiseau.

G. L'éruption de volcans sous-marins a entraîné la formation de nombreuses îles.

H. L'impact d'un météorite de 100 km de diamètre a produit une extinction massive sur la Terre.

I. Les territoires japonais et canadien étaient anciennement voisins. Les déplacements de la croûte terrestre les ont séparés.

J. La pluie et le vent ont sculpté le sommet du mont Albert.

Parmi ces événements, lesquels sont liés à un phénomène:

a) écologique?

b) astronomique?

c) géologique?

d) climatique?

6. Qu'observe-t-on après une extinction massive?

Le rythme actuel de l'extinction

L'extinction des espèces n'est plus un phénomène entièrement naturel. Aujourd'hui, on estime que 100 espèces disparaissent chaque jour sur la Terre. La plupart de ces extinctions seraient directement liées à nos activités humaines. Voilà pourquoi les environnementalistes cherchent tant à nous convaincre de revoir notre mode de vie.

Que fais-tu déjà pour protéger les espèces?

Le temps géologique, p. 294

Je passe à l'action

7. Présente sur une spirale du temps 20 événements qui ont marqué l'histoire de la Terre.

Matériel

- Panneau de mousse de polystyrène (500 mm × 500 mm)
- 43 épingles
- 9 mètres de fil à coudre
- 20 cure-dents
- Ruban-cache
- Règle
- Crayon-feutre

Manipulation

1. Choisis 20 événements importants sur une échelle du temps géologique et donne un numéro à chacun.
2. À l'aide de cure-dents et de ruban-cache, assemble 20 petits drapeaux et numérote-les de 1 à 20.
3. Décris dans une légende chacun des événements en l'associant à son drapeau.
4. Détermine comment disposer les épingles pour enrouler les 9 mètres de fil.
5. Forme la base de la spirale en plantant les épingles une à une dans le panneau de mousse de polystyrène.
6. Noue le fil à l'épingle du centre et fais le tour des autres épingles en enroulant le fil autour de chacune.

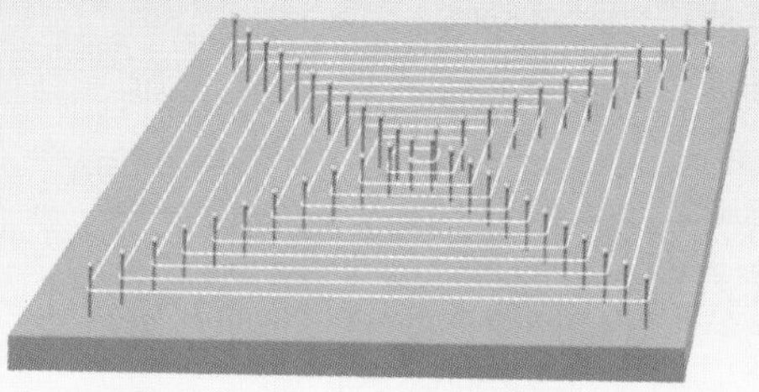

7. En utilisant une échelle de *500 Ma*: 1 m*, marque au feutre le moment où chacun des événements que tu as retenus s'est produit.
8. Plante tes drapeaux à l'endroit correspondant de ta spirale.

***Ma**
Symbole utilisé pour exprimer un million d'années (10^6 années).

Les cinq règnes, p. 76
L'histoire de la Terre, p. 292
Le temps géologique, p. 294

Je fais le point

8. Quel est l'avantage de présenter une ligne du temps sous la forme d'une spirale ?

9. Les animaux sont-ils apparus tout de suite après la formation de la Terre ?

10. Classe les règnes suivants selon leur apparition sur la Terre, du plus ancien au plus récent : animaux, monères, végétaux, protistes.

11. Pourrais-tu distinguer à l'aide de drapeaux l'année de ta naissance et l'an 0 de notre calendrier sur ta spirale ? Pourquoi ?

12. Crois-tu assister à l'apparition d'une nouvelle forme de vie au cours de ton existence? Justifie ta réponse.

13. L'évolution de la Terre a été marquée par l'apparition et l'extinction de plusieurs espèces.

a) Nomme deux espèces dont tu aimerais comprendre l'extinction.

b) Nomme deux espèces dont tu aimerais comprendre l'apparition.

c) D'après-toi, quels phénomènes ont pu causer l'extinction et l'apparition de ces espèces?

Défi L'histoire de la Terre

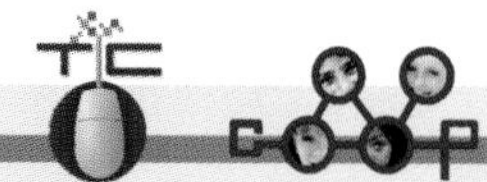

Joins-toi aux autres pour décrire la diversité des vivants sur la Terre à différents moments de son évolution.

savoirs

L'histoire de la Terre, p. 292
Le temps géologique, p. 294

La description de chaque vivant devrait comprendre les éléments suivants:

- ✔ photo ou illustration du vivant;
- ✔ nom commun de ce vivant;
- ✔ espèce à laquelle il appartient;
- ✔ moment de son apparition ou de sa disparition.

Suggestions

- → À l'aide d'un logiciel de traitement de texte, produis quelques pages d'une longue bannière qui illustrerait une ligne du temps géologique.
- → Enrichis une base de données informatisée d'événements importants survenus au cours de l'histoire de la Terre.
- → À l'aide d'un logiciel de présentation, organise une visite virtuelle d'un musée d'histoire naturelle.
- → À l'aide d'un logiciel de dessin, crée une affiche publicitaire pour un musée d'histoire naturelle.
- → Construis une base de données à partir de renseignements recueillis dans des revues, des encyclopédies et autres ouvrages de référence.

Activité 1.2 Explique la présence de fossiles dans la roche

Les fossiles, p. 297
Les types de roches, p. 298

Je me prépare

1. Comment trouve-t-on des fossiles?

2. Comment un animal peut-il se retrouver emprisonné dans le sol?

3. Un os fossilisé est-il encore un os? Justifie ta réponse.

4. Comment un fossile remonte-t-il à la surface?

5. Comment les sédiments se transforment-ils en roche?

Les types de roches, p. 298
L'érosion et la sédimentation, p. 300

Je passe à l'action

Pour expliquer la formation d'un fossile, tu dois d'abord comprendre la façon dont se forme la roche sédimentaire.

Matériel

- Argile
- Sable
- Gravier
- Bicarbonate de sodium
- Eau
- Bol
- Papier essuie-tout

Manipulation

Je simule la formation d'une roche.

1. Mélange une même quantité d'argile, de sable et de gravier pour former 90 mL de matériau.
2. Ajoute au mélange 10 mL de bicarbonate de sodium.
3. Incorpore graduellement assez d'eau au mélange pour obtenir une pâte.
4. Avec tes mains, forme une boule de pâte assez ferme.
5. Assèche la boule avec du papier essuie-tout.
6. Décris le mélange que tu obtiens.

Je simule l'érosion.

7. Dépose ta boule de pâte dans un bécher de 250 mL.
8. Pique l'agitateur à travers ta boule le nombre de fois qu'il faut pour obtenir plusieurs petits fragments.
9. Ajoute 50 mL de vinaigre dans le bécher.
10. Arrose les fragments de pâte au jet d'eau d'une pissette. Arrête-toi avant que le bécher ne soit plein. Agite ensuite la solution pour produire un petit tourbillon d'eau.

Je simule la sédimentation.

11. Observe l'ordre des fragments dans ton bécher.
12. Ajoute une petite boule de pâte à modeler au contenu de ton bécher.
13. Verse le tout dans le pot de la classe.
14. Une fois que l'eau du pot sera redevenue claire, fais tes observations.
15. Observe l'ordre dans lequel les fragments se sont déposés dans le pot.

- Vinaigre
- Agitateur
- Bécher
- Pissette
- Pâte à modeler de différentes couleurs
- Entonnoir
- Gros pot transparent contenant de l'eau

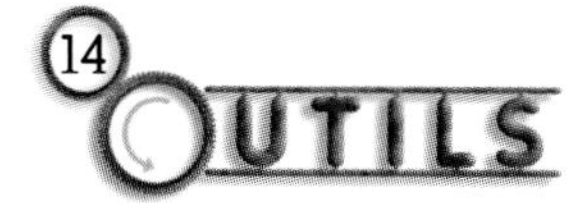

Matériel et instruments de laboratoire, p. 386

6. Quelle étape de la première manipulation simule la transformation des sédiments en roche?
7. Il existe trois grands types d'érosion: l'érosion par un agent physique, chimique et biologique. Quel type d'érosion simule chacune des étapes 8, 9 et 10 de la manipulation? Justifie ta réponse.
8. Pourquoi les sédiments se sont-ils déposés dans cet ordre dans le bécher et dans le pot?
9. Les boules de couleur représentent des fossiles.
   a) Où se trouvent les fossiles les plus jeunes?
   b) Où se trouvent les fossiles les plus anciens?

Origine des terres fertiles

Les sédiments sont à l'origine des sols fertiles. Nos riches terres de la vallée du Saint-Laurent formaient autrefois le fond de la mer de Champlain.

Les fossiles, p. 297
Les types de roches, p. 298
L'érosion et la sédimentation, p. 300

Je fais le point

Le contenu du pot rappelle certaines formations rocheuses de l'environnement, par exemple, les parois rocheuses présentées ci-dessous.

Paroi rocheuse du mont Royal à Montréal

Environnement de la Chute-aux-Galets, près de Saint-David-de-Falardeau

- La roche A traverse verticalement la roche B. En observant cette roche brunâtre de près, on décèle de nombreux petits cristaux.
- La roche B est disposée en couches horizontales. En observant cette roche grise de près, on y décèle de nombreux petits grains soudés les uns aux autres.
- La roche C compose le lit d'une rivière. En observant cette roche, on constate différentes bandes beiges et grises. Sa texture est lisse et ses grains très fins.
- La roche D est disposée en couches horizontales et compose les flancs érodés* de la rivière. En observant la roche de près, on y décèle des grains, des cailloux et des coquillages soudés les uns aux autres.

11. À quel type de roche (sédimentaire, ignée ou métamorphique) associes-tu les différentes roches de ces photos?

12. Évalue tes chances de trouver un fossile dans chacune de ces roches. Justifie ta réponse.

Utilisations de la roche

On utilise les roches surtout comme matériaux de construction (sable, gravier, pierre des champs, etc.). On en fait aussi des meubles (tables de granite), des planchers (tuiles), des objets d'art (sculptures, monuments) et des produits de toutes sortes: verre, cristal, chaux, béton, brique, etc.

Quels objets ou matériaux de ton environnement immédiat sont faits de roche?

***Érodé**
Détruit, rongé par une action lente.

Activité 1.3 Découvre l'évolution à travers les fossiles

Je me prépare

Les paléontologues creusent le sol pour en connaître davantage sur les changements survenus à travers le temps. Ces scientifiques essaient de comprendre l'évolution de la vie en étudiant les fossiles et les roches sédimentaires.

Les fossiles, p. 297
Les types de roches, p. 298
L'évolution des vivants, p. 302

1. Examine la coupe du sol illustrée ci-contre. Ensuite, formule une interprétation de ce que tu vois sur cette coupe à partir de chacune des observations ci-dessous. Inspire-toi de l'exemple donné dans le tableau qui suit.

a) Les strates de roches sédimentaires contiennent plusieurs types de fossiles.

b) On estime que la roche d'Abitibi s'est formée il y a un peu moins de 4 Ga*. Pourtant, cette roche contient des colonies de micro-organismes unicellulaires (stromatolites).

c) On trouve des fossiles d'unicellulaires dans des strates vieilles de 2 Ga et des fossiles de multicellulaires dans des strates vieilles de 900 Ma.

d) On trouve des fossiles de trilobites dans les strates C. Il n'y a pas de fossiles de trilobites dans les strates B et A, ni de trilobites vivant actuellement.

e) Les strates sont caractéristiques de différents habitats. La coupe montre un fossile de poisson vieux de 360 Ma.

f) On a aussi trouvé des fossiles humains dans les strates les plus récentes.

g) On ne trouve pas de fossiles de mammifères dans les strates B, mais on en trouve dans les strates A. Or, un vivant naît toujours d'un autre vivant.

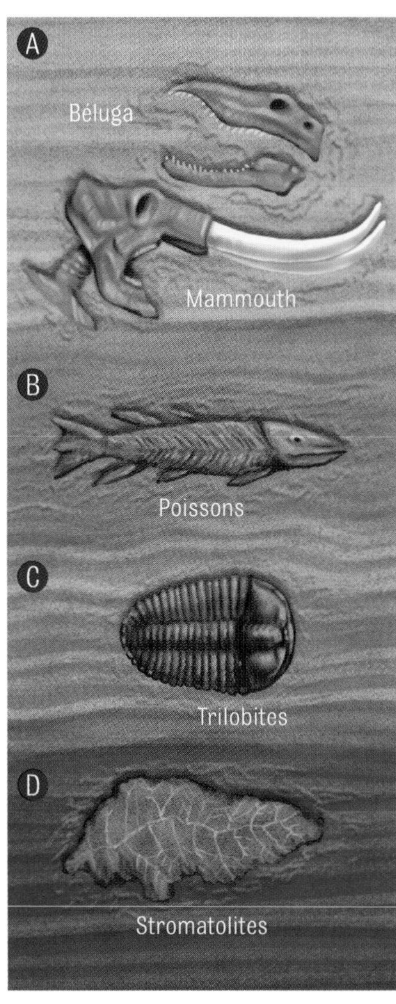

Observation	Interprétation
Ex. : Les strates profondes sont d'une époque plus ancienne que les strates plus près de la surface.	Dans cette coupe du sol, les strates D sont les plus anciennes.
a) Les strates de roches sédimentaires contiennent plusieurs types de fossiles.	
b) On estime que la roche d'Abitibi...	

***Ga**
Symbole utilisé pour exprimer un milliard d'années (mille millions d'années).

2. Prépare une ligne du temps à partir des données de la question précédente.

→ Situe sur cette ligne du temps chacun des moments géologiques mentionnés.

→ Insère le nom des fossiles de la coupe dans l'intervalle approprié de ce temps géologique.

Je passe à l'action

savoirs

L'évolution des vivants, p. 302

Les animaux se déplacent de différentes façons. Par exemple, les poissons utilisent des nageoires, et les primates se servent de deux ou de quatre membres.

Poissons

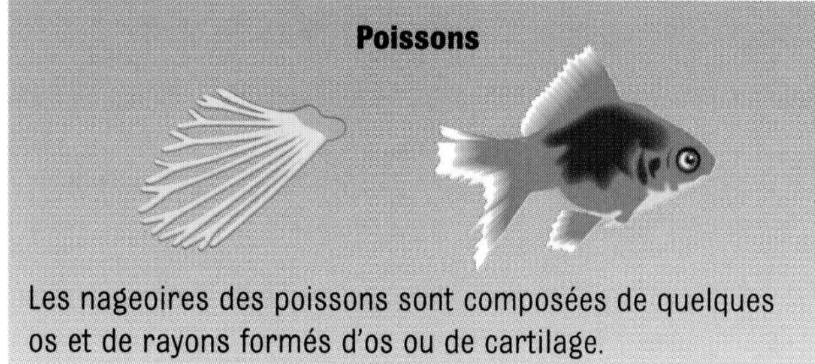

Les nageoires des poissons sont composées de quelques os et de rayons formés d'os ou de cartilage.

On trouve des empreintes de nageoires à partir des strates vieilles de 425 Ma.

Primates

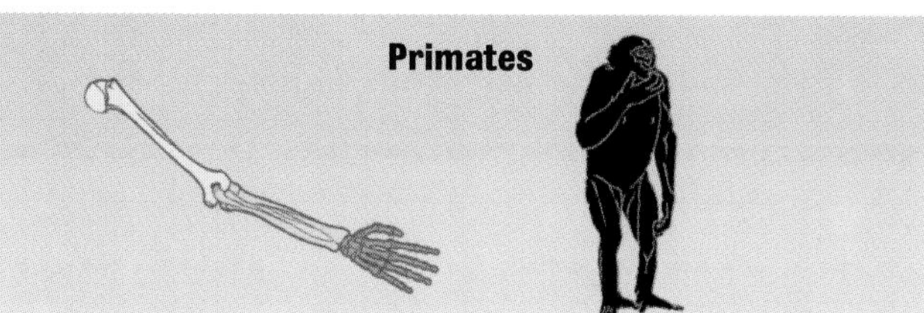

Les membres des primates sont composés de plusieurs os dont les extrémités sont couvertes de cartilage. Les bras de ces animaux sont très mobiles et munis d'une main agile qui permet de saisir les objets.

On trouve des fossiles de primates à partir des strates vieilles de 50 Ma.

3. À quoi servent les nageoires des poissons et les membres des primates?

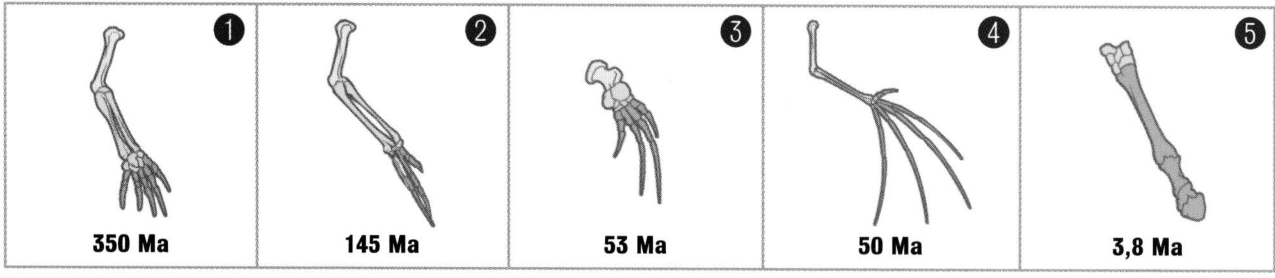

Comme le démontrent les squelettes ci-dessus, l'ossature des membres supérieurs des animaux a grandement évolué avec le temps.

4. Examine les squelettes qu'on vient de présenter.

a) À quel type de locomotion chacun est-il le mieux adapté: à la nage, au vol, à la course ou à la marche? Justifie ta réponse.

b) À quel animal associes-tu chacun de ces squelettes: à la baleine, à la chauve-souris, au moineau, au cerf ou à la salamandre?

5. Présente l'évolution des différents membres utilisés pour la locomotion.

→ Dessine une coupe du sol formée de six niveaux.

→ Attribue un âge géologique à chacun : 360 Ma, 144 Ma, 570 Ma, 65 Ma, 410 Ma et 245 Ma.

→ Place une nageoire de poisson et un bras de primate dans les strates qui peuvent en contenir.

→ Ajoute les cinq autres squelettes de la page précédente au niveau qui convient.

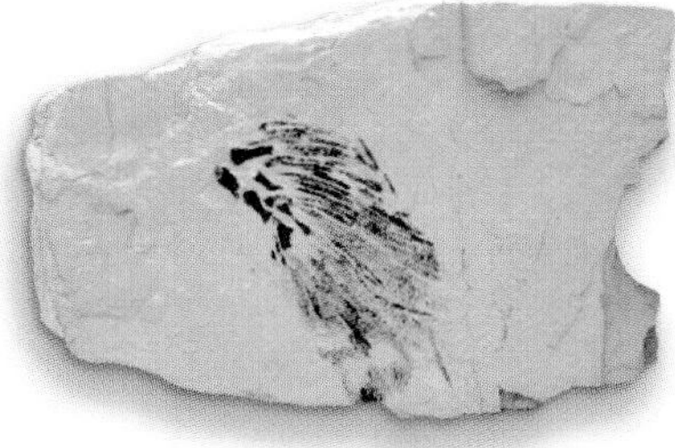

Membre avant de l'*Eusthenopteron*

6. Deux fossiles ont aidé à expliquer l'apparition des animaux à quatre pattes :

→ l'*Eusthenopteron*, découvert au parc de Miguasha, en Gaspésie ;

→ l'*Ichthyostega*, découvert au Groenland.

a) Lequel de ces fossiles présente un membre similaire à celui des poissons ? Pourquoi ?

b) Lequel rappelle plutôt les quadrupèdes ? Pourquoi ?

c) Le fossile de l'*Eusthenopteron* date de 360 Ma, alors que celui de l'*Ichthyostega* date de 350 Ma. Pourquoi cela n'est-il pas étonnant ?

Membres avant de l'*Ichthyostega*

Je fais le point

7. Quelle ressemblance vois-tu entre les membres supérieurs de la salamandre, du moineau et des primates ?

8. Pourquoi les scientifiques ont-ils la conviction que les dinosaures ont existé, mais pas toujours existé ?

9. Voici des faits paléontologiques. Que peux-tu déduire de chacun ?

a) On trouve des coquillages typiques de mollusques d'eau salée sur les bords du lac Saint-Jean.

b) Aucun squelette de dinosaure n'a été découvert au Québec. On en trouve pourtant beaucoup en Alberta.

c) Des troncs d'arbres fossilisés typiques des régions tropicales ont été découverts à Miguasha.

d) À Saint-Félix-de-Valois, près de Joliette, on a mis au jour le plus beau fossile de mammifère marin jamais trouvé au Québec : un fossile de béluga datant d'environ 10 000 ans. C'est l'archéologue Serge Lebel de l'UQAM qui a été mandaté pour dégager le spécimen.

L'évolution des vivants, p. 302

Activité 1.4 Établis des liens évolutifs entre certains animaux

Je me prépare

L'évolution des vivants, p. 302
Les structures ancestrales, p. 304

Voici quelques animaux indigènes de notre territoire. Tu découvriras que, malgré leurs formes différentes, ces animaux ont des structures physiques communes.

CARDINAL

Animal à plumes dont les nouveau-nés se développent hors de l'eau.

GRENOUILLE

Animal qui possède quatre membres. Ses nouveau-nés se développent dans l'eau.

LAMPROIE

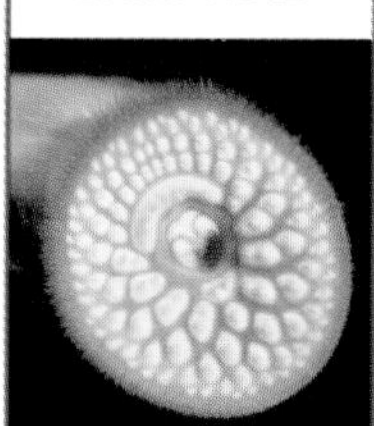

Animal qui possède un crâne, mais pas de mâchoire.

LYNX

Animal à fourrure qui se développe dans le ventre de sa mère. À la naissance, il se nourrit du lait de sa mère.

TORTUE

Animal sans plumes dont les nouveau-nés se développent hors de l'eau.

TRUITE GRISE

Animal qui possède une mâchoire, mais pas quatre membres.

Caractéristique	Animal			
	Cardinal	Grenouille	Lamproie	
Crâne				
Se développe hors de l'eau				
Lait matern				
Mâc				

1. Compare ces animaux en ce qui a trait aux caractéristiques décrites ci-dessous. Note tes réponses dans un tableau semblable à celui ci-contre.
   - → Animal dont la tête est formée par des os (**crâne**).
   - → Animal dont le nouveau-né **se développe hors de l'eau**.
   - → Animal poilu dont le nouveau-né est nourri au **lait maternel**.
   - → Animal qui possède une **mâchoire**.
   - → Animal qui possède des structures pour voler (**plumes**).
   - → Animal qui a **quatre membres** pour se déplacer.

Je passe à l'action

La taxonomie, p. 90
L'évolution des vivants, p. 302
Les structures ancestrales, p. 304

En déterminant l'âge des fossiles partageant des structures semblables, il devient possible de schématiser les grandes transformations de la vie sur Terre.

2. Voici le début d'un arbre évolutif qui lie le cardinal, la grenouille, la lamproie, le lynx, la tortue et la truite.

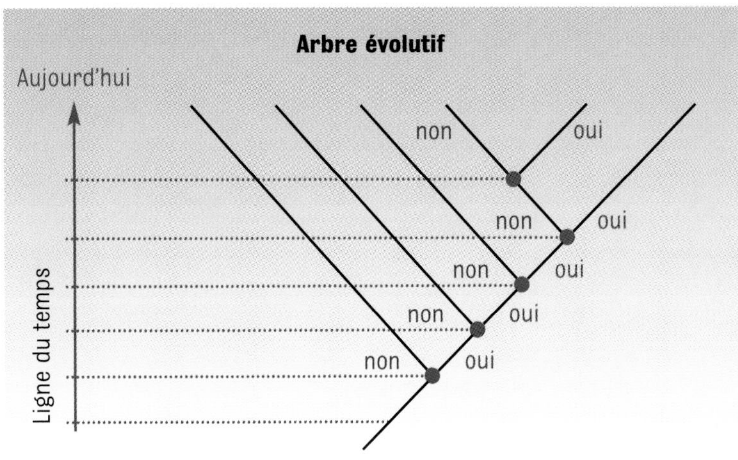

Caractéristique	Âge des premiers fossiles qui présentent cette caractéristique
Crâne	420 Ma
Se développe hors de l'eau	300 Ma
Lait maternel	220 Ma
Mâchoire	380 Ma
Plumes	130 Ma
Quatre membres	320 Ma

- Reproduis cet arbre évolutif sur une feuille.
- Complète la ligne du temps en y notant la date d'apparition des caractéristiques décrites dans le tableau ci-dessus.
- Note les caractéristiques correspondantes à droite de l'arbre évolutif.
- Associe chacun des animaux à une des branches de l'arbre évolutif.

3. Formule tes propres déductions à partir de l'arbre évolutif que tu viens de faire.

   a) Entre 220 Ma et 300 Ma, une espèce animale a commencé à se développer hors de l'eau. Cet animal a donné plusieurs autres formes de vie. Lesquelles?

   b) À quelle époque l'ancêtre commun du lynx et de la tortue a-t-il vécu? Justifie ta réponse.

   c) À quelle époque l'ancêtre commun du lynx et de la grenouille a-t-il vécu? Justifie ta réponse.

L'influence de Darwin

Les réflexions de Charles Darwin (1809-1882) sur *l'origine des espèces* ont marqué la pensée humaine. On qualifie d'ailleurs de *révolution darwinienne* l'époque des grands débats sur la transformation de la vie.

Quel fait sur l'évolution des espèces t'étonne le plus?

Je fais le point

4. Quel est le lien qui existe entre les différents groupes d'animaux que tu viens de voir?
5. On peut lire dans les journaux des phrases telles que la suivante: «Les dinosaures sont apparus il y a 200 Ma.» Quel sens donne-t-on à *apparaître* dans ce cas?
6. Comment est-il possible d'estimer l'âge d'un fossile?
7. Quel principe est à la base de l'évolution?

L'évolution des vivants, p. 302
Les structures ancestrales, p. 304

Exercices

1. Voici trois représentants des reptiles préhistoriques. Reproduis la ligne du temps ci-dessous et complète-la en y situant ces trois types de dinosaures.

→ L'apatosaure a vécu entre 67 Ma et 65 Ma.

→ Le dimétrodon a vécu entre 280 Ma et 260 Ma.

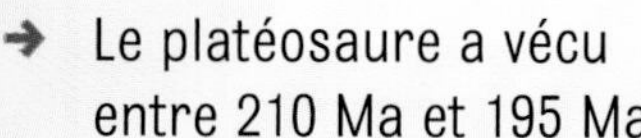

→ Le platéosaure a vécu entre 210 Ma et 195 Ma.

Activ. 1.1

2. Dans chaque cas, indique si la modification du milieu est liée à un agent physique, chimique ou biologique.

a) Les pluies acides rendent la maçonnerie des bâtiments friable.

b) La moisissure désagrège les matériaux.

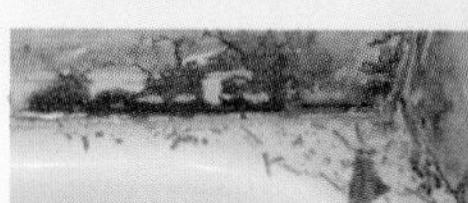

c) Les côtes des îles de la Madeleine sont faites de roches sédimentaires. C'est leur sensibilité à l'eau et au vent qui donne ce caractère au paysage madelinot.

d) L'hiver, la pluie peut figer en verglas sur les branches des arbres et les casser.

e) Les pluies acides modifient la qualité du sol et l'activité biologique des arbres.

f) La tordeuse des bourgeons de l'épinette est un insecte qui endommage les arbres.

g) Des entreprises récoltent des arbres pour l'industrie des pâtes et papiers.

Activ. 1.2

3. Les deux schémas ci-dessous montrent une coupe du sol. D'après les descriptions données, quel type de roches trouve-t-on à chacun des lieux pointés sur ces schémas?

A. Roches produites par le refroidissement lent de la lave.

B. Roches produites par la coulée de la lave d'un volcan.

C. Roches trouvées à de faibles profondeurs du sous-sol océanique.

D. Roches trouvées à de grandes profondeurs du sous-sol océanique.

Activ. 1.2

4. Les premiers animaux à squelette interne dateraient de 360 Ma. Observe le diagramme ci-dessous pour comprendre ce qui s'est passé depuis l'apparition de ces animaux.

a) Avec le temps, est-ce que la diversité de ces animaux a augmenté ou diminué?

b) Il arrive par trois fois que la diversité diminue. Qu'est-ce qui a pu causer ces événements?

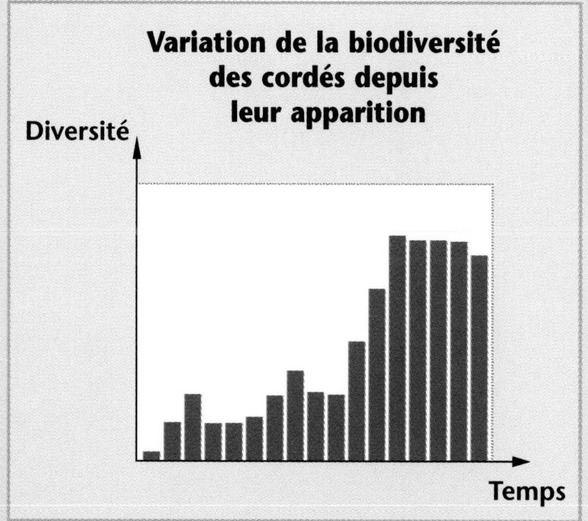

Activ. 1.3

5. Par l'étude d'ossements ressemblant beaucoup à ceux des chevaux, les paléontologues ont imaginé trois ancêtres au cheval d'aujourd'hui (*Equus*).

a) Indique à quels chevaux correspondent les ossements trouvés dans les différentes strates.

❶ *Miohippus* 33 – 29 Ma

❷ *Equus* 3,8 Ma à aujourd'hui

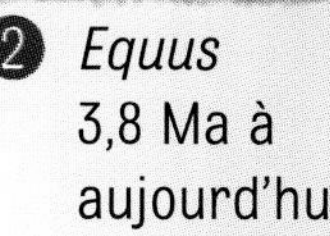

❸ *Merychippus* 17 – 11 Ma

❹ *Hyracotherium* 55 – 45 Ma

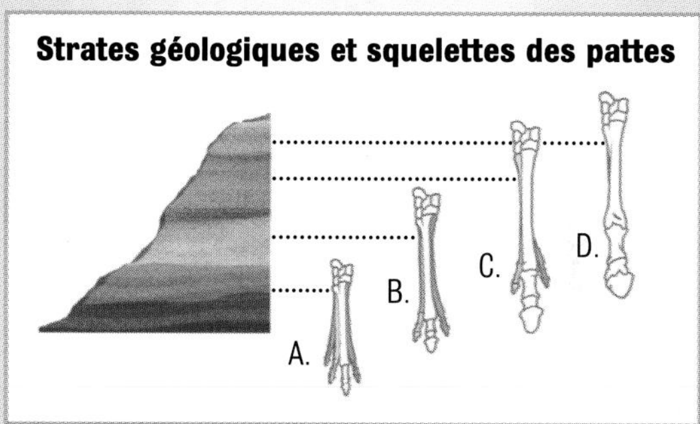

b) En te basant sur ces données, décris l'évolution des membres du cheval.

Activ. 1.3

6. Les différentes races de chiens que l'on connaît aujourd'hui ne sont pas apparues spontanément dans la nature. Comme le montre le schéma, il a d'abord fallu domestiquer un animal sauvage.

a) Les humains ont-ils domestiqué le renard ou le loup?

b) Le teckel est-il biologiquement plus proche du loup ou du renard?

c) Laquelle de ces races est la plus ancienne : le chow-chow ou le teckel?

d) Quelle est la cause de la diversité des races de chiens?

e) Qu'est-ce qui a entraîné la diversité des formes entre le renard et le loup?

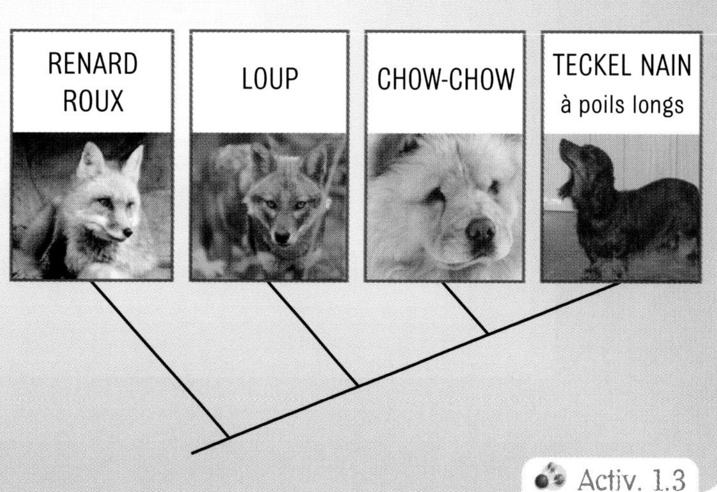

Activ. 1.3

À toi de jouer

Décris la colonisation de l'Amérique

En creusant le sol d'Afrique, d'Europe et d'Asie, les paléontologues ont découvert des ossements de tous les types d'hominidés. En Amérique, par contre, on n'a trouvé que des ossements humains (*Homo sapiens*).

LIEUX OÙ LES FOSSILES ONT ÉTÉ DÉCOUVERTS

Vieux continents (Afrique, Asie, Europe)		Continent américain
Tous les continents	*Homo sapiens*	Colombie-Britannique (Canada)
Chine Espagne Éthiopie Géorgie	*Homo erectus, Homo habilis*, etc.	Aucun
Kenya	Australopithèque	Aucun

0 Ma
2 Ma
4 Ma
12 000 ans

Tâche

À partir de certains faits de la paléontologie et de la géologie, décris à ta façon le peuplement du continent américain.

Démarche

1. Lis attentivement les faits qu'on te présente plus bas.
2. Sur une mappemonde…
   - ➜ identifie par des points **verts** quelques lieux où des fossiles d'australopithèques ont été découverts ;
   - ➜ identifie par des points **bleus** quelques lieux où des fossiles d'hominidés (*Homo erectus, Homo habilis,* etc.) ont été découverts ;
   - ➜ identifie par des points **rouges** quelques lieux où des fossiles d'*Homo sapiens* ont été découverts.
3. Associe chaque lieu de découverte à une date.
4. Compose ton scénario du peuplement de l'Amérique préhistorique en distinguant évolution et migration.

▸ Faits de la paléontologie à considérer

Plusieurs ossements d'australopithèques (4 Ma à 2 Ma) ont été découverts au Kenya et dans quelques autres pays du même continent. C'est le seul endroit du monde qui semble en contenir. Quatre pays présentent des ossements du genre *Homo*, autres que celui de l'espèce *sapiens*. Ces fossiles datent de 2 Ma à 30 000 ans. Des ossements d'*Homo sapiens* datant d'au plus 80 000 ans ont été découverts dans tous les pays du monde. Les plus vieilles traces d'*Homo sapiens* en Amérique datent de 12 000 ans. On les a trouvées en Colombie-Britannique.

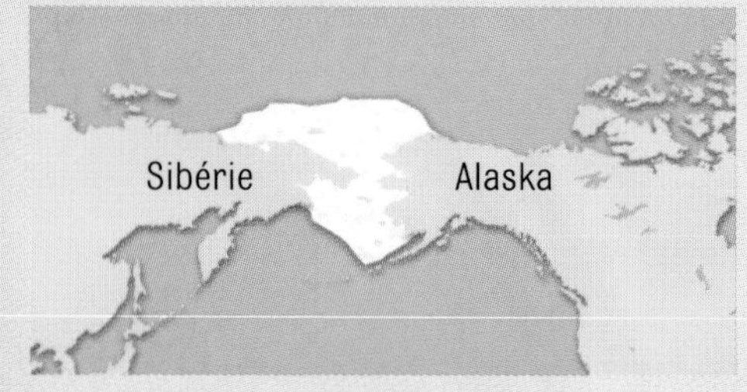

▸ Fait de la géologie à considérer

Au moment de l'apparition des premiers humains en Amérique, de larges glaciers recouvraient les hémisphères Nord et Sud, notamment le glacier de la Béringie qui reliait la Sibérie et l'Alaska.

Unité 2

Les systèmes vivants

Comment une population survit-elle ?

À toi de démontrer l'effet du milieu de vie sur les espèces.

Cœlacanthe observé dans l'océan Indien

Fossile de cœlacanthe datant de plusieurs millions d'années

Le cœlacanthe (prononcer [sélakante]) est un poisson dont on a trouvé un grand nombre de fossiles. Certains de ces fossiles sont vieux de 360 millions d'années. Comme les paléontologues n'ont jamais déterré de spécimen plus jeune que 80 millions d'années, ils ont conclu que cette espèce, longtemps très répandue sur la Terre, était éteinte.

Pourtant, en 1938, un spécimen vivant de cœlacanthe a été pêché dans l'océan Indien. Depuis, on étudie le milieu de vie de ce poisson: les caves sous-marines des profondeurs de l'océan. Ce «fossile vivant» est aujourd'hui une espèce protégée, car on estime sa population mondiale à 500 individus.

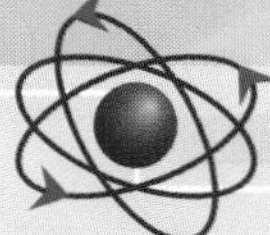

Place à la discussion

- **Pour un animal, quel est le désavantage d'être petit?**
- **Comment la faune réussit-elle à s'adapter aux conditions changeantes de notre climat? Donne quelques exemples.**
- **Pour un animal, quel est l'avantage d'être petit?**
- **Nomme une espèce animale ou végétale en voie de disparition. Qu'est-ce qui a entraîné son déclin?**
- **Nomme quelques grands prédateurs.**
- **Nomme quelques activités humaines qui ont un impact sur l'environnement.**

Activité 2.1 Décris l'adaptation d'une espèce à son milieu

savoirs

L'adaptation des vivants à leur milieu, p. 306

Je me prépare

Pour survivre dans leur milieu naturel, les animaux ont parfois besoin de modifier leur structure, leur forme ou leur comportement. Tu verras dans cette activité que ces modifications sont toujours reliées à une fonction donnée. Mais d'abord, familiarise-toi avec les notions de *fonction* et d'*adaptation*.

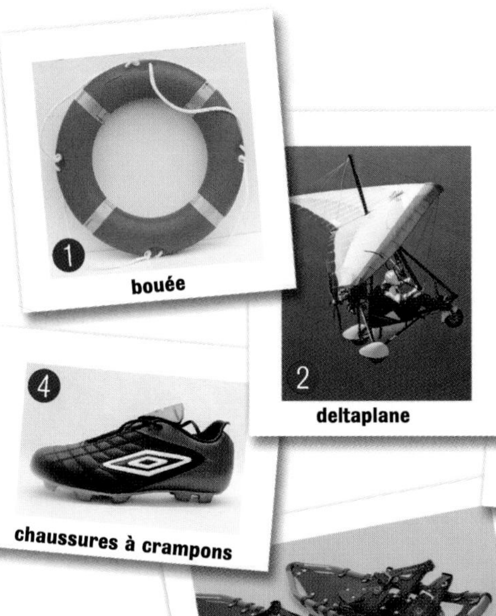

1 **bouée**

2 **deltaplane**

4 **chaussures à crampons**

5 **raquettes**

6 **luge**

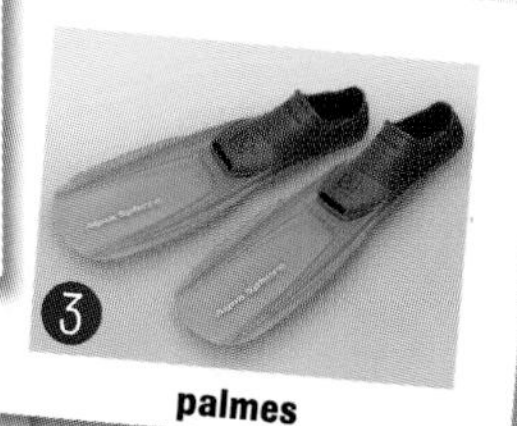

3 **palmes**

1. Les êtres humains réussissent à se déplacer dans plusieurs milieux même s'ils ne possèdent pas de membres spécialisés pour chaque fonction. Avec leurs doigts habiles et leur capacité d'investiguer et de concevoir, ils fabriquent les objets techniques nécessaires pour y arriver. Observe les photos ci-contre, puis réponds aux questions.

a) D'après la forme de l'objet, quelle est sa fonction dans le milieu où il est utilisé?

b) Donne le nom d'un animal naturellement adapté à la fonction de chaque objet.

2. On trouve des animaux vertébrés dans tous les milieux: dans l'eau, sur terre et dans les airs. Observe les animaux présentés ci-dessous, puis dresse une liste des adaptations physiques qui leur permettent de vivre dans le milieu décrit.

1 TRUITE

Les **poissons** vivent dans l'eau.

2 OUAOUARON

Généralement, les **amphibiens** vivent dans l'eau et sur terre, mais ils se reproduisent dans l'eau.

3 TORTUE

Généralement, les **reptiles** vivent et se reproduisent sur terre.

4 ÉPERVIER BRUN

Généralement, les **oiseaux** volent dans les airs.

5 CERF DE VIRGINIE

Généralement, les **mammifères** vivent et se reproduisent sur terre.

Je passe à l'action

Voyons maintenant le lien qui existe entre les structures et l'adaptation chez les animaux.

L'adaptation des vivants à leur milieu, p. 306

3. Voici cinq formes de pattes qu'on trouve chez les oiseaux.

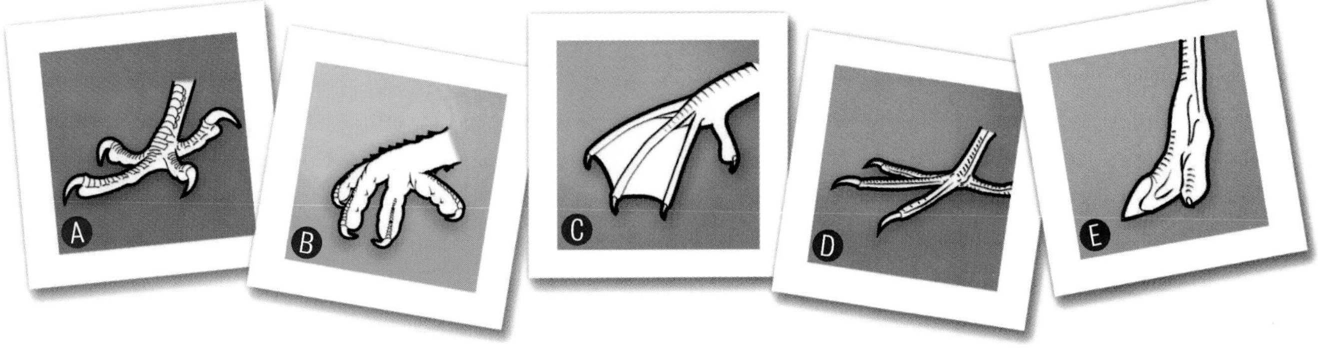

a) Quelle forme de patte semble le mieux adaptée à chacune des fonctions suivantes?

1. Nager en surface
2. S'agripper aux arbres
3. Marcher en milieu humide
4. Capturer des proies
5. Marcher sur un sol sec

b) À quelle forme de patte associes-tu chacune des espèces d'oiseaux ci-dessous? Sers-toi de la description du mode de nutrition pour trouver la réponse.

1. ÉMEU

L'**émeu** parcourt de grandes distances sur des plaines pour trouver les racines et les fruits dont il se nourrit.

2. GRAND-DUC

Le **grand-duc** se nourrit de souris.

3. PLONGEON HUARD

Le **plongeon huard** se nourrit de petits poissons qu'il trouve dans les lacs et les étangs.

4. HÉRON

Le **héron** se nourrit de grenouilles qu'il trouve dans les marécages.

5. SITTELLE

La **sittelle** se nourrit d'insectes qui envahissent les troncs d'arbres.

c) Explique en quoi la forme des pattes de chacun de ces oiseaux semble adaptée à son mode de nutrition.

La nutrition des cellules, p. 84

4. Détermine le régime alimentaire le plus probable des oiseaux ci-dessous en te basant sur la forme de leur bec. Justifie ta réponse (insectivore, piscivore, granivore, nectarivore ou herbivore) en décrivant comment l'oiseau utilise son bec.

a) PYGARGUE À TÊTE BLANCHE

b) GRAND PIC

c) MÉSANGE À TÊTE NOIRE

d) COLIBRI À GORGE RUBIS

e) BEC-CROISÉ DES PINS

f) CANARD COLVERT

5. Le chat, le cerf, la taupe et le moineau ont des formes et des comportements bien différents.

a) À quel mode de nutrition et à quel régime alimentaire associes-tu chacun de ces animaux? Inspire-toi de la forme de leur crâne pour répondre.

Mode de nutrition

1. Coupe le feuillage des arbustes et les tiges des herbes. Broie longuement sa nourriture avant de l'avaler. Actif le jour, l'animal est vulnérable aux prédateurs.
2. Tue ses proies en les mordant au cou. Ses dents servent également à déchirer la peau et la viande. L'animal est actif principalement à l'aurore et au crépuscule.
3. Se nourrit principalement de moustiques et de baies. Son squelette léger lui permet d'être actif dans les airs.
4. Se nourrit principalement de larves et de vers en creusant des tunnels. Ses yeux sont petits et faibles.

Régime alimentaire

A. Herbivore
B. Insectivore et frugivore
C. Insectivore et carnivore
D. Carnivore

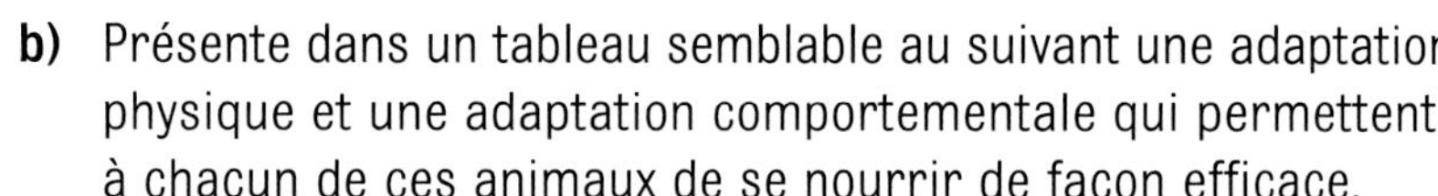

b) Présente dans un tableau semblable au suivant une adaptation physique et une adaptation comportementale qui permettent à chacun de ces animaux de se nourrir de façon efficace.

Adaptation	Chat	Cerf	Taupe	Moineau
physique				
comportementale				

Je fais le point

6. Décris sur une fiche les transformations d'un animal de ton choix pour s'adapter à son milieu.

savoirs
L'adaptation des vivants à leur milieu, p. 306

Espèce animale:		
Transformation	**Besoin**	**Fonction**

7. Selon toi, l'animal que tu as choisi est-il parfaitement adapté à son milieu?

Activité 2.2 Suis une investigation sur la variation d'une population

Je me prépare

savoirs
Le concept de population, p. 308

Connais-tu l'expression populaire «se reproduire comme des lapins»? Elle signifie qu'un phénomène initialement petit se propage tellement rapidement qu'il devient vite envahissant. L'expression a pour origine la prodigieuse capacité des lapins et des lièvres à se reproduire. Voici quelques statistiques sur la reproduction des lièvres.

- Une hase (femelle du lièvre) donne généralement naissance à quatre levrauts (jeunes lièvres). Autrement dit, il y a en moyenne quatre levrauts par portée.
- Dans une portée, la proportion de mâles et de femelles est de 50%.
- Une hase peut avoir jusqu'à trois portées par année.
- En moyenne, une hase vit deux ans.

Lièvre d'Amérique

1. Selon ces statistiques sur la reproduction des lièvres, à combien de levrauts une hase peut-elle théoriquement donner naissance dans sa vie?

Nombre de levrauts par portée	×	Nombre de portées par année	×	Nombre d'années	=	Nombre total de levrauts

***Descendant**
Individu issu d'une reproduction.

2. Après deux ans, combien d'individus sont issus d'un couple de lièvres et de ses descendants*? Pour trouver la réponse, tu auras à faire les calculs suivants pour chacune des périodes de quatre mois:

- → calcul du nombre de hases;
- → calcul du nombre de levrauts qui peuvent naître de ces hases;
- → calcul du nombre de lièvres (population totale).

Calcul de la population

Portée	Nombre de parents	Nombre de hases	Nombre de levrauts	Population de lièvres
1	**2**	**1**	**4**	**?**
2	**?**	**?**	**?**	**?**
3	**?**	**?**	**?**	
4	**?**	**?**		
5	**?**			
6	**?**			
7				

3. La capacité des lièvres à se reproduire est phénoménale. Heureusement, plusieurs facteurs naturels empêchent l'envahissement de la Terre par les lièvres. Observe l'illustration de la communauté de la page suivante et réponds aux questions.

a) Combien de populations de vivants y a-t-il sur ce territoire?

b) Combien y a-t-il d'individus dans chacune des populations?

c) Quels sont les producteurs?

d) Quels sont les consommateurs primaires?

e) Quels sont les consommateurs secondaires?

f) Propose quelques facteurs de l'environnement du lièvre qui pourraient faire diminuer sa population.

Je passe à l'action

Suis maintenant les étapes d'une investigation menée par des biologistes pour décrire la variation de la population de lièvres sur un territoire donné. Même si tu ne fais pas les manipulations, tu peux faire des déductions utiles. Note ces déductions à chaque étape de l'investigation dans un rapport de laboratoire.

Prends connaissance du problème et de l'investigation réalisée.

Le concept de population, p. 308
Les relations alimentaires, p. 310
Les relations biotiques entre vivants, p. 312

Le rapport de laboratoire, p. 372
Présenter ses résultats, p. 392

Le problème

La population du lièvre d'Amérique augmente-t-elle sans cesse sur le territoire?

Hypothèse

4. Après avoir pris connaissance de la manipulation et du matériel à utiliser, formule ton hypothèse.

Manipulation

> Les biologistes sélectionnent une région habitée par le lièvre d'Amérique.
> Cette région est divisée en quadrats* de 1 km × 1 km.
> Un nombre égal de pièges sont installés dans chaque quadrat.
> Après un certain temps, les pièges sont visités et les prises sont marquées, décrites, puis libérées.
> À la fin de l'investigation, les biologistes observent à nouveau la population de lièvres dans la région sélectionnée.

Matériel

- Carte géographique
- Pièges à lièvres
- Instrument pour mesurer la distance

***Quadrat**
Division d'un terrain sur lequel on fait des observations écologiques. Il est généralement de forme carrée.

Résultats

Début de l'investigation

Nombre de lièvres piégés dans chaque quadrat

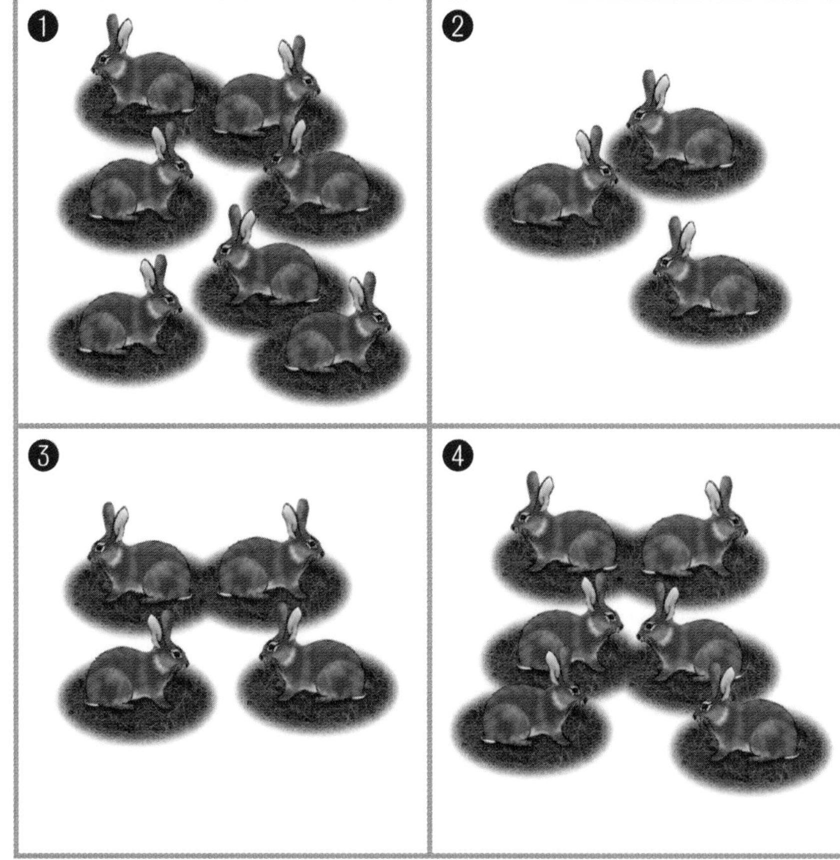

Fin de l'investigation

- ✔ En moyenne, 200 levrauts par quadrat sont devenus adultes.
- ✔ En moyenne, 300 lièvres par quadrat sont morts.
- ✔ En moyenne, 100 lièvres par quadrat ont quitté le territoire.
- ✔ En moyenne, 50 nouveaux lièvres sont arrivés sur le territoire.

5. Au début de l'investigation, quelle est la densité de population de lièvres sur le territoire étudié ? Exprime ta réponse en lièvres par quadrat et en nombre moyen de lièvres par kilomètre carré.

6. À la fin de l'investigation, les biologistes ont-ils constaté une augmentation ou une diminution de la population de lièvres ?

7. Présente dans un diagramme à bandes les densités moyennes de population de lièvres au cours de l'investigation.

Les cerfs d'Anticosti

Vers 1896, un passionné de la chasse a introduit 220 cerfs de Virginie sur l'île d'Anticosti. Dans ce milieu couvert de sapins et sans prédateurs, les animaux se sont vite multipliés. Il y a aujourd'hui environ 120 000 bêtes sur l'île, soit près de 400 fois plus qu'il y a 100 ans. Mais la belle forêt qui recouvrait le territoire est maintenant réduite de moitié. L'équilibre du milieu n'est donc plus le même. Pour assurer la survie des animaux, les scientifiques pensent qu'il faudrait limiter le nombre de têtes à moins de 60 000.

Crois-tu que la chasse sportive offrirait une solution acceptable dans ce cas ?

Analyse et conclusion

8. Résume les résultats de l'investigation.

9. Est-ce que ces mesures de la densité de population sont précises? Sont-elles pertinentes? Justifie ta réponse.

10. Est-ce que ces résultats confirment ou infirment ton hypothèse?

Avant de rédiger leur rapport final, les biologistes ont consulté les résultats d'une autre investigation. Cette étude mettait en relation les populations de lièvres et de lynx d'un secteur donné pendant 90 ans.

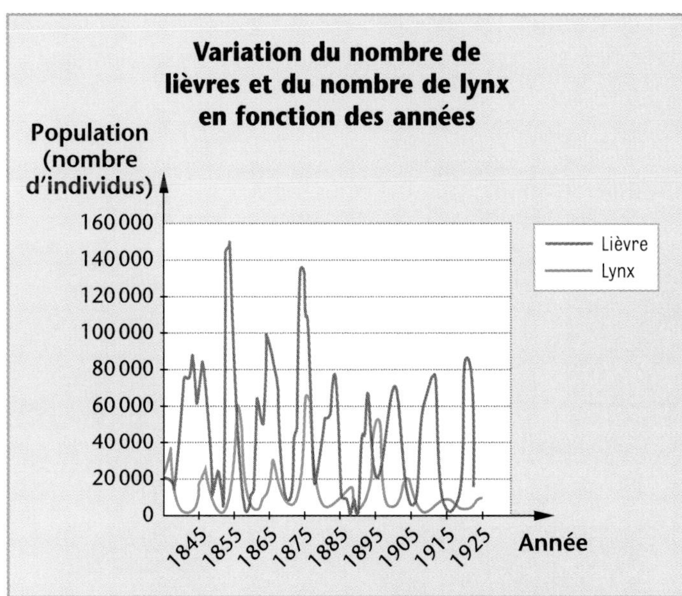

Le lièvre d'Amérique et le lynx du Canada partagent le même habitat. Le lièvre est un herbivore, alors que le lynx est un carnivore.

Des documents historiques au service des scientifiques

Les investigations scientifiques sur les animaux ne se font pas toutes sur le terrain. Dans certains cas, c'est à partir de documents historiques qu'on tire des conclusions. Par exemple, en analysant les livres comptables de la Compagnie de la Baie d'Hudson des 200 dernières années, des scientifiques ont compris que les populations de lièvres et de lynx varient de façon cyclique.

11. Tire du graphique ci-dessus quelques données sur la population de lièvres et de lynx à différentes années.

12. Ces résultats confirment-ils ceux de l'investigation que tu viens d'analyser? Justifie ta réponse.

Je fais le point

13. Nomme des phénomènes qui auraient pu causer cette variation de population chez les lièvres.

14. Présente une chaîne alimentaire qui inclut le lièvre.

15. Que signifie l'expression *équilibre naturel*?

Le concept de population, p. 308
Les relations alimentaires, p. 310

16. Le lemming d'Ungava est un petit rongeur de l'Arctique québécois.

- Son régime alimentaire est constitué principalement d'herbes, de baies et de mousses.
- Ses prédateurs sont l'hermine, le harfang des neiges, le renard arctique et le loup gris. Ces trois derniers peuvent aussi s'attaquer à l'hermine. Occasionnellement, des oisillons du harfang des neiges sont mangés par le renard arctique. Les renardeaux, eux, sont mangés par le loup gris.
- L'être humain chasse l'hermine, le renard et le loup pour leur fourrure. Il ne consomme pas leur chair.
- En Arctique, les insectes et les micro-organismes sont actifs principalement l'été, alors que la partie superficielle du sol se réchauffe.

LEMMING

LOUP GRIS

RENARD ARCTIQUE

INSECTES ET MICRO-ORGANISMES

HARFANG DES NEIGES

BAIES

HERBES

MOUSSES

HERMINE

a) Classe les vivants dont on vient de parler selon qu'ils sont des producteurs, des consommateurs ou des décomposeurs.

b) Prépare une chaîne alimentaire qui inclut le lemming et le harfang des neiges.

c) Le lemming connaît d'importantes fluctuations de population. D'une année à l'autre, sa population peut se multiplier par 10, par 20 ou même par 100. Mais tous les quatre ans environ, sa population s'effondre naturellement, presque à l'extinction. D'après toi, que se passe-t-il avec la population du harfang des neiges lorsque celle du lemming s'effondre?

Mythe ou réalité?

Certaines personnes affirment que les lemmings se jettent en bas des falaises tous les quatre ans. On peut même lire cette information dans quelques livres. Mais c'est absolument faux. Le mythe du suicide des lemmings a été créé au cinéma. Un trucage simple a fait croire que les animaux se lançaient dans le vide alors qu'ils sautaient de petites buttes.

Sais-tu distinguer les trucages de la réalité? Comment peux-tu t'assurer que l'information est vraie?

Défi Estimation de la population d'un écosystème

Un écosystème peut être aussi vaste qu'une planète ou aussi petit que la paume de ta main.

Le concept de population, p. 308

1. Choisis un terrain.
2. Décris ce milieu en donnant ses caractéristiques physiques : ombragé ou ensoleillé, sec ou humide, chaud ou froid, etc.
3. Délimite un quadrat de 500 mm × 500 mm au moyen d'une règle, de quatre petits piquets et d'une corde.
4. Détermine le nombre d'individus d'une des espèces qui vivent dans ce quadrat.
5. Répète l'opération deux ou trois fois, puis évalue la population totale de cette espèce sur ton terrain.

Dans la cour de ton école, des écosystèmes différents abritent une variété de vivants.

Activité 2.3 Suis une investigation sur la capacité d'une population à s'adapter

Je me prépare

L'adaptation des vivants à leur milieu, p. 306

Le guppy (*Pœcilia reticulata*) est un petit poisson dont le milieu naturel se trouve aux Antilles. Ce poisson est une espèce que l'on voit souvent dans les aquariums. Les guppys sont appréciés des amateurs, car les mâles sont souvent très colorés. Pour leur part, les femelles sont toujours ternes.

À l'état sauvage, la coloration des guppys mâles varie d'un habitat à l'autre. Dans certains étangs, les guppys mâles sont généralement colorés. Dans d'autres, ils sont généralement ternes. Un biologiste a cherché à comprendre pourquoi.

Voici son questionnement initial :

→ Une population de guppys ternes peut-elle produire une descendance de guppys colorés ?

→ Une population de guppys colorés peut-elle produire une descendance de guppys ternes ?

→ Si la descendance de guppys s'adapte en transformant sa coloration, quels besoins cherche-t-elle à combler ?

Guppys mâles plus ou moins colorés

1. Classe les mâles illustrés selon l'intensité de leur coloration : très terne, plutôt terne, plutôt coloré et très coloré.

2. Nomme trois besoins qui peuvent mener une espèce à s'adapter.

3. Selon toi, quel avantage pour un guppy mâle représente le fait d'être...

a) coloré ?

b) terne ?

Je passe à l'action

Suis les étapes de l'investigation menée par le biologiste dans le but de comprendre pourquoi la coloration des guppys est différente d'un milieu de vie à un autre. Sans effectuer les manipulations, tu peux faire des déductions utiles. Note ces déductions à chaque étape de l'investigation dans un rapport de laboratoire.

savoirs

L'adaptation des vivants à leur milieu, p. 306
La sélection naturelle, p. 313

Le rapport de laboratoire, p. 372
Présenter ses résultats, p. 392

Le problème

Les guppys sont très colorés dans certains milieux de vie, mais ternes dans d'autres. Cette coloration des guppys est-elle le résultat d'une adaptation au milieu?

Hypothèse

4. Voici quatre hypothèses valides qui auraient pu diriger l'investigation. Choisis celle qui te semble expliquer le mieux la variation de coloration des guppys.

Hypothèse 1
La coloration des guppys dépend de besoins liés à la **nutrition**. La descendance des guppys devient de plus en plus colorée lorsque l'eau est propre. Lorsque l'eau est polluée, la coloration se ternit. Mais dans un même milieu, la coloration des parents et de leurs descendants change peu parce la qualité de l'eau reste la même.

Hypothèse 2
La coloration des guppys dépend de besoins liés à la **protection**. La descendance des guppys devient de plus en plus terne lorsqu'il y a beaucoup de prédateurs. Ainsi, les descendants deviennent de moins en moins visibles aux prédateurs. Lorsqu'il y a peu de prédateurs, la coloration des parents et de leurs descendants change peu.

Hypothèse 3
La coloration des guppys dépend de besoins liés à la **reproduction**. La descendance des guppys devient de plus en plus colorée parce que les femelles préfèrent les mâles colorés pour se reproduire. Lorsqu'il y a beaucoup de femelles, la coloration des parents et de leurs descendants change peu.

Hypothèse 4
La coloration des guppys dépend de besoins liés à la **protection** et à la **reproduction**. La descendance des guppys se colore ou se ternit selon les pressions exercées par le milieu. La coloration s'accentue lorsqu'il y a peu de prédateurs parce que les femelles préfèrent les mâles colorés. Ou encore, la coloration diminue lorsqu'il y a beaucoup de prédateurs parce que les mâles colorés sont plus faciles à repérer.

Pour concrétiser son investigation, le biologiste a créé trois étangs (milieux artificiels) où l'eau était de qualité semblable. Voici en quoi a consisté son expérimentation.

Matériel

Dans chaque milieu

- 100 guppys femelles
- 25 guppys mâles très ternes
- 25 guppys mâles plutôt ternes
- 25 guppys mâles plutôt colorés
- 25 guppys mâles très colorés

Selon le milieu

- Poissons qui se nourrissent parfois de guppys (prédateurs peu voraces)
- Poissons qui se nourrissent surtout de guppys (prédateurs très voraces)

Manipulation

1. Placer 100 mâles et 100 femelles dans chacun des trois milieux.
2. Modifier les milieux selon les critères suivants.
   > **Milieu 1 :** Ajouter des prédateurs peu voraces.
   > **Milieu 2 :** Ajouter quelques prédateurs peu voraces et quelques prédateurs très voraces.
   > **Milieu 3 :** Ajouter des prédateurs très voraces.
3. Après 200 semaines, soit approximativement huit générations, compter les guppys mâles de chacune des populations en les classant selon leur coloration.

Une fois le temps de l'expérience écoulé, le biologiste a classé, puis compté les guppys de chaque milieu. Prends connaissance des résultats ci-dessous, puis complète le travail.

Résultats

	Nombre de guppys mâles			
Coloration des guppys mâles	**Situation initiale**	**Milieu 1**	**Milieu 2**	**Milieu 3**
très ternes	25	3	0	122
plutôt ternes	25	26	70	9
plutôt colorés	25	46	137	62
très colorés	25	156	18	29
Population de mâles à la fin de l'expérience	**100**	**230**	**225**	**222**

5. Compare les résultats de chacun des milieux en transformant les données du tableau ci-dessus en pourcentages.
6. Présente ces données dans des diagrammes à bandes.

Analyse et conclusion

7. Selon les résultats obtenus...
   a) la qualité de l'eau des étangs fait-elle varier la couleur des guppys? Justifie ta réponse.
   b) les femelles préfèrent-elles des mâles colorés pour se reproduire? Justifie ta réponse.
   c) les prédateurs mangent-ils principalement des mâles colorés? Justifie ta réponse.
8. Est-ce que les résutats confirment ou infirment ton hypothèse?
9. En conclusion, quels facteurs ont une influence sur la coloration des guppys?

Je fais le point

11. Les conclusions de l'investigation sur les guppys permettent de proposer quelques explications chez d'autres vivants. Dans chacun des cas suivants, l'adaptation physique te semble-t-elle davantage reliée aux préférences des femelles ou au besoin d'échapper à des prédateurs?
    a) Le chardonneret mâle est un oiseau jaune vif, alors que la femelle est plutôt terne.
    b) Les castors mâles et femelles construisent des huttes.
    c) L'éléphant de mer mâle est beaucoup plus gros que la femelle.
    d) À l'automne, le mâle de l'orignal émet fréquemment de forts cris.
    e) Le pelage des lièvres arctiques mâles et femelles est blanc l'hiver et brun l'été.
12. Quels éléments font d'un rapport de laboratoire un travail de qualité?

L'adaptation des vivants à leur milieu, p. 306
La sélection naturelle, p. 313

Le rapport de laboratoire, p. 372

L'adaptation des plantes

Il n'y a pas que les animaux qui s'adaptent à leur milieu. Les plantes aussi le font. Comme tu l'as vu au module 2, la sarracénie pourpre offre un bon exemple d'adaptation. La couleur de ses fleurs attire les insectes, ce qui assure sa pollinisation. Et le nectar qu'elle sécrète guide les insectes au fond des vases formés par les feuilles. La décomposition des insectes pris au piège fournit à la plante les sels minéraux dont elle a besoin.

L'être humain est-il parfaitement adapté à son milieu?

Activité 2.4 Fais le récit du changement d'une population

La notion d'écosystème, p. 314
Le fragile équilibre des écosystèmes, p. 315

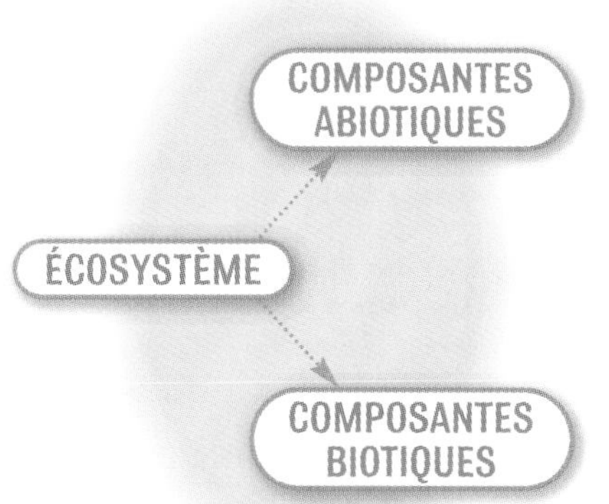

Je me prépare

Les milieux de vie sont constamment modifiés. Cela a nécessairement un impact sur les populations qui y vivent. L'équilibre des écosystèmes est donc fragile. Voulant illustrer ce phénomène, une scénariste te demande de faire le récit d'un changement dans la population d'une espèce. Le récit doit inclure plusieurs des termes scientifiques utilisés dans le cadre des questions 1, 2 et 3.

1. Classe les termes suivants dans un réseau selon qu'ils appartiennent à une composante abiotique ou à une composante biotique d'un écosystème.

MILIEU DE VIE	ÉNERGIE SOLAIRE
EAU	CLIMAT
INDIVIDU	SOL
POPULATION	AIR

2. Donne un exemple de changement qui peut survenir dans chacun des trois milieux suivants. Décris l'impact que le changement peut avoir sur les vivants du milieu.

a) Atmosphère

b) Lithosphère

c) Hydrosphère

3. Quel impact peut avoir chacun des changements suivants sur les vivants d'un milieu naturel?

a) Augmentation du nombre de prédateurs

b) Diminution du nombre de producteurs

c) Réduction de l'espace par l'activité humaine

d) Fermeture de la chasse

e) Disparition d'une des composantes abiotiques

f) Disparition de tous les végétaux

g) Introduction de deux espèces qui ont la même niche écologique

h) Changement brusque

i) Changement progressif

j) Pollution

Je passe à l'action

→ Choisis ton sujet de récit parmi les quatre qui sont proposés.

L'histoire de la Terre, p. 292
L'extinction massive des espèces, p. 293
Les relations biotiques entre vivants, p. 312

Sujet 1 : Le trilobite

Les trilobites sont des animaux marins qui sont apparus il y a 570 millions d'années. Les nombreux fossiles découverts indiquent que les trilobites étaient très répandus.

Les trilobites ont disparu il y a 250 millions d'années, soit bien avant l'apparition des poissons et des dinosaures.

Sujet 2 : Le mammouth laineux

Le mammouth laineux trouvait un habitat favorable dans les forêts d'épinettes de l'Amérique du Nord. Il avait la taille de l'éléphant d'aujourd'hui, mais il était pourvu d'une fourrure épaisse qui le protégeait du froid.

Le mammouth laineux a disparu subitement il y a près de 10 000 ans. Cette extinction coïncide avec l'arrivée de l'homme sur le continent et la fin d'une ère glaciaire.

Sujet 3 : L'opossum d'Amérique

Les premiers mammifères étaient des marsupiaux. Chez les marsupiaux, le développement du fœtus se fait hors du ventre de la mère. Ces animaux représentent la forme la plus ancienne des mammifères.

L'opossum est le seul marsupial de l'Amérique du Nord. La situation est très différente en Australie où la majorité des mammifères sont des marsupiaux.

Sujet 4 : Le caribou des bois

En 1950, il y avait une population d'environ 1000 caribous des bois dans la péninsule gaspésienne. En 1970, il n'en restait plus que 200, puis la population s'est stabilisée.

Des investigations récentes révèlent que la population de caribous des bois connaît à nouveau un déclin.

trilobite

mammouth laineux

opossum d'Amérique

caribou des bois

Le remue-méninges, p. 380

- Joins-toi à trois élèves qui ont fait le même choix que toi.
- Pendant 10 minutes, échangez des idées sur les causes de transformations qui ont modifié la situation du vivant que vous avez choisi.
- Rédigez un texte d'environ 100 mots sur le changement qu'a subi la population de cette espèce.

Présentation devant la classe

- Déléguez une personne pour lire à la classe la première version de votre récit et répondre aux questions de l'auditoire.
- Écoutez les autres présentations.
- Notez les faits nouveaux présentés par les autres équipes.
- Évaluez l'utilisation des termes scientifiques dans chacun des récits proposés.

Je fais le point

4. Rédigez votre récit au propre en y ajoutant les éléments pertinents relevés lors des présentations.
5. Joignez au récit un schéma illustrant...
   a) une chaîne alimentaire du vivant choisi ;
   b) l'écosystème de ce vivant : une communauté et un milieu de vie.
6. Discutez en groupe des causes possibles de changements dans une population.

Les relations alimentaires, p. 310
La notion d'écosystème, p. 314

Sauvons le chevalier cuivré

Le chevalier cuivré est un poisson que l'on trouve uniquement au Québec. Cette espèce a la particularité de se nourrir de mollusques. Comme ses dents robustes sont adaptées au broyage de la coquille, ce poisson pourrait même jouer un rôle important dans le combat contre la moule zébrée qui a envahi nos eaux.

La population de chevaliers cuivrés de la rivière Richelieu est toutefois en déclin. L'espèce est même considérée comme menacée. Une loi protège donc le chevalier cuivré.

Dénoncerais-tu une personne qui a pêché un chevalier cuivré ?

Exercices

1. Les outils illustrés ci-dessous ont été conçus par les humains pour accomplir des tâches manuelles. Détermine la ou les fonctions de l'outil (arracher, couper, plier, serrer, tenir) d'après sa **forme**.

a) PINCE À BEC FIN

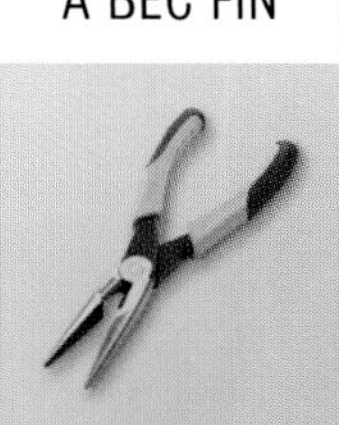

b) PINCE MULTIPRISE

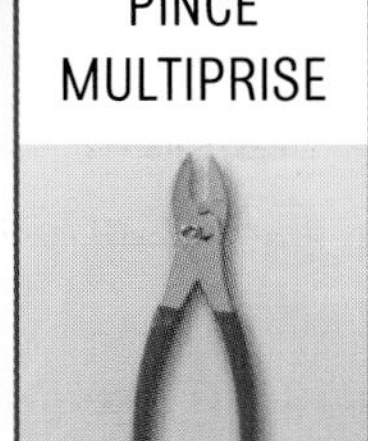

c) PINCE COUPANTE

d) PINCE-ÉTAU

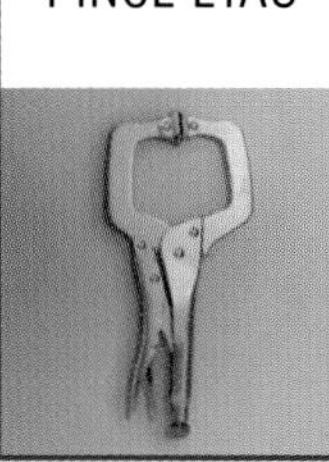

e) PINCE D'ÉLECTRICIEN

Activ. 2.1

2. D'après la forme du bec, quel est le régime alimentaire le plus probable des oiseaux ci-dessous ? Justifie ta réponse en décrivant comment le bec est utilisé.

a) HIRONDELLE NOIRE

b) GRAND CORMORAN

c) CARDINAL

Activ. 2.1

3. À quelles fonctions les membres des mammifères illustrés ci-dessous sont-ils adaptés ?

a) LYNX DU CANADA

b) TAMIA RAYÉ

c) PHOQUE COMMUN

d) CHAUVE-SOURIS ARGENTÉE

e) LIÈVRE D'AMÉRIQUE

Activ. 2.1

4. Présente une chaîne alimentaire qui inclut le loup et le cerf.

Activ. 2.2

5. Si le quadrat illustré représente une région de 1 km × 2 km, quelle est la densité au kilomètre carré de chacune des populations?

Activ. 2.2

6. Quel besoin a mené à l'adaptation de chacun des animaux suivants?

a) OURS POLAIRE

Grâce à sa fourrure blanche, l'ours polaire peut chasser sans être vu.

b) TANGARA ÉCARLATE

En hiver, le mâle et la femelle ont un plumage verdâtre. Au printemps, le corps du mâle devient écarlate et ses ailes, noires.

c) ÉCUREUIL VOLANT

L'écureuil volant se nourrit dans les arbres. La mince couche de tissu qui relie ses membres lui permet de faire des vols planés.

d) PORC-ÉPIC D'AMÉRIQUE

Le porc-épic d'Amérique est couvert de longs poils durs. Lorsqu'il se sent en danger, il s'immobilise en bombant le dos.

Activ. 2.3

7. Certains chats, appelés *chats à mitaines,* ont un doigt de plus aux pattes que les autres chats. Cela leur en fait six. Cette mutation n'apporte généralement pas d'avantage ou de désavantage au chat. Plusieurs légendes circulent néanmoins sur les chats à mitaines.

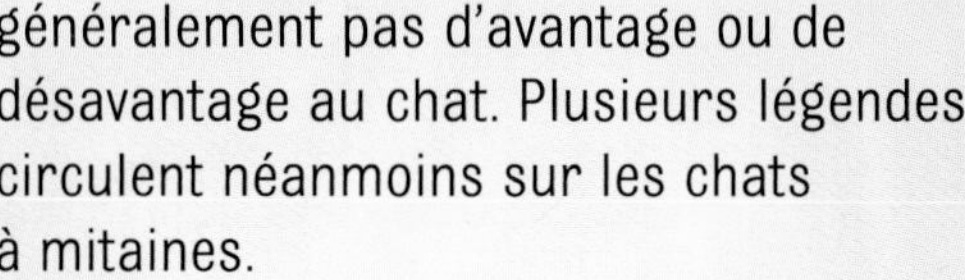

Légende de marins

Les marins ont longtemps préféré les chats à mitaines. Ils les disaient plus intelligents et plus habiles pour capturer les souris. Les chats à mitaines ont ainsi accompagné les marins à la conquête du monde.

Légende de villageois

De nombreux villageois d'Europe croyaient que les chats à mitaines étaient de petits démons. Comme on les associait aux sorcières et à la magie noire, on ne se gênait pas pour les éliminer.

En te basant sur ces légendes, complète les phrases suivantes:

a) En Europe, les chats à mitaines sont [nombreux *ou* rares] parce que...

b) En Amérique, les chats à mitaines sont [nombreux *ou* rares] parce que...

Activ. 2.3

8. Les illustrations ci-dessous représentent différents niveaux d'organisation de la vie.

a) Associe un des termes suivants à chacune des illustrations.

BIOSPHÈRE COMMUNAUTÉ ÉCOSYSTÈME INDIVIDU POPULATION

b) Classe les illustrations, du plus petit niveau d'organisation au plus grand.

Activ. 2.4

9. Au parc de Miguasha, on a découvert des fossiles d'arbres tropicaux vieux de 300 Ma. Pourtant, aucune plante tropicale ne pourrait survivre à nos hivers aujourd'hui.

Qu'est-ce qui pourrait expliquer ce changement de végétation?

Activ. 2.4

À toi de jouer

Prépare-toi pour une entrevue sur un animal vertébré

Les médias utilisent fréquemment l'entrevue pour informer la population. Or, il est fréquent que les questions posées par l'animateur ou l'animatrice soient déjà connues des invités. Les invités ont donc l'occasion de se préparer avant d'être interviewés sur les ondes.

Prépare-toi pour une entrevue sur les caractéristiques qui illustrent l'adaptation d'un animal à son milieu. C'est ton enseignant ou ton enseignante qui dirigera l'entrevue.

Thèmes

- ✔ Caractéristiques physiques
- ✔ Comportement social
- ✔ Régime alimentaire
- ✔ Prédateurs
- ✔ Habitat
- ✔ État des populations

1. Joins-toi à trois élèves et choisissez un animal vertébré de votre région.
2. Faites ensemble une recherche sur cet animal en vous documentant sur les six thèmes proposés.
3. Préparez deux questions pour chacun des six thèmes.
4. Rédigez les réponses à ces 12 questions et assurez-vous que tous les membres de l'équipe sont en mesure d'y répondre. Deux questions de la liste seront posées à chacun des membres de l'équipe.
5. Soumettez-vous à l'entrevue.

Unité 3

Le système solaire

Les corps célestes ont-ils un effet sur la Terre ?

Tu le découvriras en analysant les conséquences de l'impact d'un météorite.

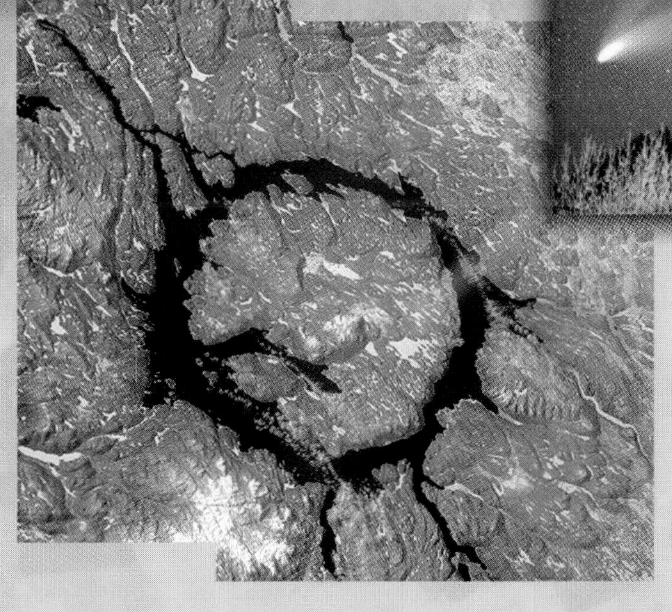

Voici une photographie satellite du lac Manicouagan, situé au nord du Québec. Ce lac en forme d'anneau de 100 km de diamètre est extraordinaire. Son origine l'est tout autant.

Le lac Manicouagan s'est formé à la suite de l'impact d'un météorite géant il y a 214 millions d'années.

Comme en témoignent les fossiles de cette époque, la collision a été catastrophique : 50 % des espèces qui vivaient à ce moment-là sont disparues. Les conséquences de cet événement sur les dinosaures ne sont pas encore claires. Néanmoins, beaucoup de faits laissent croire que l'impact a entraîné une extinction massive des espèces.

Place à la discussion

- **On observe de nombreux cratères sur la Lune. Pourquoi n'y en a-t-il pas autant sur la Terre ?**
- **Qu'est-ce qu'une extinction massive ? Qu'est-ce qui peut causer une telle catastrophe, à part un météorite ?**
- **Pourquoi la Station spatiale internationale ne tombe-t-elle pas sur la Terre ?**
- **Lorsqu'on installe une antenne parabolique, il faut l'orienter vers un endroit précis du ciel. Pourquoi ?**
- **Certains satellites sont toujours au-dessus du même point de la Terre. Ces satellites bougent-ils ?**
- **On dit que les Australiens vivent la tête en bas. Mais est-ce vrai ?**

Activité 3.1 Décris le mouvement de corps célestes

savoirs

La composition du système solaire, p. 318
L'attraction des planètes, p. 321

Comment faire un dessin, p. 393

Je me prépare

À l'aide de leurs télescopes, les astronomes ont repéré des milliers de corps célestes autour de la Terre. Ils observent depuis longtemps les planètes et les étoiles, mais aussi des comètes et des astéroïdes. La comète de Halley et les astéroïdes Iris et Toutatis en sont des exemples.

Le schéma ci-dessous montre la trajectoire de ces corps célestes dans notre système solaire.

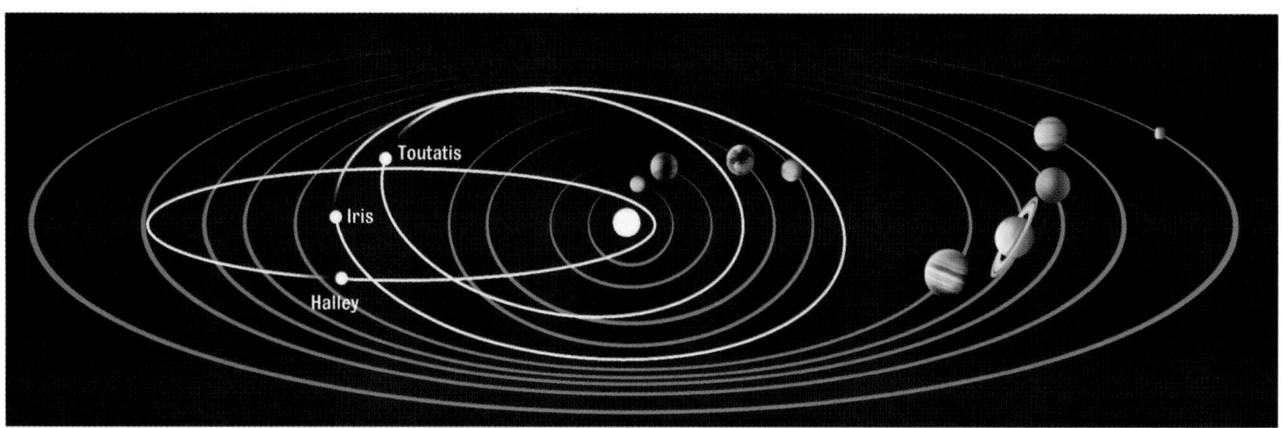

1. Reproduis le schéma ci-dessus, puis complète ton schéma en ajoutant le nom des astres.
   - **a)** Quelles sont les planètes telluriques qui possèdent une atmosphère?
   - **b)** Quelles sont les petites planètes qui ne possèdent pas d'atmosphère?
   - **c)** Quel corps céleste produit de la lumière et de la chaleur?
   - **d)** Nomme les planètes joviennes, en commençant par celle qui est la plus proche de nous.
2. Si tu voulais évaluer le risque de collision d'Iris, de Toutatis et de Halley avec la Terre, il faudrait que tu tiennes compte de la composition, du diamètre et de la masse de chacun de ces corps célestes.
   - **a)** À diamètre égal, quel corps a la plus grande masse: une comète ou un astéroïde? Pourquoi?
   - **b)** Sachant qu'Iris a un diamètre 40 fois plus grand que Toutatis, lequel de ces astéroïdes est le plus massif?
   - **c)** Sachant que Toutatis et Halley ont des masses comparables, lequel de ces corps célestes a le plus grand diamètre?

À la recherche de comètes

L'astronome Carolyn Shoemaker est la personne qui a découvert le plus grand nombre de comètes à ce jour: 230.

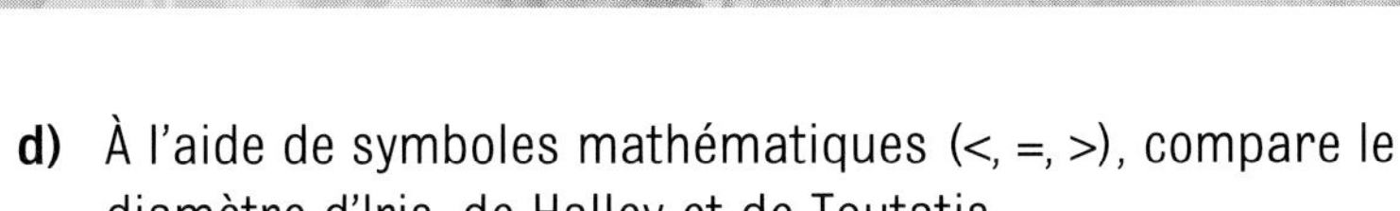

d) À l'aide de symboles mathématiques (<, =, >), compare le diamètre d'Iris, de Halley et de Toutatis.

e) À l'aide de symboles mathématiques (<, =, >), compare la masse d'Iris, de Halley et de Toutatis.

 Je passe à l'action 

Le problème

Iris, Toutatis et Halley suivent tous une trajectoire courbe autour du Soleil. Mais voyagent-ils à la même vitesse? Pour le déterminer, on te suggère de simuler leur mouvement au moyen de pendules.

savoirs

L'attraction des planètes, p. 321

Hypothèse

3. D'après toi, quel corps devrait voyager le plus vite: Iris, Toutatis ou Halley?

Comme les orbites d'Iris et de Toutatis sont semblables, tu peux considérer que ces orbites ont le même diamètre dans le cadre de ton investigation. Considère aussi que les masses de Halley et de Toutatis sont identiques.

4. Que choisiras-tu dans la liste du matériel pour modéliser le déplacement des trois corps célestes suivants?

a) L'astéroïde Iris

b) L'astéroïde Toutatis

c) La comète de Halley

Manipulation

1. Prépare tes pendules en assemblant les billes et les ficelles appropriées.
2. Prends un des pendules et sers-toi de ton poignet pour faire tourner la bille autour du Soleil.
3. En faisant varier la vitesse, stabilise la course de la bille de façon que la ficelle décrive un arc d'environ 30°.
4. Estime la vitesse du pendule (en tours par minute).
5. Refais la même démarche avec les autres pendules.

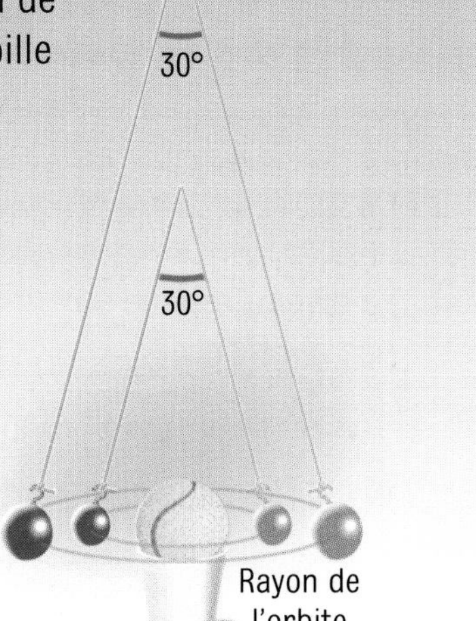

Matériel

- 2 billes à crochet relativement légères
- 2 billes à crochet relativement lourdes
- 2 ficelles de 30 cm
- 2 ficelles de 60 cm
- Objet fixe pour représenter le Soleil

Mouvement

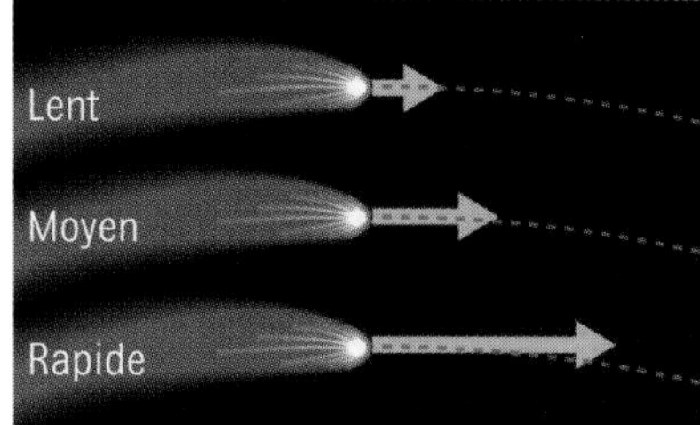

Résultats

5. Note tes observations sur le schéma du système solaire que tu as fait au début de l'activité.
6. Représente la vitesse de la comète et des astéroïdes au moyen de flèches de longueurs différentes. Inspire-toi de l'exemple ci-contre.

Analyse et conclusion

7. Est-ce que tes résultats confirment ou infirment ton hypothèse? Justifie ta réponse.

Je fais le point

savoirs

L'attraction des planètes, p. 321
La vie près du Soleil, p. 323

8. Quels facteurs déterminent la vitesse d'un corps céleste?
9. En 2004, l'astéroïde Toutatis est passé très près de la Terre, mais pas assez près pour que la gravité terrestre l'attire sur notre planète. L'illustration ci-dessous montre Toutatis à son point le plus rapproché de la Terre. Dans quelle direction s'exerçait alors:
   a) la force de gravité de la Terre sur Toutatis?
   b) la force de gravité du Soleil sur Toutatis?

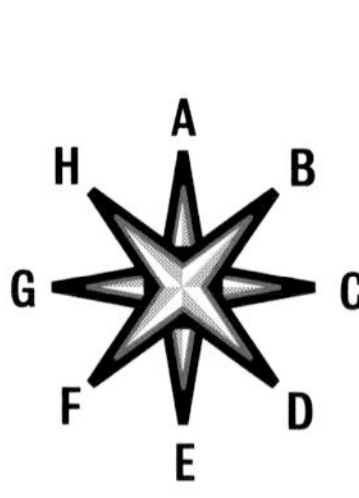

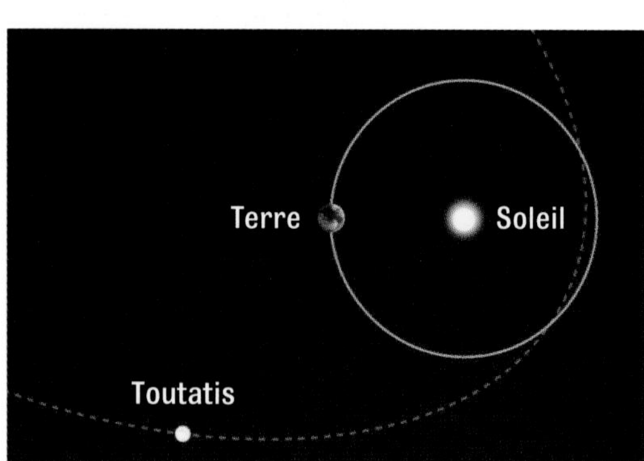

Comme tu le verras en répondant aux questions 10 à 14, la gravité est une force dont les effets sont multiples. Les images utilisées ici ont toutes été manipulées à l'ordinateur.

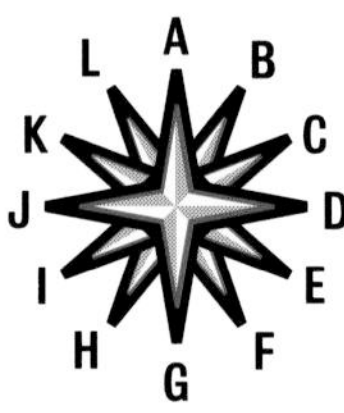

10. Le niveau repose sur une surface plane, mais sa bulle n'est pas centrée.
    a) Selon ce niveau, dans quel sens est le plan horizontal?
    b) Selon ce niveau, dans quel sens est le plan vertical?

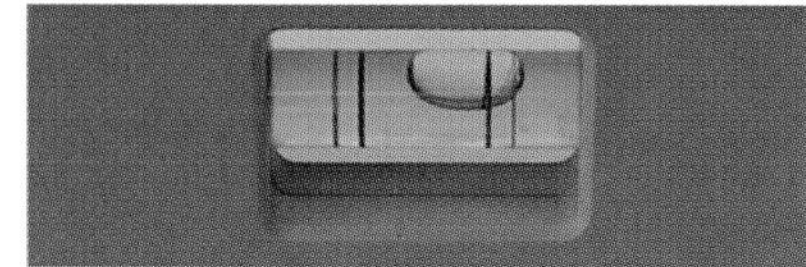

11. Si la ligne à plomb est dans cette position...

a) dans quel sens est la verticale?

b) dans quel sens est l'horizontale?

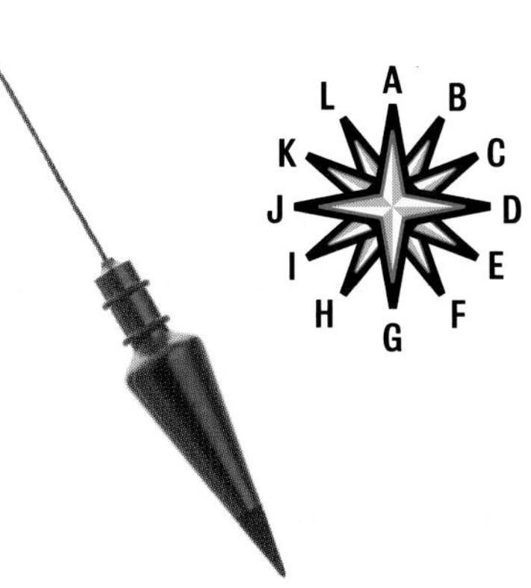

12. La tête du planchiste ne pointe pas vraiment vers le haut.

a) Quel indice permet de l'affirmer?

b) Dans quelle direction est la verticale?

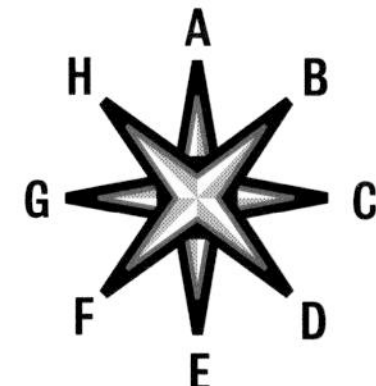

13. La porte du bateau échoué au fond de la mer n'est pas vraiment à la verticale.

a) Quel indice permet de l'affirmer?

b) Dans quelle direction est la verticale?

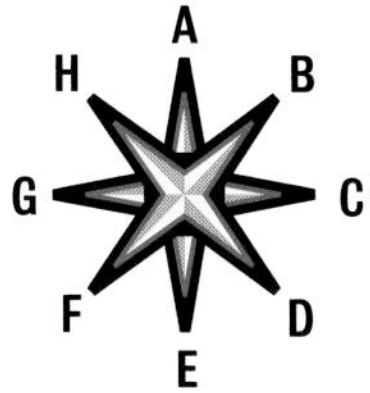

14. Nomme les quatre effets de la gravité sur les corps.

15. Comment la gravité contribue-t-elle à faire de la Terre un milieu propice à la vie?

Sauvés par la gravité

Le 13 avril 1972, un réservoir d'oxygène liquide du module de service d'Apollo 13 a éclaté. Comme la vie des astronautes était en jeu, il fallait agir vite. La seule solution envisageable était d'utiliser la gravité de la Lune pour accélérer leur retour vers la Terre. Le vaisseau a donc poursuivi sa route vers la Lune, puis passé derrière la face cachée pour gagner de la vitesse grâce à la force d'attraction exercée par la Lune. En rallumant le propulseur au bon moment pour sortir de l'orbite lunaire, le vaisseau a regagné la Terre avec une quantité minimale de carburant.

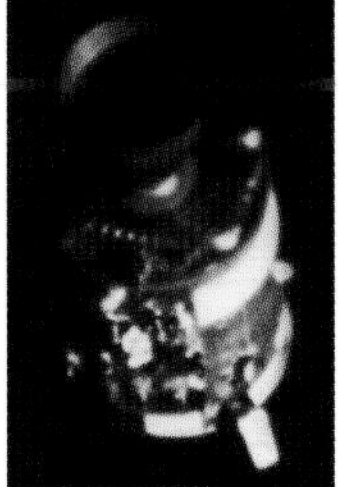

Penses-tu qu'on pourrait utiliser la gravité de Mars pour voyager rapidement et plus loin dans l'espace?

Défi Le système solaire à la grandeur du Québec

La composition du système solaire, p. 318
L'attraction des planètes, p. 321

Comment faire un dessin, p. 393

Dans la vie courante, nous mesurons les distances en kilomètres. Les astronomes, de leur côté, mesurent les distances entre les planètes en millions de kilomètres. Une image du système solaire t'aidera à te représenter de telles distances.

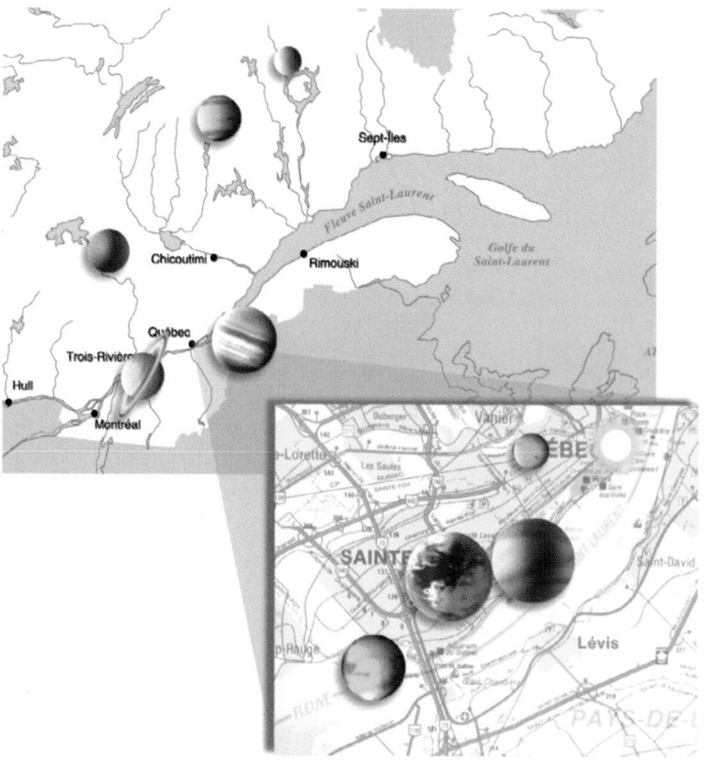

Planète	Rayon de l'orbite
Mercure	57 910 000 km
Vénus	108 200 000 km
Terre	149 600 000 km
Mars	227 940 000 km
Jupiter	778 330 000 km
Saturne	1 429 400 000 km
Uranus	2 870 990 000 km
Neptune	4 504 300 000 km
Pluton	5 913 520 000 km

Essaie de modéliser le système solaire en choisissant comme point de départ l'emplacement de ton école.

1. Situe approximativement ton école sur une carte de ta région.
2. Arrondis à 10 millions de kilomètres près les rayons des orbites planétaires qui te sont donnés.
3. Trace ces orbites sur ta carte en respectant bien l'échelle de la carte.
4. Lorsque les orbites à modéliser dépasseront l'ouverture de ton compas, trouve une technique adéquate pour éviter de les tracer à main levée.
5. Lorsque les orbites à modéliser dépasseront la carte de ta région, poursuis ton travail sur une carte du Québec en prenant bien soin de respecter l'échelle de cette nouvelle carte.
6. Présente ton modèle en combinant les cartes de façon à respecter l'échelle planétaire.

Activité 3.2 Simule l'impact d'un météorite sur une planète

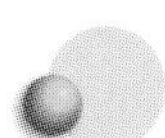

Je me prépare

Malgré les effets importants de l'érosion, on repère encore au Québec quelques cratères d'origine volcanique et deux grands cratères d'origine météoritique. Le plus connu est certainement le cratère de Manicouagan, dont le diamètre est d'environ 100 km.

savoirs
Les météorites et leurs cratères, p. 324

Avant de passer à l'investigation, observe les photos ci-dessous et prends le temps de voir ce qui distingue les deux types de cratères.

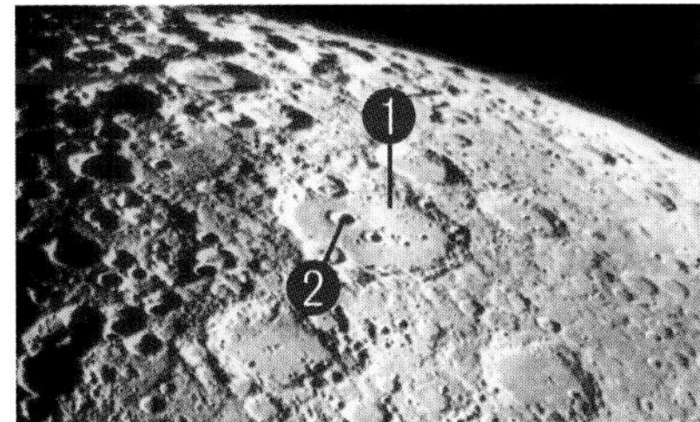

Cratères d'impact météoritique à la surface de la Lune

Cratère volcanique terrestre relativement récent

1. Nomme trois caractéristiques des cratères d'origine météoritique.
2. Nomme trois caractéristiques des cratères d'origine volcanique.
3. Sur la photo de gauche, quel cratère (1 ou 2) te semble le plus ancien?

Je passe à l'action

savoirs
Les météorites et leurs cratères, p. 324

Le problème

Quelle était la taille du météorite à l'origine du cratère de Manicouagan? Pour t'en faire une idée, tu feras une investigation basée sur la collision d'une bille avec un sol farineux.

4. Reformule le problème en établissant une relation entre le diamètre de la bille et celui du cratère de farine, puis entre le diamètre du météorite et celui du cratère de Manicouagan.

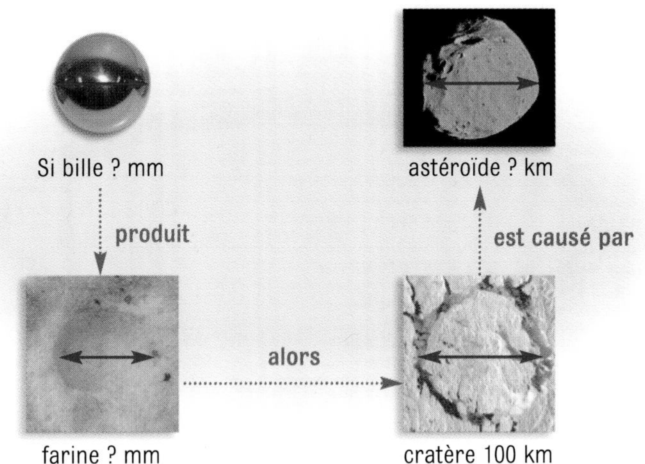

5. Parmi les mesures que tu vas prendre (diamètre de la bille, hauteur de chute, diamètre du cratère), laquelle correspond à:

a) une variable indépendante?

b) une variable dépendante?

c) une constante*?

***Constante**
Valeur ou propriété qui ne varie pas lors d'une investigation.

Hypothèse

6. Formule une hypothèse en complétant les énoncés suivants avec le mot LARGE ou PETIT, selon le cas.

➜ Plus le diamètre d'un météorite est grand, plus le cratère sera...

➜ Le météorite qui a frappé la région de Manicouagan avait probablement un diamètre plus... que 100 km.

Matériel

- Papier journal
- Un moule à gâteau carré d'une profondeur d'environ 75 mm
- 500 mL (2 tasses) de farine
- 125 mL ($\frac{1}{2}$ tasse) de poudre colorée pour gelée
- 3 billes d'acier de diamètres différents
- Aimant
- Règle

Manipulation

1. Dépose ton moule sur une feuille de papier journal.
2. Forme une couche uniforme d'environ 25 mm de farine au fond du moule.
3. Couvre la farine d'une mince couche de poudre colorée.
4. Mesure le diamètre des trois billes.
5. Laisse tomber une bille d'une hauteur de 30 cm.
6. À l'aide d'un aimant, retire délicatement la bille.
7. Note tes observations et tes mesures: diamètre moyen du cratère, profondeur du cratère, diamètre des poussières projetées.
8. Refais ces étapes avec les autres billes.

Montage

Résultats

7. Échange tes mesures avec d'autres élèves.

➜ Présente les résultats dans un tableau semblable au suivant.

➜ Détermine le diamètre moyen du cratère formé par chacune des billes.

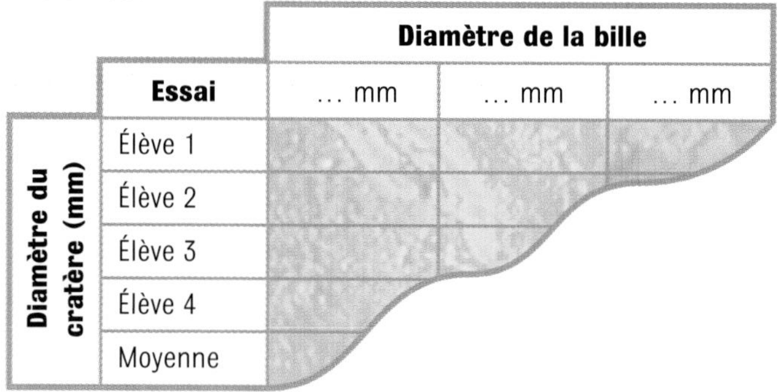

		Diamètre de la bille		
	Essai	... mm	... mm	... mm
Diamètre du cratère (mm)	Élève 1			
	Élève 2			
	Élève 3			
	Élève 4			
	Moyenne			

Le rapport de laboratoire, p. 369
Mesurer, p. 387
La projection orthogonale, p. 396

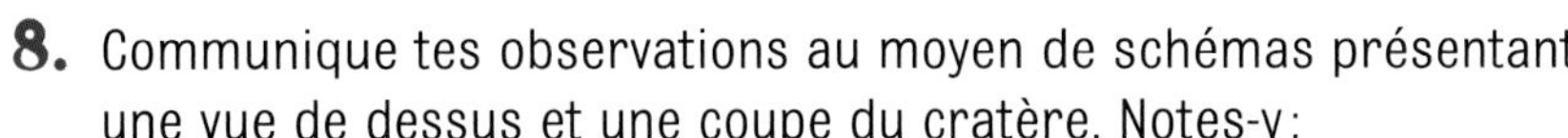

8. Communique tes observations au moyen de schémas présentant une vue de dessus et une coupe du cratère. Notes-y:
   - le diamètre moyen du cratère;
   - la profondeur du cratère;
   - le diamètre des poussières projetées;

Analyse et conclusion

9. En guise de conclusion, complète le texte suivant.

   D'après l'investigation, le diamètre du cratère est... fois plus gros que celui de la bille. Ces résultats... donc mon hypothèse.

   D'après ces résultats, le météorite qui a produit le cratère de Manicouagan, dont le diamètre est de 100 km, avait approximativement... km de diamètre. Cette conclusion ne tient pas compte des autres facteurs à considérer dans la production d'un cratère, soit...

Je fais le point

10. Pourquoi associe-t-on le cratère de Manicouagan à l'impact d'un astéroïde plutôt qu'à celui d'une comète?
11. Pourquoi observe-t-on de nombreux cratères sur la Lune, alors que la Terre en dévoile très peu?
12. Est-il plus probable qu'un météorite frappe la Lune ou la Terre?

Une aiguille dans une botte de foin

Même pour les experts, trouver et identifier des météorites est compliqué, car ces fragments ressemblent beaucoup aux roches de la Terre. Il faut dire que, dans la majorité des cas, le météorite se désintègre et se brise en petits morceaux en traversant l'atmosphère. Les fragments sont particulièrement difficiles à trouver dans les forêts, les villes et les secteurs rocheux. Les meilleurs endroits pour chercher sont les surfaces planes où il y a peu de roches et de végétation, et un fond contrastant. On trouve ce genre de conditions en Antarctique (on y a découvert des milliers de météorites) et dans les déserts, particulièrement au Sahara et dans le sud de l'Australie.

Les météorites et leurs cratères, p. 324

Défi Analyse d'un film catastrophe

Présente un film ou un documentaire qui traite des conséquences d'une catastrophe naturelle.

- Choisis ton film.
- Note le titre du film, le nom de la personne qui en a assuré la réalisation, le nom de la société de production ainsi que l'année de production.
- Visionne le film et note les grandes lignes du scénario pour présenter les effets de cette catastrophe sur les vivants.
- Présente l'hypothèse sur laquelle le scénario est basé.
- Dresse une liste des «faits» présentés pour démontrer que la catastrophe a bien eu lieu.
- Que penses-tu de ces faits et conséquences? Lesquels te paraissent plausibles? Lesquels te semblent farfelus?

Activité 3.3 Observe l'effet de serre

La composition de l'air, p. 195
La vie près du Soleil, p. 323
L'effet de serre, p. 326

La démarche de conception, p. 374
Les schémas technologiques, p. 378

Je me prépare

La vie existe sur la Terre grâce au Soleil. Une infime partie des rayons qu'il émet traverse l'atmosphère et réchauffe le sol. La Terre émet à son tour une partie de cette chaleur vers l'espace. Certains gaz de l'atmosphère captent cette chaleur et la retournent vers le sol. Sans cet effet de serre, la température moyenne du globe serait de −20 °C plutôt que de +15 °C.

La composition de l'enveloppe gazeuse qui entoure la Terre est donc déterminante pour le réchauffement de la planète.

1. On compare souvent le Soleil à un feu de camp pour expliquer les variations de température à la surface de la Terre. Imagine que tu es près d'un feu de camp et que tu as une couverture de laine à ta disposition.
   - a) Nomme deux façons de se réchauffer près d'un feu de camp.
   - b) Propose une analogie entre une de ces façons de se réchauffer en camping et l'effet de serre.
2. Représente graphiquement l'énergie provenant du Soleil, le réchauffement de la Terre et l'effet de serre.
   - → Illustre la trajectoire du rayonnement solaire dans un milieu naturel et dans un milieu artificiel.
   - → Identifie par un thermomètre le milieu qui est généralement le plus chaud.
   - → Note le nom du gaz de l'atmosphère qui est lié au réchauffement de la Terre.
3. Lors d'une investigation sur l'effet de serre, compare la chaleur produite par deux mélanges de composition différente.

   Tu auras à concevoir une serre, puis à mener une investigation sur l'augmentation de chaleur à l'intérieur de cette serre.

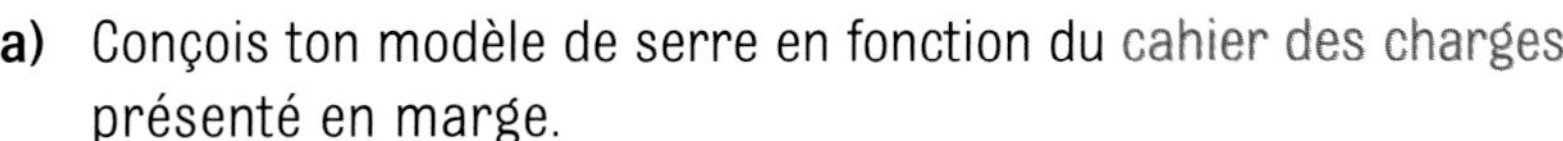

a) Conçois ton modèle de serre en fonction du cahier des charges présenté en marge.

b) Prépare un schéma de construction de ta serre.

c) Dresse une liste des matériaux et du matériel dont tu auras besoin.

d) Construis ta serre.

4. Détermine tes conditions expérimentales en choisissant deux des milieux suivants :

- Air ambiant
- Atmosphère 1 : air ambiant enrichi de vapeur d'eau
- Atmosphère 2 : air ambiant enrichi de dioxyde de carbone

Cahier des charges

- La structure doit être faite d'un matériau isolant.
- Les dimensions ne doivent pas dépasser celles d'une boîte à chaussures.
- Il doit y avoir une fenêtre transparente.
- La structure doit être étanche.
- La structure doit permettre l'insertion d'un instrument de mesure de la température.

Je passe à l'action

Le problème

5. Formule une question expérimentale associée aux deux conditions que tu as choisies.

Hypothèse

6. Formule une hypothèse en rapport avec les milieux que tu compareras.

Manipulation

7. Fais les manipulations nécessaires.

- À l'aide de mesures, compare l'effet de serre produit dans chacune des conditions expérimentales.
- Note tes mesures toutes les deux minutes pendant 30 minutes.

Résultats

8. Communique tes résultats dans un diagramme.

- Mets au propre le schéma de construction de ta serre.
- Présente la serre que tu as utilisée pour ton investigation.

Analyse et conclusion

9. Ton hypothèse est-elle confirmée ou infirmée ? Justifie ta réponse.

L'effet de serre, p. 326

La démarche d'investigation, p. 371
Présenter ses résultats, p. 392

Matériel

- Air ambiant
- Eau
- Mélange de levures, d'eau et de sucre
- Bécher de 150 mL
- Thermomètre
- Montre ou horloge
- Source intense de lumière

Je fais le point

L'effet de serre, p. 326

10. Explique pourquoi il fait si chaud dans une automobile stationnée en plein soleil, fenêtres fermées.

11. D'éminents biologistes soutiennent que nous nous dirigeons présentement vers une sixième extinction massive. Comme le réchauffement de la planète depuis l'ère industrielle en serait l'élément déclencheur, on nous encourage aujourd'hui à réduire notre consommation de pétrole. Que se passera-t-il autrement?

a) D'après les graphiques ci-dessous, quand l'augmentation de la température à la surface de la Terre a-t-elle débuté?

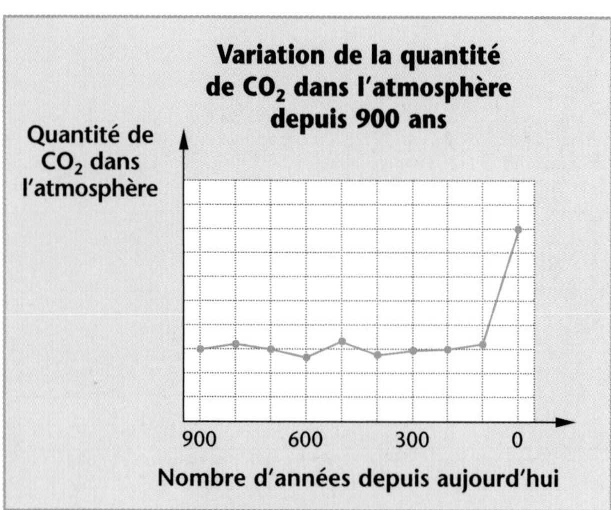

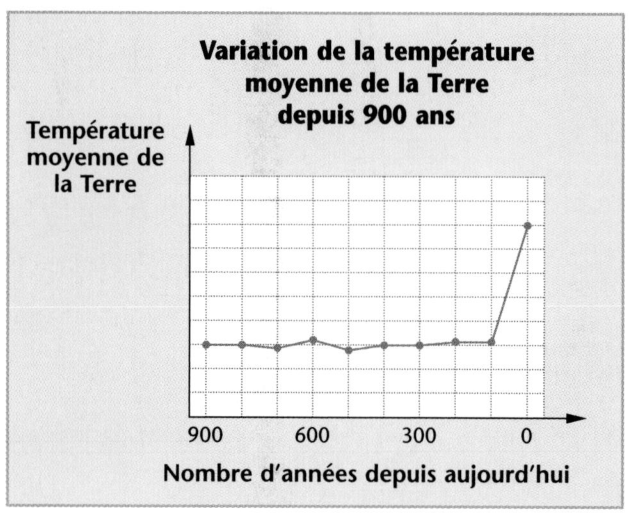

b) Quels liens existe-t-il entre la consommation de pétrole et le réchauffement de la planète?

12. Quels effets peut avoir le réchauffement de la planète sur les milieux de vie?

13. Si les humains continuent à produire de plus en plus de gaz à effet de serre, la Terre finira-t-elle par ressembler davantage à Mars ou à Vénus?

Vénus Terre Mars

La consommation de pétrole

Le pétrole est notre principale source d'énergie. On s'en sert aussi dans l'industrie pour fabriquer les matières plastiques, les encres, les détergents, les peintures, etc. Pourtant, le pétrole est une ressource non renouvelable. La Terre en contiendrait encore l'équivalent de 300 milliards de barils. Mais si la consommation mondiale de pétrole se maintient à 6 milliards de barils par année, il n'en restera plus dans 50 ans.

Notre société est-elle prête à se passer de pétrole? Comment s'assurer qu'il en restera encore pour tes petits-enfants?

Exercices

1. Pour simuler le mouvement des planètes, une élève fait tourner une balle autour de sa main.

a) Quelle partie de ce modèle représente le Soleil ?

b) Quelle partie de ce modèle représente la Terre ?

c) Quelle partie de ce modèle représente la gravité ?

d) À mesure que la balle prend de la vitesse, l'élève doit-elle tenir la corde avec plus de force ou moins de force ?

e) Si l'élève diminue la vitesse de rotation de la balle, que se passera-t-il ?

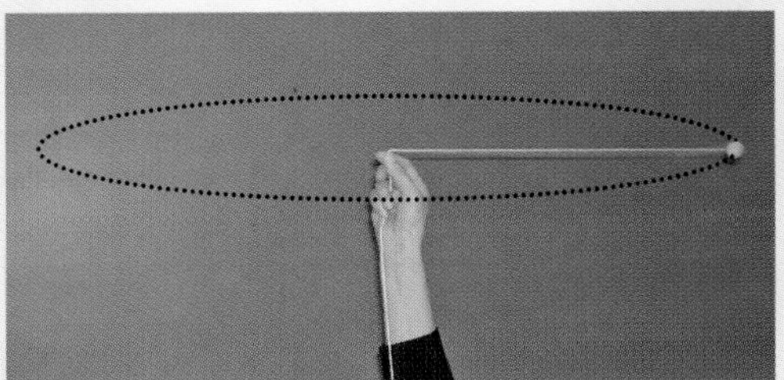

Activ. 3.1

2. Pourquoi la Lune ne s'écrase-t-elle pas sur la Terre ?

Activ. 3.1

3. Imagine un canon imaginaire qui tire une fusée à grande vitesse parallèlement à la surface de la Terre.

a) Dans quelle direction se trouve le bas à l'endroit où est placé le canon ❶ ?

b) Dans quelle direction se trouve le bas à l'endroit où la fusée retombe au sol ❷ ?

c) Pourquoi le bas n'est-il pas toujours dans la même direction ?

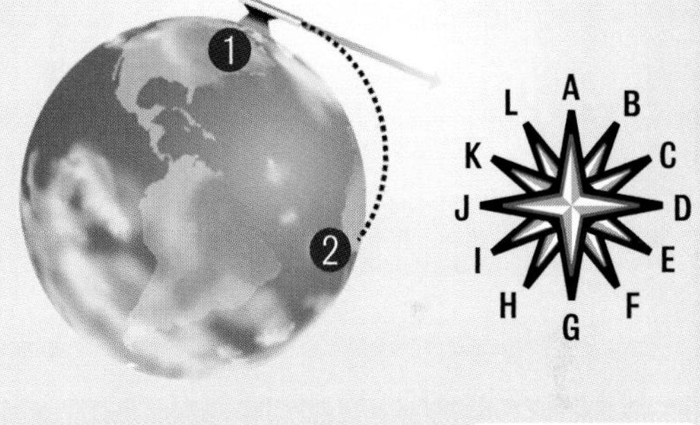

Activ. 3.1

4. Voici des événements que pourrait entraîner la chute d'un météorite sur la Terre. Place-les en ordre chronologique.

A. Une grande quantité de poussières est projetée dans l'atmosphère.

B. La poussière en suspension dans l'atmosphère bloque les rayons du Soleil.

C. Les plantes meurent.

D. L'impact au sol produit une forte explosion et un cratère circulaire.

E. Les animaux meurent de faim.

F. Le manque de lumière réduit la photosynthèse des plantes, la température diminue et on assiste à des pluies diluviennes.

Activ. 3.2

5. Le réchauffement de la planète ressemble beaucoup à celui que l'on constate à l'intérieur d'une serre, d'où l'expression *effet de serre*.

a) Représente à l'aide de flèches le comportement de l'énergie du Soleil sur une planète où il y a un effet de serre.

b) Produis le même type de dessin pour une planète où il n'y en a pas.

c) Représente ce qui se passe dans une serre au moyen d'un schéma de principes.

Activ. 3.3

6. Complète chacune des phrases suivantes à l'aide du mot **PLUS** ou **MOINS**, selon le cas.

a) Plus une planète est éloignée du Soleil, ... elle reçoit de lumière.

b) Plus une planète est proche du Soleil, ... elle reçoit de chaleur.

c) Plus une planète a une surface sombre, ... elle se réchauffe.

d) Plus une planète a de dioxyde de carbone et d'eau dans son atmosphère, ... elle se réchauffe.

Activ. 3.1 et 3.3

7. Complète chacune des phrases suivantes à l'aide de l'expression **PLUS FAIBLE** ou **PLUS ÉLEVÉE**, selon le cas.

a) Si la Terre avait la même atmosphère que Mars, sa température serait...

b) Si la Terre avait la même atmosphère que Vénus, sa température serait...

c) Si Mars était à la même distance du Soleil que la Terre l'est, sa température serait...

d) Si Vénus était à la même distance du Soleil que la Terre l'est, sa température serait...

e) La Terre est recouverte aux deux tiers d'une hydrosphère relativement foncée, et au tiers d'une lithosphère relativement pâle. Si ces proportions étaient inversées, la température de la Terre serait...

Activ. 3.1 et 3.3

À toi de jouer

Un monde de poussières!

Les scientifiques estiment que l'impact du météorite à l'origine du cratère de Manicouagan a dégagé autant d'énergie que des millions de bombes atomiques. Cet impact a fort probablement produit aussi un immense nuage de poussières.

Quel effet aurait aujourd'hui un tel nuage de poussières sur la température moyenne de la Terre et sur les vivants de la planète? La meilleure façon de répondre à cette question est de reproduire les conditions décrites au moyen d'un modèle.

Les relations alimentaires, p. 310
Les météorites et leurs cratères, p. 324
L'effet de serre, p. 326

La démarche de conception, p. 374
Les schémas technologiques, p. 378

Tâche

Lors d'une investigation sur l'effet de serre, détermine l'impact qu'aurait un nuage de poussières sur les vivants.

Tu auras à fabriquer une serre, puis à y simuler un nuage de poussières.

1. Planifie ta démarche.
   - Garde des traces de ta démarche dans un carnet de bord.
   - Recueille des informations sur l'effet qu'aurait un nuage de poussières sur la température d'une serre de ta fabrication.
   - Propose une conséquence d'un tel changement sur les vivants.
   - Formule une hypothèse en précisant les deux conditions que tu compareras (avec et sans poussière dans l'atmosphère).
   - Assure-toi que ton enseignant ou ton enseignante approuve ta façon de produire la poussière.

2. Concrétise ta démarche.

   ➔ Effectue les manipulations nécessaires.

Matériel

- Boîte à chaussures
- Carton noir
- Thermomètre
- Farine
- Source intense de lumière
- Montre ou horloge

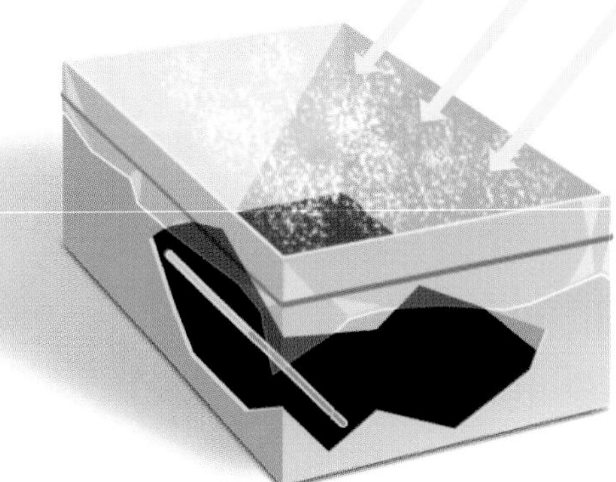

   ➔ À l'aide de mesures, compare l'effet de serre produit dans chacune des conditions expérimentales.

3. Présente ta démarche.

   ➔ Communique tes résultats dans un diagramme.

   ➔ Illustre dans une chaîne alimentaire les relations qui existent entre les vivants illustrés ci-dessous.

humains (omnivores)

poulets (granivores) et bœufs (herbivores)

micro-organismes et champignons

fruits, légumes et céréales

   ➔ À partir de tes résultats, décris l'impact qu'aurait le nuage de poussières sur cette chaîne alimentaire.

Unité 4

Le système géologique

De quelles façons bouge l'écorce terrestre ?

L'étude du dynamisme de la Terre t'amènera à comprendre ce qui se passe.

Calcaire fossilifère à l'île Bonnaventure, en Gaspésie

Le Québec a déjà été une région tropicale. Difficile à croire, n'est-ce pas? Pourtant, on trouve des fossiles de coraux tropicaux de la Gaspésie jusqu'en Estrie.

Il y a 425 millions d'années, notre sol se trouvait près de l'actuelle position du Brésil. Aujourd'hui, il se déplace en direction nord-ouest à raison de 20 mm par année.

Ce déplacement de l'écorce terrestre est entraîné par les forces en action à l'intérieur de la Terre. C'est un peu comme si la Terre était un système ayant comme extrants des manifestations géologiques. Un modèle basé sur les principes de la mécanique illustrerait bien l'impact de ces phénomènes.

Place à la discussion

- **As-tu déjà ressenti un tremblement de terre?**
- **Pourquoi n'y a-t-il pas de kangourous en Amérique?**
- **La surface de la Terre est loin d'être plate. Pourquoi?**
- **Qu'est-ce qui fait bouger l'écorce terrestre?**
- **Quel relief de la Terre te fascine le plus?**
- **Décris un paysage étranger. En quoi est-il différent de celui de la région que tu habites?**

Activité 4.1 Analyse les phénomènes à l'origine du dynamisme de la Terre

Je me prépare

La structure interne du globe terrestre, p. 328

D'après un certain nombre de scientifiques, la Terre se serait formée à partir d'une immense boule de matière en fusion provenant du Soleil. Cette boule se serait refroidie peu à peu en rayonnant sa chaleur dans l'espace. C'est ainsi qu'une couche solide se serait formée en surface.

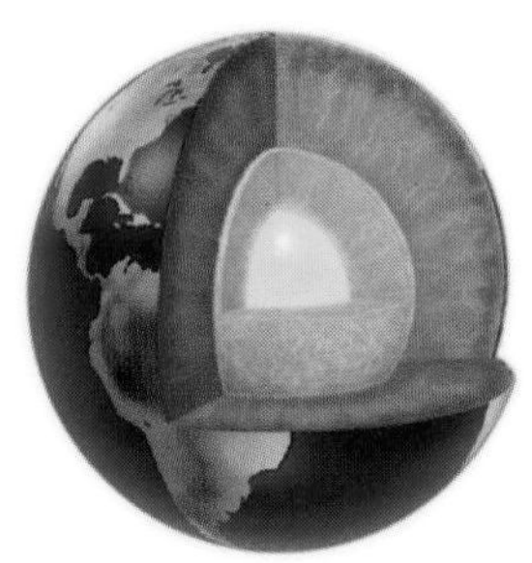

1. À l'aide de papiers de couleur, construis un modèle représentant la structure interne de la Terre. Réserve une couleur à chacune des couches.

- **a)** Combien y a-t-il de couches différentes?
- **b)** Selon toi, pourquoi la Terre est-elle formée de plusieurs couches?

Je passe à l'action

savoirs

La structure interne du globe terrestre, p. 328
La densité des matériaux de la Terre, p. 330
Le moteur du dynamisme terrestre, p. 331

Fais la manipulation suivante afin de mieux comprendre les différents principes scientifiques à l'origine du dynamisme de la Terre.

Matériel

- Cylindre gradué de 50 mL
- 10 mL d'eau froide
- 10 mL de sirop de maïs
- 10 mL d'huile végétale
- Bouchon de liège
- Bécher de 600 mL
- Plaque chauffante
- 400 mL d'eau
- Glaçons
- Colorant alimentaire

Manipulation

Je simule les différentes couches du globe terrestre.

1. Verse délicatement les liquides, un à un, dans le cylindre gradué.
2. Dépose le bouchon de liège à la surface des liquides.
3. Schématise tes observations.

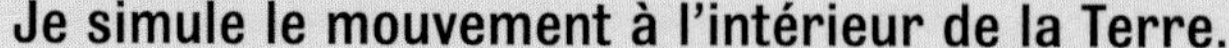

Je simule le mouvement à l'intérieur de la Terre.

1. Verse l'eau dans le bécher.
2. Ajoute quelques glaçons.
3. Dépose le bécher sur la plaque chauffante.
4. Laisse tomber quelques gouttes de colorant sur les glaçons.
5. Observe le déplacement du colorant à mesure que l'eau se réchauffe. Au besoin, ajoute de temps en temps quelques gouttes de colorant.

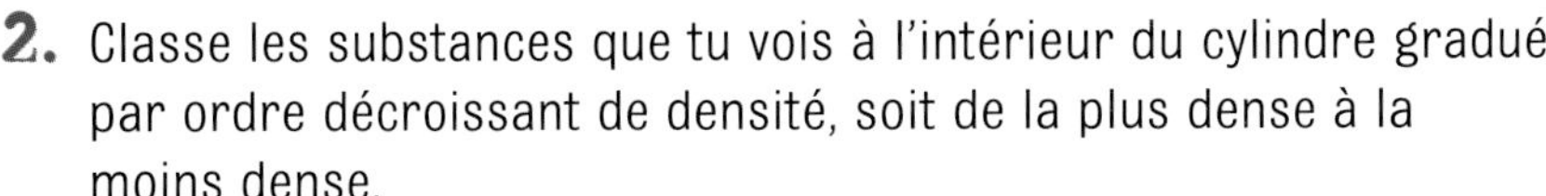

2. Classe les substances que tu vois à l'intérieur du cylindre gradué par ordre décroissant de densité, soit de la plus dense à la moins dense.

3. Que te révèle la première manipulation en ce qui a trait à la densité des couches qui forment la Terre?

4. Comment se déplace le colorant dans l'eau du bécher? Trace un schéma composé de deux flèches pour représenter ce déplacement:

- ✔ une flèche rouge pour représenter le mouvement du colorant chaud;
- ✔ une flèche bleue pour représenter le mouvement du colorant froid.

5. Qu'est-ce qui entraîne la circulation du colorant dans l'eau?

6. Comment appelle-t-on ce type de mouvement?

7. Sachant que le noyau de la Terre est plus chaud que l'écorce terrestre, décris le déplacement du magma à l'intérieur du manteau.

Matériel et instruments de laboratoire, p. 386
Mesurer, p. 387
Comment faire un dessin, p. 393
La sécurité en classe..., p. 399

Je fais le point

8. Observe une lampe à lave éteinte, puis allumée.

a) Sur quels principes est basé le mouvement du liquide à l'intérieur de ce type de lampe?

b) Explique le fonctionnement d'une lampe à lave au moyen d'un schéma de principes. Identifie:

- ➔ la source de chaleur Ⓐ;
- ➔ les lieux de réchauffement Ⓑ et de refroidissement Ⓒ;
- ➔ le mouvement des fluides Ⓓ.

9. À quelle couche de la Terre associes-tu les composantes principales d'une lampe à lave (ampoule, liquides, solide qui flotte)? Présente cette information dans un tableau.

10. Complète les phrases suivantes.

a) Sous l'effet d'un refroidissement, ... les particules... et la substance devient...

b) Sous l'effet d'un réchauffement, ... les particules... et la substance devient...

La structure interne du globe terrestre, p. 328
La densité des matériaux, p. 330
Le moteur du dynamisme terrestre, p. 331

Les schémas technologiques, p. 378
Comment faire un dessin, p. 393

Défi Fabrique une lampe à lave

Choisir une démarche, p. 370
La sécurité en classe..., p. 399

Choisis et mets en application la démarche appropriée pour fabriquer une lampe à lave.

→ Consulte au besoin Internet pour trouver comment faire.

→ Revois les règles de sécurité à respecter.

→ Fabrique ton prototype* de lampe avec des matériaux et du matériel recyclés si cela est possible.

→ Avant de faire l'essai de ton prototype, demande à une personne adulte de s'assurer qu'il est bien sécuritaire.

***Prototype**
Premier exemplaire d'un objet technique.

Activité 4.2 Rassemble les continents

Je me prépare

Les phénomènes géologiques, p. 332
La dérive des continents, p. 334

Pour se faire une idée de l'histoire de la Terre, les géologues ont tenté d'assembler les continents comme les morceaux d'un casse-tête. Tu suivras dans cette activité les mêmes étapes que les scientifiques.

Prépare d'abord les pièces du casse-tête.

1. Calque séparément, à partir d'une carte du monde, les masses continentales suivantes :
   - ✔ Afrique
   - ✔ Amérique du Sud
   - ✔ Bloc formé par l'Europe, l'Asie et l'Inde
   - ✔ Australie
   - ✔ Antarctique
   - ✔ Groenland (Arctique)
   - ✔ Amérique du Nord
2. Découpe grossièrement le contour de ces masses continentales.

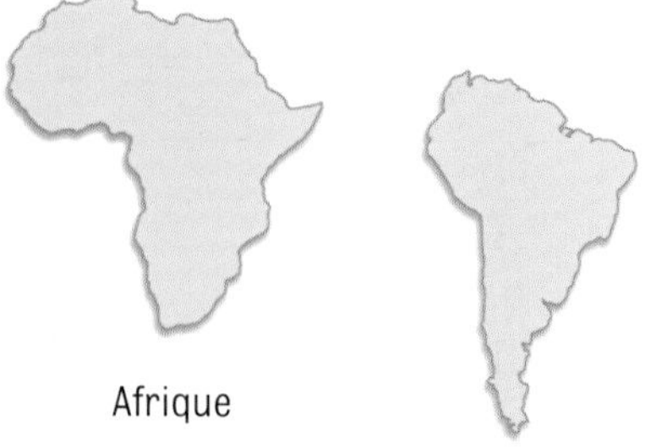

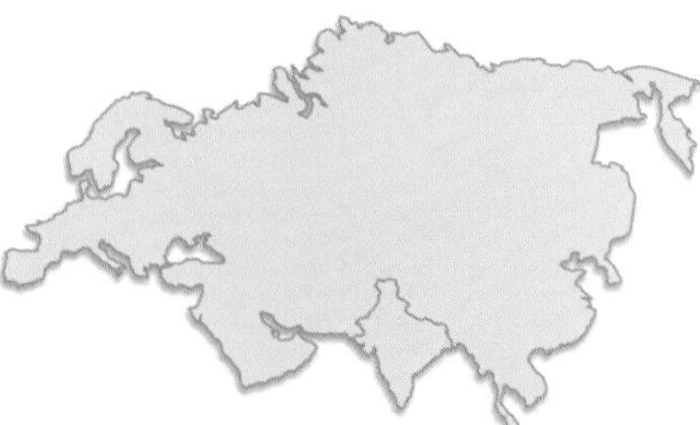

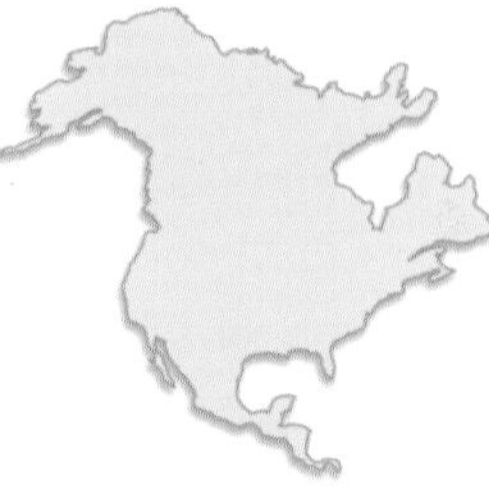

3. Colorie les huit masses continentales en utilisant une couleur différente pour chacune.

Je passe à l'action

4. Voici certains des indices qui ont permis aux scientifiques de confirmer la dérive des continents.

La dérive des continents, p. 334

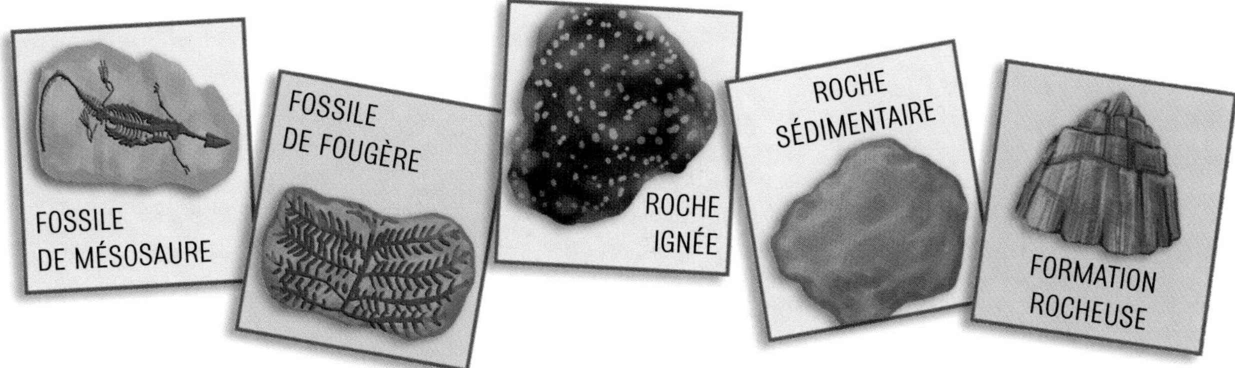

En remplaçant les illustrations par des symboles, reporte ces indices (fossiles, types de roches et formations rocheuses) sur les masses continentales que tu as préparées, en te référant à la carte ci-dessous.

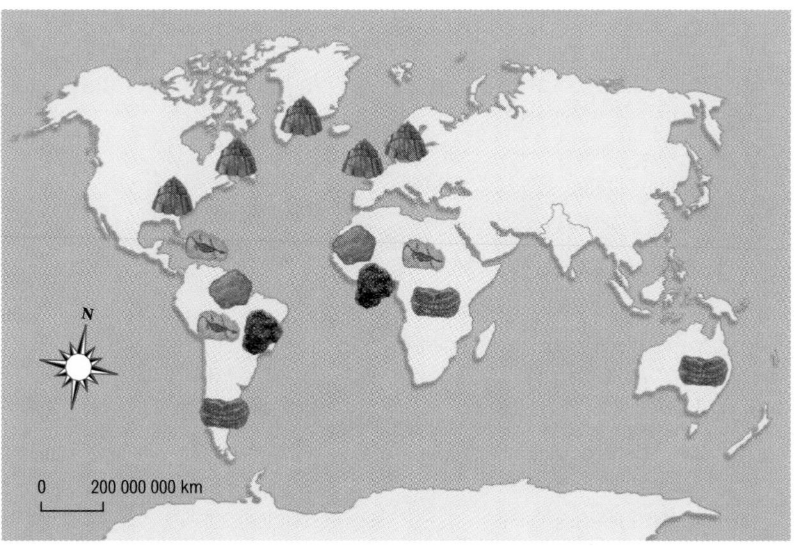

Comment faire un dessin, p. 393

5. En tenant compte des indices, trouve le meilleur emboîtement possible pour assembler les masses continentales en un seul continent.
6. Colle les pièces assemblées sur une feuille de papier blanc.
7. Ajoute un titre et une légende à la carte que tu viens de fabriquer.

1. Compare ta carte avec celle donnée en exemple ci-dessus, puis indique au moyen de flèches la direction possible des déplacements continentaux au fil du temps.

Je fais le point

savoirs

L'érosion et la sédimentation, p. 300
Les phénomènes géologiques, p. 332
La dérive des continents, p. 334

2. Quelles sont les deux masses continentales de ta carte qui s'emboîtent le mieux?

3. Si les masses continentales formaient à l'origine un mégacontinent, pourquoi est-ce si difficile de les emboîter parfaitement aujourd'hui?

4. Nomme des phénomènes qui modifient le visage de l'écorce terrestre.

5. Comment le mouvement du magma entraîne-t-il le déplacement des plaques continentales?

6. Les géologues expliquent la dynamique terrestre par la tectonique des plaques.

- **a)** Quels sont les trois éléments révélés par la théorie de la tectonique des plaques?
- **b)** Quel est le phénomène physique à l'origine de cette théorie?
- **c)** Quelles preuves géographiques, paléontologiques et géologiques appuient cette théorie?
- **d)** Quels avantages présente cette théorie?

7. Décris ce qui se passe à mesure que les continents dérivent.

Défi Fabrique un pantographe

La démarche de conception, p. 374
Comment faire un dessin, p. 393
Les outils en atelier, p. 398
La sécurité en classe..., p. 399

Le pantographe est un instrument qui permet de reproduire mécaniquement un dessin en modifiant au besoin son échelle.

Mets au point une démarche de conception pour fabriquer un pantographe composé de quatre tiges de bois articulées. Utilise ensuite ton instrument pour reproduire mécaniquement une carte géographique.

Schéma de construction d'un pantographe

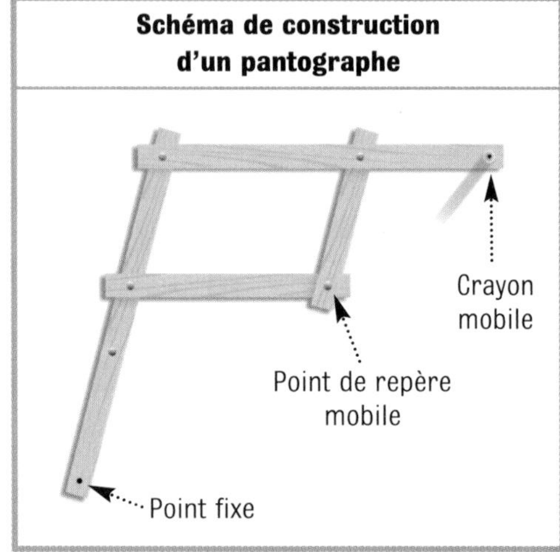

Activité 4.3 Simule quelques phénomènes géologiques

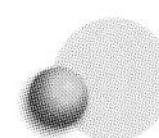

Je me prépare

Le mouvement de l'écorce terrestre est un phénomène lent dont les effets se font sentir sur des millions d'années. Cette lenteur du processus rend le concept de la tectonique des plaques d'autant plus difficile à visualiser.

Pour t'aider à démystifier la théorie de la tectonique des plaques, nous t'invitons donc à mettre au point un modèle interactif.

Les phénomènes géologiques, p. 332
La dérive des continents, p. 334
Les forces et les mouvements, p. 337

La démarche de conception, p. 374
Le cahier des charges, p. 376
Les schémas technologiques, p. 378

Le problème

1. Quel besoin veut-on combler?
2. Quel est le problème relié à ce besoin?
3. En t'inspirant du schéma de situation du problème ci-contre, décris en une phrase la fonction de l'objet technique que tu cherches à concevoir.

Schéma de situation du problème

Dérive des continents, divergence, subduction, orogenèse… Que veulent dire tous ces mots?

Il me faut absolument un modèle avec mécanisme pour comprendre la tectonique des plaques.

4. Quelle est la nature du problème?
5. Complète le cahier des charges en y ajoutant les contraintes de fabrication liées à ta classe.

Cahier des charges

- L'objet a au moins un mécanisme simple.
- Le mécanisme fonctionne manuellement.
- Le modèle a au plus la dimension d'une feuille mobile.
- Le segment **F** représente une plaque continentale qui se soulève.
- Les segments **B** et **C** représentent deux plaques continentales qui divergent.
- Les segments **I** et **H** représentent une plaque continentale dont la partie **I** est formée de roches sédimentaires et la partie **H**, fixe, est formée de roches ignées.
- Le modèle est fabriqué avec le matériel disponible en classe.

Schéma de situation de l'objet technique

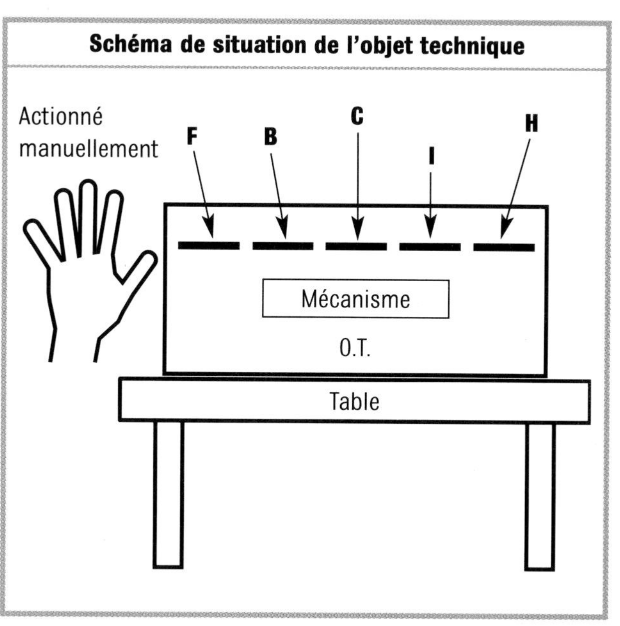

Solutions proposées

6. Les schémas ci-dessous représentent des plaques continentales (éléments B et C) flottant sur le magma du manteau (éléments D et E)

Schéma 1

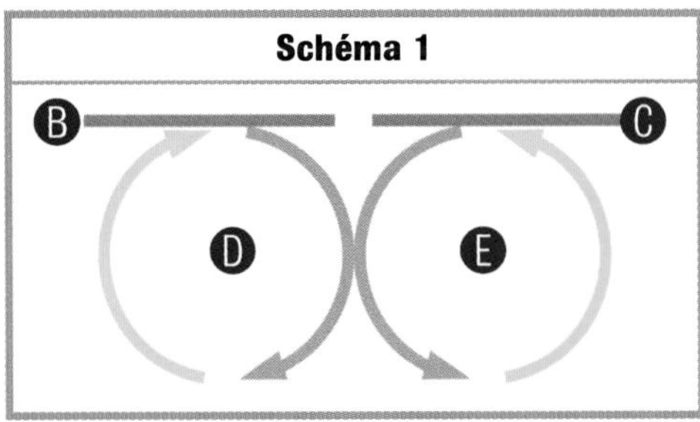

Schéma 2

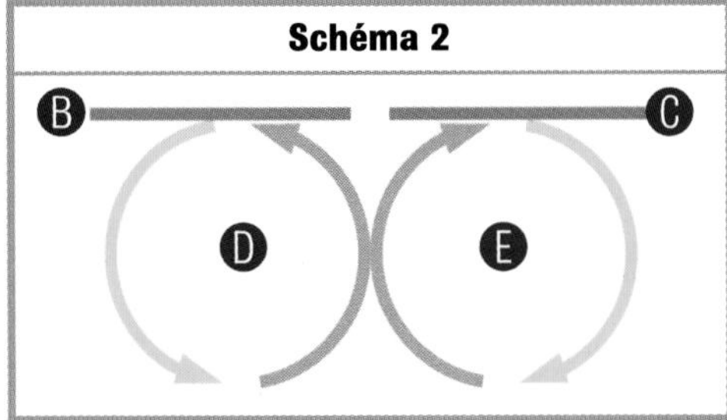

a) Quel schéma simule une convergence des plaques?

b) Quel schéma simule une divergence des plaques?

c) Quel schéma simule la formation de montagnes?

d) Quel schéma simule la formation d'une faille?

7. À quel type de mouvement (rotation ou translation rectiligne) associes-tu...

a) le courant de convection du magma?

b) la dérive des continents?

8. En t'inspirant des réponses que tu as données aux questions 6 et 7, explique pourquoi les plaques tectoniques convergent et divergent.

D'anciennes voisines

Les géologues savent depuis longtemps que certaines chaînes de montagnes n'en formeraient qu'une seule si les continents étaient rapprochés. C'est le cas des Appalaches (côte est de l'Amérique du Nord), des Mauritanides (côte nord-est de l'Afrique) et des Calédonides (îles britanniques et côte scandinave). Ces montagnes, aux structures géologiques identiques, se sont formées en même temps il y a plus de 350 Ma.

Je passe à l'action

Avant de faire l'étude de principes du modèle à fabriquer, analyse l'effet d'une force sur les pièces d'un mécanisme. En technologie, on appelle les pièces d'un mécanisme des *organes*.

Une fois que tu auras terminé cette investigation, tu comprendras mieux les différents mouvements associés à la dynamique terrestre.

La dérive des continents, p. 334
Les forces et les mouvements, p. 337
Les objets mécaniques, p. 339
Les mécanismes du mouvement, p. 340

Le problème

Décrire l'effet d'une force sur les différents organes d'un montage.

Montage 1

→ Pièce A fixe
→ Roue D guidée en rotation par une épingle
→ Pièce B mobile, guidée en translation par A et D

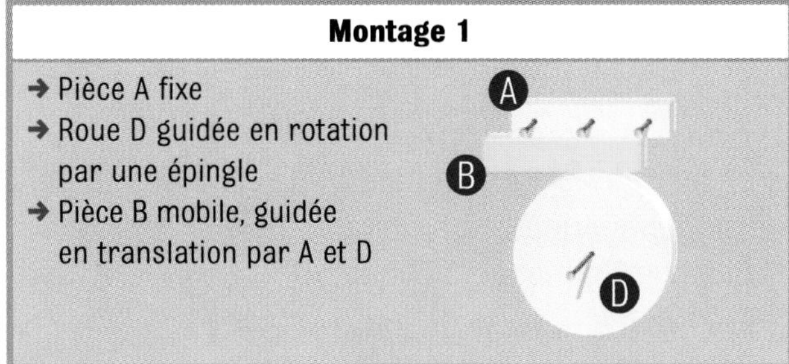

Montage 2

→ Pièce A fixe
→ Pièces B et C en contact avec la pièce A et les roues pour permettre le frottement
→ Roues appuyées l'une contre l'autre

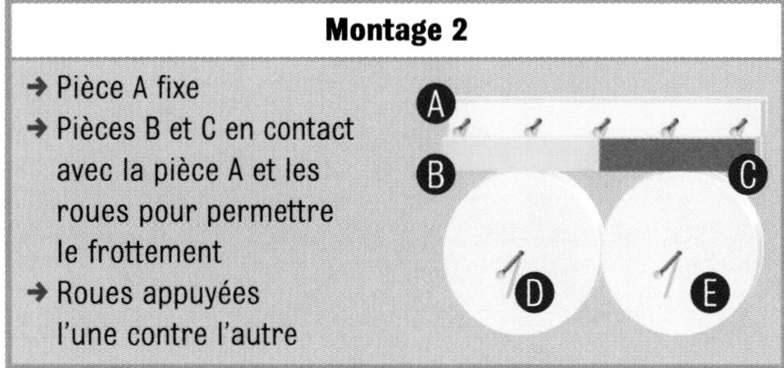

Montage 3

→ Pièces A et G fixes
→ Pièce B coupée en biseau d'un côté
→ Pièce F arrondie d'un côté et fixée à la planche à l'extrémité plate par une seule épingle

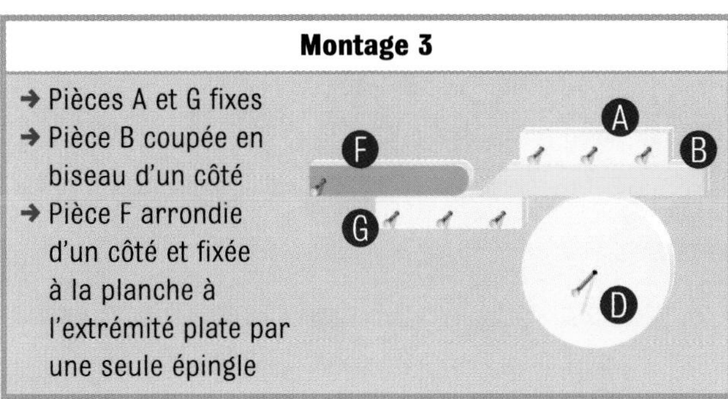

Montage 4

→ Pièces A, H et J fixes
→ Pièce I (bande de papier) pliée en accordéon et fixée à C et H à l'aide de ruban adhésif

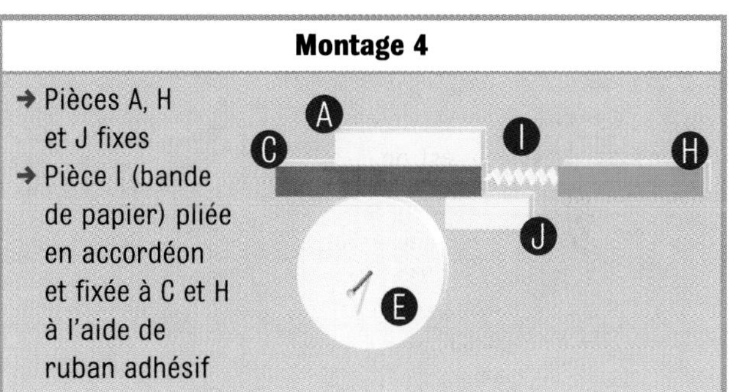

Hypothèses

9. Formule tes hypothèses en complétant les phrases suivantes pour chacun des montages.

→ En tournant la roue… du montage… vers la droite (dans le sens horaire), l'organe…

→ En tournant la roue… du montage… vers la gauche, l'organe…

Manipulation

1. Coupe deux carrés de cartomousse de 50 mm de côté, puis trace les diagonales pour trouver le centre de chacun.
2. Trace un cercle de 50 mm de diamètre sur chaque carré.
3. Découpe les deux cercles en suivant avec précision la ligne de traçage.
4. Trace et coupe dans le cartomousse une languette de 100 mm × 10 mm × 6 mm.
5. Trace et coupe dans le cartomousse 5 languettes rectangulaires de 50 mm × 10 mm × 6 mm.
6. Prépare les 4 montages demandés en fixant les pièces au panneau avec des épingles.
7. Observe le mouvement des différents organes de ces montages lorsque tu tournes les roues dans un sens et dans l'autre.

Matériel

- Cartomousse de 6 mm d'épaisseur
- Bande de papier de 50 mm × 10 mm
- Panneau de mousse de polystyrène de 25 mm d'épaisseur
- Épingles de 13 mm
- Couteau à lame rétractable
- Ciseaux
- Compas ou gabarit de cercles
- Ruban adhésif

Résultats

10. Résume dans un tableau tes observations sur les quatre montages.

Analyse et conclusion

11. Schématise tes observations en indiquant la direction et les types de mouvements effectués par les différents organes des montages. Utilise les symboles adéquats.

Je fais le point

savoirs

Les phénomènes géologiques, p. 332
La dérive des continents, p. 334
Les forces et les mouvements, p. 337

12. À quel(s) montage(s) associes-tu chacun des termes suivants?

a) Force de compression
b) Force de tension
c) Formation d'un océan
d) Convergence de deux continents
e) Subduction
f) Orogenèse
g) Formation d'une faille
h) Disparition d'une mer
i) Plissement
j) Dérive des continents

Défi Décris les effets d'un changement géologique sur les écosystèmes

Depuis sa création, la Terre a subi plusieurs grands bouleversements physiques et géologiques : des tremblements de terre, des éruptions volcaniques, une forte érosion, la formation de nouvelles terres, l'installation de grandes constructions humaines, etc.

Choisis et analyse un événement de ce genre qui a eu lieu au cours des 100 dernières années. Donne toute l'information nécessaire.

- ✔ Date et lieu où s'est produit l'événement
- ✔ Cause de l'événement
- ✔ Description détaillée de l'événement
- ✔ Impact immédiat de l'événement sur les écosystèmes
- ✔ Impact à long terme (après une période de 10 à 20 ans) sur les écosystèmes
- ✔ Effets négatifs et positifs de cet événement sur la biodiversité

Activité 4.4 Interprète le schéma de principes du modèle de la tectonique des plaques

Je me prépare

Les forces et les mouvements, p. 337
Les objets mécaniques, p. 339
Les mécanismes du mouvement, p. 340

La schématisation en mécanique, p. 397

1. Dans chaque cas, indique à quelle partie de l'illustration correspond le phénomène.

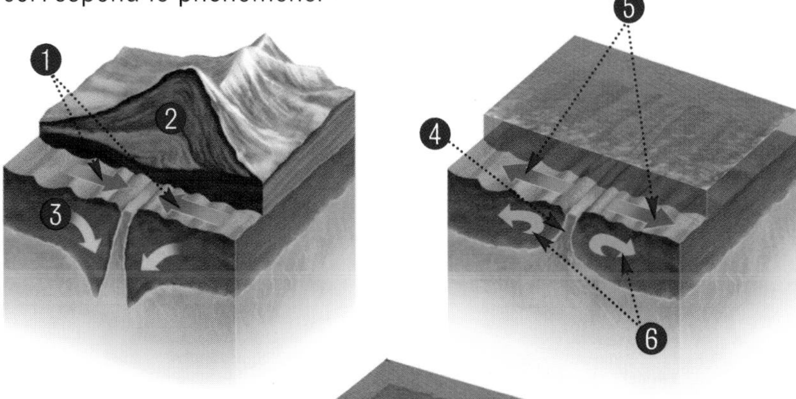

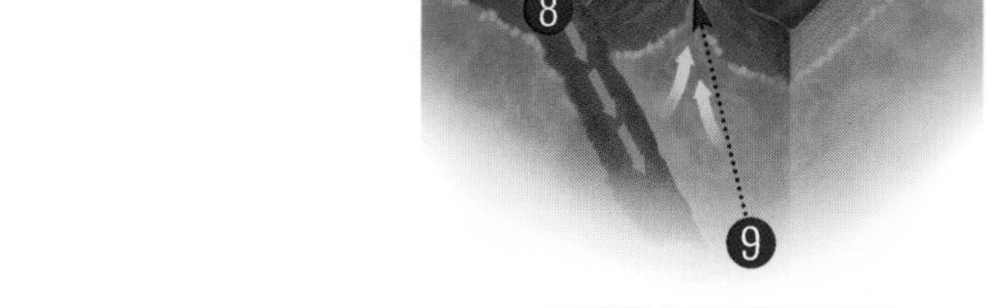

a) Courants de convection magmatique convergents

b) Courants de convection magmatique divergents

c) Dérive de deux plaques tectoniques

d) Formation d'une faille

e) Convergence de deux plaques tectoniques

f) Formation d'une montagne (plissement et orogenèse)

g) Subduction d'une plaque océanique

h) Soulèvement d'une plaque continentale

i) Montée du magma

2. Lequel des symboles illustrés ci-contre représente…

a) une force de compression?

b) une force de tension?

c) une translation rectiligne bidirectionnelle?

d) une rotation bidirectionnelle?

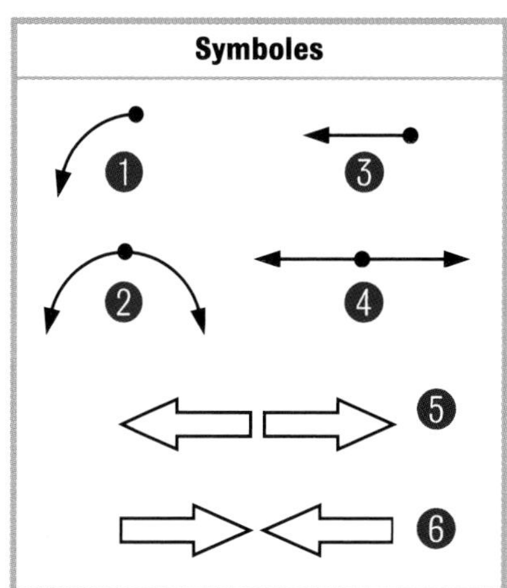

Les forces et les mouvements, p. 337
Les objets mécaniques, p. 339
Les mécanismes du mouvement, p. 340

Les schémas technologiques, p. 378

Je passe à l'action

3. Le schéma de principes ci-dessous regroupe les quatre montages que tu as réalisés à l'activité 4.3.

Schéma de principes du modèle de la tectonique des plaques

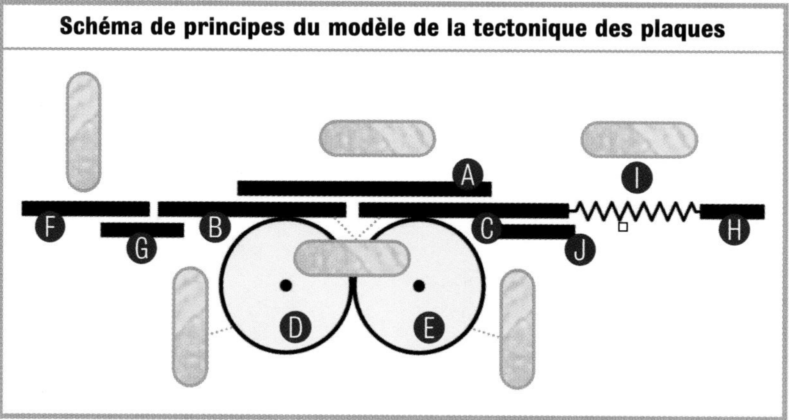

Quels organes simulent chacun des phénomènes géologiques suivants?

a) Courants de convection

b) Convergence des plaques

c) Divergence des plaques

d) Plissement

e) Subduction d'une plaque océanique

f) Soulèvement d'une plaque continentale

4. Pour mieux saisir les principes reliés à la conception d'un tel modèle, reproduis à main levée le schéma de principes ci-dessus et ajoute dans les cases les symboles appropriés de force et de mouvement.

5. Quels organes du modèle de la tectonique des plaques assurent les fonctions mécaniques suivantes?

a) La transmission d'un mouvement de rotation

b) La transformation d'un mouvement de rotation en mouvement de translation rectiligne

Pourquoi construit-on des modèles?

Selon le domaine, les modèles n'ont pas la même utilité. En technologie, un modèle sert surtout à représenter un objet technique ou un système, généralement à une échelle réduite, dans le but d'en comprendre le fonctionnement. En science, un modèle sert surtout à simuler un phénomène dans le but de le comprendre et de l'expliquer. Dans les deux cas, le modèle est donc un bon moyen de communication.

As-tu déjà produit un modèle? Dans quel but?

Je fais le point

6. À quoi sert un schéma de principes?

7. Peut-on fabriquer un modèle à partir d'un schéma de principes? Justifie ta réponse.

8. Quel genre de détails ajouterais-tu à ton schéma pour qu'il puisse servir à la fabrication d'un prototype?

Les schémas technologiques, p. 378

Exercices

1. Explique le phénomène décrit dans chaque cas.

a) 
Je peux soulever la pièce de monnaie déposée sur le goulot d'une bouteille en verre sans même y toucher.

b) 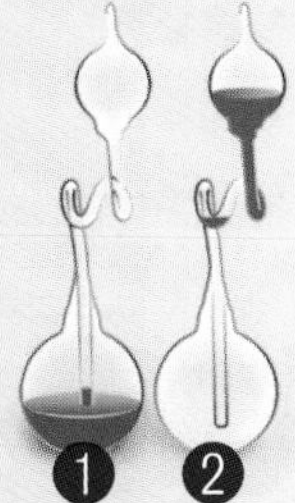

Le ballon de couleur contient de l'alcool à friction. La situation 2 représente ce qui arrive quand je place ce ballon entre mes mains.

c) 
Quand je place cette spirale au-dessus d'une source de chaleur, elle se met à tourner.

d) 

Voilà ce que j'observe quand je fais cette manipulation.

e) 
On installe toujours les plinthes chauffantes près du sol.

f) 
En hiver, les lames verticales des stores bougent, même quand la fenêtre et la porte sont fermées.

g) 
J'ai toujours froid aux pieds quand j'ouvre la porte du réfrigérateur.

h) 
Quand il fait très chaud, le vent soulève la poussière en tourbillons.

Activ. 4.1

2. Donne une explication aux faits suivants.

a) On trouve des fossiles de mésosaures et de lystrosaures datant de 240 Ma à 260 Ma sur les côtes d'Afrique et d'Amérique du Sud.

b) L'Amérique du Nord et l'Europe s'éloignent l'une de l'autre d'environ 20 mm par année.

c) Les séismes ont toujours lieu en bordure de plaques ou de failles.

Activ. 4.2

3. En t'inspirant des cartes ci-dessous, établis une relation entre le lieu des activités volcaniques et les plaques tectoniques.

Ⓐ

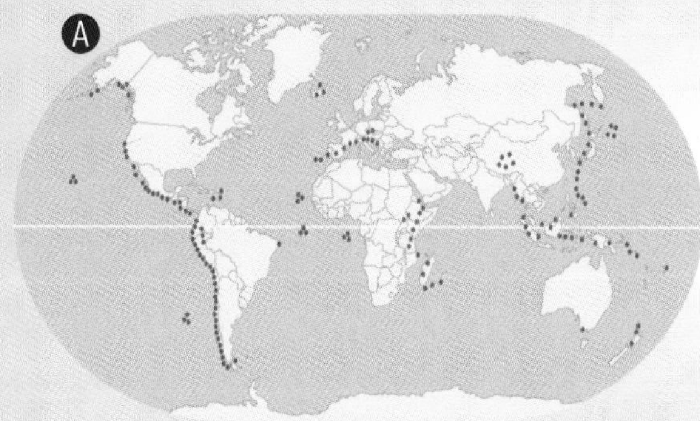

Principales zones d'activité volcanique

Ⓑ

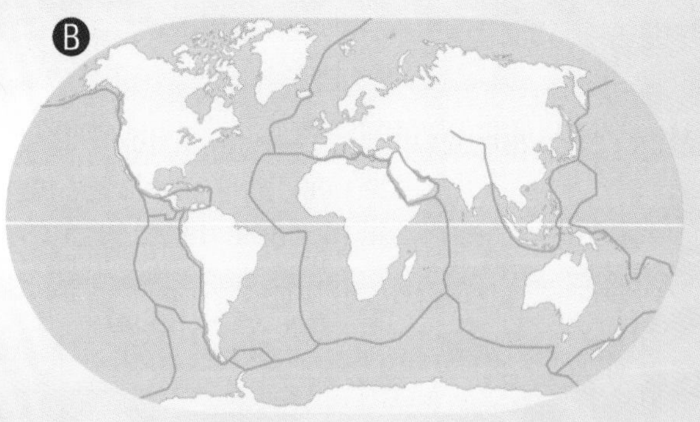

Principales plaques tectoniques

Activ. 4.3

4. Classe les termes et expressions ci-dessous dans un tableau à deux colonnes selon qu'ils font référence à un volcan ou à un tremblement de terre.

a) Échelle de Richter

b) Cône

c) Secousses telluriques

d) Magma

e) Hypocentre

f) Cheminée

g) Épicentre

h) Zones sismiques

i) Lave

j) Cratère

k) Friction des plaques

l) Éruption

Volcan	Tremblement de terre
?	?
?	

Activ. 4.4

5. Voici un schéma de principes d'une balance à plateau. Observe-le, puis réponds aux questions.

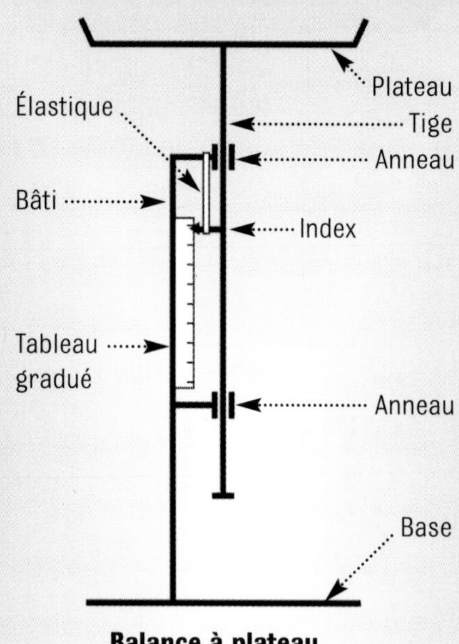

Balance à plateau

a) Quel est l'organe d'entrée (celui qui reçoit la force) ?

b) À quel type de mouvement est associée la tige ? Quel est le symbole correspondant ?

c) Quel type de force subit l'élastique ? Quel est le symbole correspondant ?

Activ. 4.4

À toi de jouer

Explique le fonctionnement d'un sismographe

Le sismographe est un appareil qui traduit une vibration en un trait sur du papier. En t'aidant des documents présentés sur cette page, explique le fonctionnement de l'appareil artisanal illustré ci-dessous en produisant :

- un schéma de principes ;
- un schéma de construction.

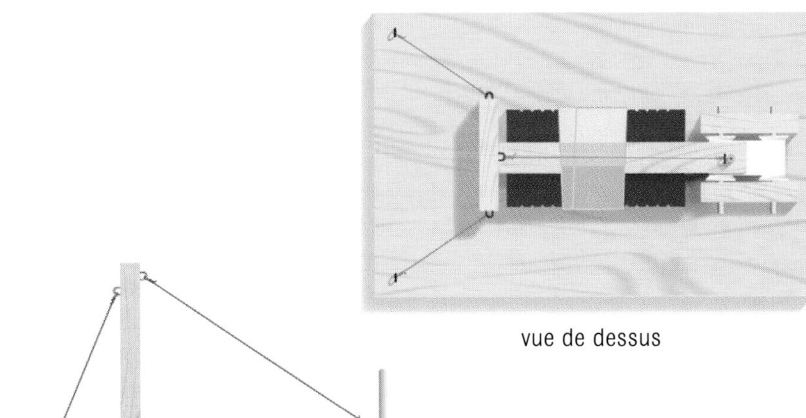

vue de dessus

vue de côté

Principe de fonctionnement

- Lors d'un tremblement de terre, le sol vibre horizontalement et verticalement.
- Le sismographe suit le mouvement du sol sur lequel il repose.
- La pièce mobile du sismographe se déplace seulement dans le sens horizontal.
- En déroulant le papier à la main, on enregistre le déplacement de l'extrémité libre de la pièce mobile.

Principe de construction

- La pièce mobile est faite d'un matériau résistant et flexible.
- Une masse suspendue réduit le mouvement vertical de la pièce mobile.
- L'une des extrémités de la pièce mobile est fixée au bâti de l'appareil.
- L'autre extrémité, celle qui porte l'instrument de marquage, oscille librement.

Matériel

- Planche de bois de 254 mm × 610 mm × 13 mm
- Morceau de bois de 51 mm × 102 mm × 305 mm
- Morceau de bois de 25 mm × 25 mm × 508 mm
- 2 blocs de bois de 51 mm × 51 mm × 203 mm
- 2 goujons de 6 mm × 115 mm
- 2 rouleaux de 60 mm de large
- Ruban de papier de 51 mm de large
- Brique
- Fil d'acier
- Crayon
- Clous et vis
- Ruban de montage

Unité 5

La tectonique des plaques en action

Comment construire un modèle de la tectonique des plaques ?

C'est ce que tu sauras en fabriquant le prototype.

La problématique qui s'achève t'a permis de voir le type de changements que la Terre a subis depuis sa création. En interprétant les traces du passé, tu as constaté que les vivants ont dû évoluer pour s'adapter aux conditions changeantes du milieu. Tu as ensuite considéré plusieurs hypothèses sur l'origine des événements qui ont modifié les milieux de vie et l'évolution des vivants. Tu as vu enfin qu'il est possible de reproduire la dynamique terrestre avec un modèle mécanique.

Les manipulations et les expérimentations que tu as faites au cours des unités précédentes te permettent maintenant de poursuivre ta démarche de conception en construisant un modèle.

Place à la discussion

- **As-tu déjà fabriqué un objet doté d'un mécanisme ? Décris cet objet.**
- **As-tu peur d'utiliser certains outils ? Lesquels ?**
- **Quels outils as-tu déjà manipulés ?**
- **Nomme quelques règles de sécurité relatives au travail en atelier.**

Activité 5.1 Prépare la construction de ton prototype

Je me prépare

Rappelle-toi l'utilité d'un modèle de la tectonique des plaques en faisant un retour sur les étapes de la démarche que tu as amorcée à l'unité 4.

1. Quel problème as-tu alors identifié?

2. Quelle solution a été retenue?

Avant de se lancer dans la fabrication proprement dite, il est important de déterminer la forme finale de l'objet, le nombre de pièces à assembler, les dimensions de chaque organe, les matériaux à utiliser, les modes d'assemblage à privilégier, ainsi que les outils et le matériel nécessaires pour la construction du prototype. C'est ce qu'on appelle une *étude de construction*.

Pour entamer ce travail, observe le **schéma de construction** présenté ci-dessous. Tu auras à t'y référer tout au long de l'activité.

Schéma de construction du modèle de la tectonique des plaques

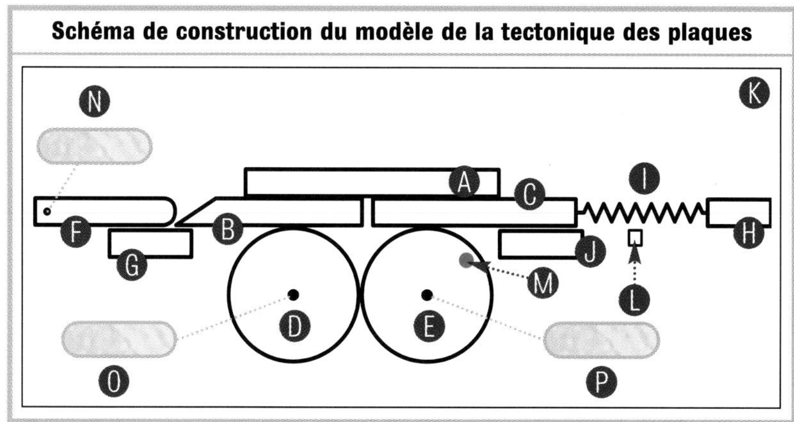

3. En t'inspirant du schéma de principes que tu as vu à l'unité précédente, pousse un peu plus loin ton analyse.

a) Nomme les mécanismes illustrés ci-contre.

b) À quel type de mouvement associes-tu chacun de ces mécanismes: à une transmission ou à une transformation du mouvement?

c) Quels types de mécanismes forment les couples d'organes D-B et D-E du modèle de la tectonique des plaques?

Les forces et les mouvements, p. 337
Les objets mécaniques, p. 339
Les mécanismes du mouvement, p. 340

Les schémas technologiques, p. 378

Mécanismes

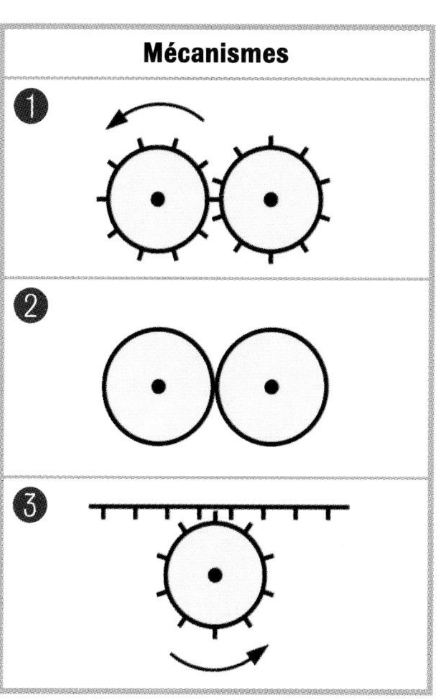

4. Voici deux façons simples d'empêcher les organes mobiles d'un mécanisme de glisser l'un sur l'autre. Laquelle te semble la plus adéquate pour le modèle de la tectonique des plaques? Justifie ta réponse.

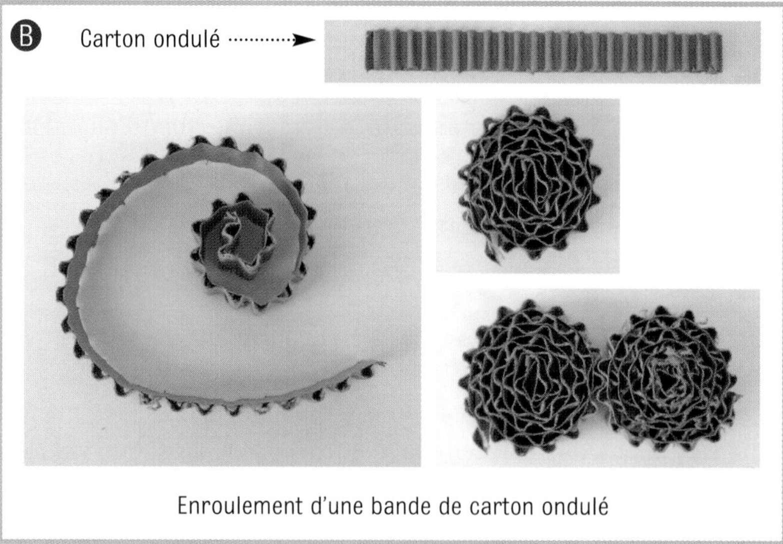

Enroulement d'une bande de carton ondulé

5. Justifie la forme des organes B et F du modèle.

6. Quelle est la fonction des organes A, G et J du modèle?

7. À quoi penses-tu que les pièces L et M servent?

Je passe à l'action

Joins-toi au reste de la classe pour répondre aux questions 8, 9 et 10.

8. On choisit en général les matériaux en fonction de leur disponibilité, de leur prix et de l'usage auquel ils sont destinés.
   a) Quels matériaux utiliserez-vous pour fabriquer les différentes pièces du modèle?
   b) S'agit-il de matériaux ligneux, métalliques ou plastiques?

9. Estimez les dimensions qu'aura le modèle en tenant compte des matériaux choisis et du type de mécanismes qui l'actionneront.

savoirs

Les forces et les mouvements, p. 337
Les objets mécaniques, p. 339,
Les mécanismes du mouvement, p. 340
Les matériaux d'hier et d'aujourd'hui, p. 342
Les liaisons en mécanique, p. 343

Les schémas technologiques, p. 378
Comment faire un dessin, p. 393
La schématisation en mécanique, p. 397

10. Qu'utiliserez-vous pour assembler les différents organes du modèle?

RIVETS	AGRAFES	COLLE	ÉCROUS ET BOULONS	VIS	CLOUS
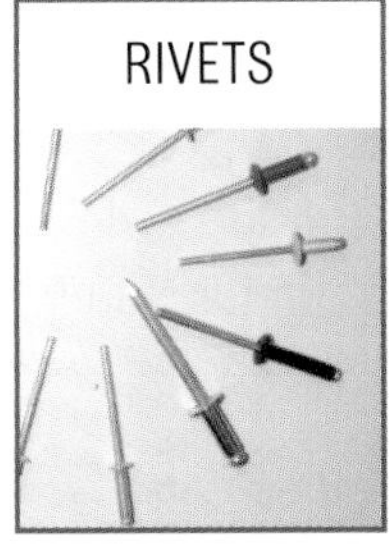				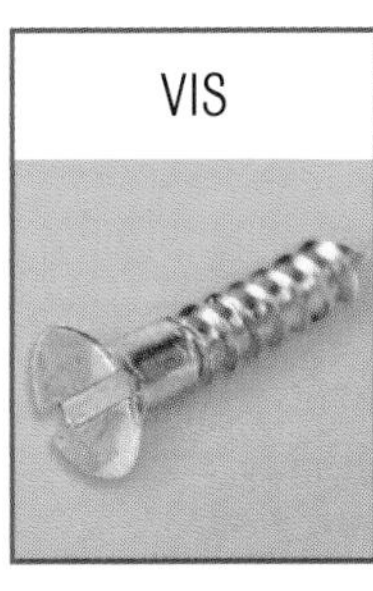	

11. Fais le schéma de construction de ton modèle en adaptant celui qui est présenté au début de l'activité.

→ Trace ton schéma sur une feuille millimétrique de 217 mm × 357 mm à l'échelle 1:1.

✔ Centre les différentes pièces sur la planche de support K.

✔ Tiens compte des contraintes de conception établies à l'activité 4.3 de l'unité précédente.

✔ Tiens compte des contraintes de fabrication liées aux types de mécanismes, à la nature des matériaux, aux dimensions et aux modes d'assemblage.

→ Illustre les liaisons que tu utiliseras pour assembler les différents organes du modèle. Indique si ces liaisons sont démontables ou indémontables.

→ Compare ton dessin avec celui de tes camarades, puis apporte les modifications que tu juges nécessaires.

12. Présente dans un tableau la liste complète des pièces (organes) entrant dans la fabrication de ton modèle et donne leurs caractéristiques (dimensions et matériaux). En technologie, ce document porte le nom de **tableau des spécifications**.

Pièce	Dimensions	Matériau à utiliser

 Je fais le point

13. À quoi te servira le schéma de construction que tu viens de faire?

14. Quelle est l'utilité d'un tableau des spécifications?

Joseph-Armand Bombardier

J.-A. Bombardier (1907-1964) a fabriqué ses premiers jouets munis d'un mécanisme alors qu'il avait à peine 13 ans. Diplômé en mécanique et en génie électrique, il s'est établi comme garagiste à Valcourt. Fasciné par les machines, il consacrait ses temps libres à des recherches et à la lecture de publications scientifiques et technologiques. Cette passion l'a amené à concevoir, à fabriquer et à breveter le fameux système de traction à chenille (connu sous le nom de *traction à barbotin et chenille*) utilisé dans la plupart des véhicules de transport sur neige développés par la suite. On se rappelle de lui comme grand inventeur, homme d'affaires et citoyen modèle.

As-tu une passion? Laquelle?

Activité 5.2 Fabrique ton prototype

Je me prépare

La fiche des opérations, p. 377
Les outils en atelier, p. 398

Le choix des matériaux détermine toujours le matériel (outils) et les techniques à utiliser pour fabriquer l'objet technique. Pour fabriquer ton modèle, tu exécuteras les opérations suivantes : mesurage et traçage, usinage, assemblage et finition.

1. Le mesurage et traçage est une opération indispensable pour mener ton projet à terme. Les outils présentés ci-dessous servent à cette opération.

a) Identifie ces outils.

b) Donne la fonction de chacun.

c) Nomme ceux qui te seront utiles.

2. Certains des outils illustrés ci-dessous serviront sans doute pour l'usinage de certaines pièces. Pour faire ton choix, tu dois tenir compte du type de matériau à travailler.

a) Identifie ces outils.

b) Nomme ceux qui serviront à usiner les pièces.

c) Indique à quelle technique d'usinage chaque outil te servira.

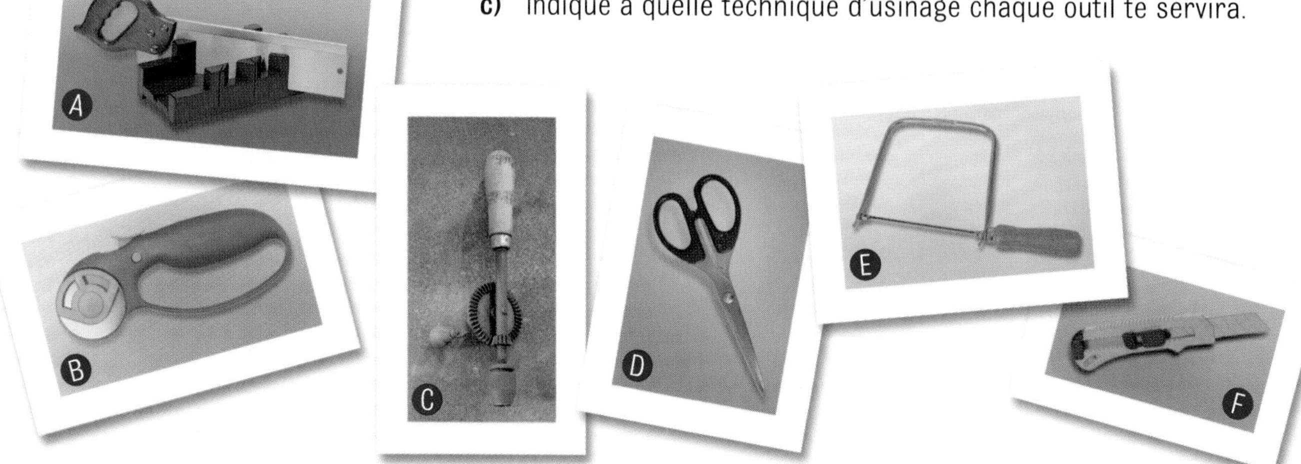

3. Les outils illustrés ci-contre peuvent servir à l'assemblage de ton modèle.

a) Identifie ces outils.

b) Nomme l'outil qui servira à chacun des modes de liaison que tu as choisis à la question 10 de l'activité 5.1 pour assembler les différentes pièces de ton modèle.

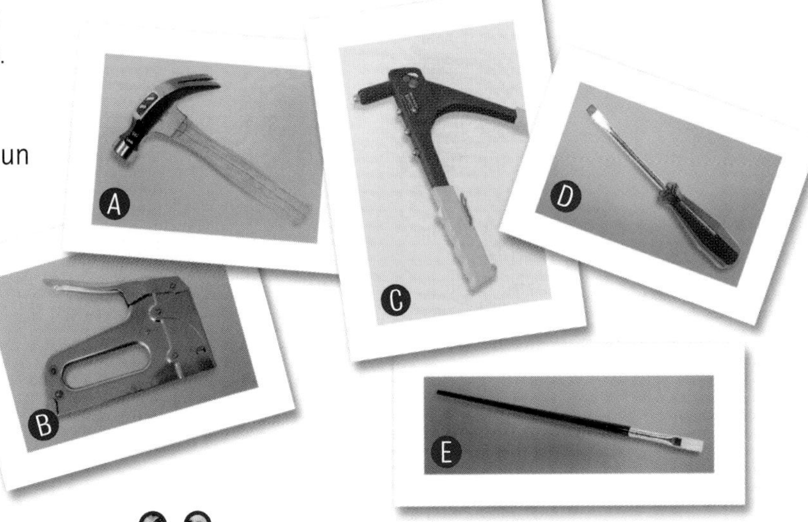

Je passe à l'action

4. Dresse une liste complète du matériel (outils) nécessaire à la fabrication des pièces de ton modèle.

5. Décris dans une **fiche des opérations** la suite des opérations que tu exécuteras pour construire ton modèle.

La fiche des opérations, p. 377
La perspective, p. 395

Fabrication

1. En équipe, partagez-vous les différentes tâches qui sont décrites dans la fiche des opérations.
   > Rassemble les matériaux et le matériel dont tu as besoin.
   > Revois les règles de sécurité à respecter en atelier.
   > Fabrique tes pièces en suivant les étapes décrites dans la fiche des opérations.
2. Assemblez les pièces du modèle en consultant la figure suivante, qui représente une vue éclatée du modèle.
3. Sur le modèle, indiquez avec des étiquettes :
   > les différents phénomènes géologiques modélisés ;
   > les structures terrestres représentées.
4. Collez sur les plaques B et C un dessin ou une photo d'une espèce animale dont les milieux de vie ont divergé.
5. Coloriez le modèle en choisissant des couleurs réalistes.
6. Ajoutez toute autre information ou décoration qui vous semble pertinente.
7. Prévoyez un dispositif pour accrocher votre modèle au mur ou pour le fixer à une table.

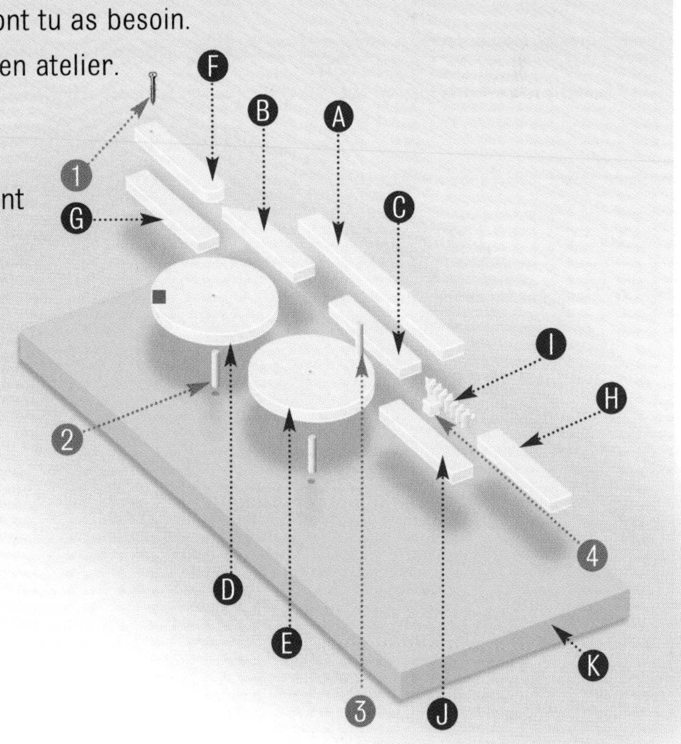

Les modèles des musées

Si tu visites un jour le Musée des sciences et de la technologie du Canada, à Ottawa, tu constateras à quel point ces disciplines ont marqué la société et modifié nos habitudes de vie. La partie la plus intéressante de la visite est certainement l'utilisation des modèles interactifs. Rien de mieux pour expliquer ou observer des phénomènes scientifiques et démystifier les objets techniques ! En appuyant sur des boutons, en tournant des manettes et en actionnant des leviers, tu expérimenteras concrètement les sciences et la technologie. Tu découvriras ainsi l'univers de la matière, de la Terre, de l'astronomie, de l'espace et de la technologie.

L'histoire de la Terre, p. 292
L'extinction massive des espèces, p. 293
La dérive des continents, p. 334

La démarche de conception, p. 374
Le réseau de concepts, p. 382

Essai

6. Est-ce que votre modèle fonctionne ?
7. Est-ce que ce prototype répond au besoin qu'on voulait combler au départ ?
8. Est-ce que votre modèle respecte les critères énoncés dans le cahier des charges (activité 4.3) ? Justifie ta réponse.
9. Est-ce que la solution choisie est satisfaisante ? Pourquoi ?
10. Est-ce que votre modèle présente des problèmes de fonctionnement ? Si oui, ces problèmes sont-ils liés à la conception ou à la fabrication ?
11. Le modèle t'a-t-il permis de mieux comprendre la tectonique des plaques ? Pourquoi ?

Je fais le point

Retour sur la démarche

12. As-tu des modifications ou des améliorations à suggérer ? Lesquelles ?
13. Situe le changement que le modèle illustre dans l'histoire géologique de la Terre.
14. Décris trois impacts que les phénomènes géologiques simulés par le modèle ont sur la biodiversité.
15. Est-ce qu'un des phénomènes simulés par le modèle pourrait expliquer la disparition des dinosaures ? Lequel ? Pourquoi ?
16. Présente dans un réseau de concepts les différentes étapes que vous avez suivies pour concevoir et fabriquer le modèle.
17. Présente votre modèle lors d'une exposition. Ce sera une bonne occasion pour toi d'échanger sur le sujet.

savoirs

L'histoire de la Terre

La Terre est un **système** dont les composantes se modifient constamment. Vieille de près 4,5 milliards d'années, notre planète n'est plus ce qu'elle était à l'origine : les continents se sont déplacés, des périodes de froid intense ont recouvert de glace de vastes régions, des météorites ont percuté sa surface, etc. Nous savons aujourd'hui qu'une partie du Nord québécois était une forêt tropicale, il y a 360 millions d'années. Plus récemment, il y a 15 000 ans, le Sud québécois était encore couvert de glace.

Reconstitution artistique de Miguasha il y a 830 Ma

Conséquences des transformations du milieu

Des troupeaux de mammouths laineux parcouraient l'Amérique du Nord, il y a 10 000 ans. Depuis, le climat s'est adouci, des forêts ont poussé, l'être humain s'y est installé et le mammouth laineux a disparu.

L'**extinction** des espèces est un phénomène inévitable. Tant que le milieu satisfait à ses besoins essentiels, une espèce peut se reproduire. Sinon, elle s'éteint. Mais tout changement important de l'environnement a un impact sur les populations qui y habitent.

Pour décrire l'histoire de la Terre et suivre l'**évolution** des espèces, les scientifiques analysent surtout les roches et les fossiles. Les propriétés physiques et chimiques du sous-sol témoignent des conditions qui régnaient aux différentes époques. Les fossiles, eux, nous renseignent sur les organismes vivants qui peuplaient la région.

Les fossiles nous apprennent aussi que les espèces ne réagissent pas toutes de la même façon aux changements. Certaines disparaissent tandis que d'autres s'adaptent. Plusieurs espèces survivent aux changements assez longtemps pour s'épanouir, **se multiplier** et dominer les autres. D'autres encore produisent de nouvelles espèces en se transformant.

Toute nouvelle espèce est en réalité une forme modifiée d'une **espèce préexistante**. Il en est ainsi parce que le vivant provient nécessairement d'un autre vivant. Mieux adaptée aux nouvelles conditions du milieu, la nouvelle espèce a plus de chances de survivre que la génération précédente.

L'extinction massive des espèces

Des **changements** majeurs ont bouleversé la vie sur Terre au fil des siècles, et ce, à plusieurs reprises. Ces changements ont eu lieu très soudainement ou se sont étalés sur une période de plusieurs millions d'années. Certaines de ces crises planétaires ont même exterminé la majorité des espèces.

Quatre types de phénomènes peuvent expliquer l'extinction lente ou rapide d'une espèce.

- **Phénomènes géologiques**: éruptions volcaniques, tremblements de terre, formation de montagnes, déplacement des continents, etc.
- **Phénomènes astronomiques**: chute de météorites.
- **Phénomènes climatiques**: changements de température, vent et précipitations.
- **Phénomènes écologiques**: compétition d'espèces pour une même nourriture, transformation du milieu par les vivants, etc.

Les extinctions massives n'ont pas eu uniquement des effets négatifs sur la biodiversité. À la suite de chacun de ces événements, la diversité de certaines formes de vie s'est même accrue. Par exemple, comme l'illustre le schéma ci-dessous, un grand nombre de nouvelles espèces de mammifères sont apparues après l'extinction des dinosaures.

RÉACTIONS DES ESPÈCES AUX CHANGEMENTS

Depuis la formation de la Terre, certaines espèces sont disparues et d'autres se sont transformées.

Le temps géologique

En géologie, le temps est indiqué par l'âge des **roches** et des restes de vivants emprisonnés dans cette roche. Comme la formation rocheuse la plus ancienne que l'on connaît date d'environ 4 milliards d'années, l'échelle du temps géologique commence là. À mesure qu'on trouve des **fossiles** et qu'on évalue leur âge, on reconstitue des parcelles de l'histoire des vivants.

Le sous-sol est formé de nombreuses couches de roches qu'on appelle des *strates*. En comparant les **strates** les unes avec les autres, on constate une grande variation dans le nombre et la forme des vivants. Les strates de l'époque des dinosaures, par exemple, emprisonnent un très grand nombre d'espèces de dinosaures, alors que celles qui suivent, plus jeunes, n'en ont aucun. On déduit dans ce cas qu'il y a eu une extinction massive des dinosaures.

La datation des fossiles révèle, entre autres, que la forme poisson est apparue bien avant celle des dinosaures. Le lien le plus plausible entre l'**ancêtre** de la truite et du tyrannosaure serait un *poisson à pattes*. C'est donc dire qu'une espèce de poisson s'est progressivement transformée en dinosaure. Cela ne signifie toutefois pas que les poissons d'aujourd'hui pourraient un jour se transformer en dinosaures.

Le prince de Miguasha

FAITS ET ÉVÉNEMENTS QUI ONT MARQUÉ L'HISTOIRE DE LA TERRE

Temps (Ma)	*Faits et événements*
4016	Premières roches
3200	Bactéries sans noyau (procaryotes)
2500	Unicellulaires produisant du O_2 par photosynthèse (cyanobactéries)
2200	Cellules pourvues d'un noyau (eucaryotes)
1500-600	Vie multicellulaire
545	Nouvelles formes de vie multicellulaire et à carapace
500-450	Poissons

FAITS ET ÉVÉNEMENTS QUI ONT MARQUÉ L'HISTOIRE DE LA TERRE (SUITE)

Temps (Ma)	*Faits et événements*
440	Extinction massive : 50 % des espèces disparaissent
430	Plantes terrestres
420	Mille-pattes sur la terre ferme
375	Montagnes des Appalaches
	Premiers requins
370	Extinction massive : 50 % des espèces disparaissent
360	Faune de Miguasha (*Eusthenopteron*)
350	Amphibiens (*Ichthyostega*) Insectes Fougères
300-200	Reptiles
300	Insectes ailés
280	Coccinelles et coléoptères
250	Un seul continent sur Terre
245	Extinction massive : 80 % des espèces disparaissent
230	Coquerelles (blattes)

Temps (Ma)	*Faits et événements*
225	Abeilles
214	Extinction massive : 50 % des espèces disparaissent
200	Mammifères
145	*Archæoptéryx* (dinosaure-oiseau)
136	Kangourous
100	Premiers oiseaux (grues primitives)
90	Forme actuelle des requins
65	Extinction massive : 50 % des espèces disparaissent, notamment tous les dinosaures
60	Rats, souris et écureuils
55	Lapins et lièvres
50	Primates, ancêtre du cheval (*Hyracotherium*)
28	Koalas
20	Perroquets et pigeons

FAITS ET ÉVÉNEMENTS QUI ONT MARQUÉ L'HISTOIRE DES HOMINIDÉS

Temps (années)	Faits et événements
30 000 000	Premiers singes
20 000 000	Premiers gorilles
12 000 000	*Ramapithecus*, chimpanzés et hominiens
7 000 000	*Sahelanthropus* (pourvu d'une dentition rappelant davantage celle des humains que celle des singes)
4 000 000	Australopithèque (posture debout)
2 000 000	*Homo habilis* (utilisation générale d'outils de pierre)
	Dernière glaciation
1 600 000	*Homo erectus* (découverte du feu)

Temps (années)	Faits et événements
200 000	*Homo sapiens neanderthalensis* (stature robuste)
50 000	*Homo sapiens sapiens* (le Cro-Magnon peint et sculpte)
40 000	Colonisation de l'Australie et de l'Amérique du Nord
25 000	Formation d'une calotte glaciaire sur le Canada
12 000	Domestication du chien (Iraq)
	Mammouth (mastodonte) au Québec
10 000	Construction des premières habitations
	Fonte du cuivre et poterie
6 000	Invention de l'écriture par les Sumériens

Les fossiles

On appelle *fossile* le reste, l'empreinte ou la trace d'un organisme conservé dans la **roche**. Le mot lui-même signifie « tiré du sol ». Généralement, un fossile ne présente que la forme des parties dures de l'animal, soit les os ou la coquille. On peut voir exceptionnellement la forme de tissus plus mous, comme les feuilles et les plumes, ou des traces du déplacement d'un animal.

Scénario menant à la découverte d'un fossile

1. Un animal meurt subitement et tombe dans un marécage. Pendant qu'il disparaît sous un amoncellement de sable, d'argile et de boue (des **sédiments**), les décomposeurs du sol se nourrissent de ses tissus mous. Il ne reste bientôt que les os.

2. Sur des millions d'années, différentes couches de sédiments se déposent sur les restes. Des sels minéraux remplacent lentement la matière des os. Sous le poids des couches de sédiments, de la **roche** se forme (strates).

3. Des changements géologiques, par exemple des **soulèvements** de terrain ou l'usure du sol, exposent peu à peu les strates anciennes.

4. Une personne qui passe par là aperçoit des roches inhabituelles. Elle signale sa découverte à des spécialistes. Les experts **fouillent** le sol pour en découvrir d'autres.

Trilobite

Mouche

Dinosaure

La présence de fossiles dans les différentes couches de roche nous permet d'estimer à quel moment ces vivants sont apparus ou depuis combien de temps ils ont disparu.

Les types de roches

Les roches sont des mélanges hétérogènes de minéraux. Elles constituent la matière solide de l'écorce terrestre, autrement dit la **lithosphère**. Il existe trois grands types de roches : les roches ignées, les roches sédimentaires et les roches métamorphiques. Pour réussir à les distinguer, il est nécessaire de comprendre le **processus de formation** de chacune.

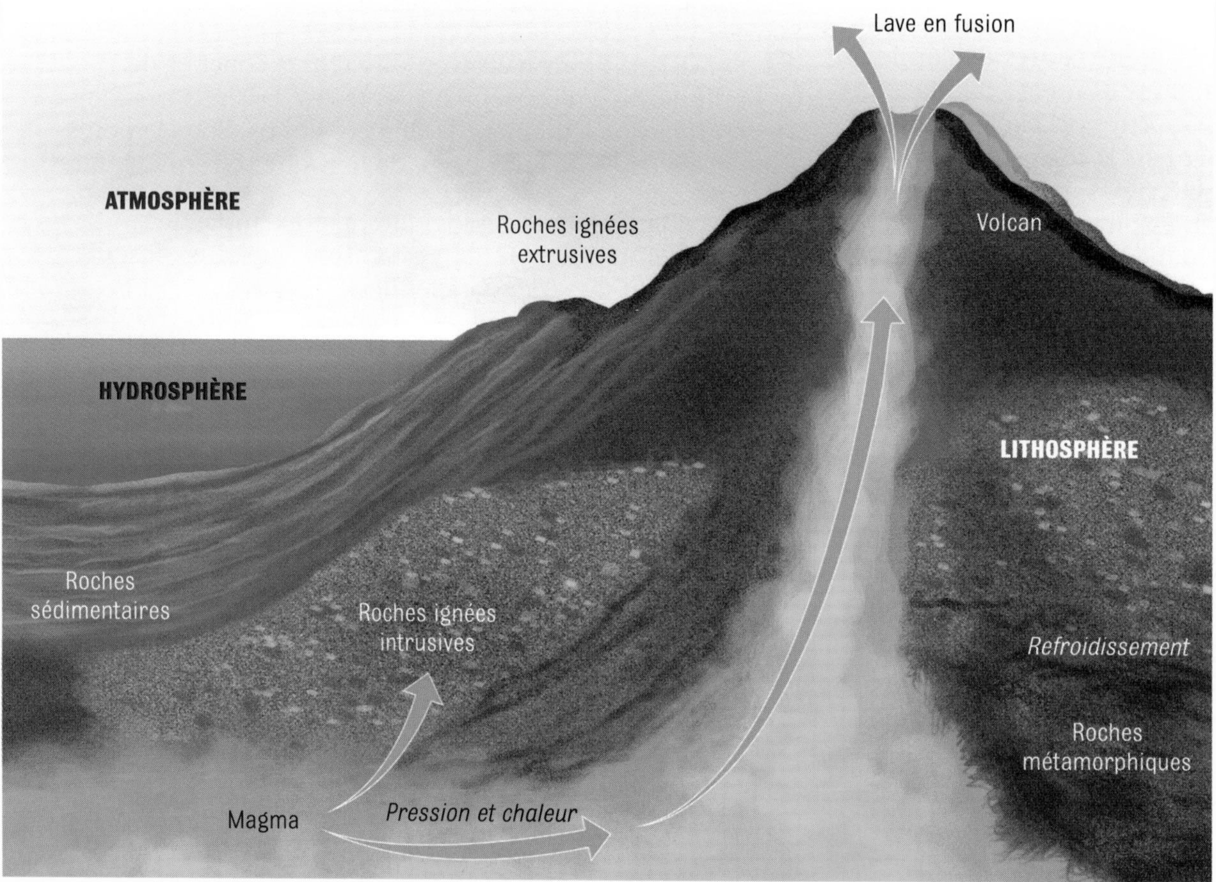

Roches ignées

Les roches ignées proviennent de la solidification du magma, la roche liquide au cœur de la Terre. Parce que le **magma** est très chaud, aucun fossile ne peut s'y former. Les roches ignées constituent la principale roche de la surface solide de la Terre. Elles se divisent, selon leur provenance, en deux catégories : roches extrusives et roches intrusives.

Les roches **extrusives** résultent d'un refroidissement rapide de la **lave** (magma qui sort du sol). Elles sont souvent vitreuses ou constituées de cristaux fins perceptibles au microscope. Le *basalte* est un exemple courant de roche ignée extrusive qu'on trouve au Québec.

Quant aux roches **intrusives**, elles résultent d'un refroidissement lent du **magma** s'écoulant dans des fissures de la lithosphère, sous la surface du sol. Ces roches sont constituées de gros cristaux de plusieurs couleurs. Le *granite* est un exemple courant de roche ignée intrusive qu'on trouve au Québec.

Roches sédimentaires

Les roches sédimentaires sont les roches qu'on voit le plus souvent en surface. Elles se forment par la compression lente des **sédiments** (particules minérales et organiques). Les particules des dépôts anciens se compactent et se cimentent sous le poids des tonnes de sédiments plus jeunes qui les recouvrent. C'est généralement dans les roches sédimentaires qu'on trouve des fossiles.

Le grain de ces roches varie en fonction de la composition du mélange. Celui du conglomérat, par exemple, est grossier et **hétérogène** parce que le mélange est composé de gravier, de sable et d'argile. Le grain du calcaire, qui vient de restants d'animaux marins, et celui du grès, constitué uniquement de sable, est plus **homogène**. Le *grès* est un exemple courant de roche sédimentaire qu'on trouve au Québec.

Roches métamorphiques

Les roches métamorphiques se forment à partir de roches sédimentaires ou ignées qui s'enfoncent dans les profondeurs de la lithosphère. Sous l'effet de la chaleur et de la pression, ces roches **se transforment** et changent d'apparence. Exceptionnellement, si la pression et la chaleur n'ont pas été trop intenses, on peut y trouver des fossiles.

Les roches métamorphiques ont toutes un grain fin. L'*ardoise* est un exemple courant de roche métamorphique qu'on trouve au Québec.

L'*ardoise*, une roche métamorphique

Le *grès*, une roche sédimentaire

Le *granite*, une roche ignée intrusive

Le *basalte*, une roche ignée extrusive

L'érosion et la sédimentation

Le matériau qui constitue l'écorce terrestre change constamment de forme sous l'effet de l'érosion et de la sédimentation. Ainsi, la **roche** devient poussière et la **poussière** redevient roche.

Érosion

L'érosion est une des causes principales de la transformation des milieux de vie. C'est l'**usure** de l'écorce terrestre. Sous l'action de l'érosion, les roches se brisent en fragments de plus en plus petits. Il en résulte des *sédiments* : cailloux, gravier, sable et argile.

Différents agents physiques, chimiques et biologiques sont à l'origine de cette érosion.

Agents physiques

- Gel et dégel
- Vent
- Ruissellement de l'eau
- Glaciers

La rivière s'enfonce dans le relief en creusant la roche.

Agents chimiques

- Oxygène
- Pluies acides

Le fer s'est transformé en rouille au contact de l'oxygène.

Agents biologiques

- Racines des plantes
- Moules
- Moisissures

En s'enfonçant dans le sol, les racines contribuent à sa fragmentation.

Sédimentation

L'eau et le vent entraînent avec eux les fragments de roches produits par l'érosion ainsi que les résidus organiques. Ce mouvement des sédiments de leur lieu d'origine au lieu où ils **se déposent** porte le nom de sédimentation. Plus le sédiment est fin, plus loin il se déplace.

Avec le temps, les sédiments s'accumulent en **couches** successives sur les fonds marins. Les dépôts les plus anciens, ceux recouverts par des tonnes de sédiments plus jeunes, finissent par se compacter et par se cimenter en roches.

Les roches sédimentaires forment des strates de couleur et de composition différentes. Comme les sédiments se déposent les uns sur les autres, les couches **supérieures** sont en général plus jeunes que les couches **inférieures**. Les fossiles des couches près de la surface sont donc plus jeunes que ceux des strates profondes.

Plus une strate de roches sédimentaires est profonde, plus elle est ancienne.

MODÉLISATION DU TRANSPORT DES SÉDIMENTS DANS L'EAU

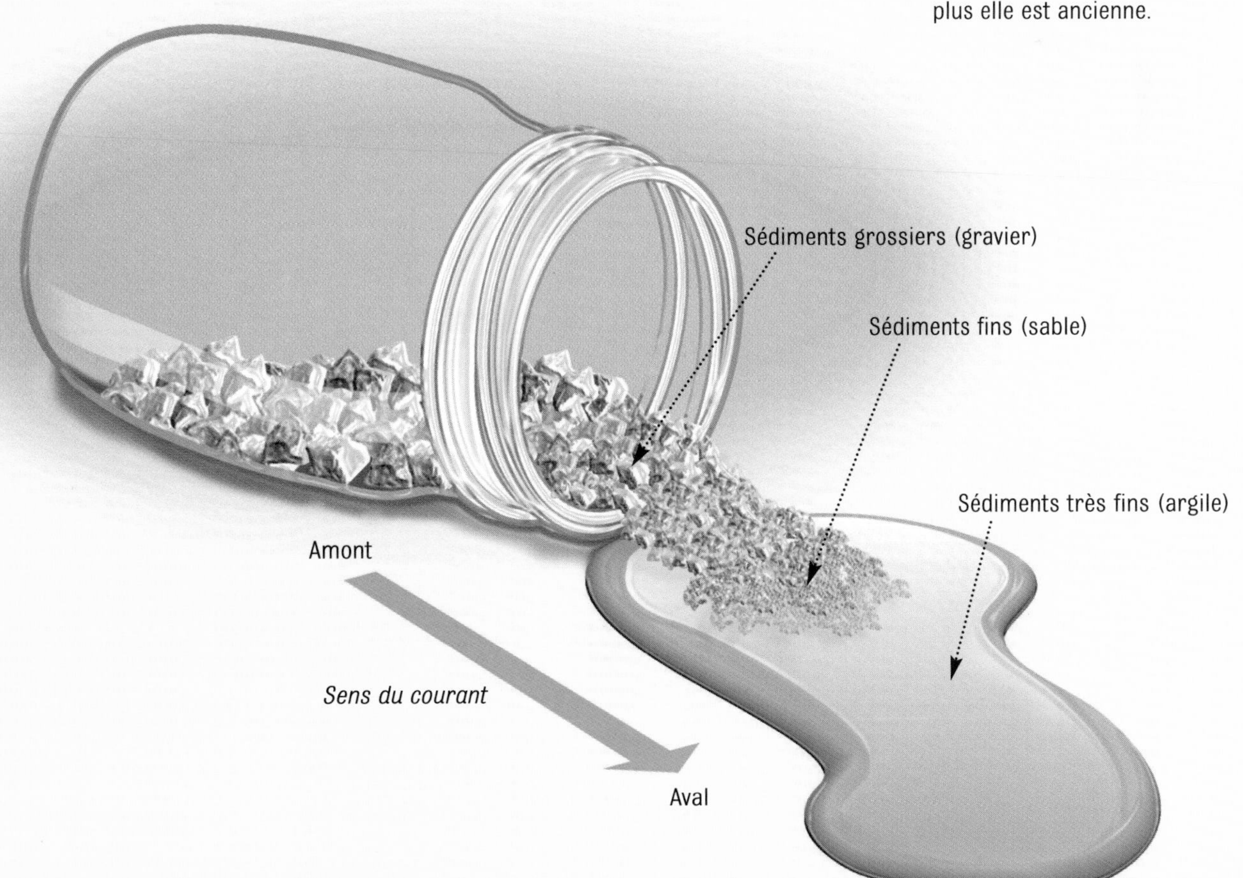

L'évolution des vivants

L'analyse des différents fossiles trouvés sur la Terre permet aux paléontologues de comprendre une partie de la **transformation** qui s'est produite chez les vivants. Cette transformation naturelle porte le nom d'évolution.

Voici le genre de conclusions qu'on peut tirer de l'analyse des fossiles.

- Les fossiles des strates sédimentaires près de la surface sont plus **récents** que ceux des strates profondes.
- La fossilisation démontre que l'évolution de la vie est un processus **lent**.
- Les premières formes de vie se limitaient à des structures unicellulaires. Les fossiles plus récents montrent des unicellulaires et des formes de vie plus **complexes** (multicellulaires).
- Certains animaux **existent** depuis très longtemps : coquerelles, salamandres, requins, etc.
- Beaucoup de formes de vie sont aujourd'hui **éteintes**. Les vivants qui ont disparu, par exemple le brontosaure, sont généralement fort différents de ceux d'aujourd'hui.
- La forme des fossiles en dit long sur les **milieux** de vie. Des fossiles de poissons, par exemple, révèlent que le site était jadis sous l'eau.
- Certains animaux présentent des **formes intermédiaires**. Les petits chevaux à trois doigts, les dinosaures à plumes et les poissons à pattes en sont de bons exemples. Leurs fossiles permettent de suivre les changements et variations qui ont mené aux animaux d'aujourd'hui.
- Quel que soit l'**endroit** où on les trouve, les formes fossiles identiques apparaissent en général dans des strates de même âge.

VARIATIONS QUI ONT MENÉ AUX ANIMAUX D'AUJOURD'HUI

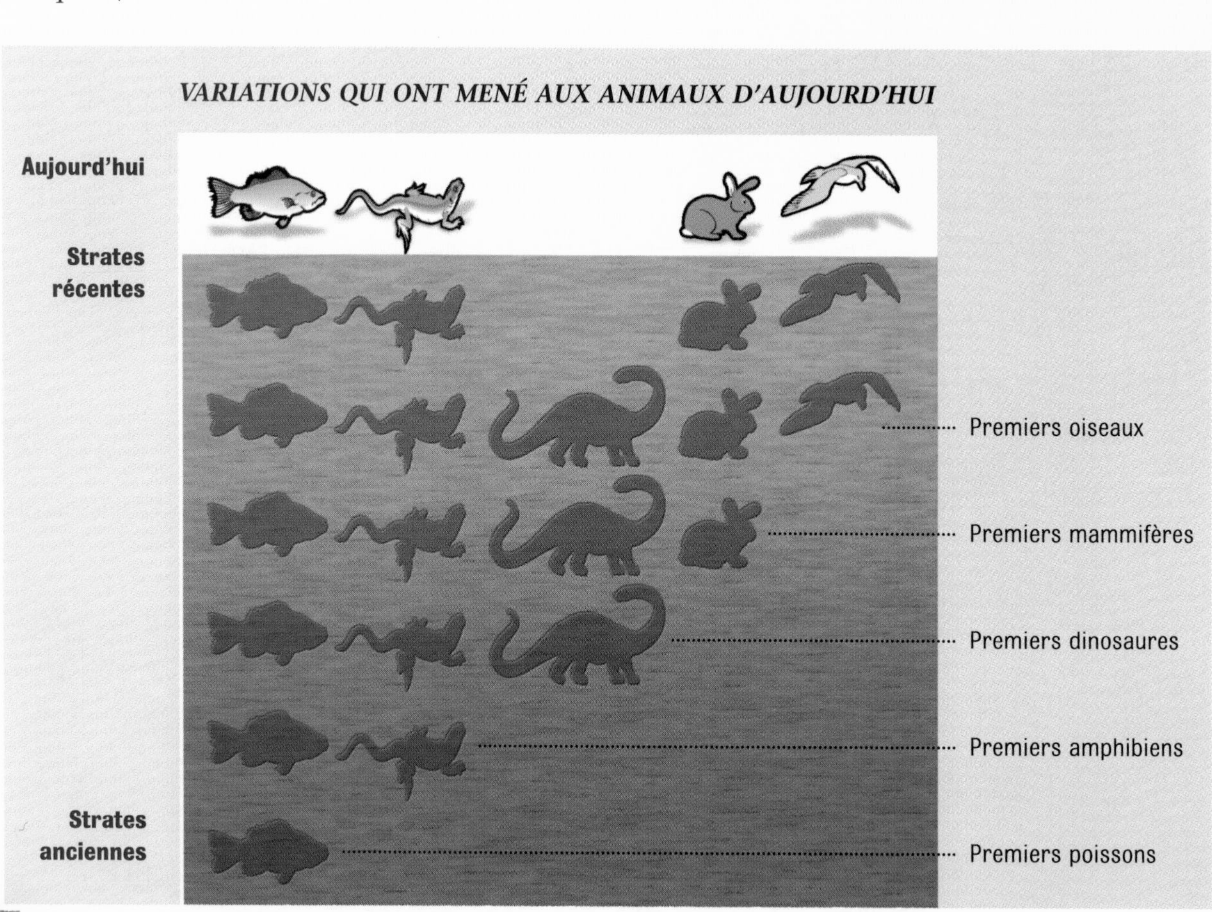

L'histoire de la vie

Tout vivant est nécessairement issu d'autres vivants. Il y a donc forcément un **lien** entre les espèces qui disparaissent et celles qui apparaissent. C'est sur ce fondement que les scientifiques se basent pour reconstituer l'histoire des vivants.

Prenons comme exemple le poisson et la salamandre. Les paléontologues confirment que le poisson primitif est plusieurs dizaines de millions d'années **antérieur** à la salamandre primitive. Or, le lien entre les deux animaux n'est pas évident, car la salamandre a des pattes, mais pas le poisson.

La découverte du poisson à pattes, dont l'âge est estimé entre celui du poisson et de la salamandre, semble éclaircir le mystère. Le poisson primitif se serait **transformé** en poisson à pattes et c'est le poisson à pattes qui aurait donné la salamandre primitive à l'origine des amphibiens.

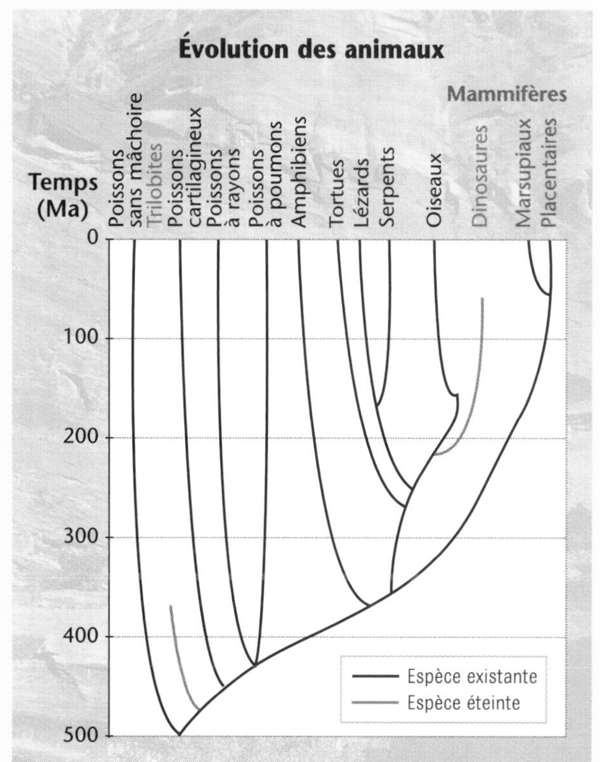

Transformation artificielle des vivants

Sans l'intervention des êtres **humains**, certains animaux n'auraient pas la variété de forme qu'on leur connaît aujourd'hui. Le premier pas vers cette transformation artificielle a été de domestiquer les animaux sauvages.

Les nombreuses races de chevaux, de chats et de chiens qui nous entourent ont chacune leurs particularités. C'est à force de **croisements** sélectifs que les humains sont arrivés à ce résultat. Après plusieurs générations, la forme sauvage de l'animal finit par se transformer. Ce type de **sélection artificielle** explique la transformation des loups en chiens.

La sélection artificielle a fini par donner des races aussi différentes que le lévrier et le bichon.

Le *lévrier* a les caractéristiques propres à la course.

Le *braque* est un bon chien de chasse.

Le *boxer* est un bon chien de garde ou de défense.

Le *bichon maltais* est petit et de tempérament doux. Cela en fait un bon chien de compagnie.

Le *samoyède* est fort et sa fourrure l'isole bien du froid. Cela en fait un bon chien pour tirer des traîneaux.

Les structures ancestrales

La **classification** des animaux regroupe les vivants en fonction de caractéristiques communes (présence d'un crâne, de pattes, de plumes, etc.). Comme plusieurs animaux de forme et d'âge géologique très différents présentent les mêmes **caractéristiques physiques**, on peut conclure que certaines structures sont beaucoup plus anciennes que d'autres. Cette connaissance des structures ancestrales permet aujourd'hui d'établir des liens historiques entre les espèces.

Âge comparé de différentes structures qu'on trouve encore aujourd'hui

Placenta (120 Ma)

Structure qui relie l'embryon à la mère. Elle permet au petit de se développer en tirant ses nutriments du **sang** de sa mère.

Plumes et ossature légère (130 Ma)

Structures qui permettent aux oiseaux de **voler**.

Glandes mammaires (220 Ma)

Glandes permettant à la femelle de **nourrir** ses nouveau-nés au lait. Les animaux qui en sont pourvus sont tous poilus et à sang chaud.

Œuf couvert d'une coquille (300 Ma)

Structure qui **protège** et nourrit l'embryon lors de son développement hors de l'eau. L'œuf de poule, contrairement à celui de la grenouille, est couvert d'une coquille.

Quatre membres (320 Ma)

Structures (pattes et bras) permettant la **locomotion** sur le sol.

Mâchoire (380 Ma)

Structure formée d'os et située sous le crâne. La mâchoire est rigide et mobile pour permettre la prise de **nourriture**.

Crâne et vertèbres (420 Ma)

Structures principales de la tête et du dos d'un squelette. Le crâne et les vertèbres apportent rigidité au corps tout en permettant le mouvement. Ces structures sont toujours **internes**.

ESPÈCES D'AUJOURD'HUI

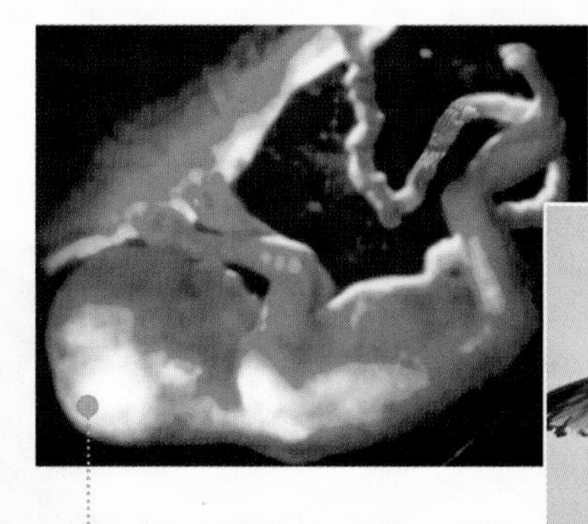

120 Ma

130 Ma

220 Ma

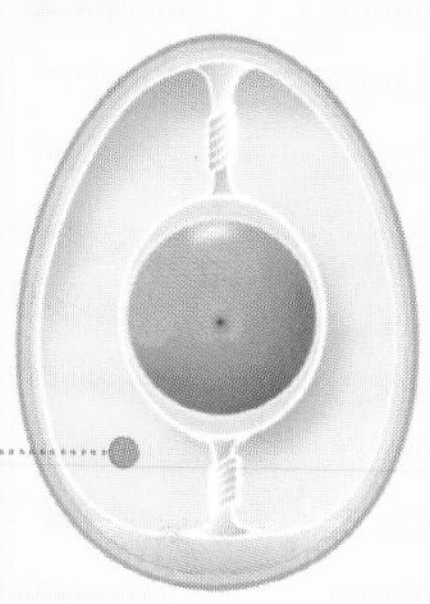

300 Ma

320 Ma

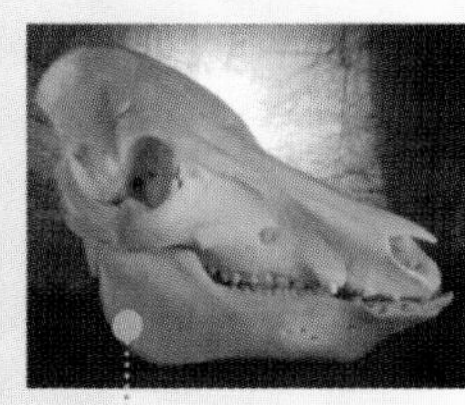

380 Ma

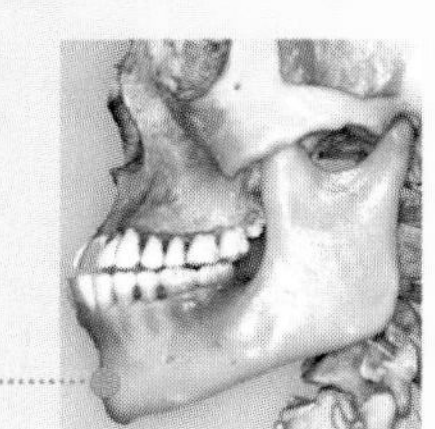

420 Ma

Arbre évolutif

Aujourd'hui

animal animal animal animal animal animal animal

non oui non oui

placenta

plumes

non oui

glandes mammaires

non oui

œuf couvert d'une coquille

non oui

quatre membres

non oui

mâchoire

crâne et vertèbres

Ligne du temps

En ordonnant graphiquement les structures physiques en fonction de l'âge des fossiles, on obtient un arbre évolutif des vivants qu'on étudie.

L'adaptation des vivants à leur milieu

La survie des espèces est toujours une question d'adaptation. On ne parle pas ici de la réaction instantanée d'un individu à une situation nouvelle, mais plutôt de la transformation de l'**apparence**, de la **forme** et du **comportement** d'un groupe d'individus. Cette adaptation d'une espèce au milieu qui lui est imposé a pour **fonction** d'assurer sa nutrition, sa protection et sa reproduction.

L'adaptation se fait toujours sur plusieurs générations. En ce sens, c'est une transformation lente de la population pour augmenter ses chances de survie. En effet, si le corps ou le comportement de l'individu permet à l'animal ou à la plante de mieux **se nourrir**, de **se protéger** et de **se reproduire**, la probabilité de survie de l'espèce est grande. Cette adaptation peut être physique ou comportementale.

Adaptation physique

On entend par adaptation physique toute transformation des organes ou d'autres **structures** de l'organisme. Chez les oiseaux, par exemple, on constate que le bec et les pattes sont particulièrement bien adaptés au menu de l'animal. La coloration de son plumage sert davantage à la protection et à la reproduction de l'espèce.

Adaptation comportementale

L'adaptation comportementale est une transformation dans la **manière d'agir** face à un événement. On constate plusieurs types d'adaptations de ce genre chez les oiseaux. Les oies blanches, par exemple, effectuent une migration au printemps et à l'automne. Les mésanges à tête noire ont un sifflement particulier : hi-u-u. Les hiboux, eux, sont actifs la nuit et au repos le jour.

Les adaptations comportementales sont généralement instinctives, c'est-à-dire que le comportement se manifeste dès la naissance (comportement *inné*).

ADAPTATION DE CERTAINS OISEAUX

ESPÈCE	
	Buse à queue rousse
	Cardinal
	Grand pic
	Canard colvert

Bec	*Pattes*	*Plumage*
Avec son bec crochu, la buse peut déchirer sa proie.	Ses doigts pourvus de serres lui permettent de maintenir solidement sa proie. Tous les rapaces ont ce type de pattes.	Sa couleur fauve lui permet de se fondre dans son habitat. Elle est ainsi plus difficile à repérer le jour.
Avec son bec court et robuste, le cardinal peut broyer les graines et les noyaux.	Les longs doigts de sa patte lui permettent d'entourer les branches. Tous les passereaux ont ce type de pattes.	Au printemps, la couleur rouge vif des mâles attire les femelles.
Avec son bec droit et solide, le pic peut déloger les insectes en creusant le bois.	Ses doigts opposés lui permettent de s'agripper au tronc. Tous les grimpeurs ont ce type de pattes.	Les longues plumes rouges de sa tête forment une spectaculaire houppe qui attire les femelles.
Avec son bec aplati, le canard peut manger des plantes et de petits animaux aquatiques.	Ses pattes palmées lui permettent de se déplacer efficacement dans l'eau. Tous les nageurs ont ce type de pattes.	Les plumes huilées du canard isolent sa peau de l'eau et du froid.

Le concept de population

Un **individu**, qu'il s'agisse d'un animal, d'un végétal ou d'un micro-organisme, vit rarement seul. En se regroupant, les individus d'une même espèce qui entretiennent des relations forment une **population**. Chacune de ces populations est nécessairement circonscrite à une région. Les écureuils d'un même boisé, par exemple, forment une population et se reproduisent entre eux. Tous les individus d'une population ont donc un **lien de parenté**.

Bien que les individus se reproduisent, les populations demeurent généralement constantes. Cela s'explique par le fait que les populations ne vivent jamais seules. Elles cohabitent et interagissent avec d'autres populations, dont celles de leurs prédateurs. Il y a donc un **équilibre** entre les naissances (taux de natalité) et les décès (taux de mortalité) au sein de chaque population.

L'ensemble des vivants d'une même région forme une **communauté**, qu'on appelle aussi *biocénose*. Dans une communauté, les populations entretiennent des relations plus ou moins étroites les unes avec les autres. Par exemple, une population d'écureuils coexiste souvent avec une population d'érables et de cerfs. L'équilibre d'une communauté dépend, entre autres, des composantes abiotiques présentes dans l'espace géographique qu'elle occupe. On nomme l'ensemble de ces composantes abiotiques le **milieu de vie** ou encore le *biotope*.

Ce cerf vit dans une communauté.

Les humains forment maintenant une seule population, car aucun groupe n'est isolé.

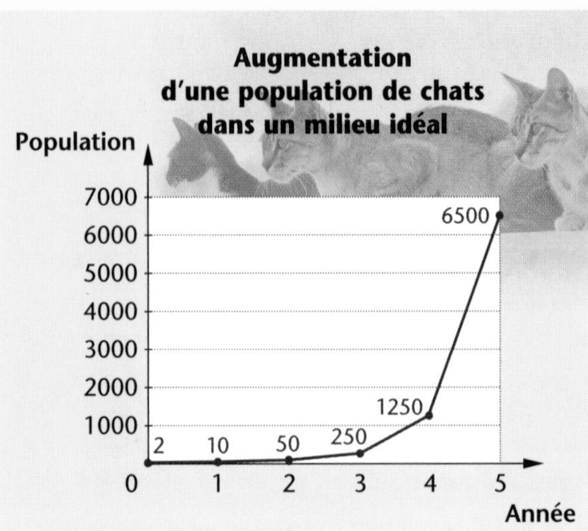

Dans des conditions idéales, un couple de chats ayant 2 portées de 4 chatons par année pourrait produire 6500 descendants en 5 ans. Mais cela n'est pas possible dans la nature, car le milieu ne pourrait combler les besoins de tous ces chats.

Estimation d'une population

Dans le milieu naturel, il est très difficile de compter les individus d'une population. On peut toutefois estimer leur nombre en observant un échantillon bien délimité de terrain. Ce type d'échantillon, carré ou rectangulaire, se nomme un **quadrat**. En comptant le nombre d'individus dans cet espace, on estime la densité de la population. Généralement, la densité s'exprime en nombre moyen d'individus par kilomètre carré. Le quadrat varie en grandeur, du décimètre carré à plusieurs kilomètres carrés, selon l'espèce investiguée.

Pour cette investigation, on utilise plusieurs petits quadrats.

La **densité de population** se calcule à l'aide de la formule suivante :

$$\mathbf{D}\text{ (densité)} = \frac{\mathbf{N}\text{ (nombre d'individus)}}{\mathbf{A}\text{ (aire occupée)}}$$

Ainsi, pour une population animale de 200 individus qui occupe un espace de 10 km^2, on obtient :

$$D = \frac{200 \text{ individus}}{10 \text{ km}^2}$$

$$= 20 \text{ individus/km}^2$$

Pour cette investigation, on utilise de plus grands quadrats.

Voici les facteurs qui peuvent modifier la densité d'une population.

Facteurs entraînant l'augmentation d'une population	*Facteurs entraînant la réduction d'une population*
• Nombre d'individus qui naissent (taux de natalité)	• Nombre d'individus qui meurent (taux de mortalité)
• Nombre d'individus qui se joignent à la population (immigration)	• Nombre d'individus qui quittent la population (émigration)
• Diminution du nombre de prédateurs	• Augmentation du nombre de prédateurs
• Augmentation du nombre de proies	• Diminution du nombre de proies
• Conditions climatiques favorables	• Conditions climatiques arides
• Agrandissement du milieu de vie	• Réduction du milieu de vie
	• Maladies

Les relations alimentaires

Tous les animaux obtiennent la matière et l'énergie dont ils ont besoin en se nourrissant d'autres vivants. Ceux qui se nourrissent d'autres animaux sont des **prédateurs**. Le prédateur est souvent à son tour la **proie** d'un autre. On schématise cette relation prédateur–proie au moyen d'une **chaîne alimentaire**.

Le premier maillon de la chaîne alimentaire est nécessairement un **producteur**, car seuls les producteurs fabriquent leur nourriture à partir des composantes abiotiques du milieu (eau, air, lumière et sels minéraux). Les producteurs sont ainsi la source première de matière pour les autres formes de vie. Les vivants qui se nourrissent de végétaux sont par conséquent des **consommateurs primaires**. Le lièvre, par exemple, est un consommateur primaire, car il se nourrit d'herbes (producteurs). Le vivant qui se nourrit d'un consommateur primaire est un **consommateur secondaire**. C'est le cas du renard, qui se nourrit de la chair du lièvre.

Les flèches d'une chaîne alimentaire indiquent la direction dans laquelle s'effectue le transfert de la matière et de l'énergie. Elles pointent donc toujours de la proie vers le prédateur. Comme les producteurs et les consommateurs finissent éventuellement tous par nourrir des **décomposeurs**, cette chaîne n'a pas vraiment de fin. C'est davantage un cycle. Ainsi, une chaîne alimentaire illustre la façon dont la matière et l'énergie circulent dans la nature d'un vivant à un autre. Chaque organisme, qu'il soit producteur, consommateur ou décomposeur, forme un maillon de cette chaîne.

Pour illustrer les relations alimentaires qui existent entre les différents organismes d'un écosystème, on utilise un **réseau alimentaire**, appelé aussi *réseau trophique* (prononcer [trofik]).

Les trois **niveaux trophiques** (producteur, consommateur et décomposeur) sont essentiels pour maintenir l'équilibre naturel. Le nombre de producteurs doit être plus élevé que le nombre de consommateurs primaires. Ces derniers doivent, à leur tour, être plus nombreux que les consommateurs secondaires, et ainsi de suite. Il en est ainsi car le prédateur se nourrit toujours de plusieurs proies.

POSITION DU LIÈVRE DANS UNE CHAÎNE ALIMENTAIRE TYPIQUE DE LA FORÊT MIXTE

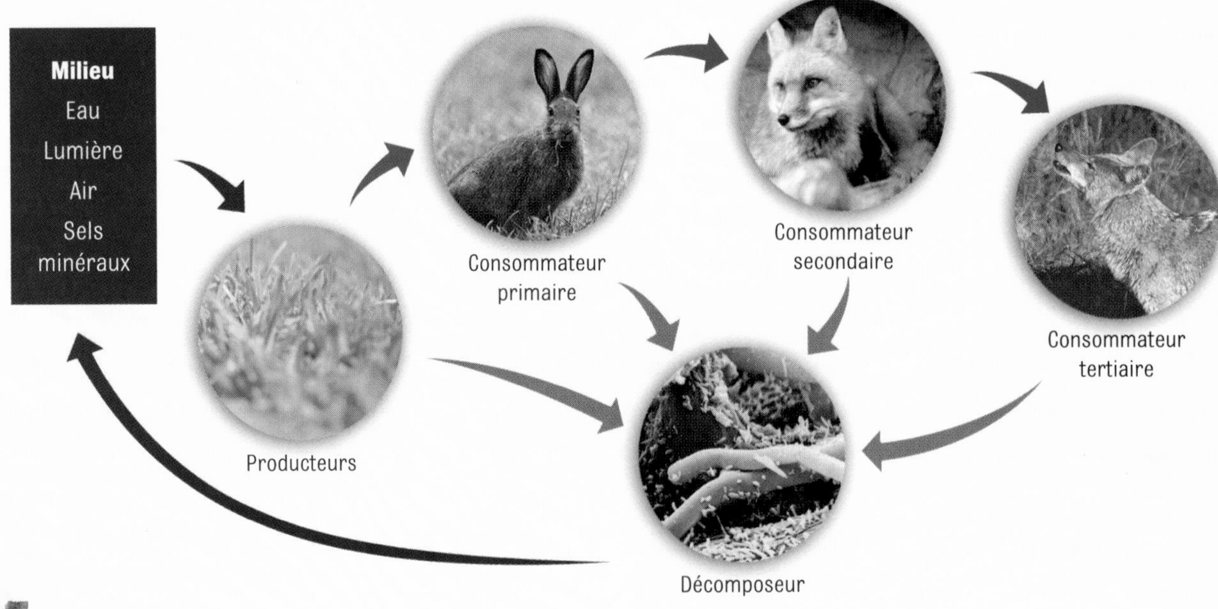

EXEMPLE D'UN RÉSEAU ALIMENTAIRE

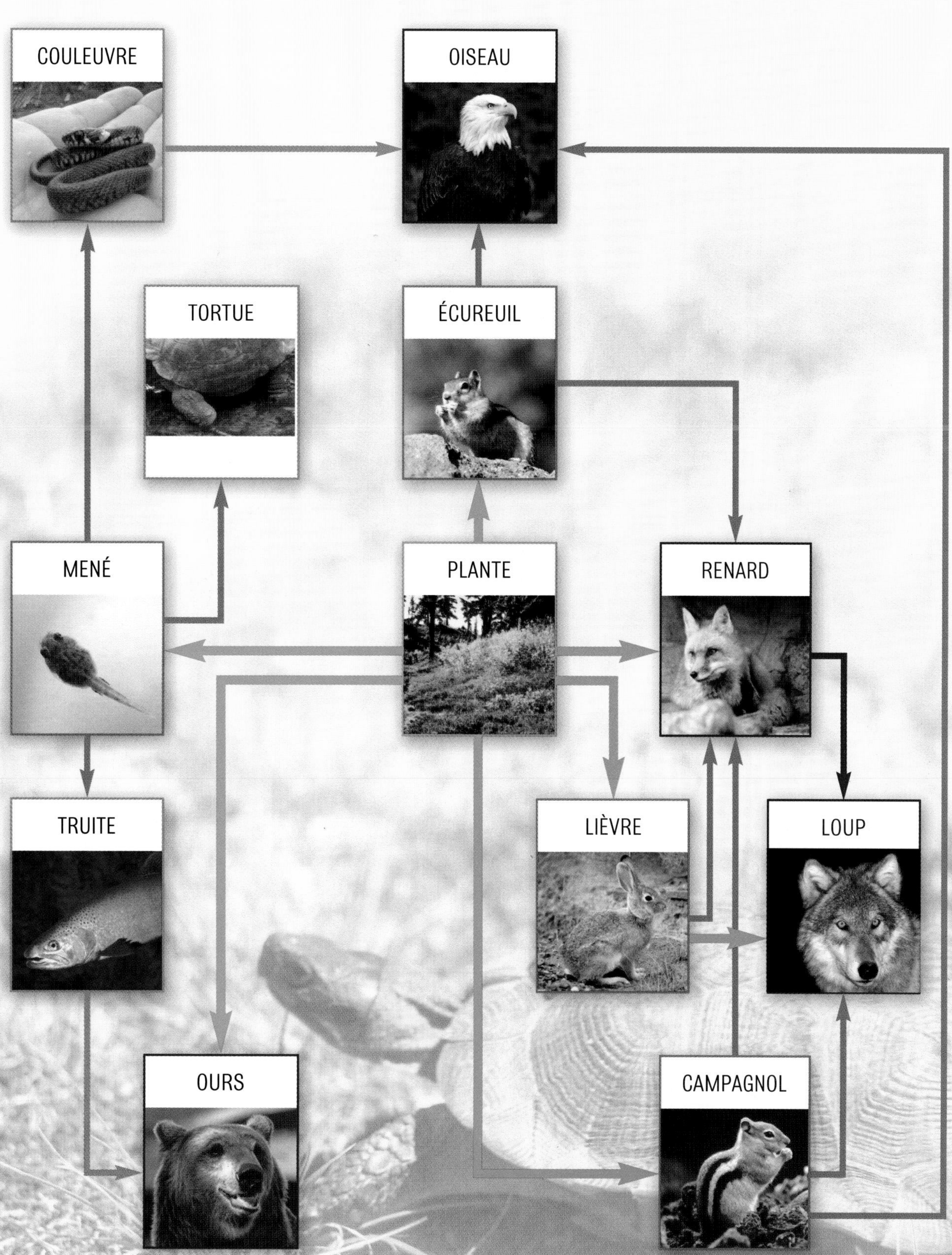

Les relations biotiques

Les différentes populations d'une espèce ne vivent pas toutes au même endroit, mais leurs milieux sont en général semblables. Par exemple, on trouve des écureuils autant dans les forêts de la Gaspésie que dans celles de l'Outaouais. Les caractéristiques générales communes à ces milieux de vie définissent l'**habitat** de l'espèce. Chaque espèce est associée à un type de climat, à quelques sources de nourriture et à un mode de locomotion propre aux caractéristiques de son habitat. Pour reprendre notre exemple, tous les écureuils ne vivent pas dans le même boisé (milieu de vie), mais tous vivent dans une région à climat tempéré qui comporte des arbres (habitat).

Loup gris

Coyote

Le loup gris et le coyote ont la même niche écologique.

Chaque espèce joue un rôle précis dans sa communauté. Elle occupe un certain habitat, elle s'active selon un mode de vie particulier et elle a un régime alimentaire caractéristique. En décrivant ainsi le rôle d'une espèce, on décrit sa **niche écologique**. La niche écologique est bien plus qu'un habitat: l'habitat se compare à une adresse postale et la niche écologique à une profession.

Deux espèces qui partagent la même niche écologique sont nécessairement en **compétition**. Tôt ou tard, cela mène à la **disparition** d'une des espèces. C'est ce qui s'est passé entre le loup gris et le coyote. Historiquement, le loup gris était le grand carnivore du Québec. Mais après une chasse abusive, sa population s'est affaiblie dans le sud de la province, ce qui a permis aux coyotes d'envahir ce territoire. Encore aujourd'hui, le loup gris ne peut toujours pas reprendre le territoire.

Présentement, c'est ce qui semble arriver à la coccinelle indigène du Québec. Sa cousine asiatique est en train de prendre sa niche écologique.

Orignal

Caribou des bois

Bien qu'ils soient tous les deux herbivores, l'orignal et le caribou des bois n'ont pas la même niche écologique. L'orignal occupe les forêts mixtes du sud, alors que le caribou vit dans la forêt boréale.

La sélection naturelle

Tous les individus d'une même espèce ne sont pas identiques. Par exemple, tous les harfangs des neiges ont un plumage blanc, mais certains ont plus de taches brunes que les autres.

Cette variété découle de la **reproduction sexuée**, qui engendre des individus uniques différents de leurs parents et des autres. En se reproduisant, le mâle et la femelle créent ainsi une diversité de formes subtilement nouvelles de l'espèce. Certains descendants sont plus petits, d'autres plus colorés, plus agiles, etc.

Caractéristiques néfastes à la survie

Les différentes caractéristiques de l'individu sont déterminantes pour la survie de l'animal. Si le harfang des neiges se retrouvait dans une forêt mixte du Sud, par exemple, sa couleur avantagerait plutôt ses prédateurs et ses proies, ce qui rendrait sa survie difficile. En d'autres mots, les individus qui ont du mal à assurer leur nutrition et leur **protection** sont naturellement éliminés. Voilà pourquoi, dans une population, on observe si **peu d'individus** qui présentent une caractéristique néfaste à leur survie. La sélection naturelle limite la transmission de telles caractéristiques aux générations futures.

Caractéristiques favorables à la survie

La sélection naturelle favorise plutôt les caractéristiques qui procurent un avantage à l'individu. Par exemple, si le fait d'être petit ou foncé rend l'animal difficile à repérer, l'animal vivra plus longtemps et il se reproduira davantage. La caractéristique qui l'avantage sera alors transmise à ses descendants. Voilà pourquoi, dans une population, on observe **un grand nombre d'individus** qui présentent une caractéristique favorable à leur survie.

Les **comportements liés à la reproduction** influencent également les caractéristiques transmises aux générations futures. Par exemple, bien que la couleur vive rende les mâles plus visibles aux prédateurs, les femelles du cardinal s'accouplent de **préférence** avec les mâles dont la coloration est intense. C'est ainsi que la coloration rouge vif des mâles se transmet de génération en génération.

Charles Darwin (1809-1882) considérait que la sélection naturelle contribuait à la création d'espèces nouvelles. L'évolution des espèces, qui donne lieu à la biodiversité, dépend de trois facteurs.

- La diversité des individus : la reproduction sexuée donne des descendants aux caractéristiques uniques.
- La sélection naturelle : certaines caractéristiques physiques et comportementales favorisent la survie de l'animal.
- L'isolement : pour que la transmission des caractéristiques d'un seul animal produise un changement dans une population, le nombre d'individus qui forment cette population doit être très restreint.

Un harfang des neiges aurait de la difficulté à survivre dans un habitat du Sud.

Chez l'orignal, les femelles choisissent un mâle dominant pour se reproduire.

La notion d'écosystème

Le préfixe « éco » du mot *écosystème* vient d'un mot grec qui signifie « maison ». L'écosystème est en effet comme une maison. Son mode de chauffage est le Soleil, sa structure est faite d'eau, d'air et de sol, et ses habitants englobent tous les vivants.

Les vivants ont absolument besoin d'un milieu pour leurs activités. Une **communauté** et son **milieu de vie** sont donc indissociables. Par exemple, une forêt d'épinettes et les animaux qui y vivent ont besoin de lumière, d'un sol et d'un climat particulier. L'ensemble que forme une communauté et son milieu de vie se nomme un écosystème.

L'écosystème est considéré comme l'unité de base de l'**organisation du vivant**. La niche écologique, elle, décrit le rôle de l'espèce dans cet écosystème.

Pour comprendre un écosystème, on cherche à décrire :

- les interactions entre les composantes biotiques (communauté) ;
- les interactions entre les composantes abiotiques ;
- les interactions entre la communauté de vivants et le milieu de vie.

Un milieu de vie et sa communauté

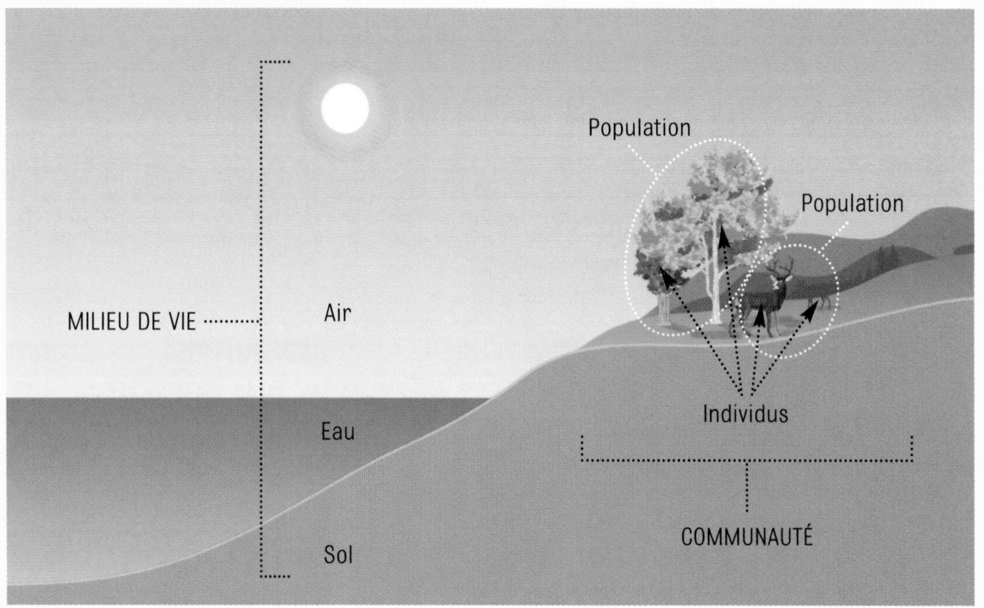

Biosphère	Ensemble des lieux occupés par les vivants (*bio* = vie)	***Milieu de vie***	Milieu physique abritant un ensemble donné de vivants
Atmosphère	Couche d'air qui entoure la Terre (*atmos* = vapeur)	***Communauté***	Ensemble des vivants d'un milieu de vie
Hydrosphère	Ensemble de l'eau présente sur la Terre (*hydro* = eau)	***Population***	Individus d'une même espèce qui occupent un même milieu
Lithosphère	Couche externe de l'écorce terrestre (*lithos* = pierre)	***Individu***	Être vivant

Le fragile équilibre des écosystèmes

L'extinction d'espèces est un phénomène inévitable et fréquent. Depuis le début de la vie sur Terre, on estime qu'**une espèce par année** s'est éteinte sous l'effet de changements **graduels** et **naturels** dans l'environnement. Mais cet équilibre est actuellement menacé.

On reconnaît aujourd'hui cinq extinctions massives. Comme en témoigne le tableau ci-contre, les scientifiques ont évalué l'ampleur de ces extinctions et associé des causes à chacune.

CAUSES PROBABLES DES EXTINCTIONS MASSIVES D'ORIGINE NATURELLE

Moment de l'extinction massive	Proportion d'espèces éteintes	Causes probables
440 Ma	50 %	• Changements climatiques
370 Ma	50 %	• Changements climatiques • Impact météoritique
245 Ma	80 %	• Tectonique des plaques • Impact météoritique
214 Ma	50 %	• Impact météoritique
65 Ma	50 %	• Impact météoritique • Phénomènes volcaniques

Les extinctions massives que la Terre a connues jusqu'à maintenant ont toutes une origine naturelle. Cela semble bien logique, car elles ont toutes eu lieu avant l'apparition de l'**être humain**. Aujourd'hui, l'être humain domine presque toutes les régions du globe. Conséquemment, de nombreux habitats naturels subissent des modifications artificielles.

Selon certains biologistes, nous serions présentement au cœur d'une période d'extinction massive et nous en serions la cause principale.

Aujourd'hui, on estime le rythme de l'extinction à **100 espèces par jour**. Ce taux de disparition semble être plus rapide que celui des extinctions massives d'origine naturelle. On attribue cette extinction à cinq grands types d'activités humaines.

Le schéma ci-contre présente les changements **artificiels** causés par des activités humaines et donne des exemples d'espèces menacées par ces activités.

Les phénomènes naturels et artificiels qui mènent à la disparition d'espèces entraînent également des changements physiques, des changements chimiques et des transformations biologiques.

CHANGEMENTS PHYSIQUES

Modifient le relief.

Exemples

Phénomène naturel
Période de grands froids (glaciation)

Phénomène artificiel
Transformation des milieux naturels en milieux artificiels

CHANGEMENTS CHIMIQUES

Modifient la composition des éléments abiotiques d'un milieu.

Exemples

Phénomène naturel
Incendies de forêts

Phénomène artificiel
Pollution atmosphérique

TRANSFORMATIONS BIOLOGIQUES

Modifient la composition des éléments biotiques d'un milieu.

Exemples

Phénomène naturel
Épidémies

Phénomène artificiel
Introduction d'espèces exotiques envahissantes

Surexploitation des espèces sauvages à des fins commerciales

Les populations de morue et de homard connaissent une baisse importante en raison de la **pêche industrielle**.

pêche commerciale

Morue

Introduction d'espèces exotiques dans un milieu où résident des espèces vulnérables

Le pic à tête rouge est menacé depuis l'apparition de l'étourneau sansonnet, qui utilise les mêmes **aires de nidification**. L'étourneau sansonnet a été amené d'Europe.

pic à tête rouge

Étourneau sansonnet

Transformation des milieux naturels en milieux artificiels

Avec l'augmentation de la population humaine, les **villes** empiètent sur l'habitat du carcajou.

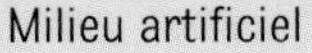

Milieu artificiel

carcajou

Pollution atmosphérique entraînant de profonds changements climatiques

Avec le réchauffement du climat entraîné par les **gaz** rejetés dans l'atmosphère, l'habitat des caribous, c'est-à-dire la toundra, décroît.

caribou

Pollution atmosphérique

L'être humain

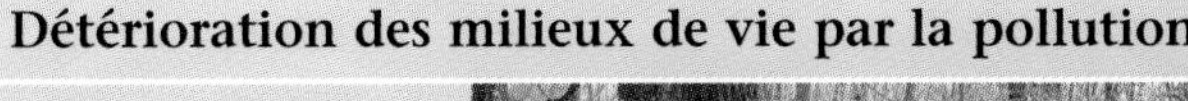

Détérioration des milieux de vie par la pollution

Des érablières entières sont détruites par des pluies acides, néfastes pour les arbres.

gaz d'échappement

Érablière

La composition du système solaire

Notre système solaire s'étend à plus de 7 milliards de kilomètres du Soleil, ce qui équivaut à près de 40 fois la distance de la Terre au Soleil. Ce système solaire comprend :

- une étoile : *le Soleil* ;
- des corps célestes :
  - neuf planètes : *Mercure, Vénus, Terre, Mars, Jupiter, Saturne, Uranus, Neptune, Pluton* ;
  - des satellites naturels ;
  - une multitude de comètes ;
  - une multitude d'astéroïdes ;
- un milieu interplanétaire.

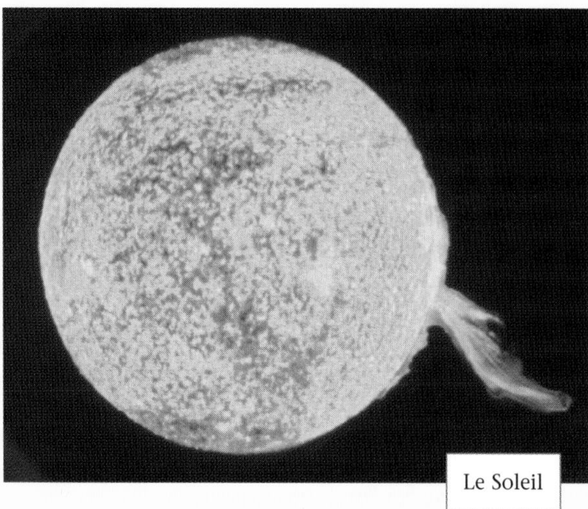

Le Soleil

Le Soleil

Le Soleil est l'étoile autour de laquelle tournent la plupart des corps célestes. Bien qu'il soit composé de gaz, le Soleil est le corps le plus massif du système solaire. Sa grande masse produit une importante **force d'attraction** (gravité) sur les corps célestes. C'est cette force qui maintient les planètes autour de lui.

Le Soleil est une boule de gaz très chaude composée principalement d'hydrogène (H) et d'hélium (He). Les violentes explosions nucléaires qui se produisent à sa surface émettent de la **lumière**, de la **chaleur**, des particules et des rayonnements de haute énergie comme les ultraviolets.

Les planètes

Une planète est un corps céleste sphérique, solide ou gazeux, de grande dimension qui tourne autour du Soleil. La trajectoire que suit une planète porte le nom d'**orbite**. Contrairement aux étoiles, les planètes n'émettent aucun rayonnement mais réfléchissement la lumière du Soleil.

On emploie fréquemment l'expression « petite planète bleue » pour désigner la Terre. Comme sa surface est recouverte aux trois quarts par des océans, elle paraît bleue, de l'espace. La Terre permet la vie principalement grâce à sa composition, à sa position par rapport au Soleil et aux gaz de son atmosphère.

On regroupe sous le nom de « planètes **telluriques** » la Terre et les trois planètes qui ont, comme elle, une surface solide.

LES PLANÈTES DU SYSTÈME SOLAIRE

Planètes	*Rayon moyen de l'orbite (km)*	*Température moyenne (°C)*
Mercure	57 910 000	350
Vénus	108 200 000	480
Terre	149 600 000	22
Mars	227 940 000	−23
Jupiter	778 330 000	−150
Saturne	1 429 400 000	−180
Uranus	2 870 990 000	−210
Neptune	4 504 300 000	−220
Pluton	5 913 520 000	−230

Celles qui ressemblent plutôt à Jupiter portent le nom de «planètes **joviennes**». Ces planètes ont une importante atmosphère gazeuse qui entoure un noyau de dimension relativement petite. Les planètes joviennes sont trop froides pour soutenir la vie. De plus, elles n'offrent pas de support solide et l'atmosphère y est irrespirable.

COMPOSITION

Planètes telluriques	*Planètes joviennes*
• Mercure	• Jupiter
• Vénus	• Saturne
• Terre	• Uranus
• Mars	• Neptune

TAILLE

Petites planètes	*Planètes géantes*
• Mercure	• Jupiter
• Vénus	• Saturne
• Terre	• Uranus
• Mars	• Neptune
• Pluton	

GAZ PRINCIPAL DE L'ATMOSPHÈRE

Aucun	*Azote*	*Dioxyde de carbone*	*Hydrogène*
• Mercure	• Terre	• Vénus	• Jupiter
• Pluton		• Mars	• Saturne
			• Uranus
			• Neptune

Durée de la révolution (année terrestre)	*Vitesse orbitale (km/s)*
0,24	48
0,62	35
1	30
687	24
12	13
29	10
84	7
165	5
248	5

Les satellites naturels

Un satellite naturel est un corps céleste en orbite **autour d'une planète**. La Lune est le seul satellite naturel de la Terre. Mars, Jupiter, Saturne et Uranus ont également leurs satellites.

La Terre a aussi plusieurs satellites artificiels. Ces objets technologiques servent notamment à la prévision météorologique, à la recherche spatiale et aux télécommunications.

Les comètes

Une comète est un corps céleste relativement petit qui tourne autour du Soleil. Comme les comètes sont composées surtout de **glace** et de **poussières**, on les compare souvent à une boule de neige sale. La glace est formée principalement d'eau et de dioxyde de carbone à l'état solide. À mesure que la comète se rapproche du Soleil, cette glace se transforme en gaz. Cela produit une traînée lumineuse. Parfois, de la poussière de comète entre dans l'atmosphère de la Terre. Dans le ciel, on observe alors un filet lumineux, communément appelé *étoile filante*.

Les astéroïdes

Un astéroïde est un petit corps céleste qui tourne autour du Soleil. Les astéroïdes sont composés principalement de **roches** ou de **métaux**. Ceux qui sont formés de métaux sont dix fois plus massifs qu'une comète de même taille. Contrairement aux comètes, les astéroïdes ne laissent pas de traînée lumineuse, car la chaleur du Soleil n'est pas suffisante pour transformer ces solides en gaz. Pourtant, lorsqu'un petit astéroïde pénètre à grande vitesse dans l'atmosphère de la Terre, la friction est telle que les métaux fondent et se vaporisent. Dans le ciel, on observe alors un filet de lumière. C'est un autre type d'étoile filante.

Comète

Le milieu interplanétaire

Le milieu interplanétaire est l'espace qui entoure les corps célestes. Cet espace **n'est pas vide**. Près de la Terre, par exemple, juste au-delà de notre atmosphère, il y a environ cinq particules de matière par centimètre cube. Par comparaison, l'air que nous respirons contient des milliards de milliards de particules de matière par centimètre cube.

Ceinture d'astéroïdes entre Mars et Jupiter

L'attraction des planètes

L'orbite des planètes a très peu changé depuis 4,5 milliards d'années. Notre système solaire est donc relativement stable. C'est un **équilibre de forces** entre le Soleil et les planètes qui maintient cette harmonie du mouvement. La force qui attire les planètes les unes vers les autres porte le nom de **gravité**.

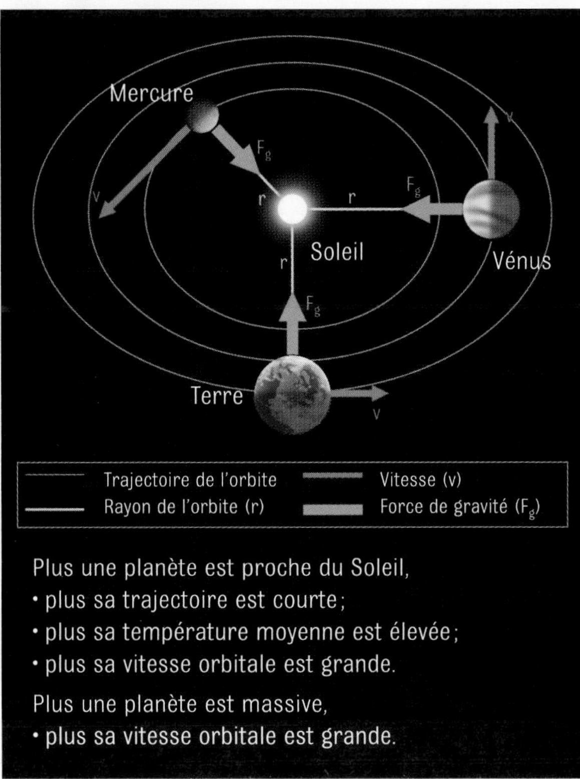

Plus une planète est proche du Soleil,
- plus sa trajectoire est courte;
- plus sa température moyenne est élevée;
- plus sa vitesse orbitale est grande.

Plus une planète est massive,
- plus sa vitesse orbitale est grande.

Les planètes se déplacent relativement vite autour du Soleil. Telle une fronde qui retient une pierre tournant à grande vitesse, la gravité maintient les planètes sur leur orbite. S'il n'y avait pas de force pour les retenir, les planètes s'échapperaient dans l'espace. Imagine la force nécessaire pour faire tourner la Terre autour du Soleil à plus de 100 000 km/h !

Le Soleil est une étoile de taille moyenne. Il est pourtant 300 000 fois plus massif que la Terre. C'est cette **masse phénoménale** qui est à l'origine de la force d'attraction qui maintient les planètes en orbite autour de lui. Plus la planète est rapprochée du Soleil, plus la force d'attraction du Soleil sur elle est grande.

Les planètes aussi exercent une force d'attraction sur les autres corps. Comme le montre le diagramme ci-dessous, plus elles sont massives plus cette force est importante.

La Lune est un satellite de la Terre parce qu'elle est plus proche de cette planète que du Soleil. Cette proximité fait en sorte que la Terre attire plus fortement la Lune que le Soleil ne le fait.

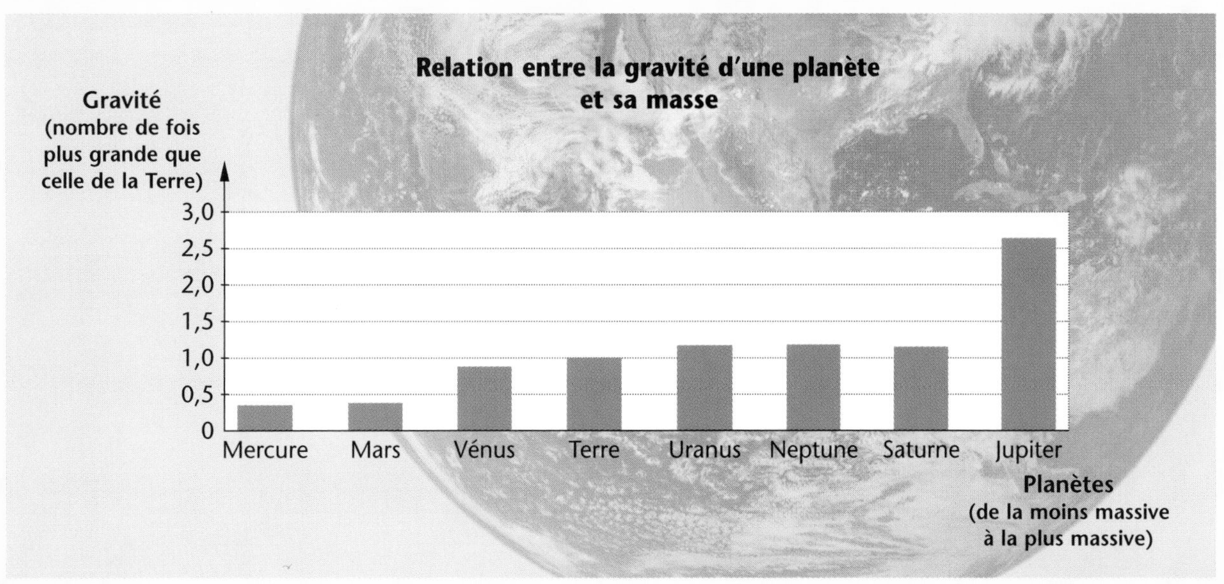

La gravité est à l'origine de plusieurs phénomènes.

La gravité attire les corps

La Terre retient les satellites artificiels qui tournent à grande vitesse autour d'elle.

La gravité donne du poids aux objets

Sur la Lune, où la gravité est six fois plus petite que sur la Terre, une personne de force moyenne peut aisément soulever un objet de 300 kg.

La gravité accélère la chute des corps

Lorsqu'on lance un objet, la gravité a pour effet de ralentir sa vitesse lorsqu'il monte et de l'accélérer lorsqu'il tombe.

La gravité donne le sens de la verticale

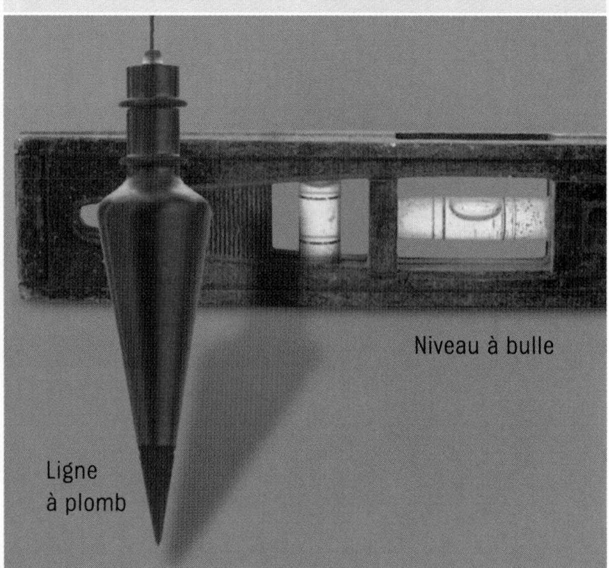

La ligne à plomb est un instrument qui pointe vers le bas (vers le centre de la Terre).

Le niveau à bulle est un instrument qui s'aligne perpendiculairement au bas.

La vie près du soleil

Les explosions qui ont lieu à la surface du Soleil libèrent une quantité phénoménale d'**énergie**. Pour nous, cette énergie se manifeste de deux façons :

- en lumière, celle qui nous illumine le jour ;
- en chaleur, celle qui nous réchauffe.

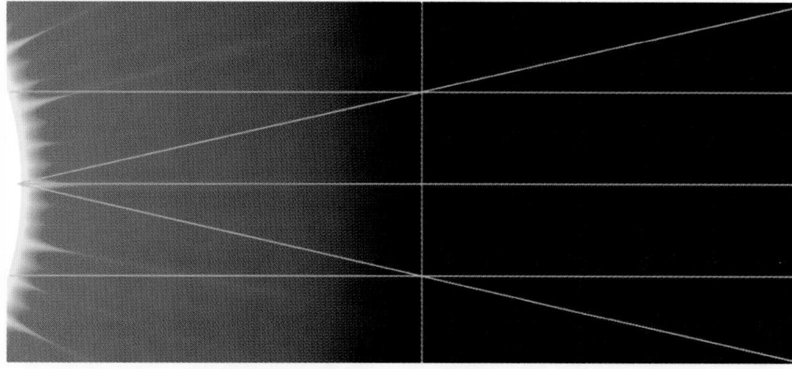

Plus la lumière parcourt de distance, plus elle éclaire une grande surface et plus son intensité diminue. Donc, plus une planète est proche du Soleil, plus sa température moyenne est élevée.

La Terre décrit une orbite qui la maintient relativement proche du Soleil. Cela a pour effet de lui procurer un rayonnement (lumière et chaleur) propice à la vie. Plus une planète est éloignée du Soleil, moins elle reçoit de rayonnement.

Comme l'illustre le schéma ci-dessus, l'énergie diminue à mesure qu'on s'éloigne du Soleil.

Seule la Terre offre les conditions essentielles à la vie telle que nous la connaissons. Ni trop chaude, comme Vénus, ni trop froide, comme Mars, elle contient une grande quantité d'eau sous forme liquide.

Le Soleil émet, entre autres, des rayons ultraviolets (UV) assez intenses pour brûler la peau.

L'ozone dans l'atmosphère

S'il n'y avait pas de couche d'ozone (O_3) dans la haute atmosphère de la Terre, la vie en surface serait difficile. Cet ozone a la particularité d'absorber une partie des rayons **ultraviolets** (UV) émis par le Soleil. L'écran protecteur naturel qu'il constitue n'est pourtant pas complètement opaque aux UV. C'est pour cela qu'il est si important de se protéger adéquatement la peau (pour éviter les coups de soleil) et de ne jamais regarder le Soleil directement.

Les météorites et leurs cratères

En 2004, l'astéroïde Toutatis est passé très près de la Terre.

Un météorite est un corps céleste qui entre en collision avec un astre. Au cours des siècles, plusieurs **astéroïdes** et **comètes** de diamètres fort différents ont frappé la Terre. Toutes les planètes du système solaire ont connu de tels **impacts** et en portent encore les traces. Pour s'en convaincre, il suffit d'observer la Lune avec des jumelles. On y voit des **cratères** récents superposés à des cratères d'impact plus anciens.

Chaque année, près de 50 tonnes de matière venant de l'espace pénètrent l'**atmosphère** de la Terre. Heureusement, les météorites qui traversent notre atmosphère ne se rendent pas tous au sol. Pourquoi ? Parce que l'atmosphère agit comme un « bouclier ».

En traversant l'atmosphère à grande vitesse, le météorite se frappe à une multitude de molécules de gaz. Le frottement entre les corps produit beaucoup de chaleur.

La température qu'atteint le météorite est suffisante pour transformer les métaux qu'il contient en gaz. Seuls les plus gros météorites se rendent au sol.

CARACTÉRISTIQUES D'UN CRATÈRE D'IMPACT

VUE DE DESSUS

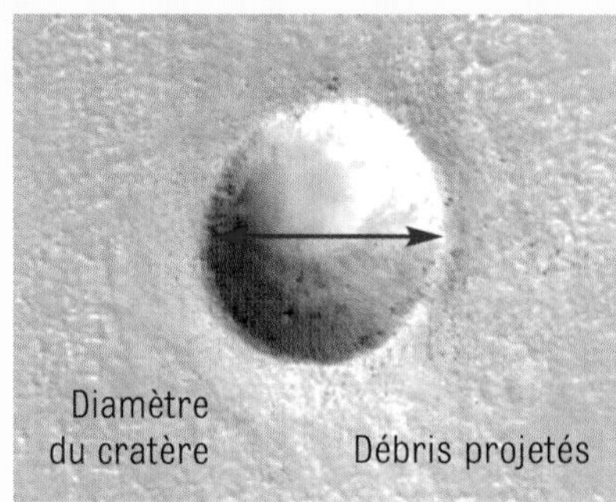

VUE EN COUPE

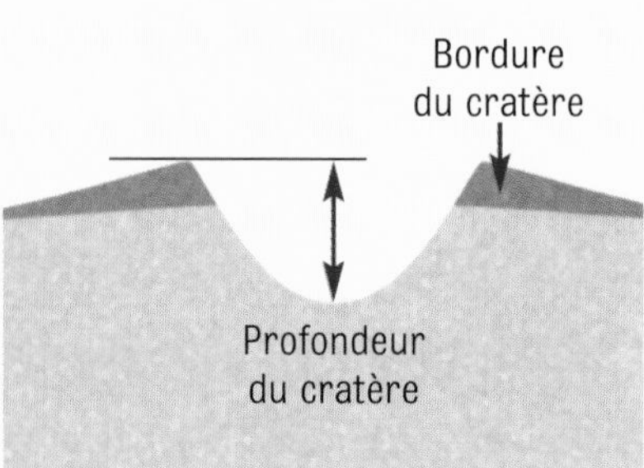

Plusieurs caractéristiques observables ou mesurables servent à décrire un cratère d'impact :
- le diamètre du cratère ;
- la profondeur du cratère ;
- la bordure du cratère ;
- le diamètre des débris projetés.

L'analyse des cratères d'impact est une science complexe. Pour décrire ce type de phénomène, il faut en effet tenir compte d'un grand nombre de facteurs.

Facteur	*Effet*
Densité du météorite	Plus le météorite est dense, plus le cratère d'impact sera grand.
Vitesse du météorite	Plus la vitesse du météorite est grande, plus le cratère d'impact sera grand.
Angle d'impact	Plus l'angle d'impact du météorite s'approche de la verticale, plus le cratère d'impact sera grand.
Diamètre du météorite	Plus le diamètre du météorite est grand, plus le cratère sera grand.
Diamètre de la planète	Plus le diamètre de la planète est grand, plus la probabilité d'un impact est grande.
Masse de la planète	Plus la planète est massive, plus sa gravité est importante et plus la force d'impact est grande.
Densité du sol	Plus le sol de la planète est dense, plus le cratère d'impact sera petit.
Épaisseur de l'atmosphère	Plus l'atmosphère est épaisse, plus le météorite sera désintégré et plus le cratère d'impact sera petit.

Les métaux des météorites fondent, puis se vaporisent en entrant dans l'atmosphère.

Scénario d'un impact météoritique

Tout météorite d'importance qui frapperait la Terre aurait un impact majeur sur la vie.

1. Au lieu de l'impact, l'**explosion** produirait brièvement une chaleur d'une intensité comparable à celle de la surface du Soleil. La vie y serait donc détruite instantanément.
2. En se propageant, d'immenses **incendies** détruiraient la vie sur de vastes régions.
3. La chaleur serait assez intense pour entraîner l'**évaporation** d'une grande quantité d'eau.
4. La force de l'explosion soulèverait une grande quantité de **poussières**.
   - Dans ces conditions, près de 90 % de la **lumière** du Soleil serait bloquée. La température tomberait rapidement sous le point de congélation.
   - Les organismes **autotrophes**, comme les plantes et le plancton, ne pourraient plus faire de photosynthèse et mourraient par manque de lumière.
5. La mort des végétaux terrestres entraînerait un bris dans la **chaîne alimentaire**. Les herbivores, puis les carnivores mourraient à leur tour. La mort du plancton des océans entraînerait une baisse rapide de l'oxygène dissous dans l'eau et causerait la mort des poissons. Une extinction massive de la vie sur Terre aurait lieu en quelques mois.
6. Cet « hiver » global durerait plusieurs mois. Des conditions de **froid**, de noirceur et de fortes précipitations de neige accableraient l'ensemble de la Terre.
7. Avec le temps, l'immense nuage de poussières s'amenuiserait pour laisser passer la lumière du Soleil. Le sol se couvrirait d'une mince couche de poussières.
8. Les conditions normales finiraient par revenir. En se reproduisant, les survivants repeupleraient la Terre.

L'effet de serre

Un peu à la manière d'un miroir, la surface de la planète **réfléchit** une partie du rayonnement du Soleil en le faisant « rebondir » vers l'espace. Une autre partie de ce rayonnement est **absorbée** par le sol, l'eau et l'air qui nous entourent. Pour conserver la chaleur dégagée par la Terre, nous avons toutefois besoin de l'atmosphère. L'enveloppe gazeuse de la Terre agit en fait un peu comme une couverture de laine en piégeant la chaleur émise et réfléchie

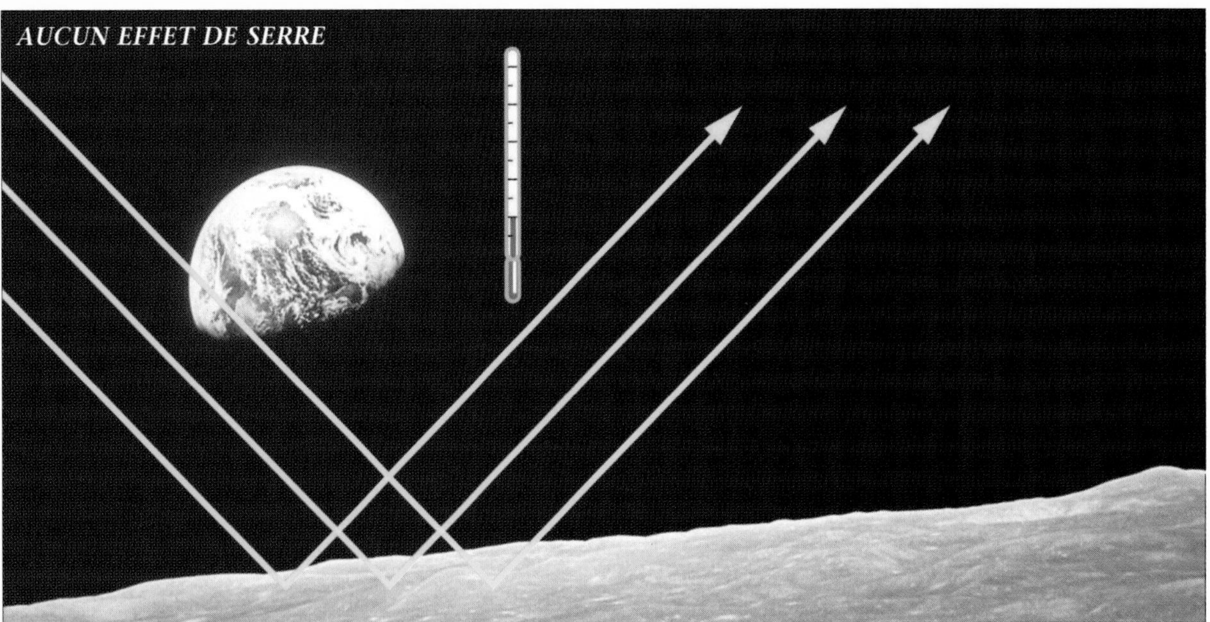

La Lune est dépourvue d'atmosphère. La chaleur s'échappe donc vers l'espace.
Les températures moyennes sont basses.

Les gaz de l'atmosphère absorbent une partie de la chaleur dégagée par la Terre.
La chaleur qui n'est pas absorbée est réfléchie dans l'espace.

par la surface. C'est ce phénomène qui porte le nom d'*effet de serre*. La laine n'est pas chaude en soi, pas plus que l'atmosphère. Néanmoins, elle emprisonne la chaleur du corps.

La **vapeur d'eau** et le **dioxyde de carbone** (CO_2) sont les principaux gaz associés à l'effet de serre. Si la Terre n'avait pas de dioxyde de carbone dans son atmosphère, la température serait beaucoup plus froide en surface, car l'atmosphère ne pourrait pas empêcher la chaleur de s'échapper vers l'espace. Inversement, s'il y avait plus de dioxyde de carbone dans l'atmosphère, la température serait beaucoup plus chaude sur la Terre, car l'atmosphère absorberait une plus grande quantité d'énergie solaire. C'est ce qui se passe sur Vénus. L'atmosphère de cette planète est si concentrée en dioxyde de carbone qu'elle est plus chaude que Mercure, qui est pourtant beaucoup plus proche du Soleil.

La **production artificielle** de gaz à effet de serre (GES) par les industries et les véhicules à moteur menace de plus en plus l'équilibre de la biosphère en amplifiant l'effet de serre. Si cela continue, on assistera éventuellement à un réchauffement important de la planète.

Scénario d'impact des GES

Voici un scénario plausible basé sur une augmentation de température causée par les GES.

1. Le réchauffement des pôles ferait **fondre** les grands glaciers polaires. Conséquemment, le niveau des mers augmenterait et certains lieux habités seraient inondés.
2. Le réchauffement des habitats tempérés provoquerait le **déplacement** des animaux vers des territoires plus restreints. Certaines espèces nuisibles (moustiques porteurs de virus, parasites, plantes envahissantes, etc.) coloniseraient le territoire.
3. Le réchauffement des mers provoquerait un **appauvrissement** en plancton. Affamés, les poissons deviendraient de plus en plus rares et les pêches de moins en moins bonnes.
4. Les changements climatiques multiplieraient la fréquence des **catastrophes naturelles** : tempêtes de verglas, étés secs et chauds, etc.

La production de grandes quantités de CO_2 amplifie l'effet de serre.
Les températures moyennes s'élèvent, car la chaleur a du mal à s'échapper.

La structure interne du globe terrestre

Notre planète est formée d'une série de couches successives de composition et de propriétés physiques différentes. À partir du centre, on trouve le noyau, le manteau et, enfin, l'écorce terrestre.

Le noyau

Aussi appelé *nife*, le noyau constitue 17 % du volume de la Terre. C'est une sphère dont le rayon est d'environ 3470 km. Le mot nife rappelle les deux principaux métaux dont le noyau est formé : le nickel (Ni) et le fer (Fe).

Ce noyau comprend deux parties : un noyau interne et un noyau externe. Le **noyau interne**, très dense, serait composé de métaux à l'état solide ; le **noyau externe**, de métaux en fusion. La température y avoisine 5000 °C.

Le manteau

Le manteau constitue 81 % du volume de la Terre. Il a une épaisseur d'environ 2900 km.

Composé en majeure partie de **magma** (roches en fusion), le manteau change facilement d'état (de liquide à solide ou l'inverse) sous l'effet de la chaleur. Sa température varie entre 1000 °C et 3000 °C.

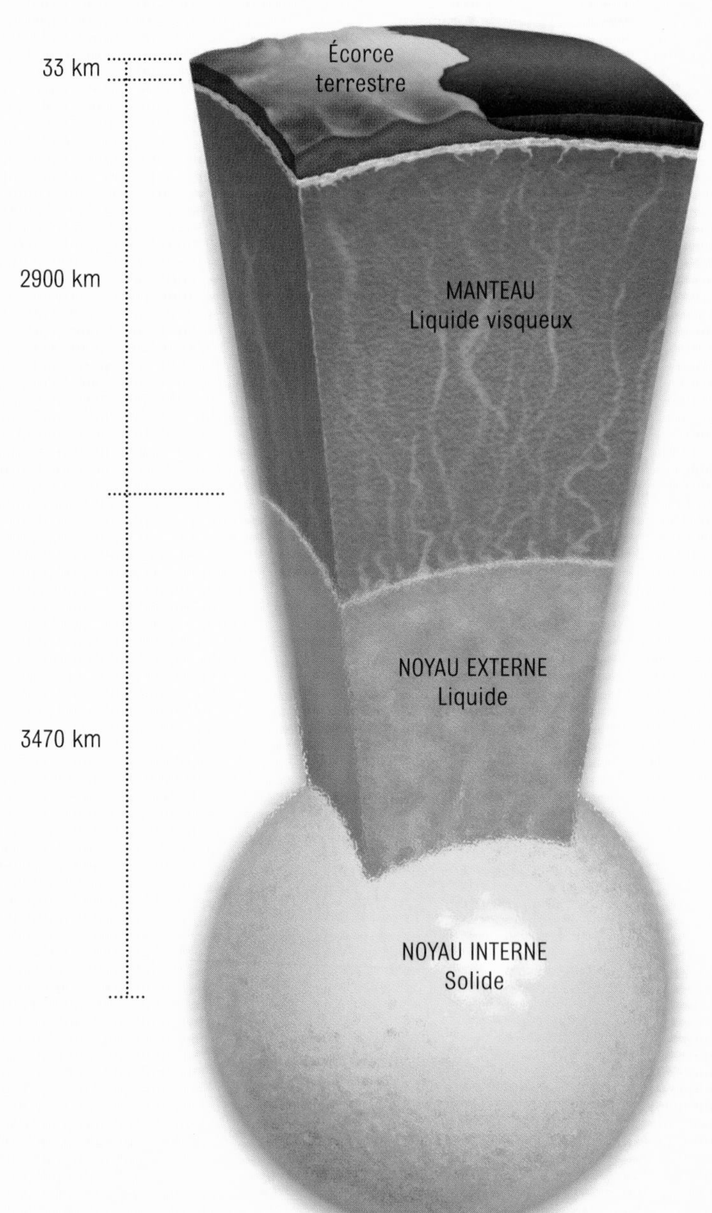

L'étude des tremblements de terre et des volcans a permis aux géologues d'identifier la structure interne de la Terre.

Les mouvements à l'intérieur du manteau sont à l'origine de phénomènes comme le déplacement des continents, les tremblements de terre et les volcans.

L'écorce terrestre

Aussi appelée *croûte terrestre*, l'écorce représente environ 2 % du volume de la Terre. Elle a la même composition que le manteau, mais elle est beaucoup plus mince : environ 33 km d'épaisseur. C'est à l'écorce terrestre qu'on fait référence lorsqu'on parle de *lithosphère*.

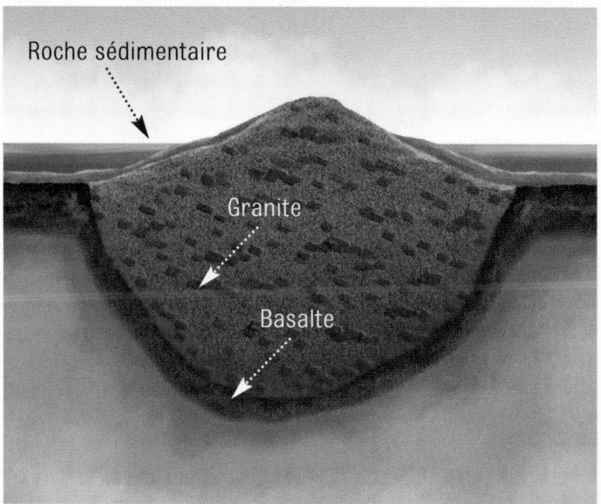

Les continents flottent sur le magma.

L'écorce terrestre est formée de deux couches successives.

- La **croûte océanique**, située en profondeur, constitue le fond des océans et se prolonge sous les continents. Comme elle est principalement composée de silice (Si) et de magnésium (Mg), on lui donne aussi le nom *sima*. Son épaisseur varie de 13 km à 25 km.
- La **croûte continentale** repose sur la croûte océanique. Principalement composée de silice (Si) et d'aluminium (Al), on la nomme également *sial*. Cette couche, de 8 km à 20 km d'épaisseur, se subdivise à son tour en deux zones :
  - une zone granitique, constituée de **roches ignées**, qui représente la base de granite sur laquelle reposent les continents ;
  - une zone détritique, constituée de **roches sédimentaires**.

Les parties de la croûte continentale qui émergent de l'eau forment les continents.

Le basalte est la roche principale de la croûte océanique. C'est une roche ignée extrusive à refroidissement rapide. Formé de petits cristaux, le basalte est foncé et plus dense que le granite.

Le granite, sur lequel reposent les continents, est une roche ignée intrusive à refroidissement lent. Formé de cristaux, le granite est pâle, multicolore et moins dense que le basalte.

ANALOGIE ENTRE LA TERRE ET UN ŒUF

L'écorce terrestre n'est pas une surface plate, continue et uniforme. Elle est plutôt composée d'une douzaine de grandes plaques rigides appelées **plaques tectoniques**. Il y a des plaques continentales et des plaques océaniques.

On peut comparer la Terre à un œuf dont la coquille aurait craqué à divers endroits. La coquille représente l'écorce terrestre, le blanc de l'œuf représente le manteau et le jaune, le noyau.

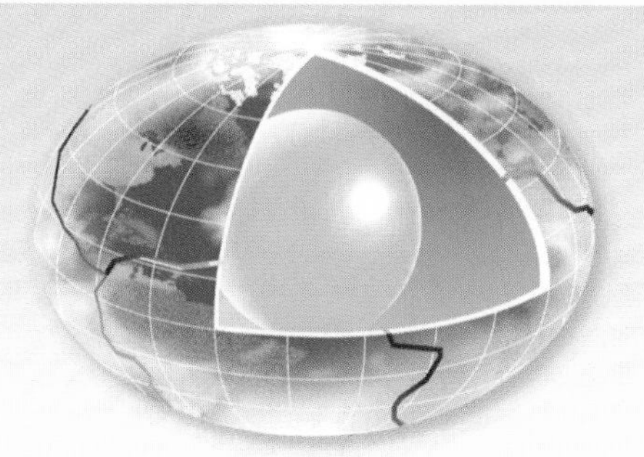

La densité des matériaux

Les trois couches de la Terre se distinguent par leur aspect et par les propriétés du matériau qui les compose. La propriété qui aide à comprendre pourquoi les plaques de roche (écorce terrestre) flottent sur le magma (manteau) est la *densité*.

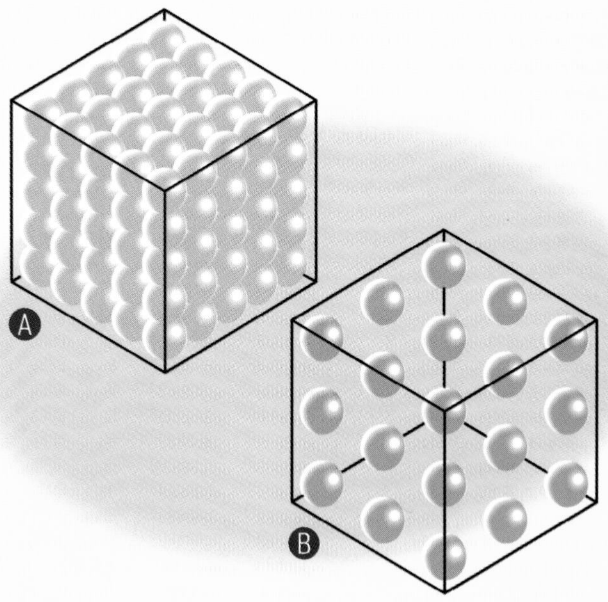

La densité décrit l'organisation de la matière. Selon la substance, les atomes qui composent la matière sont plus ou moins serrés les uns contre les autres. Les corps A et B de la figure ci-contre montrent clairement la différence: les atomes du corps A sont presque collés les uns aux autres alors que ceux de la substance B sont relativement espacés. En comparant ces corps, on dira que la substance A est plus dense que la substance B.

La densité s'exprime par un nombre. Cette valeur correspond au nombre de fois que la substance est plus dense que l'eau. Ainsi, une substance de densité 3 est trois fois plus dense que l'eau. Une substance dont la densité est égale à 0,5 est deux fois moins dense que l'eau.

Le tableau ci-dessous donne la densité de différentes substances. En connaissant la densité, il est facile de prédire si une substance aura tendance à couler ou à flotter. La densité est donc une propriété physique quantitative de la matière.

DENSITÉ DES MATÉRIAUX

Substance	*Densité*	*Comportement dans l'eau*
Eau	1	—
Liège	0,24	flotte
Huile	0,91	flotte
Craie	2	coule
Fer (Fe)	7,8	coule
Cuivre (Cu)	8,9	coule
Plomb (Pb)	11,4	coule

Densité des couches terrestres

La densité explique à elle seule pourquoi les différentes couches internes de la Terre sont placées dans cet ordre. Comme sa densité est de 3, la croûte terrestre flotte sur le manteau, dont la densité est de 5. Le manteau flotte sur le noyau dont la densité est de 8.

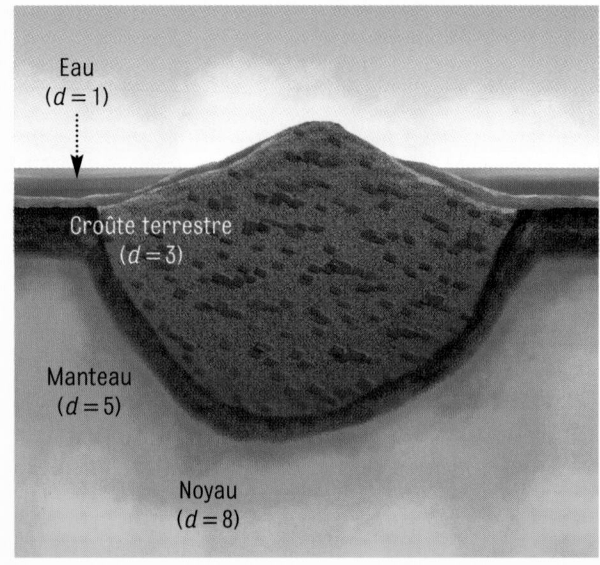

Le moteur du dynamisme terrestre

L'écorce terrestre n'est pas une enveloppe continue et rigide. C'est plutôt une structure fragmentée en plaques constamment soumise aux **forces** internes de la Terre. Mais quel est le moteur de ce dynamisme ?

Pour comprendre ce qui se passe, on peut comparer la Terre à une marmite couverte dans laquelle on fait bouillir de l'eau. Un peu à la manière du couvercle qui se met à vibrer quand l'eau bout, l'écorce terrestre bouge sous l'effet du magma en fusion.

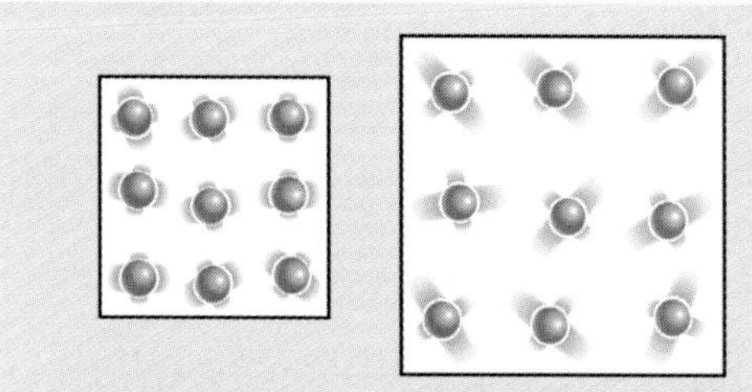

En se réchauffant, les particules deviennent plus actives, occupent plus d'espace et le corps devient moins dense.

Tous les fluides (liquides ou gaz) soumis à la chaleur se comportent de la même façon. À mesure qu'ils **se réchauffent**, leurs particules s'agitent de plus en plus et s'éloignent les unes des autres. Ainsi, sous l'effet de la chaleur, le corps devient **moins dense**. Dès que le corps se refroidit, sa densité augmente.

Ce changement de densité entraîne un mouvement **ascendant** (vers le haut) des particules chaudes et un mouvement descendant des particules froides. On appelle ce mouvement ascendant et descendant des particules un **courant de convection**.

COURANT DE CONVECTION

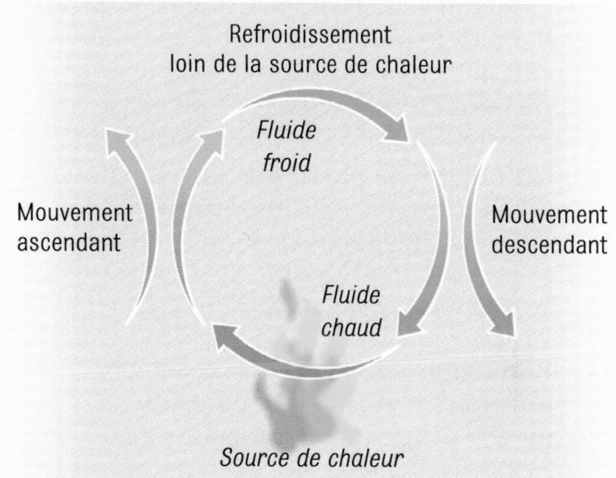

La montgolfière illustre bien le mouvement associé au courant de convection. Plus on chauffe l'air emprisonné dans la montgolfière, plus le ballon s'élève dans le ciel. À l'inverse, si on cesse de chauffer cet l'air, la montgolfière descend vers le sol.

Le même phénomène se produit à l'intérieur du **manteau** de la Terre. Par convection, le magma chaud monte et, une fois refroidi, il redescend. C'est ce mouvement qui est à l'origine des forces internes qui soulèvent, plissent et fracturent l'écorce terrestre.

MOUVEMENTS DANS LE MANTEAU DE LA TERRE

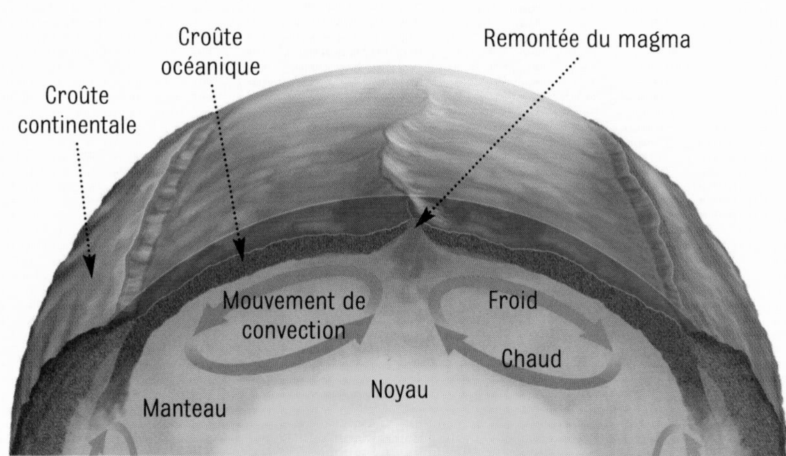

Les phénomènes géologiques

La surface de la planète évolue constamment sous l'effet des forces internes de la Terre. Le mouvement le plus important à considérer est celui des plaques tectoniques qui se rapprochent et s'éloignent en suivant le déplacement du magma. Ces mouvements sont à l'origine de phénomènes géologiques comme la formation des montagnes et des failles, les tremblements de terre et les volcans.

La formation des montagnes

Les montagnes résultent d'un ensemble de mouvements de l'écorce terrestre. On appelle **orogenèse** le processus de formation des reliefs.

- Quand deux plaques continentales convergent l'une vers l'autre et se touchent, les bords des plaques se plissent et se soulèvent. Ces **plissements** constituent les montagnes (ex. : les Appalaches).
- Quand une plaque océanique, relativement dense, pousse sur une plaque continentale, moins dense, elle la soulève. Ceci crée une chaîne de montagnes (ex. : les Rocheuses). Voilà pourquoi c'est sur le bord des continents qu'on trouve le plus souvent les chaînes de montagnes.

CONVERGENCE DE DEUX PLAQUES

La convergence de deux plaques entraîne la formation de montagnes.

La formation des failles

La croûte continentale n'a pas partout la même épaisseur ni la même densité. Elle est donc plus fragile à certains endroits. Lorsqu'une plaque de roche subit un étirement causé par des forces venant de l'intérieur de la Terre, elles donnent parfois naissance à une faille.

La faille résulte d'une **fracture** des roches de l'écorce terrestre. Quand les deux sections divergent l'une de l'autre, la lave se faufile dans la faille et monte vers la surface. Ce phénomène peut donner naissance à de nouvelles terres (formation d'îles et de continents) ou provoquer l'expansion du fond des océans.

DIVERGENCE DE DEUX PLAQUES

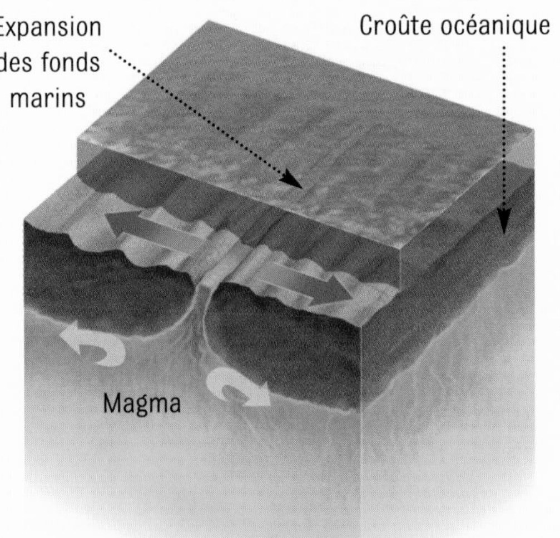

Formation d'une faille causée par la divergence de deux plaques.

Les tremblements de terre

Les tremblements de terre, ou séismes, se produisent lorsque deux plaques **glissent subitement** l'une sur l'autre. Ces frottements produisent des ondes de choc plus ou moins intenses qu'on peut détecter et enregistrer à l'aide d'un appareil appelé sismographe.

Pour évaluer l'énergie libérée par un tremblement de terre, les spécialistes utilisent comme référence l'échelle de Richter. Cette échelle est divisée en degrés, le 1 représentant une secousse faible.

ANATOMIE D'UN SÉISME

L'*hypocentre*, ou foyer, est le point intérieur du globe où se produit le tremblement de terre.

L'*épicentre* est le point de la surface de la Terre à la verticale de l'hypocentre.

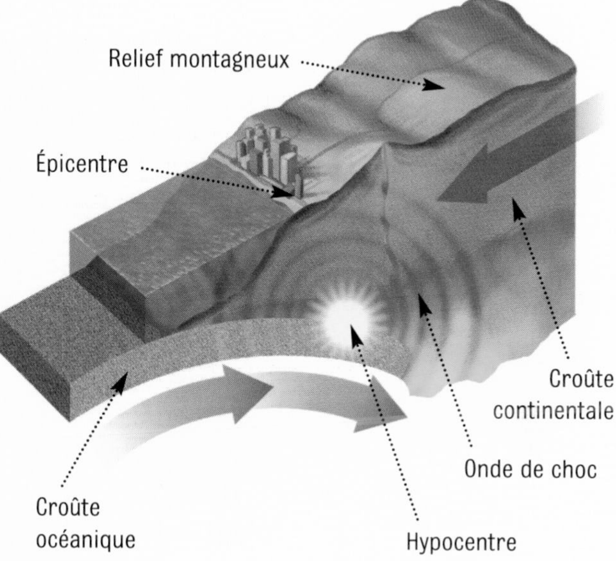

En décembre 2004, une secousse de 9,1 sur l'échelle de Richter s'est produite dans l'océan Indien. Le déplacement d'eau (qu'on nomme **tsunami**) causé par ce séisme a atteint les côtes indonésiennes à un vitesse de près de 800 km/h, dévastant tout sur son passage.

Les volcans

Le volcan est un type de relief en forme de cône créé par l'ascension du **magma** jusqu'à la surface de la terre. Quand le magma monte, on dit que le volcan est actif. Un volcan qui se réveille est, selon le cas, accompagné de grondements sourds, de tremblements de terre, de violentes explosions, ainsi que de projections de lave, de bombes de pierres ou de cendres incandescentes.

Les éruptions volcaniques peuvent anéantir la flore et la faune, polluer les lacs et les rivières, et tuer des êtres humains. Mais elles peuvent aussi modifier le paysage en formant une nouvelle terre ou une montagne.

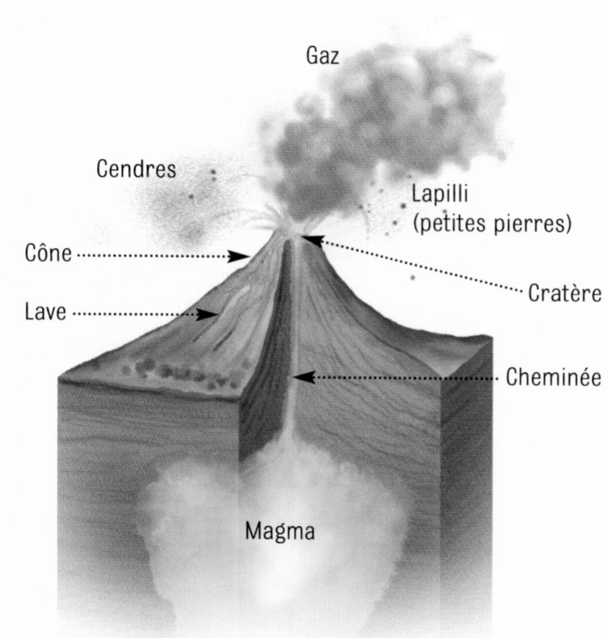

La dérive des continents

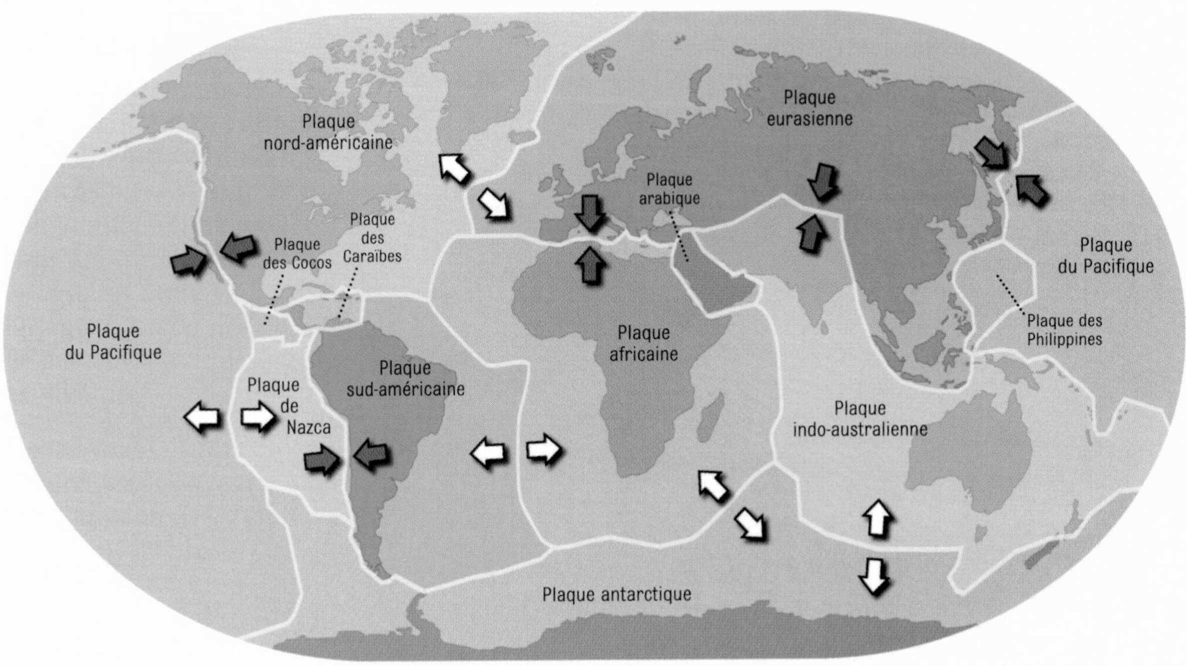

Les scientifiques ont observé un certain nombre de faits qui les amènent à conclure que les continents se sont réunis il y a environ 250 millions d'années pour former un **mégacontinent** appelé *Pangée*. La Pangée, qui signifie « toute la terre », baignait alors dans un immense océan, appelé *Panthalassa*. Puis, il y a environ 180 millions d'années, la Pangée a commencé à se fragmenter en plaques. Les plaques se sont séparées et les continents ont dérivé, s'éloignant les uns des autres jusqu'à leur position actuelle. Cela résume la théorie de la **tectonique des plaques**.

Cette théorie, comme bien d'autres, établit un lien logique entre des faits dans le but d'expliquer un phénomène. Mais pour être considérée valable, elle doit être confirmée par des investigations scientifiques et offrir la possibilité de prédire avec exactitude des événements futurs.

Les faits

Voici les faits réunis par la communauté scientifique pour valider la théorie de la tectonique des plaques.

Faits géographiques : En observant une carte géographique, on remarque que les continents peuvent s'emboîter si on les colle les uns aux autres. Cela est particulièrement évident dans le cas de l'Afrique et de l'Amérique du Sud.

Faits paléontologiques : La présence de fossiles reptiliens semblables en Afrique et en Amérique du Sud sous-entend que ces reptiles ont déjà partagé le même territoire.

Faits géologiques : Certaines chaînes de montagnes appartenant à des continents aujourd'hui séparés par un océan (Afrique, Europe et Amérique) sont formées du même type de roches et ont le même âge. Cela suppose que ces montagnes ont déjà fait partie de la même chaîne.

Les énoncés scientifiques

Voici les énoncés que les scientifiques ont formulés à la suite de leurs observations.

1. La couche la plus externe du globe, la lithosphère, est composée d'une douzaine de grandes **plaques** rigides.
2. Ces plaques glissent lentement sur le manteau en fusion et se déplacent les unes par rapport aux autres de quelques centimètres par an. Ces **déplacements** entraînent des déformations en bordure des plaques.
3. Ce déplacement des plaques est entraîné par les **courants de convection** qui se produisent dans le manteau. Lorsqu'ils sont divergents, ces courants éloignent les continents les uns des autres. Lorsqu'ils sont convergents, ils les rapprochent.
4. La divergence des plaques crée une **faille** qui permet au magma de monter vers la surface, ce qui donne parfois naissance à une nouvelle terre.
5. La convergence des plaques occasionne l'enfoncement de la plaque océanique (plus dense) sous la plaque continentale (moins dense). Ce lieu de rencontre entre deux plaques est appelé zone de **subduction**. La partie qui s'enfonce dans le manteau est engloutie par le magma en fusion.
6. Les mouvements de plaques modifient constamment la géographie. De nombreux **phénomènes géologiques** importants, comme la formation des montagnes, les éruptions volcaniques et les séismes, se produisent en bordure des plaques. Ils peuvent aussi provoquer l'apparition ou la disparition d'une mer ou d'un océan.

Les prédictions

En se basant sur cette théorie, les scientifiques avaient prédit que l'Amérique du Nord et l'Europe s'éloigneraient l'une de l'autre d'environ 2 cm par année. Cette prédiction est aujourd'hui un fait mesurable et vérifiable, ce qui donne un appui à la théorie de la tectonique des plaques.

Voici d'autres prédictions qui ont été formulées à partir de cette théorie :

- La mer Méditerranée finira par disparaître.
- L'Angleterre et l'Irlande seront presque englouties par l'océan.
- La Californie se séparera de l'Amérique du Nord.

PHÉNOMÈNES ASSOCIÉS À LA DÉRIVE DES CONTINENTS

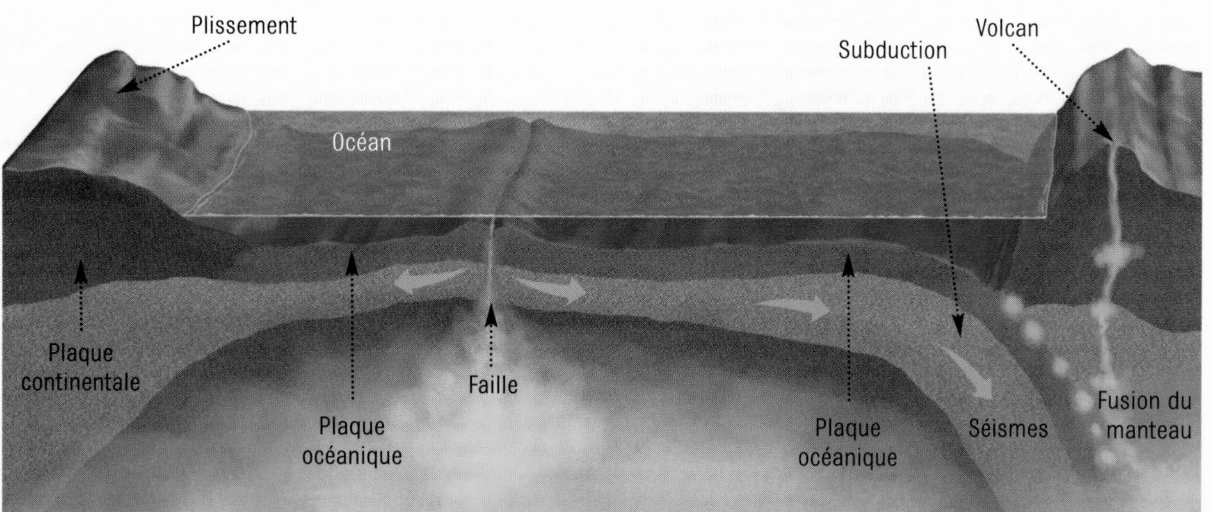

Impact écologique de la dérive des continents

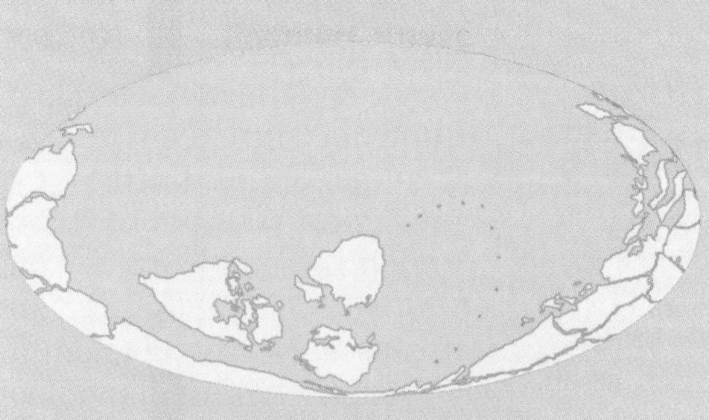

Avant la Pangée

Il y a 480 Ma, la vie animale aquatique s'est diversifiée dans l'eau peu profonde entourant les continents. Il y avait alors quatre continents.

Sur des millions d'années, les continents se sont déplacés. Cela a eu pour conséquence de modifier les habitats, ce qui a éliminé de nombreuses espèces et favorisé l'apparition de plusieurs autres.

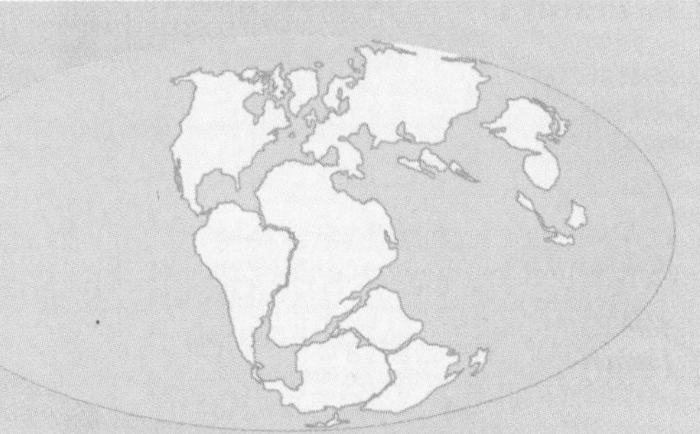

La Pangée

Les quatre continents d'origine ont **convergé** pour n'en former qu'un seul : la Pangée. Cela a rapproché certaines espèces et permis à d'autres de coloniser de nouveaux habitats.

Les plaques ont continué de se déplacer et la Pangée s'est fragmentée.

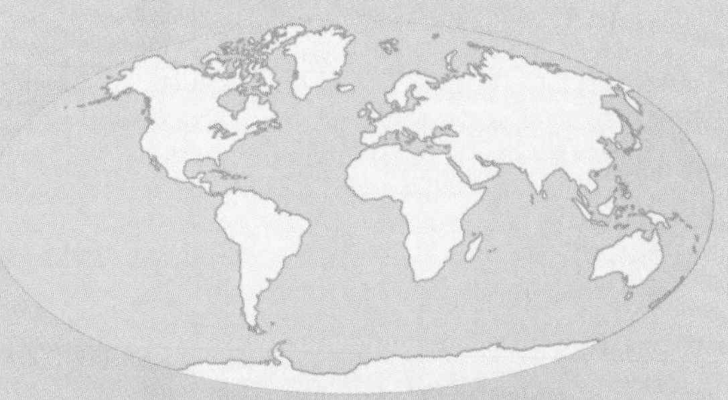

Fracture de la Pangée

Les continents issus de la Pangée ont **divergé** vers les positions qu'ils ont aujourd'hui. Certains vivants qui partageaient le même habitat se sont retrouvés isolés des autres. Ils ont donc évolué séparément et différemment d'un continent à l'autre.

Des continents isolés

L'Australie est le premier continent à s'être isolé. Coupé des autres pendant près de 50 Ma, ce continent était le seul à abriter des kangourous et des koalas. Tout comme chez les mammifères ancestraux, le fœtus de ces marsupiaux se développe non pas dans le ventre de la mère, comme nous, mais plutôt dans une poche externe.

Le continent australien offre toujours des conditions propices aux marsupiaux. Au Québec, un seul marsupial réussit à survivre : l'opossum.

Les forces et les mouvements

Une force est une action capable de modifier la forme ou le mouvement d'un corps. On ne peut pas voir une force. Seul son effet sur un corps peut être observé.

Les effets d'une force

Certaines forces agissent à distance, par exemple la gravité qui attire les corps célestes vers la Terre et le champ magnétique de l'aimant qui attire un clou. D'autres se transmettent d'un corps à l'autre par contact direct. Dans ce cas, un des corps pousse ou tire. C'est de cette façon que les forces internes de la Terre agissent sur l'écorce terrestre, occasionnant sa déformation et son mouvement.

Si le corps reste immobile malgré la force qu'on y applique, cela signifie que la force exercée est égale à celle qui maintient le corps en place. On dit alors que le corps est *au repos*. Pour déplacer l'objet, autrement dit pour mettre l'objet en mouvement, il faut déployer une force plus grande que celle qui le retient en place.

SYMBOLE D'UNE FORCE

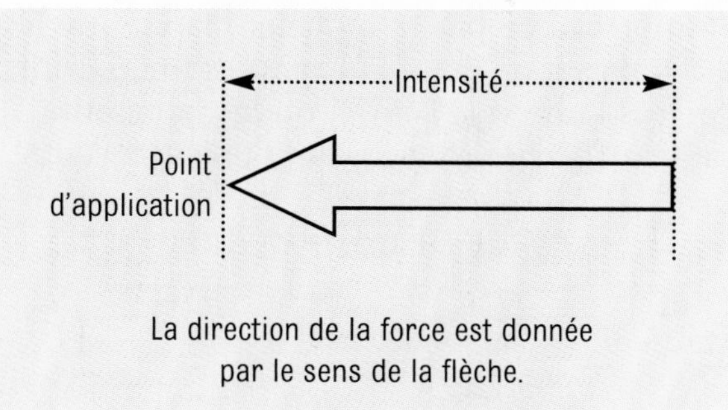

La direction de la force est donnée par le sens de la flèche.

Les types de forces

Dans un schéma, on représente la force par une flèche. Cette flèche donne la direction, le point d'application et l'intensité de la force. Plus la force est grande, plus la flèche est longue.

Les forces qui agissent sur la croûte terrestre sont en tous points semblables aux forces agissant sur les objets qui nous entourent.

DÉPLACER UN OBJET

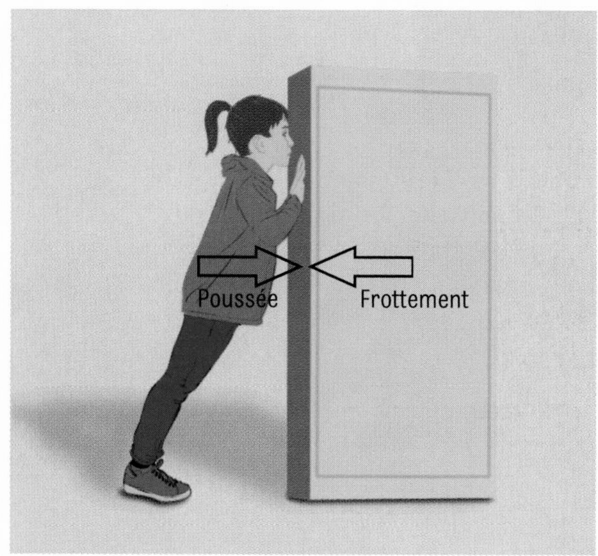

L'objet reste immobile.

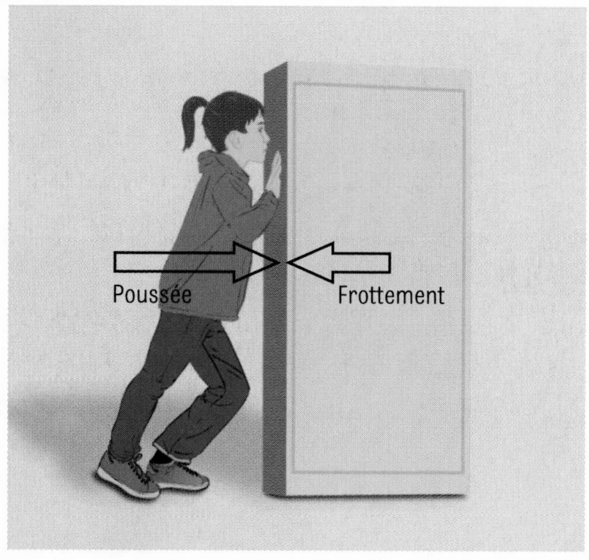

L'objet se déplace.

Force de compression

Entraînées par le dynamisme interne de la Terre, deux plaques tectoniques qui se rencontrent exercent une pression l'une contre l'autre. Les roches qui se trouvent aux limites de ces plaques subissent l'effet de ces forces de compression de la même façon que le ferait un morceau de pâte à modeler placé entre les mâchoires d'un étau. Puisque ces forces sont dirigées l'une vers l'autre, on les représente par deux flèches convergeant l'une vers l'autre.

Force de tension

Quand les plaques divergent, elles sont plutôt soumises à des forces de tension qui entraînent leur fragmentation. Dans ce cas, les forces en jeu agissent sur l'écorce terrestre de la même façon qu'un élastique étiré jusqu'à la rupture. Pour illustrer la force qui cause l'étirement, la force de tension est représentée par deux flèches qui divergent l'une de l'autre.

FORCE DE COMPRESSION

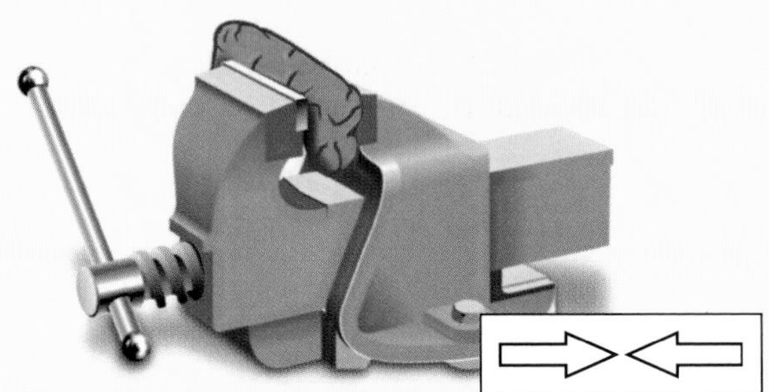

FORCE DE TENSION

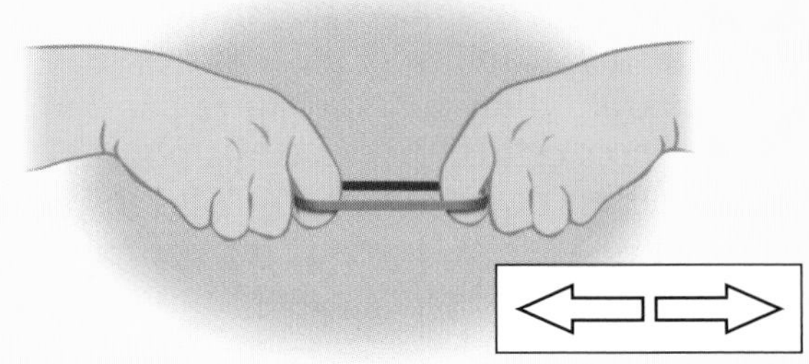

La nature et la direction du mouvement

Quand une force réussit à mettre un corps en mouvement, le type de mouvement qui en résulte se distingue par sa nature (rotation, translation) et son sens (gauche ou droite, horaire ou antihoraire).

Si le corps tourne, il s'agit d'une *rotation*; s'il se déplace en ligne droite, on parle alors de *translation*.

La direction du mouvement peut se faire dans un sens ou deux. Par exemple, quand le corps peut tourner dans un sens et dans l'autre, il s'agit d'une *rotation bidirectionnelle*.

ROTATION UNIDIRECTIONNELLE

Pales d'un ventilateur

ROTATION BIDIRECTIONNELLE

Couteau à pizza

TRANSLATION UNIDIRECTIONNELLE

Chute d'un corps

TRANSLATION BIDIRECTIONNELLE

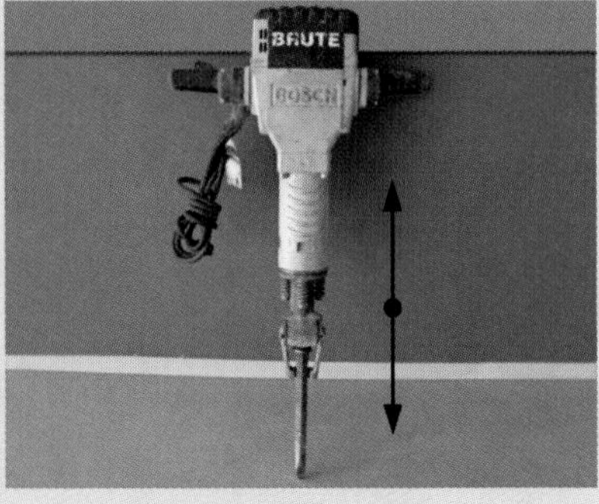

Marteau piqueur

Les objets mécaniques

L'être humain a depuis toujours cherché à améliorer ses conditions de vie. Pour augmenter sa force physique, il a d'abord inventé des **machines simples**, par exemple le levier et la roue. On qualifie ces machines de simples parce qu'elles sont composées d'une seule pièce. Presque tous les objets mécaniques d'aujourd'hui contiennent au moins une machine simple.

En combinant ces pièces, l'être humain a ensuite créé des **mécanismes**. Un mécanisme est une combinaison de pièces qui fonctionnent conjointement pour accomplir une tâche précise.

Qu'elle soit dotée d'un seul mécanisme ou de plusieurs, la machine est un **système** mécanique qui transforme une force en mouvement dans le but d'accomplir une tâche précise.

Les organes

Chaque mécanisme est composé de pièces, ou d'**organes**, qui jouent un rôle particulier dans le mécanisme. On trouve en général trois types d'organes dans un système : un organe d'entrée, des organes intermédiaires et un organe de sortie.

L'organe d'entrée

On trouve un organe d'entrée (O.e.) dans tout objet technique impliquant la production d'un mouvement. L'organe d'entrée communique la force appliquée sur l'objet aux autres organes du mécanisme.

Les organes intermédiaires

Les organes intermédiaires (O.i.) sont ceux qui se trouvent au cœur du mécanisme. Ces organes transmettent à l'organe de sortie la force motrice reçue de l'organe d'entrée.

L'organe de sortie

L'organe de sortie (O.s.) transmet le mouvement des organes intermédiaires à l'environnement.

LA BICYCLETTE

La bicyclette est une machine composée de plusieurs mécanismes.

Les mécanismes du mouvement

Certains organes d'un mécanisme contribuent à la transmission du mouvement. Le choix du mécanisme se fait donc en fonction du type de mouvement qu'on veut obtenir.

La direction du mouvement

La direction du mouvement peut rester la même ou changer de sens.

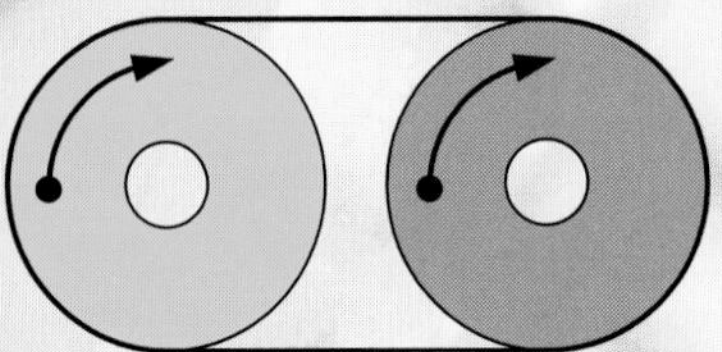

La direction du mouvement reste la même.

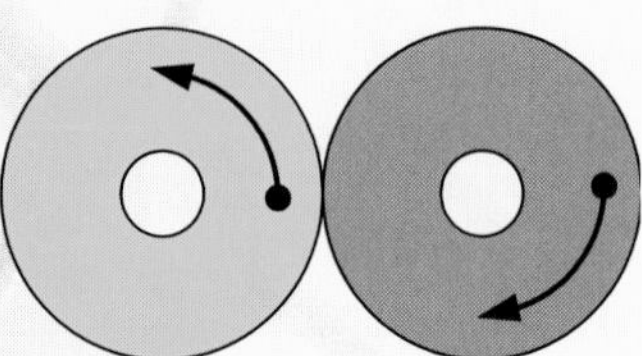

La direction du mouvement est inversée.

La vitesse du mouvement

La vitesse du mouvement peut rester la même, être réduite ou être accélérée.

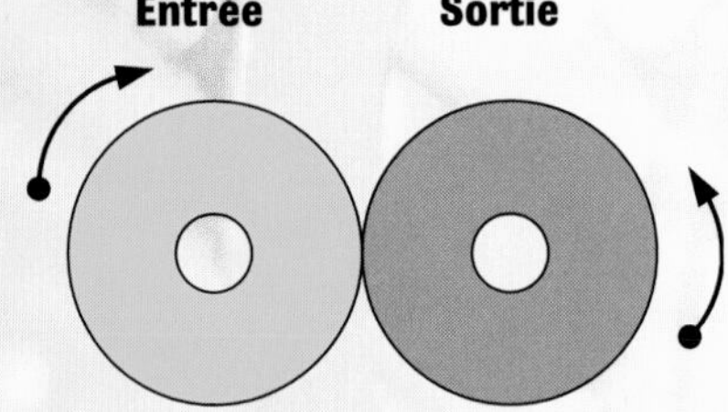

Sans variation de la vitesse

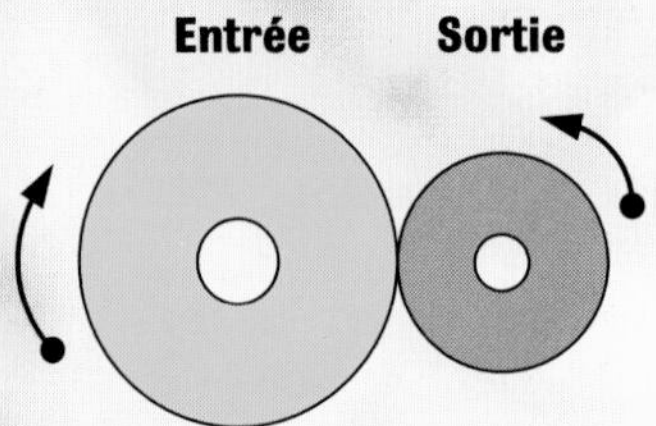

Augmentation de la vitesse

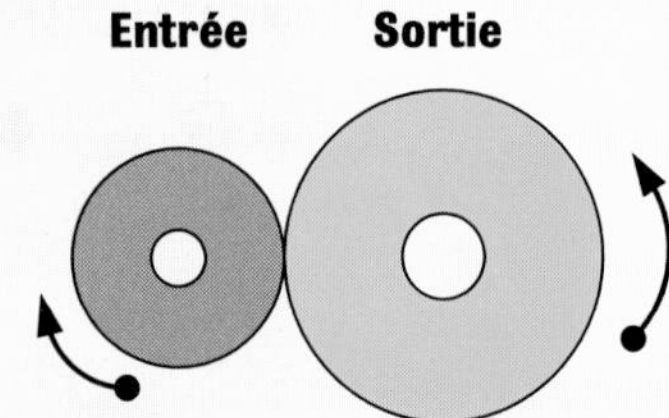

Réduction de la vitesse

La nature du mouvement

La nature du mouvement (rotation, translation) peut être modifiée ou non.

La transmission du mouvement

Pour transmettre le mouvement sans modifier sa nature, on utilise en général des roues. Si les roues sont dentées, on parle de **mécanismes à roues d'engrenage.** Pour transmettre un mouvement, les dents des engrenages doivent s'intercaler. Pour conserver la direction initiale du mouvement, il est nécessaire d'utiliser un mécanisme à trois engrenages.

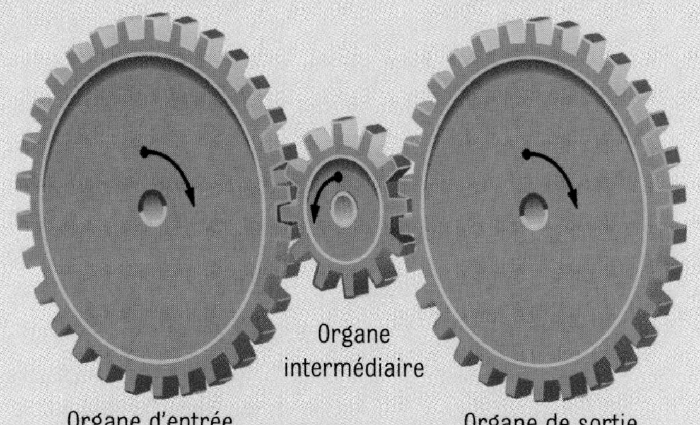

Si les roues ne sont pas dentées, on parle de **mécanismes à roues de friction** L'élément le plus important dans ce cas est l'adhérence entre les roues. Le contact doit être suffisant pour créer un frottement sans glissement.

Pour assurer le fonctionnement de ce type de mécanisme, il faut guider les roues en rotation, c'est-à-dire monter chacune sur un axe et les retenir sur cet axe au moyen d'autres pièces.

La transformation du mouvement

Quand le mouvement de rotation change en mouvement de translation, et vice versa, on dit qu'il y a transformation du mouvement.

Le mécanisme le plus souvent utilisé pour transformer la nature du mouvement est le **mécanisme à pignon et crémaillère.** La crémaillère est la partie plate et dentée, qui transforme la rotation du pignon en mouvement de translation rectiligne.

Pour assurer le déplacement de la crémaillère, il faut la guider en translation, c'est-à-dire l'insérer entre le pignon et une autre pièce.

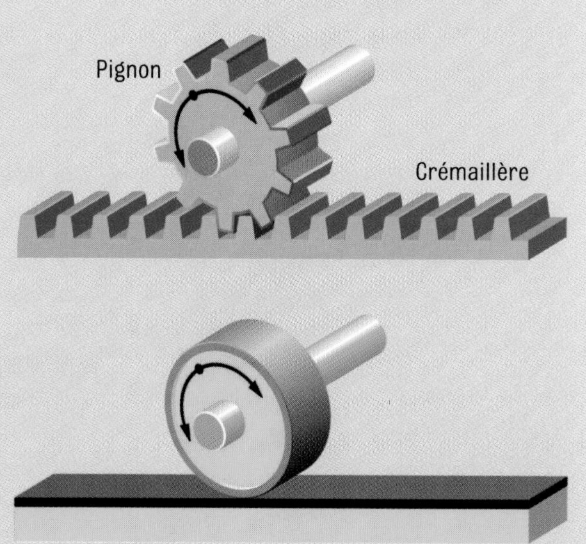

Les matériaux d'hier et d'aujourd'hui

Pour satisfaire leurs besoins fondamentaux, les êtres humains ont toujours exploité la matière disponible dans leur milieu. On trouve encore aujourd'hui des traces de cette exploitation.

- D'abord, la terre nous a fourni la roche, la pierre, l'argile, le sable, le gypse et les métaux. Puis, avec la maîtrise du feu, nous avons découvert l'art de la poterie, de la céramique, du verre, du plâtre et du façonnage des métaux.
- En plus de la viande et des produits laitiers, les animaux nous ont procuré laine, cuir et os.

Nous avons appris à tirer des plantes le bois, le liège, les fibres, le caoutchouc et tout ce qui était nécessaire à notre subsistance.

- Au début du 20e siècle, avec l'exploitation de l'électricité, nous avons commencé à transformer les minerais métalliques en alliages de toutes sortes.
- La deuxième moitié du 20e siècle a été marquée par la découverte des matériaux synthétiques. À partir du pétrole et d'un de ses dérivés, l'éthylène, nous fabriquons désormais caoutchoucs de synthèse, polyesters, polyéthylène et silicone.
- Au tournant du 21e siècle apparaît une nouvelle catégorie de matériaux particulièrement résistants. Appelés *matériaux composites*, il s'agit d'alliages ou de combinaisons de différentes substances comme le verre, la céramique, les métaux et les plastiques.

Tous ces matériaux trouvent leur origine quelque part dans la nature. Il importe donc de protéger la biodiversité, qui nous procure les matériaux renouvelables (bois, caoutchouc, etc.), et le sous-sol qui nous fournit des ressources minérales non renouvelables (minerai, métaux, etc.).

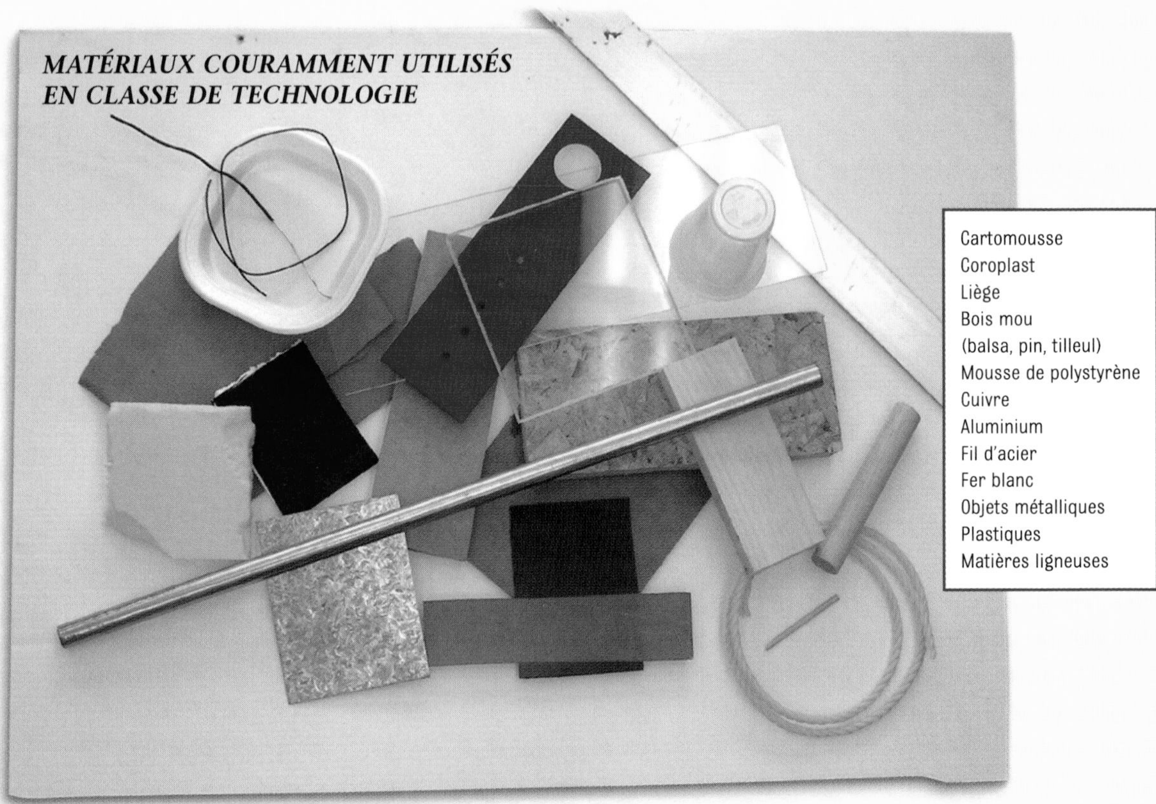

Les liaisons en mécanique

Pour assurer le bon fonctionnement d'un objet doté d'un mécanisme, il faut **relier** les divers **organes** qui le composent d'une façon adéquate. Pour assembler ces différentes pièces, on a souvent recours à des organes de liaison (vis, boulons, ressorts, etc.).

On parle de liaison mécanique dès qu'une pièce limite le mouvement ou le déplacement d'une autre pièce. Le tableau ci-dessous décrit ces liaisons mécaniques.

LIAISONS MÉCANIQUES

Description	*Liaison*			*Description*
Sans organe de liaison.	**directe**	ou	**indirecte**	Avec un organe de liaison.
La liaison empêche tout changement de position entre les pièces assemblées.	**rigide**	ou	**élastique**	L'organe de liaison se déforme pour permettre aux autres pièces de changer de position.
Les pièces peuvent être défaites sans dommage.	**démontable**	ou	**indémontable**	Il est difficile de séparer les pièces sans les endommager.
La liaison ne permet aucun jeu entre les pièces assemblées.	**totale**	ou	**partielle**	L'organe de liaison permet une mobilité entre les pièces assemblées.

EXEMPLES DE MÉCANISMES
(tirés d'une bicyclette)

❶ Les poignées se glissent simplement sur le guidon, sans l'ajout d'un organe de liaison.

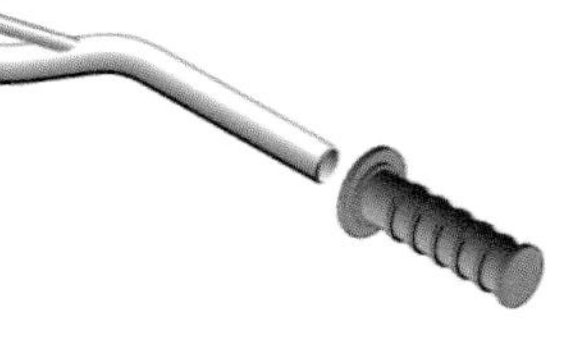

La liaison est
- ✔ directe
- ✔ rigide
- ✔ démontable
- ✔ totale

❷ L'ajustement du siège se fait au moyen d'un écrou et d'un boulon qu'on serre ou qu'on desserre.

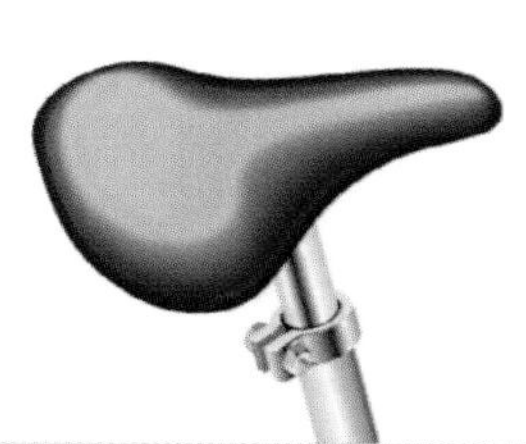

La liaison est
- ✔ indirecte
- ✔ rigide
- ✔ démontable
- ✔ totale

❸ La suspension est donnée par un ressort.

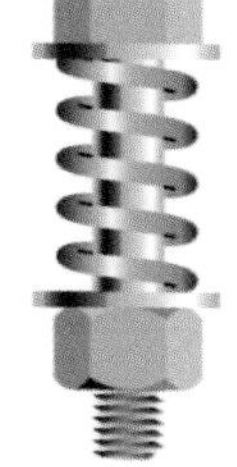

La liaison est
- ✔ indirecte
- ✔ élastique
- ✔ démontable
- ✔ partielle

❹ Les pièces du cadre sont retenues ensemble par de la soudure.

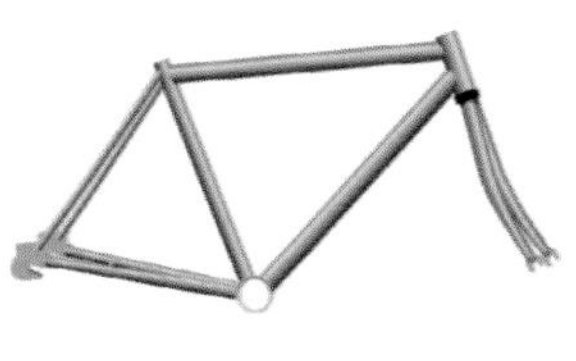

La liaison est
- ✔ indirecte
- ✔ rigide
- ✔ indémontable
- ✔ totale

Problématique 4

Évalue l'impact de la pollution

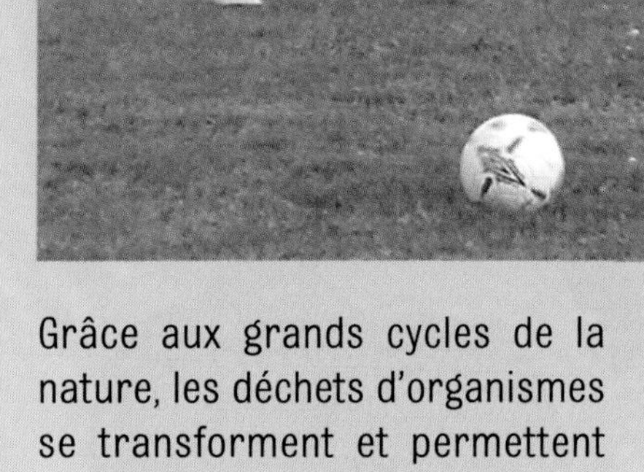

Notre planète est un système où la matière est perpétuellement recyclée. En voici des exemples. Les organismes vivants produisent des déchets organiques en quantité. Le sol, lui, s'enrichit de la décomposition de cette matière. Les animaux rejettent dans l'air du dioxyde de carbone. Les végétaux, eux, utilisent ce gaz de l'atmosphère pour fabriquer leurs tissus. Nous, les humains, nous utilisons beaucoup d'eau potable pour satisfaire nos besoins. Or, l'eau est naturellement purifiée de ses nombreux déchets lorsqu'elle circule dans la nature.

Grâce aux grands cycles de la nature, les déchets d'organismes se transforment et permettent à d'autres organismes de vivre. Un déchet n'est donc pas nécessairement un polluant. Un polluant désigne plutôt une substance qui ne peut être transformée par la nature et qui s'y accumule.

Des métaux destructeurs

Les métaux lourds ont des propriétés chimiques qui les rendent très toxiques pour les organismes, même s'ils sont absorbés en faibles quantités. Ces métaux ne se dégraderont jamais, ni dans l'environnement, ni lors de la transformation de produits alimentaires, ni dans le corps. Chez les animaux, les métaux lourds et leurs composés s'accumulent dans le corps et entraînent la perturbation de plusieurs fonctions vitales.

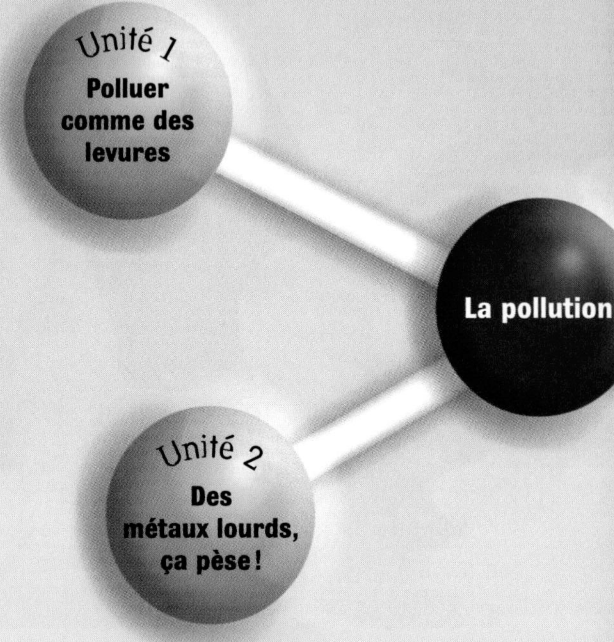

Pour t'aider à cerner les enjeux de la pollution de l'environnement, tu décriras des polluants et leurs impacts sur les vivants. Tu découvriras de cette façon qu'une bonne compréhension de la pollution repose sur des savoirs et des savoir-faire que tu as déjà utilisés.

Unité 3
Surtout, pas de piles aux ordures !

Unité 4
Un équilibre à préserver

Participer à la conservation de l'environnement

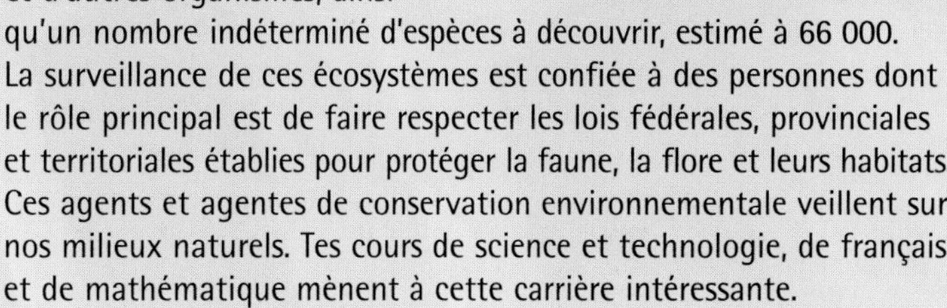

Les écosystèmes naturels du Canada abritent environ 71 500 espèces connues d'animaux, de plantes et d'autres organismes, ainsi qu'un nombre indéterminé d'espèces à découvrir, estimé à 66 000. La surveillance de ces écosystèmes est confiée à des personnes dont le rôle principal est de faire respecter les lois fédérales, provinciales et territoriales établies pour protéger la faune, la flore et leurs habitats. Ces agents et agentes de conservation environnementale veillent sur nos milieux naturels. Tes cours de science et technologie, de français et de mathématique mènent à cette carrière intéressante.

Aimerais-tu que ton lieu de travail soit un lac, un ruisseau, un marais, une montagne ou une forêt? Pourquoi?

Unité 1

Polluer comme des levures

Peut-on utiliser la levure comme instrument de mesure ?

Tu le feras lors d'une investigation sur des céréales.

Pour se reproduire, la levure du boulanger consomme le sucre qui se trouve dans son milieu. Plus il y a de sucre, plus la levure se multiplie. Mais attention : elle produit alors plus de déchets ! Il est donc possible de mesurer des quantités de sucre à partir des déchets produits par la levure.

Au cours de l'investigation,

1. tu placeras des levures dans quatre solutions sucrées différentes ;
2. tu prépareras ces milieux (solutions) à partir de quatre types de céréales commerciales ;
3. tu compareras l'activité vitale des levures dans chacune des solutions.

À la suite de l'investigation,

1. tu présenteras des traces de ta démarche dans un carnet de bord ;
2. tu produiras un rapport pour communiquer ta démarche d'investigation ;
3. tu produiras un schéma représentant des actions qui ont des effets positifs et des actions qui ont des effets négatifs sur l'environnement.

Place à la discussion

- **Te souviens-tu d'avoir déjà utilisé de la levure ? À quelles fins ?**
- **Quels impacts peut avoir sur le milieu une surexploitation des ressources ?**
- **Quelle est la différence entre une ressource renouvelable et une ressource non renouvelable ?**
- **Qu'est-ce que la pollution ?**
- **Quels en sont les impacts ?**
- **Quelle est la différence entre une investigation et une conception ?**

Compare la quantité de sucre contenue dans des céréales

Je me prépare

La levure du boulanger est un hétérotrophe capable de respiration en absence d'oxygène. Elle fait alors la transformation du sucre. La levure est un système dans lequel plus il y a d'intrants, plus d'extrants sont produits. Néanmoins, les activités vitales cessent lorsque le sucre est complètement utilisé ou lorsqu'il y a trop de déchets.

Pour que la levure se nourrisse de céréales, tu dois faire subir aux céréales des changements physiques. Le mélange qui en résulte devient un milieu de vie pour la levure. Lors de la fermentation, la levure transforme son milieu de vie. Même si les propriétés du mélange changent, il y a conservation de la matière.

La levure

La levure est un exemple de vivant incapable de s'arrêter de consommer les ressources disponibles de son milieu. Tant qu'il y en a, elle en consomme. À un point tel qu'elle peut en mourir. Les humains aussi exploitent parfois au maximum les ressources de leur milieu.

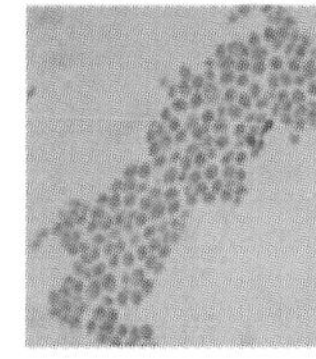

Les conséquences sont-elles les mêmes dans les deux cas?

Recherche d'informations

Avant de comparer la quantité de sucre contenue dans quatre céréales, tu feras une recherche d'informations. Garde des traces de ces informations dans ton carnet de bord.

1. Dans ton manuel, fais une recherche sur chacun des mots clés surlignés dans le texte de présentation plus haut. Note dans ton carnet de bord où tu as trouvé l'information.
2. Représente par un schéma le système «levure» en identifiant les intrants, les extrants et l'effet des déchets sur le système.

Manipulation préparatoire

Avant de comparer la quantité de sucre contenue dans quatre céréales, tu feras se multiplier des levures avec des quantités déterminées de sucre. Ainsi, tu te familiariseras avec une façon de faire et tu cibleras les propriétés utiles pour comparer la teneur en sucre de ces céréales. Garde des traces de ces informations dans ton carnet de bord.

Matériel

- Cylindre gradué
- Bécher
- Cuillères à mesurer
- 5 petits sacs de plastique à fermeture hermétique*
- Levures
- Sucre et farine
- Eau

Manipulation

1. Identifie les 5 sacs.
2. Dépose 15 mL de levure dans chacun des sacs.
3. Ajoute dans chaque sac les ingrédients suggérés dans le tableau plus bas.
4. Verse 60 mL d'eau dans chacun des sacs.
5. Compresse les sacs pour évacuer le plus d'air possible, ferme-les, puis agite le contenu.
6. Observe ce qui se passe dans chacun des sacs et note tes observations.
7. Après 20 minutes, observe de nouveau le contenu de chaque sac et note tes observations.

***Hermétique**
Qui ne laisse pas entrer ni sortir la matière.

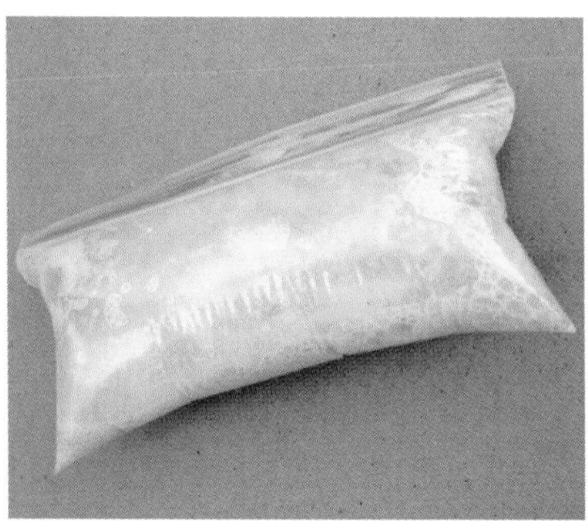

3. Note tes observations dans un tableau semblable à celui ci-dessous. Voici quelques propriétés qui peuvent te guider dans ton observation : couleur, température, masse, volume, odeur.

Observations			
Sac	**Ingrédient ajouté**	**Au départ**	**Après 20 minutes**
1	Aucun		
2	1 mL de sucre		
3	2 mL de sucre		
4	5 mL de sucre		
5	15 mL de farine		

4. Parmi les propriétés suggérées à la question précédente, nomme les deux propriétés physiques quantitatives qui mériteraient d'être mesurées.

5. Nomme les instruments qui te permettront de les mesurer.

6. Fais un schéma pour illustrer l'impact de l'activité des levures sur les sacs.

Je passe à l'action

Une investigation est une action structurée. On te demande de communiquer ta démarche. Mais, comme tu as droit à l'erreur et le devoir de corriger tes erreurs de parcours, tu n'as pas à rédiger un rapport en même temps que tu investigues. Tu garderas des traces de ta démarche dans un carnet de bord. Une fois l'investigation terminée, tu communiqueras ta démarche dans un rapport de laboratoire. Voici le problème à résoudre.

Le problème

Comparer la quantité de sucre contenue dans des céréales en utilisant l'activité vitale de la levure.

7. Procure-toi des échantillons de quatre types de céréales commerciales différentes. Reformule le problème en nommant les céréales et l'activité vitale à observer.

Hypothèse

8. Formule ton hypothèse en répondant aux questions suivantes.

a) En te fiant à ton goût, comment classes-tu tes quatre céréales, de la moins sucrée à la plus sucrée?

b) En te fiant à l'étiquette de la valeur nutritive, comment classes-tu tes quatre céréales, de la moins sucrée à la plus sucrée?

c) Selon toi, le volume des sacs changera-t-il au cours de l'investigation?

d) Selon toi, la masse des sacs changera-t-elle au cours de l'investigation?

9. Détermine le cadre de ton investigation en utilisant les mots présentés en marge.

a) Quelle sera la *variable indépendante* de ton investigation?

b) Quelle sera la *variable dépendante* de ton investigation?

c) Quelles seront les *constantes* de ton investigation?

Matériel

10. Dresse la liste du matériel que tu utiliseras lors de ton investigation.

• A SOURCE OF DIETARY FIBRE
• LOW IN FAT
• A SOURCE OF 9 ESSENTIAL NUTRIENTS
• UNE SOURCE DE FIBRES ALIMENTAIRES
• FAIBLE EN GRAS
• UNE SOURCE DE 9 NUTRIMENTS ESSENTIELS

NUTRITION INFORMATION
INFORMATION NUTRITIONNELLE
SERVINGS 20 PORTIONS

PER SERVING 30 g = 160 mL (2/3 CUP) PORTION DE 30 g = 160mL (2/3 TASSE)		WITH 125 mL P.S. MILK † AVEC 125 mL DE LAIT P. É. †	
ENERGY	110 Cal	174 Cal	ÉNERGIE
	460 kJ	726 kJ	
PROTEIN	2.9 g	7.2 g	PROTÉINES
FAT	0.6 g	3.1 g	MATIÈRES GRASSES
POLYUNSATURATES	0.4 g	0.5 g	POLYINSATURÉES
MONOUNSATURATES	0.1 g	0.8 g	MONOINSATURÉES
SATURATES	0.1 g	1.7 g	SATURÉES
CHOLESTEROL	0 mg	3 mg	CHOLESTÉROL
CARBOHYDRATE	25 g	31 g	GLUCIDES
SUGARS	4.8 g	11 g	SUCRES
STARCH	16 g	16 g	AMIDON
DIETARY FIBRE	3.5 g	3.5 g	FIBRES ALIMENTAIRES
SODIUM	187 mg	251 mg	SODIUM
POTASSIUM	114 mg	313 mg	POTASSIUM

PERCENTAGE OF RECOMMENDED DAILY INTAKE
POURCENTAGE DE L'APPORT QUOTIDIEN RECOMMANDÉ

PER SERVING 30 g = 160 mL (2/3 CUP) PORTION DE 30 g = 160mL (2/3 TASSE)		WITH 125 mL P.S. MILK † AVEC 125 mL DE LAIT P. É. †	
VITAMIN A	0%	7%	VITAMINE A
VITAMIN D	0%	26%	VITAMINE D
THIAMINE	46%	50%	THIAMINE
RIBOFLAVIN	4%	17%	RIBOFLAVINE
NIACIN	9%	13%	NIACINE
VITAMIN B_6	10%	13%	VITAMINE B_6
FOLACIN	8%	11%	ACIDE FOLIQUE
VITAMIN B_{12}	0%	23%	VITAMINE B_{12}
PANTOTHENATE	7%	13%	ACIDE PANTOTHÉNIQUE
CALCIUM	1%	15%	CALCIUM
PHOSPHORUS	9%	20%	PHOSPHORE
MAGNESIUM	15%	22%	MAGNÉSIUM
IRON	29%	29%	FER
ZINC	9%	15%	ZINC

† PARTIALLY SKIMMED (2%) † PARTIELLEMENT ÉCRÉMÉ (2 %)
CANADIAN DIABETES ASSOCIATION FOOD CHOICE VALUE/
SYSTÈME DES CHOIX D'ALIMENTS DE
L'ASSOCIATION CANADIENNE DU DIABÈTE :
30 g (160 mL) = 1 ■ + 1/2 ✱

FACTEURS

quantité de céréales	volume du sac
type de céréales	temps de culture
quantité de levure	température ambiante
quantité d'eau	

Manipulation

11. Décris la manipulation que tu feras pour comparer la quantité de sucre dans quatre échantillons de céréales réduites en poudre. Celle-ci doit tenir compte des consignes suivantes.

- ✔ Conçois une manipulation pour 15 mL de céréales et 15 mL de levure.
- ✔ La culture de la levure se fait dans des sacs de plastique à fermeture hermétique.
- ✔ Des mesures de masse et de volume doivent être prises lors de la manipulation.
- ✔ Les mesures doivent permettre de conclure qu'il y a eu un changement de la masse et du volume.
- ✔ Décris la manipulation qui te permettra de mesurer la masse des sacs.
- ✔ Décris la manipulation qui te permettra de mesurer le volume des sacs.

Résultats

12. Communique tes résultats selon des moyens propres à la science.

a) Conçois un tableau où tu pourras aisément noter tes observations et tes mesures.

b) Présente dans un diagramme la relation entre ta variable indépendante et la variable dépendante choisie.

Analyse et conclusion

13. Fais une analyse de tes résultats et rédige une conclusion en utilisant les réponses aux questions suivantes.

a) Le volume des sacs a-t-il été modifié par l'activité de la levure? Propose une explication.

b) La masse des sacs a-t-elle été modifiée par l'activité de la levure? Propose une explication.

c) Quelle céréale contient le plus de sucre? Justifie ta réponse.

d) Ton hypothèse a-t-elle été confirmée ou infirmée? Dans le dernier cas, propose une explication.

Eurêka ! (J'ai trouvé)

En 212 avant Jésus-Christ, un physicien grec, appelé Archimède, fit une importante découverte. En s'assoyant dans un bain plein d'eau, il fit déborder l'eau. Comprenant que le volume d'eau déplacé correspondait à celui de son corps, il déclara que «tout corps immergé déplace un volume d'eau égal au sien». Cela lui permit d'expliquer...

A-t-on réussi à piquer ta curiosité? À toi de découvrir la fin de l'histoire.

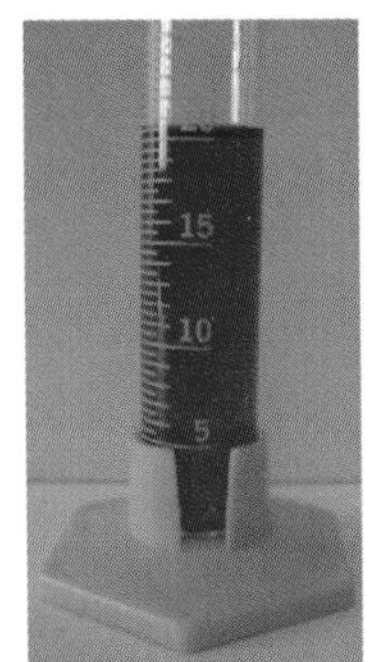

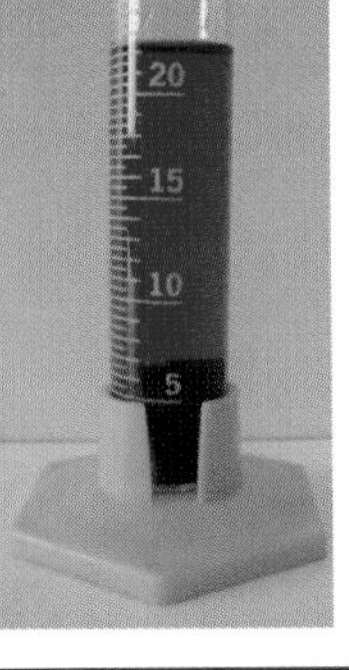

e) Quelle modification apporterais-tu à ta démarche pour améliorer la précision des mesures?

f) Selon toi, l'activité vitale des levures durera-t-elle indéfiniment? Propose une explication.

Produis maintenant un rapport de ton investigation.

 Je fais le point

14. Représente graphiquement l'activité vitale de la levure en illustrant l'effet des extrants sur le système. Tu peux utiliser les mots suivants pour t'aider.

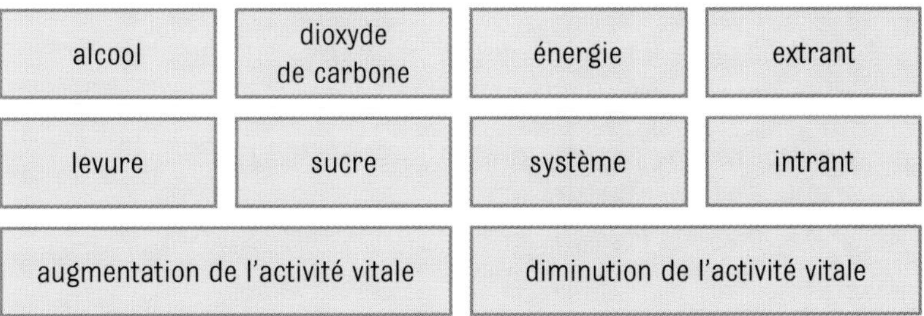

15. La Terre est également un milieu de vie relativement clos. À la différence d'un sac hermétique, la matière et l'énergie y sont recyclées. Consciemment ou non, tous les humains ont un impact sur l'environnement.

Représente graphiquement des actions que tu poses quotidiennement selon qu'elles ont un impact bénéfique ou néfaste sur l'eau, l'air, le sol et les vivants.

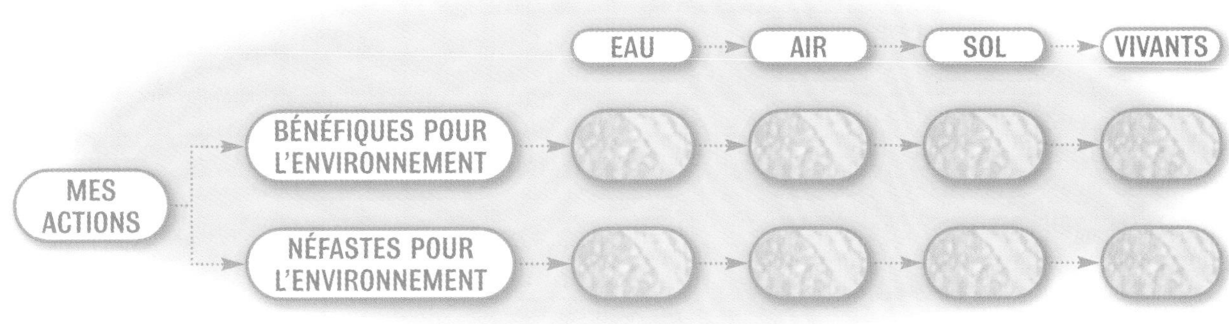

Des choix sains

Nombreux sont ceux qui choisissent de commencer la journée par un bol de céréales. Selon le type de céréales, ce choix est justifié, car il fournit à l'organisme plusieurs éléments nutritifs essentiels, dont des vitamines, des minéraux et du sucre.

Le sucre n'est pas mauvais en soi. Il est même nécessaire, car il constitue notre principale source d'énergie alimentaire. Toutefois, de nombreux aliments préparés contiennent beaucoup de sucre. Une grande consommation d'aliments préparés peut signifier une trop grande consommation de sucre.

Prends-tu toujours le temps de déjeuner?

Unité 2

Des métaux lourds, ça pèse!

Sais-tu comment fabriquer un instrument de mesure?

Tu l'apprendras lors de la conception d'un peson.

Les métaux lourds comme l'arsenic et le cadmium sont d'importants polluants de l'environnement. À juste titre, lorsque les médias déclarent qu'un site est contaminé par des métaux lourds, ce n'est pas bon signe. Pourtant, *lourd* fait seulement référence à une propriété physique de ces substances. Pour distinguer les métaux lourds des autres métaux, on peut comparer leur poids à l'aide d'un peson.

Au cours de la conception d'un peson,

1. tu prendras connaissance d'un cahier des charges;
2. tu décriras le comportement d'un élastique;
3. tu utiliseras des techniques utiles;
4. Tu pèseras des objets métalliques;
5. tu feras un retour sur ta démarche.

À la suite de la conception d'un peson,

1. tu présenteras des traces de ta démarche dans un carnet de bord;
2. tu produiras un rapport pour communiquer ta démarche de conception;
3. tu produiras un schéma illustrant la contribution de la science, de la technologie et des techniques.

Place à la discussion

- **Qu'est-ce qu'un corps élastique?**
- **Quel corps pèse le plus: 1 kg de fer ou 1 kg de plumes?**
- **Quels sont les effets d'une force?**
- **As-tu déjà scié du bois ou du PVC?**

Situation problème

Fabrique un peson pour distinguer le poids de quatre cubes métalliques de même volume

Je me prépare

Un peson est un objet technique qui permet de comparer objectivement le poids de différents corps. En créant une liaison entre un corps et un peson, tu mets en action un mécanisme. Certains organes du peson sont alors mis en mouvement. Le peson mesure l'effet de la gravité sur un corps suspendu. Le choix des matériaux est donc important dans la conception d'un peson. En effet, la fonction mécanique d'une des pièces est de subir un changement physique mesurable. Plus l'objet est lourd et plus la force appliquée sur le peson est grande.

Recherche d'informations

Avant de concevoir ton peson, tu feras une recherche d'informations. Garde des traces de ces informations dans ton carnet de bord.

1. Dans ton manuel, fais une recherche sur chacun des mots clés surlignés dans le texte de présentation plus haut. Note dans ton carnet de bord où tu as trouvé l'information.
2. Ajoute à cette liste quelques détails sur les outils de communication suivants:
   - ✔ Tableau des spécifications
   - ✔ Schéma de principes
   - ✔ Schéma de situation du problème
   - ✔ Cahier des charges
   - ✔ Fiche des opérations
   - ✔ Schéma de situation de l'objet technique

Graduer, c'est déformer!

Dès qu'on appuie sur un pèse-personne, la pièce mobile du dessus s'écrase sur la base de l'instrument. La déformation des ressorts est traduite en unités de masse. Pour graduer le prototype, on dépose des objets dont on connaît la masse sur la partie mobile et on marque d'un trait la compression exercée par chacun.

Saurais-tu le faire pour un peson?

Le peson est un instrument fréquemment utilisé par les pêcheurs pour mesurer le poids des poissons.

Manipulation préparatoire

Avant de concevoir ton peson, tu prépareras les objets à peser. Ainsi, tu sauras à l'avance quels poids tu auras à distinguer. De plus, tu sélectionneras les élastiques dont la déformation distingue le mieux le poids des objets à peser. Garde des traces de ces informations dans ton carnet.

Matériel

- Cylindre gradué
- Cuillères à mesurer
- 5 petits sacs à fermeture hermétique
- 4 cubes métalliques de 25 mm × 25 mm × 25 mm (aluminium, cuivre, fer, plomb)
- Eau
- Élastiques variés

Manipulation

1. Identifie les 5 sacs.
2. Mets dans chaque sac le contenu suggéré dans le tableau.
3. Compresse les sacs pour évacuer le plus d'air possible.
4. Accroche les sacs tour à tour à un élastique.

Sac	1	2	3	4	5
Contenu	130 mL d'eau	1 cube d'aluminium	1 cube de cuivre	1 cube de fer	1 cube de plomb

3. Nomme les sacs en ordre croissant de poids.

4. Quels élastiques pourrais-tu utiliser pour la conception d'un peson? Justifie ta réponse.

Je passe à l'action

La conception d'un instrument est une action structurée. On te demande de communiquer ta démarche. Mais, comme tu as droit à l'erreur et le devoir de corriger tes erreurs de parcours, tu n'as pas à produire des schémas finaux dès le début de l'investigation. Tu garderas des traces de ta démarche dans un carnet de bord. Une fois la conception terminée, tu communiqueras ta démarche sous la forme de différents schémas. Voici le problème à résoudre.

Le problème

Fabriquer un peson pour distinguer le poids de quatre cubes métalliques de même volume.

5. Produis un **schéma de situation du problème**.

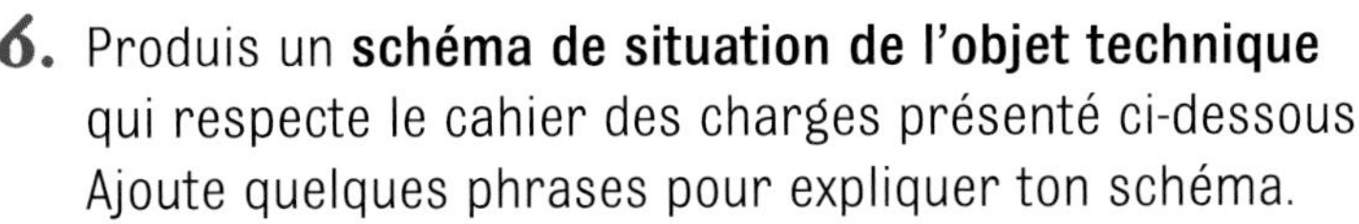

6. Produis un **schéma de situation de l'objet technique** qui respecte le cahier des charges présenté ci-dessous. Ajoute quelques phrases pour expliquer ton schéma.

Cahier des charges

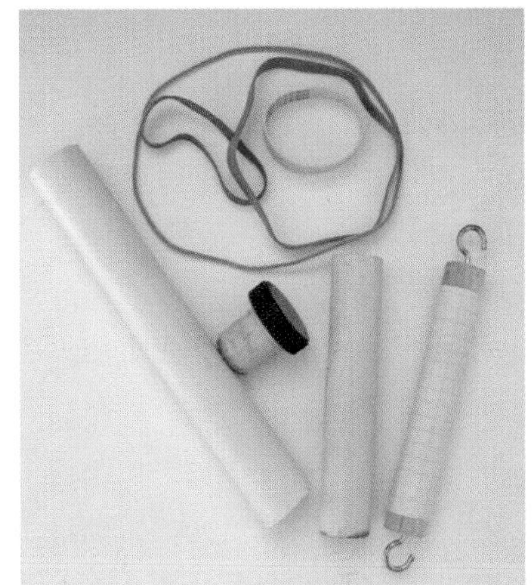

- L'objet technique à concevoir est un peson.
- Le peson doit servir à distinguer le poids de quatre cubes métalliques de 25 mm × 25 mm × 25 mm.
- Le peson fonctionne grâce à un mécanisme simple doté d'un élastique.
- La liaison élastique doit être invisible.
- La manipulation du peson doit se faire manuellement.
- La réalisation de l'instrument doit être facile, exiger peu de temps et être peu coûteuse.
- L'instrument doit être esthétique.
- Les matériaux à utiliser sont:
  - ✔ Tube de PVC (16 mm)
  - ✔ Goujon (13 mm)
  - ✔ Bouchon (16 mm)
  - ✔ Crochet (14 mm)
  - ✔ Élastique
  - ✔ Papier millimétrique

Solution proposée

7. Produis un **schéma de principes** du peson.
8. Produis un **schéma de construction** du peson.
9. Prépare un **tableau des spécifications** en suivant la démarche proposée.
   - Reproduis le tableau ci-dessous.
   - Indique la fonction de chacune des pièces en t'inspirant de la liste suggérée.

Numéro de la pièce	Pièce	Quantité	Fonction
1	Tube de PVC (16 mm)	1	
2	Goujon (13 mm)	3	
3	Bouchon (16 mm)	1	
4	Crochet (14 mm)	3	
5	Élastique	1	
6	Papier millimétrique	1	

FONCTION DES PIÈCES

- liaison démontable
- liaison élastique
- corps de l'instrument que l'on tient
- organe mobile de l'instrument
- fermeture du tube de PVC
- marquage du mouvement de l'organe mobile

Fabrication

10. Produis une **fiche des opérations** qui décrit en détail les phases de la fabrication de l'objet.

Fabrique ton peson.

Essai

11. Fais l'essai de ton prototype (peson) en suspendant à ton peson les sacs préparés plus tôt.

a) Présente les résultats de tes essais dans un tableau.

b) Demande à un ou une autre élève de peser tes sacs à l'aide de ton peson. Note ses résultats et ses commentaires.

12. Est-ce que ton peson t'a permis de déterminer quel cube métallique était le plus lourd? Quel métal est le plus lourd?

13. Vérifie la fiabilité de l'instrument. Est-ce que l'élève qui a utilisé ton peson a obtenu les mêmes résultats que toi?

14. Ton prototype semble-t-il adéquat pour le **besoin**? Justifie ta réponse en commentant les résultats de tes essais.

Je fais le point

15. Tu as fait la conception d'un peson pour satisfaire un besoin.

Identifie des actions de ta démarche qui sont liées à chacun des domaines suivants:

a) Science

b) Technologie

c) Techniques

16. Tous les métaux sont répertoriés dans le tableau périodique des éléments.

a) À quel chiffre du tableau ci-dessous associes-tu les métaux que tu as manipulés, soit l'aluminium, le cuivre, le fer et le plomb?

b) Selon toi, quel métal est le plus toxique: le mercure ou le chrome?

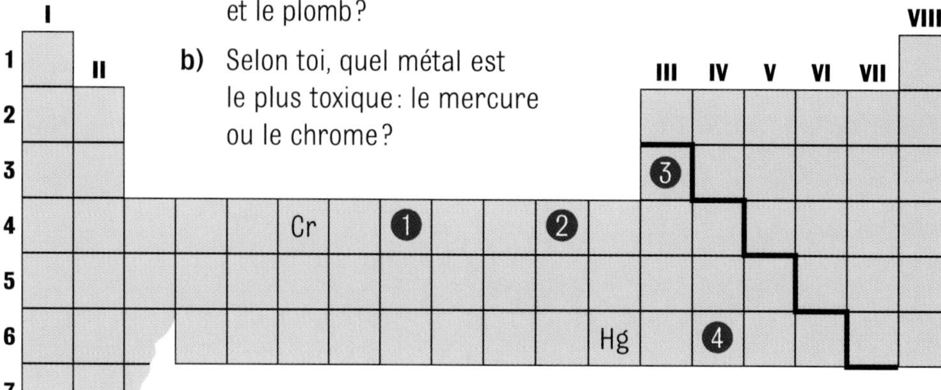

Le mercure (Hg) est plus lourd que le chrome (Cr).

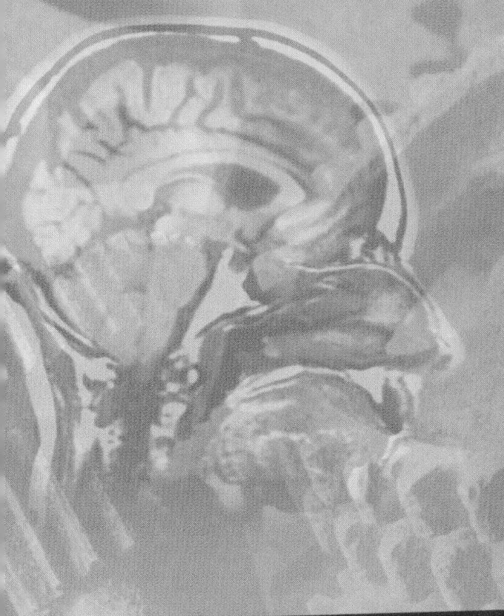

Unité 3

Surtout, pas de piles aux ordures !

Pourquoi les piles sont-elles des déchets dangereux ?

Tu le découvriras en suivant le parcours des métaux dans l'environnement.

Pour leur usage domestique, les Québécois achètent plus de 35 millions de piles par année. Et l'utilisation de ces piles ne cesse de croître. Les vieilles piles aboutissent souvent dans les poubelles.

Les piles sont des résidus domestiques dangereux. Ce ne sont pas les piles elles-mêmes qui sont dangereuses, mais les métaux lourds qu'elles libèrent dans l'environnement une fois qu'elles se retrouvent au dépotoir. Certaines piles contiennent des métaux qui sont néfastes pour l'environnement. Si une substance est néfaste pour l'environnement, elle l'est aussi pour la santé, entre autres parce que les humains tirent leurs aliments de l'environnement.

Au cours de l'activité,

1. tu identifieras les vivants que tu peux trouver dans une assiette;
2. tu identifieras les métaux d'une pile;
3. tu illustreras le cycle de l'eau;
4. tu illustreras une chaîne alimentaire;
5. tu expliqueras tes choix de consommation en matière de piles.

À la suite de l'activité,

1. tu présenteras des traces de ta démarche dans un carnet de bord;
2. tu produiras des schémas explicatifs;
3. tu rédigeras un texte d'opinion.

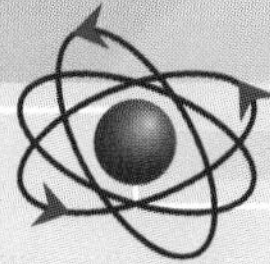

Place à la discussion

- **Fais-tu une grande utilisation de piles?**
- **Que fais-tu de tes vieilles piles?**
- **Le prix est-il un facteur dans ton choix de piles?**
- **Pourquoi l'utilisation de piles rechargeables est-elle un bon choix pour l'environnement?**
- **Selon toi, quel type de pollution peut altérer les aliments que tu consommes: celle de l'air, de l'eau ou du sol?**

Situation problème

Établis un lien entre un repas et les métaux lourds des piles

Des métaux lourds de conséquences

Le cadmium (Cd), le mercure (Hg) et le plomb (Pb) sont très toxiques. Le mercure affecte le cerveau, mais aussi la bouche, les reins, les poumons et le système digestif. Le cadmium affecte les poumons, les reins et les os. Le plomb affecte le cerveau, le développement et le système immunitaire. Pour leur part, le nickel (Ni), le manganèse (Mn), le cuivre (Cu) et le lithium (Li) sont peu toxiques.

Je me prépare

Certains fabricants de piles indiquent sur les étiquettes les éléments chimiques qui composent la pile. On y lit Ni, Mn, Cu ou Li. Il est facile de trouver le nom de ces substances en consultant un tableau périodique des éléments. Ces symboles sont mis en évidence sur les étiquettes, car ils représentent des métaux peu nocifs pour les écosystèmes. Pourtant, les métaux les plus généralement utilisés pour faire des piles sont le Hg (dans les piles boutons), le Cd (dans les piles alcalines) et le Pb (dans les batteries d'automobiles), et leurs noms n'apparaissent pas sur les étiquettes des piles. Ces métaux sont également les plus toxiques pour une communauté de vivants.

Les vieilles piles que l'on jette aux ordures finissent généralement dans un site d'enfouissement. Selon le type de sol, les métaux lourds sont transportés par ruissellement et se retrouvent dans le cycle de l'eau. Les autotrophes absorbent ces polluants avec les sels minéraux dont ils se nourrissent. Une fois absorbés par l'organisme, les polluants forment des composés qui restent dans les tissus. Ils passent d'un vivant à l'autre lors de la nutrition. En effet, si le premier niveau trophique est contaminé, les autres vivants de la chaîne alimentaire seront contaminés. Comme les métaux lourds suivent une partie du cycle du carbone, ils ont des effets particulièrement néfastes sur les espèces qui ont une longue durée de vie.

On trouve des résidus de piles même dans le cercle arctique, où il n'y a pourtant pas de sites d'enfouissement. Comment expliquer ce phénomère? Cela vient de la transformation des ordures ménagères par incinération. Dans un incinérateur, les piles subissent une combustion. Les métaux lourds passent alors dans l'atmosphère et voyagent sur de grandes distances.

Gros plan sur un site d'enfouissement

Recherche d'informations

Avant de retracer le chemin qu'empruntent dans l'environnement certains résidus des piles, tu dois comprendre la signification de plusieurs termes propres à la science en faisant une recherche d'informations. Garde des traces de ces informations dans ton carnet de bord.

1. Dans ton manuel, fais une recherche pour chacun des mots clés surlignés dans le texte de présentation de la page précédente. Note dans ton carnet de bord où tu as trouvé l'information.

Manipulation préparatoire

Pour schématiser le parcours de certains résidus des piles dans l'environnement, tu dois connaître la signification de certains mots. Comme tu as droit à l'erreur et le devoir de corriger tes erreurs de parcours, tu n'as pas à produire immédiatement des schémas finaux. Il importe toutefois que tu te donnes une méthode de travail efficace. Pour commencer, prépare des étiquettes sur lesquelles tu noteras les mots ci-dessous.

Pb et Hg	précipitations	écosystème	CO_2	producteurs
H_2O gazeux	ruissellement	milieu de vie	substance organique	consommateurs
H_2O liquide	évaporation	communauté	substance inorganique	décomposeurs
H_2O solide	condensation	sels minéraux	autotrophe	hétérotrophes

Je passe à l'action

Le problème

Établir un lien entre le contenu du repas illustré ci-contre et les métaux lourds rejetés dans l'environnement par les piles.

2. Imagine qu'un des aliments présentés au début de l'unité est contaminé par les métaux lourds d'une pile. En suivant les consignes ci-dessous, propose une hypothèse au problème.

- Fais un croquis qui illustre des liens possibles entre une pile et l'être humain qui mangerait ce repas.
- Nomme des substances qui sont communes à tous les vivants.

Les ingrédients du repas

Au menu	
→ Entrée : salade de chou rouge → Mets principal : poulet au cari → Boisson : eau de source → Dessert : yogourt aux pommes fraîches	
Liste des principaux ingrédients	
→ Carottes → Champignons → Chou → Haricots verts → Maïs → Pomme → Poulet → Eau → Riz → Yogourt au lait de vache	

3. Fais l'analyse des ingrédients du repas.

- → Identifie la nature de chacun des ingrédients du repas (biotique, abiotique).
- → Identifie le groupe alimentaire auquel appartient chacun des vivants qui composent le repas (produits laitiers, produits céréaliers, fruits et légumes, viandes et substituts).
- → Identifie le mode de nutrition utilisé par chacun des vivants qui composent le repas (autotrophe, hétérotrophe).
- → Identifie le niveau trophique auquel appartient chacun des vivants qui composent le repas (consommateur, décomposeur, producteur).
- → Identifie le mode d'alimentation caractérisant les consommateurs qui composent le repas (herbivore, granivore, omnivore).
- → Identifie le type de substance utilisée par chacun des vivants qui composent le repas (matière organique, matière inorganique).
- → Présente dans un tableau l'information recueillie.
- → Ajoute l'être humain à ton tableau et analyse-le comme tu l'as fait pour les ingrédients du repas.

Les groupes alimentaires

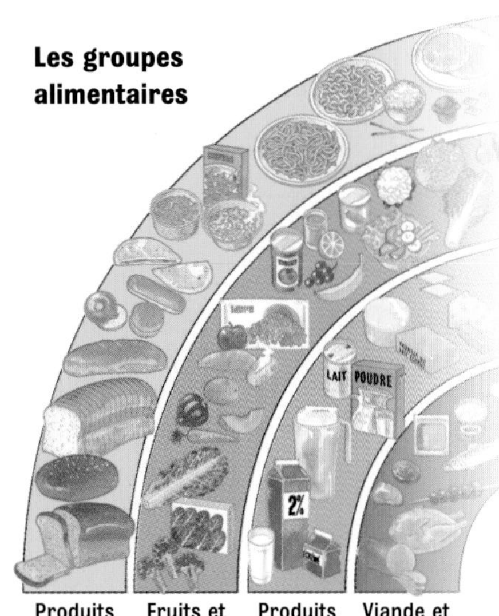

Les métaux des piles

4. Fais l'analyse du contenu d'une pile.

a) Trouve le nom des éléments chimiques suivants : Hg, Cd, Pb, Ni, Mn, Cu et Li.

b) Procure-toi une pile et identifie sur l'étiquette les éléments actifs qu'elle contient. S'il n'y a pas de symboles chimiques inscrits sur ta pile, considère qu'elle contient l'un des éléments suivants : Hg, Cd, Pb.

c) Ta pile peut-elle devenir un déchet domestique dangereux ?

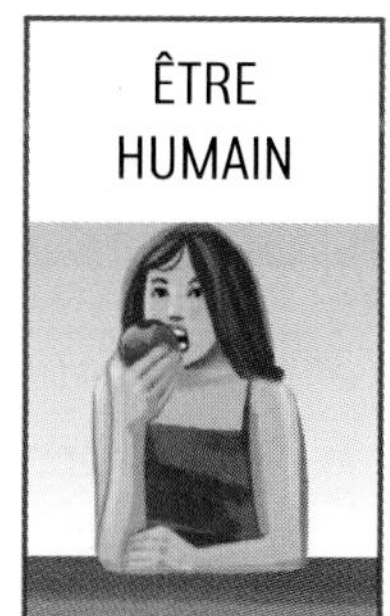

Le cycle de l'eau

5. Fais un croquis pour représenter le parcours des métaux de ta pile dans le cycle de l'eau.

- Fais le croquis d'un milieu de vie composé d'éléments de l'atmosphère, de l'hydrosphère, de la lithosphère et de la biosphère.
- Ajoute sur ton croquis 10 des étiquettes-mots que tu as préparées au début de l'activité.
- Imagine que ta pile a été jetée dans un site d'enfouissement. Montre à l'aide de flèches le parcours des résidus de ton polluant.
- Imagine que ta pile a été jetée dans un incinérateur. Montre à l'aide de flèches le parcours des résidus de ton polluant.
- Mets en évidence les endroits où le polluant entre dans la biosphère.

La chaîne alimentaire

6. Fais un schéma pour représenter le parcours des métaux de ta pile dans la chaîne alimentaire.

Ton schéma doit représenter les vivants illustrés dans la marge et contenir les mots clés suggérés plus bas.

- Schématise la chaîne alimentaire qui lie les vivants illustrés.
- Ajoute aux endroits appropriés sur ton schéma les mots clés suggérés.
- Indique aux endroits appropriés sur ton schéma par quels vivants peuvent entrer les polluants d'une pile dans la chaîne alimentaire.

AUTOTROPHE	DÉCOMPOSEUR	OMNIVORE
CONSOMMATEUR	HÉTÉROTROPHE	H_2O
PRODUCTEUR	HERBIVORE	NOM DU POLLUANT

Présente maintenant dans un rapport tes raisonnements sur les liens entre le contenu d'un repas et les métaux lourds rejetés dans l'environnement par les piles. Ce rapport devrait contenir les sections suivantes :

- ✔ le problème ;
- ✔ les ingrédients du repas ;
- ✔ les métaux des piles ;
- ✔ le cycle de l'eau ;
- ✔ la chaîne alimentaire.

Des piles qui contaminent

Le mercure d'une seule pile bouton (montre) peut contaminer 400 litres d'eau ou 1 m³ de terre pendant 50 ans.

Je fais le point

7. Prends connaissance des deux petits textes suivants. Ils présentent des faits sur l'utilisation des piles et la récupération.

Utilisation des piles	Récupération
✔ Une pile ordinaire se vend autour de 75 ¢ et une pile rechargeable au nickel-cadmium se vend autour de 7 $. ✔ Une pile ordinaire peut être utilisée une seule fois. ✔ Une pile rechargeable au nickel-cadmium peut être rechargée plus de 200 fois. ✔ Une pile rechargeable au nickel-cadmium requiert l'achat d'un chargeur qui coûte environ 50 $.	✔ Seulement 3 % des vieilles piles sont récupérées. ✔ On peut accumuler les vieilles piles dans un contenant et s'en défaire à l'occasion des collectes de déchets domestiques dangereux organisées par certaines municipalités. ✔ On peut déposer les vieilles piles chez certains détaillants qui participent au programme de récupération de vieilles piles ou les déposer dans les boîtes prévues à cet effet dans certains centres commerciaux.

Prépare un exposé oral qui justifie tes choix comme consommateur ou consommatrice et personne soucieuse de l'environnement.

- → Rédige le texte de ton exposé.
- → Décris l'utilisation que tu fais de piles.
- → Pose un jugement sur ton comportement en tenant compte de faits donnés plus haut sur le coût des piles.
- → Pose un jugement sur ton comportement lorsque tu te débarrasses des piles.
- → Nomme des effets de ton comportement sur la santé et l'environnement.
- → Utilise des mots de vocabulaire propres à la science et que tu as utilisés dans ton rapport.

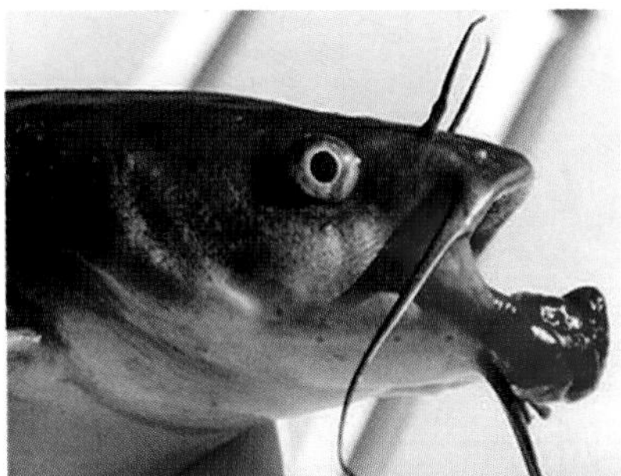

Effet de la pollution sur un vivant

Unité 4

Un équilibre à préserver

Quels éléments interagissent dans un habitat ?

Tu le découvriras en analysant la photo d'un milieu naturel.

Le Québec regorge de jolis coins de pays. Admirer l'harmonie de la nature apporte détente et réconfort. Mais pour préserver ces trésors, il faut dépasser l'émerveillement et comprendre l'interdépendance des éléments vivants et non vivants qui composent le paysage. Il faut aussi empêcher les polluants de briser l'équilibre de la nature.

Au cours de l'activité,

1. tu identifieras des éléments de l'environnement sur une photographie représentant un milieu naturel ou un milieu naturel modifié;
2. tu décriras des liens entre ces éléments du milieu;
3. tu schématiseras les interactions entre les éléments de ce milieu;
4. tu imagineras l'effet d'un polluant qui serait introduit dans ce milieu.

À la suite de l'activité,

1. tu remettras ton carnet de bord à ton enseignant ou ton enseignante;
2. tu produiras un rapport de tes travaux sous forme graphique;
3. tu rédigeras un texte pour décrire la suite d'événements que peut entraîner un polluant dans le milieu.

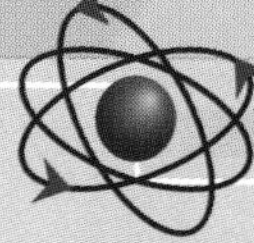

Place à la discussion

- **À ton avis, est-ce que les activités humaines sont toujours néfastes pour l'environnement?**
- **Quels sont les effets de la pollution sur l'environnement?**
- **La pollution a-t-elle des impacts seulement sur les composantes biotiques de l'environnement?**
- **Quelle est la relation entre le sol, l'air, l'eau et le vivant?**
- **Quels vivants pourraient s'activer sur le site illustré sur la photographie?**
- **À quel moment de la journée et de l'année a été prise la photographie?**

Situation problème

Démontre l'interaction entre les éléments de l'environnement

Je me prépare

Un paysage est bien plus qu'une portion de la biosphère, de la lithosphère, de l'atmosphère et de l'hydrosphère. Ce paysage fait partie de l'environnement. Les éléments biotiques et abiotiques y sont perpétuellement modifiés. Il y a d'abord des phénomènes terrestres comme l'érosion et le cycle des saisons qui produisent des changements physiques importants dans le milieu. La matière change de forme et d'état selon l'énergie présente. Ensuite, la photosynthèse, la respiration et la nutrition entraînent des transformations biologiques au cœur même des cycles du carbone, de l'oxygène et de l'azote. Grâce à la science, on sait maintenant que la survie de l'espèce humaine dépend de la présence de vivants des cinq règnes, car les activités vitales des vivants sont interreliées.

Les polluants les plus néfastes sont généralement des composés qui produisent des changements chimiques dans le milieu. Les polluants peuvent briser le cycle d'une ressource renouvelable. Par exemple, la pollution industrielle modifie grandement les propriétés de l'eau. Comme toutes les cellules sont constituées d'eau, tous les vivants sont affectés. Ces polluants modifient aussi la composition de l'air et contribuent à l'effet de serre. L'effet de serre est un des dangers qui menacent nos forêts. Or, nous tirons des forêts de nombreux produits nécessaires à la satisfaction de nos besoins fondamentaux.

C'est comme l'œuf de Christophe Colomb !

Christophe Colomb, le premier Européen à être mandaté pour traverser l'Atlantique, avait un mode de raisonnement très pratique. Quand on lui lança le défi de faire tenir un œuf bien droit, il aplatit une des extrémités de l'œuf sur la table et déclara que « c'était facile, qu'il suffisait d'y penser ». L'expression « c'est comme l'œuf de Christophe Colomb » est depuis synonyme de « il fallait y penser ».

Recherche d'informations

Avant de schématiser les éléments de l'environnement qui sont en interaction dans un milieu, tu feras une recherche d'informations. Garde des traces de ces informations dans ton carnet de bord.

1. Dans ton manuel, fais une recherche sur chacun des mots clés surlignés dans le texte de présentation plus haut. Note dans ton carnet de bord où tu as trouvé l'information.

Manipulation préparatoire

Comme tu as droit à l'erreur et le devoir de corriger tes erreurs de parcours, tu n'as pas à produire immédiatement des schémas finaux. Il importe toutefois que tu te donnes une méthode de travail efficace. Pour commencer, prépare des étiquettes sur lesquelles tu noteras les mots et expressions ci-dessous. Ces étiquettes représentent des éléments de l'environnement.

pollen	neige	feuille	vent
ruissellement	gravité	végétaux	air
nuage	chaleur	micro-organismes	racine
animaux	abri	dioxyde de carbone	azote
déchets	humus	matière organique	sol
lumière	protistes	terre meuble	ensoleillement
œufs	sédiment	roche mère	eau
pluie	oxygène	vapeur d'eau	

Trouve dans un magazine la photo d'un milieu naturel ou d'un milieu naturel modifié et découpe-la. Cette photo représente le milieu qui fera l'objet de ton analyse.

Vue du fleuve Saint-Laurent depuis l'île d'Orléans

Je passe à l'action

Le problème

Schématiser les éléments de l'environnement qui interagissent dans un milieu de vie.

2. En guise d'hypothèse, schématise les principaux éléments de l'environnement qui interagissent entre eux.

- Fais un croquis du milieu représenté sur la photo que tu as choisie en identifiant les quatre composantes de l'environnement : l'atmosphère, la lithosphère, l'hydrosphère et la biosphère.
- Combien y a-t-il de liens possibles entre les quatre composantes de l'environnement ? Indique ces liens sur ton croquis à l'aide de flèches.

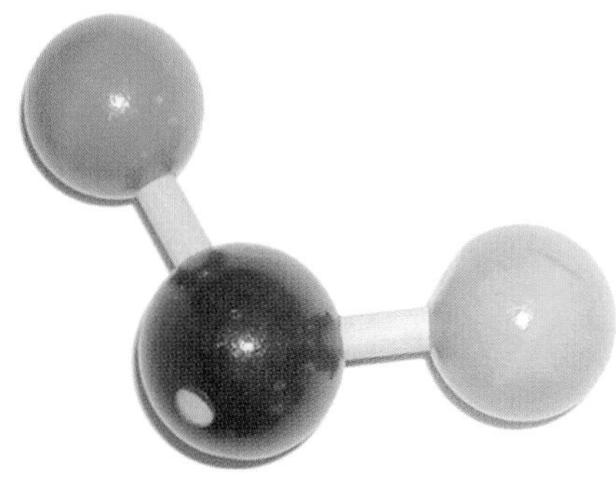

Les éléments du milieu

3. Identifie les éléments de l'environnement représentés sur ta photo. Le tableau qui suit donne des exemples d'éléments à repérer.

Éléments de l'environnement...	
visibles sur la photo	**présents, mais non visibles sur la photo**
✔ fleuve ✔ arbres	✔ oxygène ✔ poissons

- Classe les étiquettes-mots que tu as préparées au numéro 1 selon la composante à laquelle elles appartiennent : atmosphère, lithosphère, hydrosphère ou biosphère.
- Trouve une façon visuelle pour associer le mot qui apparaît sur l'étiquette-mot à la composante de l'environnement à laquelle il est lié.
- Place sur ton croquis les étiquettes-mots représentant des éléments de l'environnement. Tu dois pointer cinq éléments pour chacune des composantes de l'environnement. Au besoin, produis des étiquettes pour de nouveaux mots.
- Colle les étiquettes-mots sur ton croquis. Ces réponses ne sont pas définitives, c'est pourquoi tu ne travailles pas directement sur la photo.

Les interactions dans le milieu

4. Démontre les interactions entre les composantes et les éléments de l'environnement en dressant une liste de 18 de ces interactions.

- → Réfère-toi au numéro 2 pour revoir les liens possibles entre les quatre composantes de l'environnement.
- → Pour chaque lien, note au moins trois interactions entre les éléments de l'environnement présentés sur la photo.
- → Dans un tableau comme celui ci-contre, décris en une courte phrase les interactions entre ces éléments.
- → Numérote ces interactions de 1 à 18.

Interactions

Biosphère – atmosphère
1. Les taupes respirent du O_2.
2. ...
3. ...
Biosphère – hydrosphère
4. ...
Biosphère – lithosphère
7. Les taupes creusent des terriers.
8. ...
9. ...

Le réseau des éléments du milieu

5. Représente par un réseau la liste des interactions que tu viens d'établir entre les différents éléments de l'environnement.

- → Écris sur une feuille les 20 mots correspondant aux 20 éléments du milieu que tu as repérés sur la photo que tu as choisie.
- → Regroupe ces mots selon qu'ils appartiennent à l'atmosphère, à la biosphère, à l'hydrosphère ou à la lithosphère.
- → Relie deux mots par une flèche pour illustrer l'interaction que tu as déjà décrite au numéro 4.
- → Numérote cette flèche en te référant à la liste des 18 interactions que tu as établies au numéro 4.
- → Présente graphiquement ainsi les 18 interactions que tu as décrites précédemment.

Mets au point ton rapport en préparant une version finale de ta photo annotée (numéro 3), de ton tableau (numéro 4) et de ton réseau (numéro 5) représentant les éléments du milieu.

Je fais le point

Un polluant est une substance qui provoque la dégradation d'un milieu donné. Il peut entraîner des changements physiques, des changements chimiques ou des transformations biologiques.

Exemples :

Chimique

- → Production de gaz à effet de serre
- → Déversement d'huiles usées dans les égouts
- → Dépôt de piles aux ordures

Physique

- → Accumulation dans l'environnement d'ordures en plastique
- → Accumulation de pneus dans les dépotoirs
- → Épandage de gravier l'hiver

Biologique

- → Rejet d'excréments dans les cours d'eau
- → Infection par un parasite tel le virus du Nil occidental
- → Invasion d'une espèce telle la coccinelle japonaise

La trajectoire d'un polluant dans le milieu

Un polluant peut également se déplacer dans l'atmosphère, l'hydrosphère, la lithosphère ou la biosphère. À long terme, cette dégradation du milieu affecte tous les éléments de l'environnement.

6. Représente graphiquement l'impact d'un polluant sur l'habitat représenté sur ta photo en t'inspirant du schéma qui suit.

Un récit sur la pollution

7. Compose un texte d'environ 100 mots décrivant l'impact d'un polluant sur le milieu décrit au cours de l'unité.
   - → Décris comment était le milieu avant d'être modifié par ce polluant.
   - → En suivant le schéma fait précédemment, décris les effets du polluant sur quatre éléments de l'environnement.
   - → Décris comment serait le milieu après avoir été modifié par ce polluant.

OUTILS

Choisir une démarche

Quand on veut satisfaire un besoin, répondre à une question ou trouver une solution, on est devant un problème. Il devient alors nécessaire d'intervenir pour résoudre le problème, c'est-à-dire pour trouver la réponse ou la solution. Mais comment y arriver? En suivant une démarche.

Une démarche, c'est une façon particulière de procéder, d'agir ou de raisonner pour résoudre un problème. Il y a, bien sûr, la méthode par essais et erreur, dont la solution résulte du hasard. Cette démarche demande cependant beaucoup de temps et peut difficilement être répétée. Pour résoudre un problème, il est préférable de suivre une démarche logique.

Les démarches utilisées en science et en technologie sont très semblables. C'est la nature du problème à résoudre qui permet de les distinguer. Quand tu cherches à expliquer un phénomène, tu suis une **démarche d'investigation scientifique**. Quand tu cherches à fabriquer un objet, tu suis une **démarche de conception technologique**.

QUELLE EST LA NATURE DU PROBLÈME?

Je veux décrire un phénomène ou trouver les causes d'un changement.	Je dois satisfaire un besoin.
Si oui, le problème est d'ordre scientifique.	**Si oui, le problème est d'ordre technologique.**
Pourquoi la levure fait-elle gonfler la pâte? Quelles sont les causes de la disparition des dinosaures?	Comment puis-je transformer la farine en pain? Comment puis-je reproduire une carte géographique à une échelle plus grande?

QUEL BUT DOIS-JE ATTEINDRE?

Chercher une réponse: formuler une explication.	Chercher une solution: construire un objet technique.

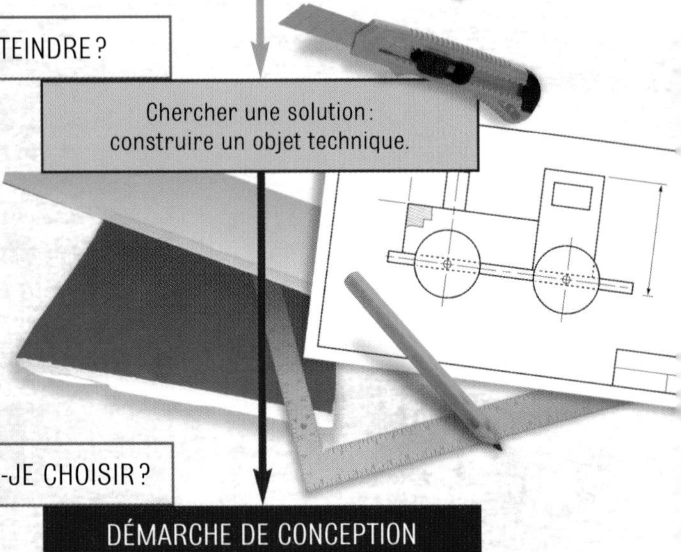

QUELLE DÉMARCHE DOIS-JE CHOISIR?

DÉMARCHE D'INVESTIGATION SCIENTIFIQUE	DÉMARCHE DE CONCEPTION TECHNOLOGIQUE

La démarche d'investigation

Cherches-tu à comprendre un **phénomène** qui implique l'énergie, la matière ou les vivants, sur la Terre ou dans l'espace ? Si oui, tu pourras trouver une réponse à ta question en suivant une démarche d'investigation scientifique.

Voici les quatre principales phases de cette démarche.

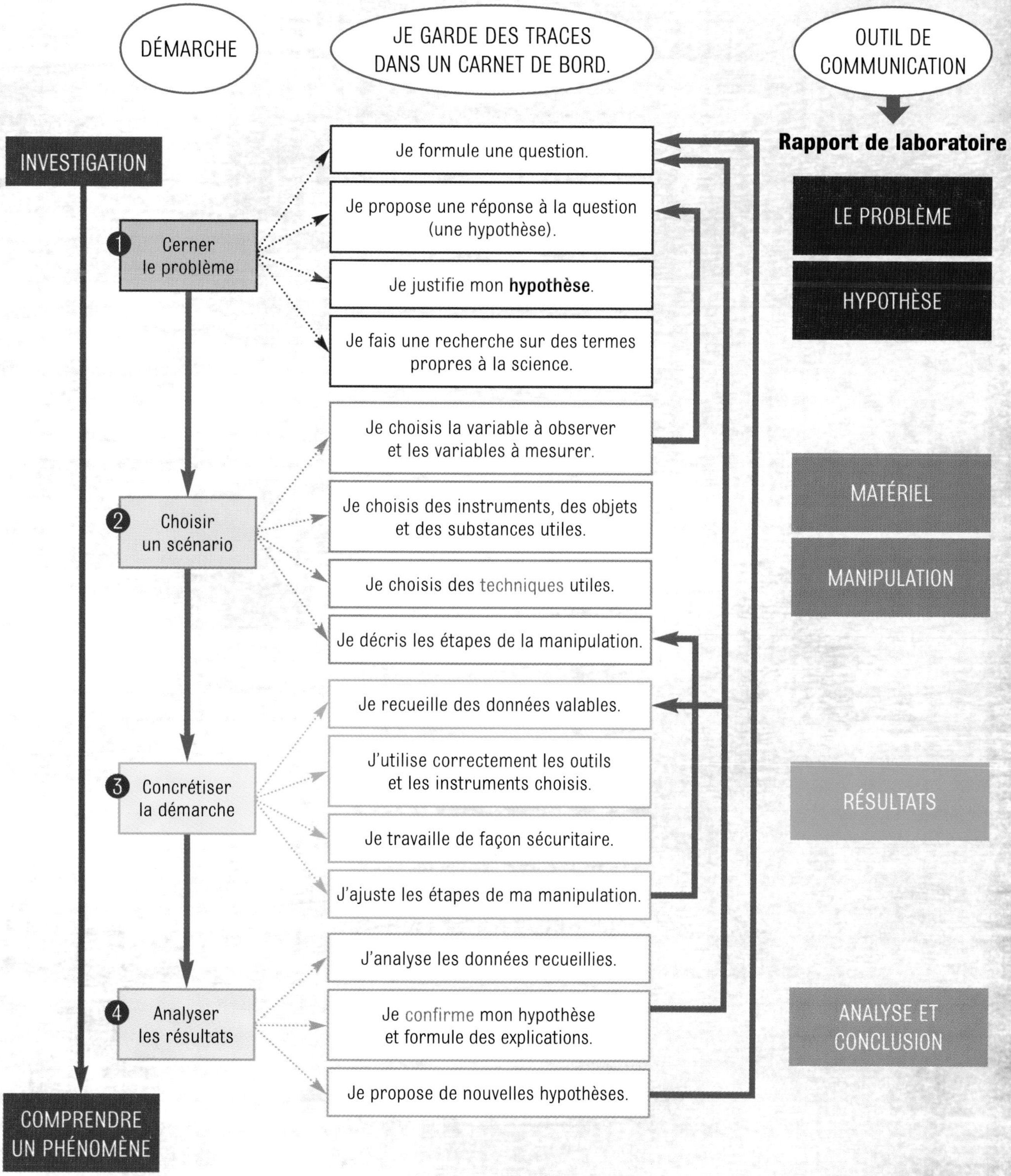

DÉMARCHE

JE GARDE DES TRACES DANS UN CARNET DE BORD.

OUTIL DE COMMUNICATION

Rapport de laboratoire

INVESTIGATION

1 Cerner le problème
- Je formule une question.
- Je propose une réponse à la question (une hypothèse).
- Je justifie mon **hypothèse**.
- Je fais une recherche sur des termes propres à la science.

LE PROBLÈME

HYPOTHÈSE

2 Choisir un scénario
- Je choisis la variable à observer et les variables à mesurer.
- Je choisis des instruments, des objets et des substances utiles.
- Je choisis des techniques utiles.
- Je décris les étapes de la manipulation.

MATÉRIEL

MANIPULATION

3 Concrétiser la démarche
- Je recueille des données valables.
- J'utilise correctement les outils et les instruments choisis.
- Je travaille de façon sécuritaire.
- J'ajuste les étapes de ma manipulation.

RÉSULTATS

4 Analyser les résultats
- J'analyse les données recueillies.
- Je confirme mon hypothèse et formule des explications.
- Je propose de nouvelles hypothèses.

ANALYSE ET CONCLUSION

COMPRENDRE UN PHÉNOMÈNE

Le rapport de laboratoire

Le rapport de laboratoire est l'outil de communication d'une investigation scientifique. Il peut s'agir d'une production écrite ou orale. Le rapport de laboratoire présente de façon succincte l'ensemble de la démarche d'investigation, du début à la fin.

Le texte ci-contre présente les différentes sections qui doivent faire partie de ton rapport de laboratoire et propose des pistes pour chacune. N'hésite pas à t'y référer.

Rapport type

La levure est-elle vivante ou pas?

Le problème

La levure a-t-elle des activités vitales?

Hypothèse

La levure est vivante, car elle produit du gaz en respirant.

Matériel

- Levure
- Eau et sucre
- Bouteille
- Ballon

Manipulation

1. Dissoudre 10 mL de sucre dans 50 mL d'eau.
2. Ajouter 5 mL de levures.
3. Fixer un ballon à la bouteille.
4. Mesurer la circonférence du ballon après 20 et 40 minutes.

Résultats

Temps (min)	Circonférence du ballon (mm)
0	0
20	50
40	100

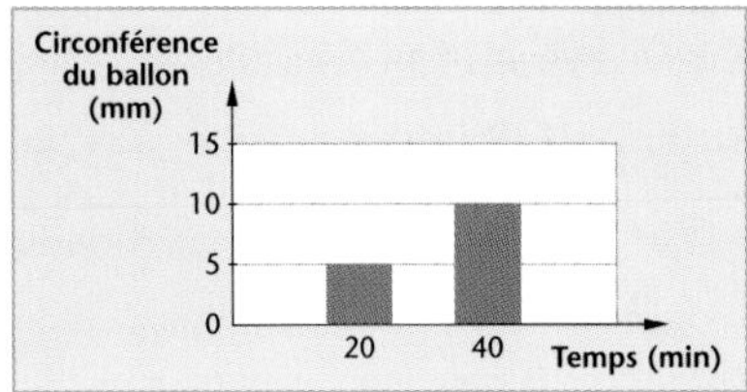

Analyse et conclusion

Avec le temps, le diamètre du ballon augmente.

Les levures produisent alors de plus en plus de gaz.

Ces résultats confirment mon hypothèse: la levure est vivante.

Il apparaît qu'en consommant du sucre, les levures produisent de plus en plus de gaz.

Cette conclusion est appuyée par les

Une mesure de la reproduction

Le problème

- ✔ J'ai nommé le sujet sur lequel porte l'investigation.
- ✔ J'ai nommé le changement sur lequel porte l'investigation.
- ✔ J'ai formulé le problème sous forme de question ou sous forme d'énoncé.
- ✔ J'ai utilisé des termes propres à la science et je comprends tous les mots du problème.

Hypothèse

- ✔ Mon hypothèse propose une réponse qui sera confirmée ou non par mes résultats.
- ✔ J'ai nommé la propriété que je prévois être la cause d'un changement (variable indépendante).
- ✔ J'ai nommé la propriété qui devrait varier (variable dépendante).
- ✔ J'ai appuyé mon hypothèse de connaissances personnelles ou de faits documentés.

Matériel et manipulation

- ✔ J'ai fait un schéma du montage.
- ✔ J'ai fait la liste des instruments, des objets et des substances utilisés.
- ✔ J'ai décrit la situation initiale.
- ✔ J'ai décrit la manière de causer le changement.
- ✔ J'ai décrit la manière de mesurer le changement.
- ✔ J'ai décrit comment je garde certaines propriétés constantes.
- ✔ J'ai numéroté les principales étapes de la manipulation.
- ✔ J'ai proposé une manipulation qui pourrait être suivie par une autre personne.
- ✔ J'ai identifié les situations qui pourraient comporter des risques pour la sécurité.

Résultats

- ✔ J'ai noté plusieurs observations ou mesures.
- ✔ J'ai présenté les observations et les mesures sous forme de tableau.
- ✔ J'ai laissé des traces de mes calculs.
- ✔ J'ai présenté les mesures du tableau sous forme de diagrammes.
- ✔ J'ai respecté les conventions dans l'utilisation des mesures et de leurs symboles, ainsi que dans les représentations graphiques.

Analyse et conclusion

- ✔ J'ai fait des liens entre mes résultats et le problème posé au départ.
- ✔ J'ai évalué la justesse de mes résultats.
- ✔ J'ai suggéré des liens entre mes résultats et les savoirs théoriques.
- ✔ J'ai utilisé des termes propres à la science.
- ✔ J'ai confirmé mon hypothèse (elle était bonne) ou j'ai infirmé mon hypothèse (elle était fausse).
- ✔ Je peux affirmer que le changement décrit est dû seulement à la propriété que j'ai modifiée.
- ✔ J'ai proposé des situations semblables où mes résultats pourraient s'appliquer.
- ✔ J'ai proposé des pistes d'investigation qui compléteraient celle que je communique dans ce rapport.

La démarche de conception

Cherches-tu à satisfaire un besoin ou encore à résoudre un problème dont la solution est un objet technique? Si oui, tu trouveras la solution au problème en suivant une démarche de conception technologique.

Voici les quatre principales **phases** de cette démarche.

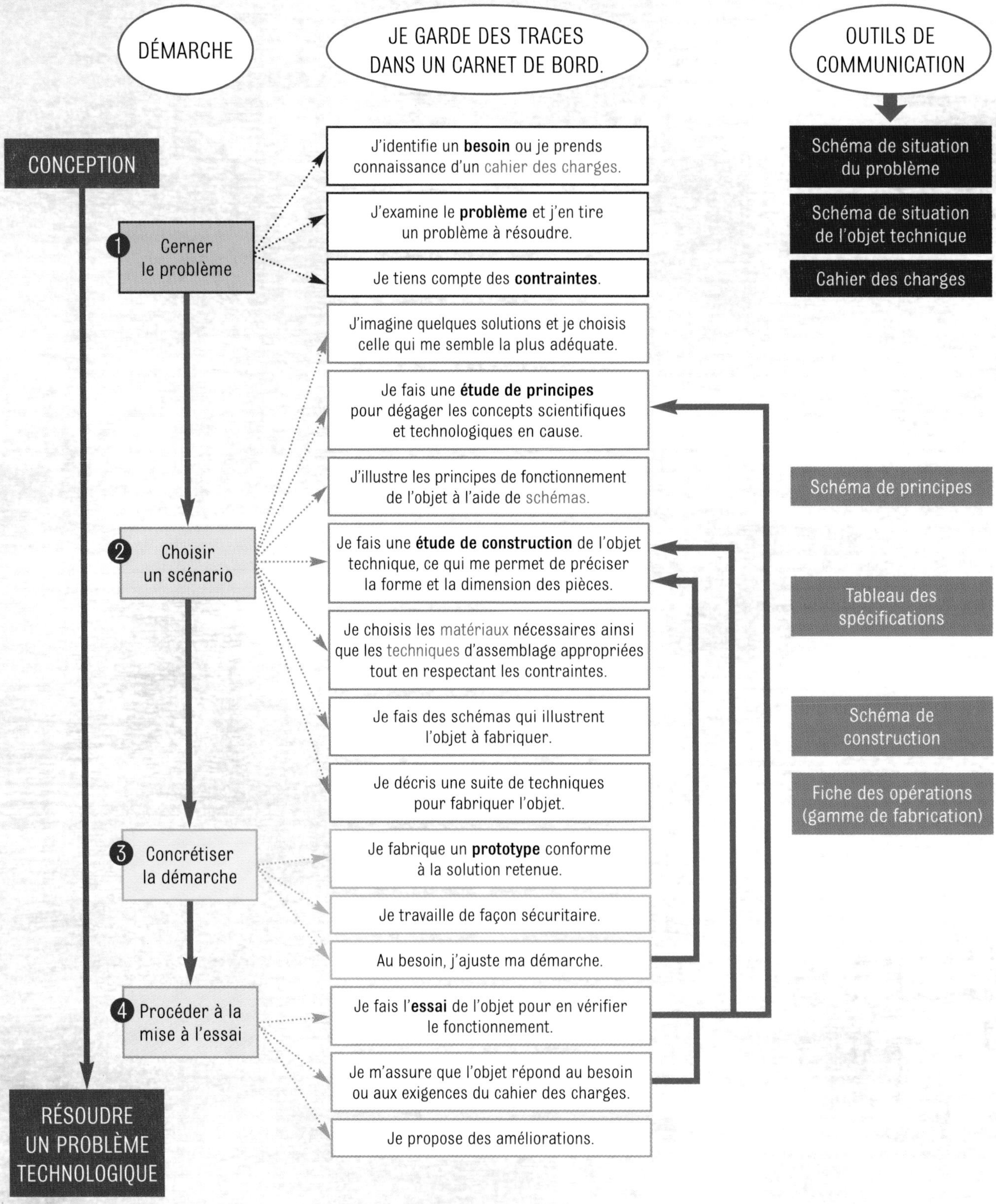

DÉMARCHE

JE GARDE DES TRACES DANS UN CARNET DE BORD.

OUTILS DE COMMUNICATION

CONCEPTION

1 Cerner le problème
- J'identifie un **besoin** ou je prends connaissance d'un cahier des charges.
- J'examine le **problème** et j'en tire un problème à résoudre.
- Je tiens compte des **contraintes**.

Outils de communication : Schéma de situation du problème ; Schéma de situation de l'objet technique ; Cahier des charges

2 Choisir un scénario
- J'imagine quelques solutions et je choisis celle qui me semble la plus adéquate.
- Je fais une **étude de principes** pour dégager les concepts scientifiques et technologiques en cause.
- J'illustre les principes de fonctionnement de l'objet à l'aide de schémas.
- Je fais une **étude de construction** de l'objet technique, ce qui me permet de préciser la forme et la dimension des pièces.
- Je choisis les matériaux nécessaires ainsi que les techniques d'assemblage appropriées tout en respectant les contraintes.
- Je fais des schémas qui illustrent l'objet à fabriquer.
- Je décris une suite de techniques pour fabriquer l'objet.

Outils de communication : Schéma de principes ; Tableau des spécifications ; Schéma de construction ; Fiche des opérations (gamme de fabrication)

3 Concrétiser la démarche
- Je fabrique un **prototype** conforme à la solution retenue.
- Je travaille de façon sécuritaire.
- Au besoin, j'ajuste ma démarche.

4 Procéder à la mise à l'essai
- Je fais l'**essai** de l'objet pour en vérifier le fonctionnement.
- Je m'assure que l'objet répond au besoin ou aux exigences du cahier des charges.
- Je propose des améliorations.

RÉSOUDRE UN PROBLÈME TECHNOLOGIQUE

As-tu déjà eu à te fabriquer une règle parce que tu avais des mesures à prendre, à t'improviser un verre en papier pour boire ou encore à concevoir une table en pleine forêt ? Toute personne est, un jour ou l'autre, appelée à vivre ce genre d'expérience.

Imagine la situation suivante. Tu as accepté de garder le chien d'un ami chez toi pendant quelques semaines. Malheureusement, tu ne peux garder le chien dans la maison et c'est l'hiver.

Que feras-tu pour protéger le chien du froid ?

LE PROBLÈME

Quelle solution te semble la meilleure ?

SOLUTION PROPOSÉE

Comment et avec quoi peux-tu faire la niche ?

MATÉRIEL ET MATÉRIAUX

Quelles techniques sont nécessaires pour faire la niche ?

FABRICATION

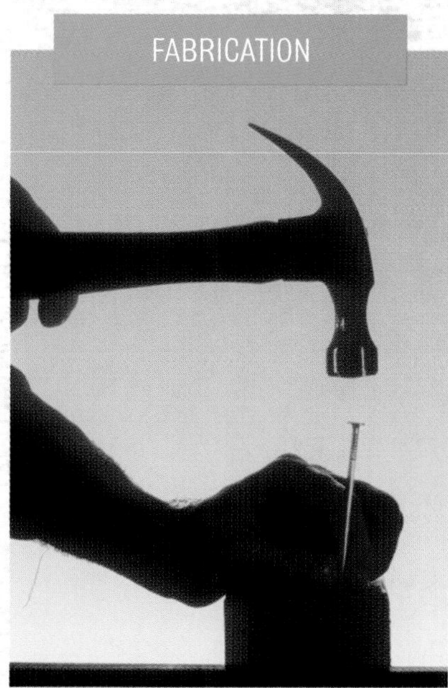

Est-ce que la niche convient au chien ?

ESSAI

Le cahier des charges

En technologie, le cahier des charges est un document où sont consignés les éléments qui guident la conception d'un objet technique.

En plus de définir la fonction de l'objet et les contraintes liées à sa conception et à son utilisation, le cahier des charges peut contenir :

- ✔ des plans, dessins, schémas et autres éléments graphiques relatifs à l'objet ou au produit ;
- ✔ des précisions relatives à sa réalisation.

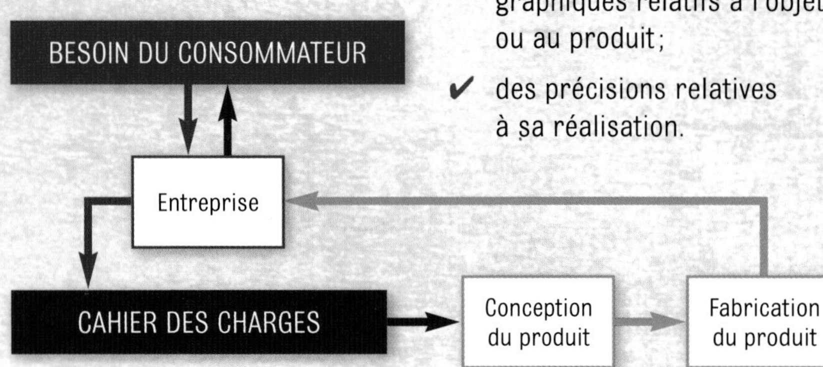

C'est donc aussi un outil de communication entre le groupe qui a besoin de l'objet technique ou du produit et les gens qui en assurent la conception.

Le cahier des charges présente de nombreux avantages. Entre autres, il permet de gagner du temps. Aussi, il permet aux concepteurs qui le consultent d'éviter de s'engager dans une mauvaise direction. Enfin, il n'est pas figé : on peut y apporter des modifications au cours du processus.

Élaboration d'un cahier de charges

Déterminer la fonction que l'objet ou le produit doit remplir pour répondre au besoin.

Déterminer les contraintes de conception.

- Est-ce que des éléments physiques (eau, air, température, magnétisme, etc.) peuvent avoir un effet sur cet objet ou ce produit ?
- Quels autres objets techniques ou produits entreront en contact avec cet objet ou ce produit ?
- Dans quelles conditions se fera la réalisation ?
- De quels moyens dispose-t-on ?
- Quels matériaux, matériel ou matières premières sont disponibles ?
- En combien de temps doit se faire la production ?

Déterminer les contraintes de fabrication et d'utilisation.

- Quel est le coût total à ne pas dépasser ?
- Qui va utiliser cet objet ou ce produit ? Qui va l'entretenir ? Qui va le réparer ?
- Quel sera l'impact de cet objet ou de ce produit sur l'environnement ? sur la santé ? Quelles règles de sécurité faudra-t-il suivre ?

La fiche des opérations

La fiche des opérations est un document qui décrit la marche à suivre pour fabriquer un objet technique. L'information y est présentée sous la forme de textes descriptifs et de schémas.

Dans l'industrie, ce document porte le nom de **gamme de fabrication** quand il sert à décrire les opérations nécessaires à la fabrication en série d'une pièce de l'objet technique à construire.

L'élaboration d'une fiche des opérations est une étape essentielle de la démarche de conception qui permet, avant de passer à la fabrication, d'établir ce qu'il y a à faire :

Elle présente de nombreux avantages, dont les suivants :

- ➔ planifier l'achat du matériel et des matériaux ;
- ➔ prévoir les difficultés ;
- ➔ limiter les erreurs de fabrication ;
- ➔ organiser les étapes à venir afin d'éviter les pertes de temps ;
- ➔ limiter le matériel, l'outillage et le gaspillage de matières premières ;
- ➔ réduire le coût de production.

Comment faire une fiche des opérations

1. Étudie le plan, les schémas ou la recette de l'objet ou du produit à réaliser.
2. Dresse la liste des matériaux et du matériel nécessaires à la réalisation de ce projet.
3. Décris les opérations (mesurage et traçage, usinage, assemblage, finition) en les décomposant en étapes.
4. Prépare un schéma simple de chaque opération si cela semble nécessaire.
5. Présente le tout dans un tableau à quatre colonnes.
6. Prévois une section pour indiquer des informations relatives à l'objet ou au produit (ex. : nom de l'objet ou de la pièce, nombre d'articles, lieu de fabrication).

Fiche des opérations

Description	Matériaux	Matériel	Schémas
Opération 1 Étape 1 Étape 2 **Opération 2** Étape 1 Étape 2 Étape 3			

…héma de l'objet		
	Nom de l'objet :	
	Lieu de fabrication :	
	Nom :	*Groupe :*
	École :	*Date :*

Les schémas technologiques

Tout au long de la démarche de conception technologique, la schématisation te sert d'appui et de moyen de communication dans ta recherche de solution. Voici les différents types de schémas technologiques qui ont été faits avant d'arriver à la solution : l'éplucheur à pommes.

Schéma de situation du problème

Ce schéma présente la nature et les éléments du problème de façon simple. Il précise, de plus, la fonction que remplira l'objet à concevoir.

En somme, on analyse le problème en concrétisant le besoin à l'aide d'un exemple. Ce type de schéma peut aussi prendre la forme d'un réseau de concepts.

Schéma de situation du problème

Peler toutes ces pommes avec un couteau ! C'est long et fatigant pour les doigts. Si au moins j'avais une machine pour m'aider.

Schéma de situation de l'objet technique

Le schéma de situation de l'objet technique (O.T.) sert à illustrer l'objet à concevoir, sous une forme géométrique, et à le représenter en relation avec les éléments du milieu qui entreront en contact avec lui.

Ce type de schéma précise des contraintes de conception et d'utilisation de l'objet.

Schéma de situation de l'objet technique

Ce schéma signifie que l'objet sera :
- ➜ fixé à une table,
- ➜ en contact avec la pomme,
- ➜ muni d'un mécanisme,
- ➜ actionné manuellement.

Mécanisme

O.T.

Schéma de principes

Certains objets qu'on utilise chaque jour ont plusieurs organes, ou pièces, mobiles. Les mouvements de ces organes assurent le fonctionnement de l'objet.

Le schéma de principes sert à illustrer de façon simple les principes de fonctionnement de l'objet sans fournir les détails liés à sa fabrication. Il n'est pas nécessairement à l'échelle, mais respecte les proportions de l'objet.

Sur les schémas de principes d'objets munis d'un mécanisme, on trouve généralement les symboles de forces et du mouvement.

Schéma de principes

O.i.

O.s.

O.i.

O.e.

O.e.: organe d'entrée
O.i.: organe intermédiaire
O.s.: organe de sortie

Schéma de construction

Le schéma de construction illustre les différentes pièces de l'objet, les organes de liaison et d'assemblage. Il fournit aussi les détails liés à la fabrication de l'objet.

Le schéma de construction est plus précis que le schéma de principes et peut illustrer plusieurs vues de l'objet. Il n'est pas nécessairement à l'échelle, mais respecte les proportions de l'objet. Il peut être global, c'est-à-dire représenter l'objet au complet, ou être partiel, c'est-à-dire représenter une partie de l'objet.

Schéma de construction

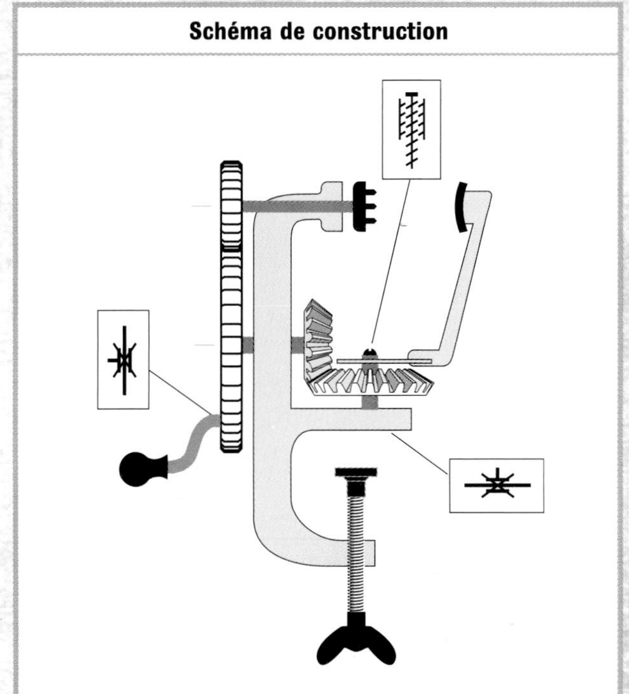

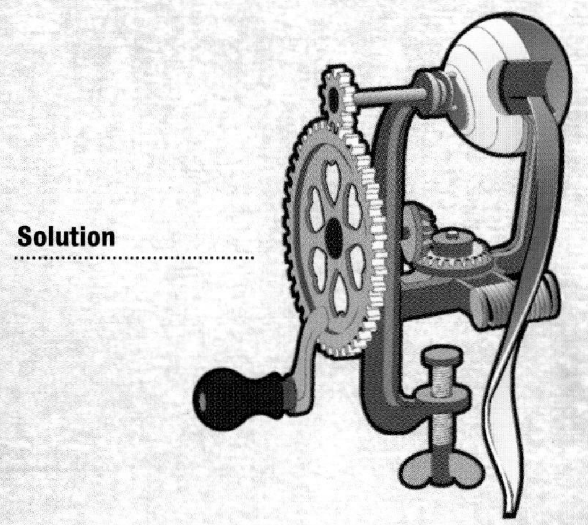

Solution

Le remue-méninges

Le remue-méninges est une technique très efficace pour trouver des pistes de solution à un problème. Le remue-méninges peut être fait individuellement, mais il donne des résultats plus riches en groupe.

Dans un premier temps, il s'agit de laisser libre cours à l'**imagination** pour recueillir un maximum d'idées. Ensuite, les idées sont classées selon une **logique**. Voici une description des quatre phases d'un remue-méninges.

Remue-méninges collectif

Préparer l'échange d'idées

- Rassemble un groupe de personnes d'expériences et de goûts différents.
- Assure-toi que tous comprennent le problème à résoudre.
- Détermine la durée de l'échange d'idées.
- Procure-toi des autocollants ou de petites fiches de carton pour noter séparément les idées. Tu peux aussi les inscrire dans un tableau.
- Désigne un ou une secrétaire qui prendra en note les idées proposées.

Participer à l'échange d'idées

- Considère l'échange comme un jeu de création.
- Propose le plus d'idées possible.
- Abstiens-toi de critiquer les idées des autres, car toutes les idées sont acceptées à cette étape, même les plus farfelues.
- Essaie de trouver d'autres idées à partir de celles proposées ou à partir de questions comme *Qui?*, *Quoi?*, *Comment?*, *Où?*.

Organiser les idées recueillies

- Élimine les idées impossibles, trop compliquées ou celles qui se répètent.
- Dégage les idées qui se ressemblent ou qui touchent un même point et regroupe-les sous un même titre.
- Reprends ces groupes d'idées et fais des catégories d'idées plus petites (du général au particulier).

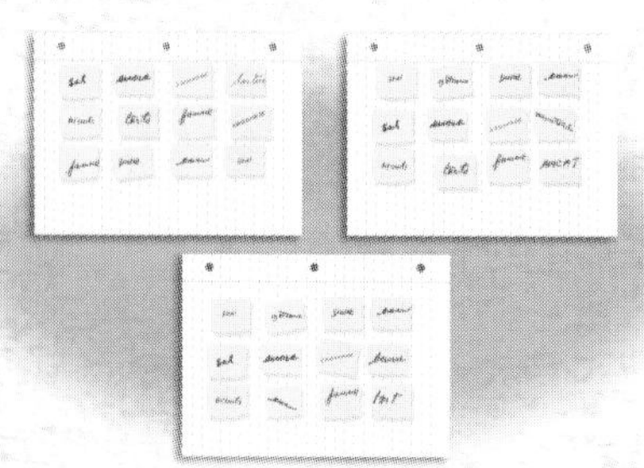

Choisir une piste de solution

- Fais des liens entre les idées pour dégager différentes pistes de solution.
- Assure-toi que tous sont d'accord sur la meilleure piste de solution.
- Représente graphiquement la solution.

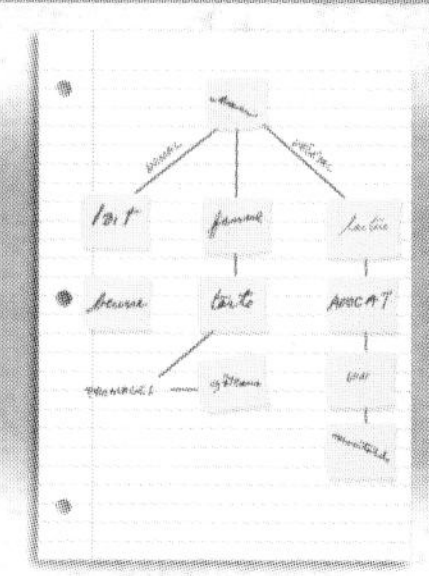

Représenter graphiquement des idées

Il est important et utile de savoir représenter graphiquement des faits, des idées et des systèmes. Cela permet de synthétiser une description détaillée, de mieux comprendre un système complexe, de planifier une tâche ou de communiquer des idées.

Il y a plusieurs façons de représenter graphiquement des idées. En voici quelques-unes.

Type de représentation — Utilités

Liste numérotée

1. ______
2. ______
3. ______

1. ______
   - 1.1. ______
   - 1.2. ______
     - 1.2.1. ______

- ➜ Séparer les informations en idées principales et en idées secondaires
- ➜ Faire le plan d'une production orale ou écrite

Chaîne

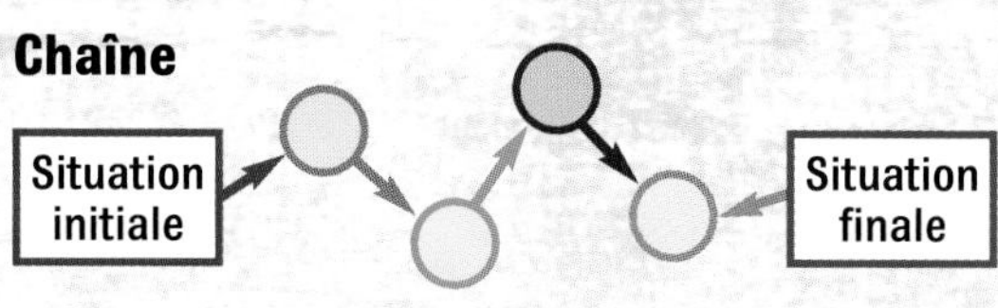

- ➜ Illustrer une manipulation, une technique ou un procédé industriel
- ➜ Illustrer les effets d'un changement, d'un événement, d'un phénomène

Équation

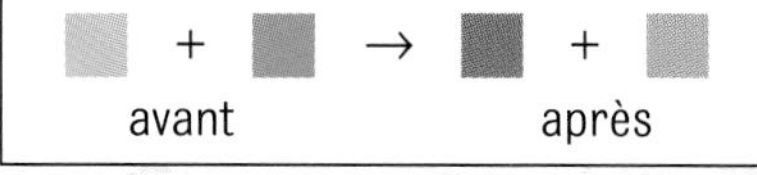

- ➜ Illustrer un **changement physique** ou un **changement chimique**
- ➜ Représenter les intrants et les extrants d'un système

Tableau

	Nom 1	Nom 2
Caractéristique 1		
Caractéristique 2		
Caractéristique 3		

- ➜ Comparer facilement des données
- ➜ Prendre note d'observations et de mesures
- ➜ Communiquer plusieurs propriétés d'un phénomène qui change
- ➜ Décrire plusieurs situations selon des critères déterminés
- ➜ Donner le plus d'information possible en peu d'espace

Réseau ou organigramme

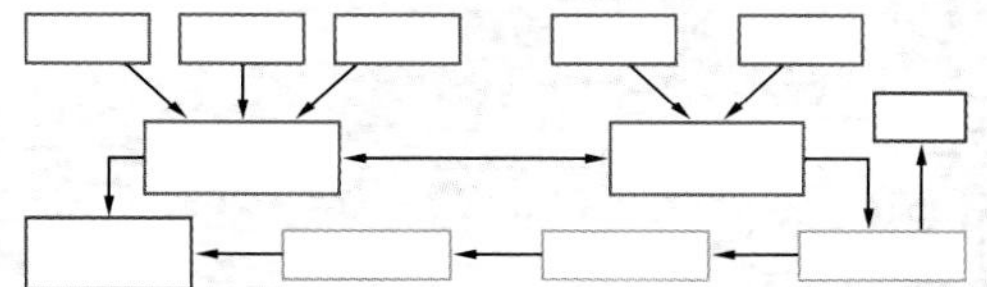

- ➜ Décrire un phénomène, une idée, une explication en faisant ressortir les liens entre certains éléments
- ➜ Montrer les liens possibles entre les différents éléments d'un système

Diagrammes

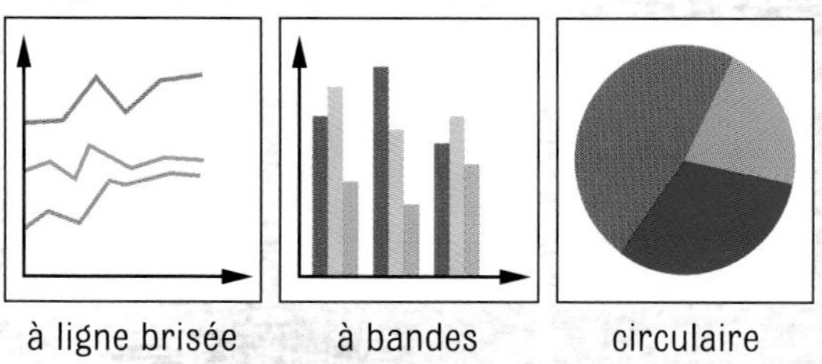

à ligne brisée — à bandes — circulaire

- ➜ Illustrer une relation entre deux mesures prises sur un même phénomène qui change
- ➜ Visualiser une mesure prise sur différents phénomènes
- ➜ Illustrer la composition d'un ensemble dont les éléments peuvent être dénombrés

Diagramme de Venn

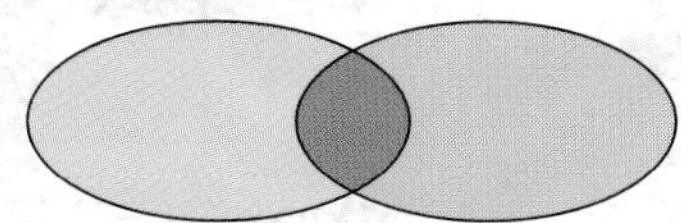

- ➜ Séparer des caractéristiques en caractéristiques communes à deux situations et caractéristiques propres à chacune
- ➜ Illustrer l'effet combiné de deux phénomènes

Le réseau de concepts

Un réseau est un ensemble d'éléments interconnectés. Un concept, c'est une idée, un élément d'information. C'est donc dire qu'un réseau de concepts représente des idées qui sont interconnectées. Il montre des **liens** logiques entre des idées.

La technique pour faire un réseau de concepts permet de manipuler des idées et de mieux comprendre un texte pour en retenir l'essentiel. Comme le **schéma** qui en résulte illustre une façon personnelle de visualiser des idées et des concepts, il est normal que deux personnes arrivent à deux réseaux de concepts différents pour représenter un même texte.

Un réseau se consulte, se corrige, s'enrichit, se modifie.

Comment faire un réseau de concepts pour représenter le contenu d'un texte

Les informations à représenter

- Relève les informations qui te semblent importantes. Note-les sur une feuille ou, si tu disposes d'une copie du texte, entoure-les. Généralement, un paragraphe contient une idée principale et les idées secondaires qui en découlent.

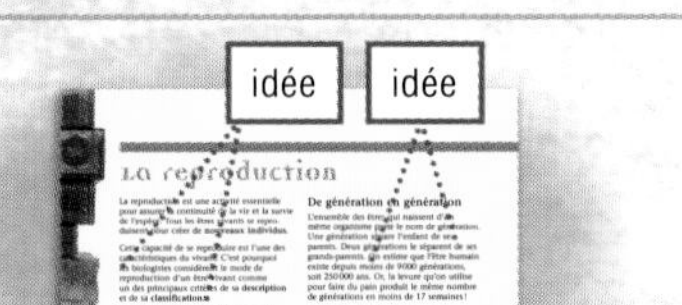

- Résume chaque élément d'information que tu as relevé par un mot ou un groupe de mots.
- Note-les séparément sur des autocollants. Ceci constitue une liste d'idées à organiser.

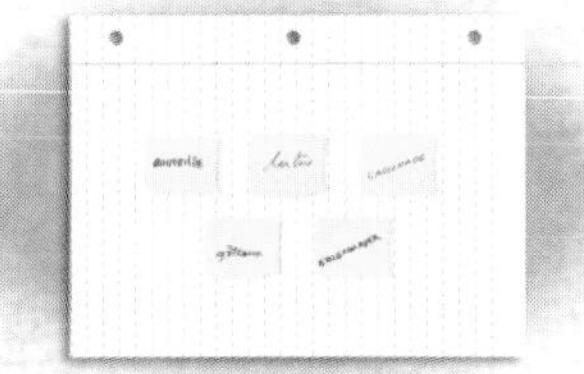

- Selon que tu veux produire un réseau en forme d'arbre ou de toile, place le sujet principal en bordure de la feuille ou au centre de la feuille.

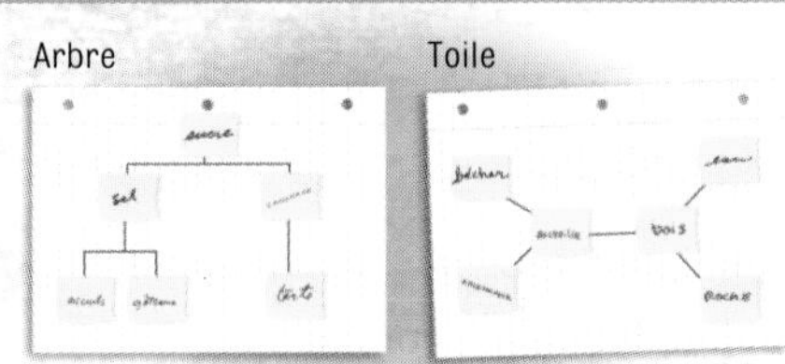

- Fais des catégories avec les idées que tu as notées sur des autocollants. Pour y arriver, classe-les en idées principales et secondaires.
- Dispose les idées secondaires autour des idées principales.
- Relie ces idées par des lignes.

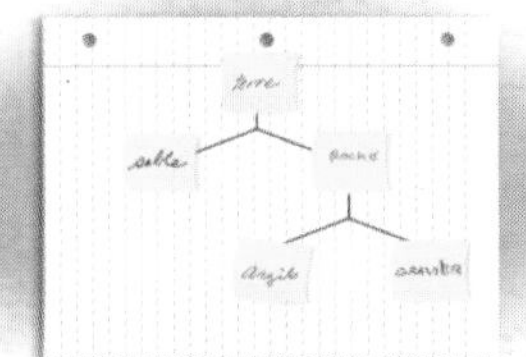

- Montre les liens logiques entre les idées à l'aide de flèches. Les flèches vont de l'idée la plus générale vers les plus précises. Lorsque plusieurs idées secondaires découlent d'une même idée principale, les flèches se rejoignent en un point appelé *nœud*.
- Précise le lien qui unit deux idées en notant un verbe sur la flèche.
- Reproduis sur une autre feuille la structure que tu as réalisée.

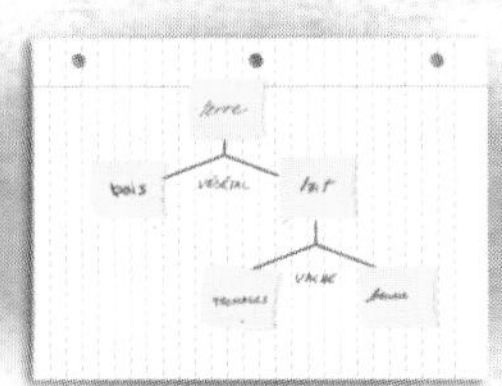

Le microscope

Le microscope est un instrument dont la fonction est de fournir une image agrandie d'un **échantillon**. Il est composé de deux systèmes : un **système** optique, qui agit sur la lumière, et une partie mécanique, qui permet le mouvement des lentilles.

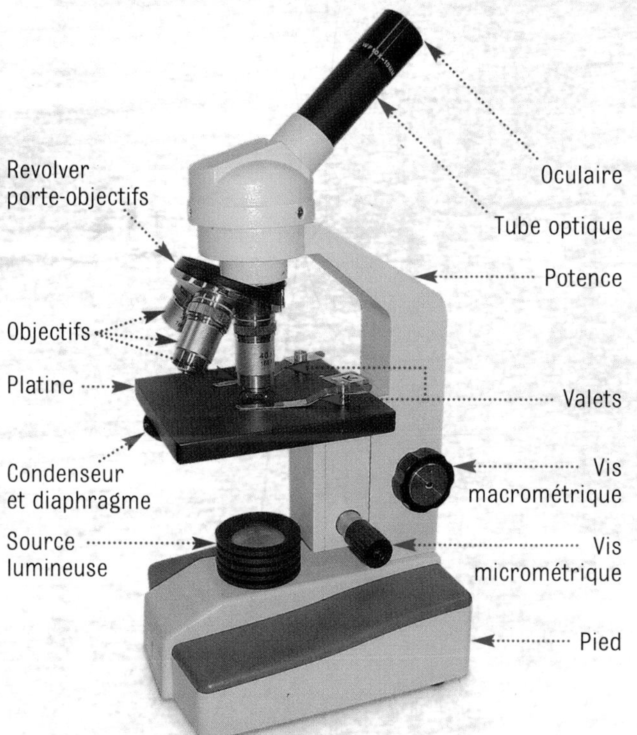

Le système optique

Oculaire : L'oculaire est le système de lentilles près duquel on place l'œil. Il a généralement un pouvoir grossissant de 10×.

Objectifs : L'objectif est un système de lentilles qui se trouve près du spécimen à observer. Généralement, un microscope est muni de trois objectifs qui produisent des grossissements différents (4×, 10× et 40×).

Le grossissement d'un échantillon observé à travers un microscope se calcule en multipliant la valeur gravée sur l'objectif utilisé par la valeur du grossissement de l'oculaire.

Grossissement total = grossissement de l'oculaire × grossissement de l'objectif

Condenseur : Le condenseur est le système de lentilles placé sous la platine. Il sert à concentrer la lumière sur le spécimen. Un diaphragme permet de modifier l'intensité de la lumière.

Source lumineuse : La source de lumière est généralement une puissante ampoule.

La partie mécanique

Pied : Le pied est la partie qui repose sur la table. Il assure la stabilité du microscope.

Potence : La potence est la pièce verticale, fixée au pied, qui relie les diverses composantes. Elle sert aussi de poignée pour transporter l'appareil.

Le tube optique : Le tube optique est le tube cylindrique qui contient les lentilles formant l'oculaire.

Revolver porte-objectifs : Le revolver est la pièce rotative portant les objectifs.

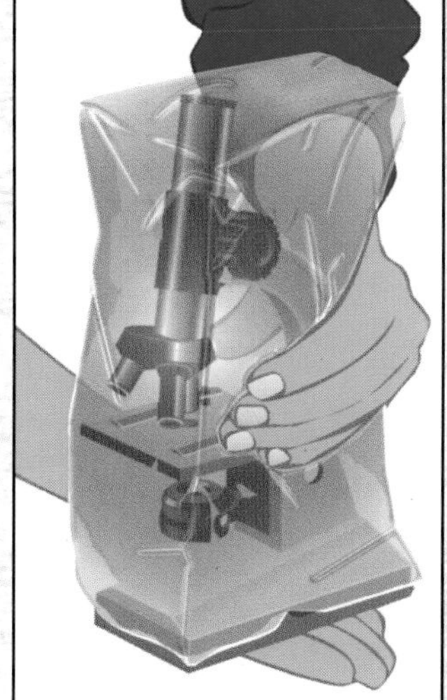

Platine : La platine est la surface plane sur laquelle on dépose la préparation microscopique. Deux valets métalliques servent à maintenir la lame en place, au-dessus du trou.

Vis macrométrique : La vis macrométrique permet le déplacement rapide du tube optique ou de la platine (ajustement grossier).

Vis micrométrique : La vis micrométrique permet un déplacement précis du tube optique ou de la platine (ajustement fin). Combinée à la vis macrométrique, elle sert à faire la mise au point sur l'échantillon observé.

Montage d'une préparation microscopique

Montage de la préparation

1. Manipule la lame et la lamelle en les tenant par les bords, pour qu'elles restent propres.
2. Si l'**échantillon** est solide, coupes-en une tranche très mince.
3. Étale le spécimen à plat sur la lame à l'aide d'une pince ou d'un compte-gouttes.
4. Laisse tomber une goutte d'eau sur le spécimen.
5. Dépose la lamelle sur la lame à un angle de 45 degrés, puis laisse-la tomber délicatement. Autrement, tu emprisonneras des bulles d'air. La lamelle sert à réduire le mouvement de la préparation et à protéger l'objectif.
6. S'il y a lieu, absorbe l'excédent d'eau à l'aide d'un papier buvard.

lamelle

lame

Conseils

- La lamelle est fragile; manipule-la avec soin pour ne pas la casser.
- Pour faire une bonne préparation microscopique, ton échantillon doit être mince, correctement étalé et couvert de liquide sous toute l'étendue de la lamelle, qui doit être bien à l'horizontale.
- Pour observer des cellules, humidifie plutôt ta préparation avec une solution diluée de colorant (iode, bleu de méthylène, rouge neutre).
- En cas de formation de bulles d'air entre la lame et la lamelle, ce qui gêne l'observation au microscope, fais éclater les bulles en appuyant légèrement sur la lamelle avec la pointe d'un crayon.

Centrage et mise au point

1. Éloigne la platine de l'objectif.
2. Dépose ta préparation sur la platine et centre-la.
3. Coince la préparation entre les valets.
4. Place l'objectif de faible grossissement (4×) en position.
5. À l'aide de la vis macrométrique, rapproche l'objectif le plus près possible de la préparation.
6. En regardant par l'oculaire, manipule délicatement la vis macrométrique pour obtenir une image plus ou moins nette.
7. Règle la luminosité avec le diaphragme.
8. Centre l'objet de ton observation avec les doigts si nécessaire.
9. Pour un grossissement plus grand, change l'objectif en tournant le revolver porte-objectifs et refais les étapes 5 à 8.
10. Termine ta mise au point au moyen de la vis micrométrique.

Conseils

Pour bien réussir ton observation, assure-toi que...

- l'intensité lumineuse est bonne : ni trop faible, ni trop forte ;
- la mise au point est bien réglée : l'image est nette ;
- le grossissement est adapté à l'objet observé ;
- la zone que tu veux observer est centrée dans le champ d'observation.

Schématiser des êtres microscopiques

Le schéma est une représentation simplifiée des caractéristiques observables d'un être (**organisme**) ou d'un objet. On l'utilise pour :

- ✔ illustrer la structure de l'être ou de l'objet;
- ✔ identifier les composantes visibles de l'être ou de l'objet;
- ✔ donner des informations sur les dimensions de l'être ou de l'objet.

Un schéma doit être délimité par un cercle

- → Utilise un compas pour tracer un cercle. Ce cercle délimite le champ de vision donné par l'oculaire. Il a généralement un rayon de 25 mm ou de 50 mm.

Un schéma doit être clair et précis

- → Utilise un crayon à mine bien taillé.
- → Sers-toi d'une règle pour faire des lignes droites.
- → Ébauche ton dessin à l'aide d'un tracé fin.
- → Évite d'ajouter des ombres aux structures.

Un schéma doit représenter seulement ce que tu vois

- → Dessine seulement ce que tu vois et rien de plus.
- → Dessine les structures selon les proportions dans lesquelles tu les perçois dans le champ de vision, sans les grossir.
- → Il n'est pas nécessaire de remplir le champ de vision. S'il y a de nombreux organismes, dessines-en seulement quelques-uns. S'il y a des déchets, des bulles, des taches ou d'autres structures peu importantes, ne les représente pas. Tous les êtres et toutes les structures n'ont pas à être schématisés.

Un schéma doit être identifié

- → Dans le coin supérieur gauche, écris le nom de l'**échantillon** (habituellement le nom de l'être ou de l'objet).
- → Dans le coin supérieur droit, indique le grossissement (40×, 100×, 200×, etc.).
- → Identifie les différentes composantes.

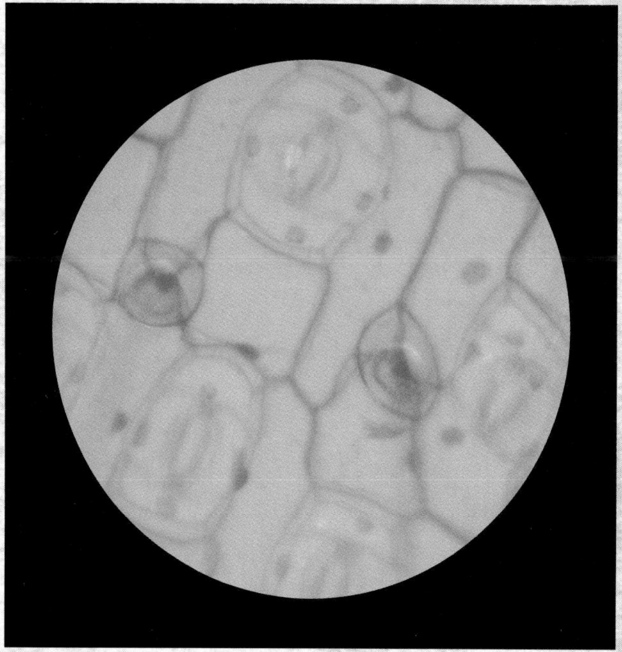

Cellules d'une feuille

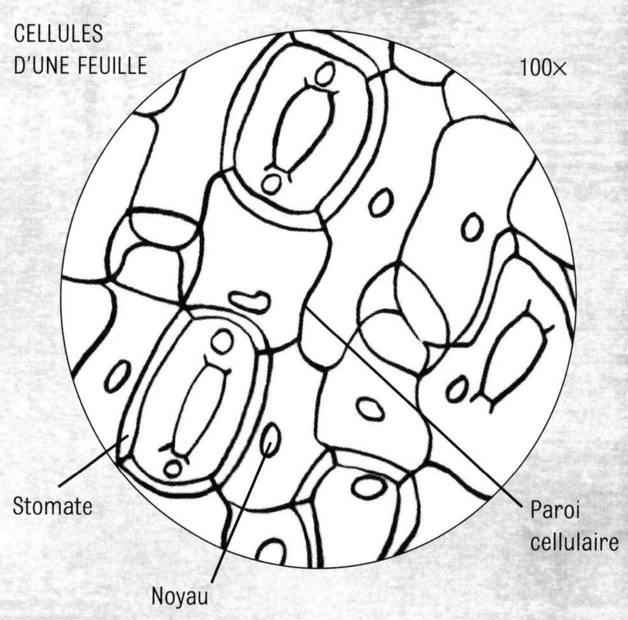

Schéma du spécimen avec identification

Matériel et instruments de laboratoire

Voici le matériel de laboratoire le plus utilisé en classe de science et technologie.

Erlenmeyer et pince

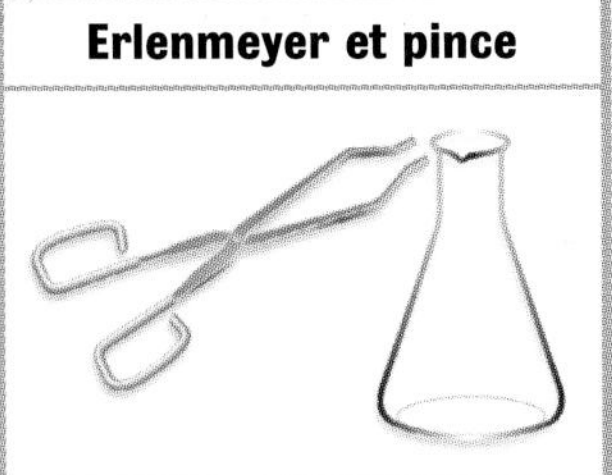

Plat de Pétri

Creuset et cristallisoir

Support universel et pinces

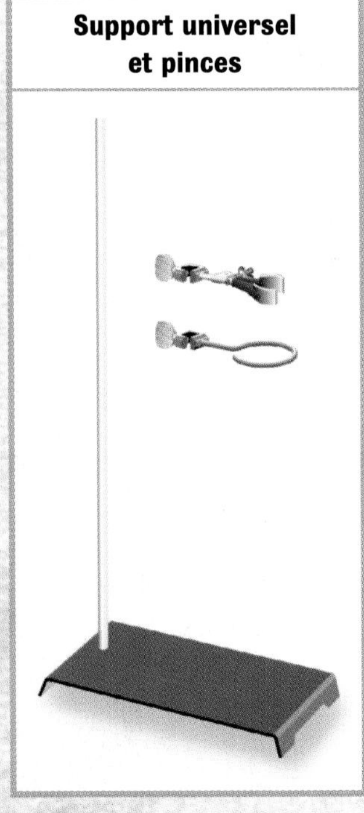

Éprouvette, pince et support

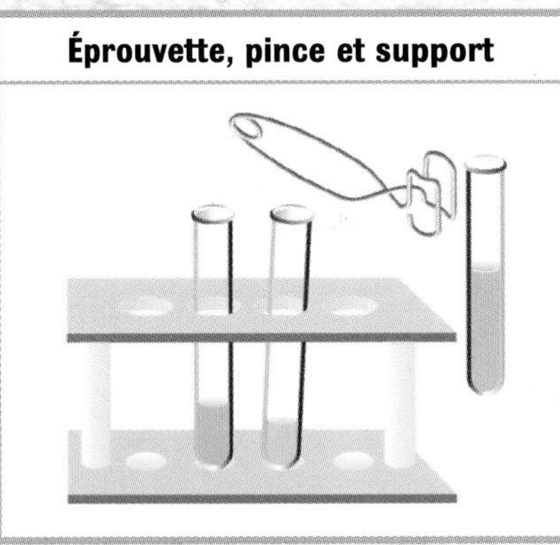

Pipette graduée

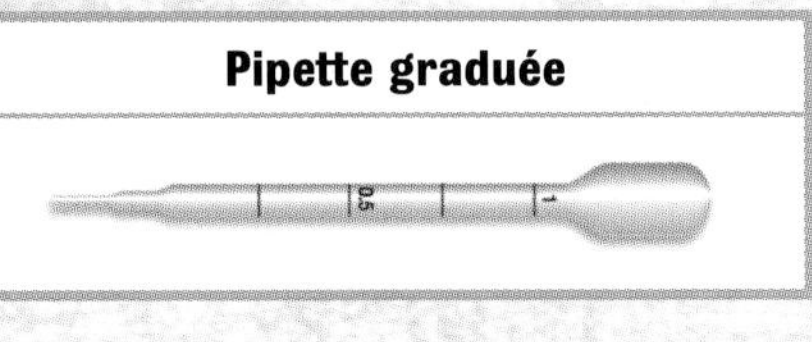

Compte-gouttes et spatules

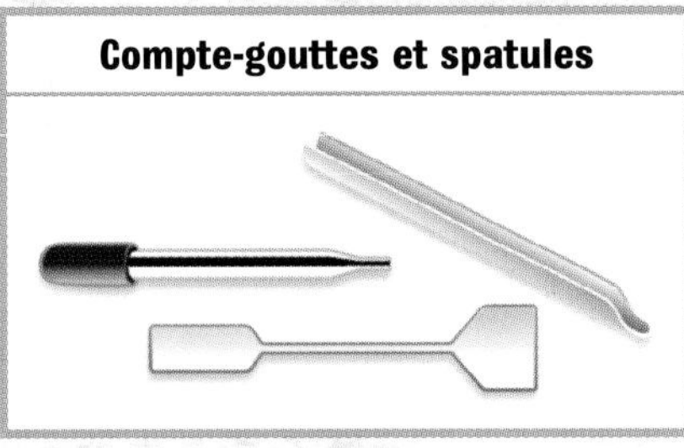

Scalpel, pince et ciseaux à dissection

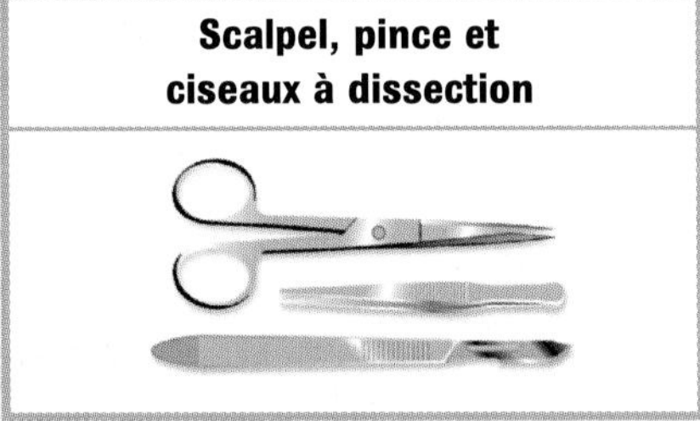

Papier filtre et tamis

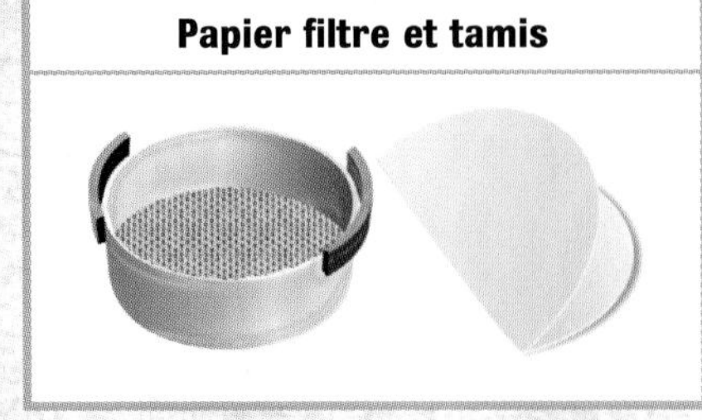

Thermomètre

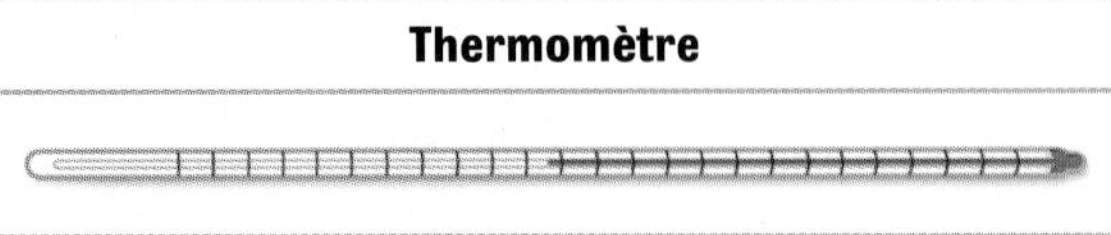

Bécher, pince et agitateur

Bouchons et tubes de verre

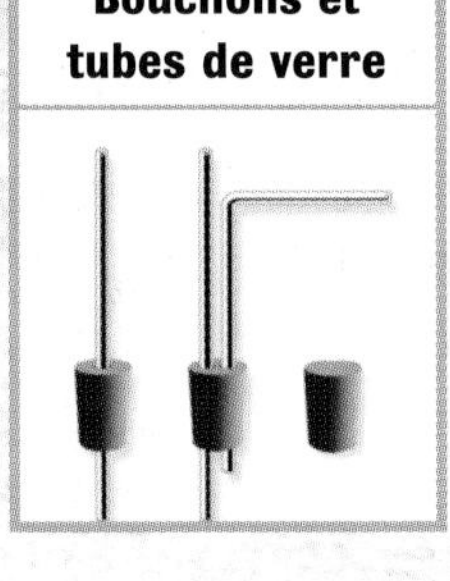

Mortier et pilon

Plaque chauffante

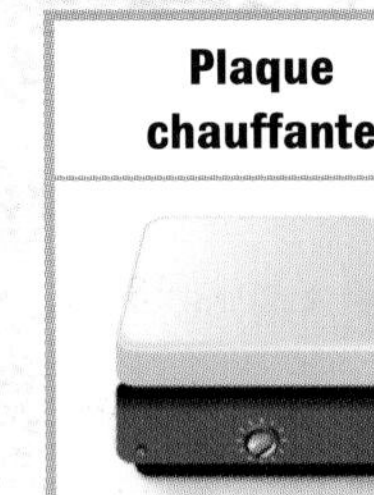

Loupe

Cylindre gradué

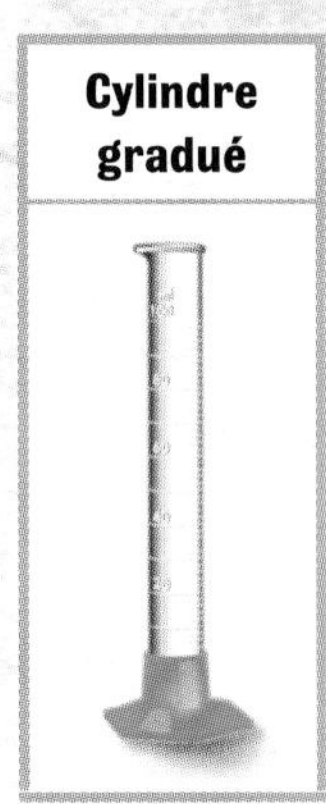

Pissette

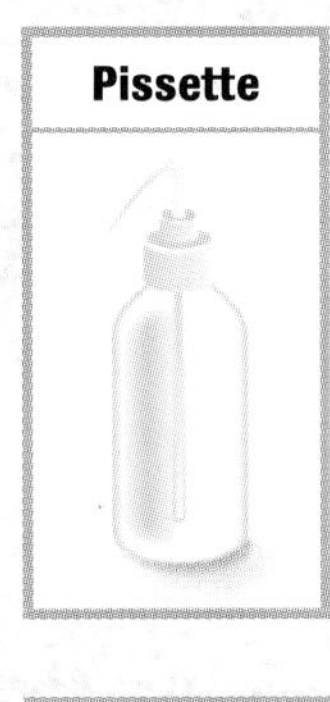

Entonnoir

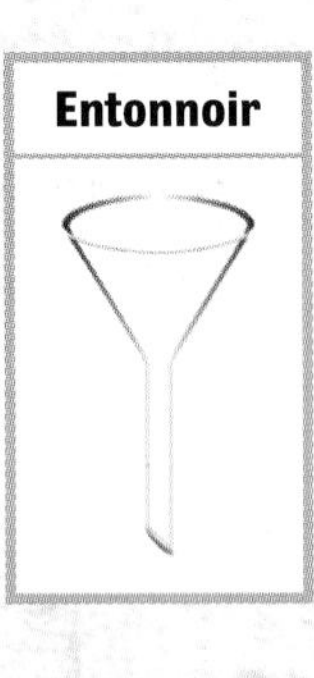

Mesurer

Mesurer, c'est évaluer avec une certaine précision une grandeur par rapport à une grandeur de référence.

- Une mesure est toujours composée d'un nombre et d'une unité (10 mètres, 15 kilogrammes, 2 secondes).
- L'unité peut être écrite au long ou représentée par son symbole.
- Une mesure présente toujours un certain degré d'incertitude.

Mesure	Unité de base	Symbole de l'unité
Longueur (L)	mètre	m
Volume (V)	litre	L
Masse (m)	gramme	g
Température (T)	degré Celsius	°C

Le système international d'unités (SI)

Tous les scientifiques de la planète utilisent le système international d'unités, car ce système offre une solution pratique à la transformation des différentes mesures. On utilise des préfixes pour représenter des multiples et sous-multiples de l'unité de base. Par exemple, on joint le préfixe **milli** au mot **litre** (nom de l'unité) pour faire **millilitre**, dont le symbole est **mL** ou **ml**.

Principaux multiples et sous-multiples des unités SI.

kilo (k)	hecto (h)	déca (da)	—	déci (d)	centi (c)	milli (m)
Un millier de...	Une centaine de...	Une dizaine de...	Un...	Un dixième de...	Un centième de...	Un millième de...
1000	100	10	1	0,1	0,01	0,001
10^3	10^2	10^1	10^0	10^{-1}	10^{-2}	10^{-3}

Il y a même des unités pour les «mesures extrêmes»!

Préfixe	Symbole	Forme standard	Multiplicateur	Puissance de 10
giga	G	1 000 000 000	un milliard	10^9
méga	M	1 000 000	un million	10^6
micro	µ	0,000 001	un millionième	$10^{-6} = 1/1\,000\,000$

Mesurer des longueurs

Le mot *longueur* (L) est le terme généralement utilisé pour décrire l'étendue ou la distance entre deux points. La longueur, la largeur, la hauteur, etc., sont des longueurs.

- L'unité de base SI pour les longueurs est le mètre (m).
- En **science**, on utilise couramment le centimètre (cm) et le millimètre (mm).
- En **technologie**, on utilise le millimètre (mm). À l'occasion, pour mesurer la longueur des planches de bois, on utilise plutôt des unités du système anglo-saxon: le pouce (″) et le pied (′).
- Pour mesurer les longueurs, on se sert généralement d'une règle graduée, mais aussi d'un mètre à ruban, d'un podomètre, etc.

Longueur
Épaisseur
Largeur
Hauteur
Profondeur
Largeur

Longueur (L)	Généralement, la plus grande dimension d'une surface.
Largeur (l)	La plus petite dimension d'une surface ou dimension horizontale.
Épaisseur	Généralement, l'étendue entre les deux plus grandes surfaces.
Profondeur	Mesure de l'éloignement entre le fond et le dessus ou entre l'ouverture et le fond.
Hauteur (h)	Mesure verticale d'un corps de bas en haut.
Distance (d)	Mesure de l'étendue physique séparant deux points. Une distance peut être courbe.

Instruments de mesure des longueurs

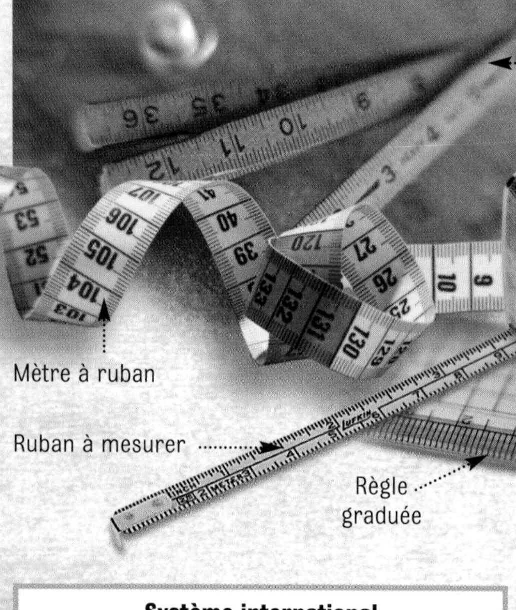

Corde

Podomètre

Système international	
centimètre (cm)	**mètre (m)**
1 cm	0,01 m
100 cm	1 m

Conversion de mesures	
Système international	**Système anglo-saxon**
1 cm	0,39″
1 m	3,3′
2,5 cm	1″
30,5 cm	1′

Mesurer des volumes

Le mot *volume* (V) est le terme utilisé pour décrire l'espace occupé par un corps ou la capacité d'un contenant. L'unité de mesure SI de volume est le mètre cube (m^3). Tu utiliseras généralement en classe le centimètre cube (cm^3). Pour des volumes de liquide, l'unité usuelle est le litre (l ou L). Tu utiliseras généralement en classe le millilitre (ml ou mL).

Calculer le volume d'un solide

Dans le cas d'un cube et d'un prisme rectangulaire, il suffit de mesurer à l'aide d'une règle la longueur, la largeur et la hauteur de l'objet, puis de les multiplier.

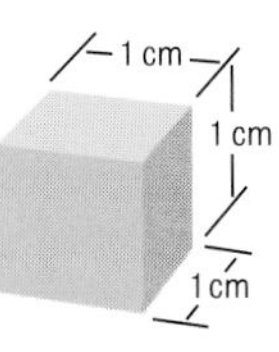

$$\begin{aligned} \text{Volume} &= \text{longueur} \times \text{largeur} \times \text{hauteur} \\ &= 1\ \text{cm} \times 1\ \text{cm} \times 1\ \text{cm} \\ &= 1\ \text{cm}^3 \end{aligned}$$

Mesurer le volume d'un liquide

Pour mesurer précisément des volumes de liquide, on utilise un cylindre gradué ou une pipette.

Par convention, il faut lire la mesure au bas du ménisque. Sur l'image ci-contre, le volume est de 16,5 mL et non de 17,5 mL.

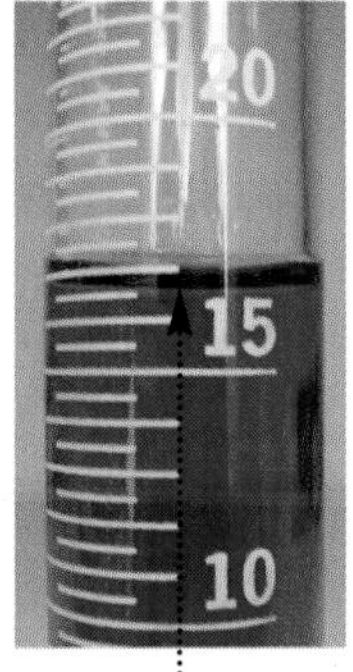

Ménisque

Mesurer le volume d'un solide

Matériel

- Vase à trop-plein
- Eau
- Bécher
- Cylindre gradué

Manipulation

1. Bouche le bec du vase à trop-plein avec ton doigt.
2. Remplis d'eau le vase à trop-plein, jusqu'à ce que le niveau d'eau soit au-dessus de l'ouverture du bec.
3. Enlève ton doigt et laisse le trop-plein d'eau couler dans un bécher.
4. Place un cylindre gradué au-dessous du bec, puis dépose délicatement un objet dans l'eau.
5. Lis le volume de l'eau qui a coulé dans le cylindre gradué. Cela correspond au volume de l'objet.

Note : Pour augmenter la précision de la mesure, attache l'objet à une ficelle. Si l'objet flotte, utilise une tige pour l'immerger.

Mesurer des masses

Le mot *masse* (m) est le terme utilisé pour décrire la quantité de **matière** contenue dans un corps. L'unité de mesure SI de la masse est le kilogramme (kg), qui correspond à mille grammes. Tu utiliseras généralement en classe le gramme (g) ou le milligramme (mg).

Utiliser une balance à fléau

1. Transporte la balance en la soutenant d'une main et empêche le fléau de balancer à l'aide de l'autre main.
2. Assure-toi que les curseurs sont à la position de départ et que le fléau est à l'équilibre. Si le trait du fléau n'est pas aligné avec le trait de zéro du corps de la balance, tourne délicatement la vis d'ajustement. Pour faire baisser le fléau, on serre la vis; pour le faire monter, on la dévisse.

Mettre à zéro

3. Place l'objet sur le plateau.
4. Déplace les poids le long des fléaux. Commence par le poids le plus grand, celui des centaines, puis celui des dizaines. Assure-toi que ces poids sont bien ancrés dans les entailles des graduations.
5. Déplace le curseur des unités jusqu'à ce que l'équilibre soit atteint.
6. Calcule la masse en additionnant les lectures de centaines, de dizaines, d'unités et de la décimale de l'unité.

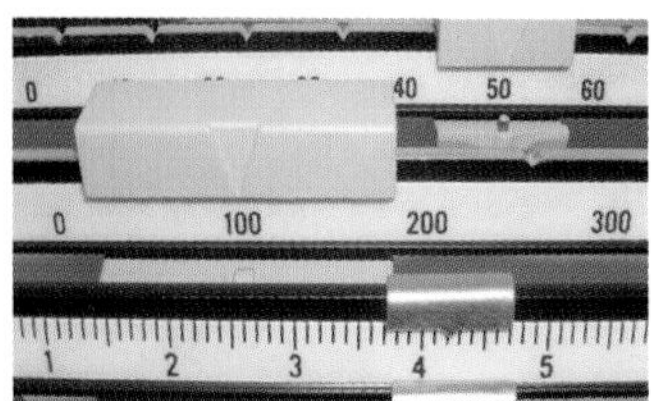

Une lecture de 154,2 g

7. Reprends l'objet et replace les curseurs à la position de départ.

Mesurer la masse d'un liquide

1. Mesure la masse du contenant vide.

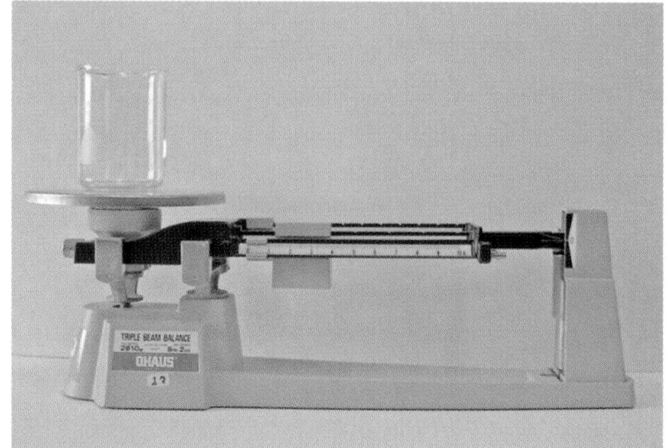

2. Mesure la masse du contenant avec le liquide.

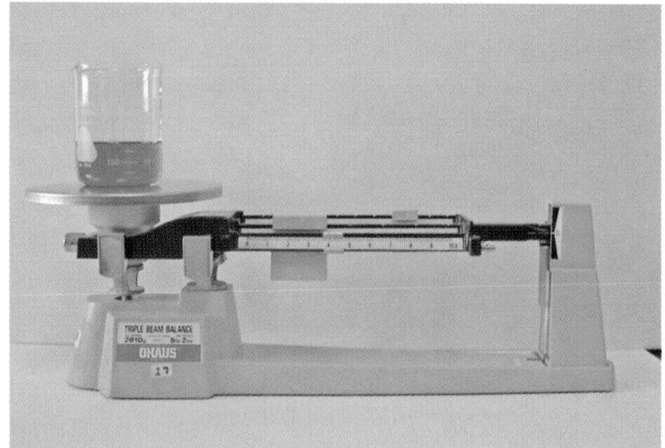

3. Calcule la masse du liquide.

	Masse du liquide dans le contenant
–	Masse du contenant (vide)
	Masse du liquide

Note : Tu peux utiliser cette méthode pour mesurer la masse d'une poudre.

Techniques de séparation des mélanges

Les humains ont appris à maîtriser et à raffiner des techniques pour extraire des matières premières de la nature. Ces techniques permettent de séparer les diverses substances d'un mélange sans modifier leur nature chimique.

Type de mélange	Caractéristiques des composantes	Exemple	Technique de séparation	Schéma
	Une des composantes est un liquide. L'autre composante est un solide dont les particules sont denses et se déposent au fond du contenant (sédimentation).	Eau et sable	Décantation	Transvasement Solide Liquide
	Une des deux composantes liquides flotte (surnage) sur l'autre.	Eau et huile		
Hétérogène	Les deux composantes sont solides ; l'une d'elles contient du fer ou du nickel.	Limaille de fer et sable	Séparation par magnétisme	
	Une des composantes est formée de grosses particules.	Sable et gravier	Tamisage et filtration	
	Une des composantes est formée de fines particules.	Eau et amidon		1. 2. 3. 4.
Homogène	Une des composantes s'évapore à une température plus basse que l'autre.	Eau et sel	Évaporation	

Présenter ses résultats

Les tableaux et les diagrammes sont des outils utilisés en science pour présenter graphiquement des résultats. On a recours au tableau pour noter et présenter les mesures prises lors d'une investigation. On présente ces mesures dans un diagramme pour aider à l'analyse des résultats. Ces outils sont faits selon des règles et des conventions qui permettent une interprétation plus efficace des résultats d'une investigation.

Tableau de résultats

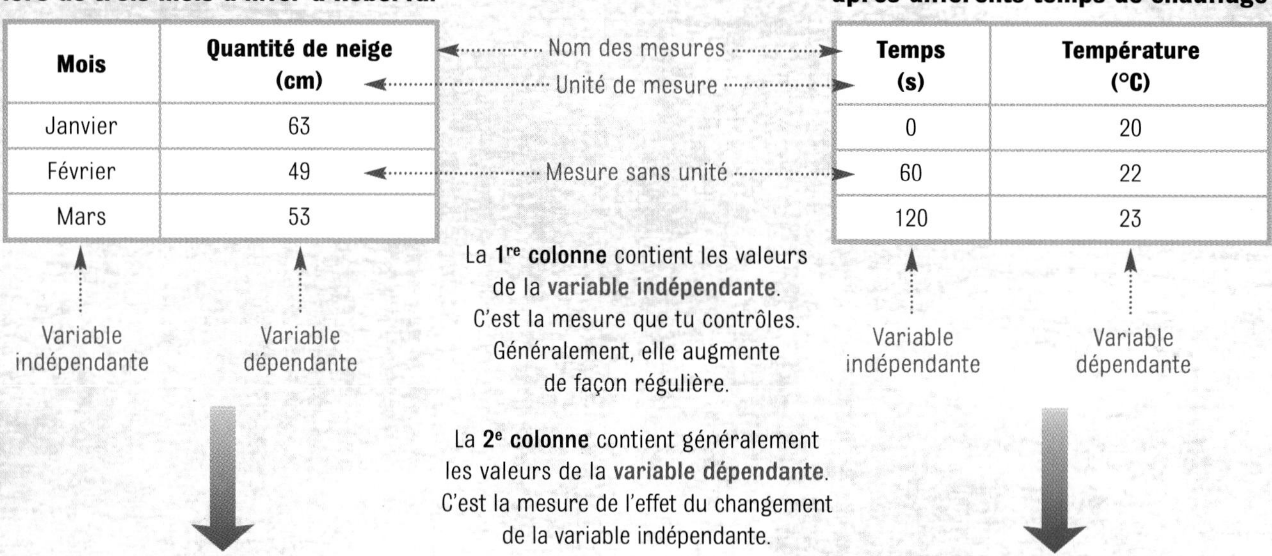

TABLEAU 1
Quantité de neige tombée au sol lors de trois mois d'hiver à Roberval

Mois	Quantité de neige (cm)
Janvier	63
Février	49
Mars	53

TABLEAU 2
Température d'un mélange après différents temps de chauffage

Temps (s)	Température (°C)
0	20
60	22
120	23

La **1re colonne** contient les valeurs de la **variable indépendante**. C'est la mesure que tu contrôles. Généralement, elle augmente de façon régulière.

La **2e colonne** contient généralement les valeurs de la **variable dépendante**. C'est la mesure de l'effet du changement de la variable indépendante.

Diagramme à bandes

Diagramme à lignes brisées

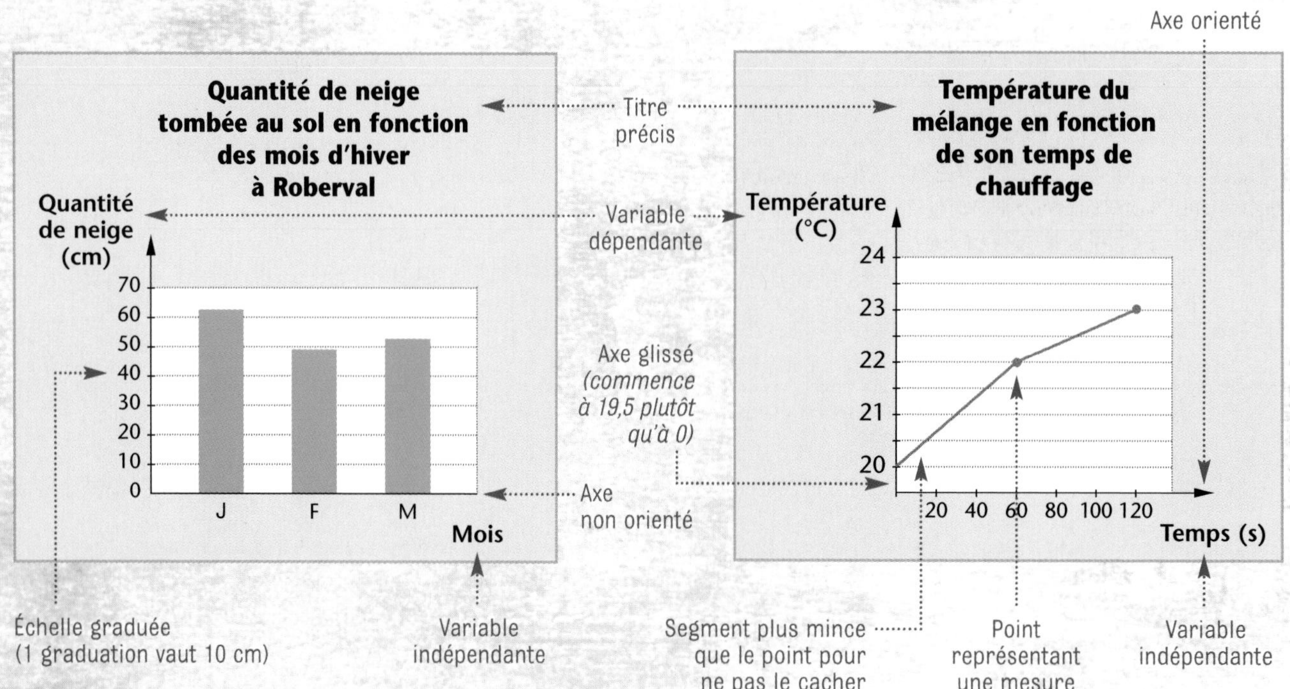

Comment faire un dessin

Voici l'essentiel de la démarche à suivre pour faire un dessin.

- Prévois la surface que ton dessin peut occuper. Cela te permettra de centrer ton dessin sur la feuille.
- Fais une ébauche de ton dessin avec un tracé fin (ligne de construction) pour être en mesure d'effacer facilement le surplus.
- Trace les traits principaux pour représenter le contour de l'objet.
- Retrace les contours de l'objet à l'aide des lignes appropriées.
- Efface les lignes supplémentaires et nettoie ton dessin.

Instruments à utiliser

Équerre 30-60°

Sert à tracer des angles de 30°, 60° et 90°.

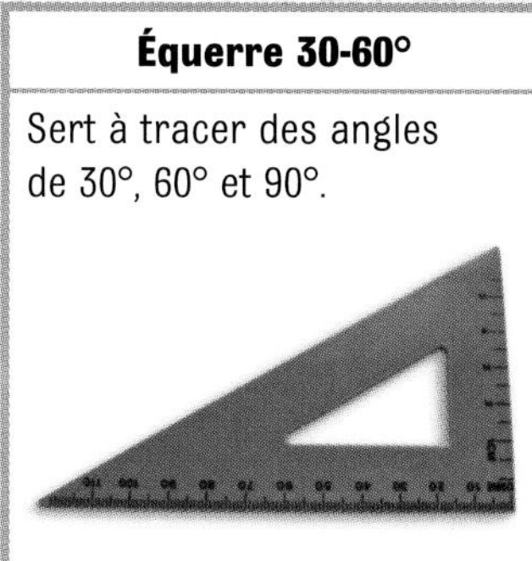

Équerre 45°

Sert à tracer des angles de 45° et 90°.

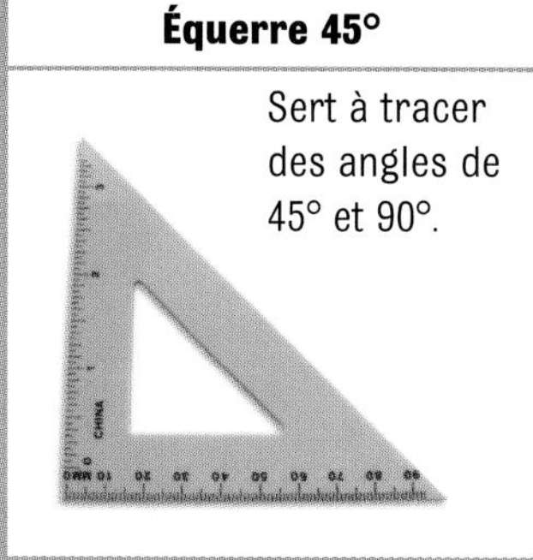

Règle

Sert à mesurer des longueurs

Rapporteur d'angle

Sert à mesurer des angles entre 0° et 180°.

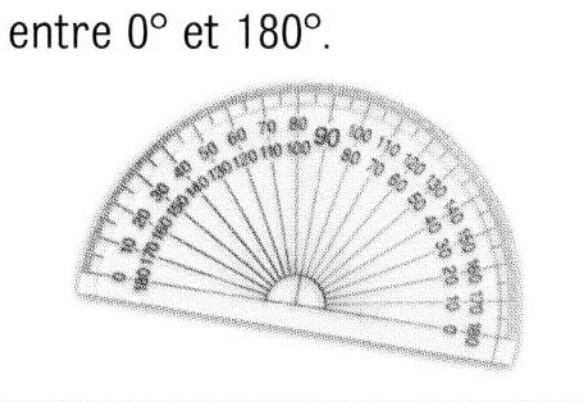

Compas

Sert à tracer des cercles et des arcs de cercle.

L'échelle du dessin

L'échelle est le rapport entre la dimension de la représentation d'un objet et la dimension de l'objet réel.

$$\text{Échelle} = \frac{\text{dimension sur le dessin}}{\text{dimension réelle}}$$

L'échelle permet de représenter un objet très grand sur une surface de dimension limitée, en réduisant ses dimensions réelles, ou de représenter un objet très petit en augmentant ses dimensions réelles. Dans les deux cas, la représentation respecte les proportions de l'objet réel.

Si on veut dessiner à l'échelle un objet dont la longueur est de 1000 mm, réduit de 10 fois, la constante de réduction sera de $\frac{1}{10}$. Cela signifie que la ligne de 1000 mm sera représentée sur le dessin par une ligne de 100 mm. Il en sera ainsi de toutes les autres dimensions de l'objet, qui seront divisées par 10.

$$\text{Échelle} = \frac{100}{1000} = \frac{1}{10} \text{ ou } 1:10$$

Échelle 1:4

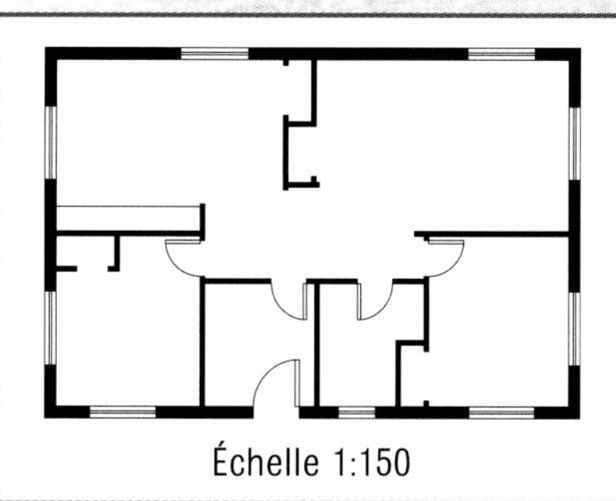

Échelle 1:150

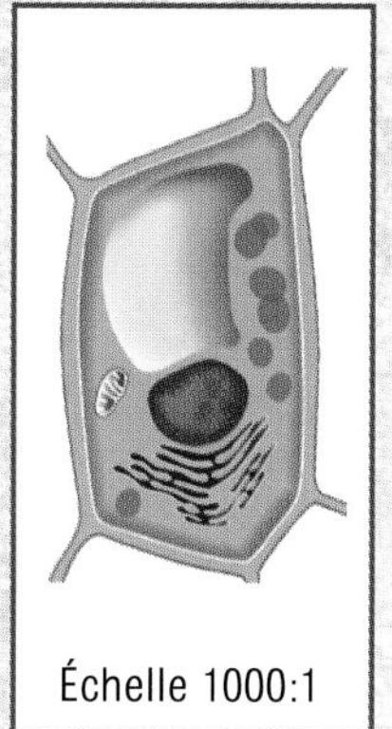

Échelle 1000:1

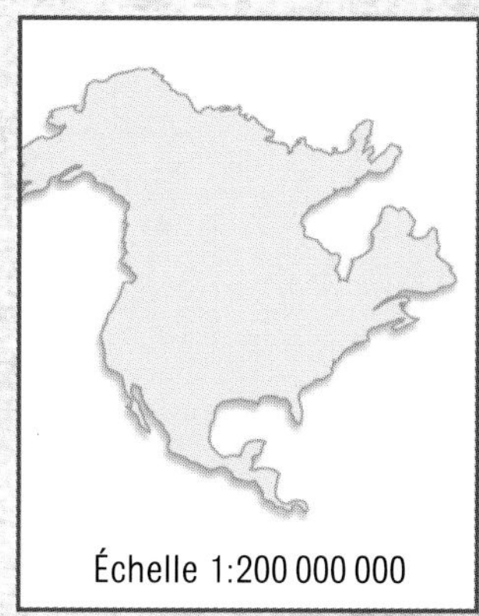

Échelle 1:200 000 000

Les tracés et les lignes

Un dessin, quel qu'il soit, est constitué du tracé (fin, moyen, fort, très fort) de plusieurs lignes qui se rencontrent pour donner l'expression finale désirée. Ces lignes sont droites ou courbes.

En dessin, on trace plusieurs types de lignes caractéristiques. Ces lignes, appelées *lignes conventionnelles*, ont été établies par convention internationale. Chacune de ces lignes a une application spécifique qu'il convient de respecter pour permettre l'interprétation du dessin.

Les différents tracés

On obtiendra le tracé voulu (de fin à très fort) soit en utilisant le type de crayon approprié, en misant sur l'affûtage de la mine ou encore en faisant varier la pression exercée sur le crayon.

	Tracé			
	Fin	**Moyen**	**Fort**	**Très fort**
Crayon à mine	Mine dure du type 4H	Mine moyenne du type 3H	Mine moyenne du type 2H	Mine moyenne du type F
Pointe de la mine	Pointe très fine	Pointe fine	Pointe fine	Pointe en tranche
Pression exercée sur le crayon	Faible pression	Moyenne pression	Pression forte	Pression très forte

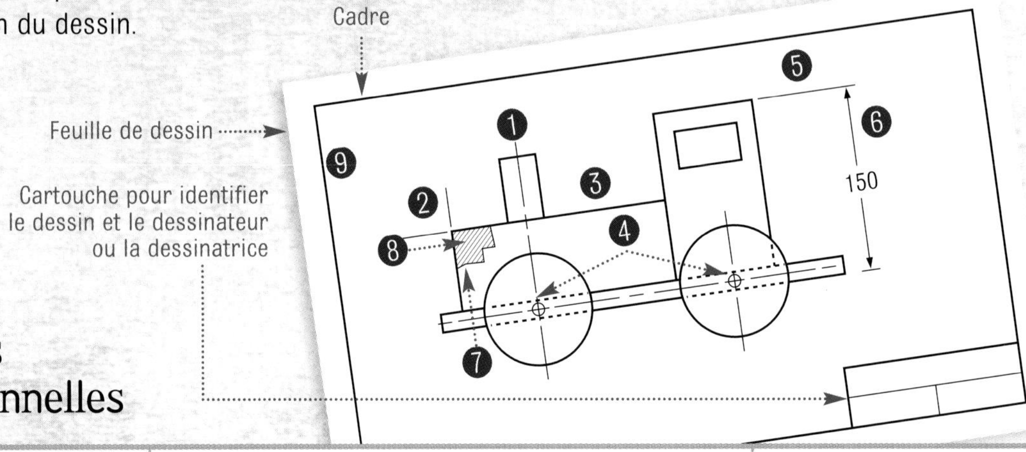

Les lignes conventionnelles

Type de ligne	Application	Type de tracé
❶ Ligne d'axe	Indique le centre de l'objet ou le centre des cercles	Tracé fin d'un trait long alternant avec un trait court
❷ Ligne de construction	Pour l'ébauche du dessin	Tracé fin continu
❸ Ligne de contour visible	Marque les contours visibles	Tracé fort continu
❹ Ligne de contour caché	Indique les contours invisibles ou cachés à l'intérieur de l'objet	Tracé moyen de petits traits égaux et continus
❺ Ligne d'attache	La ligne d'attache marque les limites de distance que la ligne de cote indique	Tracé fin (des flèches marquent chacune des extrémités de la ligne de cote)
❻ Ligne de cote	La ligne de cote indique la valeur réelle des dimensions	
❼ Ligne de brisure	Pour couper un dessin ou montrer une partie intérieure d'un objet	Tracé moyen à main levée
❽ Ligne hachurée	Indique une section coupée d'un objet	Tracé fin et oblique
❾ Ligne d'encadrement	Encadre le dessin sur la feuille et délimite le cartouche (zone où sont données les informations relatives au dessin: titre, date, numéro, nom de l'illustrateur ou de l'illustratrice, entreprise, etc.).	Tracé très fort

La perspective

Généralement, on voit les objets en trois dimensions, (longueur, profondeur et hauteur). La perspective est un dessin qui permet de se représenter cette réalité en transposant graphiquement sur une surface plane à deux dimensions ce que l'œil perçoit. On utilise la perspective pour avoir une vue d'ensemble de l'objet ou pour faire une vue éclatée de celui-ci. En voici deux exemples.

Perspective à un point de fuite

→ Trace la vue de face de l'objet.

→ Trace à une certaine distance une ligne d'horizon au-dessus de cette vue.

→ Place un point de fuite sur la ligne d'horizon.

→ Trace sur les lignes de fuite des points de repère (A, B, C) qui indiquent la profondeur de l'objet.

→ Complète ton dessin en traçant des lignes parallèles à la vue de face, reliant les points de repère.

→ Trace les côtés perpendiculaires à la vue de face en suivant les lignes de fuite.

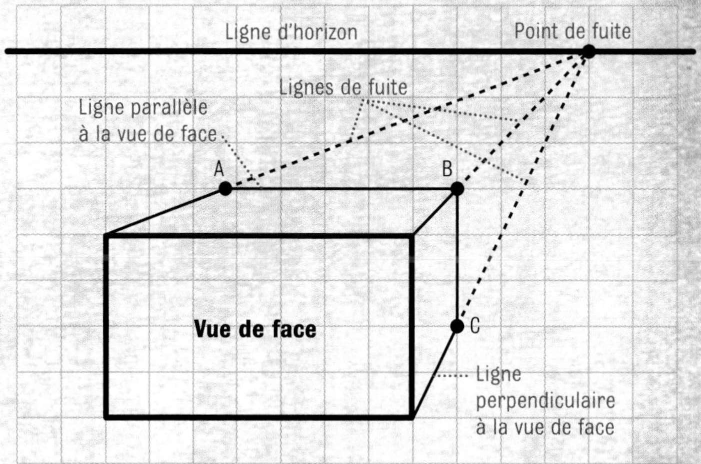

Perspective isométrique

Pour tracer un objet sans modifier ses dimensions réelles, comme c'est le cas avec les perspectives à points de fuite, on utilise la perspective isométrique. Cela donne une perspective idéalisée, car l'œil ne voit pas vraiment les objets de cette façon.

→ Trace une ligne horizontale en pointillés.

→ Trace trois lignes de construction (tracé fin) de longueurs indéfinies et qui se rencontrent à un même point sur la ligne horizontale. Deux de ces lignes (segments AC et AB) sont inclinées à 30° par rapport à la ligne horizontale (tu peux déposer une équerre à 30-60° sur la ligne horizontale). La troisième ligne (segment AD) doit être perpendiculaire à la ligne horizontale. Ces trois lignes formeront les **axes isométriques**.

→ À l'aide de points de repère, inscris sur ces lignes la longueur, la largeur et la hauteur réelles ou à l'échelle de l'objet.

→ À partir de ces points de repère, complète ton dessin en traçant à l'aide d'une équerre des lignes parallèles aux trois axes isométriques.

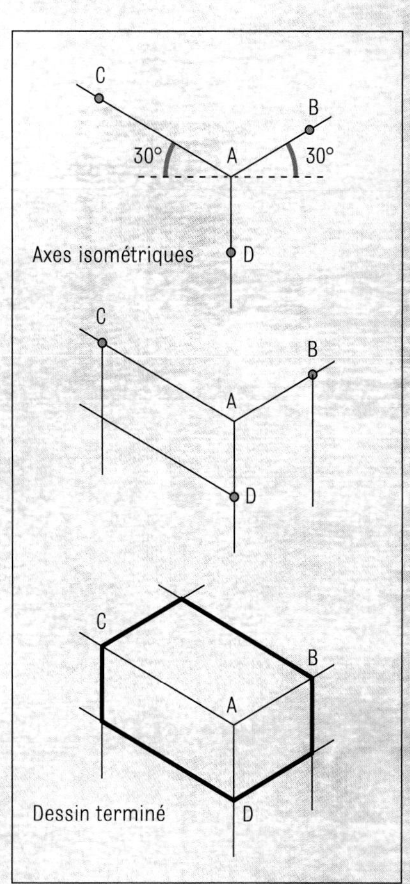

La projection orthogonale

Chaque objet, quel qu'il soit, a six vues, ou côtés. La projection orthogonale est un dessin qui représente en deux dimensions ces six côtés d'un objet.

Chaque vue est tracée en deux dimensions et à angle droit (90°) sur une surface plane appelée *plan de projection*.

En **technologie**, on utilise la projection orthogonale pour communiquer des informations relatives à la fabrication d'un objet. Ce type de dessin respecte des règles et des conventions internationales.

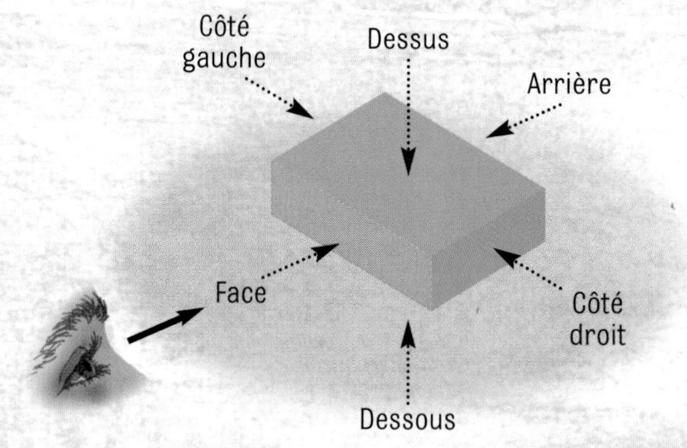

Représentation d'un objet selon la projection orthogonale

- Imagine l'objet comme s'il était à l'intérieur d'un cube transparent.
- Imagine que tu observes chacun des six côtés de l'objet à angle droit. Dans ce cas, la ligne invisible entre ton œil et l'objet est perpendiculaire à la surface du côté que tu observes.
- Projette la vue de chacun des côtés de l'objet que tu observes sur la surface plane correspondante du cube transparent.
- En ouvrant le cube transparent, tu obtiendras les six vues de l'objet sur six plans de projection.

  Selon les besoins, on peut représenter ces six vues ou se limiter aux trois vues principales de l'objet:

  - ✔ vue de face: représentant la longueur et la hauteur;
  - ✔ vue de côté: représentant la largeur et la hauteur;
  - ✔ vue de dessus: représentant la longueur et la largeur.

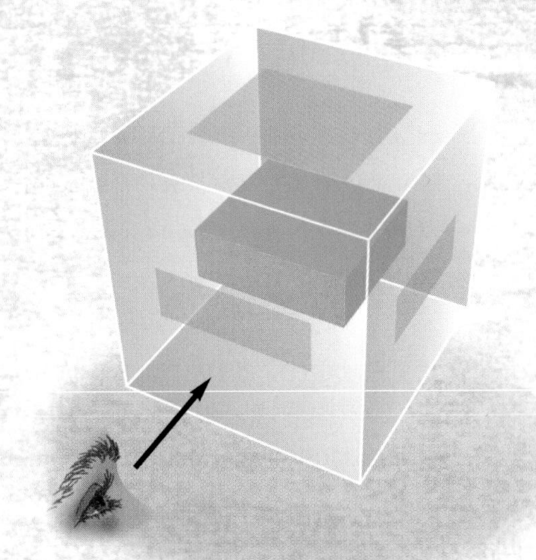

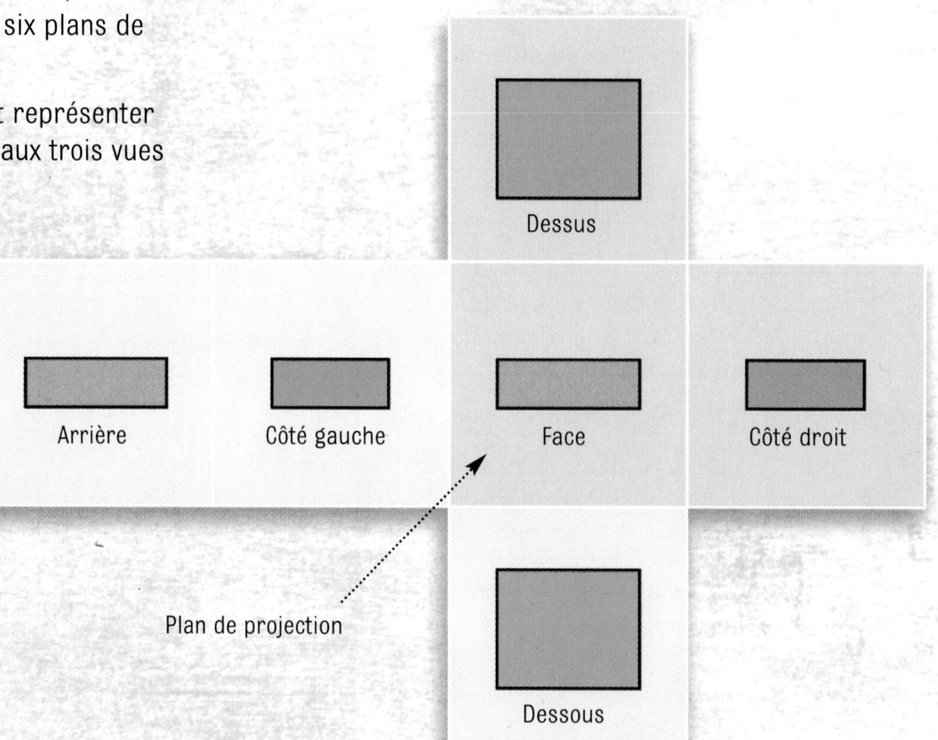

La schématisation en mécanique

Le schéma est un dessin de nature descriptive qui représente les éléments essentiels d'un objet. Il se limite aux traits essentiels de celui-ci. On utilise le schéma pour illustrer le fonctionnement d'un objet technique. On y montre l'agencement de plusieurs organes et la relation entre les éléments d'un ensemble complexe. Ce type de schéma s'inscrit dans le processus de la **démarche de conception technologique**.

Comment faire un schéma

- Trace le schéma sur une feuille quadrillée aux 5 mm, en utilisant un crayon 2H.
- Utilise les lignes conventionnelles.
- Fais ton dessin en respectant les proportions de l'objet, même si ton dessin n'est pas à l'échelle.
- Limite-toi aux traits essentiels de l'objet.
- Utilise des couleurs différentes pour représenter les différents organes essentiels au fonctionnement de l'objet.
- Identifie les différents éléments du schéma à l'aide des symboles appropriés (voir la liste ci-contre).

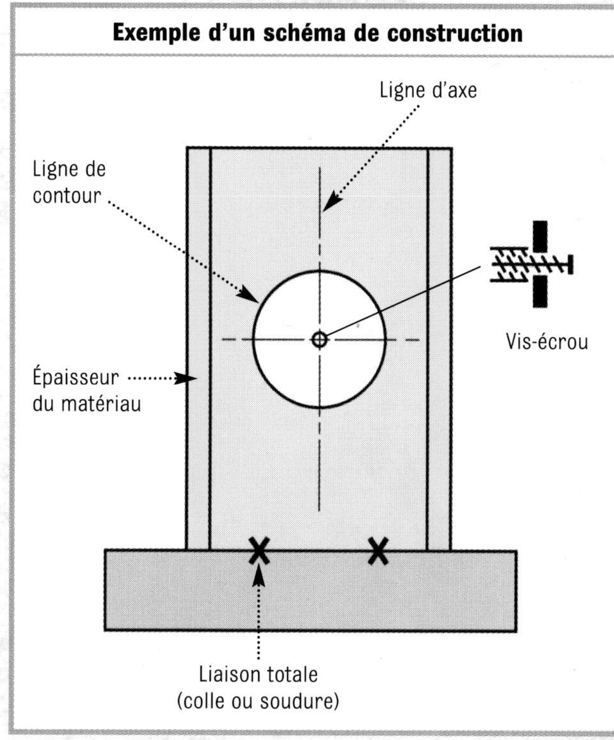

Les symboles en mécanique

- Force
- Force de compression
- Force de tension
- Force de cisaillement
- Force de torsion
- Translation unidirectionnelle (dans un sens)
- Translation bidirectionnelle (dans les deux sens)
- Rotation unidirectionnelle (dans un sens)
- Rotation bidirectionnelle (dans les deux sens)
- Mouvement hélicoïdal
- Roue de friction (vue de face)
- Roue d'engrenage (vue de face)
- Roue avec son axe (vue de dessus)
- Poulies et courroie plate (vue de face)
- Roues dentées et chaîne à rouleaux (vue de face)
- Pignon et crémaillère (vue de face)
- Liaison totale
- Ressort en compression
- Ressort en tension
- Vis
- Écrou
- Système vis-écrou

Les outils en atelier

Voici les outils les plus utilisés en atelier en fonction de différentes techniques.

Mesurage et traçage

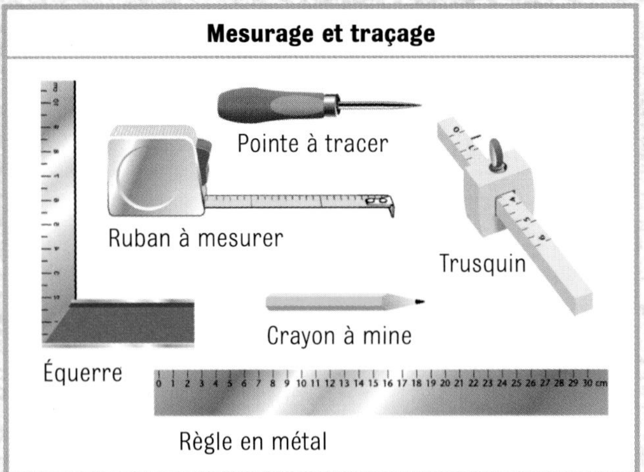

Coupage (matériaux mous)

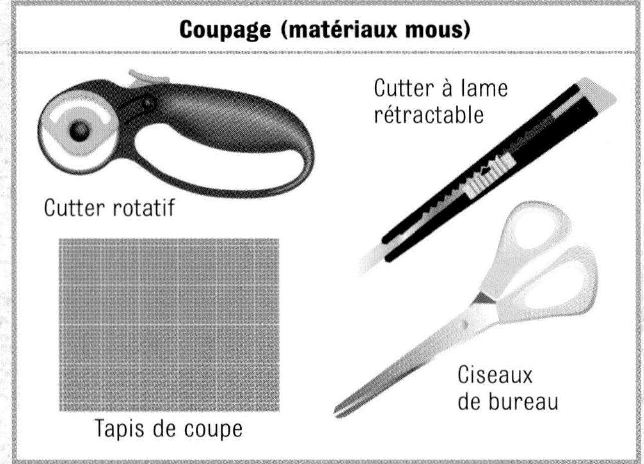

Sciage du bois

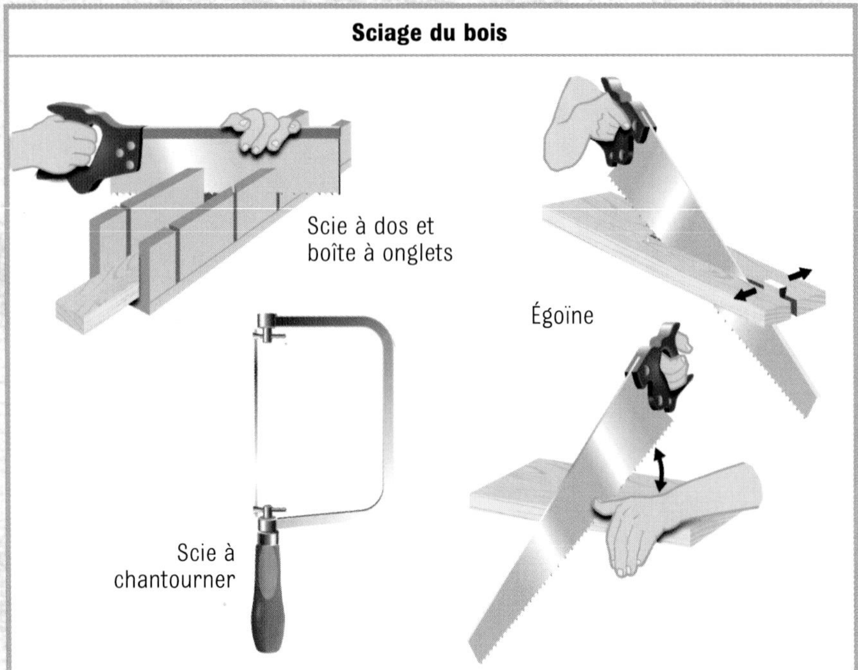

Perçage

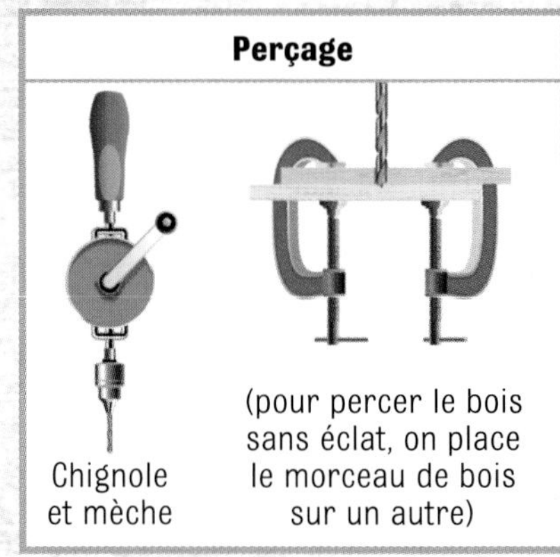

Façonnage et finition

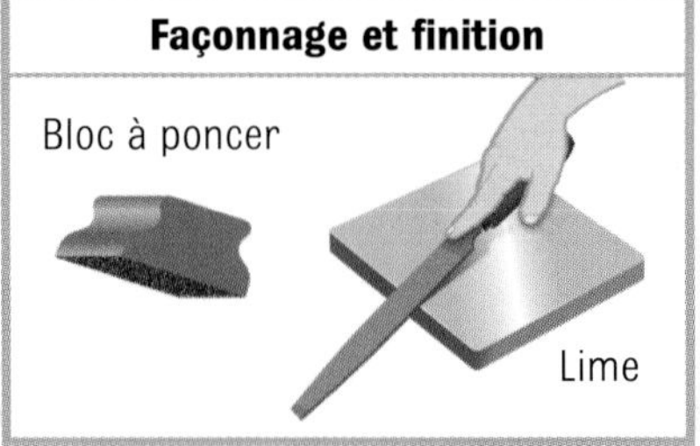

Assemblage

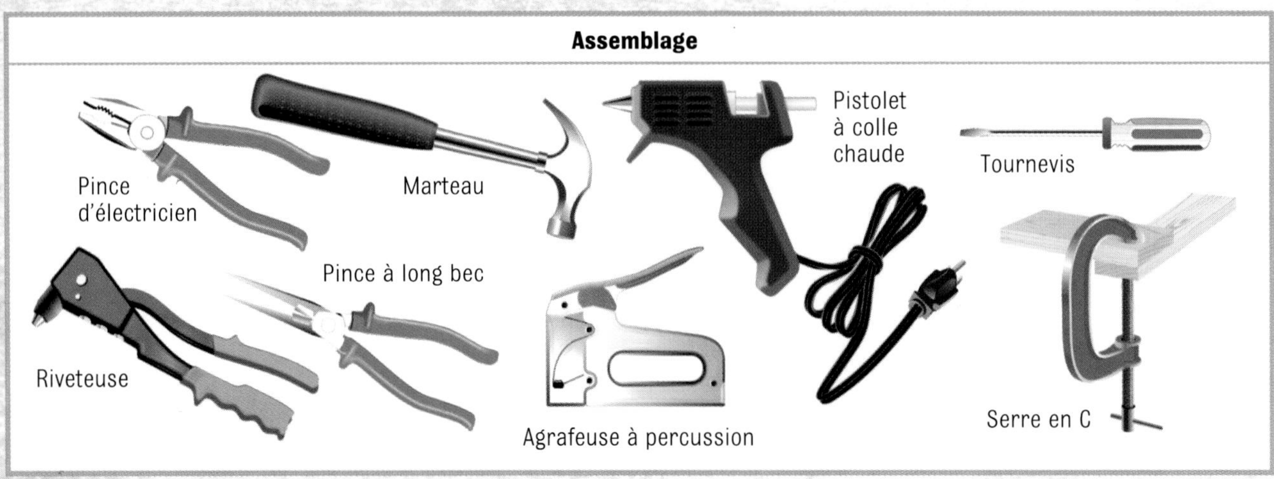

La sécurité en classe de science et technologie

La sécurité, en classe ou ailleurs, passe d'abord par un comportement responsable et le respect de certaines règles. Voici quelques règles de base qui te serviront en classe de science et technologie.

Comportement général

- Demander de l'aide si nécessaire.
- Travailler avec calme, sans précipitation.
- Se préparer avant une expérience, en prenant connaissance des manipulations à faire.
- Éviter de se déplacer inutilement, de courir ou de se bousculer.
- Ne pas déranger une personne qui travaille.
- Signaler tout accident et faire soigner immédiatement toute blessure.
- Déposer tout objet divers ou personnel sur les tables, et non sur les comptoirs consacrés aux expériences.
- Ne pas crier et éviter le bavardage.
- Se laver les mains avant et après les manipulations.
- Ne pas manger ni boire dans le local.

Comportement vestimentaire

- Attacher ses cheveux.
- Porter des vêtements appropriés (chaussures antidérapantes) et éviter les vêtements amples ou munis de manches larges, les pantalons trop longs, les souliers à talons.
- Porter un équipement de protection au besoin (tablier, lunettes de sécurité, gants de protection, masque protecteur, sarrau).
- S'abstenir de porter des colliers, des bracelets, des bagues.

Lieu de travail

- S'assurer que la pièce est bien éclairée et aérée.
- Jeter les ordures à l'endroit approprié.
- Repérer l'endroit dans la pièce où sont installés l'avertisseur d'incendie et l'extincteur.
- Repérer l'endroit dans la pièce où se trouve la trousse de premiers soins.

En atelier

- Choisir l'outil adéquat.
- S'assurer que l'outil est en bon état.
- Vérifier les manches d'outils avant d'utiliser les outils.
- S'assurer que les outils de coupe sont bien tranchants (bien affûtés).
- S'assurer de garder le côté tranchant ou la pointe d'un outil vers le plancher si on le transporte.
- Manipuler les matériaux avec prudence.
- Utiliser un outil pour l'usage auquel il est destiné.
- Fixer les matériaux avant de commencer à usiner une pièce.
- Orienter la lame dans la direction de la coupe.
- Ne jamais placer la main devant une lame en coupant.
- Ranger les matériaux et les outils après usage.

En laboratoire

Avant et pendant une expérience

- Manipuler le matériel et les instruments avec soin, de façon à les garder en bon état.
- Utiliser correctement le matériel de laboratoire (ex. : ne jamais utiliser un bécher ou autre récipient de laboratoire pour boire).
- Se tenir à une distance raisonnable des sources de chaleur afin d'éviter les brûlures.
- Vérifier la température des objets qui viennent d'être chauffés en y approchant le dos de la main.
- Utiliser des pinces pour manipuler les récipients chauds.
- Orienter l'ouverture d'une éprouvette qui est en train de chauffer loin du visage.
- Rester près de son espace de travail en cours d'expérience, surtout si une substance est chauffée.
- S'informer de la façon de disposer d'une solution.
- Ne jamais goûter un produit ou une solution.
- Pour sentir une substance, agiter une main au-dessus du contenant de façon à diriger une vapeur du produit vers le nez.
- Éviter le contact direct de produits chimiques avec la peau.
- Déposer tout produit volatile ou toxique sous une hotte.

Après une expérience

- Débrancher les appareils en retirant la fiche de la prise et non en tirant sur le cordon.
- Remettre tout appareil défectueux à la personne responsable du laboratoire et ne jamais essayer de réparer l'appareil soi-même.
- Signaler ou remettre à la personne responsable du laboratoire tout matériel ou récipient en verre qui serait fêlé ou cassé, afin d'éviter des coupures.
- Nettoyer, assécher et ranger le matériel et les instruments de laboratoire.
- Nettoyer la surface de travail avant de quitter le laboratoire.

Symboles utilisés sur les produits ménagers

Des pictogrammes à surveiller

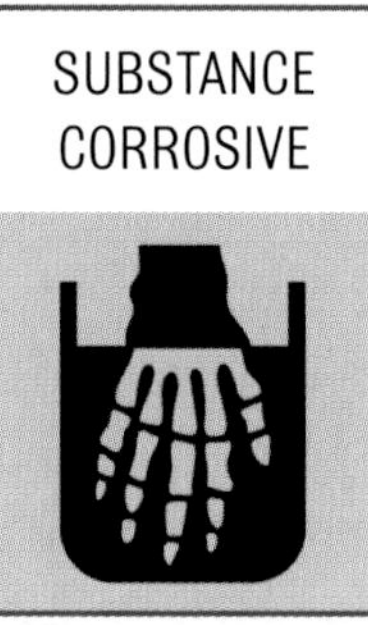

Des formes d'encadré à surveiller

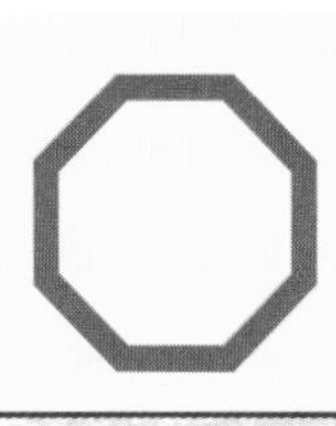

Glossaire

A

Abiotique Qui est d'origine non vivante (inorganique).

Activité vitale Ensemble des phénomènes ou du processus des cellules qui assure les fonctions vitales de l'organisme (nutrition, respiration, croissance et développement, entretien et réparation, mouvement, irritabilité, adaptation au milieu et reproduction).

Adaptation Modification, physique ou comportementale, qui permet à une espèce de survivre dans un milieu.

Air Mélange d'azote, d'oxygène, de dioxyde de carbone et d'autres gaz formant l'atmosphère.

Atmosphère Enveloppe gazeuse qui entoure la plupart des planètes.

Atome Unité de base de la matière; la plus petite particule de matière.

Autotrophe Organisme capable de fabriquer sa nourriture à partir de substances inorganiques (minéraux du sol, air et eau) en tirant son énergie du Soleil. Voir aussi *producteur*.

B

Besoin En technologie, ce qui motive la création d'objets techniques.

Besoin fondamental Ce qui est indispensable à la survie de l'humain (ex.: se nourrir, s'abriter, se vêtir).

Biodégradable Qui est susceptible d'être décomposé par des micro-organismes comme des bactéries, des moisissures, etc.

Biodiversité Ensemble des espèces (animales et végétales) et des écosystèmes présents dans la biosphère.

Biosphère Ensemble des lieux occupés par les vivants sur la Terre, c'est-à-dire l'atmosphère, l'hydrosphère et la lithosphère).

Biotique Qui est d'origine vivante.

C

Cahier des charges Document décrivant les contraintes liées à réalisation d'un objet technique.

Cellule Unité de base des vivants.

Chaîne alimentaire Schéma qui illustre les relations alimentaires entre un ensemble de vivants dans un milieu, au minimum entre un producteur, un consommateur et un décomposeur.

Changement chimique Transformation d'un corps qui modifie sa nature et l'organisation de ses atomes.

Changement physique Transformation d'un corps qui ne modifie pas sa nature ni l'organisation de ses atomes.

Comète Corps du système solaire caractérisé par un noyau composé de glace et de poussière, et qui libère des gaz en se rapprochant du Soleil.

Confirmer (une hypothèse) À la suite d'une investigation, donner raison à une hypothèse de départ.

Conservation de la matière Voir *Loi de Lavoisier*.

Consommateur Vivant incapable de fabriquer de la matière organique pour se nourrir et qui se nourrit d'organismes producteurs ou d'autres consommateurs.

Constante Valeur ou propriété qui ne varie pas.

Contrainte Exigence dont on doit tenir compte dans la conception et la fabrication d'un objet technique.

Couche d'ozone Gaz de la haute atmosphère (O_3) qui bloque des radiations solaires néfastes pour la vie.

Cycle Suite de transformations qui se répètent sans cesse dans le même ordre.

Cycle de l'eau Déplacement de l'eau entre la lithosphère et l'atmosphère, entraîné par l'évaporation, la condensation et les précipitations.

Cycle du jour et de la nuit Variation de la lumière et de la température, à un endroit donné, entraîné par la rotation de la Terre sur elle-même.

D

Déchet Extrant (résidu) qui provient d'un système vivant ou non vivant, généralement nuisible pour celui qui l'a produit.

Décomposeur Organisme qui se nourrit des déchets produits par les producteurs ou les consommateurs.

Démarche d'investigation (scientifique) Façon de procéder utilisée en science pour résoudre un problème et dont la réponse est une connaissance.

Démarche de conception (technologique) Façon de procéder utilisée en technologie pour résoudre un problème et dont la solution est un objet technique.

Dérive des continents Déplacement des parties de l'écorce terrestre sous l'action des forces internes de la Terre (théorie de la tectonique des plaques).

Dissolution Répartition uniforme des particules d'un soluté dans un solvant (ex.: dissolution du sucre dans l'eau).

Dissoudre Voir *dissolution*.

E

Eau Substance chimique naturelle (H_2O) limpide, inodore, incolore et indispensable à la vie.

Échantillon Petite quantité d'une substance ou nombre d'individus d'une population que l'on choisit pour faire une investigation.

Éclipse Disparition apparente et momentanée de certains astres du ciel.

Écosystème Milieu de vie où les vivants sont en interaction entre eux et avec leur environnement.

Effet d'une force Modification du mouvement d'un corps ou déformation de ce corps.

Élément chimique Forme que peut prendre la plus petite unité de matière et qui ne peut être décomposée en une substance plus simple.

Élément nutritif Substance qui peut être assimilée ou absorbée directement par l'organisme, sans être transformée.

Embryon Masse de cellules dans le premier stade de développement, à partir de la fécondation de l'œuf.

Énergie Concept physique qui désigne la source de toute force permettant de créer un mouvement ou qui assure le fonctionnement des organismes vivants.

Environnement Ensemble des éléments, biotiques et abiotiques, qui entourent un vivant.

Érosion Processus d'usure de la surface de la Terre.

Espèce Groupe d'individus semblables qui peuvent se reproduire entre eux et dont les petits pourront aussi se reproduire. Élément de base de la classification du vivant.

État de la matière Forme solide, liquide ou gazeuse d'un corps.

Étude de construction Étape de la démarche de conception technologique où on organise la fabrication de l'objet technique retenu comme solution (matériaux, matériel, modes d'assemblage, etc.).

Étude de principes Étape de la démarche de conception technologique où on détermine le fonctionnement de l'objet choisi comme solution.

Évaporation Changement d'état d'une substance de liquide à gazeuse.

Évolution Transformation naturelle des espèces à travers le temps et les générations.

Exotique (espèce) Groupe d'individus qui vient d'un écosystème lointain et que l'on trouve de façon inhabituelle dans une région.

Extrant Élément produit par un système (un non-vivant ou un organisme vivant), ce qui en sort.

F

Faune Ensemble des espèces animales d'une région.

Fécondation Union d'une cellule mâle (gamète ♂) et d'une cellule femelle (gamète ♀) pour former un nouvel individu.

Fiche des opérations Document utilisé au cours de la démarche de conception technologique et dans lequel on décrit la marche à suivre pour fabriquer un objet technique. Appelé *gamme de fabrication* en industrie quand on fabrique des pièces en série.

Flore Ensemble des espèces végétales d'une région.

Fonction En technologie, rôle caractéristique joué par un objet ou un de ses organes.

Force Action qui agit sur un corps en modifiant sa forme ou son mouvement.

Fusion Changement d'état d'une substance de solide à liquide.

G

Gamète Cellule reproductrice sexuée (mâle ♂ ou femelle ♀). Voir *fécondation*.

Gamme de fabrication Voir *Fiche des opérations*.

Gène Unité d'information qui se trouve dans le matériel génétique de la cellule, qui est transmise lors de la reproduction. L'ensemble des gènes détermine les caractéristiques d'un individu.

Génération Ensemble des êtres qui naissent d'un parent commun à une même époque.

Génétique Relié à la transmission des caractéristiques d'un organisme à ses descendants.

Gestation Période durant laquelle les petits se développent dans le ventre de la femelle (chez les animaux), de la fécondation à la mise bas.

Gravité Force d'attraction exercée par un astre sur les corps qui l'entourent, qui maintient les planètes en orbite autour du Soleil et qui donne la verticale.

Grossesse Période durant laquelle une femme porte son petit, de la fécondation à l'accouchement.

Guidage Liaison qui assure le mouvement d'une pièce mobile dans un mécanisme.

H

Habitat Ensemble des milieux de vie qui offrent les conditions nécessaires à la vie d'une espèce.

Hémisphère Chacune des parties de la Terre situées de part et d'autre de l'équateur (Nord et Sud) ou situées de part et d'autre du méridien de Greenwich (Ouest et Est).

Hétérotrophe Vivant qui se nourrit d'autres vivants.

Hydrosphère Ensemble des eaux du globe terrestre.

I

Indigène (espèce) Groupe d'individus qui est originaire de la région où il vit.

Infirmer (une hypothèse) À la suite d'une investigation, remettre en cause une hypothèse de départ.

Inorganique Se dit d'une substance qui ne vient pas d'un vivant, et qui ne contient généralement pas d'atomes de carbone (ex.: air, eau et sels minéraux).

Intrant Élément nécessaire au fonctionnement ou à la vie d'un système (un non-vivant ou un organisme vivant), ce qui y entre.

L

Lave Roche en fusion, rejetée à l'extérieur de l'écorce terrestre. Sous l'écorce terrestre, elle se nomme *magma*.

Liaison Mode d'assemblage de différentes pièces (organes) ou de différents matériaux d'un objet technique.

Lithosphère Ensemble rigide formé par l'écorce terrestre.

Loi de Lavoisier Loi sur la conservation de la matière selon laquelle la masse totale des corps qui subissent une transformation ne change pas.

Lumière Énergie qui se présente sous forme de rayonnements perceptibles par l'œil.

M

Machine simple Objet généralement composé d'une seule pièce qui, en augmentant la force physique, facilite le travail des humains.

Magma Roche en fusion qui compose le manteau de la Terre sous l'écorce terrestre. À l'extérieur de l'écorce terrestre, elle se nomme *lave*.

Masse Quantité de matière contenue dans un corps.

Matériau Substance élaborée à partir de la matière première et utilisée pour la fabrication d'objets.

Matériel Ensemble des machines, appareils, outils et instruments nécessaires pour exécuter une activité.

Matière Concept physique qui désigne tout ce qui a une masse et un volume, ce qui constitue les vivants et les non-vivants. La matière peut se présenter sous plusieurs états (solide, liquide, gazeux).

Matière première Corps d'origine naturelle qui est utilisé tel quel ou qui est transformé par l'homme en vue de la fabrication de matériaux.

Mécanisme de transformation du mouvement Agencement de pièces permettant de transmettre le mouvement d'une pièce mobile à une autre, en modifiant la nature de ce mouvement, c'est-à-dire en changeant un mouvement de va-et-vient (translation) en un mouvement rotatif, ou l'inverse.

Mécanisme de transmission du mouvement Agencement de pièces permettant de communiquer le mouvement d'une pièce à une autre sans modifier la nature de ce mouvement.

Mélange Combinaison physique de deux ou plusieurs substances liquides, gazeuses ou solides différentes.

Micro-organisme Organisme (plus petit que 0,5 mm) dont les détails sont observables au microscope.

Mode de reproduction Voir *reproduction sexuée* et *reproduction asexuée*.

Modèle Représentation simplifiée d'un système et qui permet d'en comprendre le fonctionnement.

Molécule Combinaison chimique de deux atomes ou plus; la plus petite particule d'un composé.

Mouvement Action résultant de la force exercée sur un corps, et qui, en mécanique, se traduit par une translation ou une rotation.

Multicellulaire Se dit d'un organisme constitué de plusieurs cellules.

N

Niche écologique Rôle que joue une espèce dans sa communauté.

Nomenclature binominale Façon de nommer les vivants utilisée par les scientifiques. Le nom scientifique ainsi formé est composé de deux mots, le premier désignant le genre et le second désignant l'espèce.

Non vivant Qui n'est pas composé de cellules, qui ne présente pas les activités vitales propres au vivant.

Nucléaire Qui libère l'énergie contenue dans les atomes.

Nutriment Substance utilisée directement par un organisme pour réaliser ses activités vitales.

O

Objet technique Objet conçu et fabriqué par les humains pour satisfaire un besoin et résultant d'une démarche de conception technologique.

Organe de liaison Pièce qui sert à assembler deux ou plusieurs pièces d'un objet technique.

Organe mécanique Pièce d'un mécanisme.

Organe reproducteur Structure d'un organisme qui assure la fonction de la reproduction.

Organique Se dit d'une substance qui vient d'un vivant et qui contient des atomes de carbone.

Organisme Vivant composé d'au moins une cellule.

Orogenèse Processus qui conduit à la formation des chaînes de montagnes.

Ovaire Structure d'un organisme femelle qui produit des cellules reproductrices (ovules).

Ovipare Se dit d'un animal qui se reproduit par des œufs et dont l'œuf éclôt à l'extérieur du corps.

Ovule Cellule reproductrice (gamète) femelle.

P

Phase (de la Lune) Chacune des étapes du cycle lunaire.

Photosynthèse Processus qui permet aux plantes de fabriquer du sucre grâce à la lumière.

Plaque tectonique Morceau de l'écorce terrestre qui se déplace sur le manteau en raison du mouvement de convection du magma.

Pluie acide Précipitation liquide contenant des substances néfastes pour l'environnement et les vivants. Ces substances nocives sont produites par des gaz polluants.

Point cardinal Chacune des directions géographiques à partir desquelles il est possible de s'orienter (le nord, le sud, l'est et l'ouest).

Pollution Phénomène de dégradation de l'environnement occasionné par des substances qui ne peuvent être transformées dans un cycle de la nature et qui deviennent nuisibles pour la santé des vivants.

Population Groupe d'individus de même espèce qui vivent dans un même lieu et qui entretiennent des relations entre eux.

Prédateur Animal qui se nourrit de proies.

Procédé Méthode utilisée pour arriver à un résultat précis.

Producteur Vivant qui fabrique sa nourriture à partir de matière inorganique (eau, air et sels minéraux). Voir *autotrophe*.

Proie Animal qui est capturé et mangé par un prédateur.

Propriété (de la matière) Caractéristique qui permet de décrire différentes substances et différents matériaux.

Propriété physique Caractéristique générale associée à la matière et qui peut être perçue ou mesurée. Voir *propriété qualitative* et *propriété quantitative*.

Propriété qualitative Se dit d'une caractéristique qu'on peut percevoir par les sens et qui peut être décrite par des mots (ex.: odeur, couleur, forme, etc.).

Propriété quantitative Se dit d'une caractéristique qu'on peut mesurer et qui peut être décrite par un nombre (ex.: température, masse, volume, etc.).

Prototype Premier exemplaire d'un objet technique.

R

Recyclage Action qui consiste à récupérer une partie de nos déchets et à réutiliser les matériaux afin de protéger l'environnement.

Règne Division la plus générale des vivants. La classification moderne des vivants compte cinq règnes: monères, protistes, champignons, végétaux et animaux.

Relief Ensemble des inégalités de la lithosphère (ex.: vallée, plaine, montagne, etc.).

Reproduction Activité vitale qui permet à un organisme de produire d'autres individus de son espèce.

Reproduction asexuée Mode de reproduction par lequel un individu unique peut produire un individu identique.

Reproduction sexuée Mode de reproduction caractérisé par l'union d'un gamète mâle ♂ et d'un gamète femelle ♀ pour former un nouvel individu.

Respiration Activité de la cellule liée à la décomposition de certains nutriments et qui fournit l'énergie nécessaire à la survie de l'organisme.

Ressource non renouvelable Produit de la nature qui peut être exploité par les humains, mais qui ne se renouvelle pas et s'épuise.

Ressource renouvelable Produit de la nature qui peut être exploité par les humains et qui se renouvelle grâce à des cycles de la nature.

Roche Mélange naturel de minéraux constituant l'écorce terrestre.

S

Schéma Représentation graphique simplifiée d'un phénomène, d'un processus ou d'un objet dans le but d'en expliquer la structure ou le fonctionnement.

Schéma de construction Illustration de l'organisation des différentes pièces d'un objet technique en vue de sa fabrication.

Schéma de principes Illustration décrivant le fonctionnement général d'un objet technique.

Schéma de situation de l'objet technique Illustration qui situe l'objet technique à fabriquer dans son environnement en présentant les éléments qui entreront en contact avec celui-ci.

Schéma de situation du problème Représentation graphique décrivant le besoin créé par une situation et précisant la fonction de l'objet à concevoir pour répondre à ce besoin.

Science Domaine lié aux connaissances qui cherche à expliquer les phénomènes naturels en posant des questions, en investiguant et en confrontant des résultats.

Séisme Voir *tremblement de terre*.

Sels minéraux Substances dissoutes naturellement dans l'eau dont plusieurs sont nécessaires à la vie.

Séparation des mélanges Procédé qui permet de séparer les composantes d'un mélange en utilisant, entre autres, les techniques de sédimentation, décantation, filtration, évaporation et distillation.

Sol Partie superficielle de l'écorce terrestre constituée de plusieurs couches et composée d'éléments essentiels à la croissance des végétaux.

Solution Mélange homogène contenant un soluté dissous dans un solvant (ex.: dans l'eau sucrée, le soluté est le sucre; le solvant, l'eau).

Structure interne de la Terre Ensemble composé du noyau, du manteau et de l'écorce terrestre.

Système Ensemble organisé d'éléments en relation les uns avec les autres pour remplir une fonction commune (ex.: une cellule, un lecteur DVD, un être vivant).

Système solaire Ensemble formé du Soleil (une étoile), de neuf planètes, de plusieurs lunes et de nombreux petits corps célestes.

T

Tableau périodique Présentation graphique des atomes de tous les éléments connus.

Taxonomie Science qui classifie les vivants selon des critères communs, du plus général (les règnes) au particulier (les espèces).

Technique Ensemble des procédés et des savoir-faire nécessaires à la réalisation et à la fabrication d'objets et de produits.

Technologie Domaine qui organise les connaissances scientifiques et les savoir-faire techniques nécessaires à la conception et à la fabrication des objets et des produits.

Température Mesure de la quantité de chaleur d'un corps.

Théorie Ensemble de propositions qui établit un lien logique entre des faits dans le but d'expliquer un phénomène.

Tremblement de terre Vibration de l'écorce terrestre entraînée par des mouvements à l'intérieur de la Terre et ressentie à la surface.

U

Unicellulaire Se dit d'un organisme constitué d'une seule cellule.

V

Variable Propriété observable à laquelle on peut attribuer plusieurs valeurs numériques et qui peut être modifiée.

Variable dépendante Propriété qui varie en fonction de la variable indépendante (symbole général: y).

Variable indépendante Propriété contrôlée ou modifiée lors d'une investigation (symbole général: x).

Vivace Se dit d'une plante qui ne meurt pas l'hiver, qui repousse au printemps, et qui vit plusieurs années.

Vivant Organisme composé d'une ou de plusieurs cellules et qui montre des signes d'activité vitale.

Vivipare Se dit d'un animal dont les petits se développent à l'intérieur de la mère.

Volcan Type de relief en forme de cône créé par l'ascension du magma jusqu'à la surface de la Terre.

Volume Espace occupé par un corps.

Index

D

H

I

J

L

M

N

O

P

Q

R

U

V

Y

Z

Crédits photographiques

Aimee Wyrick, University of Montana – p. 1
Al Carrière Extincteur – p. 36
Alberta Sugar Beet Growers – p. 61, 62
Alison Farrand – p. 150
Bee Floral Online Co. – p. 128
Bo Crawford, TM Tangler – p. 353
Boulangerie Gadoua ltée. – p. 4
C. Messier – p. 69
CCBB – p. 173
City of Chandler – p. 101
Commission canadienne des grains (CCG) – p. 54
Comstock/SuperStock – p. 345
David Schiesher – p. 80
Digital Vision Ltd/SuperStock – p. 320
Doug Henderson – p. 292
Dr. Brian Chatterton – p. 294
Dr. R. Hays Cummins – p. 234, 306
Dr. Roger Heady – p. 25
Erik McCormick – p. 232
Farm Sanctuary – p. 3
Franca Principe, IMSS-Florence – p. 30
Frédéric Latour – p. 247, 312, 317
Gilbert Zangerlé – p. 72
Guy L'Heureux, Université McGill – p. 74, 75, 76
H. Mongongnon – p. 92
Hannes Mayer – p. 115
Henri Kniffke – p. 105
Hydro-Québec – p. 170, 228
Insectarium de Montréal, André Payette – p. 40
Iowa State University, publication Soybean Growth and Development (pm 1645) – p. 116, 117
La fromagerie Lehmann – p. 66
Le Québec en Images, CCDMD – p. 186, Denis Chabot, p. 215, 222, 228
Linda Chalker-Scott, Université de Washington – p. 160
Louis Bernatchez – p. 248
Loyola University, New Orleans – p. 309
M. Rosevear – p. 17, 18, 24, 31, 32, 34, 39, 40, 45, 48, 55, 61, 62, 63, 65, 67, 68, 71, 76, 79, 80, 82, 83, 98, 102, 116, 121, 122, 124, 130, 131, 133, 135, 145, 159, 166, 170, 171, 172, 173, 183, 184, 188, 210, 222, 229, 232, 240, 249, 259, 261, 265, 266, 273, 284, 286, 287, 288, 289, 299, 322, 329, 338, 342, 344, 346, 347, 348, 353, 355, 357, 359, 360, 370, 373, 375, 383, 388, 389, 390, 393, 399, couv. IV
Mathieu Dubreuil – p. 205, 215
Martin Vallières – p. 16
Martine Brassard – p. 5, 6, 7, 9, 12, 22, 23, 40, 58, 125, 154
Max-Planck Institute – p. 45
Meyer Instruments – p. 73
Michel Lepage – p. 149
Ministère des Ressources naturelles, Canada – p. 168
MRNFP – p. 102, 136, 168
Musée des beaux-arts du Canada – p. 64
Musée Marc-Aurèle Fortin – p. 101
NASA – p. 15, 201, 214, 215, 253, 257, 259, 320
Neal & Molly Jansen / SuperStock – p. 345
NOAA – p. 362
Office du Tourisme de Parentis en Born (Landes) – p. 211
Paul Larson, Creative Art, Inc. – p. 83, 123
Paul Wray, Forestry Extension, Iowa State University – p. 108, 170, 175
Photodisc – p. 136, 214, 215, 226, 228, 232, 234, 240, 242, 249, 250, 295, 297, 303, 310, 311, 316, 317, 345, 352, 358
Pierre Chauffour, la-chaux.net – p. 34, 35
Piet Maes – p. 71
Plaisirs gourmets – p. 66
Producteurs laitiers du Canada – p. 9
Ray Gaudet – p. 141
Réjean Goudreault, Min. de L'Environnement du Québec – p. 29
Roger Heady – p. 171
S & JM Moingeon – p. 76
Said Ahamada, ACEP, SAIIAB – p. 231
Sébastien Leunen – p. 233
Sergio Dorantes/CORBIS – p. 214
Steeve Tremblay – p. 100
Steve Maslowski – US Fish & Wildlife Service – p. 234
Sylvain Miller – p. 13, 15, 20, 22, 25, 28, 70, 71, 73, 77
The Copyright Group. /SuperStock – p. 319
Toni McLaughlin – p. 236
UQAM © Jean Martin – p. 225
US Navy, Philip. A. McDaniel – p. 333
US Wildlife – p. 316
USGS – p. 249, 254
Valdosta State University's Virtual Fossile Museum – p. 225
Yves Baptiste – p. 249
Yves L'Heureux – p. 250

© Jupiter Images et ses représentants. Tous droits réservés :

200108 571576 593126 719010 723042 724086 747827 762595 779950
1370363 1370790 1574551 1610909 1627633 1903067 2027314 2173040 2529352
2546562 2566680 2833978 2834450 3016990 3024640 3025106 3086752 3155648
3174238 3174254 3176326 3181588 3181588 3203472 3206812 3217396 3217734
322404 5387523 5391452 7232239 7235245 7241712 7249142 7249912 7260874
7270890 7280105 7282678 7284696 7286031 7298065 7302451 7305790 7306274
7315465 7319228 7334310 7334402 7335416 7335730 7335808 7336112 7336292
7347425 7351042 7356827 7357569 7361835 7362423 7365146 7379323 7380108
7454038 7454299 7456902 7459904 7461946 7474132 7479391 7489568 7498219
7545353 7548372 7554699 7555093 7556001 7556076 7556717 7560751 7561868
7567556 7567747 7569880 7571954 7573407 7582514 7585466 7586182 7593383
7601394 7603381 7604122 7605036 7605324 7605703 7620141 7621402 7621504
7634095 7638981 7639621 7640348 7642846 7645868 7648418 7649218 7649340
7654068 7654109 7655236 7658014 7658910 7671538 7673101 7675619 7676644
7679356 7679444 7679518 7681061 7685075 7690427 7690991 7693846 7694121
7696421 7698320 7701493 7702095 7702753 7703023 7710067 7710195 7710357
7712024 7713034 7713042 7713726 7714438 7715596 7715776 7718150 7718345
7722457 7722537 7723276 7725513 7725772 7731527 7732872 7766207 7766281
7769629 7771025 7775485 7775615 7776287 7776458 7776710 7776744 7777107
7779124 7780168 7780332 7780897 7781548 7781635 7781794 7782047 7782378
7783701 7783941 7784154 7784250 7784392 7787499 7792804 7793647 7793730
7794627 7796286 7799029 7799317 7799368 7802508 7803582 7804717 7805231
7812300 7846130 7846976 8019189 8019638 8019808 8020993 8022700 8023803
8024417 8024894 8025620 8027821 8028949 8058755 8071762 8078406 8080422
8247551 8257418 8261682 9316240 9756987 9758861 9776512 9777188 9791285
9802677 9803295 9803565 9805545 9810229 9814208 9816141 9818175 9822022
9825372 9827126 9845787 9852597 9878978 9888287 9897092 9956691 9957761
9979719 9985850 10009795 10011859 10021821 10030620 10033813 10047226 10049891
10052781 10731907 10732984 10900013 10927686 14491472 14502964 14535645 14536528
14539591 14539798 14547328 14548172 14548586 14548744 15609468 15614344 15616151
15619256 15743331 15743800 15744041 15744610 15745770 15746497 15916174 15972786
16169704 16169711 16169725 16237566 16247668 16254438 16298656 16299509 16317693
16330230 16349221 16353028 16446636 16453599 16454546 16462721 16464647 16467210
16471800 16576665 16889334 18033837 19002709 19018429 19020477 19020734 19020997
19023677 19024237 19025245 19025501 19032021 19037769 19038626 19041561 19041761
19060772 19103131 19106252 19138384 19169762 19227228 19242500 19253925 19327013
19735693 19736809 22475255 23021395 24231916 24253439 24273415 24289368 24289526
24290799 24418972 24647992 24648000 24648232 24674040 24702906 24711514 24722628
78030009

Les éléments et leurs symboles

Ac	Actinium
Ag	Argent
Al	Aluminium
Am	Américium
Ar	Argon
As	Arsenic
At	Astate
Au	Or
B	Bore
Ba	Baryum
Be	Béryllium
Bh	Bohrium
Bi	Bismuth
Bk	Berkélium
Br	Brome
C	Carbone
Ca	Calcium
Cd	Cadmium
Ce	Cérium
Cf	Californium
Cl	Chlore
Cm	Curium
Co	Cobalt
Cr	Chrome
Cs	Cæsium
Cu	Cuivre
Db	Dubnium
Ds	Darmstadtium
Dy	Dysprosium
Er	Erbium
Es	Einsteinium
Eu	Europium
F	Fluor
Fe	Fer
Fm	Fermium
Fr	Francium
Ga	Gallium

Gd	Gadolium
Ge	Germanium
H	Hydrogène
He	Hélium
Hf	Hafnium
Hg	Mercure
Ho	Holmium
Hs	Hassium
I	Iode
In	Indium
Ir	Iridium
K	Potassium
Kr	Krypton
La	Lanthane
Li	Lithium
Lr	Lawrencium
Lu	Lutécium
Md	Mendélévium
Mg	Magnésium
Mn	Manganèse
Mo	Molybdène
Mt	Meitnérium
N	Azote
Na	Sodium
Nb	Niobium
Nd	Néodyme
Ne	Néon
Ni	Nickel
No	Nobélium
Np	Neptunium
O	Oxygène
Os	Osmium
P	Phosphore
Pa	Protactinium
Pb	Plomb
Pd	Palladium
Pm	Prométhium
Po	Polonium

Pr	Praséodyme
Pt	Platine
Pu	Plutonium
Ra	Radium
Rb	Rubidium
Re	Rhénium
Rf	Rutherfordium
Rh	Rhodium
Rn	Radon
Ru	Ruthénium
S	Soufre
Sb	Antimoine
Sc	Scandium
Se	Sélénium
Sg	Seaborgium
Si	Silicium
Sm	Samarium
Sn	Étain
Sr	Strontium
Ta	Tantale
Tb	Terbium
Tc	Technétium
Te	Tellure
Th	Thorium
Ti	Titane
Tl	Thallium
Tm	Thullium
U	Uranium
Uub	Ununbium
Uuu	Unununium
V	Vanadium
W	Tungstène
Xe	Xénon
Y	Yttrium
Yb	Ytterbium
Zn	Zinc
Zr	Zirconium

Tableau périodique

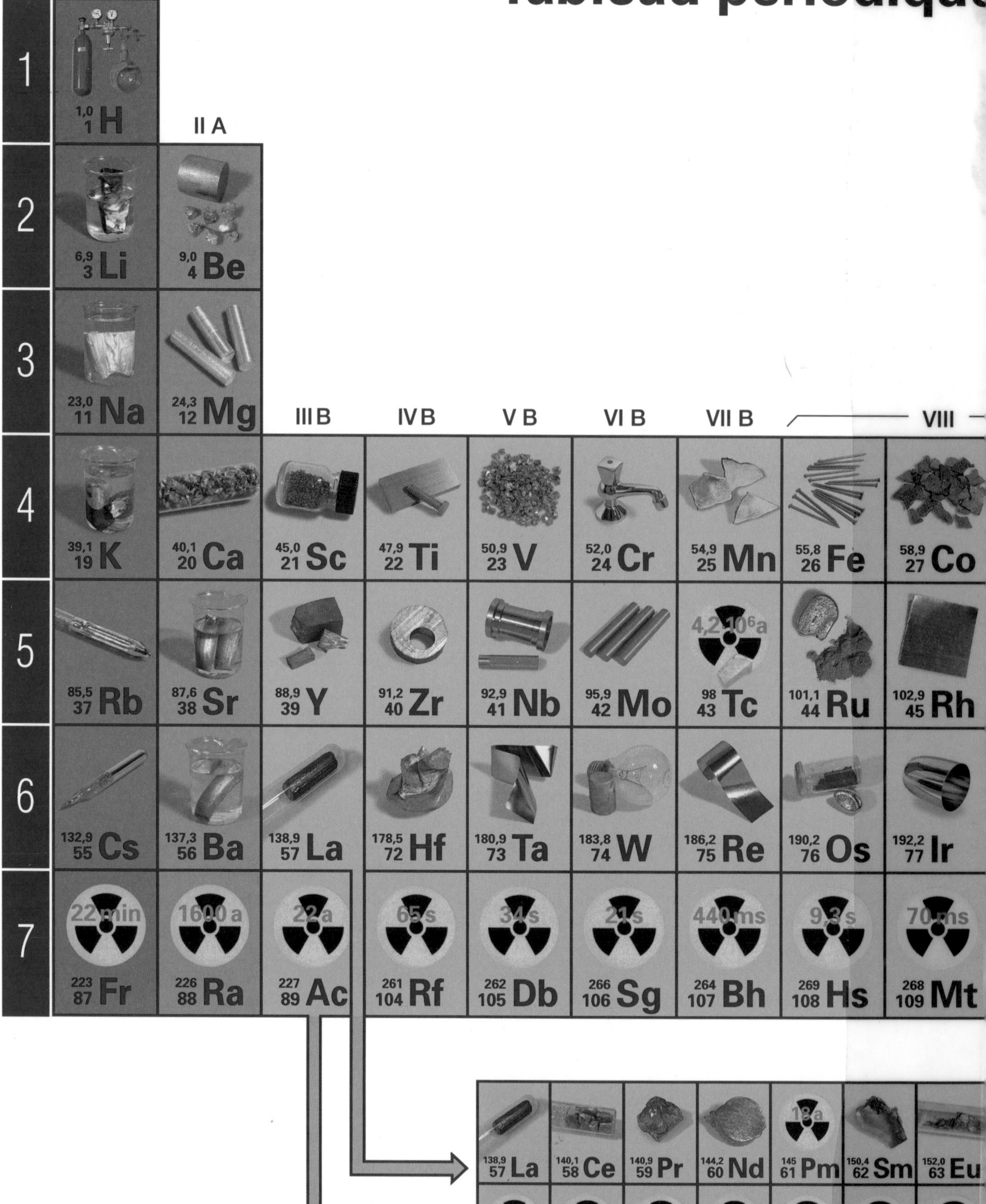